제2판 FTA 통상론

FTA 통상론

2판

FTA and International Trade

정인교 지음

율곡출판사

추 천 의 글

최근 수년간 우리 경제는 세계경제의 불확실성, WTO DDA 협상의 거듭되는 부진 및 각국의 경기회복 지연에 따른 보호무역주의 확산 우려 등과 같은 유례없는 도전과 시련을 겪어 왔습니다.

그러나 우리 정부는 이러한 위기를 오히려 기회로 삼아 기민하고 선제적으로 대응함으로써 다른 나라들보다 신속하게 경제위기를 극복하여 세계의 주목을 받고 있습니다. 그리고 이러한 우리 정부의 대응과정에서 글로벌 차원의 FTA 네트워크 구축 노력은, 무역의존도가 80%를 상회하는 우리 경제에 있어서, 해외시장의 안정적인 확보와 우리 경제시스템의 선진화에 기여할 수 있다는 점에서 중요한 정책수단이 되어 왔습니다.

이제 우리나라는 세계 양대 선진경제권인 북미와 유럽대륙을 연결하고, 성장잠재력이 큰 세계 주요 거점국가들을 망라하는 글로벌 FTA 네트워크의 기반을 충실히 다져나가는 작업을 진행 중에 있습니다.

이러한 시점에서 그간 FTA 관련 연구분야에서 적극적인 활동을 해온 정인교 교수께서 우리나라가 경제 · 통상 선진국으로 더욱 발전해 나가기 위한 전략의 일환으로서 FTA 추진 필요성을 제시하고, 그간의 연구성과를 집대성하여 『FTA 통상론』을 발간하게 된 것은 시의적절하고 뜻깊은 일이라고 할 수 있겠습니다.

동 저서는 FTA에 대한 깊이 있는 이론적 체계는 물론, 정책 관련 사안도 포괄적으로 다루고 있다는 점에서 관련 분야에 종사하는 정부 관계자 및 연구자들께 좋은 참고가 될 수 있을 것으로 생각됩니다.

한편, 동 저서에는 우리나라의 주요 FTA 상대국들에 대한 시장 특성과 수출유망품목을 포함한 진출전략도 제시되고 있으며, FTA를 실제 무역에 적용할 수 있는 비즈니스 모델도 소개하고 있어 무역 관련 업계에 종사하시는 분들께도 유용할 것으로 기대됩니다.

아울러, 동 저서에서는 자칫 어렵게만 여겨질 수 있는 FTA에 대해 구체적인 사례 및 다양한 도표를 사용하여 알기 쉽고 상세하게 설명하고 있어 FTA에 관심을 갖고 계신 일반 국민 여러분들과 학생들에게도 많은 도움이 될 수 있을 것으로 생각됩니다.

2010년 6월

통상교섭본부장 김 종 훈

제2판 들어가는 글

2010년 본서 초판이 발간된 이후 6년이 지났다. 그동안 FTA 발효 건수가 많이 늘어났고, FTA 정책을 담당하는 정부조직체계에 변화가 있었다. 이로 인해 많은 분들로부터 개정판 발간 요청을 받았지만, 우리나라에게 중요한 다수 FTA가 발효되기를 기다리다 보니 이렇게 시간이 많이 지체되어 독자들에게 송구할 따름이다.

2011년 7월 EU(유럽연합)와의 FTA가 발효되었고, 이듬해인 2012년 3월 한 · 미 FTA가 발효된 2개월 후 중국과의 FTA 협상이 시작되었다. 우리나라 제1위 교역대상국인 중국과의 FTA 내용을 개정판에 포함시켜야 한다는 의욕으로 제2판 발간 계획은 자연스레 한 · 중 FTA 협상이 타결된 2015년으로 연기되었다. 하지만 이 시점에 세계적인 주목을 받았던 환태평양동반자협정(TPP)이 2016년 2월 서명되면서 본서의 제2판 집필을 위해 준비했던 원고를 이제야 마무리할 수 있게 되었다.

지난 6년은 우리나라 FTA 정책이 결실을 거두면서 세계적인 FTA 대국으로 발전하는 기간이었다. 칠레와의 첫 FTA를 발효시킨 이후 10년 만에 우리나라는 글로벌 FTA 네트워크를 구축할 수 있었다. GATT-WTO 다자무역체제와 더불어 FTA 지역주의는 세계무역을 총괄하는 양대 축의 하나로 자리 잡았고, 세계 대부분의 국가들이 FTA 추진 경쟁을 벌이고 있다. 2015년 말 나이로비에서 개최된 WTO 각료회의에서 도하개발의제(DDA) 협상을 중단하기로 결정하게 됨에 따라, 앞으로 상당 기간 동안 세계무역에서 FTA 네트워크의 중요성이 더욱더 커질 것으로 예상된다.

제2판은 이러한 대내외적 환경변화와 FTA 추진실적을 반영하여 전면 개정판으로 수정 · 보완되었다. 3부 16장으로 구성된 제2판에서 제1부와 제3부는 국내외 상황 변화를 반영하기 위해 사실상 새로이 집필되었다. 특히 제3부 첫 3개 Chapter에서는 한 · 미 FTA, 한 · EU FTA 및 한 · 중 FTA를 평가하였고, 또한 FTA 비즈니스 활용방안에 대해 2개의 Chapter를 새로이 추가하였다.

또한 2016년 필자가 '한국형 무크(K-MOOC)' 에서 "생각보다 가까운 FTA" 과목을 강의하게 되어 본서는 K-MOOC 강의 교재로도 사용될 수 있게 내용을 조정하였다. K-MOOC에 대한 정보는 http://www.kmooc.kr/에서 찾아볼 수 있다. K-MOOC 온라인 수업의 한계를 보완하면서 FTA 통상에 대해 보다 전문화된 내용을 본서에 포함시키고자 하였다.

본서가 우리나라 FTA 정책 학습 및 기업의 FTA 활용에 조금이나마 도움이 되었으면 한다. 제2판에서 특히 제3부를 보강한 것은 FTA 활용 지침서로 활용될 수 있도록 하기 위함이다. 아직까지 우리 기업들은 FTA 내용 중 관세분야 활용에 관심이 높아 관세분야 위주의 FTA 활용방안을 제시하였으나, 앞으로는 서비스, 투자, 지재권, 정부조달 등의 활용에 방점을 둬야 할 것이다. 이에 대한 전문서적은 향후 별도의 책으로 발간하고자 한다.

제2판 집필에 많은 분들의 도움을 받았다. 제1판에서와 마찬가지로 인하대 조정란 교수께서 여러 Chapter의 상당 부분을 작성해 주셨다. 인하대 한하늘 박사 및 홍진영 박사께서 편집과정에서 많은 도움을 주셨고, 대학원 FTA 전공과정에 재학 중인 심창용 군과 백일홍 군이 기초 데이터 작업을 많이 도왔다. 이들의 도움이 없었으면 제2판 발간은 더 지체될 수밖에 없었을 것이다. 마지막으로 제2판 발간을 묵묵히 지켜봐 주신 율곡출판사 박기남 사장님께 감사드린다. 또한 방조일 주간님 및 편집팀의 꼼꼼한 편집 작업 없이는 이 책이 빛을 보지 못했을 것이다.

2016년 9월 5월

인하대 연구실에서 정 인 교

초판 들어가는 글

우리나라가 자유무역협정(FTA) 체결을 추진한 지 이미 11년이 지났고, 2010년 6월 현재 5개의 FTA를 이행 중이며, 미국 및 유럽연합(EU)과의 FTA 이행을 준비 중에 있다. 현재 우리 정부가 추진 중인 FTA가 모두 이행되면 우리나라 총교역의 80% 이상이 FTA 체제 내에서 거래될 것으로 예상된다. 이제 FTA는 우리나라 통상정책의 중심축이 되었다. FTA에 대한 이해 없이는 국제무역에 참여하기 어려운 시대를 맞고 있다고 해도 과언이 아니다.

필자는 1995년 FTA 경제효과를 추정하는 경제모형(불완전경쟁 다국가 CGE)에 대한 이론적 연구로 경제학박사 학위를 취득한 후 바로 대외경제정책연구원(KIEP)에서 통상정책분야를 연구하게 되었다. 1996년 당시 김영삼 대통령의 문민정부는 '세계화'를 국정지표의 하나로 설정하였고, 대통령 직속의 '세계화추진위원회'는 필자에게 우리나라 FTA 정책 추진방안 연구를 주문하였다. 하지만 당시 개방에 대한 국내여건의 미성숙으로 필자의 연구결과는 공론화되지 못한 채 1997년 말 외환위기를 맞게 되었다.

1998년 집권한 국민의 정부는 외환위기 타개를 위한 개방 · 개혁정책의 일환으로 FTA 정책을 적극적으로 검토하였다. 동년 11월 당시 김종필 국무총리를 위원장으로 한 대외경제정책조정위원회는 칠레와의 FTA는 우선 추진하고, 미국 등 거대경제권과의 FTA는 향후 검토 후 추진 여부를 결정할 것임을 공식 의결하였다. 필자는 한 · 칠레 FTA의 모든 공식 협상에 정부대표단으로 참여하였고, 이때의 경험과 이론적 연구가 이후 다른 FTA 협상 전략 연구에 큰 도움이 되었다. 2002년 하반기 칠레와의 FTA 협상 타결이 가시화되자, 필자는 정부의 요청으로 우리나라 'FTA 추진 로드맵'을 연구하게 되었다. 이후 일본, 싱가포르, 멕시코, 아세안, 인도, 미국, EU 등과의 FTA 협상에 직 · 간접적으로 참여하게 되었다.

그동안 FTA 정책연구 및 협상경험, 민간업계와의 협의 등을 통해 축적한 통상분야 지식을 한 권의 책으로 묶은 FTA 연구총서를 집필하고자 했으나 여러 가지 사정으로 차일피일 미뤄왔다. 2009년 가을 율곡출판사의 박기남 사장님의 인하대 방문을 계기로 필자는 『FTA 통상론』을 집필하기로 결심하게 되었다. 이 책에는 FTA 기초이론, FTA 통상협상, FTA 협정문 및 주요 내용, FTA 기업활용에 이르는 방대한 내용을 포함시키기로 하였다.

1996년부터 최근까지 30권의 통상전문가용 FTA 연구서적을 발간했지만, 대학교재 수준의 저서 집필은 처음이어서 집필에 애로가 컸다. 하지만 더 이상 미룰 수 없는 작업이라는 판단 하에 그동안 덮어 두었던 FTA 관련 자료와 노트를 다시 펼쳐 보면서 집필작업을 진행했다. 다만, 책의 일부는 기존 연구논문이나 다른 저서로 발간된 내용을 현재 상황에 맞게 대폭 수정 · 보완하여 이 책에 포함시켰다. 특히 필자가 2007년 무역협회를 통해 발간한 『한 · 미 FTA 100% 활용하기』에서 관세, 원산지기준, 무역규범 등에 대한 내용과 『한국경제의 패널』과 『국제지역연구』에 필자가 게재한 논문도 이 책의 구성에 맞게 편집 및 보완을 거쳐 활용했다. 필자의 요청을 기꺼이 승인해 준 무역협회 및 관련 학술단체에 감사드린다. 또한 이 책에는 그동안 필자가 FTA 공동연구, 세미나 등을 통해 활발한 교분을 나누었던 조정란 인하대 정석물류통상연구원 연구교수, 최원목 이화여대 교수, 송원근 한국경제연구원 선임연구위원, 오동윤 중소기업연구원 연구위원, 김홍률 동서대 교수 등의 연구결과가 널리 활용되었다. 이분들의 도움에 대해서도 깊이 감사드린다.

본서의 집필과정에서 율곡출판사 방조일 편집주간 및 출판관계자들의 도움이 매우 컸다. 또한 방대한 자료의 조사 및 집필 지원을 아끼지 않은 인하대 조정란 박사에게 감사드린다. 본서에서 발견되는 오류는 전적으로 필자의 잘못이며, 향후 수정 · 보완할 것임을 밝힌다. 부족하지만, 본서가 대학생 및 기업인들이 우리나라 FTA 정책 및 내용을 이해하고, FTA 활용방안을 찾는 데 조금이라도 도움이 되었으면 하는 것이 필자의 바램이다.

2010년 6월

정 인 교

인하대학교 경제학부 교수

(사)FTA활용포럼 대표

차 례

추천의 글/iv
제2판 들어가는 글/vi
초판 들어가는 글/viii

통상정책과 FTA 지역주의

FTA and International Trade, part one

제1장 시작하면서

1. 본서의 구조 _____ 6
2. 무역의 중요성과 FTA 이익 _____ 10
3. FTA 논란과 협상지침(mandate) _____ 13
4. FTA 협상, 양면게임 _____ 17
5. FTA 경제효과 추정 논란 _____ 19
6. FTA 소비자이익 _____ 22
7. 칠레산 와인과 포도 _____ 24
가. 와인의 경우/24
나. 포도의 경우/26

제2장 대외통상환경과 FTA 지역주의 특징

1. 세계경제 성장 및 무역 추이 _____ 32
2. 보호무역주의 _____ 35
3. FTA 지역주의 추이와 특징 _____ 39
4. 유럽통합과 영국의 EU 탈퇴 _____ 44

Contents

제3장 다자무역체제와 FTA

1. 세계대전과 GATT 다자무역체제_____52
2. WTO 구조 및 통상규범 체계_____56
3. DDA 협상_____60
4. 지역무역협정에 대한 다자규범_____63

제4장 주요 국가의 통상정책 체계와 FTA 정책

1. 시작하면서_____70
2. 주요국의 통상정책 체계_____72
   가. 한국 : 대통령 중심 체제/72
   나. 미국 : 의회의 통상정책 권한/76
   다. 일본 : 산업부처 주도/80
   라. 캐나다 : 1부처 2장관 형태/85
   마. 멕시코 : 민간업계 주도/86
3. 주요국의 FTA 정책과 추진 실적_____88
   가. 미국/88
   나. EU/91
   다. 일본/93
   라. 중국/95

제5장 우리나라의 FTA 추진현황 및 추진체계

1. 시작하면서_____100
2. FTA 정책 추진과정과 FTA 실적_____102
   가. FTA 정책 결정 배경/102
   나. 한 · 칠레 FTA 추진과정/103
   다. 우리나라의 FTA 추진실적과 추진현황/106
3. 우리나라의 FTA 추진전략과 추진절차_____110
   가. FTA 추진 로드맵/110
   나. FTA 추진절차 및 통상교섭절차법/114

4. 우리나라 FTA 정책 평가_____118
가. 전반적인 평가/118　　나. 개선해야 할 부분/123
5. 추진체계에 대한 평가_____126
6. 향후 FTA 정책방향_____130
가. 실익 위주의 FTA 추진/130　　나. 대내협상 강화/132

2 FTA 협정의 구조적 분석

FTA and International Trade, part two

제6장 FTA에 대한 이해

1. 시작하면서_____138
2. FTA 이해_____140
가. FTA의 포괄범위/140　　나. FTA 체결 배경과 기대효과/147
다. FTA 체결 추세/150
3. FTA 이해 심화_____156
가. 경제통합과 지역무역협정/156
나. EPA, CEPA, SECA : 변형된 FTA 명칭/159

제7장 FTA의 주요 내용

1. 시작하면서_____165
2. 협정의 구조_____166
3. 상품 관련 분야_____167
가. 상품무역/167　　나. 농업/168
다. 섬의류/171　　라. 원산지기준/172

Contents

마. 통관 및 원산지 검증/173 바. 정부조달/173

4. 무역규범 및 관련 분야_____174

가. 무역구제/174 나. 전자상거래/176

다. 지적재산권/177 라. 동식물 위생검역/178

마. 기술장벽/178 바. 경쟁정책/180

사. 노동/181 아. 환경/181

5. 투자 및 서비스_____182

가. 투자/182 나. 서비스일반/185

다. 금융서비스/188 라. 통신서비스/190

제8장 관세 및 관련 규범

1. 시작하면서_____197

2. 관세분야에 대한 협정의 주요 내용_____198

3. 상품의 관세양허 구조 및 주요 품목의 관세양허_____203

가. 상품분야 양허 구조/203 나. 주요 품목의 관세철폐/207

4. 관세양허표 이해하기_____210

가. HS 품목분류표 구성 및 구조/210 나. 관세양허 카테고리 확인/213

5. FTA 수출입 통관절차_____218

제9장 원산지기준 및 원산지 증명

1. 시작하면서_____226

2. 원산지기준 협정 내용_____228

가. 완전생산기준/228 나. 실질변형기준/230

3. 원산지기준 확인과 원산지 증명_____238
가. 품목별 원산지기준 확인 예시/238 나. 원산지증명서 자율발급/240
다. 원산지 검증/246
4. 원산지기준과 기업활동_____248

제10장 FTA 무역구제 및 무역조정지원

1. 시작하면서_____254
2. 우리나라 무역구제 판정절차_____255
3. FTA 무역구제조치 내용_____258
가. 긴급수입제한조치/260 나. 반덤핑 및 상계관세/262
다. 무역구제위원회/264
4. FTA 무역조정지원제도_____265
가. 개요/265 나. TAA 제정 및 개정/266
다. TAA 지원 내용/268 라. TAA 평가/272
5. 무역이득공유제_____275
가. 무역이득공유제 개요/275 나. 무역이득공유제의 문제점/276
다. 전문가 평가/278

제11장 지식재산권, 노동 및 환경분야 규범

1. 시작하면서_____282
2. 지식재산권제도_____283
가. 특허분야/285 나. 상표분야/287
다. 저작권/288 라. 지리적 표시/290
마. 지식재산권의 효과적인 집행/292

Contents

3. 노동분야 ______ 295

가. 개요/295
나. 노동협력 메커니즘/296
다. 공중의견제출제도/297

4. 환경분야 ______ 298

가. 개요/298
나. 주요 내용/299
다. 자동차 관련 환경 이슈/300

3 주요 FTA 분석 및 FTA 활용

FTA and International Trade, part three

제12장 한 · 미 FTA 분석

1. 시작하면서 ______ 306

2. 한 · 미 FTA 주요 내용 ______ 307

가. 상품분야 주요 내용/307
나. 제도의 개선(규제완화)/309
다. 서비스/312
라. 투자/314
마. 지식재산권/315
바. 정부조달/317
사. 무역구제/318

3. 한 · 미 FTA 예상효과 ______ 319

가. 경제성장/319
나. 제조업/321
다. 중소기업/323
라. 서비스/324
마. 농업/326

4. 협정의 정성적 평가 ______ 328

가. 쇼트의 평가/329
나. 국내 전문가 평가/330

5. 한 · 미 FTA 추가 협상 ______ 332

참고문헌/335

제13장 한 · EU FTA 분석

1. 시작하면서_____340
2. 상품분야_____342
가. 공산품/342
나. 자동차/343
다. 농산물/345
라. 수산물/347
마. 정부조달/348
3. 무역규범_____348
가. 지적재산권/348
나. 위생 및 식물위생 조치(SPS)/350
다. 무역기술장벽협정(TBT)/353
라. 무역구제/355
마. 보조금/356
바. 원산지 및 관세환급/357
4. 서비스분야_____358

제14장 한 · 중 FTA 분석

1. 서론_____364
2. 한 · 중 FTA 의의_____365
가. FTA 망 확충/366
나. 일반무역 확대/367
다. 중국의 비관세장벽 완화/369
라. 비경제적 요소/370
3. 한 · 중 FTA 주요 내용 및 평가_____371
가. 정부의 평가 : 농업 보호 및 중국 내수 진출 기대/371
나. 비판적 평가 : 외형은 포괄적이나 내실은 부족/375
4. 중국의 FTA 추진 동향과 중국의 한 · 중 FTA 추진 배경_____377
가. 중국의 FTA 추진 동향/377
나. 중국의 한 · 중 FTA 추진 배경/378
5. 결론 및 시사점_____381

참고문헌/382

Contents

제15장 FTA 활용과 기업 지원

1. 시작하면서 ____ 386
2. 우리나라 FTA 활용률 ____ 388
3. FTA 활용 장애요인 ____ 392
   가. 2008~2009년 조사/392　　나. 최근의 조사/393
4. FTA 활용 지원 내용과 평가 ____ 395
   가. 개요/395　　나. 활용 지원 평가/396
   다. 현재의 FTA 활용 지원/397
5. FTA 수출유망품목 ____ 402
   가. 개요/402　　나. 수출유망품목/403

제16장 FTA 활용 비즈니스 모델

1. 비즈니스 모델 개요 ____ 418
2. 기본 모델 예시 ____ 420
   가. 관세인하 활용/421　　나. 원산지규정 활용/423
   다. 품목분류제도 활용/424　　라. 협력사 공동 활용/427
3. 응용심화 FTA 모델 ____ 429
   가. 원산지 보완규정 활용/429　　나. FTA 투자/434
4. FTA 활용을 위한 제언 ____ 442

찾아보기/445

FTA and International Trade

part one

통상정책과 FTA 지역주의

제1장 시작하면서

제2장 대외통상환경과 FTA 지역주의 특징

제3장 다자무역체제와 FTA

제4장 주요 국가의 통상정책 체계와 FTA 정책

제5장 우리나라의 FTA 추진현황 및 추진체계

1. 본서의 구조

2. 무역의 중요성과 FTA 이익

3. FTA 논란과 협상지침(mandate)

4. FTA 협상, 양면게임

5. FTA 경제효과 추정 논란

6. FTA 소비자이익

7. 칠레산 와인과 포도

FTA and International Trade

시작하면서

1

자유무역협정(FTA) 후발국이던 우리나라는 지난 20여 년 사이에 FTA 선도국 중 하나로 발전했다. FTA 정책 초기에는 전문인력과 경험이 없어 협상에 애로가 컸으나, 이제 지난 20년간의 FTA 정책 경험과 노하우를 바탕으로 FTA 협상에 적극 임할 수 있게 되었다. FTA에 따라 당초의 기대효과가 실현되기도 했으나 예상하지 못했던 사항들이 나타나기도 한다.

제1장에서는 본서의 구조를 개략적으로 설명하고, 본격적인 FTA 학습에 앞서 우리나라의 FTA 정책과 관련해서 알아두어야 할 사항 몇 가지를 정리하고자 한다. 무역의 중요성과 FTA 이익, FTA 논란과 협상지침(mandate), FTA 협상의 양면게임적 특성, FTA 경제효과 추정 논란, FTA 소비자이익 실현 여부 등에 대해 살펴보고자 한다. 무역의 중요성을 인식한다면 FTA 경제이익을 인정하지 않을 수 없지만, FTA는 정치적 논란의 대상이 되기도 하고, 유통구조와 시장지배력에 따라 FTA 소비자이익도 영향을 받을 수 있다. 이에 대해서는 칠레산 와인과 포도를 사례로 살펴보고자 한다.

1. 본서의 구조

FTA and International Trade, ch. one

2004년 4월 칠레와의 FTA 발효로 우리나라는 FTA 지역주의에 참여하게 되었고, 이후 '동시다발적 FTA 추진전략' 하에서 적극적으로 FTA 정책을 추진한 결과, FTA 건수나 FTA 무역 비중 측면에서 세계 최고 국가 중 하나로 자리잡게 되었다. FTA 후발국인 우리나라의 FTA 추진 실적에 자극받은 일본, 중국 등도 FTA 경쟁에 나섰고, 세계무역기구(WTO) 도하개발의제(DDA) 협상 부진에 이어 급기야 협상 중단에 이르게 되어 FTA의 중요성이 점점 더 커지고 있다.[1]

본서는 3부(部), 16개의 장(章)으로 구성되어 있다. 제1부의 제목은 '통상정책과 FTA 지역주의', 제2부 'FTA 협정의 구조적 분석', 제3부 '주요 FTA 분석 및 FTA 활용'으로 설정했다.

제1부(통상정책과 FTA 지역주의)는 5개의 장으로 구성되어 있으며, 제1장은 본격적인 FTA 학습에 앞서 독자들이 미리 알아두었으면 하는 내용을 정리

1_ DDA는 2001년 11월 카타르의 도하에서 개최된 WTO 통상장관회의에서 채택된 새로운 다자간 무역협상이다. 2005년 협상 종료 목표를 설정했으나 농산물에 대한 수입국과 수출국의 대립, 공산품 시장개방에 대한 선진국과 개도국 간 대립 등으로 인해 협상이 부진해지자, 2015년 말 케냐 나이로비에서 개최된 WTO 통상장관회의는 협상 중단을 결정했다.

하고자 했다. 제2장은 최근 발생한 주요 대외통상 이슈를 정리하고, FTA 지역주의에 대해 요약하고자 했다. FTA의 많은 부분은 WTO 규범과 그 궤를 같이하며, FTA 학습을 위해서는 다자무역규범을 이해해야 한다. 다자통상의 주요 내용과 FTA에 대한 규범을 제3장에서 정리하였다. 전통적으로 세계무역은 WTO와 같은 다자간통상규범에 의해 주로 규율되어 왔으나, 시간이 흐를수록 FTA 지역주의(regionalism)의 중요성이 커졌고 오늘날에는 다자통상규범과 지역주의가 세계무역을 관할하는 체제로 변모되었다.[2] 제4장에서는 우리나라 FTA 정책 추진기구를 설명하고 이어 미국, 일본, 캐나다, 멕시코의 통상정책추진기구를 논의한 후 이들 국가의 FTA 추진 실적을 요약하였다. 우리나라의 FTA 정책 및 추진전략은 본서의 제5장에서 논의하고 있다.

2_ 지역주의는 국가 간 협정을 통해 초국가적인 경제통합기구 창설 또는 회원국 간 경제협력과 연대 강화를 의미한다.

제2부 'FTA 협정의 구조적 분석' 제목 하에 FTA의 주요 내용을 6개 장으로 나눠 설명하고 있다. FTA 포괄범위, 협정의 발전과정, FTA 체결 추이, 지역별 주요 FTA 등을 제6장에서 설명하고, 이어 제7장에서는 우리나라가 체결한 FTA 중 가장 포괄적인 한 · 미 FTA 구조를 제시하였다. 제8장과 제9장에서는 각각 관세철폐와 원산지기준을 설명하였다. 포괄적인 협정에서 규제완화, 제도개선의 중요성이 커지고 있으나, 무역자유화를 의미하는 FTA에서 가장 핵심적인 부분은 여전히 관세철폐와 관련 규범이다. 원산지기준은 특정 품목의 국적을 정하는 기준을 의미한다. 여러 국가에 걸쳐 생산활동이 이루어지거나 수입부품을 사용해 제품을 생산하는 경우 원산지기준 설정은 기업에게나 소비자에게 매우 중요한 사항이 된다. 제10장은 무역구제와 무역조정지원제도(TAA)에 대해 설명하고자 한다. 무역구제는 무역자유화에 대한 대응력이 취약한 산업을 일시 보호하는 것을 허용하는 제도(긴급수입제한제도)이고, 상대국의 불공정한 무역행위를 합법적으로 규제할 수 있도록 허용하는 제도를 의미한다. TAA는 미국의 제도를 참고하여 도입한 것으로, 무역개방으로 인해 '일정 수준 이상의 피해를 입었거나 피해를 입을 가능성이 있는 경우' 피해 기업이나 근로자를 지원하는 공적제도이다. 제11장에서는 국제적 중요성이 커지고 있는 지식재산권 보호, 노동과 환경 이슈 등 최근 체결된 FTA에 포함된 새로운 통상이슈에 대해 설명하였다.

제3부는 '주요 FTA 분석 및 FTA 활용' 하에 5개 장으로 되어 있으며, 첫 3개의 장에서는 우리나라 FTA 상대국 중 최대 경제권인 미국, EU, 중국과의

FTA를 FTA 활용 측면에서 분석하였다. 제12장에서는 한 · 미 FTA, 제13장 한 · EU FTA, 제14장 한 · 중 FTA를 분석하며, 일부 내용은 학술지에 발간된 논문을 발간기관의 승인을 받아 수정 · 보완하는 형태로 작성되었다. 제15장은 우리나라 주요 FTA의 시장개방 내용과 현지 시장여건을 고려하여 FTA 활용이 유망한 품목을 제시하였다. 마지막 장인 제16장에서는 FTA 활용 비즈니스모델을 제시하는 것으로, 기존 발표된 모델에다가 신규 모델을 추가하여 제16장을 작성하였다.

2010년 발간된 본서 초판의 대부분은 최근의 통상환경과 우리나라의 FTA 추진실적을 바탕으로 수정보완되었다. 또한 초판에서 충분히 다루지 못했던 이슈를 이번 개정판에서는 논의하고자 하였다. 예를 들어, FTA는 개방과 개혁을 전제로 하므로 찬반논란이 수반되는 것이 일반적이다. 한 · 미 FTA와 같이 FTA 추진 과정에서 엄청난 사회적 갈등을 겪기도 했으나, 미국과의 FTA를 체결하고 그 이후 몇 년동안 다수 FTA 협상을 성공적으로 타결시켰다. 이러한 실적이 가능했던 배경에 대한 연구가 없었으나, 본서의 제1장 제3절 'FTA 논란과 협상지침(mandate)' 에서 논의하고 있다.

FTA 체결 건수가 늘어나면서 우리 사회 전반적으로 FTA 무역체제의 중요성에 대한 인식이 점진적으로 확산되어 가고 있다. FTA에 대한 인식은 크게 긍정적인 측면과 부정적인 측면으로 나눌 수 있고, 긍정적 인식의 예는 FTA 체결이 우리나라 수출 확대에 기여한다는 점이고, 대표적인 부정적 인식은 무역개방에 따른 농업 피해로 압축된다. 오늘날 체결되는 FTA는 수출입을 원활하게 하는 고전적인 의미의 협정 내용을 바탕으로 하지만, 서비스, 투자, 무역제도, 지식재산권(지재권) 보호 등 많은 내용을 아우르는 포괄적인 협정이 체결되고 있다.[3] 경제자유화 범위의 확대와 더불어 경제제도 및 통상규범의 선진화는 경제 전반에 긍정적인 영향을 미치게 된다. 개방수준이 높고 포괄범위가 넓은 한 · 미 FTA와 환태평양동반자협정(TPP)에 주목하는 것도 바로 이 때문이다. 이에 대해서는 제12장에서 논의하고 있다.

3 지식재산권은 지적재산권으로 표기되기도 한다.

포괄적인 FTA를 추진할지라도 FTA 협상 타결에서 가장 큰 애로는 관세분야 자유화이다. 관세는 수출입에 직접적인 영향을 미치고 승자산업과 패자산업을 극명하게 갈라놓기 때문에, FTA 협상에서 산업별 소관 부처의 협상력이 집중되고, 국가 차원의 FTA 정책 추진 과정에서 부처이기주의가 가장 심한 분야가 관세협상이다. 또한 관세 자유화 수준이 높지 않으면 FTA 다른 분야의 내용도 질적 수준이 떨어지는 경향을 보인다. 이러한 예로 한 · 중 FTA, 한 · 인도 FTA, 한 · 아세안 FTA를 들 수 있고, 역내포괄적경제동반자협정(RCEP) 협상이 전반적으로 부진한 것도 16개 회원국 다수가 관세협상에서 소극적인 입장을 보이고 있기 때문이다.

오늘날 FTA가 통상분야에서 전 세계적인 조류로 발전하게 된 계기는 1, 2차 세계대전의 참상에서 비롯되었다. FTA를 이해하기 위해서는 유럽통합 과정을 알아야 한다. 제2장 제4절 '유럽통합과 영국의 EU 탈퇴'에서 논의하듯이, 제2차 세계대전 종전을 전후하여 장 모네(Jean Monnet) 같은 유럽의 선각자들은 전쟁의 참화를 되풀이 하지 않기 위해 석탄과 철강 같은 군수물자를 한 나라가 독점하도록 나두지 말고 지역 공동으로 관리해야 하고, 유럽 내 국가 간 경제적 긴밀도를 높여 나가야 한다고 생각했다. 즉 국가 간 경제통합을 달성함으로써 폐쇄경제 하에서 특정 국가가 군사적 패권을 차지하는 것을 방지하고 국가 간 인적, 물적 교류를 통해 일방이 전쟁과 같은 참화를 일으키지 못하는 구도를 만들어야 한다고 생각했다. 대부분의 FTA는 경제효과를 목적으로 체결되지만, 경우에 따라 외교 · 안보적 목적도 내포되어 있다. 유럽의 통합역사를 오늘날 FTA로 해석하면 FTA는 경제동맹을 구축하는 방안이 된다.

FTA는 경제통합 단계에서 가장 기본적인 부분이지만, 어떤 경제통합체도 무역자유화를 기반으로 하고 있다. GATT · WTO 다자무역체제 하의 전 세계 무역자유화 협상으로 인해 FTA에서 관세분야 중요성이 약화되었다고 하지만, FTA 협상에서 관세는 여전히 중요한 부분을 차지하고 있다. 과거에 비해 나아졌지만, 여전히 무역 개방에 대한 부정적인 인식이 우리 사회에 자리잡고 있고, FTA 정책 추진에 장애요인으로 작용하고 있다. 제14장에서 분석하고 있듯이, 한 · 중 FTA 협정이 기대수준에 미치지 못한 것도 농업계 반대를 극복할 자신이 없었던 통상당국이 농업분야 관세철폐 범위를 아주 작게 잡았다는 점에 주로 기인하고 있다.

무역액 기준 세계 7위(2015년) 무역국가로 발전한 우리나라는 무역의 순기능에 대한 인식을 개선해야 한다. 무역이 우리나라 경제발전의 중요 부분이고, FTA가 무역 신장에 기여한다는 인식의 확산이 필요하다. 무역확대는 경제성장과 직업창출, 우리 생활을 윤택하게 만드는 데 기여하게 된다. 네이버에서 FTA

를 검색해 보면 무려 4,000만 건 이상의 자료가 게재되어 있다. 가장 잘 나가는 톱스타에 대한 내용이 100만 건 내외인 것에 비하면, FTA에 대한 정보는 40배나 많다. 하지만, 이들 정보의 상당 부분은 FTA 본질을 벗어난 정보이거나 부정적인 찬반양론적 내용들이다. FTA는 무역 확대를 위해 회원국 간에 합의된 약속이다. 무역의 중요성에 대한 인식없이 FTA를 평가하는 것은 적절하지 않다.

2. 무역의 중요성과 FTA 이익

FTA는 Free(자유화), Trade(국제무역), Agreement(국제조약)를 의미하며, FTA는 무역자유화를 실행하기 위한 국제적 조약이다. 구속력 있는 조약 체결로 회원국들이 협정 이행 의무를 부여함으로써 자유로운 무역체제가 유지되도록 한다. 아담 스미스(Adam Smith) 이래로 국제무역은 경제발전의 기본으로 인식되고 있다. 국제무역 확대는 오늘날 물질문명 발전에 크게 기여했다. 국제무역 없이는 일상 생활이 불가능하다고 해도 과언이 아니다. 현대 물질문명의 기반을 제공하고 있는 석유와 석탄을 우리나라는 거의 대부분 수입에 의존하고 있다. 또한 먹거리, 한약재 등 농산물 가운데 많은 부분도 마찬가지이다. 100% 수입으로 조달된 원두와 원당이 있기에 커피와 설탕 등 기호식품을 소비할 수 있고, 수출상품이 될 수 있다.

FTA는 원자재와 설비를 더 낮은 비용으로 공급받을 수 있고, 소비자들이 다양한 상품과 서비스를 싸게 소비할 수 있어 경제적 이익을 발생시키게 된다. 우리나라의 첫 번째 FTA인 한·칠레 FTA 실적에 대한 평가가 엇갈릴 수 있으나, 양국 간 무역이 늘어났다는 점은 통계로도 증명된다. 이로 인해 우리 국민은 칠레산 수입품을 많이 접하게 되었고, 칠레 국민들은 한국산 제품을 더 많이 소비할 수 있게 되었다. 관세는 국제적 상품에 대한 거래비용으로 작용한다. 거래비용을 낮추면, 거래가 늘어나게 된다. 예를 들어, 부동산, 주식 등에서 거래비용이 낮아지면, 거래가 활성화되는 것을 언론을 통해 접하고 있다. 국제무역의 경우, 거래비용이 적지 않다. 필자가 조사한 바에 따르면, 품목에 따라 다르겠지만, 수입품의 소비자가격은 수출국 공급자(생산사) 가격의 대충 2배 수준으로 오르게 된다. 내국세 세금, 물류비 등이 가격인상의 주요 원인이 되지만 수입 과정에서 부과되는 관세 등 각종 거래비용이 수입품 가격 인상의 1/4 내외를 차지하고 있다. 국가 간 거래비용을 낮추기 위한 국가의 약속이 바로 FTA이다. 관세철폐는 국제무역에 따른 거래비용을 낮추게 된다. 17세기 네덜란드가 황금시대를 이루게 된 것은 무역비용(물류비)을 낮출 수 있었기 때문이다. 플류트(Fluyt)선 개발이라는 기술혁신으로 해상운임을 경쟁국의 1/3 수준으로 낮출 수 있었다. 이로 인해 전 세계 화물 운송을 독점하면서 암스테르담이 국제도시로 부상될 수 있었다. 홍콩과 싱가포르가 세계적인 무역항이 될 수 있었던 것도 바로 자유항으로서 거래비용을 대폭 낮추었기 때문이다.

무역은 국제분업과 생산특화를 유도한다. 분업과 특화의 장점은 무역뿐만 아니라 국내 경제활동에도 적용된다. 모든 일을 내가 다 처리하는 경우를 생각해 보자. 직접 농사지어 먹거리 해결하고, 옷감짜서 옷 지어 입고, 자녀 교육, 전기 공사, 수도 공사 등 모두 내가 한다고 하자. 한편, 분업의 경우는 내가 가장 잘 할 수 있는 것을 주업으로 하고 나머지는 다른 전문가가 제공하는 상품이나 서비스를 구매하는 것이 될 수 있을 것이다. 후자가 우리 생활을 윤택하게 하는 것은 명확할 것이다.

생산과 소비가 불일치하는 품목이 있어 무역이 보다 풍요한 소비를 할 수 있도록 해 주는 역할도 한다. 예를 들면, 국내 자급률이 80% 수준인 돼지고기 품목을 살펴보자. 우리 국민들은 돼지고기 부위 중 삼겹살과 등심을 주로 선호하므로 이들 부위의 고기 가격은 비싼 반면, 다리살, 목살 등 덜 선호하는 부위의 가격은 싼 편이다. 하지만 외국 소비자의 선호는 정반대이다. 따라서 우리나라는 삼겹살과 등심을 국내가 보다 싸게 수입하면서 다리살, 목살 등을 수출하고 있어 돼지고기는 산업내무역(동일 품목 내 수출과 수입이 동시에 발생)이 이루어지고 있다. 칠레, 미국, 네덜란드, 덴마크 등 세계 최대 돼지고기 수출국과 FTA를 발효시켰지만, 지난 10여 년간 돼지고기 국내 자급률은 큰 변동없이 유지되고 있다.

전통적으로 무역의 대상은 2차 산업인 제조업이었으나 1995년 WTO 출범으로 1차 산업인 농업, 3차 산업 서비스업까지 모두 국제무역의 대상이 되었다. 많은 국가에서 1차 산업 개방을 꺼리고 있으나, 1차 산업인 농산물도 무역없이는 생산 활동이 어려운 상황이다. 예를 들어, 국내 소비량이 많은 청량고추(일명 땡초)의 경우, 씨앗 소유권은 미국 소재 종자회사인 몬산토가 가지고 있고, 국내에서 재배되는 청량고추 씨앗은 중국 산동성에서 재배되어 국내에 수입된다. 청양(청송, 영양), 밀양, 진주 등에서 고추가 많이 재배되고 있지만, 무역 없이는 국내에서 생산된 청량고추를 먹을 수 없을 것이다. 2차 산업 중 하나인 의류제품은 글로벌 생산구조가 확립된 대표적인 산업이다. 여성 블라우스의 경우, 기초 소재인 원유(쿠웨이트), 원면(인도, 우즈베키스탄)을 수입하여, 국내에서 원사나 원단을 만들고, 다시 중국, 베트남, 방글라데시 등으로 원단을 수출하여 봉제를 하게 된다. 한국 기업이 국내에서 디자인하고 생산단계의 일부를 해외에서 처리하게 되면 국산 브랜드일지라도 상품의 원산지는 한국이 아닐 수 있다. 이 경우에도 몇 나라에 걸친 무역과 생산 활동을 수반하게 된다. 3차 산업인 서비스업도 무역을 통해 확보한 물품 없이는 사업을 영위하기 어렵다. 서비스업에 투입되는 자재나 기계를 수입해서 사용하기 때문이다. 예를 들어, 요식업은 수입된 어류나 농산물을 사용하고 있고, 항공서비스업도 외국산 비행기를 수입(임대)해서 사용하고 있다.

우리의 의식주 생활이 무역거래와 관련이 있고, FTA를 활용하게 되면 무역으로 인한 이익을 키울 수 있다. FTA는 기업의 영역으로 인식하는 경향이 있으나, 개인도 FTA를 활용할 수 있다. 요즘 유행하는 해외직구가 대표적인다. 몇 년전만 하더라도 아마존, 알리바바 등에서 제품을 구매했다고 하면, 해외 유학파라고 생각하거나 외국어를 잘 하는 사람으로 간주되었을 것이다. 이미 상당수의 개인들이 직구를 하고 있는데, 직구가 시작되었던 초기에는 국내에서 구하기 어려운 물품을 중심으로 구매하는 경향이 있었으나, 이후 직구족이 늘어나면서 국내 가격이 비싼 물품을 구매하는 것으로 바뀌고 있다. 직구를 하더라도 FTA를 활용하게 되면 관세혜택을 받아 더 싸게 물건을 살 수 있다. 최근 다수 직구대행사들이 영업을 시작했으나, FTA 관세특혜 신청 여부도 확인해서 직구대행사를 선택해야 할 것이다.

특정 FTA 발효로 수입상품의 가격이 낮아질 수 있지만, FTA 망이 늘어나게 되면 수입상품 간 가격경쟁이 심화되면서 전반적인 수입물가가 낮아지게 된다. FTA 소비자이익은 수입품의 가격 인하로 소비자가 얻게 되는 혜택인데, 품목에 따라 눈에 띄게 가격이 떨어지는 것이 있는가 하면 그렇지 않은 경우도 있다. 몇몇 품목에 대해 FTA 발효 이후 지금까지 가격 추이를 보면, 오렌지의 경우, 한 · 미 FTA 발효 이후 가격이 많이 떨어졌다. 반면 명품가방 등 럭셔리 품목의 경우, 유럽과의 FTA 발효에도 불구하고 FTA 가격효과가 별로 없다. 와인의 경우, 통계적으로는 다소 애매한 부분이 있으나 자세하게 살펴보면 가격인하가 이루어지고 있다. 칠레산 와인의 경우 저가 와인이 고가 와인으로 대체되면서 가격이 인상된 측면이 있고, 칠레산 와인의 국내 시장 잠식에 대응하기 위해 프랑스산 와인 수입자들이 가격인하를 해오고 있다.

FTA는 수입품에 대한 관세를 낮추거나 철폐하는 것에서 출발하여 서비스, 투자, 지재권 보호 등의 범위를 넓혀 왔다. 이제 FTA는 우리가 일상적으로 사용하는 물품을 넘어 다양한 분야로까지 영향을 주고 있다. 예를 들어, 지재권 보호 강화로 과거와 달리 소프트웨어 불법복제 방지에 대한 인식이 확산되면서 우리 스스로 불법복제를 자제하고 있다.

3. FTA 논란과 협상지침(mandate)

FTA and International Trade, ch. one

FTA 정책을 처음으로 추진한 김대중정부 이후 역대 정부의 정책평가에서 일관되게 높은 점수를 받은 분야가 바로 FTA 정책분야이다. 열악한 FTA 추진 환경 속에서도 단기간에 세계 수위의 FTA 망을 구축할 수 있었던 것은 전 세계적으로 확대 · 심화되는 지역주의 추세를 목도하면서 FTA 추진없이는 치열한 국제경쟁에서 살아남기 어렵다는 점을 간파한 정부의 굳건한 정책의지가 중요하게 작용한 것으로 볼 수 있다.

그동안 FTA 추진과정에서 제대로 평가를 받을 기회가 없었지만, 통상정책을 담당했던 통상당국자들의 역량과 노력이 FTA 실적 달성에 중요한 역할을 했다. 외교통상부 통상교섭본부(1998~2013)는 우리나라 FTA 정책의 사령부이었고, 2013년 초 정부조직 개편으로 이 업무는 현재 산업통상자원부 통상교섭실이 담당하고 있다. 특히 FTA 교섭대표나 통상교섭실장은 FTA 정책사령관으로 FTA 협정 전 분야를 간파하는 혜안으로 상대국 파트너를 논리적으로 설득하거나 협상전략으로 우리나라의 안을 관철시키곤 했다. 2007년부터 2011

년까지 통상교섭본부장을 지낸 김종훈 본부장은 FTA 교섭대표로서 가장 널리 알려진 분이고, 본서의 추천사를 써주었다. FTA 교섭대표를 지낸 한 분은 2015년 한국국제통상학회 연말 세미나에서 "국제 통상협상은 국력과 더불어 소프트웨어적 역량이 중요한 국가적 총화"라고 피력한 바 있다. FTA 정책과 협상에 대한 세계 최고 수준의 내공 없이는 할 수 없는 언급이다.

FTA 협상에서 성공하기 위해서는 합리적인 협상지침이 중요하다. 협상지침을 mandate라고 하는데, 상대국과의 협상 전에 통상당국은 민간업계의 입장과 전문가들의 의견을 참고하여 협상 각 사안(agenda)에 대해 협상초안을 마련하고 관계 부처와의 조율을 거쳐 mandate를 확정하게 된다. Mandate는 협상전략의 일부가 되며, 협상수석대표는 이 mandate에 따라 협상 사안별로 상대국과 협상을 진행하게 된다. 협상 mandate는 이해관계자의 의견수렴이나 국회와의 협의과정에서 당초 준비했던 최선의 안이 이해단체 로비나 외부압력에 의해 수정되거나 논점이 바뀌기도 하며, 상대국이 고려하기 어려운 내용으로 변질되기도 한다. 이러한 협상안을 상대국에 제시할 경우 상대국의 반응은 싸늘해지고, 우리나라의 협상 의지를 의심하게 된다. 이러한 경우가 늘어나게 되면 협상은 부진해지고 협상타결이 지연되게 된다. 따라서 국익에 부합하는 합리적인 협상전략 마련 역량이 FTA 추진에 매우 중요하다. 이와 관련하여 한·미 FTA 협상이 성공적으로 마무리될 수 있었던 것은 당시 기획재정부 권오규 장관이 협상 내용을 꿰뚫어 보고 정부 차원에서 현명한 협상 mandate를 통상당국에게 만들어 주었고, 한·EU FTA 협상에서는 당시 박병원 경제수석의 역할이 컸던 것으로 볼 수 있다.

FTA 협상이 어려운 것은 통상정책의 내재적 한계와도 깊이 관련된다. 통상현안에 대한 찬반 목소리는 균형있게 전달되지 않고, 동일 사안에 대해 수혜집단보다는 피해집단의 목소리가 더 커지게 되어 FTA 추진에 대한 정치적 애로가 가중되는 경향이 있다. 기본적으로 FTA 수혜집단은 지지 목소리를 잘 내지 않는다. 우리나라 상황에서 FTA 수혜산업이나 수혜기업으로 인식되면 어떤 형태로든 피해산업을 지원해야 한다는 사회적 압력을 받게 되기 때문이다. 이에 비해 피해집단은 자신의 경제적 피해나 억울함을 적극적으로 내세우게 되고, 시민단체나 정치권과의 협력을 통해 정치적 영향력을 발휘하게 된다. 이러한 상황으로 인해 FTA 찬성보다는 반대 목소리가 훨씬 더 사회에 영향을 미치게 된다. 더구나 무역자유화로부터 발생하는 피해나 비용은 집중되는 데 비해, 개방정책의 이익은 분산되므로 FTA 정책에 대한 지지기반을 형성하기 어렵다. 예를 들어, 무역개방에 견디지 못한 기업이 문을 닫게 되면 이는 바로 눈에 띄게 된다. FTA 발효로 상대국이 관세를 철폐하게 되며 수출기업이 이익을 보게 되지만 지지세력으로 나서지 않는 경향이 있다. 우리의 관세철폐는 수입물가를 하락시켜 소비자이익을 누리게 하지만 개인별 이익은 작기 때문에 FTA를 지지할 정도의 유인이 되지는 못한다.

FTA 논쟁은 곧잘 정치쟁점화되곤 한다. 국회의원 등 정치권 인사 다수는 국가적 차원의 FTA 정책을 이해하고 합리적인 의사결정을 내리지만, 일부는 국민경제적 측면보다는 특정 산업이나 지역에 대한 영향을 우선적으로 고려해 FTA를 비판적 시각에서 평가하곤 한다. 비판론자들은 한결같이 어떤 분야에도 피해가 없는 FTA 정책을 추진하라고 통상당국에 주문하는데, 국가 간에 '주고받는' FTA 협상에서 이익만 있고 피해보는 분야가 전혀 없는 내용으로 협상을 타결하기는 어렵다. 현실적으로 정치권, 이해관계자 및 비정부조직(NGO)이 합세할 경우, 반FTA 위력은 엄청나게 확대되고 협상의 본질보다는 "미국과 FTA를 체결하게 되면 감기약이 십만원으로 비싸지게 된다"는 슬로건 등과 같이 국민의 감성에 호소하는 내용으로 논점이 변질되어 데마고그(demagogue · 선동정치가)가 논쟁의 주도권을 쥐는 상황이 전개되곤 한다.

통상당국의 합리적인 설명보다는 약값 인상과 같은 감성적 주장이 일반국민의 가슴속에 파고들게 되어 국민들의 FTA 지지수준은 급격하게 떨어지고 FTA 추진의 정치환경은 악화된다. 여기서 경제부총리나 경제수석과 같은 고위급인사, 더 나아가 대통령이 정치적 균형을 잡아주지 않으면 합리적 협상 mandate 수립은 물론이고 협상 타결을 위한 합리적인 의사결정을 하지 못하게 된다. 경우에 따라, 관련 부처 간 입장 차이가 심해 경제부총리도 국익 차원의 결정을 내리기 어려운 상황이 발생하게 된다. 이런 상황에서는 대통령이 나서서 지침을 확고하게 내리지 않으면 FTA 협상은 장기 표류하게 된다. 다행히 중요한 시점에 우리 대통령들은 국익 차원의 합리적인 의사결정을 했기에 오늘날과 같은 우수한 FTA 추진실적을 기록할 수 있었다.

FTA는 시장개방과 규제완화를 수반하게 되므로 FTA 찬반 논쟁이 불가피한 측면이 있고, 통상당국도 반FTA 움직임을 전략적으로 활용하게 되면 협상을 유리하게 이끌 수 있다. 한 · 미 FTA 제4차 협상과 제5차 협상이 각각 제주도와 미국 몬태나 빅스카이에서 개최된 것도 이러한 관점에서 평가할 수 있다. 4차 협상(2006년 10월)을 앞두고 미국이 우리나라 오렌지 시장 전면개방을 강도높게 요구하자, 우리 농업계의 반발을 미측에 보여주기 위해 우리나라는 감귤 집산지인 제주도를 4차 협상 장소로 결정했다. 이 협상 후 미측은 오렌지 관세에 대한 기존 주장을 약화시켰다는 것이 당시 통상당국의 분석이었다. 4차 협상을 감귤 주산지인 제주도에서 개최하자, 미국측은 전략적 차원에서 2개월 뒤 5차 협상지로 쇠고기 주 생산지인 몬태나 주 빅스카이로 결정했다. 한 · 미 FTA에 대한 미국 정계 실력자이던 맥스 보커스 미 상원 재무위원장(민주당 · 몬태나 주)이 직접 나서 높은 수준의 쇠고기 시장개방을 역설했다.[4]

4_ 맥스 보커스 재무위원장은 'Mr. Beef'로 통할 만큼 미 쇠고기 업계를 대표하고 있었으며, 협상 당시 2년 10개월 만에 허용된 미국산 쇠고기의 한국 수입이 X-레이를 통해 밝혀진 뼛조각 때문에 수입 중단 사태가 지속되자 미 당국은 보커스 상원의원을 동원해 쇠고기 시장 개방 문제를 해결하고, 한 · 미 FTA에 대한 지지를 확보하고자 하였다. 이후 쇠고기 수입 문제는 해결되어 수입이 지속되었다.

사안에 따라 FTA 논쟁은 결론을 내리기 어려운 경우도 있지만, FTA 찬반 논란에서 다음의 3가지는 지켜졌으면 한다. 먼저, 어떤 이슈는 보는 관점에 따라 평가가 달라질 수 있다는 점을 인정해야 한다. 즉, 가치관의 문제가 제기될 수 있다. 보는 관점이 다르므로 상대편 주장을 반대하기보다는 설득과 보상이 필요할 것이다. 예를 들어, FTA 추진 및 통상국가로 발전하기 위해서는 농업을 포함한 전 분야의 개방이 필요하지만, 다수 국민은 농업의 특수성을 근거로 농업 보호 필요성을 주장한다. 통상당국은 국민경제적 효율성 측면에 가치를 부여하는 반면, 보호론자들은 농업 특수성에 방점을 두고 있다. 따라서 농업개방에 대해 쉽게 결론을 내기 어렵다.

둘째, 사실(fact)에 근거하지 않은 주장은 지양되어야 한다. 한 · 미 FTA 추진 과정에서 나타난 바와 같이 '주권 상실', '국민의료보험 붕괴' 등 협정과 무관한 주장으로 일반국민의 인식을 흐리게 해서는 안 된다. 또한 통상당국도 FTA 경제효과 홍보시 무리한 추정치를 사용하는 것도 지양되어야 한다. 셋째, 불필요한 논란을 최소화하기 위해 통상당국은 관련 정보를 적극적으로 이해관계자에게 제공해야 한다. 아무래도 통상당국이 더 많은 정보를 갖고 있고, 유리한 정보 위주로 공개하는 경향이 있다. 국민이 궁금해 하는 사안에 대해서는 함구하다 보니 '밀실협상', '깜깜이협상' 소리가 나오게 되는데, 협상전략과 같이 일정 기간 기밀을 요하는 분야를 제외하고는 논란의 소지가 있는 사안에 대해 장단점까지 포함한 정보를 이해관계자에게 제공하는 것이 사회적 논란을 최소화하는 길이 될 수 있을 것이다.

4. FTA 협상, 양면게임

FTA and International Trade, ch. one

FTA 지각생인 우리나라가 총 무역 대비 FTA 무역 비율을 70% 이상이 될 정도로 FTA 망을 확충했지만, FTA 추진 과정은 순탄하지 않았다. 과거보다는 나아졌지만 FTA 추진에 대한 찬반 논란이 향후 다른 FTA에도 재현될 수 있다. FTA 정책 관련 제반 정치사회경제적 비용을 줄이는 것도 우리나라가 해결해야 할 과제이다. 협상이론 대가인 로버트 퍼트남(Robert Putnam)에 따르면, FTA 협상은 전형적인 양면게임(two-level game)이 된다. FTA 상대국을 대상으로 한 대외협상(level 1)과 국내 이해관계자와의 대내협상(level 2)이 필요하다.

양면게임 이론은 국제관계학에서 국가 간 협상을 설명하는 데 유용하다. 두 개의 단계(level) 협상이 필요한데, Level 1 협상은 각 국가의 대표자, 정책결정자 간의 상호작용이며, level 2 협상은 정책결정자와 이익집단이나 시민단체 등과 같은 국내 기관 · 단체들 간의 상호작용을 의미한다. 퍼트남의 양면게임은 순차적으로 이루어지는 것으로 이론화되어 있으나, 통상협상의 경우 두 level 협상이 동시에 진행되면서 대내-대외 간 협상에 영향을 끼치게 된다.

퍼트남은 두 level을 통해 국가 간 협상이 이루어지는 과정을 설명하기 위하여 '윈셋(win-set)' 개념을 사용하였다. 국가 간 협상에서 윈셋은 국내의 비준을 얻을 수 있는 모든 합의의 집합을 말한다. [그림 1-1]에서 A국의 윈셋은 A국이 수용할 수 있는 협상 영역이며, 두 나라의 윈셋이 겹치는 영역에서 협상

그림 1-1 Win-set과 협상타결 구간

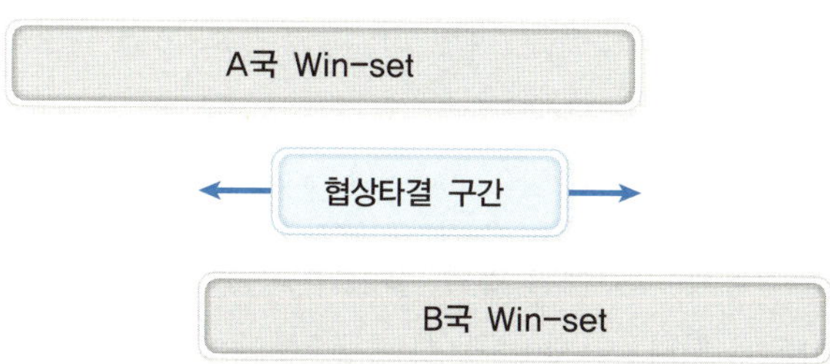

이 타결된다.

특정 협상이 정치쟁점화되거나 이해관계자들의 반발에 의해 여론이 악화될 경우 윈셋의 크기가 작아지면 협상타결 여지가 줄어들게 된다.[5] 따라서 이해관계자의 의견을 체계적으로 수렴함으로써 여론 악화를 방지해야 한다. FTA 정책담당자들은 한결같이 상대국과의 대외협상보다는 이해관계자와의 대내협상을 더 힘들어 한다. 대외협상은 주어진 협상지침에 따라 논리적으로 진행하면 되지만, 대내협상에서는 제기되는 주제가 변화무쌍하고 일방적인 주장에도 대응해야 하는 등의 애로가 적지 않기 때문이다. 그렇다고 대내협상을 결코 등한시할 수 없다. 협상이 타결되면 국회에서 비준을 받아야 하는데, 국민의 절대다수가 반대하면 국회에서의 비준통과가 어렵게 되기 때문이다. 이러한 상황을 피하기 위해 국내 이해관계자의 입장을 청취하고 설득하거나 이들의 요청을 협상에 반영하는 노력이 필요하다. 경우에 따라 시장개방으로 인한 피해 보상안을 마련하고 FTA 반대여론을 약화시켜야 한다. 또한 국민경제적 파급영향을 종합적으로 분석하여 국민들에게 제시함으로써 전반적인 FTA 지지기반을 확충해야 한다.

5_ 윈셋의 크기를 최소한 줄여 자기 주장만을 관철하고자 하는 북한식 '벼랑끝' 전술은 이러한 협상이론과 배치되는 것이다. 하지만, 통상협상에서는 이러한 극단적인 주장은 통하지 않으므로 여기서는 고려하지 않는다.

수렴된 의견이 모두 협상에 반영되는 것은 아니다. 충분한 타당성이 있는 주장이나 요청은 협상에 반영되겠지만, 그렇지 않은 경우 국가적 차원의 협상전략 수립에 참고자료로 그치게 된다. 동일한 사안에 대해 업종 간 이해가 엇갈리는 경우도 적지 않아 이해관계자의 의견을 모두 수용하기는 어렵다. 예를 들어, 농업계는 FTA에 대해 반대하지만, 가공식품업계는 농업 개방을 지지하고 있다. 예를 들어, 감자 등과 같이 특정 농산물을 FTA에서 관세철폐할 때 수입증가로 국내 감자생산자에게 100억원의 손실이 발생하나, 관세 부담없이 싸게 수입된 감자를 이용하여 수출용 감자칩을 생산하여 150억원의 부가가치를 창출한다고 하자. 분명 농민의 딱한 처지를 생각하면 개방하지 말아야 하나, 가공식품 생산 증대로 인한 국민소득의 증가로 보면 개방이 바람직할 것이다.

더구나 FTA 상대국들은 우리나라 농산물 시장개방을 협상 타결의 전제조건으로 내걸고 있다. 농업계의 반대에도 불구하고 FTA 통상당국은 국가 차원의 협상안을 마련해야 한다. 농업 보호를 농업계에 미리 약속하게 되면 윈셋이 줄어들게 된다. 윈셋이 줄어들수록 협상 타결 가능성이 낮아지게 된다. 이해관계자에게 미리 특정 약속을 하거나 목표를 지나치게 높게 설정할 경우 윈셋이 축소되어 협상 타결이 어려워지거나 당초 목표와는 거리가 있는 내용으로 협상이 타결될 수 있다. 전형적인 예로 한 · 중 FTA를 들 수 있다. 농업계가 중국과의 FTA를 반대하자 우리 통상당국은 농업보호를 전제로 한 · 중 FTA 협상 개시를 합의했다. 이로 인해 전 세계 FTA 사상 유례없는 '2단계 협상'을 중국측에 제안했고, 우리나라의 농업 '사실상' 제외 방안에 중국은 제조업 개방 최소화 입장으로 대응함에 따라 한 · 중 FTA는 우리나라가 체결한 FTA 중 시장개방 수준이 가장 낮은 수준으로 타결되어 당초의 경제효과 실현이 어렵게 되었다. [그림 1-2]에서 보듯이, FTA 발효 10년 기준 중국의 관세철폐 비율은 71%로, 시장개방 수준이 낮은 것은 알려진 한 · 인도 FTA의 85%보다도 훨씬 낮다.[6]

6_ 한 · 인도 FTA의 정식명칭은 "한국과 인도 간 포괄적경제동반자협정(CEPA)"이나, 시장개방 수준이 낮고 포괄범위가 좁은 점을 제외하면 CEPA는 FTA와 구조적으로 같다.

그림 1-2 발효 10년 시점 FTA 상대국 관세철폐 비율

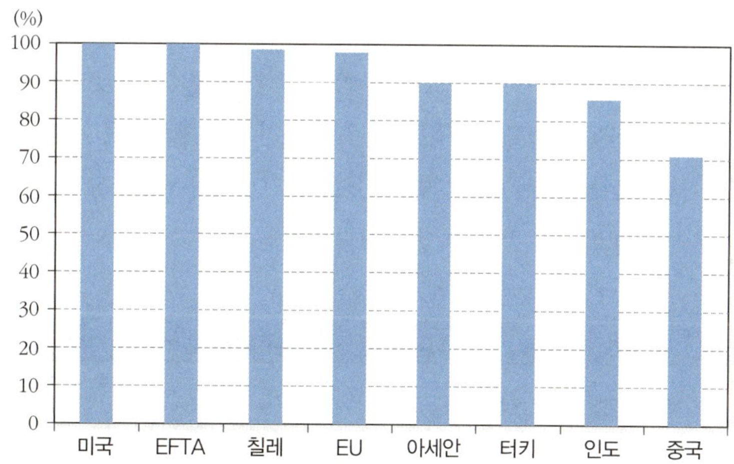

5. FTA 경제효과 추정 논란

FTA and International Trade, ch. one

한 · 미 FTA 협상이 타결된 2007년 우리 정부는 GDP 7%대의 경제성장 효과를 발표했는데, 야당과 반FTA 단체들은 터무니 없는 뻥튀기 추정인 것으로 문제점을 제기했다. 이후 몇 년 동안 지루한 진실공방이 이어졌다. FTA 체결로 GDP가 어느 정도 추가성장할 수 있을 것인가를 사전적으로 추정하는 FTA 파급영향 추정은 일반균형모형(CGE)이라는 분석틀을 주로 사용한다. CGE 모형은 정부, 기업, 소비자의 정부지출, 생산, 소비, 무역, 투자 등 경제활동 전반이 일반균형을 유지되도록 구조화된 수식체계로 구성되어 있다. 여기에다가 FTA 파급영향 추정을 위해 CGE 모형 내에 복수의 국가 혹은 글로벌 체제로 확장한 다국가 모형은 일국(一國) 모형에 비해 몇 더 복잡한 구조가 된다.

2007년 타결된 한 · 미 FTA는 미국 정치권의 요구로 자동차 등 일부 분야에 대해 2010년 말 추가협상을 했다. 이에 우리나라는 통상환경 변화와 추가협상 내용을 반영하여 한 · 미 FTA 파급영향을 재추정하였다. 한 · 미 FTA 발효를 논의중이던 2011년 말 새로운 추정치가 대외경제정책연구원을 포함한 10개 정부출연연구기관 공동으로 발표되었다.[7] 이에 따르면, 한 · 미 FTA 발효 시 우리나라의 GDP는 5.66% 증가할 것으로 예상되었다. 관세철폐에 따른 무역 증대 효과는 GDP 0.02% 증가에 불과하나, 장기적으로 자본축적과 생산성 향상 효과가 발현될 것으로 가정하여 GDP의 최고 5.66% 증가가 가능할 것으로 연구기관들은 발표했다.[8] 또한 우리 국민의 후생수준은 관세철폐에 따른 가격 하락과 소비자 선택폭 확대 등으로 단기 5.3억 달러, 장기 321.9억 달러의 소비자후생이 증가할 것으로 예상되었다.

7 대외경제정책연구원, 산업연구원, 농촌경제연구원, 해양수산개발연구원 등 10개 정부출연연구기관(2011), "한 · 미 FTA 경제적 효과 재분석", 한 · 미 FTA 여야정 협의체 보고자료, 8월.

8 자본축적은 관세감축에 의해 증가된 국내생산(Y) 가운데 일부가 다시 투자(I)로 재투입되어 생산능력을 확충하는 것을 말하며, 생산성 향상 가정은 중장기적으로 개방을 통한 기업 간 경쟁환경의 강화, 선진기술의 이전, 국내 제도 · 규범의 투명화, 선진화 등의 경제효과를 통칭하는 것이다. 이 연구에서 제조업은 1.2%p, 서비스업은 사업서비스에 한해 1%p의 생산성 향상을 가정했다.

표 1-1 ■ 한 · 미 FTA의 실질 GDP 및 소비자 후생에 대한 영향 추정

	무역 증대 및 자원배분 효율화(단기)	자본 축적(장기)	
		생산성 증대 미고려	생산성 증대 고려
실질 GDP(%)	0.02	0.48	5.66
후생수준(억 달러)	5.3	25.5	321.9

자료 : 대외경제정책연구원 등 10개 정부출연연구기관(2011).

한 · 미 FTA 발효로 GDP는 0.2～5.66% 증가하고, 복지개선 수준은 5.3～321.9억 달러가 될 것으로 예상되었다. 여기서 몇 가지 사항을 제기할 수 있다. 먼저 GDP와 후생 등 FTA 경제효과 전망치 폭이 너무 넓다는 문제점이 있다. 또한 경제효과 추정에 자본축적과 생산성 증대를 가정했는데, 이 가정이 GDP 효과 추정에 결정적으로 작용했다는 점도 지적될 수 있다. FTA 경제효과 추정에서 무역자유화 효과는 협정상에 있는 품목별 관세철폐(인하) 내용을 바탕으로 추정하므로 상당히 정확한 편이다.

생산성 가정은 우리나라뿐만 아니라 세계은행, IMF 등 국제경제기구에서 FTA 경제효과 추정에 사용되고 있다. 관세 외에 협정에 포함된 비관세장벽 완화, 서비스·투자 자유화, 국제적인 규범 도입, 비즈니스 환경 개선 등의 다양한 효과를 생산성 증가로 포착하려고 하나, 그 크기를 사전적으로 예상하기 어렵기 때문에 정부출연연구기관들은 제조업과 사업서비스의 생산성을 각각 1.2%p와 1%p로 임의로(ad hoc) 가정했다. 정인교(2015)에서 지적했듯이,[9] 포괄적 FTA의 파급영향은 분명 관세분야만의 분석으로는 부족하고, 협정에 포함된 다양한 요소를 종합적으로 추정해야 한다. 제6장과 제7장에서 포괄적 협정에 대해 설명하겠지만, [그림 1-3]이 제시하는 바와 같이, 상품분야, 서비스·투자, 제도적 요소 및 기타요소 등의 관계까지 분석해야 FTA 경제효과를 온전히 추정할 수 있다. 하지만, FTA 협정 구성요소 간 상호 시너지 효과를 파악하는 것이 쉽지 않기 때문에 생산성 증대 가정을 사용하는 것은 이해가 되나, 전

9 정인교(2015) "FTA 경제효과 분석 방법", 인하대학교 대학원 세미나 발표자료(6월).

그림 1-3 포괄적 FTA 경제효과 분석 요소

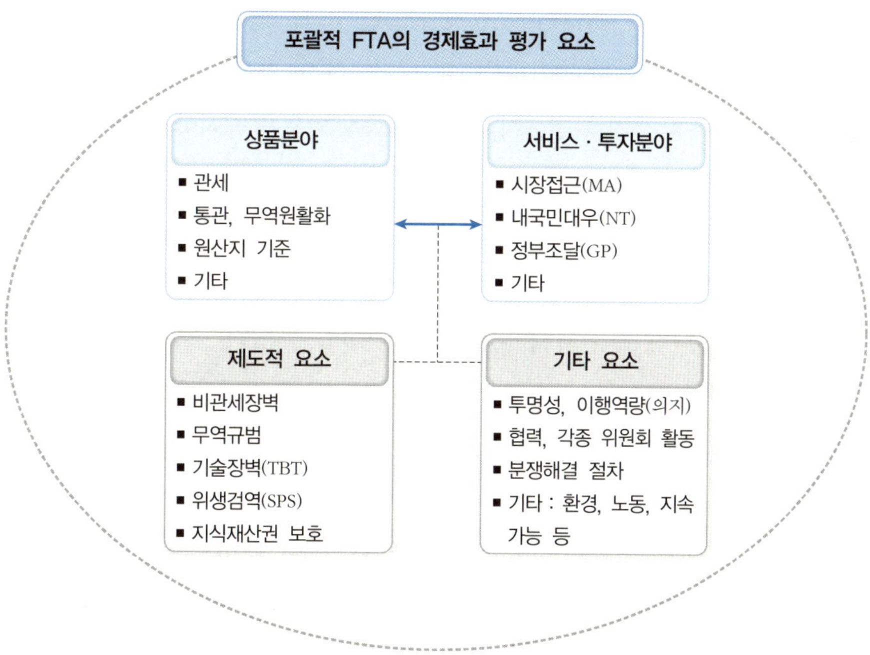

자료 : 정인교(2015), "FTA 경제효과 분석 방법".

체 경제효과의 90% 이상이 생산성 가정 하나로 결정되는 추정방식에 대해 신중한 판단이 필요하다.

FTA로 높은 경제이익을 기대한다면 높은 수준의 포괄적 FTA를 체결하고 협정내용을 적극적으로 이행해야 한다. 협정만 체결하고 국내 제도나 관행을 FTA 내용과 정신에 맞게 조화 · 선진화시키지 않으면 그냥 '종이 협정'에 지나지 않을 것이다. FTA 체결 자체가 경제효과를 가져다주지 않으며, 협정내용과 협정 이행 의지에 따라 그 파급영향이 달라질 수 있다. 한 · 미 FTA의 GDP 5% 대 경제효과는 이제 우리나라의 의지와 역량에 달려있는 것으로 봐야 한다.

6. FTA 소비자이익

FTA and International Trade, ch. one

우리 정부는 한 · 미 FTA 발효로 우리 국민의 후생(복지)수준이 향상될 것으로 전망했다. 그동안 FTA 반대여론이 형성될 때마다 우리 통상당국은 FTA 정책은 소비자이익을 증대시킬 수 있으므로 국민들의 동의와 지지를 호소해 왔다.

필자는 우리나라 FTA 정책 10년이 되는 해에 매일경제신문 컬럼을 통해 우리나라 FTA 정책의 개선방향을 지적한 바 있다.[10] 그 내용을 요약해 보면, 첫째, FTA 추진 과정에서 정치 · 사회적 비용을 줄여야 한다. 둘째, 기존 FTA별 피해산업 대책을 통합관리함으로써 예산의 효율성을 높여야 한다. 셋째, 중소기업의 FTA 활용기반을 확충해야 한다. 넷째, FTA 발효에 따라 소비자이익이 실현되도록 해야 한다. 소비자이익 실현은 FTA 경제이익의 실현을 의미할 뿐만 아니라 FTA 정책기반 확충에 기여할 수 있다.

10_ 정인교(2014), "[인사이드 칼럼] FTA 10년, 기업 · 소비자 돌아봐야", 매일경제신문 4월 22일자.

제조업 기반이 양호한 우리나라는 국내 소비상품의 상당 부분이 국산품이라는 점에서 소비자이익이 실현될 수 있는 여지가 작은 것이 인정되지만, 그나마 국민들이 많이 소비하는 수입소비재는 왜곡된 국내 유통구조로 인해 수입업자가 FTA 혜택의 상당 부분을 챙기는 반면, 소비자에게 돌아가는 혜택은 제한적으로 실현되고 있다. 소비자이익을 실현하기 위해서는 국내 유통구조를 개선해야 함을 기회있을 때마다 주장하곤 했다.

한 · 미 FTA에 대한 논란이 컸고, 통상당국은 FTA 추진 필요성을 국민들에게 주지시키기 위해 대국민 광고는 물론이고 홍보자료를 많이 발간했다. 소비자이익은 정부가 가장 강조한 단골주제였다. 하지만 2012년 3월 한·미 FTA 협정 발효 후 FTA 관세인하에도 불구하고 수입상품의 소비자가격이 떨어지지 않았다는 지적이 일자, 당시 김동수 공정거래(공정위) 위원장이 직접 가격점검에 나서기도 했다.[11] 기업에게는 공정위가 대통령보다 더 무섭다고 하는데, 공정위 위원장이 직접 나선 것은 FTA 관세철폐에도 수입가격이 떨어지지 않은 이유를 기업들이 폭리를 취하거나 유통구조에 구조적 문제가 있는 것으로 봤기 때문이다. 당시 공정위는 한국소비자원과 협조하여 한·EU FTA 및 한·미 FTA와 관련하여 관세가 즉시 철폐되거나 관세 인하율이 큰 품목들의 소비자가격을 지속적으로 모니터링할 것임을 밝힘으로써 수입업체들의 국내 마케팅 관행을 바꾸도록 유도한 것으로 보인다.

11__ 공정거래위원회(2012), "김동수 공정위원장, FTA에 따른 소비자편익 효과 현장점검", 보도자료(4월 5일자).

한편, 우리나라 소비자들은 다른 나라 소비자에 비해 월등히 비싸게 수입품을 소비해 온 것으로 나타나고 있다. 전국주부교실중앙회가 2014년 국내외 와인가격을 조사한 자료에 따르면,[12] 레드와인의 국내 판매가격이 수입원가에 비해 8.9배 비쌌고, 화이트와인은 5.9배, 맥주는 3.4배 비싼 것으로 나타나고 있다. 국내외 가격비교를 해보면 국내를 100으로 보았을 때 수입와인의 해외평균가격은 34.7이었고, 수입맥주의 해외평균가격은 79.3으로 나타나 국내외 가격 차이가 큰 것으로 조사되었다.

12__ 전국주부교실중앙회(2014), "수입와인의 국내판매가격이 수입원가에 비해 5.9배~8.9배 높아", 보도자료(4월 25일자).

표 1-2 ■ 수입와인의 국내외 가격 비교 (단위 : 원)

종류	제품명	연도	제조업체	수입업체	원산지	용량(ml)	국내 평균가(A)	해외 평균가(B)	차이율 (A/B)
레드와인	샤또딸보	2009	샤또딸보	금OO	프랑스	750	150,000	27,601	5.4
레드와인	바롱나다니엘뽀이약	2010	바롱나다니엘	대OO	프랑스	750	88,800	27,557	3.2
레드와인	무똥까떼	2011	바롱필립드로칠드	대OO	프랑스	750	31,700	11,607	2.7
레드와인	샤또몽페라	2010	몽페라	금OO	프랑스	750	52,750	21,064	2.5
레드와인	그레씨에그랑뿌조	2009	샤또샤스스플린	신OO	프랑스	750	49,000	24,260	2.0
레드와인	몬테스알파	2010	몬테스	나OO	칠레	750	39,000	21,117	1.8
화이트와인	옐로우테일샤도네	2011	옐로우테일	롯OO	호주	750	19,000	10,557	1.8
레드와인	카이켄	2011	카이켄	나OO	아르헨티나	750	16,000	10,881	1.5
공통판매품목의 평균가							55,781	19,330	
비교지수							100	34.7	

자료 : 전국주부교실중앙회(2014).

많은 수의 FTA 발효에도 불구하고 FTA로 인한 관세 인하가 수입 맥주 가격에 반영이 되었다고 느끼는 사람은 22.0%였고, 수입 와인 가격에 반영이 되었다고 느끼는 사람은 25.2%로 낮았다. 이와 관련하여 전국주부교실중앙회(2014)는 FTA로 인한 관세철폐 및 관세인하 효과에 대한 지속적인 모니터링을 통해 국내의 수입 와인 가격을 낮춰나가야 함을 제안하였다.

최근의 조사에 의하면 FTA 소비자가격 인하 효과가 부분적으로 나타나고 있으며, 가격인하 정도는 품목에 따라 차이가 큰 것으로 나타났다. 한국소비자원(2016)에 따르면, FTA 가격인하 체감도(3.49점)는 비교적 낮았으나, 소비자 후생 효과 체감도가 4.12점으로 상당히 높게 나타났다. '선택의 폭 확대'(4.44점), 구매기회 확대(4.30점), 정서적 만족도(4.26점)가 높은 것으로 조사되었다.[13] EU산 10개 품목별 소비자 후생 효과 체감도는 '맥주'(4.43점), '포도주'(4.23점), '자동차'(4.22점) 등의 순으로 높았고, 주방용품(3.95점), 소형가전(3.99점), 화장품(3.99점) 등은 상대적으로 낮게 나타났다.

13_ 한국소비자원(2016), "한·EU FTA 소비자 후생 효과 체감도 조사", 보도자료(7월 5일).

7. 칠레산 와인과 포도

FTA and International Trade, ch. one

가. 와인의 경우

FTA 소비자이익이 당초 기대만큼 실현되지 않는다는 주장이 가능하나 FTA가 늘어나면서 다수 상품의 수입가격이 떨어지는 것도 관찰되고 있다. 이와 관련하면 두 가지를 살펴보면, 먼저, 수입소비재 가격은 우리나라보다 일본이 저렴한 품목이 적지 않았다. 필자는 일본에 갈 때마다 슈퍼마켓에 들러 양파, 오렌지, 포도, 망고, 포도주, 치즈, 화장품 등 수입농산물 가격을 조사해 국내 가격과 비교해 보곤 하는데, 다수 품목에 있어 일본의 판매가격이 국내보다 낮았다. 일본의 관세가 우리나라보다 낮고 일찍이 개방했기 때문이다. 두 번째는 FTA 발효 확대로 최근 들어 국내 수입소비재 가격이 떨어지는 품목이 늘고 있다. 한·일 간 소비자가격 격차가 줄어들고 있고, 국내 가격이 더 싼 수입품이 많아지고 있다.

FTA 소비자이익 실현 여부를 점검하는 것은 쉽지 않지만, 정밀하게 분석해 보면 FTA 시장경제 논리가 수입품가격에도 작동되고 있음을 알 수 있다. 그동안 소비자이익 논란의 대상이 되었던 품목이 더러 있었지만, 대표적인 사례로 칠레산 와인을 들 수 있다. 칠레와의 FTA 발효로 와인 가격이 떨어질 것으로 통상당국은 홍보했는데, [그림 1-4]가 보여주는 바와 같이 칠레산 와인 가격은 전망과는 반대로 조금씩 올라갔다. 이로 인해 FTA 경제효과 논란이 제기되기도 했다. 전통적으로 국내 와인시장은 프랑스산이 압도적인 지위를 갖고 있었다. 프랑스산 와인은 품질이 우수하고 우리 소비자의 선호도도 높아 당연한 결과이겠지만, 앞서 살펴본 바와 같이, 전 세계에서 우리나라만큼 프랑스산 와인을 비싸게 소비하는 나라가 없었다. 한마디로 프랑스 와인업자들은 한국시장에서 정상이윤을 초과하는 수준의 높은 이윤을 취했던 것으로 볼 수 있다.

그림 1-4 우리나라의 와인 국가별 수입금액 및 수입단가

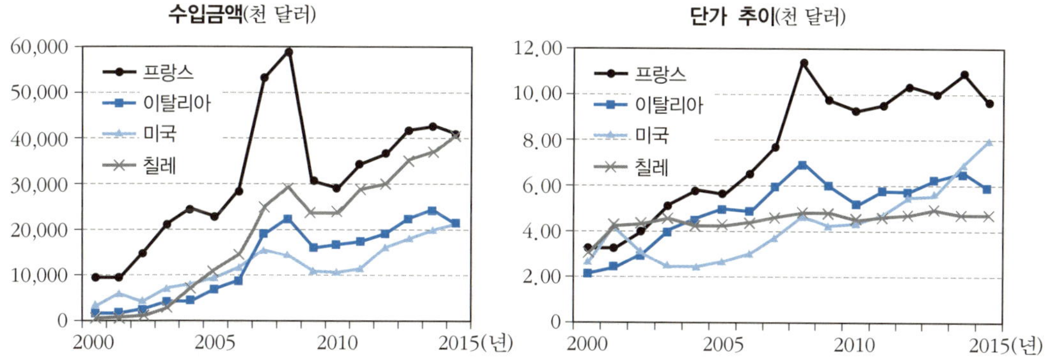

자료 : 관세청 무역통계 이용하여 계산.

한 · 칠레 FTA 이전 국내 와인시장은 고급와인은 프랑스산, 저가와인은 칠레산으로 양분되어 있었다. 2003년을 전후하여 국내에서 웰빙붐이 일면서 와인 소비가 크게 늘어났고, 이듬해 한 · 칠레 FTA 발효와 와인 붐에 편승하여 칠레 와인업자들은 한국시장에 고급와인 수출을 시작했고, 한 · 칠레 FTA 입소문으로 칠레산 와인이 국내에서 인기를 얻게 되었다. 칠레와의 FTA 협상 차 필자는 1990년대 후반부터 10차례 이상 칠레를 방문했고 칠레산 와인을 자주 접할 수 있었다. 10년전만 하더라도 저가 제품이 많았으나 시간이 갈수록 고가 브랜드 수입이 늘고 있다. 칠레산 가격이 올라간 것은 저가 와인에서 고가 와인으로의 품질 업그레이드 때문으로 볼 수 있다. 이는 미국산 와인에도 적용된다. 한 가지 간과했던 사항은 고급 칠레산 와인이 국내 소비자에게 어필하자 프랑스 와인업자들이 가격인하로 대응했다는 점이다. FTA 발효 건수가 늘어나고 시간이 갈수록 관세인하 폭이 커지고 있고, EU와의 FTA 발효를 계기로 이탈리아, 스페인, 포르투갈 등 프랑스산과 경쟁하는 와인 수입이 늘어날 수 있기 때문에 국내 시장에서 와인 가격경쟁이 치열해질 것이다. 이로 인해 향후 수입 와인 가격의 하방압력은 가중될 것이다. 2015년 처음으로 칠레산 와인이 우리나라 시장점유율 1위로 되었고, 잠식당한 시장점유율을 되찾기 위해 프랑스산 와인업자는 가격인하로 대응할 것으로 예상된다. 종합하면, 품질 업그레이드로 칠레산 와인 가격이 소폭 올라갔으나 프랑스산 와인의 가격 거품이 빠지고 있어 FTA 가격효과가 나타나고 있는 것으로 볼 수 있다.

나. 포도의 경우

칠레산 포도의 경우 예상치 못한 현상이 나타났다. FTA 관세인하에도 불구하고, 상대국 수출자(생산자)가 가격을 올려 수출하는 통에 국내에서는 수입품가격이 오히려 올라가는 사례가 있다. 이에 대해서는 필자의 대학원생이었던 정부근의 석사학위 논문을 중심으로 고찰해 보고자 한다.[14] 우리나라에 수입되는 칠레산 포도의 가격은 인하되기보다는 오히려 올랐고, 심지어 인접국가인 중국과 일본보다도 더 높은 가격으로 수입되고 있어 FTA 발효로 인한 소비자 이익이 수출자의 가격인상으로, 즉 FTA 이익이 소비자에게서 수출자(생산자)로 이전된 것으로 분석되었다. 더욱 심각한 문제는 인근 일본이나 중국보다도 비싼 값으로 우리나라에 수출하고 있다는 점이다. 칠레산 포도의 수입단가가 인근 국가보다 높은 이유로 시장규모, 수입구조, 유통구조 등의 요인도 작용하고 있지만, 한국의 45% 기본 관세율이 2014년 철폐되는 것을 감안한 수출자가 미리 가격을 올려 관세철폐의 이익을 챙긴 것이 주요 요인으로 판단된다. 주요 대응방안으로는 수입처 다변화, 수입상들의 구매교섭력 강화, 우리 농업의 해외 진출 확대 등을 정부근은 제안하고 있다.

14 정부근(2015), "FTA 소비자 후생 효과와 정책 시사점 : 칠레산 포도를 중심으로", 인하대학교 대학원 FTA전공 석사학위논문.

그림 1-5 우리나라의 국가별 포도 수입단가 추이

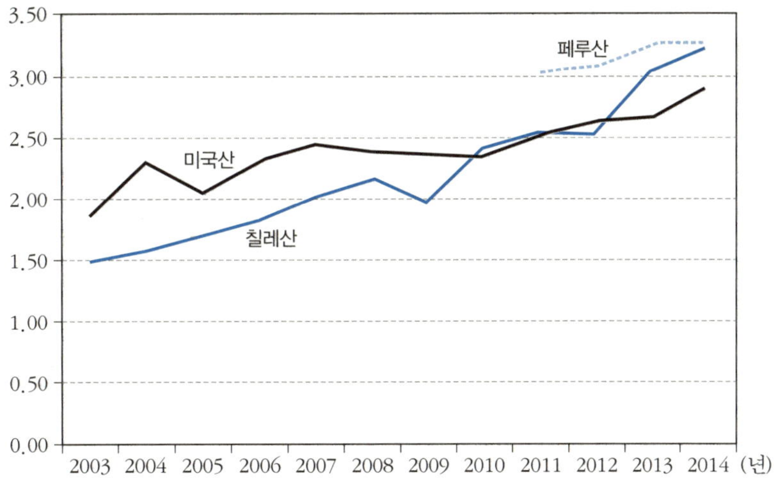

자료 : 정부근(2015).

칠레의 포도 수출량 중 2009년부터 한국, 중국, 일본 등 對 동아시아 3국의 수출 비중이 늘어나고 있는 것으로 나타났다. 그러나 칠레 신선포도의 對동북아 수출가격은 對미국 · 유럽 수출가격에 비해 여전히 높은 편이며, 또한 거리 등으로 볼 때 물류비가 유사한 동북아 3국에 대한 칠레의 수출가격 중 우리나라는 가장 비싸게 칠레 포도를 소비하는 국가이다. 그리고 2012년 대비 2013년 수출가격은 인하되었는데 유독 우리나라와 일본에 대해서 가격을 올렸다.

표 1-3 ■ 칠레의 주요국별 신선포도 수출단가 추이 (단위 : 달러/kg, 톤, FOB Chile)

연도별 \ 국가별		미국	네덜란드	한국	중국	일본	전체
2013	단가	1.56	1.29	2.37	1.83	2.14	1.63
	중량	375,147	76,101	47,156	88,245	12,384	835,713
	점유비	44.9%	9.1%	5.7%	10.6%	1.5%	100%
2012	단가	1.73	1.54	2.05	2.09	1.92	1.73
	중량	353,929	79,786	46,468	55,328	12,081	812,153
	점유비	43.6%	9.8%	5.7%	6.8%	1.5%	100%

자료 : 정부근(2015).

한 · 중 · 일 3국 중 우리나라가 2004년 칠레와 FTA를 제일 먼저 체결한 이후, 뒤이어 중국과 일본이 칠레와 FTA를 체결하여 동북아 3국 모두 칠레와 FTA를 발효시키게 되었다. 신선포도의 경우 3개국 모두 10～11년에 걸쳐 관세철폐가 이루어지고, 우리나라는 2014년부터 관세가 완전 철폐되었다.

표 1-4 ■ 한 · 중 · 일 3국의 칠레산 신선포도 FTA 관세철폐 내용

국가	발효일자	기본 세율	감축내용	철폐연도	계절관세
한국	2004년 4월	45%	10년 균등	2014. 1. 1	11/1～4/30
중국	2006년 10월	13%	10년 균등	2015. 1. 1	없음
일본	2007년 9월	7.8%	11년 균등	2018. 4. 1	11/1～2/28

한 · 중 · 일 3국의 FTA 관세철폐 일정을 보면, 포도 수입가격 인하 가능성이 가장 큰 국가는 한국이다. 중국과 일본에 비해 한국의 기본 관세율이 3.5배에서 6배 수준으로 높고, 2014년에 칠레산 포도에 대한 관세가 철폐되었으므로, 이론상으로 보면 칠레산 포도의 소비자가격이 관세인하 폭만큼 낮아져야 했다. 하지만 높은 가격에도 포도가 잘 팔리자 칠레 수출자는 관세철폐분을 가격에 반영하기보다는 수출가격을 미리 올려 관세인하의 이익(경제적 지대)을 챙긴 것으로 이해된다.

한국에 대한 포도 수출가격이 높은 것은 물량으로도 설명하기 어렵다. 對한국 수출가격은 물량이 훨씬 많은 중국보다 높을 뿐만 아니라 물량이 적은 對일본 수출가격보다도 높기 때문이다. 이것은 우리나라가 중국과 일본에 비해 비효율적으로 수입하고 있다는 것을 설명해주고 있다. 수출업체의 시장지배력이 높을수록 관세인하 폭만큼 칠레 현지에서 수출단가가 상향 조정되고 있으며,[15] 국내 수입업체 간 과열경쟁으로 인하여 수입 물량 및 단가에 대한 교섭력이 현저히 약화된 상태라고 정부근은 지적하고 있다.

이와 같이 수출업체가 FTA 관세철폐를 수출가격 인상 기회로 사용하는 것을 방지하기 위해서는 수입국 기업들이 주도하는 바이어 중심 시장구조를 형성해야 한다. 또한 중국과 일본은 FTA 발효 이전에 수입선 다변화를 통해 포도 수입가격이 자국에 유리하게 형성되도록 유도했다는 점을 참고할 필요가 있다. 현재 포도를 수입하고 있는 페루나 미국산 포도 수입을 늘려 칠레산 시장점유

15_ 이병훈 · 송주호 · 정대희 · 박한울(2014), "한 · 칠레 FTA의 농업부문 무역창출 · 무역전환 효과—수입량 변화에 미치는 요인을 중심으로", 『농촌경제』 제37권 제2호 : pp.1~18. 한국농촌경제연구원.

율을 줄이는 것도 검토해 볼 수 있을 것이다. 수입선 다변화에 못지않게 중요한 것은 우리나라 수입상들의 구매교섭력 강화이다. 우리나라 포도 수입업체 수가 2003년 11개사에서 2010년 27개사로 늘어났는데, 수입업체들이 늘어날 경우 업체 간 과당경쟁을 초래하여 결과적으로 수출기업의 시장지배력을 강화시키게 된다. 수입업체들 간의 자율협의체를 구성하여 과당 경쟁을 지양하는 한편, 특히 수입시장을 주도할 수 있는 대형 유통업체들의 참여를 통해 대량으로 공동 구매를 추진하는 방안을 검토할 필요가 있다.

1. 세계경제 성장 및 무역 추이

2. 보호무역주의

3. FTA 지역주의 추이와 특징

4. 유럽통합과 영국의 EU 탈퇴

FTA and International Trade

대외통상환경과
FTA 지역주의 특징

FTA and International Trade
ch.two

2

최근 대외통상환경의 특징으로는 저성장 뉴노멀(New Normal), 보호무역주의의 확산, FTA 지역주의 및 메가 FTA 체결 지속 등이 될 수 있다. 세계 대부분 국가들이 경기침체 국면에 놓여 있으며 장기적인 지속성장에 필요한 성장동력을 확보하지 못하고 있다. WTO 다자간 무역협상이 부진한 가운데 보호무역주의의 득세는 가뜩이나 성장이 정체된 세계무역에 불리하게 작용하게 될 것이다. 한편, 전 세계적으로 FTA 체결 추이는 지속되고 있고, 다수 메가 FTA가 추진되고 있다.

1. 세계경제 성장 및 무역 추이

2008년 글로벌 금융위기 이후 세계 주요국(G20)의 경기부양을 위한 정책 공조로 세계경제는 최악의 상태에서 벗어나 점진적으로 안정을 되찾았으나, 최근 들어 세계경제는 과거와 다른 양상을 보이고 있고, 대외통상환경은 세계경제 성장동력 약화로 인한 수요 부족, 영국의 EU 탈퇴(브렉시트, Brexit)와 관련된 불확실성, 신보호무역주의 증가 등 여러 가지 이유로 악화되고 있다.

2016년 발표된 WTO 세계무역보고서에 따르면, 세계경제의 저성장이 뉴노멀(New Normal)이 될 것으로 예상된다. 세계경제 평균성장률은 2030년까지 3%대를 유지하다가 이후에는 2%대로 낮아질 것으로 전망된다. 우리나라의 경우 1990년대 중반 이전에는 연평균 7% 성장을 기록했으나, 2000~2010년 4~5%대 성장으로 낮아졌고, 이후 3%대로 더욱더 낮아져서, 2016년 이후에는 2%대 성장 전망이 유력하다.

신흥국 경제의 부상으로 세계경제 질서가 개편되고 있다. 세계경제에서 중국, 인도 등 신흥국 위상은 점진적으로 높아지는 반면, 미국, 일본, EU를 포함한 선진국 경제비중은 낮아지고 있다. 2000년대 7%대 성장을 기록했던 개도국과 신흥국 경제의 성장률은 2014~2030년에도 4.8%로 낮아지나, 일부 개도국은 높은 성장률을 지속할 것으로 보인다. 2015~2030년 베트남과 인도네시아의 연평균 경제성장률은 각각 8.5%와 7.4%가 될 것으로 전망되고 있다.

그림 2-1 세계경제 평균성장률 추이(전망, %)

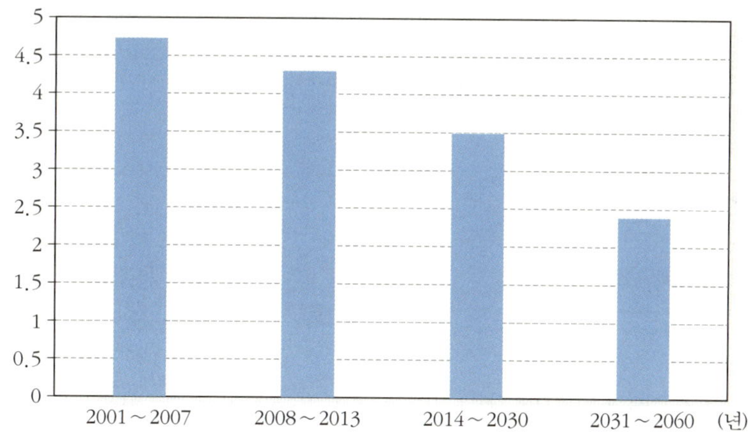

자료 : WTO(2016), "WTO 세계무역보고서".

2002년부터 시작된 WTO 도하개발의제(DDA) 협상은 2015년 나이로비 WTO 각료회의에서 새로운 협상 동력이 생길 때까지 협상 중지를 결정함에 따라 DDA 추진력을 상실한 상황이다. WTO DDA 협상이 부진해지고 있으나, 무역원활화, 농업보조금, 면화 등 몇 개 이슈에 대해 합의(small package)를 도출했고, 일부 회원국 간의 협정인 복수국간협정 협상은 다소 진전을 보이고 있다. 예를 들어, 정부조달협정(GPA), 정보기술협정(ITA), 환경상품협정(EGA), 서비스무역협정(TISA) 등에 대한 협상 타결 전망이 밝은 편이다. 이들 복수간 협정에는 주로 선진국 혹은 해당 분야에 관심이 있는 국가들이 참여하고 있기 때문이다.

지금까지는 GATT · WTO 무역자유화 노력이 결실을 맺으면서 세계경제는 무역 확대와 선순환 구조를 보였으며, 무역 확대가 세계 경제성장을 견인하는 역할을 해왔다. 하지만, 최근에는 세계 수출입 증가율이 둔화 · 부진되는 양상이 나타나고 있다. 연도에 따라 교역이 크게 위축된 경우도 있으나, 과거 대부분 해에 교역 증가세가 뚜렷했다. 특히 1980년대 중반 이후 글로벌 금융위기가 발생하기 이전까지 세계 GDP 증가율보다는 세계 무역규모 증가율이 2배 수준 높았다. 소득과 무역 간 선순환을 이뤄 무역증가가 소득증가를 이끌었다. 하지만, 최근 몇 년간 세계 무역규모 증가율은 GDP 증가율에 미치지 못하고 있다. 2016년 세계 무역 증가율은 2.8%, 2017년 3.6%로 예상되나, 이는 글로벌 금융위기 이전에 비해 1/3~1/4 수준이다. 만약 그동안 무역 성장이 부진했던 남아시아, 북아프리카, 남미 국가들이 글로벌가치사슬(GVC)에 편입되면 세계 무역이 활력을 얻을 수 있을 것이다.

그림 2-2 세계 무역과 GDP 추이(%)

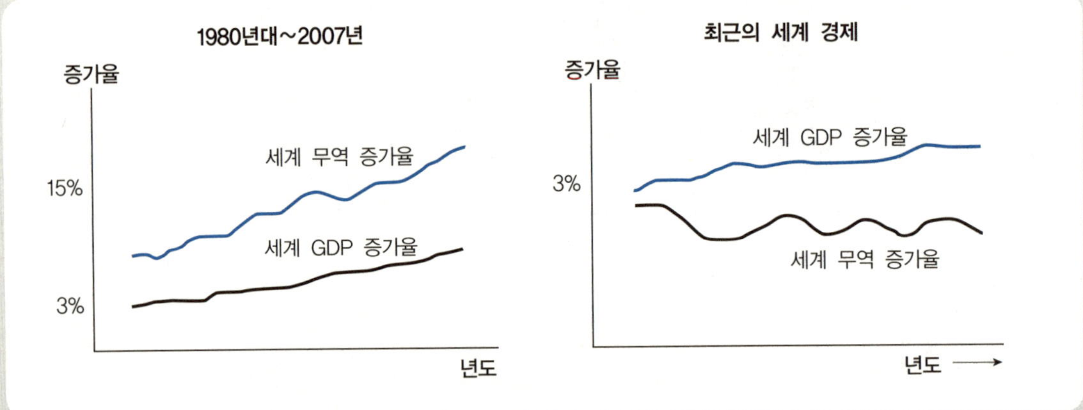

세계 무역 성장의 부진은 몇가지 요인으로 설명될 수 있다. 먼저 세계 상품 교역액은 2015년 16.5조 달러로 전년 대비 13% 줄어들었다. 세계 경기침체, 원자재 국제가격 하락, 환율경쟁으로 인한 상품가격 변동성 확대 등이 글로벌 수요 감소를 초래했다. 원자재 국제가격이 낮게 형성되면서 무역액이 작아지고 있고, 최근 들어 글로벌가치사슬 확장이 둔화되면서 새로운 무역 기회가 늘어나지 않고 있다는 점도 무역 성장 부진 요인으로 작용하고 있다. 시진핑정부 집권 후 중국 당국이 양적 성장에서 질적 성장으로 전환함에 따라 가공무역이 빠른 속도로 줄어들면서 무역규모가 위축되었다. 이러한 요소들이 복합적으로 작용하여 소득의 무역 탄력성이 과거보다 낮아지는 추세가 이어지는 구조적 변화도 나타나고 있다.

세계경제 성장을 주도했던 신흥국과 자원부국 경제가 동반침체하면서 세계 상품분야 초과공급 문제가 발생하고 있다. 중국의 설비투자 중심 경제성장 추진이 지속된 결과, 이제 과잉생산문제가 발생하고 있고, 철강 · 화학 · 디스플레이 등 수출단가 하락과 무역제한적 보호무역주의조치가 증가하고 있다. 자원부국의 경우, 세계 경기침체 및 셰일혁명 등에 따른 공급증가로 가격이 급락하면서 경제 침체가 이어지고 있다.

2. 보호무역주의

FTA and International Trade, ch. two

19세기에는 철도, 20세기 자동차, 1990년대 이후 정보통신산업(ICT)이 경제성장을 이끌었다. 하지만 최근 10여 년간 세계 경제를 보면, 중국과 같은 국가를 제외하고는 많은 국가들이 마땅한 성장동력을 찾지 못하고 있고, 향후 상당 기간 동안 저성장 추이가 이어질 것으로 전망된다. 더구나 ICT 기술진보로 경제성장의 고용 파급효과가 미미해짐에 따라 보호무역주의에 눈을 돌리는 국가가 늘고 있다.

이와 같은 경제 침체기에서 대부분의 국가들은 수입 억제 방안을 모색하게 된다. 해외 물품 수입은 최대한 억제하면서 수출을 늘리게 되면 세계경제의 침체 속에도 살아남을 수 있다고 생각한다. 이러한 생각이 보호무역주의를 발동하게 되며, 전통적 보호무역주의의 부활은 물론이고 신종 보호무역주의적 조치도 도입하게 된다. 수출에 대한 수입국들의 무역조치는 크게 관세장벽, 비관세장벽, 수입규제를 들 수 있다. 세계무역기구(WTO) 하의 다자무역자유화와 FTA 관세자유화로 관세장벽은 점점 낮아지고 있다. 1995년 WTO가 출범하면

그림 2-3 WTO 출범 이후 세계 평균 관세율(양허) 추이

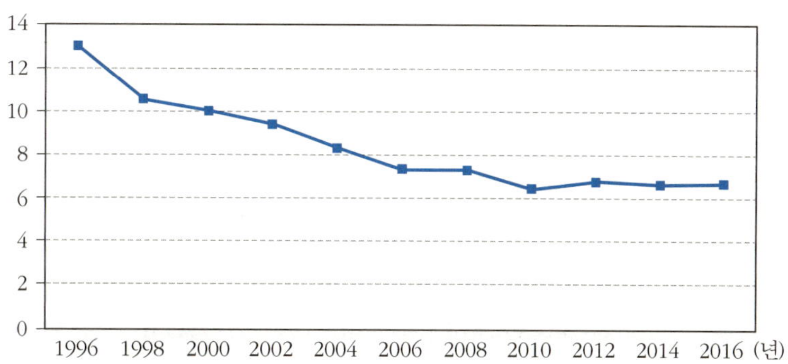

서 상당한 수준의 관세인하가 이루어졌고, 2000년대 들어 세계 평균 관세율(양허기준)은 9%로 낮아졌다. 2000년대 후반 7%로 하향되었고, 2010년 이후에는 6%대를 유지하고 있다.

관세장벽 인하와는 반대로 비관세장벽 발동은 과거보다 더 빈발해지고 있다. 대표적인 비관세장벽인 기술장벽(TBT) 발동 건수는 사상 최고치를 기록하고 있다. 반덤핑, 상계관세, 세이프가드 등 무역구제 발동 건수 역시 증가추세를 보이고 있다. 더구나 최근에는 선진국을 중심으로 자국 산업 보호를 명분으로 한 '신보호무역주의'가 팽배해지고 있다. 1990년대 이후 저렴한 노동력에 기초한 개발도상국 산업의 빠른 추격(catch-up)으로 인해 선진국 관련 산업이 상대적으로 큰 피해를 입고 있다는 의식이 팽배해지고 있다. WTO 자료에 따르면, 세계 주요 20개국이 2015년 10월부터 2016년 5월까지 도입한 새로운 무역제한조치는 총 145건이다. 이는 월평균 약 21건으로 전년 동기 월평균 신규조치 17건보다 크게 늘어난 것으로 관련 집계가 시작된 2009년 이후 역대 최고치를 갱신하였다. 산업별로는 전기전자 분야에 대한 무역제한조치 발동이 많았으나, 최근에는 보건의료, 헬스케어를 포함한 의료기기에 대한 규제가 빠른 속도로 증가하고 있다.

그림 2-4 세계 기술장벽(TBT) 발동 추이

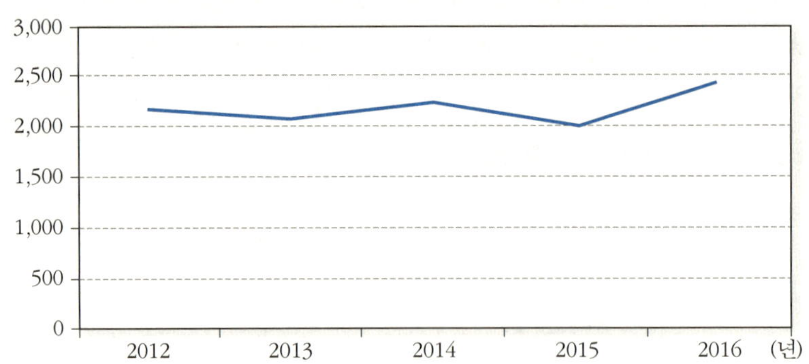

주 : 2016년 연간으로 환산한 것임.
자료 : WTO TBT 통계.

중규모 개방경제국가인 우리나라는 이러한 전 세계적인 보호무역주의 강화로 인해 큰 피해가 우려되는 상황이므로 세계 보호무역주의 동향을 정밀분석하고 대응방안을 수립해야 한다. 글로벌 금융위기 이후 약 4,000여 건의 전 세계 보호무역조치 중 1/4은 우리나라 수출상품에 대해 적용되었다. 또한 우리나라는 반덤핑, 상계관세, 세이프가드로 대표되는 무역구제 적용을 중국, 일본 다음으로 가장 많이 받고 있는 국가이다. 이러한 수입규제로 인한 기업들의 피해가 커지고 있어 보호무역주의 확산에 대한 국가적 차원의 대응방안 강화 필요성이 어느 국가보다 큰 편이다.

특히 피규제 건수에서 우리나라의 비중은 6%로, 우리나라 세계무역 비중 3%보다 2배 이상 많은 규제를 받고 있다. 2016년 7월 말 현재 31개국에서 총 179건(규제 중 132건, 조사 중 47건)의 수입규제가 우리 상품에 대해 적용되고 있다. 그 중 반덤핑이 125건으로 전체의 69%를 차지하고 있는데, 우리나라에 대한 수입규제를 가장 많이 하는 국가는 인도(총 32건)이고, 인도를 포함한 아시아 11개국의 규제 건 수는 87건으로 전체의 48%를 차지하고 있다. 품목별로는 철강 · 금속 · 화학 등 우리나라의 주력 수출산업이 전체 무역조치 규제의 75%를 차지하고 있다는 점에서, 수입국의 과도한 규제가 현재의 수출부진의 원인으로 볼 수 있는 가능성도 있다. 전경련(2016)의 조사에 의하면, 업종별 협회 15개 중 10개 업종이 직간접적으로 보호주의를 체감하고 있는 것으로 응답했다. 체감 업종은 철강, 자동차, 전자, 디스플레이, 석유화학, 정밀화학, 화학섬유, 화장품, 타이어, 식품인 것으로 나타났고, 반도체, 기계, 건설, 조선, 석유 등은 보호주의에서 벗겨나 있는 것으로 조사되었다.[1]

1__ 전경련(2016), "글로벌 보호무역주의", fip-2016-0005(통권 230호).

미 대선 후보들이 경쟁적으로 보호무역주의를 공약하고 있는 가운데 2016년 하반기 미 상무부의 우리 상품에 대한 조치는 미국 보호무역주의의 강도를 가늠케 한다. 열연강판 1위 수출업체인 포스코에 반덤핑관세 3.9%와 상계관세 57% 등 총 61%를 부과했고, 현대제철에는 총 14.4%(반덤핑관세 9.5%, 상계관세 3.9%)를 부과했다. 가격경쟁이 치열한 철강 제품에 대해 이같이 높은 관세를 부과한 것은 사실상 수출중지 조치를 취한 것과 같다. 한국산 제품에 대한 미국의 수입규제는 총 21건(철강 · 금속 18건, 전기전자 2건, 섬유 1건)이나 된다. 10년 전 미국은 삼성과 LG가 멕시코 현지에 진출해서 생산한 세탁기 수출에 대해 고관세 수입규제를 취했다. 이에 우리 기업은 멕시코로부터 철수해 중국에 생산설비를 구축하고 미국 시장으로 수출했으나, 미국 3위 업체인 월풀(Whirlpool)의 제소로 중국에서의 수출마저 위기를 맞게 되었다.

우리 기업이 덤핑을 했을 가능성도 있으나, 미국의 덤핑 판정 자체가 불투명할 뿐만 아니라 대중국 견제 차원에서 미국이 반덤핑세 부과를 결정했을 수 있다. 미 · 중 간 갈등으로 인한 보호무역주의 불똥이 우리 기업에게 튄 것으로 볼 수 있다. 이와 관련하여 전경련(2016) 보고서는 '미국과의 EU의 중국 견제에 괴로운 한국' 으로 적고 있다. 글로벌 과잉생산과 장기간의 경기침체로 기업 경쟁력을 상실하면서 미 철강업계가 구조조정 위기에 처함에 따라 중국을 타깃으로 한 각종 수입규제 조치가 증가하였고, 미 대선 정국에 철강업계가 수입규제를 요구하자 미 통상당국이 강도 높은 수입규제 조치를 도입하고 있다는 것이다. 중국에 대한 수입규제 여파가 철강을 수출하는 우리 업계에도 미치고 있다.

수입규제 정책은 정치적 요인, 제도의 복잡성, 국제적 기준의 불명확성에다가, 행정당국의 자의적인 판단이 개입될 소지가 많고, 자국 산업의 보호조치 수단으로 향후 확산될 가능성이 높다. 관세와 보조금 등의 전통적 보호무역 수단을 넘어, 최근에는 환경, 노동, 경쟁, 지재권, 투자, 전자상거래(데이터 지역화 포함) 등 분야에서 다양한 신보호무역주의 규제수단들이 등장하고 있다. 이러한 신보호무역주의 규제는 특히 고부가가치 산업 및 창조경제 활동에 대한 새로운 장애요소로 작용할 수 있다는 점에서 미래산업 육성 차원에서 무리한 보호무역 조치를 차단하는 노력을 기울어야 한다.

단순하게 보면 영국의 EU 탈퇴(브렉시트)는 영국과 EU 간 관계 재설정이 될 수 있지만, EU라는 초대형 무역블록 하의 자유화 원칙에 대한 영국민의 반감으로 해석 가능하다. 이는 자유화로부터의 후퇴, 더 나아가 보호주의로의 회귀를 시사하는 측면도 있다. 2016년 미 대통령 선거에서의 보호무역주의 선거공약은 향후 미국 통상정책의 방향을 예고하는 것으로 볼 수 있다. 선진국발 보호무역주의가 확산될 가능성이 높아지고 있어, 국제무역과 연관된 사안을 다루는 국제기구(WTO, OECD, FAO, UNEP, IMF 등), 주요국(G20) 등과의 국제공조를 통해 보호무역주의를 차단해야 할 것이다. 이미 실행 중인 규제는 물론이고, 주요국 정치권에서 논의되거나, 주요국 산업 및 노동계에서 요구 중인 규제사항 등도 파악해서 종합적인 대응방안을 모색해야 한다. 보호무역주의는 다자무역규범에 근거한 객관적 논리를 가진 경우도 있으나, 산업적 관점과 정치논리에 의해 발동되는 경우가 많아 우리나라만의 노력으로는 해소하는 것에 한계가 있을 수 있으며, 국제적 이슈화가 효과적일 수 있다.

3. FTA 지역주의 추이와 특징

WTO 지역무역협정위원회(CRTA) 통계에 따르면, 1960년에서 1990년까지 30년간 전 세계 지역무역협정은 3개에서 25개로 늘어 3년에 2개 정도 협정 체결이 늘어났다. 하지만, 이후 협정의 체결은 빠른 속도로 증가했고, 최근에도 체결 추이가 이어지고 있다. 2016년 현재 발효된 지역무역협정의 수는 400개에 육박하며, 2020년에는 500개에 달할 것으로 전망된다. 이들 지역무역협정은 일부 품목에 한해 관세를 인하해주는 특혜무역협정에서 유럽공동체(EC)까지 포함하고 있고, 지역무역협정의 약 90%는 FTA이고 나머지 10%는 관세동맹(Customs Union)이다. FTA가 대세를 이루고 있다는 점에서 본서에서는 지역무역협정을 FTA로 통칭하고자 한다. WTO 회원국은 FTA를 체결할 경우, WTO CRTA에 관련 사항을 통보해야 한다. 하지만 개도국 간에 체결된 협정은 제때 WTO CRTA에 통보되지 않거나 통계에 잡히지 않는 FTA도 많다는 점에서 보면 실제 발효된 FTA 수는 WTO CRTA 통계보다 더 많을 수 있다.[2]

2__ 동일한 FTA일지라도 상품과 서비스 분야가 각각 GATT 24조 및 GATS 제5조에 따라 WTO CRTA에 따로 통보됨에 따라 실제 FTA 발효 건수는 WTO 통계보다 작아지게 된다.

그림 2-5 세계 FTA 체결 건수

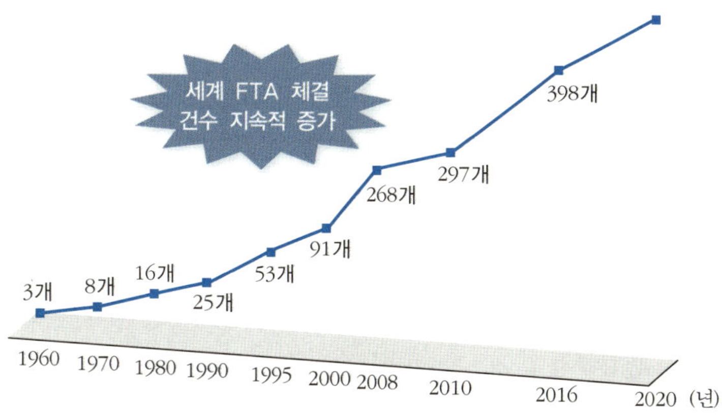

FTA 체결 건수가 꾸준히 늘고 있다는 점 이외에 최근 FTA 지역주의는 몇 가지 특징을 지니고 있다. 1990년대까지만 하더라도 FTA는 유럽이나 북미지

역에서 활발하게 추진되었으나, 최근에는 아시아, 남미, 아프리카 등 세계 전 지역에서 협정이 활발하게 체결되고 있다. 또한 메가 FTA가 체결되고 있고, 높은 수준의 포괄적인 메가 FTA 결성에 대한 관심이 높아지고 있는 점도 최근 FTA 지역주의의 특징이다. 메가 FTA에 대한 정의는 없으나, 일반적으로 메가 FTA란 회원국 수가 많은 FTA를 의미한다. 또한 회원국의 경제규모가 커서 세계 무역질서에 영향을 줄 수 있다면 이 역시 메가 FTA로 분류될 수 있다.

세계에서 지역주의 발전이 가장 더딘 아프리카에서도 (소)지역적 차원의 지역무역블록이 형성되고 있다. 대표적인 협정으로는 SADC(남아프리카개발공동체), ECOWAS(서아프리카경제공동체), EAC(동아프리카경제공동체), COMESA(동남아프리카경제공동체), SACU(남아프리카관세동맹) 등을 들 수 있다. 이들 지역무역블록은 부분 무역자유화, FTA, 관세동맹, 공동시장, 경제공동체 등을 추진하고 있다. 그러나 주도국의 역할이 약할 뿐만 아니라 참여국의 역량 부족으로 대부분의 협정이 20년 이전에 설립되었지만 무역분야 자유화 이외 다른 분야에 대해서는 아직도 진전을 보지 못하고 있다.

표 2-1 ■ 아프리카 지역의 지역무역블록

협정명	인구(천명)	가입국 수	참여국 예시	설립연도	통합단계
SADC(남아프리카개발공동체)	233,944	15	남아공, 수단, 탄자니아 등	1980	부분 자유무역지역
ECOWAS(서아프리카경제공동체)	251,646	15	나이지리아, 가나, 세네갈 등	1975	관세동맹 및 단일통화 부분 진행 중
SACU(남아프리카관세동맹)	51,055	5	남아공, 레소토, 보츠나와 등	1969	관세동맹
COMESA(동남아프리카경제공동체)	406,102	19	이집트, 리비아, 케냐, 앙골라 등	1994	자유무역지역
EAC(동아프리카경제공동체)	124,858	5	케냐, 탄자니아, 우간다, 르완다 등	2001	공동시장

아시아에서는 아세안국가들이 중심이 되어 한국, 중국, 일본, 오세아니아(호주, 뉴질랜드) 등과 아세안+1 FTA 형태의 FTA를 발효시켰고, 역내포괄적경제동반자협정(RCEP) 협상에는 아세안 10개 회원국, 한 · 중 · 일, 호주, 인도, 뉴질랜드 16개 국가가 참여하고 있다. [그림 2-6]에서 보듯이, 아시아와 태평양 지역에서는 TPP, RCEP 및 한 · 중 · 일 FTA 3개의 메가 FTA가 추진(체결)되고 있고, 다수 국가들이 중첩적으로 참여하고 있다. 일본은 3개의 메가 FTA 모두에 참여하고 있다. RCEP처럼 회원국 수가 많은 FTA 협상의 경우, 협상 주도국이 없으면 타결이 쉽지 않다. 비동아시아 국가인 호주, 뉴질랜드, 인도도

협상에 참가하고 있으나, 동아시아 역내 국가로 한정해 보면 한·중·일과 아세안 10개국 간 협상 구도로 되어 있다.

그림 2-6 동아시아 국가들이 참여하는 메가 FTA

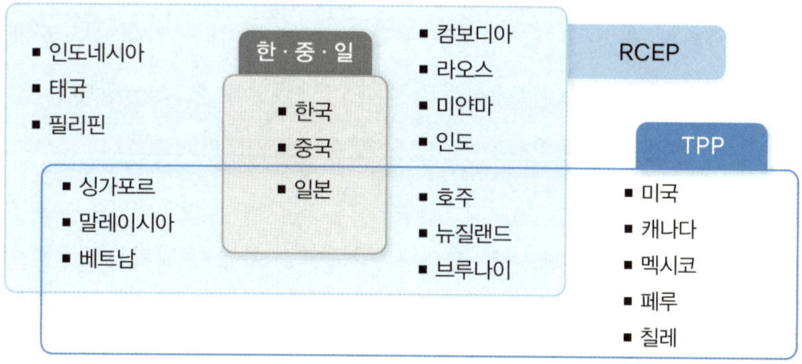

RCEP는 이질성이 높은 16개 국가로 구성되어 있으며, 한·중·일 3국의 경제는 RCEP 전체 경제의 절반 수준을 차지하고 있지만, 한·중·일은 단합된 입장을 형성하지 못해 RCEP 협상에서 영향력을 행사하지 못하고 있다. 오히려 아세안의 입장에 끌려다니는 모습이 나타나기도 한다. 느슨한 조직체인 아세안은 지역적 이해 확보를 위해 아세안+1 형태로 다수 FTA를 체결했고, 역외국과의 FTA 협상에서 '아세안 중심주의(ASEAN Centrality)'를 보여왔다. 싱가포르가 아세안 싱크탱크 역할을 수행하면서 FTA 협상 등에서 자카르타 소재 아세안 사무국을 이끌고 있다고 해도 과언이 아니다.

범동아시아 FTA 결성에 대한 한·중·일의 입장이 다르고 국가 간 입장 차이를 해소하는 데 주도적인 역할을 하는 국가가 없기 때문에 RCEP는 물론이고 한·중·일 FTA 협상 역시 부진할 수 밖에 없다. 만약 한·중·일 FTA 협상이 타결되면 RCEP 협상 타결도 급속도로 진행될 가능성이 있다. 2015년 말 발효된 한·중 FTA를 일본으로 확장하게 되면 한·중·일 FTA가 완성되는 것으로 볼 수 있지만, TPP 회원국이 된 일본이 TPP에 상응하는 높은 수준의 포괄적 FTA 추진을 주장함에 따라 기존 장애요인에 새로운 복병이 수면위로 부상한 셈이다.

동북아 3국은 한·중·일 FTA 협상을 진행중이고, 한·중·일 3국은 주요 교역국과의 FTA 체결 경쟁을 벌이고 있다. 우리나라는 미국, EU, 중국 등 세계 3대 경제권과의 FTA를 세계 최초로 발효시켰고, 일본은 2016년 2월 환태평양동반자협정(TPP) 체결에 이어 EU와의 FTA 및 한·중·일 FTA 협상 타결로 그동안 한국에 뒤졌던 FTA 체결 실적을 따라잡겠다는 구상을 추진 중이다. TPP를 통한 미국의 중국 견제 전략에 대응하기 위해 고심하던 중국은 '일대일로(一帶一路)' 정책을 통해 자국을 중심으로 한 육·해상 실크로드 지역 60여개 국가를 포함한 거대경제권 구축을 추진 중이다. 일대일로 정책이 완성되면 중국은 유라시아대륙에서부터 아프리카해양에 이르는 광대한 영역에 대해 자국의 영향력을 확대시킬 수 있을 것으로 보인다.

남미지역은 1969년 안데스공동시장(Andean Community)을 결성할 정도로 지역주의에 일찍 눈을 떴으나, 외국인 투자를 규제하는 등 후진전인 협정 방침, 주도국 부재와 회원국 변동으로 역사에 비해 발전을 하지 못했다.[3] 최근에는 칠레, 페루 등이 태평양동맹(Pacific Alliance)을 결성했다. 경제규모나 지역적 범위로 보면, 남미의 대표 지역무역협정은 남미공동시장(MERCOSUR)이다. 이는 브라질, 아르헨티나, 우루과이, 파라과이 등 남미 국가 간 무역장벽을 없애기 위해 1991년 창설되었다. 2012년 베네수엘라가 정식 가입해 정회원국이 5개국으로 늘어났으며, 남미공동시장은 남미 전체 면적의 62%와 전체 GDP의 54%(2016년)를 차지하고 있다. 남미 국가의 전반적인 보호주의 정책으로 인해 메르코수르 발전이 지체되었으나, 최근 브라질·아르헨티나 신정부 출범에 따라 EU, 한국, 중국 등과 FTA 추진에 관심을 보이고 있다. EU와는 2016년 5월 양허안을 교환하였고, 캐나다 및 EFTA와 협상 준비 단계에, 튀니지, 레바논 및 한국과는 FTA 논의 초기단계에 놓여 있다.

3 라틴아메리카의 안데스제국(諸國)에 속하는 콜롬비아·페루·에콰도르·볼리비아·칠레 등의 5개국이 최초 결성했고, 1973년 베네수엘라가 가입하였으나 1976년 칠레는 탈퇴하였다. 칠레는 외국인 투자 유치에 적극적이었으나 안데스공동체는 외자 규제 입장을 유지하였기 때문이다. 그러나 2006년 준회원국으로 재가입하였다.

전 세계적인 FTA 확산 추세가 지속되는 가운데 최근에는 여러 국가들이 참여하는 메가 FTA로 진화하고 있다. 세계 주요 메가 FTA는 [그림 2-7]에 제시되어 있다. 현재 발효되어 있는 메가 FTA는 유럽의 유럽연합, 북미지역의 북미자유무역협정(NAFTA), 남미공동시장(MERCOSUR), 아세안+1 FTA 등을 들 수 있다. 최근 관심을 끄는 메가 FTA로는 TPP, RCEP, 범대서양무역투자동반자협정(TTIP) 등을 들 수 있다. TTIP는 미국과 유럽(EU) 간 FTA로, 세계경제를 선도해 온 선진국 간 FTA라는 점에서 협정 내용에 대해 관심이 모아지고 있다.

미국, 캐나다, 호주, 일본, 칠레, 베트남 등이 참여하고 있는 TPP는 2015년 10월 협상이 타결되어 4개월 후인 2016년 2월 뉴질랜드 오클랜드에서 서명되

그림 2-7 세계 주요 메가 FTA(발효, 논의)

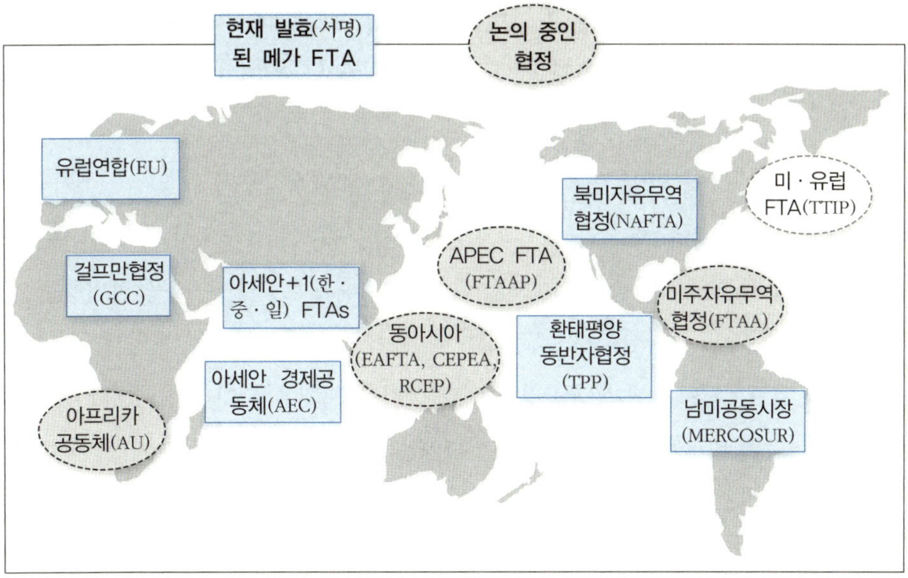

그림 2-8 TPP 12개 회원국 구성

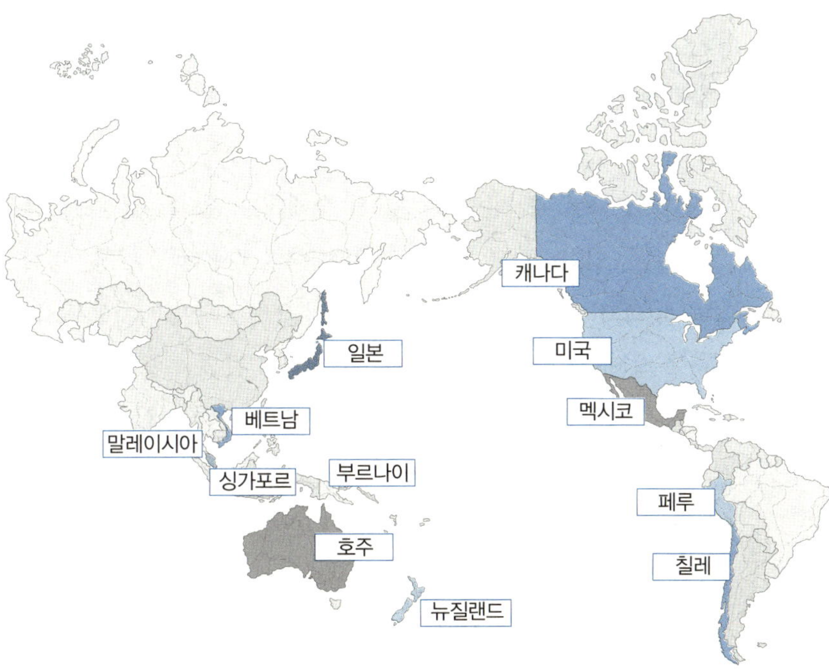

었다. TPP는 아시아 · 태평양 지역의 경제통합을 목적으로 미국과 일본의 주도하에 높은 수준의 시장개방을 달성하였다. 한편, 오래 전에 논의가 시작되었으나 진전이 부진한 협정도 더러 있다. 대표적으로 미주자유무역협정(FTAA)과 아태지역 FTA(APEC FTA 혹은 FTAAP)는 1990년대 중반에 논의가 시작되었으나 아직도 전망이 불투명하다.

최근의 메가 FTA 증가 배경에는 해외직접투자의 증가와 국가 간 생산 분업화의 심화에 기인하는 글로벌가치사슬(GVC)의 중요성 부각, WTO 도하개발의제(DDA) 협상 난항, 서로 다른 FTA 혼재로 인한 손실을 의미하는 스파게티보울(Spaghetti bowl) 등 다양한 요인이 작용한 것으로 보인다. 특히 GVC의 경우, 세분화된 생산공정이 여러 국가에 걸쳐 이루어지기 때문에 국가 간 무역 관련 비용이 낮아져야 한다. TPP는 무역장벽 완화는 물론이고 국제무역 관련한 최신의 규범체계를 포함하고 있어 '21세기형 협정'으로 불릴 정도로 친비즈니스 환경 개선에 도움이 된다. 주요 공정거점 국가들이 포함된 메가 FTA가 높은 수준의 시장개방과 포괄적 협정으로 타결되면 회원국들은 역내로의 외국인 직접투자 유입을 기대할 수 있다.

4. 유럽통합과 영국의 EU 탈퇴

2016년 6월 영국은 국민투표를 통해 EU 탈퇴를 결정했지만 그 후유증이 적지 않다. 의회주의를 채택하고 있는 영국에서 국민투표는 정책에 대한 자문이고, 의회가 최종 결정하고 탈퇴의향서를 제출해야만 공식 탈퇴협상이 이루어진다는 점에서 영국이 입장을 바꿀 가능성이 있을 수 있다. 하지만, 국민투표로 나타난 민심을 의회가 뒤집는 것은 쉽지 않을 것이고 일정에 따라 영국이 EU를 탈퇴할 것으로 예상된다. 낙관적으로 보면, 브렉시트는 영국 · EU 간 관계 재설정이고, 아주 비관적으로 보면 EU 탈퇴도미노를 여는 것이 될 것이다.

브렉시트 문제를 좀 정확하게 이해하기 위해서는 유럽통합 과정을 이해해야 하며, 유럽 통합을 이해하기 위해서는 제2차 세계대전 이후 유럽 분위기를 살펴봐야 한다. 오늘 발생하는 현상들은 모두 과거와 연결되어 있기 때문이다.

즉, 우리의 시간은 이어져 있다. 제2차 세계대전이 끝난 직후부터 유럽사회는 전쟁을 방지하고 평화를 유지하기 위한 근본적인 방안을 논의하게 되었다. 제2차 세계대전이 발생하게 된 원인을 근원적으로 차단하는 방법을 모색하였다. 골자는 전쟁무기 생산에 필요한 석탄과 철강을 한 나라가 독점하지 못하도록 하고, 각국의 좁은 내수시장과 자원만으로 경제활동에 한계가 있어 다른 나라를 침략해 식민지로 삼으려는 것이 전쟁의 원인이라는 판단 하에 유럽 각국의 시장과 경제를 하나로 통합해서 시장경제논리에 따라 거래하도록 하면 평화가 유지될 수 있다는 생각을 하게 되었다. 실제로 유럽에서는 50년 이상 전쟁없는 평화기를 누리고 있다. 유럽통합의 주역은 당시 프랑스 외무장관 로베르 슈망(Robert Shuman)과 경제계획청장 장 모네(Jean Monnet)이었다.

종전 5년 후인 1950년 '슈망 선언'이 발표되었는데, 슈망선언은 독일 · 프랑스의 오래된 자원전쟁터였던 루르(Ruhr), 자르(Saar)지방의 석탄 · 철강 생산을 공동으로 고위당국 권한의 규제 아래에 놓아서 개발 및 관리하여 전쟁을 방지하자는 것이었다. 이 선언에 따라 1952년 '유럽석탄철강공동체(ECSC)'가 형성되었다. 이어 1957년 프랑스 · 룩셈부르크 · 이탈리아 · 벨기에 · 서독 · 네덜란드 등 6개국에 의해 로마조약(Rome Treaty)이 체결되어 이듬해인 1958년 발효되는데, 이 조약의 원 명칭은 '유럽경제공동체(EEC) 설립을 위한 조약'이었다. 후에 마스트리흐트 조약(1993년 발효)에 의해 '유럽공동체 설립을 위한 조약(TEC)'으로 바뀌었다.

로마조약의 주요 목표는 다음과 같다.

① 회원국 간 상품(제조업)분야에 대한 자유무역 체제(관세동맹) 구축
② 서비스, 인력과 자본의 자유로운 거래를 가능하게 하는 '공동시장' 구축
③ 농산물에 대해서는 공동체 차원의 공동농업정책(CAP) 도입
④ 지역통합을 실현하기 위한 정치제도 창설

즉, 로마조약은 유럽의 경제통합을 위해 상품, 인력, 자본, 서비스 4대 분야 이동 자유화의 원칙을 확립했다. 장 모네는 경제통합을 하게 되어 국가 간 관계가 긴밀하게 되면 상호 군사적 충돌을 피하려 하고, 경제논리에 따라 지역 차원의 질서가 확립될 것으로 봤다. 장 모네가 그렸던 경제통합은 완전한 정치경제통

합체이었다. 전통적 분류방식으로 경제통합의 단계를 구분하면, 가장 낮은 수준의 자유무역협정, 관세동맹, 공동시장, 경제통합체에 이어 완전한 정치경제통합체가 되면 사실상 하나의 국가와 같이 운영된다.

표 2-2 ■ 경제통합의 단계(전통적 분류방식)

회원국 간 자유무역 실시	제3국에 대해 회원국 공동관세 부과	회원국 내 생산요소 자유이동 보장	회원국 간 공동경제정책 수행	회원국 간 정치, 화폐 통합
① 자유무역협정 (예 : 한·미 FTA 등)				
② 관세동맹(베네룩스경제동맹 등)				
③ 공동시장(유럽경제공동체[EEC] 등)				
④ 경제통합체(현재의 EU)				
⑤ 완전한 정치경제통합체(마스트리히트 조약상의 EU)				

전통적 분류방식으로 보면, FTA는 가장 초급단계의 경제통합이 되며, 유럽은 이미 1950년대에 공동시장을 형성했고, 경제적으로는 하나의 나라처럼 움직이는 경제통합체 수준에 와 있다. 정말로 하나의 국가로 통합되기 위해서는 각국의 화폐를 통일하여 단일화폐제도를 마련해야 하고, 정치와 제도를 통합해야 한다. 이를 완전한 정치경제통합체로 한다. 즉, 장 모네는 완전한 정치경제통합체를 구상했다. 1980년대 후반부터 유럽에서는 완전한 정치경제통합 논의가 있었고, 1992년 2월 7일 마스트리히트에서 '유럽연합조약(Treaty on European Union)' 일명 마스트리히트 조약을 서명했고, 1993년 11월 1일 발효되었다. 이로써 EU는 마스트리히트 조약을 기반으로 1993년에 탄생한 것이다. 그리고 1999년에는 단일화폐로 유로화를 사용하게 되었다.

EU 출범의 근거인 마스트리히트 조약의 주요 내용은 다음과 같다.

마스트리히트 조약 주요 내용

가. 회원국 간 장벽이 없는 영역 창조, 경제 및 사회의 일체성을 강화하고, 궁극적으로는 단일통화를 포함한 경제통화연합 달성

나. 최종적으로 공동방위정책 형성, 공통의 대외정책·안전보장정책을 통해 국제무대에서 EU의 정체성 주장

다. EU 시민권(Citizenship of the EU) 도입, 회원국 국민의 권리 및 이익 보호 강화

라. 사법 및 치안문제에 대해서 밀접한 협력 발전

마스트리히트 조약은 공동방위, 안전보장 등 군사적 내용도 포함하고 있지만, 회원국 간 장벽이 없는 영역 창조, 경제 및 사회의 일체성을 강화하고, 궁극적으로는 단일통화를 포함한 경제통화연합을 달성하는 것을 주요 내용으로 설정하고 있다. 마스트리히트 조약에서 회원국 간 장벽이 없도록 하는 것은 로마조약의 4대 분야 이동 자유화를 더욱 더 강화시킨 것으로 볼 수 있다.

브렉시트의 원인이 되었던 난민 유입 문제는 인력 이동 자유화와 관련이 있다. 마스트리히트 조약으로 EU가 출범하면서 이들 4대 분야 이동 자유화는 보다 정교하게 규정되었고, 각 회원국들은 다른 회원국 국민은 물론이고 다른 회원국을 통한 난민의 유입을 통제하지 못하게 되었다. 또한 농업정책, 지역개발정책, 공동방위, 안전보장, 사법 및 치안 협력 등을 추진하는 데 막대한 재원이 필요하다. 이러한 재원은 회원국의 경제력과 인구 수 등을 기반으로 계산된 분담금으로 충당된다. 2015년 영국의 분담금은 129억 파운드(약 22조 1천억원)이고, 국민 1인당 약 200파운드(약 34만원)를 부담했다. 분담금 총액 1위와 2위 국가는 각각 독일과 영국이며, 국민 1인당 최대 분담국은 덴마크이고 영국은 8위이다. 영국이 낸 분담금의 1/3 정도는 어민 보조금과 지역 개발, 연구프로젝트 등으로 돌려받는다. 나머지 분담금은 방위안보, 치안 등 EU 차원의 각종 프로그램에 투입되고 영국도 직간접 혜택을 누리게 된다. 몇 년 전 영국은 군사비 절감 차원에서 자국의 항공모함을 더 이상 유지하지 않기로 결정했는데, 이 이면에는 유사시 프랑스 항모를 빌려쓰기로 하는 비밀협정이 있었다. 유럽의 최대 앙숙이었던 영국과 프랑스가 EU라는 체제 하에서 양국이 더 이상 전쟁을 하지 않을 것이란 확신이 없었으면 가능한 일이 아닐 것이다. 하지만 영국 국민투표에서는 분담금과 난민 문제만이 부각되었을 뿐 EU 회원국으로서 누리는 각종 혜택은 이슈화되지 못했다.

유럽통합 역사에서 영국은 소극적인 입장을 보이다가 뒤늦게 참여했다. 로마조약으로 프랑스, 독일 등이 중심이 된 유럽경제공동체(EEC)가 출범하자, 영국은 오스트리아, 스웨덴, 스위스, 덴마크, 노르웨이, 포르투갈 7개 국으로 구성된 유럽자유무역연합(EFTA)을 결성해 유럽 경제를 양분화시켰다. 하지만 EEC 경제가 EFTA 경제 규모를 능가했고 프랑스와 독일의 경제 성장이 영국을 추월했다. 이에 영국 기업들은 EEC 가입을 영국 정부에 요청했다. 1961년 첫 가입의사를 밝혔고, 이어 EEC가 유럽공동체(EC)로 발전했던 1967년 2차 가입신청을 했으나 프랑스 드골 대통령의 거부로 뜻을 이루지 못하다가 드골 실각 후인 1973년 EFTA를 탈퇴하고 유럽공동체에 가입할 수 있었다. 영국의 탈퇴로 경제력이 더 약화된 EFTA를 덴마크, 포르투갈 등이 탈퇴하고 EC에 가입하였다. 경제통합론의 대가인 리차드 볼드윈(R. Baldwin)은 이러한 EC와 EFTA 간 일련의 회원국 이합집산을 경제통합 도미노이론으로 설명하고 있다. 볼드윈의 이론은 영국의 EFTA 탈퇴가 1970년대 도미노 연쇄효과를 불러일으킨 방아쇠(trigger)로 설명될 수 있지만, 현재의 EU 체제 하에서는 적용이 쉽지 않을 듯하다.

영국이 EU로부터의 탈퇴를 결정한 브렉시트가 FTA에 대한 각국의 관심을 약화시킬 수 있을 것이란 우려가 있으나, 앞의 논의에서 보듯이 영국은 EU 차원의 사회통합정책에 반대한 것이지 무역투자 자유화가 브렉시트의 원인이 아니다. 브렉시트 이후 영국은 주요 교역국들과 양자간 FTA 추진에 나설 것이란 전망이 유력하다. 다만 정치 · 사회적 높은 수준의 통합에는 제동이 걸릴 것으로 보인다.

1. 세계대전과 GATT 다자무역체제

2. WTO 구조 및 통상규범 체계

3. DDA 협상

4. 지역무역협정에 대한 다자규범

다자무역체제와 FTA

FTA and International Trade
ch. three

3

오늘날의 국제무역질서는 크게 다자무역규범과 FTA 무역규범에 의해 관할되고 있다. 다자무역규범은 제2차 세계대전 이후 설립된 GATT(General Agreement on Tariff and Trade, 관세와 무역에 관한 일반협정)와 GATT를 계승한 WTO 체제에 의해 유지되고 있다. FTA는 다자무역체제를 바탕으로 하면서 WTO 규범을 상회하는 내용(WTO 플러스)으로 구성된다. 따라서 FTA 협정의 일부는 WTO 내용과 유사하게 구성되어 있다.

GATT 무역체제는 1948~1994년 동안 유지되었다가 1995년부터 WTO 무역체제로 발전하였다. WTO 체제에서의 첫 번째 협상으로 도하개발의제(DDA) 협상이 2001년 시작되었으나 2008년 이후 협상이 교착상태에 빠짐에 따라 2015년 12월 케냐 나이로비에서 개최된 WTO 각료회의는 DDA 협상 중단을 공식 결정하였다. 이 장에서는 다자무역체제의 발전과정과 FTA에 대한 다자무역규범에 대해 살펴보고자 한다.

그림 3-1 다자무역체제의 발전과정

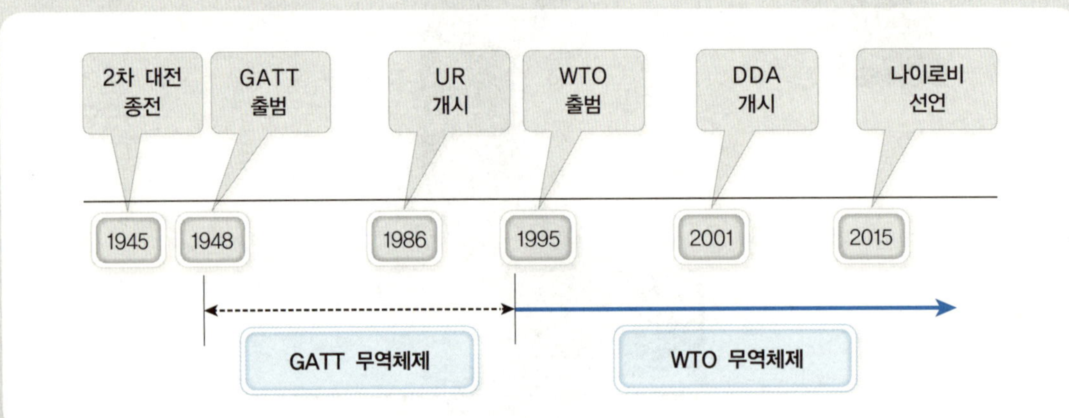

1. 세계대전과 GATT 다자무역체제

FTA and International Trade, ch. three

1990년대 초만 하더라도 국제무역은 상사맨의 영역이었으나, 지금은 조금만 노력하면 외국에 상품을 주문해서 받을 수 있다. 1975년 우리 정부가 종합

무역상사제도를 도입하게 된 것도 무역상사를 키워 수출역군의 역할을 하도록 하기 위해서였다. 국제무역을 하기 위해서는 기본적으로 지켜야 할 규범이 있다. 대부분의 무역규범은 국가 당국에 의해 법률이나 관행으로 규정되고 행정력으로 집행되고 있고, 수출입자들은 이러한 규범을 지켜야 한다. 예를 들어, 등록된 메이커 제품을 모방생산해 수출입해도 안 되고, 유명상표를 무단 사용해도 안 된다. 국제무역규범은 무역을 용이하게 해주는 역할을 한다. 관세 인하와 더불어 다양한 비관세장벽을 완화시켜 무역환경을 개선시키게 된다.

1948년 "관세와 무역에 관한 일반협정", 즉 GATT 체제가 출범하여 스위스제네바에 GATT 본부가 설치되었다. 시기로 보면 GATT는 제2차 세계대전 직후에 창설되었다. '세상의 모든 혁신은 전쟁에서 탄생했다' 라는 말이 있기도 하지만 GATT 무역규범은 제2차 세계대전 과정에 시작되었다. GATT 구상은 제2차 세계대전 전후 세계질서를 논의하는 과정에서 나왔다. 1944년 미국 뉴햄프셔 주의 브레튼우즈에서 개최되었던 브레튼우즈회의가 GATT의 산실이었다. 미국 등 23개 국가가 수출입 제한과 관세장벽을 제거하고, 국제적으로 무역과 물자의 교류를 증진시키기 위해 GATT 체제가 출범하였다.

인류역사상 최악의 전쟁은 제1차 세계대전과 제2차 세계대전이다. 제1차 세계대전은 제국주의 전쟁이라고 하는데, 식민지 제국주의 전쟁이라고도 한다. 제국주의는 군사력과 경제력으로 다른 국가를 정벌하여 식민지로 삼는 침략행위를 일컫는데, 군사력으로 침략하여 식민지국가의 자원을 쟁취하는 것이다.

제2차 세계대전은 독일, 이탈리아, 일본이 추축국이라는 동맹을 맺고 다른 국가를 침략하는데, 이 역시 영토전쟁이면서 식민지 전쟁이다. 제2차 세계대전은 흔히 전체주의 국가의 전쟁이라고 하는데, 전체주의는 개인의 자유보다는 국가나 민족을 우선으로 하는 정치사상이다. 이 과정에서 민족주의를 내세워 우등국민과 열등국민 개념을 내세우고 전체주의 국가는 우등국이고 열등국을 개화시킨다는 명목으로 침략하는데 실은 식민지 확보가 목적이었다.

제1차 세계대전에서 9백만 명, 2차 세계대전에서는 5천만 명이 목숨을 잃었다. 두 전쟁의 공통점은 식민지 쟁탈이었고, 특히 양대 세계대전에서 프랑스, 독일, 벨기에 등 유럽대륙 국가의 피해가 컸다. 수천만 명이 목숨을 잃은 유럽에서는 어떻게 하면 전쟁을 방지할 수 있을 것인가에 대해 철학적 고민을 하게 되었다. 양대 전쟁 기간 중 제정러시아에서는 사회주의혁명으로 소련이 세워졌고, 연합국을 이끌었던 미국이 국제무대에 주연으로 등장하게 되었다. 한마디로 2차대전 전후 국제정세가 확 바뀌게 되었다.

전쟁 후 세계는 소련이 중심이 된 사회주의계획경제 진영과 미국이 주도했던 자본주의시장경제 진영으로 양분되어 냉전시대에 돌입하게 되었다. 냉전시대는 체제경쟁의 시대이었다. 소련은 사회주의진영 국가들과 계획경제를 실시했고, 자유진영 국가들은 아담 스미스 이후 발전되어 온 시장경제논리에 따라 경제발전을 이룩해서 계획경제국가보다 경제적 우위에 있음을 보여주고자 했다. 시장경제국가 간 상호 발전을 위해 국제무역 활성화를 위한 방안을 도입하게 되는데 이것이 바로 GATT이었다.

GATT 다자무역체제는 최혜국 대우와 내국민 대우를 기본 원칙으로 삼았다. 또한 원칙적으로 수출입 제한을 하지 말아야 하며, 회원국산 물품 수입에서 수출입 절차와 대금 지불상의 차별적 대우를 하지 않도록 규정했다. 이러한 원칙들은 1995년 출범한 WTO에 계승되었다. 최혜국 대우는 국제거래에서 어떤 회원국이 다른 회원국에게 부여하고 있는 가장 유리한 대우를 부여하는 것을 말한다. 하지만 FTA는 회원국 상호 간에 특혜적인 무역조치를 제공하게 되므로 최혜국 대우 원칙과 배치된다. 이를 해소하기 위해 GATT 제24조에는 FTA와 같은 지역무역협정 형성이 최혜국 대우 예외로서 인정되는 요건을 규정하고 있다.

내국민 대우는 규정에 따라 수입된 외국산 물품은 자국산 동종 물품과 동등하게 대우해 주는 것을 말한다. 만약 수입 자동차에 대해 8% 관세를 부과하고, 국내산 자동차가 거래될 때 10%의 부가가치세를 매기게 된다고 하자. 이 경우 모든 GATT 회원국산 자동차에게 8%를 관세로 부과해야 함은 최혜국 대우를 적용한 것이고, 국산차와 같이 10%의 부가가치세를 적용하는 것은 내국민 대우에 해당된다.

GATT는 총 8차례의 다자간 무역자유화 협상을 추진했다. 1～5차 협상은 공산품 관세 인하가 주요 내용이었고, 제6차 케네디라운드에서 처음으로 반덤핑조치에 대한 규범을 합의했다. 제7차 도쿄라운드는 비관세장벽 완화를 위한 협상이 추가되었다. 1973년부터 6년간 추진된 도쿄라운드에는 102개 국가가 참가하여 관세분야에서 상당한 성과를 기록했다. 9개 주요 선진국의 공산품 관세가 평균 1/3 감축되어 이들 국가 평균관세는 4.7%로 낮아졌다. 높은 관세를 더 많이 감축하는 관세 조화(harmonization)를 채택한 것도 성과로 볼 수 있다.

또한 비관세장벽에 대한 일련의 합의를 도출하여 다자무역규범 체계를 강화하게 되었다. 다만, 당초 목표로 했던 농업 무역규범, 세이프가드(긴급수입제한) 수정 등을 추진했으나 합의에 이르지 못했다.

표 3-1 ■ GATT 하의 8차례 다자간 무역협상

연도/차수	장소/명칭	협상 주제	참여국 수
1차(1948)	제네바	관세	23
2차(1949)	앙시	관세	13
3차(1951)	토르퀘이	관세	38
4차(1956)	제네바	관세	26
5차(1960~1961)	제네바(딜론라운드)	관세	26
6차(1964~1967)	제네바(케네디라운드)	관세 및 반덤핑조치	62
7차(1973~1979)	제네바(도쿄라운드)	관세, 비관세조치, "골격" 협정들	102
8차(1986~1994)	제네바(우루과이라운드)	관세, 비관세조치, 규범, 서비스, 지적재산권, 분쟁해결, 섬유, 농업, WTO 창설 등	123

자료 : 외교통상부(2007), "WTO 이해하기".

GATT의 관세 협상에 의해 관세의 보호장벽이 낮아진 상황에서 70년대 중반 오일쇼크로 경기후퇴가 몇 년간 지속되자 각국은 외국과의 경쟁에 직면한 산업을 보호하기 위해 보호주의 정책을 도입했다. 이 시기에 농업 기반을 유지하기 위한 농업보조금이 늘어나는 등 보호무역주의 강화는 GATT의 신뢰성을 훼손시켰고, 무역질서 관리자로서의 위상을 약화시키게 되었다. 이에 GATT를 대체할 새로운 무역기구 창설 필요성이 제기되어 1986년 9월 우루과이의 푼타델에스테(Punta del Este)에서 협상이 개시되었다. 우루과이가 주도적인 역할을

표 3-2 ■ 우루과이라운드 협상분야

시장개방 분야	GATT 규율분야	신분야
① 관세 ② 비관세 ③ 농산물 ④ 섬유 ⑤ 열대산업 ⑥ 천연자원	⑦ 반덤핑 ⑧ 보조금 · 상계관세 ⑨ 긴급수입규제조치 ⑩ GATT 기능 강화 ⑪ GATT 조문 개선 ⑫ 분쟁해결절차	⑬ 지적재산권 ⑭ 무역 관련 투자시책 ⑮ 서비스교역

자료 : 대외경제정책연구원(1994), "우루과이라운드 협상 내용".

했다기보다는 우루과이에서 개최된 GATT 회의에서 제8차 다자간 무역협상이 개시되었기에 우루과이라운드로 부르게 된 것이다.

〈표 3-2〉에서 보는 바와 같이, GATT 회원국들은 당시 국제적으로 문제가 되었던 많은 무역정책 쟁점을 협상에 포함시켜 상당한 성과를 기록했다. 서비스, 지적재산권과 같은 분야를 다자무역체제에 편입시키기로 했고 농업 및 섬유와 같은 특정 산업에 대해서도 개혁적인 조치를 도입하기로 합의했다. 당초 4년으로 설정된 협상 시한을 넘겨 8년차가 되었던 1994년 협상을 종료하고, 모로코 마라케쉬에서 협정문을 서명하였다. 이로써 우루과이라운드는 GATT 창설 이후 세계 무역을 최대 규모로 개혁하는 무역규범을 기초로 WTO를 설립하게 되었다. WTO는 GATT가 관장하지 못했던 농업, 서비스, 지재권 등을 관장하게 되었고, 분쟁해결 역량을 강화시키며 무역정책검토(TPR) 기구를 통해 회원국의 무역정책을 검토할 수 있게 되었다.[1]

1_ 무역정책검토 기구는 WTO 회원국의 무역정책과 관행에 대한 투명성 제고 및 다자간 무역체제의 기능강화를 위해 각국의 무역정책을 일정 주기로 검토하는 기구이다. 미국, 일본, 유럽연합(EU), 캐나다 등 선진국은 2년마다, 5~20위까지의 16개국은 4년, 기타 국가들은 6년마다 주기적으로 검토하게 된다. 만약 검토 기간에 WTO 규범과 배치되는 무역정책을 실시했는지를 검토하고 문제가 있다면 WTO 명의로 시정을 촉구함으로써 각국의 무역정책이 WTO와 합치되도록 하는 역할을 하게 된다.

2. WTO 구조 및 통상규범 체계

FTA and International Trade, ch. three

WTO는 GATT의 정신을 계승하고 기능을 강화시켜 GATT보다 강력한 다자간 무역체제를 확립하여 전 세계의 자유무역을 확대하고 국가 간의 공정한 무역질서 확립을 위해 1995년 출범하였다. 2016년 7월 말 아프카니스탄이 가입함으로써 WTO 회원국은 164개국으로 늘어났다. 알제리, 이란, 이라크, 우즈베키스탄 등 21개 국가가 옵저버 자격으로 WTO 가입 기회를 엿보고 있다.

WTO의 최상위 의사결정기구는 회원국 각료회의이다. WTO에 가입한 전 회원국의 각료(통상장관)들이 2년에 한 번 모여 WTO의 주요 사안에 대해 의사결정을 하게 된다. 각료회의 하에는 일반이사회, 분쟁해결기구, 무역정책검토기구가 있다. 각료회의가 격년으로 열리므로 평소에는 일반이사회가 중요한 의사결정을 담당하게 된다. 분쟁해결기구는 WTO 회원국 간 발생한 통상마찰을 조정하는 역할을 하게 되며, 무역정책검토(TPR) 기구는 각 회원국의 무역정책이 WTO 규범과 배치되지 않는가를 정기적으로 검토하는 역할을 하게 된다. 일반이사회 하에 상품무역이사회, 무역 관련 지적재산권 이사회, 서비스무역이

사회 3개 분야별 이사회가 있으며, 각 분야별 이사회 산하에 다양한 위원회와 작업반을 구비하고 있다. 또한 일반이사회는 무역-환경, 무역-개발, 지역무역협정, 국제수지, 예산행정 5개 위원회를 가동하고 있다. 여기서 지역무역협정위원회(CRTA)는 FTA와 같은 지역무역협정이 GATT 제24조 최혜국 대우 원칙 예외 규정 충족 등의 검토를 담당하고 있다.

그림 3-2 WTO 조직 구조

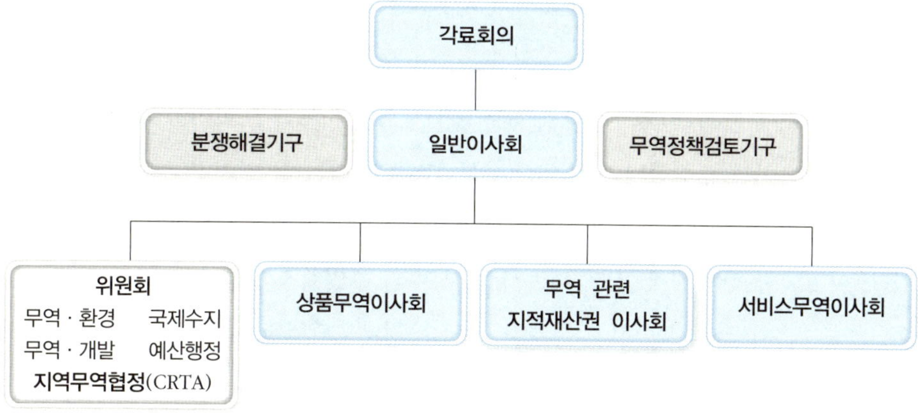

상품무역이사회는 11개 분야별 위원회와 1개의 작업반을 운영하고 있으며, 1개 작업반은 국영무역기업 작업반이다. [그림 3-3]에 있듯이, 위원회의 세부 분야는 시장접근(Market Access), 농업, 위생 및 검역(SPS), 무역에 대한 기술장벽(TBT), 보조금 및 상계관세조치, 반덤핑, 관세평가, 원산지규정, 수입허가, 무역관련 투자조치, 세이프가드이다. 시장접근위원회는 회원국의 무역에 영향을 미치는 관세와 비관세 장벽뿐만 아니라 시장구조 등을 조사한다. 농업위원회는 농업무역 관련 사항을 다루며, SPS 위원회는 식물과 식품의 안정성을 담보하기 위한 각국의 권한을 인정하면서도 과학적 근거에 입각해야 하고, 지나친 규제가 국제무역을 저해하지 않도록 관리하는 역할을 수행한다. TBT 위원회는 각국의 기술표준이 무역에 장애가 되지 않도록 하는 규범을 설정하고 있다.

그림 3-3 상품무역이사회 산하 위원회와 작업반

상품무역이사회 산하 위원회

		작업반(Working Party)
▪ 시장접근 ▪ 농업 ▪ 위생 및 식물위생 ▪ 무역에 대한 기술장벽 ▪ 보조금 및 상계관세조치 ▪ 반덤핑	▪ 관세평가 ▪ 원산지규정 ▪ 수입허가 ▪ 무역 관련 투자조치 ▪ 세이프가드	▪ 국영무역기업

WTO 통상규범 체계는 WTO 협정문 체계를 의미한다. WTO 협정문은 다자간 무역협정과 복수간 무역협정으로 나눈다. 다자간 무역협정과 복수간 무역협정은 다시 부속서 1A, 부속서 1B, 부속서 1C, 부속서 2, 부속서 3, 부속서 4로 나누어져 있고, 부속서4는 복수간 무역협정이다. 다자간 협정은 전 WTO 회원국에 적용되나, 복수간 협정은 정부조달협정, 항공협정과 같이 해당 협정에 서명한 국가에 한해 적용된다. 부속서로 되어 있지만 해당 부속서에 속한 각각의 협정은 WTO 규율분야를 대표한다. 예를 들어, 부속서 1B는 서비스협정(GATS)이다.

부속서 1A는 1994년 GATT로 불리는데, 이는 1948년 출범했던 GATT를 1~8차 다자협상에서 수정보완한 것이다. 농산물과 섬유분야는 각각 별도의 협정으로 규율되었으나, WTO가 출범하면서 이들 규범도 다자규범화되었다. 섬유협정(MFA)은 선진국들이 섬유쿼터를 설정했던 것으로 2005년 섬유쿼터는 완전철폐되었다. TBT, 반덤핑, 관세평가, 보조금 및 상계관세 등에 대한 규범은 도쿄라운드에서 논의되었다가 WTO 출범 시 다자체제로 편입되었다. 또한 SPS, 투자 조치, 원산지, 긴급수입제한조치 등은 우루과이라운드에서 합의되어 다자화되었다. 부속서 1C는 지재권, 부속서 2는 분쟁해결, 부속서 3은 무역정책검토에 관련된 규범을 다루고 있다.

한때 FTA와 다자무역체제 간 상충관계를 우려하는 목소리도 있었지만, 현재에는 상호 시너지를 기대할 수 있다는 입장이 우세하다. WTO 홈페이지에 게시된 자료에 따르면, 최근의 FTA에 포함되고 있는 전자상거래(e-commerce),

원산지기준, 기술장벽, 위생검역, 수산물 관련 사항 등이 세계교역 및 WTO 발전에 미칠 영향을 긍정적으로 보고 있음을 시사하고 있다.[2] FTA에서 먼저 도입된 규범들이 향후 WTO가 채택함으로써 다자규범화될 가능성이 높다.

2_ WTO 홈페이지 자료 참조 (https://www.wto.org/english/news_e/news16_e/rta_27jun16_e.htm)

그림 3-4 WTO 설립협정 구조

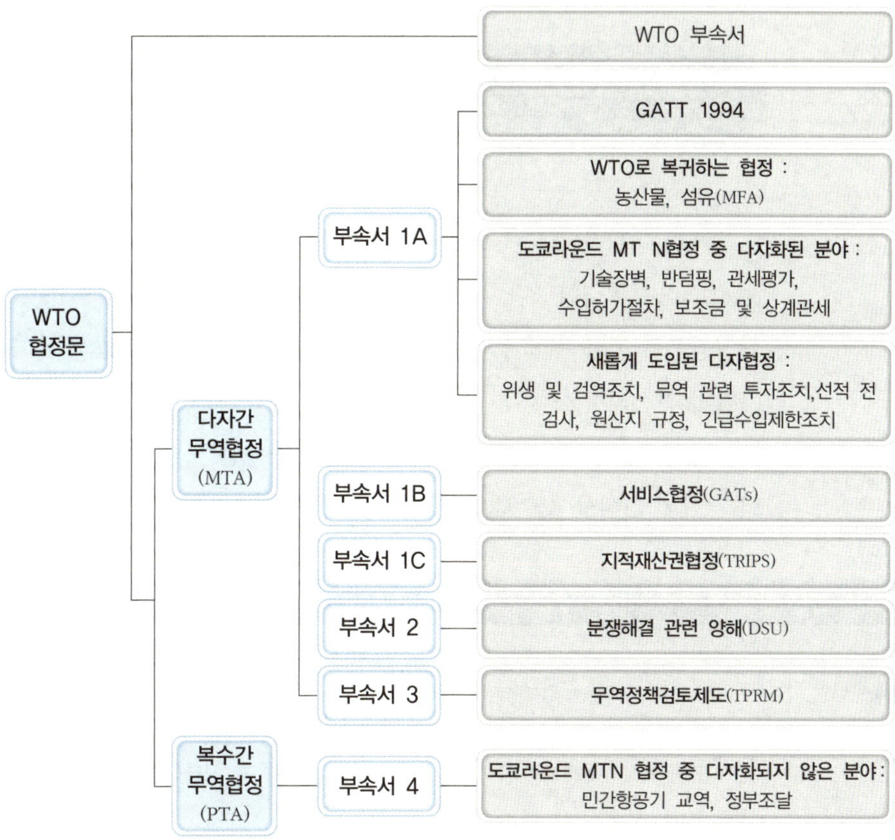

한편, FTA는 WTO 규범을 거의 그대로 채택하는 경우도 있지만, 많은 경우 기존 WTO 규범을 개선시킨 형태로 FTA에 반영하게 된다. FTA 내용이 1990년대에 확대된 것은 우루과이라운드 협상 타결과 WTO 출범에 기인하는 바가 크다. 따라서 FTA 내용을 파악하기 위해서는 [그림 3-4]에 제시된 WTO 설립협정의 세부 규범들에 대한 지식을 갖고 있어야 한다. 또한 한 · 칠레 FTA에서 보듯이, FTA 협상을 다자무역협상과도 연계시켜 진행할 수 있다. 한 · 칠레 FTA 협상 당시 DDA 협상이 진행 중이었고, 농업개방 부담이 컸던 우리나라는 DDA 협상이 타결되면 시장개방 협상을 하고자 양허를 미루었던 품목(DDA 품목)을 FTA 양허안에 나열하였다. 하지만 DDA 협상이 부진해지면서 2008년 이후 칠레측은 DDA 품목 협상 개시를 수차례 요청했고, 2015년 양국 정상은 협정 개정 협의에 합의했다.

3. DDA 협상

FTA and International Trade, ch. three

DDA 협상은 개도국의 이익을 반영한다는 의미에서 'Doha Development Agenda'로 명명하였다. DDA 협상은 지난 2001년부터 2005년 1월 1일을 협상시한으로 공식 개시되었으나, 협상과정에서 회원국들 간 입장 차이로 협상이 그다지 진전되지 못했다. 원래 이 협상은 1995년 출범한 WTO 체제 하에서 시도되는 첫 번째 다자간 무역협상으로서 추가적인 무역자유화와 다자무역체제의 강화에 기여할 것으로 기대되어 왔다.

표 3-3 ■ DDA 협상 의제

구분	의제
시장개방	■ 농업, 비농산물(공산품, 임 · 수산물), 서비스
규범	■ 기존 협정 개정 : 반덤핑, 보조금(수산보조금 포함), 지역무역협정, 분쟁 해결 ■ 신규 규범 제정(싱가포르 이슈) : 투자, 경쟁정책, 무역원활화, 정부조달 투명성
기타	■ 환경, 지적재산권 ■ 협상과 병행하여 개도국 개발 문제를 별도로 검토

2001년 11월 DDA 협상이 개시된 이후 특히 농업협상에 대한 회원국 간 입장차가 커 세부원칙에는 합의하지 못하고 2004년 8월 기본 골격에만 겨우 합의할 수 있었다. 2005년 12월 홍콩에서 개최된 WTO 각료회의에서는 수출보조금 철폐에 합의하여 DDA 협상 진전의 모멘텀을 마련할 수 있었다. 2006년 7월 제네바에서 열린 미국, EU, 일본, 호주, 브라질 및 인도 등 6대 주요 교역국인 G-6 각료회의가 결렬됨에 따라 당시 라미 WTO 사무총장은 무역협상위원회에서 DDA 협상의 중단(suspension)을 발표하기도 했다. 2005년 12월 홍콩

에서 개최된 제6차 WTO 각료회의에서 2006년 4월 말까지 농업, 비농산물시장접근(NAMA) 등 핵심 의제에 대한 협상 세부원칙(modalities)을 마련하고, 7월 말까지 회원국별 이행계획을 제출하기로 의견을 모았으나 최종적으로 타결에 실패했다.

표 3-4 ■ DDA 주요 의제별 쟁점(2006~2008년)

의제	의제별 진전 상황
비농산물(NAMA)	■ 관세인하 공식과 개도국 신축성 쟁점에 대해 미타결
농산물	■ 수출보조 일시 철폐에는 합의 도출 성과 ; 국내보조 및 관세인하를 둘러싸고 첨예하게 이견 대립 계속
서비스	■ 복수적 Request/Offer(R/O) 도입되는 성과 ; 양허 수준 및 범위에 대한 이견 지속
규범개정	■ 반덤핑협정은 개정 이슈 발굴 논의 단계 ; 보조금협정은 이슈 발굴 단계 ; 수산보조금은 무역왜곡 효과 등에 대해 논의 중 ; 지역무역협정 개정 논의는 진전 없음
싱가포르 이슈	■ 무역원활화는 세부협상방식에 대한 논의 진행 ; 투자, 경쟁정책은 개도국의 반발로 진전 없음 ; 정부조달 투명성은 개도국 다수가 시장개방 논의로 확산될 것을 우려
무역과 환경	■ 환경상품 정의 및 목록 작성을 위한 협상 방식에 대한 선진국과 개도국 간의 이견 지속
개발이슈	■ 최빈개도국에 대한 무관세·무쿼터 시장접근에 관한 이행시기 및 품목범위에 대해 상당한 진전
지적재산권	■ 공중보건 관련 결정 채택 성과 ; 지리적 표시 및 다자등록처 설치에 대해서는 자율보호안과 의무보호안의 대립 계속

DDA 협상 진전이 부진한 것은 G-6 국가들 상호 간에 농업 및 비농산물 분야를 둘러싼 이견이 가장 크게 작용했다. 3가지 핵심 쟁점은 EU와 개도국의 미국에 대한 농업 국내보조 감축 요구, 미국과 개도국의 EU에 대한 농산품 관세 인하 요구 및 미국과 EU의 개도국에 대한 비농산품 관세 인하 요구에 대한 당사국 간 합의 도출이 쉽지 않았다. 2006년 7월 23일 G-6 각료회의에서 미국이 농업 국내보조에 대한 기존 입장을 고수함으로써 신축성을 보여주지 않은 것이 2006년 DDA협상 중단 선언의 직접적 원인으로 지목되었다. 이로 인해 브라질 및 인도와 관련된 비농산물 시장접근 문제는 논의조차 못하는 상황으로 악화되었다.

2006년 6월 DDA 협상이 잠정 중단된 이후 2008년 7월 제네바에서 개최된 소규모 각료회의에서 파스칼 라미 WTO 사무총장은 이 회의를 농업 및 공산품, 수산물과 같은 비농산물 시장접근(NAMA)' 분야에서의 자유화 세부원칙을 타결하는 계기로 삼고자 하였다.[3] 이에 따라 주요국을 중심으로 협상을 진행하고 잠정 타협안까지 이끌어내는 성과를 거두었으나 인도가 농업에서의 개도국특별긴급관세(Special Safeguard Mechanism ; SSM) 발동수준에 문제를 제기

3 WTO에서는 수산업을 별도 산업으로 구분하지 않고 공산품으로 간주하며, 공산품과 수산업을 NAMA로 부른다.

함에 따라 최종타결에는 이르지 못하였다. 세부원칙은 관세 및 보조금의 감축 방식 등을 정하는 것으로 세부원칙에 따라 회원국들은 국별 이행계획서를 작성하게 되어 있었다. 파스칼 라미 당시 WTO 사무총장과 회원국들은 2008년 내에 협상 타결을 시도하기 위해 각료회의를 개최하여 세부원칙 합의를 모색했으나 결국 실패하였다.

DDA는 우루과이라운드보다 더 포괄적인 협상을 진행했다. 시장개방분야로는 농업, 비농산물(공산품, 임 · 수산물), 서비스분야가 포함되어 있었다. 무역규범에 있어서는 기존 무역협정에 포함되어 있는 반덤핑, 보조금, 지역무역협정, 합리적인 분쟁해결절차가, 현재 WTO 규범에는 포함되어 있지 않은 투자, 경쟁정책, 무역원활화조치, 정부조달투명성 등의 신규 규범도 협상 의제이다.[4]

4__ 무역원활화란 통관조치와 같이 관세 외에 여러 가지 비관세조치를 통한 무역장벽을 완화(제거)하는 것을 말한다.

DDA 협상은 우루과이라운드에서 마무리하지 못했던 분야(농업, 서비스 등)와 기존 규범을 포함하여 광범위한 의제를 다루는 반면 협상을 주도하는 국가가 없어 협상 진전이 쉽지 않았다. 더구나 전 세계 160여개의 회원국이 많은 이슈들에 대해 협상을 하다 보니 의제 관리에도 적지 않은 애로가 있었다. 이로 인해 세부원칙이라는 협상의 원칙을 먼저 정한 뒤 나머지 사항을 정하는 순서로 협상을 하게 되었다.

다자무역협상은 일괄타결(Single Undertaking) 협상 방식을 따른다. 일괄타결이란 전 분야가 타결되지 않는 한 어떠한 개별 협상도 타결되지 않은 것으로 간주하는 것이다. 영어로는 “Nothing is agreed until everything is agreed” 라고 한다. 결과적으로 전 분야가 타결되어야만 협상 타결이 선언될 수 있다. 일괄타결 방식을 따르는 이유는 특정 국가에 유리하거나 또는 불리한 분야 사이에 균형을 잡아 동시 타결하는 것이 전 세계 무역자유화에 도움이 된다는 판단에서 도입되었다. 하지만, DDA 협상이 부진해지면서 WTO 회원국은 일괄타결 방식을 적용하는 것이 오히려 협상 타결을 지연시키는 요인이 되는 것으로 판단하게 되었다. 협상을 선도해 나가는 국가가 없는 상황에서 특정 의제에 대한 논의가 부진해지면 협상 전체가 지장을 받는 구조로 되어 있기 때문이다.

WTO 설립 이후 첫 다자라운드인 DDA 협상은 일괄타결 방식을 포기하면서 부분적이나마 성과를 기록할 수 있었다. 두 차례 DDA 소규모 합의가 발리 패키지와 나이로비 패키지 명칭으로 타결될 수 있었다. 제9차 WTO 각료회의(2013. 12. 3~7, 인도네시아 발리)에서 무역원활화 · 농업 · 면화 · 개발/최빈개도국(LDC) 등 4개 분야에서 10개의 합의문을 채택했다. 10개 합의문의 내용은 주로 무역원활화, 농산품의 쿼터(TRQ) 관리, 최빈국 면화 수출 우대, 기타 최빈국 우대조치(서비스공급, 특혜원산지 등)이다. 제10차 WTO 각료회의(2015. 12. 14~19, 케냐 나이로비)에서는 농업 · 면화 · 최빈개도국(LDC) 등 3개 분야에서 6개의 각료결정을 채택했다. 하지만, DDA 핵심 이슈인 농업, 비농산물시장접근(NAMA), 서비스 등에 대한 회원국 간 이견으로 합의 도출에 실패했다. 농업 국내보조 규범에 부담을 가진 미국이 주요 보조금 지급국인 중국 · 인도의 감축을 주장하면서 대립이 격화되어 협상은 진전을 보지 못했다. 앞으로 상당기간 동안 DDA 협상 공전이 불가피할 것으로 예상된다. DDA 협상 타결 지연은 FTA 시장개방 협상에 부정적인 영향을 줄 가능성이 있다. FTA 시장개방 협상은 다자무역체제 상의 개방을 전제로 전개되기 때문이다. 한편 DDA 협상 부진이 FTA 확산 유인을 제공할 수도 있다. DDA 타결 지연으로 우루과이라운드에서 합의한 글로벌 관세구조가 그대로 유지됨에 따라 FTA에서의 관세분야 중요성이 앞으로 상당 기간 유지될 수 있다는 점을 시사하는 측면도 있다.

4. 지역무역협정에 대한 다자규범[5]

5__ 이 절은 정인교(2001), "FTA 시대에 어떻게 대처할 것인가?"에서 발췌한 것이다.

GATT가 출범하면서부터 유럽국가들은 식민지국가 등에 제공하고 있던 무역상의 특혜조치가 GATT 최혜국 대우 원칙과 배치되는 문제를 해결하기 위해 최혜국 대우 원칙 예외조항을 모색했다. 본서에서는 FTA에 한정하여 논의하지만, 예외조치는 FTA 외에 특혜무역협정, 관세동맹 등 여러 형태로 적용 가능하므로 GATT에서는 이들 무역협정을 총괄하는 의미로 지역무역협정(Regional Trade Agreement)으로 불렀다. 현재의 WTO 구조를 보면 일반이사회 산하 5개 위원회 중 하나로 지역무역협정 위원회(CRTA)를 설치하고 있다.

국제무역에서 특혜를 제공하는 방법은 다양해질 수 있으므로 GATT 논의 당시에는 특정 유형의 무역협정을 규정하기 어렵다는 판단 하에 지역무역협정이란 용어를 만들게 되었다. 지역무역협정은 특정 국가들 간 무역에 작용하는 무역장벽을 완화 · 제거하여 회원국 간의 특혜적인 교역을 허용하게 되고, 이는

GATT/WTO의 근간인 최혜국 대우 원칙을 위반하게 되는 것이다. GATT 체제 출범 이전부터 유럽지역 국가들은 아프리카와 카리브 연안 국가들에게 수출특혜제도를 운영하고 있었고, 당시 논의되던 유럽석탄철강공동체(ECSC) 등 특정 품목에 대한 통합 구상 역시 다자무역체제의 최혜국 대우 원칙 위반 문제를 고심하게 되어 다자무역체제의 창설을 주창했던 미국과 유럽국가들이 최혜국 대우 예외를 검토하게 되었다. GATT는 최혜국 대우 조항에 대한 예외규정으로서 지역무역협정에 관한 조항을 GATT 제24조에 규정하게 되었다.

GATT 제24조는 상품분야에 대해 규정하고 있어 우루과이라운드에서 서비스 규범이 합의되면서 지역무역협정에 서비스 교역이 포함될 경우 다자무역 규범의 최혜국 대우 위반 문제를 해결할 방안이 필요했다. '서비스 교역에 관한 일반 협정(GATS)'은 WTO 협정 부속서 IB에 규정되어 있다. 이 협정은 비정부 서비스를 사업, 금융, 통신, 유통, 교육 등 12개 분야로 구분하고, 각 회원국은 각 서비스분야별 시장접근과 내국민 대우 조건 및 자격요건을 기재한 양허계획서를 WTO에 제출해야 하고, 이를 분야별 일정표에 따라 실행해야 한다. 특정 서비스에 대해 아무 조건없는 개방과 내국민 대우를 기재했다면 해당 서비스를 제공하는 다른 회원국 기업에 대해서는 아무런 제재를 하지 말아야 하고, 더 나아가 자국의 동종 서비스와 서비스 공급자와 동일한 대우를 부여해야 한다. GATS는 GATT와 마찬가지로 최혜국 대우 원칙을 규정하고 있어 지역무역협정에 서비스 교역 특혜조치가 포함될 경우 GATS 위반 문제가 발생하게 된다. 이를 해결하기 위해 GATS 제5조에 서비스 교역에서의 지역무역협정 예외 조항을 규정하게 되었다.

국제통상환경이 많이 변했지만, GATT 제24조는 최초 규정이 거의 그대로 유지되어 왔다. 오히려 지역무역협정 허용을 완화시키는 내용도 추가되었다. 1979년 도쿄라운드의 합의로 권능조항(Enabling Clause)이 합의되어 개발도상국가 간의 특혜무역협정은 GATT 제24조를 준수하지 않아도 되는 것으로 정했기 때문이다. 우루과이라운드에서 GATT 제24조의 내용을 명확하게 하고자 했으나 협정의 본문은 그대로 두고 1994년 "GATT 제24조 해석에 관한 양해"만을 합의했다. 이후 DDA 협상에서도 지역무역협정의 예외 허용 규정을 명확하게 하고, 개선하기 위한 논의를 했으나 회원국 간 입장 차이로 아직까지 뚜렷한 해결방안이 제시되지 않고 있는 실정이다. 지역무역협정이 전 세계 교역자유화에도 기여하는 것으로 보는 국가들은 현재의 규정을 선호하는 반면, 배타적인 지역무역협정이 확산되면서 야기되는 역외국의 피해를 우려하는 국가들은 지역무역협정 허용 요건을 강화해야 한다고 주장하기 때문이다.[6]

GATT와 GATS는 WTO 설립협정의 일부이고, 상품과 서비스 무역상의 특혜를 포함한 지역무역협정은 각각 GATT 제24조 및 GATS 제5조의 최혜국 대우 원칙 예외 인정 요건을 충족시켜야 하고, 지역무역협정을 체결한 회원국은 협정의 내용을 WTO CRTA에 보고해야 한다.

지역무역협정이 특정 조건을 만족시킬 경우에 한해 최혜국 대우 원칙에 대한 예외로 허용된다. 지역무역협정이 최혜국 대우 원칙 적용에 대한 예외로 인정받기 위해서 역내국(회원국)과 역외국(비회원국)은 다음의 요건들이 충족되어야만 한다. 지역무역협정 역내국들은 ① 역내국산 상품에 대해 "실질적으로 모든 교역(substantially all trade)" 에서 관세 및 기타 제한적 무역조치들(GATT 제11조에서 제15조까지의 수량규제와 GATT 제20조의 일반적 예외는 필요 시 제외)을 제거하여야 하며(GATT 제24조 제8항) ② 역내국산 서비스에 대해서는 "실질적으로 모든 차별(substantially all discrimination)" 을 철폐하여야 한다(GATS 제5조 제1항). 또한 역외국에 대해서는 ① 상품교역과 관련하여 지역무역협정 체결 이전보다 관세 및 기타 무역규정들이 더 높거나, 무역이 제한되어서는 안 되며, ② 서비스와 관련, 협정체결 전보다 서비스 교역에 대한 장벽수준을 높여서는 안 된다(GATS 제5조 제4항)라고 규정하고 있다. 마지막으로 지역무역협정의 "합리적 이행기한(reasonable length of time)" 은 불가피한 경우를 제외하고는 10년 이내여야 한다고 "GATT 제24조 해석에 관한 양해" 는 규정하고 있다.

GATT 제24조는 지역무역협정의 허용기준을 정해놓고는 있으나, 의미가 명확하지 않아 실제로 해석과 적용상의 문제가 많다. 먼저 역내국에 대한 조건에서 "실질적으로 모든 교역" 에서 "실질적" 의 범위가 해석에 따라 달라질 수 있고, 모든 교역에 대한 제한 제거가 과연 가능한가도 의문이다. 무역제한 조치를 수치화하는 것도 어렵지만, 계량적 지표없이 정성적인 기준을 국제적으로 적용하는 것이 쉽지 않기 때문이다. WTO 지역무역위원회(CRTA)에서는 HS 6단위 기준으로 95% 이상 자유화될 때 "실질적으로 모든 교역" 조건이 충족된다는 의견이 나오기도 했지만 이에 대한 논란은 언제든 제기될 수 있다. 또한 HS 총품목 수 대비 예외품목 비중과 같은 계량적 기준과는 별도로, 농산물과

6_
WTO의 CRTA 홈페이지 등에서는 지역무역협정의 다자무역체제 발전 기여를 언급할 정도로 지난 십여 년 사이 지역주의와 다자주의 간 상호 발전 전망이 우세하다.

같이 중요 산업이 협정에서 제외되는 경우도 나오고 있어 계량적 기준과 더불어 정성적 기준도 적용되어야만 CRTA 심사의 실효성을 높일 수 있을 것이다.

한편, 자유화 이행기간이라는 것도 해석상의 문제가 제기된다. 자유화의 "합리적 이행기간"은 10년으로 인식되고 있으나, TPP에서는 25년 이상의 자유화 기간을 허용하고 있고, 다른 많은 FTA에서 10년 이상에 걸친 자유화 이행기간이 도입되고 있다. 따라서 발효 10년 기준 자유화 수준을 평가할 수 있는 지표 개발이 필요하다.

역외국에 대한 조건 충족도 쉽지 않다. 협정 발효 이후 역외국이 협정 이전보다 불리한 상황을 맞도록 해서는 안 된다는 규정 역시 적용이 용이하지 않다. 관세동맹은 역외공동관세를 설정하기 때문에 역외공동관세보다 낮은 관세를 부과하던 역내국이 역외공동관세를 만들기 위해 역외국에 대한 관세를 인상해야 한다면, 역외국의 손실을 보상해 주어야 함을 규정하고 있다. FTA에서는 제3국에 대한 관세를 변경하지 않는다. 하지만, 기존 역외국과의 교역이 역내국으로 전환되는 경우 역외국의 손실을 보상하는 것이 용이하지 않을 뿐만 아니라 이를 강제할 수 있는 방안도 없다. 또한 기타 무역규정들(other regulations of commerce), 특혜원산지규정, 반덤핑, 세이프가드, TBT/SPS, 표준 등으로부터 역외국이 입는 불이익도 해당되는가도 불명확하다.

그뿐 아니라 협정 체결 후 다자체제에 대한 통보 시기가 명확하게 규정되어 있지 않다. 다만 GATT 제24조 제7(a)항에 따르면, 체결된 협정이 이행되기 전에 통보 및 관련 정보 제출을 의미하는 뜻에서 "즉시 통보 의무(shall promptly notify)"를 규정하고 있다. 그러나 "즉시"에 대한 기간은 언급도 없을 뿐만 아니라 제출대상 정보에 대한 규정도 애매하다.[7]

7 GATS 제5조 5항에서는 "최소 90일 전 통보의무(at least 90 days advance notice)"를 규정하고 있다.

1. 시작하면서

2. 주요국의 통상정책 체계

3. 주요국의 FTA 정책과 추진 실적

FTA and International Trade

주요 국가의 통상정책 체계와 FTA 정책

FTA and International Trade
ch.four

4

국가별로 통상정책 체제는 다소 차이를 보이고 있다. 헌법에 근거하여 미국은 의회가 통상정책 권한을 행사하고 있으나 통상의 전문화와 실제 협상에서의 애로 등으로 의회는 행정부에 통상정책권한을 위임하고 있다. 내각제인 일본은 산업별로 통상정책 권한을 분산시킨 구조적 한계를 갖고 있으나, 환태평양동반자협정(TPP) 협상을 앞두고 이러한 내재적 문제점을 극복하기 위해 특별히 TPP 담당상을 임명해 협상을 타결했다.

우리나라는 1998~2013년 동안 통상교섭본부 체제를 유지했으나, 박근혜 정부에서는 산업-통상 연계 통상체제로 변경하였다. 통상정책 체제 측면에서 특징을 갖고 있는 미국, 일본, 캐나다, 멕시코의 통상정책 구조를 살펴보고, 미국, EU, 중국, 일본 등의 FTA 정책과 추진실적을 살펴보고자 한다.

1. 시작하면서

FTA and International Trade, ch. four

지난 몇 년 사이 다수 FTA를 성공적으로 체결할 수 있었던 배경에는 우리 정부의 FTA 추진의지가 강했고, 정부 주도 FTA를 뒷받침할 수 있는 조직이 구축되어 있었다는 점을 들 수 있다. 또한 2003년 FTA 로드맵을 확정하였고, 2004년 FTA 추진절차규정 제정 등 FTA 추진과 관련된 제도적 측면이 구비되어 있었다는 점도 유리하게 작용했다. 미국, EU, 중국, 인도 등 거대 경제권과의 FTA를 체결시켜 단기간 내 높은 FTA 추진실적을 기록할 수 있었던 것은 여러 요인이 복합적으로 작용한 결과이겠지만, 이들 요인 중 범국가적인 통상정책구조도 큰 역할을 했다.

하지만, 2013년 정부 개편에서 산업과 통상 간 연계 강화를 위해 통상교섭본부를 해체하고 산업통상자원부를 신설하였다. 과거 외교통상부 시절 통상정책에는 통상외교적 측면이 강조되었다면, 현 통상정책은 산업적 측면을 중시한 통상정책 수립과 이행에 초점을 둔 것으로 볼 수 있다. 이러한 통상조직 변화는 그동안 다수 FTA 체결 실적을 바탕으로 경제효과 극대화를 실현하기 위한 목적이 작용한 것으로 볼 수 있다. 통상정책 체계는 국가별로 차이를 보이고 있어 어느 부처가 통상을 담당해야 한다는 논거를 명확하게 제시할 수는 없으나, 통상교섭본부 15년의 실적을 바탕으로 산업과 통상 간 시너지 확대라는 정책목표에 부합되도록 한 조치로 이해될 수 있다.

하지만 개편된 정부조직법에 따라 FTA 협상부터 협정문 서명까지 통상교섭 및 통상교섭에 관한 총괄조정은 산업통상자원부에서 담당하고 있으나, 농업과 수산업 등에 대한 통상업무에서 각각 농림축산식품부와 해양수산부의 역할이 과거보다 커진 것으로 보인다.[1] 또한 비준동의안 심사를 포함한 통상조약 및 통상조약을 포함한 모든 조약 및 국제협정 체결에 관한 사무는 외교부에서 담당하고 있다. 과거 한 개 부처가 중심이 되어 처리되던 통상업무가 여러 부처에 분산된 구조로, 이는 일본의 통상조직과 매우 유사하다.

주요국의 통상정책 체계를 보면, 통상정책 수립 및 이행 과정을 의회가 관할하도록 법으로 규정한 국가는 미국이 유일하다. 나머지 국가에서는 행정부가 통상정책을 수행하고, 사안에 따라 사후적으로 의회가 비준하는 체제를 가지고 있다. 우리나라를 제외한 주요국 중 FTA 추진 정책체계를 별도로 구비한 국가는 없는 것으로 보이며, 대부분 일반적인 통상정책 체계 하에서 추진되고 있다. 주요국의 통상정책에 관한 행정조직을 살펴보면 몇 가지 유형으로 나누어 볼 수 있는데, 각 산업담당 부처가 통상을 담당하는 경우(예 : 일본, 한국)와 별도의 통상전담부서를 운영하는 경우(예 : 미 USTR), 그리고 외교부가 대외통상협상업무를 담당하는 경우(예 : 호주, 뉴질랜드, 캐나다 등)로 나누어진다.[2] 국가별로 다른 통상정책 체계를 가지고 있으며, 효율적인 제도 도입을 위해 고심하고 있으나 정부조직과 관련된 문제이므로 어떤 정책구조가 효율적인지 쉽게 결론내기 어려운 사안이다.

이 장에서는 주요 국가의 통상정책 체계를 간단하게 고찰하고, 이어 FTA 정책과 추진실적을 살펴보고자 한다. 비록 통상정책 구도가 확립되어 있더라도 사안에 따라 탄력적인 통상정책기구를 활용할 필요가 있다. 예를 들어, 우리나라는 미국과의 FTA를 추진하면서 효율적인 FTA 협상을 위해 전담기구(한 · 미 FTA 추진단)를 설치하였고, 일본은 한시적으로 TPP 협상을 위해 TPP 담당 장관을 별도로 임명하여 TPP 관련 협상 업무의 효율성을 강화시켜 협상을 타결시킨 바 있다. 민감한 쟁점이 많은 FTA 협상은 국가적 차원에서 인적 · 물적 자원을 활용할 수 있을 때 협상 타결이 가능함을 시사하는 것으로 볼 수 있다.

1 정부조직법 제37조(산업통상자원부)에 따르면, 산업통상자원부장관은 통상교섭 및 통상교섭에 관한 총괄 · 조정을 관장하는 것으로 되어 있으나, 한 · 중 FTA 협상 등 실제 통상협상업무의 처리과정을 분석해 보면, 관련 부처들의 역할이 과거보다 더 커진 반면, 산업통상자원부의 조정 역할이 위축된 것으로 평가된다.

2 임정빈(2006), "우리나라 농업통상정책 추진체계의 문제와 개선방향", 학술세미나 자료, 한국경제학회.

2. 주요국의 통상정책 체계

FTA and International Trade, ch. four

가. 한국 : 대통령 중심 체제

과거 우리나라의 통상정책은 외교통상부 산하에 있는 통상전담기관에서 담당하였다. 1998년 3월 초 단행된 정부의 조직개편에 따라 기존의 외무부에 통상교섭 기능이 통합되어 외교통상부로 개편되면서 외교통상부 내에 우리나라 대외 통상 협상 전담 조직인 통상교섭본부가 설립되었다. 2013년 새 정부 출범 후 시행된 정부조직 개편에 따라 외교통상부는 외교부로 축소개편되었고 종전의 통상 관련 업무는 신설된 산업통상자원부로 이관되었다.

우리나라 산업통상자원부와 그 소속기관 직제(대통령령 제25270호)에 따르면 산업통상자원부는 상업 · 무역 · 공업 · 통상, 통상교섭 및 통상교섭에 관한 총괄 · 조정, 외국인 투자, 산업기술 연구개발정책 및 에너지 · 지하자원에 관한 사무를 관장하며, 정부조직법 제37조(산업통상자원부)에 따라 산업통상자원부 장관이 이를 주관한다.

통상업무를 담당하는 장관을 보좌하기 위해 제2차관, 통상차관보 및 통상교섭실장을 두고 있다. 산업통상자원부 하부조직은 무역투자실, 산업정책실, 산업기반실, 통상교섭실 및 에너지자원실로 구성되어 있다. 자유무역협정과 관련된 업무는 주로 통상교섭실에서 담당하며, 통상교섭실은 2명의 국장(자유무역협정정책관, 자유무역협정교섭관)이 FTA 업무를 종합적으로 처리하고 있고, 제2차관 휘하의 통상정책국 및 통상협력국도 넓은 의미의 FTA 업무를 분담하고 있다.

품목별 소관 부처가 대내적인 통상업무를 담당하고 있고, 대외통상교섭은 산업통상자원부 주도 하에 진행된다. 예를 들어, 농업의 경우 농식품부가 담당하고, 제조업은 산업통상자원부, 서비스업종은 주로 기획재정부가 일차적으로 관련 업계와의 협의 및 분석을 통해 협상안을 마련하지만, 정부안으로 확정되는 과정에서 산업통상자원부가 관여하게 된다. 과거 통상교섭본부 시절에는 모든 협상 사안에 대해 본부 차원에서의 협상안이 만들어지고 소관 부처와 협의하는 형식이었다면, 현 체제에서는 소관 부처가 1차안을 만들어 산업통상자원부와 협의하는 것이 관례화되고 있다. 즉, 소관 부처의 역할이 커진 것이다.

산업통상자원부가 조정하여 만든 정부 차원의 협상안은 기획재정부장관이 의장인 대외경제장관회의를 통해 심의 · 의결되고, 산업통상자원부 내 통상조직은 이 안을 대외협상에서 관철해 나가는 것이 일반적이다. 산업통상자원부와 소관 부처 간 입장 차이가 있는 사안은 대외경제장관회의규정(대통령령 제24494호)에 따라 처리하게 된다.[3] 주요 대외통상정책을 종합적인 관점에서 일관성 있게 수립 · 추진하기 위해, 정부부처 간의 협의가 필요한 현안사항을 효율적으로 심의 · 조정하기 위하여 기획재정부에 대외경제장관회의(대경장회의)를 설치하고 있다. 이 회의에서 논의되는 주요 사항은 ① 대외경제동향의 종합점검과 주요 대외경제정책의 방향 설정 등 대외경제정책 운영 전반에 관한 사항, ② 양자 · 다자 · 지역 간 또는 국제경제기구와의 대외경제협력 · 대외개방 및 통상교섭과 관련된 주요 경제정책에 관한 사항, ③ 외국과의 정상회의 시 경제분야 의제의 선정 및 기본 입장에 관한 사항 등이다.

3 협상 사안에 따라 대외경제장관회의에서 결론을 내리기 어려운 사항은 대통령이 결정을 내리기도 한다. 한 · 미 FTA 협상 막바지까지 남았던 최대 민감 쟁점에 대해서는 사실상 대통령의 결정이 있었기에 협상이 타결될 수 있었다.

그림 4-1 우리나라 통상정책 결정구조

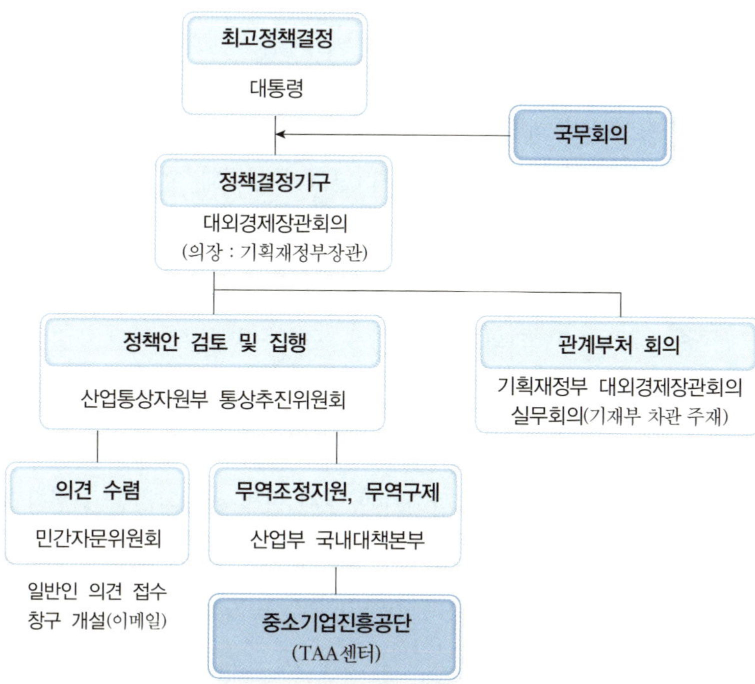

대경장회의는 정례회의와 수시회의로 구분되며, 정례회의는 매월 2회 개최하는 것을 원칙으로 하고, 수시회의는 필요에 따라 개최하고 있다. 대경장회의에는 기획재정부장관(의장) · 농림축산식품부장관 · 산업통상자원부장관 · 국무조정실장 · 대통령비서실 경제수석비서관과 회의에 상정되는 안건을 제안한 부처의 장 및 그 안건과 관련되는 부처의 장이 참여하고 있다.

대경장회의에서는 기획재정부 국제경제관리관이 간사 역할을 하고 있는데, 간사는 회의록을 작성하여 회의에 참석한 부처를 포함한 관계부처에 배포하여 대외경제정책의 혼선을 줄여나가고 있다. 대경장회의의 심의를 효율적으로 지원하기 위하여 회의에 실무조정회의를 두고 있는데, 대외경제 관련 주요 외교정책에 관한 사항 및 양자 · 다자 · 지역 간 또는 국제경제기구와의 통상교섭과 관련된 주요 경제정책에 관한 사항을 협의한다. 실무조정회의는 산업통상자원부 제2차관이 주재하며, 기획재정부, 산업통상자원부, 농림축산식품부 등 주요 경제 부처 차관, 대통령실 재정경제 담당비서관과 심의안건과 관련된 부처의 차관이 참여하고 있다.

우리나라는 통상조약의 체결절차와 이행에 대하여 법률로 제정하고 있으며, 통상절차법에 따라 FTA 협상이 진행되고 있다. 통상조약의 체결절차 및 이행에 관한 법률(줄여서 '통상절차법') 제1조(목적)에 따르면, 통상조약의 체결절차 및 이행에 관하여 필요한 사항을 규정함으로써 국민의 이해와 참여를 통하여 통상조약 체결 절차의 투명성을 제고하고, 효율적인 통상협상을 추진하여, 통상조약의 이행과정에서 우리나라의 권리와 이익을 확보하여 국민경제의 건전한 발전에 이바지함을 목적으로 한다.

통상절차법에 따라 통상협상 개시 전 통상협상의 목표 및 주요 내용, 추진 일정 및 기대효과와 같은 사항을 포함하여 통상조약의 체결에 관한 계획(통상조약체결계획)을 수립하여야 하며, 이는 국회 산업통상자원위원회(산통위)에 보고하여야 한다. 또한 통상조약 체결 계획을 수립하기에 앞서, 일반 국민이 제출한 의견을 반영하고 이해관계자와 관계 전문자의 의견을 수렴하기 위하여 공청회를 개최하여야 한다. 협상이 진행되고부터는 통상조약 체결 계획에 따라 협상을 진행하여야 하며, 통상조약의 문안이 가서명 등 협상 상대국과 합의가 이루어진 때에는 통상조약의 국내 경제, 국가 재정, 국내 관련 산업, 고용 등에 미치는 영향 등을 포함한 영향평가를 실시한다. 통상조약의 서명 후 정부는 국회에 비준동의를 요청하여야 한다.

FTA, DDA 협상안은 공식 협상에 앞서 산업통상자원부가 소관 부처와 조율하여 초안을 작성하고 대경장회의를 거쳐 확정되어 상대국과의 협상에서 활용된다.[4] 이 과정에서 민간업계, 전문가, 관련 부처 등으로부터 의견을 수렴하게 된다. 즉, 산업통상자원부 혹은 소관 부처가 일방적으로 협상안을 정할 수 없는 구조로 되어 있다. 예를 들어, 만약 DDA 농업협상에서 농업보조금에 대해 협상을 하게 된다면, 먼저 농식품부 내 국제협력국 농업통상과에서 농업단체, 농업전문가 등과의 협의를 통해 1차 대책안을 작성하고, 이어 농식품부 내에서 협의를 거쳐 농식품부안을 만들어 대경장 실무조정회의에 상정하게 된다. 이 과정에서 산업통상자원부 내 DDA 농업담당자가 검토하거나, 농식품부에서 자체 안을 만드는 과정에서 산업통상자원부, 기획재정부 다른 관련 부처 담당자들과의 사전협의를 거치기도 한다. 실무조정회의에서 합의된 안이 최종적으로 대경장회의에서 통과되면 우리나라의 협상안으로 확정된다.

4__ 참고로 DDA 협상은 2015년 케냐 나이로비 WTO 각료회의에서 새로운 모멘텀이 생길 때까지 잠정 중단하기로 결정했다.

특정 국가와의 FTA를 추진할 경우 통상 협상 구상부터 국회와 협의해야 하며, 통상교섭자문회의를 통해 통상정책 및 통상협상의 기본 방향, 특정 통상조약의 추진 및 체결의 타당성, 통상조약의 체결이 국내경제에 미치는 영향 및 국내 보완대책 등과 같은 내용을 보고하거나 자문받는 형식을 취하게 된다. 2005년 이후 추진된 FTA는 이러한 절차를 거쳐 협상이 추진되고 있으며, FTA 협상에 대한 이해관계자 및 일반 국민들의 의견 개진 창구를 마련하고, 절차상의 투명성을 높이게 된다. 이런 과정을 거치면서 관련 산업의 협회, 주요 이해관계자, 전문가들은 특정 통상협상의 내용을 유포하는 기능을 하게 되며, 정책 담당자들이 미처 예상하지 못했던 사항들을 종합적으로 검토하게 된다. 경우에 따라 협상 주요 시점에 통상당국은 국회에 관련 사항을 보고하게 된다. 국회 보고는 서명된 협정문 국회 비준을 용이하게 하는 측면도 있다. 다만, 대경장회의에서 확정된 내용은 상대국과의 협상에서 활용할 전략이므로 일반 국민들에게 공개할 수 없고, 협상안 수립과정에 참여한 사람은 보안유지의 의무를 지게 된다.

하지만 일부 정치권에서는 기존의 통상절차법을 개정하여 협상 전 과정에 대한 국민의 알권리를 충족시켜야 한다는 점을 개진한 바 있다. 우리 국회는 정부가 타결한 협정에 대해 비준동의 권한을 가지고 있지만, 이것만으로는 충분하지 않다는 것이다. 즉, 협상결과에 대해 부정적인 입장을 가지고 있으면 국회

비준 투표에서 부결시킬 수 있겠지만, 이는 협상결과 처리를 위한 요식적 행위이고 협상 개시 전과 협상과정에서 국회와 이해관계자의 참여가 필요하다는 것이다.

국회가 통상절차법 제정을 통해 통상조약 성립과정의 각 단계마다 세부적으로 관여하거나, 가서명된 조약에 대한 동의권 및 재협상 요구권을 행사할 경우, 헌법상에 규정된 대통령의 조약체결권을 과도하게 제약하게 되며, 삼권분립원칙에도 위배되어 위헌의 소지가 있다는 점도 고려되어야 한다.

외국의 사례를 살펴보면, 통상 전권을 의회가 가진 미국을 제외하고는 대부분의 국가에서 통상조약 체결에 대해 국회가 비준동의권한을 가지고 있고, 국회의 동의권은 통상조약 서명 후 행사하는 것이 일반적이다. 예외적으로 호주, 폴란드, 인도네시아, 중국은 통상조약을 국회비준 대상에 포함시키지 않고 있다. 호주의 경우, 교섭과정에서 의견수렴과 연방 집행회의 등의 기구를 통해 여론 등을 충분히 반영하고 있고, 의회동의권 절차는 조약 체결 처리를 지연시키는 결과를 초래하므로 의회동의권이 불필요하다는 입장이다.

나. 미국 : 의회의 통상정책 권한

미국은 다른 국가에서는 찾아볼 수 없는 독특한 통상체계를 가지고 있는데, 의회가 행정부에게 신속무역협상권(Trade Promotion Authority ; TPA) 혹은 신속처리권한(Fast Track Authority)을 부여하여 통상협상을 추진하도록 허용하고 있다. 지금으로부터 230여 년 전인 1773년 12월 영국의 차조례에 반대했던 신대륙 보스턴 주민들이 항구에 정박 중이던 동인도 회사 선박에 실려 있던 차(茶)를 바다에 내던진 사건(보스턴 차 사건)이 발생했다. 당시 세계 여러 지역에서 프랑스와 식민지 전쟁을 벌이고 있던 영국 왕실의 재정사정이 어려워지게 되었고, 이를 타개하기 위해 식민지로 수입되는 차에 대해 높은 세금을 부과하게 되었다. 당시 식민지 주민들은 영국 의회에 아무런 대표권도 가지지 못했고, 과도한 세금만을 납부하는 상황이었다. 이 당시 식자층 사이에서는 "대표 없이 과세 없다(no taxation without representation)"는 슬로건이 유행했었고, 부당한 세금 부과는 식민지 주민들을 들끓게 만들었다. 이런 가운데 식민지 주민들과 영국군 간 충돌이 독립전쟁의 도화선이 되었다. 다음해 9월 북아메리카 신대륙 13

개 영국령 식민지가 독립전쟁을 시작하게 되었고, 1783년 파리조약에서 식민지 미국은 독립을 인정받게 된다.

부당한 관세 부과가 발단이 되어 영국으로부터 독립을 쟁취한 미국은 헌법을 제정하면서 과세는 의회만이 결정할 수 있다는 점을 헌법에 명기하게 된다. 즉, 헌법 제1조 8항에 의회가 대외교역을 통제하는 권한과 관세 등 세금 부과 권한을 가지는 것으로 규정하게 되었다. 이로써 미국 의회는 통상 관련 정책권한을 가지게 되었다. 우리나라를 비롯한 전 세계 대부분의 국가들의 경우 행정부가 통상정책권한을 가지는 데 비해 미국은 의회가 통상정책을 결정하게 된 것이다. 국제교역이 활발하지 않았고, 교역구조가 단순했던 1930년대 중반만 하더라도 의회가 통상정책을 결정하는 데 별 문제가 없었다. 하지만 이후 국제무역은 다양화되고, 기술적 문제까지 추가되어 의회 의원들이 통상정책을 결정하고 추진하는 데 애로가 커지게 되었다.

다른 국가와 마찬가지로 미국에서도 조약 체결권자는 대통령이다. 연방의회는 대외통상에 관한 연방법률을 제정할 권한을 보유한다. 따라서 의회가 이러한 입법권에 의거하여 대통령에게 통상협상의 범위를 사전에 정하고 그 준수 여부를 사후에 승인하는 체제를 구축할 필요성이 제기되었다. 이에 미 무역대표부(USTR)를 행정부 산하에 설치하고 통상문제를 처리하도록 했다.

또한 의회는 행정부에게 일정 조건 하에 교역국가와의 통상협상을 할 수 있도록 허용하되, 타결된 협상결과에 대해 의회는 토론 없이(신속처리) 찬반 투표만을 실시하는 신속처리권한 혹은 무역촉진권한을 행정부에 부여했다. 신속무역협상권은 1974년 5년 기한으로 처음 도입되었으며, 이후 1988년, 1991년, 1993년 다시 연장되었다. 이 신속처리권한을 이용하여 미국은 우루과이라운드(UR)협상 타결을 이끌어냈으며, 1993년 만료된 신속처리권한은 2002년 초당적 무역촉진권한이라는 이름으로 의회에서 새롭게 승인되었다. 미국은 새롭게 승인된 무역촉진권한을 이용하여 한·미 FTA를 포함한 총 4개의 FTA를 타결시켰다. 2002년 승인된 무역촉진권한은 2007년 6월 30일에 만료되었다. 2015년 6월 미 의회는 TPP 협상 타결을 위해 오바마 행정부에게 3년 시한의 무역촉진권한을 제공하였다. 이로 인해 미 통상당국은 2015년 말 TPP 협상을 타결할 수 있었다.

신속무역협상권은 우루과이라운드(UR) 협상, 북미자유무역협정(NAFTA)

등과 같은 대규모 국제협상이 진행될 때 통상 3년의 기한을 정해 행정부에 부여하며, 협상조건과 내용에 대해 구체적인 지침을 포함시킴으로써 행정부의 협상권한을 일부 제한시키는 측면도 있다.

미국의 통상정책은 행정부, 의회, 민간부문에 의해 결정된다. 통상정책 결정과정에서 행정부와 의회는 직접적인 참여자가 되며, 민간부문은 결정과정에 간접적으로 참여한다. 먼저 행정부는 대통령 직속기구인 무역대표부(United States Trade Representative ; USTR)를 행정부 산하에 설치하여 통상정책을 담당한다. 무역대표부는 각 부처 간의 정책을 협의하고 조정하는 역할을 하며, 미국 정부를 대표하여 통상협상에 참여한다. 미국은 통상정책결정과 관련하여 행정부와 의회의 권한과 책임을 명백히 규정한 입법이 존재하며, 다른 나라에 비해 의회의 역할과 권한이 크다. 즉, 의회는 헌법으로부터 통상정책에 대한 권한을 부여받고 있으며, 궁극적으로 통상정책의 결정권한과 책임을 갖고 있다. 미 의회의 주요 무역 관련 정책 활동은 하원의 세입위원회와 상원의 재무위원회 등에 의해 이루어진다. 마지막으로 민간부문으로 각종 민간자문위원회를 통해 통상정책에 참여하며, 노조, 업계와 같은 압력단체를 통해 의회에 로비 등 영향력을 행사한다.

행정부에 대한 미 의회의 통상정책권한 이양은 "1934년 상호무역협정법"에서 처음으로 이루어졌고, 행정부는 3년 기한의 통상협상과 미국의 관세를 50%까지 인하할 수 있는 권한을 의회로부터 위임받았다. 외국과의 협상에서 합의한 결과를 협정문의 형태로 체결한 후 이를 법으로 제정해야만 체결된 협정이 효력을 발휘하게 되는데, 만일 의회가 협정내용의 일부를 수정할 경우 미국통상협상단에 대한 신뢰가 크게 실추될 수도 있다. 이를 방지하기 위해 의회는 협상결과에 대해 찬반 투표만을 허용한다.

미국 의회가 제정하는 통상법에는 통상협상목표(trade negotiating objectives)가 적시되어 있다. 예를 들어, 2002년 초당적무역증진권한법(Bipartisan Trade Promotion Authority Act of 2002)에는 총괄협상목표(overall trade negotiating objectives)로서 공정하고 상호주의적인 시장개방, 무역장벽이나 무역왜곡조치 제거, 국제교역관행의 강화, 미국에서의 완전고용과 세계경제 성장, 환경보호, 노동권리 강화 등의 구체적인 목표가 제시되어 있고, 행정부의 통상당국이 의회가 제시한 이러한 목표를 구체적으로 실현해 나가는 의무를 지도록

규정하고 있다.[5]

아울러 2002년 법에는 통상협상의 분야를 무역장벽과 왜곡, 서비스교역, 해외투자, 지재권, 투명성, 반부패, WTO다자협정의 개선, 규제관행, 전자상거래, 농산물 상호교역, 노동 및 환경, 분쟁해결 및 이행, WTO확대협상, 무역구제법, 국경세, 섬유협상, 최악의 아동노동 등의 분야로 나누어 각 분야별 주요 협상목표(principal trade negotiating objectives)를 매우 상세하게 기술하고 있다.

이와는 별도로 '대통령행정협정(Presidential Executive Agreement)' 형태로 국제협정이 체결되는 경우도 있는데, 미국 헌법상 대통령의 독립적인 권한이 명시되어 있어 의회의 권한부여가 필요치 않은 분야에서 이것이 가능한 것으로 해석되고 있다. 최원목(2008)에 따르면, 미국의 1974년 통상법은 대통령이 민간부문 및 비연방정부 부문(non-Federal governmental sector)의 대표자로부터 가급적이면(to the maximum extent feasible) 통상협상에 들어가기 전에 자문을 받도록 하고 있다(의무적 자문). 자문사안은 ① 협상의 목표와 전략, ② 협정이 체결되는 경우 그 운영, ③ 미국의 통상정책의 전개, 집행 및 운영에 관한 여타 문제이다. 아울러 대통령은 미국의 현재의 무역정책의 전반에 대한 자문도 받아야 하는바, 그 자문필요사항은 ① 주요 다자 및 양자 무역협상 목표와 목표달성도, ② 최근에 체결된 협정의 이행, 운영, 효과와 무역분쟁의 해결, ③ 미국 통상법 집행조치 및 그 조치가 무역정책 목표를 달성하기 위해 효과적인지 여부, ④ 적절한 정책대응이 필요한 여타 무역분야에서의 주요 진전사항이다. 대통령은 이러한 자문의 결과 접수된 사항은 미국의 무역정책을 추진하기 위한 주요 목표와 협상안의 경중을 결정하는 데 있어 고려하여야 한다.

미국의 통상법과 관련하여 대통령은 적어도 협상을 개시하기 90일 이전에 의회에 협상 개시 의사를 통보해야 하며, 통보문에 협상 개시일, 협상목표, 협정 체결 · 변경 의도 여부를 명시해야 한다. 또한 대통령은 상원 재무위원회와 하원 예산결산위원회, '의회감독그룹(Congressional Oversight Group)' 등 의회 내 통상 관련 기구 및 위원회와 협정의 성격, 목표 및 정책달성 방식 등에 대해 협의해야 한다. 아울러 대통령은 농업, 수산업, 섬유산업과 같은 민감부문을 대상으로 한 통상협상과 관련해서는 상하원의 관련 위원회와 긴밀히 협의해야 한다. 만일 협상의 결과 무역구제 관련 미국 법령의 개정이 필요할 경우, 대통령은 최소한 협정체결 180일 이전에 하원 예산결산위원회와 상원 재무위

5__ 이에 대해서는 최원목(2008), "통상절차법의 제정방향", 바른FTA본부 세미나(프레스센터, 3월) 발표자료 참조.

원회에 관련 제안(proposal) 내용을 보고해야 하는 의무를 진다. 보고내용을 검토 후 미 의회가 이러한 협상 타결이 협상목표(만약 예를 들어, 무역구제 분야일 경우 불공정무역 규제 관련 법령의 효력을 감소시키도록 타결하지 말 것 등)와 합치되지 않은 것으로 판단하는 경우 그 불합치성을 확인하는 결의를 채택할 수 있도록 하고 있다.

대통령은 최소한 협정을 체결하기 90일 이전에 당시 협정의 상세내용을 의회 산하기관인 국제무역위원회(International Trade Commission ; ITC)에 제공해야 하며, ITC는 협정체결 이후 90일 이내에 대통령과 의회에 협정으로 인한 미국경제 전반의 영향과 특정 산업부문별 영향에 관한 보고서(GDP, 수출입, 고용, 생산, 주요 영향 산업의 고용 및 경쟁력, 소비자 이익 등에 대한 분석 포함)를 의회에 제출해야 한다.

미 대통령은 적어도 통상협정 체결 90일 이전에 하원과 상원에 체결의사를 통보하고 이를 연방관보를 통해 공표하여야 한다. 이어서 협정을 체결하게 되면, 60일 이내에 국내법 개정 필요사항을 기술하여 의회에 제출하게 된다. 협정 체결 이후 대통령은 상하 양원이 모두 개회 중인 시점에 의회에 대해 최종협정문안, 이행법률안, 행정조치선언문 및 근거자료(현행 법률에 대한 영향, 협상목표 달성도, 이전 협정 수정 정도, 미국 무역이익에의 기여도 등에 관한 기술)를 제출해야 한다.

다. 일본 : 산업부처 주도[6]

6 이 장의 일부 내용은 김홍률(2008), "우리나라 FTA의 추진구조 평가 및 발전방향", 선진국민정책연구원 세미나 발표자료를 참조하여 작성하였다.

2013년 3월 아베 신조(安倍晋三) 일본총리는 TPP 참여를 공식 선언하면서 아마리 아키라(甘利明) 경제재정・경제재생장관을 TPP 담당 장관으로 임명하여 TPP 협상을 전담하도록 하였다. 2015년 말 일본이 참여한 TPP 협상이 타결된 배경에는 TPP 담당장관의 역할이 컸다. 이는 일본의 FTA 협상에서 전례가 없는 예외적인 경우이다. 아베노믹스의 3개의 화살 중 3번째 정책수단인 해외시장 확보를 위해 아베 정부는 실험적 조치를 취하지 않을 수 없었다. TPP는 아베정부의 최대 통상정책 현안이었고, 이를 실현하기 위해 TPP 담당장관을 임명하게 된 것이다. 사실상 '미일 FTA'인 TPP 추진을 위해 일본은 TPP 담당장관 임명과 더불어 TPP 추진을 위한 각료회의를 구성하여 지원하였기에 TPP 협

그림 4-2 일본의 TPP 추진체제

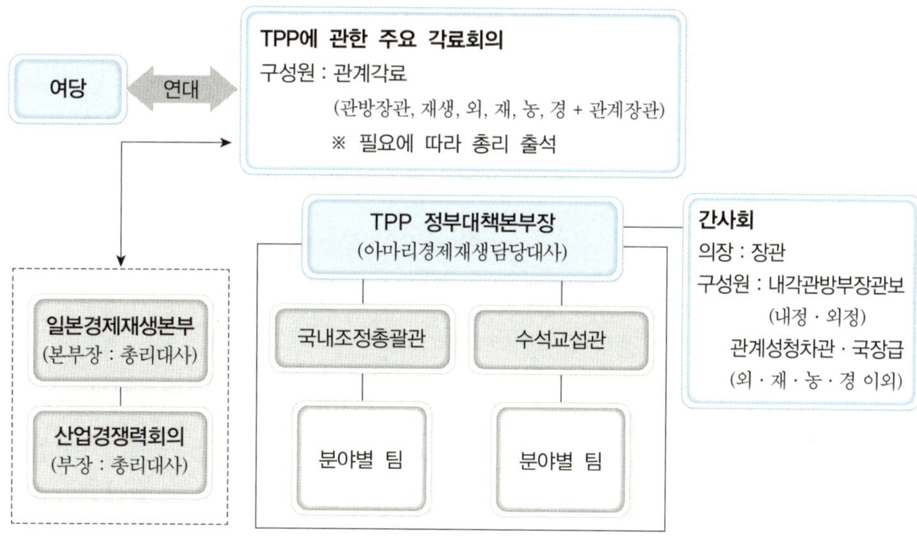

자료 : 内閣官房(2013), "TPP交渉に関する体制"

상을 타결할 수 있었다.

이를 제외하고는 일본은 통상전담부서를 두고 있지 않다. 대외통상문제는 여러 부처의 업무와 관련이 있기 때문에 개별 부처가 소관업무에 따라 통상을 직접 담당하며, 따라서 부처마다 통상담당 부서를 두고 있다. 그러나 개별 부처 중에서도 주로 통상을 담당하는 정부부처로는 △경제산업성(舊 통상산업성), △재무성(舊 대장성), △외무성 등 3개 기관을 들 수 있다. 그 중에서도 경제산업성은 통상정책 및 행정을 실질적으로 담당하는 주무기관이고, 재무성은 관세 및 재정, 금융 및 세제를 담당한다. 외무성은 국제통상에 있어 대외적인 협상업무를 담당하고 대외적인 사안에 관해서는 조정업무도 담당한다.

2001년 1월 실시된 일본의 정부조직 개편에 따라 과거 통상을 주로 담당하던 통상산업성이 경제산업성으로 개편되었으며, 이에 따라 통상산업성 내 통상정책국과 무역국이 경제산업성 내 통상정책국과 무역경제협력국으로 개편되었다. 아래에서는 경제산업성 내 통상정책국과 통상정책종합과의 주요 조직과 업무에 대해서 알아본다.[7]

통상정책국은 통상정책을 수립하고 집행하는 기관으로 '통상정책종합과'

7 경제산업성 홈페이지, 대외경제정책종합사이트, 대외경제정책의 기본 이념. http://www.meti.go.jp/policy/trade_policy/ideology/html/org_juris.htm

와 '다자통상시스템과' 등 2개의 부서로 구성되어 있다. 2개의 부서 모두 세계화의 진전에 따라 세계 각국과의 연계를 도모하며, 국제협상 기회를 전략적으로 활용하면서 자유무역을 견지하고 일본경제를 활성화시키기 위한 대외통상정책을 추진하는 기구이다. 먼저 통상정책종합과에서는 대외경제정책과 관련된 기획 및 입안을 종합적으로 담당한다. 동시에 WTO에서의 무역자유화와 국제규칙 책정을 보완하기 위해 2개국 간 또는 지역적인 경제관계 강화에 관한 업무를 담당한다. 그리고 '다자통상시스템과'는 WTO 등 다자간협상의 자리에서 무역 투자의 자유화 및 국제규칙의 제정에 관한 협상과 함께 WTO 규정에 따른 분쟁해결을 담당한다.

무역경제협력국은 '통상금융 · 경제협력과'와 '무역관리과' 등 2개의 부서로 구성되어 있다. '통상금융 · 경제협력과'의 역할은 크게 2가지인데, 하나는 일본의 경제발전에 필수적인 외국과의 무역 · 투자를 활성화시키기 위한 각종 정보제공과 환경정비이고, 다른 하나는 엔 차관, 기술협력, 무역 보험까지 포함하여 외국에 대한 지원 프로그램을 일괄적으로 담당한다. 그리고 '무역관리과'는 대량살상무기 등의 불확산, 야생 동식물의 보호를 추진하기 위해 外爲法(외환 및 외국무역법)에 따라 엄격히 무역관리를 실시한다. 또한 세이프 가드와 반덤핑 등 특수무역조치 조사 · 발동도 담당한다.

재무성은 주로 국가의 예산작성 및 세제징수 등 재정 및 국고를 담당하는데, 이 중에서 대외통상정책과 관련된 업무는 관세업무와 반덤핑, 세이프가드 등이다. 그리고 대외통상과 관련된 업무를 주로 하는 부서로는 '국제국'과 '관세국'을 들 수 있다. 국제국에서도 직접적으로 통상을 담당하는 팀은 G7, G20, 재무장관회의 등 국제회의에 참석하여 국제금융위기의 예방과 해결을 담당하는 '국제기구과'와 ASEAN, ASEAN+3, APEC 등의 재무장관회의를 중심으로 아시아지역의 금융회의를 담당하는 '지역협력과'가 있다. 그 밖에 재무성 내에서는 관세 · 세관의 법규와 관세율을 결정하는 '관세과'가 있다. 관세과에서도 대외통상과 국제기구를 담당하는 참사관이 있는데, 참사관이 WTO 협상과 FTA/EPA 협상을 담당한다. 예들 들어 WTO, WCO(세계세관기구) 등의 국제기관과의 제휴, FTA/EPA 협상 등 복수국 간 협상에 참여하거나 세관운영에 관한 노하우를 개도국에 기술지원하는 일 등을 한다.

외무성은 주로 대외적인 협상업무와 대외적인 사안에 관한 정책조정 업무를 담당한다. 직접적으로 FTA와 관련하여 일하는 전담인력이 약 30명 정도이고, 직 · 간접적으로 관여하는 인력은 약 90명 정도가 된다. 하지만 TPP 협상을 위해 전담인력이 200명 이상으로 늘어났다. 대외통상과 관련하여서는 '경제국' 이 중요한 역할을 한다. 경제국의 주요 부서로는 WTO를 담당하는 '국제무역과', 'WTO 분쟁해결과' 가 있고, FTA/EPA를 담당하는 '경제협력과', APEC를 담당하는 'APEC과' 가 있다.

경제국은 IMF, WTO, UNCTAD 등 국제경제의 기본 질서를 규정하는 협상에 참여하고, FTA/EPA, APEC, ASEM 등 지역무역협정에서 중추적인 업무를 담당하며, 에너지안전보장, 식품, 해양, 어업 등 경제안전보장 업무를 하며, 수출상담, 지재권 보호, 투자협정 체결 등에 관여하여 해외에 있는 일본 기업을 지원하는 역할을 한다.

통상문제가 발생하게 되면 우선 외무성이 대표로 나서게 된다. 외무성은 업무를 추진하는 데 있어서 다른 관계부처와 협의하게 된다. 먼저 각 부처의 의견을 조정하고 조율하기 위하여 각 부처의 실무선에서 토의를 거치게 된다. 이후 실무회의를 거친 안건은 사무차관회의에 상정되고, 이를 통과하면 각료들로 구성되는 행정부 최고의사결정기관인 각의에 상정된다. 사무차관회의나 각의는 원칙적으로 총의제 방식으로 운영된다.[8]

일본의 정책은 이와 같은 공식적인 의사결정 과정을 거치게 되지만 관청 내의 의사결정이 하의상달식으로 전달되어 있기 때문에 실무진의 판단이 존중되며, 부처 간의 의견조정에 있어서도 고위급회의는 실무진 사이에 이루어진 합의를 확인하는 절차에 불과한 경우가 많다.[9]

[그림 4-3]은 주로 일본의 대외통상 업무를 담당하는 경제산업성의 정책결정 과정을 분석한 그림이다. 이러한 결정과정이 오로지 FTA 등 통상정책의 결정과정이라고 판단하기는 어려우나 통상산업성의 정책결정 과정이므로 일본의 통상정책은 이 그림에 따른다고 보아도 무방할 것 같다.

김홍률(2008)에 의하면, FTA를 포함한 정책에 대한 사전평가가 담당부국 및 대신관방에 의해 이루어지고, 사전평가서 원안이 작성되면 이어서 예산안이 작성된다. 그런 후 국회에서 정부예산안에 대한 심의를 받게 되는데, 예산이 통과되어야 확정되어 공표되고 시행에 들어간다. 정책이 시행되면 그에 대한 사후평가가 이루어지고 그 결과가 다시 담당부국과 예산과에 피드백되어 향후 신

8 조영정, 『국제통상론』, 법문사, 2004, p.613.

9 조영정(2004), 전게서.

그림 4-3 일본의 통상정책 결정과정

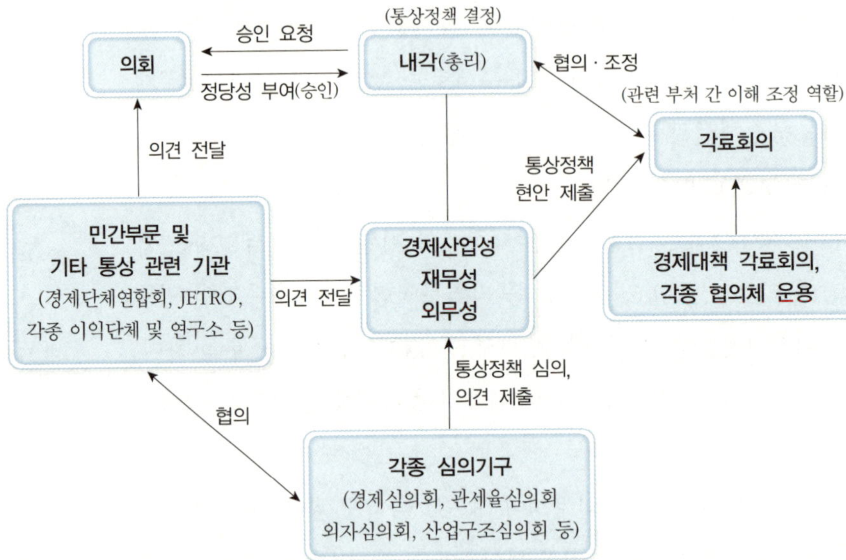

자료 : 정보통신연구원(2007), "개방시대의 IT통상정책", p.53 일부 수정.

규 정책에 반영된다.

경제산업성의 정책결정 과정에서 특이한 점은 정책에 대한 평가가 철저하게 이루어지고 있다는 점이다. 정책에 대한 평가는 사전평가와 사후평가로 나누어진다. 대체로 모든 정책을 매년 사전에 평가하는데, 그 중에서도 1억 엔 이상(초기 연도 1억 엔 미만이어도 전체 계획이 10억 엔 이상의 것은 포함함)의 신규 사업에 대해서 개별적으로 사전에 별도로 사업을 평가한다. 평가방법은 각 정책의 주관 과장(정책조정관)을 대상으로 회계과장과 정책평가과장이 합동으로 예산 관련 공청회를 실시한다. 사후평가를 하는 경우도 있는데 개별 정책에 관해 3~5년에 한 번씩 실시한다. 주요 대상은 개별 사업 및 "규제 법령" 단위를 모두 포함한다. 이후 부처별로 성과목표의 달성 상황 및 재무정보 등으로 구성된 『연차보고서』를 발표한다.[10]

10 産業省 大臣官房 政策評価広報課,「産業省における政策評価の取り組みについて」, 2007年 3月.

일본은 FTA 협상에서 상대국의 시장개방뿐만 아니라 경제협력을 지원하기로 하는 협상방식을 이용해 효과를 얻고 있다. 이는 개방만을 강조하는 현행 협상방식으로는 농산물과 같이 민감한 분야에서의 협상진전이 어렵기 때문에 고안

된 방식이다. 이를 위해 일본은 FTA 명칭 대신 EPA(Economic Partnership Agreement : 경제동반자협정)를 사용했다. 예를 들어 일본은 2003년 ASEAN과의 EPA 협상에서 농산물 및 공산품 분야의 관세인하가 어렵게 되자 협상도구로서 '경제협력방안'을 이용했다. 태국에는 농업분야에서의 경제협력과 자동차산업에서는 직원연수 프로그램을 지원하기로 약속했고, 말레이시아에는 자동차부품 산업의 경쟁력 향상을 지원하기로 약속하였다. 시장개방과 경제협력의 균형을 통해 결국 EPA 협상을 타결시켰다. 이렇게 일본이 시장개방과 경제협력을 연계시킨 EPA 협상방식을 '그린아시아-EPA 증진전략(Green Asia-EPA Promotion Strategy)'이라고 부르는데, 일본은 주로 아시아 개도국들과의 FTA 협상에서 협상이 어려운 농업이나 공산품분야에서 이를 효과적으로 활용하고 있다.[11]

11_ Shigeki Higashi(2008), The policy Making Process in FTA Negotiations : A Case Study of Japanese Bilateral EPAs, Institute of Developing Economics.

라. 캐나다 : 1부처 2장관 형태

캐나다의 통상정책은 외교통상부(Department of Foreign Affairs and International Trade)가 담당하며, 외교통상부장관과는 별도로 통상장관(Minister for International Trade) 직책을 부여받은 장관급 인사가 통상정책을 수립하고 있다. 과거 우리나라의 외교통상부와 통상교섭본부 체제가 캐나다 통상체제를 벤치마크한 것으로 생각된다.

캐나다는 연방국가이고, 각 주정부에도 통상장관 직책이 설치되어 있다. 하지만 국제통상협상 및 협정 이행은 전적으로 연방정부의 권한이며, 연방정부와 주정부 간 정책조율이 통상정책 수립에 있어 핵심적인 부분을 차지하고 있다. 특정 통상현안에 대한 대외협상에 앞서 통상장관은 각의에 협상개요, 소요비용과 실익, 관련된 이슈 및 위험 등을 담은 보고서를 제출하여 각의의 승인을 받아야 한다. 이에 앞서 외교통상부가 통상정책과 관련이 깊은 재무부, 산업부, 농식품부 등과 접촉하여 사전조율을 하고, 관련 부처 및 기관의 입장을 반영하는 노력을 기울이게 된다. 통상현안에 따라 의회 내 관련 상임위원회가 정부기관과의 협의, 공청회 등을 통해 의견을 제시하기도 하지만, 정부 차원의 협상안 마련은 전적으로 외교통상부의 권한과 책임에 속한다.

캐나다 내 연방정부와 주정부 간 협력은 정치적인 관계 및 공식적인 기구를 통해 다양하게 추진되고 있다. 통상장관은 연례 연방정부-주정부 통상장관회의를 통해 통상현안 및 차기연도 주요 통상정책을 사전조율하게 되며, 연례 통상차관회의를 통해 장관회의를 보좌하게 된다. 뿐만 아니라 전국 시 · 도의 통상담당 책임자회의를 통상장관이 주재하여 범정부 차원의 통상정책을 조율해 나가고 있다.

또한 분기별로 개최되는 연방정부–주정부 통상고위정책담당자들이 참여하는 통상실무회의(C-Trade)를 통해 크고 작은 통상현안을 조율해 나가고 있다. 외교통상부는 통상현안에 대해 다양한 전문가집단 및 이해관계자들로부터 자문 및 의견을 청취하는 기구를 설치하고 있으며, 일반 국민들의 의견수렴을 위해 인터넷과 기관지(Canada Gazette)를 널리 활용하고 있다. 통상장관 전략자문그룹(Strategic Advisory Group)은 수시로 통상장관을 만나 주요 통상현안에 대한 민간업계의 입장을 전달하고 있다. 전략자문그룹은 산업별 자문회의와 지역별 라운드테이블 회의를 설치하고 있어, 사실상 전 국가 차원에서 민간업계의 의견을 종합적으로 수렴하는 기구로 볼 수 있다.

종합하면, 캐나다의 경우 외교통상부장관과 별도로 임명되어 있는 통상장관이 민간업계를 대표하는 전략자문그룹의 의견을 청취하고, 정부 내 관련 부처 및 기관과의 협의를 통해 통상정책을 조율하며, 범정부 차원의 협상전략을 수립하고 있다. 캐나다가 별도의 통상부처를 설치하지 않고 외교통상부 내에 별도의 통상장관을 임명하고 있는 것은, 통상정책 업무의 상당 부분이 상대국과의 대외협상을 하는 것이고, 기존 외교통상부 조직을 이 업무에 활용할 수 있다는 효율성 때문인 것으로 보인다. 다만 연방정부의 속성상 주정부 간 서로 다른 입장을 조율하고, 협상전략에 참고가 될 수 있는 내용을 청취하기 위해 연방정부와 주정부 간 통상정책 협의체를 운영하고, 민간업계의 다양한 이해관계를 조정하고 업계의 의견을 수렴하기 위해 전략자문회의 등의 기구를 통상장관 책임 하에 운영하고 있다.

마. 멕시코 : 민간업계 주도

다른 남미 국가와 마찬가지로 1960～1970년대 멕시코에도 해방신학이 널리 유포되어 상당 기간 동안 폐쇄적인 통상정책을 유지하였다.[12] 이 기간 동안 멕시코 경제의 국제경쟁력은 약화되었으며, 연고와 정실이 경제정책을 좌지우

12_ 해방신학은 남미의 정치적 억압과 사회 · 경제적인 수탈의 원인으로 미국식 자본주의를 지목하고, 탈자본주의적 사회경제질서를 모색하면서 폐쇄적인 통상정책을 추구하였다.

지함에 따라 부당한 규제가 양산되었다. 1980년대 중반 들어 멕시코는 폐쇄경제의 문제점을 인식하고 개방정책에 나서게 되었다. 1986년 멕시코는 GATT에 가입했고, 1993년 아태경제협력기구(APEC), 1994년 경제협력개발기구(OECD)에 가입하였다. 이 시기에 미국 및 캐나다와 FTA 협상을 타결하여 1994년부터 NAFTA를 이행시켰다.

행정수반인 대통령이 통상협정을 체결 및 서명하고, 의회는 비준하는 구조로 되어 있지만, 1980년대 중반 이후 10여 년간 강력하게 추진된 개방정책에 대한 반발로 대외통상정책에 대한 민간업계 및 이해관계자들의 입장이 체계적으로 반영되어야 한다는 주장이 대두되었다. 이로 인해 멕시코의 통상정책은 민간업계의 의견수렴이 정책수립에 중요한 전제조건이 되고 있다.

이러한 분위기에 편승하여 멕시코 의회도 협상 중인 통상현안에 대해 의견을 내거나 협상내용을 수정하도록 행정부에 요청할 수 있는 제도를 도입하였다. 하지만 협상이 타결되어 의회비준을 대기 중인 협정에 대해서는 수정할 수 없다. 2004년 9월 제정된 "국제경제협정 승인에 대한 법률" 로 통상정책에 대한 의회의 권한은 더욱더 강화되었다. 의회(상원)는 연방정부의 각급 기관을 통해 추진 중인 통상협상에 대한 정보를 제공받을 수 있는 권한을 부여받았으며, 행정부도 의회의 비준동의를 의식하여 의회에 통상협상 정보를 제공하지 않을 수 없게 된 것이다. 통상 관련 부서들은 특정 통상정책으로 인한 손익분석, 주요 이해관계자의 입장 및 손실에 대한 대책 등에 대해 자세한 분석결과를 제시하여 의회를 설득하지 못하면 협정이 타결되더라도 의회비준을 받기 어려운 정치적 환경이 조성되었다. 이 과정에서 민간업계들은 의회와 정치권을 배경으로 정부의 통상정책 결정에 영향을 미칠 수 있게 되었다.

멕시코에서는 경제부(Ministry of Economy)가 통상정책 수립 및 국제협상, 더 나아가 협정의 이행까지 담당하고 있다. 한편, 민간업계도 통상정책에 대해 정책담당자에게 의견을 전달할 수 있는 체제를 구축하고 있다. 대외무역위원회(COCEX)는 민간업계의 입장을 수렴하고 수출입에 관련된 정책현안을 담당하는 모든 정부기관과의 의견을 조율하는 기관이다. COCEX는 협상시작단계에서부터 의견을 제시하고 있고, 정부의 협상안을 검토할 수 있는 권한을 부여받고 있다.

민간업계들은 대외협상자문위원회와 대외무역민간업계연합회(COECE)를 조직해 업계의 입장을 정부에 공식적으로 전달하고 있다. 이들 단체들은 정부와 정보공유 및 긴밀한 협력관계를 유지하고 있다. 또한 정부가 적극적인 통상정책을 수행하도록 요청하기도 한다. 예를 들어 멕시코의 FTA 추진 발의도 정부보다는 민간업계가 먼저 제안하는 경우가 많다. 품목별 시장개방에 있어서도 업계가 입장을 정하면 정부가 수용하여 상대국에 전달하는 것이 일반화되어 있다.

민간업계의 입장이 통상협상에 체계적으로 반영되는 점은 긍정적으로 평가될 수 있으나, 상대국의 입장을 고려하지 않고 자국의 입장만을 주장하게 되어 통상정책의 실효성이 약해지는 문제점이 나타나고 있다. 특히 2005년을 전후하여 이러한 관행이 더 강화됨에 따라 멕시코의 통상협상은 부진한 양상을 면하지 못하고 있다는 점이 부각되었고, 최근에는 우리나라와의 FTA 논의도 제의하는 등 과거에 비해 적극적인 입장을 보이고 있다.

3. 주요국의 FTA 정책과 추진 실적[13]

FTA and International Trade, ch. four

13_ 이 절은 조정란 인하대 교수께서 집필해 주셨다. 이 절의 작성 및 본서의 개정에 필요한 많은 자료 제공에 감사드린다.

가. 미국

1994년 발효된 NAFTA에 이어 미 부시 행정부는 2007년 한 · 미 FTA 협상을 타결하였고, 현재의 오바마 행정부는 추가 협상을 거쳐 한 · 미 FTA을 이행시켰다. 오바마 행정부는 경제활성화 차원에서 수출증가를 강조하면서 아시아와 유럽과의 FTA 확대를 주요 대외통상정책의 핵심으로 설정했다. 전 세계에서 유일하게 미국은 의회가 통상정책의 권한을 행사하도록 헌법이 규정하고 있고, 행정부는 의회로부터 무역촉진권한(TPA)을 위임받아야만 적극적인 통상정책을 수행할 수 있다.

부시 행정부 당시 FTA를 반대하는 정치적 세력도 상당했으나 미국 대통령이 TPA 대외무역협상권을 위임받아 간단한 절차로 빠르게 협상을 진행할 수 있었고 그 결과 부시 행정부는 사상 최다의 FTA를 체결했다.[14] 하지만 현재의 오바마 행정부는 TPA를 받지 못해 협상 추진에 애로를 갖고 있고, 이로 인해 다수 메가 FTA 추진에도 불구하고 실적은 아직 부진한 것으로 평가된다.

14_ TPA는 대통령이 승인한 무역협정을 의회가 찬반 투표만을 할 수 있도록 규정함으로써 통상당국의 협상을 원활하게 한다.

표 4-1 ■ 부시 행정부와 오바마 행정부의 비교

시기	부시 행정부	오바마 행정부
방향	정치 · 외교적 수단	경제적 수단
목표	국가안보	미국 내 일자리 창출, 경제 성장
특징	양자간 FTA 중심	메가 FTA 우선 경향
무역촉진권한(TPA)	확보(의회의 협조)	미확보(여당인 민주당이 반대)
주요 사건	9.11 테러	2008년 글로벌 금융위기

FTA 개방정책에 부정적인 민주당 정권인 오바마 행정부가 적극적인 FTA 추진으로 변화하게 된 배경에는 2008년 발생한 글로벌 금융위기가 작용했다. 위기 극복을 위해 수출을 늘려야 하는 상황이 한 · 미 FTA 비준을 유도하였고, 이는 2010년 오바마 행정부가 발표한 수출정책(NEI)으로 발표되었다. NEI는 집권초 이후 5년간 수출규모를 두 배로 늘려 고용증진과 경제회생을 달성하겠다는 수출확대가 주요 내용이다. NEI의 내용 중에는 한국, 파나마, 콜롬비아와 재협상을 거쳐 FTA를 발효시키고 TPP 협상 추진도 포함되어 있었다. 미국은 총 14개의 협정(2016년 기준)을 이행시켰으며, 이 중 2개는 다자간 협정(북미자유무역협정, 미 · 중미국가 FTA)이다.

표 4-2 ■ 미국이 이행시킨 FTA

	FTA 상대국(지역)	주요 일자	교역규모 (단위 : 억 달러, 2013년 기준)		상대국의 GDP 규모 (단위 : 억 달러, 2012 IMF 기준)
			수출	수입	
양자간 협정	이스라엘	1985. 9. 1	137.38	226.76	2,721
	칠레	2004. 1. 1	175.85	103.63	11,540
	한국	2012. 3. 15	415.55	622.28	11,635
	호주	2005. 1. 1	260.47	92.72	15,859
	모로코	2006. 1. 1	23.05	97.7	1,003
	바레인	2006. 8. 1	10.18	63.5	277
	싱가포르	2004. 1. 1	307.24	178.28	2,700
	오만	2009. 1. 1	15.04	10.22	788
	요르단	2001. 12. 17	20.87	11.97	314
	콜롬비아	2012. 5. 15	186.06	216.17	3,787
	파나마	2012. 10. 31	107.82	4.49	345
	페루	2009. 2. 1	100.56	81.22	1,849

다자간 협정	NAFTA	1994. 1. 1	3,002(캐) 2,804(멕)	2,261(멕) 18,045(캐)	3,320(캐) 12,078(멕)
	중미국가 (CAFTA-DR)	2006. 3. 1 (엘살바도르) 2006. 4. 1 (온두라스, 니카라과) 2006. 7. 1 (과테말라) 2007. 3. 1 (도미니카) 2009. 1. 1 (코스타리카)	31.68(엘) 52.78(온) 10.57(니) 55.22(과) 71.96(도) 72.30(코)	24.37(엘) 45.43(온) 28.04(니) 41.68(과) 42.56(도) 119.06(코)	244(엘) 174(온) 93(니) 503(과) 59(코)

미국은 8개의 양자간 FTA와 4개의 다자간 FTA 협상을 추진 중에 있으나 TPP를 제외하고는 추진실적이 빠르지 않다. 에콰도르, 파키스탄, 태국 등 2013년 이전에 추진된 양자간 FTA 협상은 모두 중단된 상태이다. 다만 2013년 시작된 대만과의 FTA는 현재 논의가 지속 중이다. 다자간 FTA 중 미주자유무역협정과 남아프리카관세동맹(SACU)과의 FTA 협상 역시 중단된 상태이다. 다만 TPP는 2016년 초 협정에 서명했으나, 유럽과의 FTA인 환대서양무역투자동반자협정(TTIP) 협상은 간헐적으로 이루어지고 있다.

표 4-3 ■ 미국이 추진 중인 양자 및 다자 FTA

양자간 FTA(협상 중, 중단)		
아랍에미리트	협상 중단	2006. 1. 31 4차 협상을 끝으로 중단
에콰도르	협상 중단	2008. 1. 23 에콰도르 외무부장관의 미국과의 FTA 중단 선언
태국	협상 중단	2006년 태국 쿠데타로 협상 중단됨
대만	논의 중	2013. 3. 10 6년 만에 재개된 무역회담 2014. 4. 4 TPP 가입문제 무역회담
이집트	협상 중단	2006년 2월 미국 협상 중단 발표
쿠웨이트	논의 중단	2006년 2월 마지막 논의
파키스탄	논의 중	2012년 미국 : 파키스탄 국가 규모 작아 FTA 체결 어려움

다자간 FTA(협상 중, 중단)		
FTAA (Free Trade Area of the Americas) (쿠바를 제외한 아메리카 대륙 전체 국가)	협상 중단	2005년 브라질, 베네수엘라, 아르헨티나 등 5국의 반대로 협상 중단
SACU (Southern African Customs Union) (나미비아, 레소토, 남아프리카공화국, 보츠와나, 스와질란드)	협상 중단	2006년 미국의 지적재산권과 정부조달권에 대한 요구로 협상 중단
TPP	2016년 2월 서명	2008년 2월 미국, 2013년 7월 일본 참여. 총 12개국 협정 서명
EU(TAFTA, TTIP)	협상 중	2014. 3. 10~3. 14 4차 협상

2013년 미국은 수출 증가와 세계무역에서의 미국의 관심사항을 담은 통상정책 의제를 발표하였다. 미국 기업에 대한 수출지원을 늘리고 무역장벽을 낮추며 시장접근을 보다 쉽게 할 수 있도록 제정된 NEI를 지속 · 확장할 것이다. 실업문제 해결을 위해 서비스, 제조업, 농업부문의 수출을 늘리며, 수출시장 확대를 위해 TPP를 조기에 발효해야 하나 2016년 대선 과정에서 TPP와 FTA 반대 분위기가 형성되어 발효에는 시간이 걸릴 것으로 예상된다. 대선에서의 분위기를 감안하면 향후 미국은 FTA를 적극적으로 추진하기 어려울 것으로 전망된다.

나. EU

1960년대에 본격화된 유럽통합은 서유럽, 동유럽, 지중해 등 유럽권 국가와의 경제통합을 적극 추진해 왔다. 또한 아프리카, 카리브해 연안 국가와는 과거 식민지에 대한 특혜제공 차원에서 일방적 무역자유화 내용을 담은 무역협정을 체결해 왔다. 지리적, 역사적 관계를 중시한 유럽통합의 경향은 EU가 설립(1993년 11월)된 이후에도 지속되었으나, 2005년을 전후하여 EU는 EU역외의 나라들과의 FTA를 추진하고 있다.

EU가 체결한 FTA 대상국은 26개이며, MERCOSUR와 걸프만협력회의(GCC),[15] 인도, 일본, 미국, 베트남과 협상 중이고, 아세안, 러시아, 우크라이나, 중남미 6개국과의 FTA를 검토 중이다. 최근 미국과의 3차 TTIP 협상에서 시장접근성 강화, 규제정합성 향상, 무역제도 개선 등의 3개 분야에 대해 협의했다.

15 걸프만협력회의(GCC ; Gulf Cooperation Council)는 사우디아라비아, 쿠웨이트, UAE, 카타르, 오만, 바레인 등 6개국으로 구성되어 있다.

표 4-4 ■ EU FTA 추진실적

발효(기체결)	협상 중	검토 중
(발효) 유럽자유무역연합(EFTA), 시리아, 안도라, 산마리노, EEA(스위스 제외한 EFTA 3개국과 EU 28개국), 터키, 이스라엘, 페로제도, 팔레스타인 자치정부, 튀니지, 남아공, 모로코, 마케도니아, 요르단, 칠레, 레바논, 이집트, 알제리, 알바니아, 몬테네그로, 보스니아 · 헤르체고비나, 세르비아, 한국, 페루 · 콜롬비아, 중미, 조지아, 몰도바, 우크라이나(총 29개국) (타결) 싱가포르, 에콰도르, 캐나다, 베트남	미국(TTIP), 일본, 태국, 인도, 말레이시아, MERCOSUR	필리핀, 아제르바이잔, 브루나이, 인도네시아, 대만, 이란

출처 : FTA 종합지원포털(http://www.ftahub.go.kr/main/situation/fta/world/).

전통적으로 EU는 정치적인 동기로 인접국과 구 식민지 국가들과의 호혜무역제도를 채택하여 WTO로 대표되는 다자간 무역체계를 확립함으로써 EU 중심의 통상정책을 유지했으나, 최근에는 경기침체에 대한 돌파구의 수단으로 역외 국가, 이머징마켓과의 FTA를 추진한다는 계획이다. 2010년에는 중장기 성장전략(2010～2020년)인 'Europe 2020'을 발표하여 기존의 FTA 정책을 강화하고 해외 비관세 장벽 철폐 및 정부조달시장 개방요구, 지재권 강화 등을 포함하는 중장기 통상전략을 확정했다.[16]

16_ 강유덕, 「최근 EU의 FTA 정책방향과 전망 : 미·EU FTA, 일·EU FTA추진을 중심으로」, 『지역경제 포커스』, Vol. 7, NO. 21, 2013, p.3.

EU는 2006년 역외국과의 적극적인 FTA 추진을 골자로 하는 '글로벌 유럽' 전략을 발표하고, 2010년 11월 중장기 통상정책(2010～2015년)을 통해 FTA의 외연확대 전략을 추진 중이다. 글로벌 유럽전략 하에서 FTA 상대국의 선정은 시장잠재력, 시장진입장벽, EU 경쟁국과의 FTA 추진여부 등 경제적 기준에 따라 이루어졌으며, 한국, 아세안, 남미공동시장, 인도 등을 FTA 우선 협상국으로 선정했으나 한국과의 FTA만을 이행시킨 상황이다.

최근 EU의 통상정책(2010～2015년)의 핵심 내용은 다음과 같다. 첫째, 적극적인 FTA 추진이다. WTO DDA 협상은 소강상태가 지속되고 있어 EU는 DDA 협상에 참여하되, 글로벌 유럽 전략을 통해 역외국과의 FTA 협상을 지속적으로 유지하고 있다. 둘째, 불합리한 규제 등 비관세장벽의 철폐와 규제의 조화, 협력 추구를 강화해 오고 있다. FTA를 통해 관세장벽이 상당 부분 사라졌기 때문에 무역 상대국의 특정검사, 인증제도의 강요 등의 실질적인 무역장벽 제거 의도를 엿볼 수 있다. 셋째, 선진국 및 신흥국가의 정부조달시장에 대한 EU 기업들의 접근성 개선에 주력하고 있다. 현재 정부조달 부문은 WTO의 정부조달협정(GPA)에 의거하여 시장접근성이 보장되고 있으나, GPA 조약국은 14개국에 불과하므로 FTA를 통해 정부조달 영역을 확대한다는 계획을 추진 중이다. 넷째, 지식재산권 보호를 강화하고 있다. EU는 고부가가치 브랜드를 보호하고, 제3국의 지재권 위반 방지에 주력하고 있다. 특히 중국은 지재권 위반의 2/3를 차지하고 있어 중국에 대한 지재권 보호조치를 강화하겠다는 목표를 설정했다.[17]

17_ 전게서 참조.

영국의 EU 탈퇴, 즉 브렉시트(Brexit)에도 불구하고 EU의 FTA 확대정책은 지속될 것으로 예상된다. EU는 평균 3년이 걸리는 FTA 협상을 단기간 내 타결하도록 협상역량을 강화하고 있다. 특히 미국과의 TTIP를 1년 반 내에 타결한다는 입장이나, EU와 미국은 기술표준 및 규제에 관한 규정이 서로 달라 협상 타결이 용이하지 않은 상황이다.[18] EU는 중국, 러시아를 주요 미래 FTA 협상 국가로 검토하고 있으나, 우크라이나 사태로 러시아와의 FTA 추진은 시간이 걸릴 것으로 보인다. 러시아는 지리적으로도 EU와 가깝고, 공업, 금융, 통상 등의 분야에서 거대한 잠재력을 가지고 있어 향후 EU의 진출시장으로서의 가능성이 높으며, EU에 공급되는 가스, 석유, 목재와 같은 원자재의 공급지역으로 인식되고 있다.[19]

현재 EU는 미국과의 TTIP 협상 타결 입장을 갖고 있으나 협상 타결 전망이 밝지 않다. TTIP 협상을 통해서 EU는 다른 나라들이 지금까지 체결한 FTA 협정으로 맺은 최고 수준의 무역자유화를 이루면서 새로운 시장접근 기회를 모색하기로 하고 모든 공산품과 농산품 분야에서 관세를 감축해 나간다는 것이 EU의 입장이다.[20] 한편, 일본, 인도, 중국과 같은 동아시아 국가들과 FTA가 체결되는 경우에는 무역전환 효과가 상당히 클 것으로 예상된다. EU와 거대경제권도 전방위적인 FTA를 선택이 아닌 필수라고 보고 있으며, 높은 선점효과를 기대할 수 있는 FTA 체결에 높은 정책 우순순위를 부여하고 있다.[21]

다. 일본

일본은 2015년 현재 14개국과 총 12건의 FTA 협정을 발효시켰다.[22] 1990년대부터 전 세계적으로 FTA 체결이 확산됐지만 일본은 2000년에 들어 FTA를 추진하게 되었다. TPP 협정 서명 이전까지 체결 국가 수가 그다지 많지 않은 점, 체결한 FTA가 지역적으로 아시아에 집중돼 있고 '자유화율이 낮다'는 점, 미국 · EU와 같은 거대경제권과는 FTA를 체결하지 못했다는 점에서 일본의 FTA는 아직 발전단계에 있었다. 하지만, TPP 서명으로 일본은 FTA 대국으로 발전하게 되었다.

일본은 상품, 서비스 중심의 FTA보다 투자, 인적교류 확대 등을 강조한다는 의미로 경제동반자협정(Economic Partnership Agreement ; EPA) 추진과 포괄적인 FTA 정책을 구사하는 입장이나, 농업분야 자유화 최소화가 FTA 대신 EPA 명명의 주요 배경이다. 대부분 동남아와 남미의 개도국과의 EPA를 체결했으나, 스위스와의 EPA 발효(2009년 9월)는 일본이 유럽국가와 체결한 최초의

18_ 조경원(2013), "FTA 추이", 무역투자연구원.

19_ Karel De Gucht(2005), 'Opening new markets makes our economies grow-only an active EU free trade and investment policy can achieve that', European Commission http://europa.eu/pol/pdf/flipbook/en/trade_en.pdf 참고, 최종기, 『러시아 외교정책』, 서울대학교출판부, 2005. 5. 30., p.318.

20_ 김정수(2013), "범대서양 무역투자동반자협정(TTIP)과 그 시사점", 한국경제연구원.

21_ 정태선, "세계FTA '새판짜기' 경쟁 본격화", 이데일리.

22_ 일본 경제산업성(2013), 『2013 통상백서』, 일본 경제산업성.

FTA라는 점에서 의미가 있다.

표 4-5 ■ 일본의 FTA 협상 및 추진 검토 현황

발효(기체결)	협상 중	검토 중
(발효) 싱가포르, 멕시코, 말레이시아, 칠레, 태국, 인도네시아, 브루나이, 필리핀, ASEAN, 스위스, 베트남, 인도, 페루, 호주, 몽골 (타결) TPP	(협상 중) 캐나다, 콜롬비아, 한·중·일, RCEP, EU, 터키 (협상 개시 여건 조성) 한국, GCC	FTAAP(아시아·태평양 자유무역지대), 뉴질랜드

출처 : FTA 종합지원포털(http://www.ftahub.go.kr/main/situation/fta/world/).

일본 정부는 멕시코와의 EPA 체결 직후인 2004년 12월 21일 총리 주재의 범정부 차원의 FTA 최고의결기구인 '경제연계촉진관계각료회의(이하 연계회의)'를 통해 비로소 일본 정부의 FTA 정책의 기본 방향을 "향후의 경제연계협정의 추진에 대한 기본 방침"으로 정립했다. 연계회의에서 일본 정부는 FTA 정책의 목표로 대외 경제관계 발전, 일본과 상대국의 구조개혁 추진, 동아시아공동체의 구축 등의 목표를 설정했다.

표 4-6 ■ 일본의 FTA 목표와 전략

구분	내용
목표	▪ WTO 체제의 보완을 통해 대외 경제관계 발전 및 경제이익 확보 ▪ 일본과 상대국의 구조개혁 추진 ▪ 정치·외교전략상 일본에 유리한 국제적 환경 조성
전략	▪ 현재 진행 중인 동아시아 국가와의 교섭에 주력 ▪ 역외국과의 협상은 일본의 상대국 선정기준과 상호여건 고려 및 선정 ▪ 상대에 맞게 투자협정, 상호인증협정, 투자환경정비 등 포함
대상국 선정기준[23]	▪ 일본에 유리한 국제환경 조성 ▪ 일본의 경제적 이익 확보 ▪ 상대 상황, 실현가능성(민간품목 고려, WTO 및 FTA 약속 이행 여부)

23_ 김양희 외 3명(2008), 「일본의 기체결 EPA의 분석과 한·일 FTA에의 정책 시사점」, KIEP 대외 경제정책연구원, p.66.

2004년 말 일본의 FTA 목표와 전략 발표에도 불구하고 일본은 다수의 나라와 FTA 체결까지는 도달하지 못했고, 한국의 FTA 정책에 대응하는 경향을 보여왔다. 일본의 TPP 협상은 한·미 FTA를 견제한 것이었으며, EU와의 EPA 역시 한·EU FTA로 인한 손실을 최소화하기 위한 대책으로 볼 수 있다.[24] 자

24_ 일·EU FTA에서 EU측은 예비교섭 시 일본의 비관세 장벽과 정부조달 개선을 요구했으며 2013년 본격적으로 협상이 추진되기 시작하였다. 그러나 2013년 첫 협상을 시작한 이래 2014년 11월까지 총 여섯 차례에 걸쳐 협상을 진행했지만 양 국의 의견 차이로 현재까지 잠정중단 상태이다. 이는 특히 일본의 비관세 장벽 및 농수산물 개방계획에 대해서 우리나라와 일본 간의 입장 차이가 컸기 때문이다.

원확보를 위한 목적에서 추진된 몽골과의 FTA를 2016년 발효시켰다. 2013년 일본은 한·중·일, EU, TPP, RCEP 등 4개의 대형 FTA를 추진하였다.[25] 미국과의 긴밀한 협력으로 2015년 TPP 협상을 타결하고 2016년 2월 TPP 협정을 서명하였다.

25 "2013년 일본의 통상정책, 메가 FTA시대로의 본격 진입", KOTRA 글로벌윈도우, 2013. 12. 30.

라. 중국

중국은 아세안, 파키스탄, 칠레, 싱가포르, 뉴질랜드, 페루, 코스타리카, 홍콩, 마카오, 대만 등 18여개 국가 및 3개의 중화권 지역(홍콩, 마카오, 대만)과 FTA(CEPA 혹은 ECPA)를 체결하였다. 또한 중국은 중동(GCC), 호주, 노르웨이, 아프리카(SACU), 한국, 한·중·일, RCEP 협상을 진행 중이며, 인도와는 공동연구를 완료한 상황이다.

표 4-7 ▪ 중국의 FTA 협상 및 추진 검토 현황

발효(기체결)	협상 중	검토 중
태국, 홍콩, 마카오, ASEAN, 칠레, 파키스탄, 뉴질랜드, 싱가포르, 페루, 코스타리카, 대만, 아이슬란드, 스위스, 한국, 호주	SACU, GCC, 노르웨이, 한·중·일, RCEP	인도

출처 : FTA 종합지원포털(http://www.ftahub.go.kr/main/situation/fta/world/).

중국이 기체결한 FTA의 협상 내용을 보면, FTA를 추진하는 중국은 경제적인 목적 이외에 정치·외교적인 동기도 작용한 것으로 유추할 수 있다. 예를 들면 지리적으로 멀리 떨어져 있고 경제소국인 칠레, 뉴질랜드와 체결한 FTA는 경제적 이익 극대화를 우선시한 반면, 인접한 동남아시아지역의 ASEAN·대만과 체결한 FTA는 경제적 이익과 정치·외교적 실리를 동시에 추구한 것으로 볼 수 있다. 1997년 발생한 아시아 국가들의 금융위기 이후 지역경제협력체의 필요성이 대두되었고, 중국은 EU나 NAFTA 등의 경제협력체 간의 역내교역이 발생시키는 긍정적인 효과를 인식하고 세계적인 추세에 따라 지역주도권 확보를 목표로 개방적 대외정책을 추진하고 있다.

2001년 WTO에 가입하였고, 이듬해인 2002년 사스 발생으로 경제난 극복 지원을 위해 홍콩/마카오와의 CEPA(Closer Partnership Arrangement : 긴밀한 경제 무역에 관한 협정)를 2003년 결성하였다. ASEAN과의 FTA는 중국의 지역

경제통합 리더십을 확충하는 계기가 된 협정으로, 중국은 ASEAN과의 FTA를 전략적으로 활용해서 미국과 비교되는 교역 대국으로서의 위상을 정립하는 전략을 추진하였다. 중국 · 대만 FTA는 대중화경제권(Greater China Economic Zone) 형성 전략 하에 추진하였다. 대만경제의 중국경제에 대한 의존도를 높여 장기적으로 경제통합 여건을 조성하는 한편, 중국과의 상생을 도모하는 마잉주 정부를 후원한다는 정치외교적인 목적을 달성하기 위해 경제협력기본협정(ECFA)을 2015년 체결하였다.

중국은 미국 주도의 TPP 가입에 신중을 기하면서 RCEP 협상에 참여하는 한편 대응전략을 모색 중이다. 중국은 TPP 협상 중 농산품, 지적재산권, 노동, 환경과 관련한 의제에 대해 부담을 갖고 있는 반면, RCEP은 낮은 단계의 무역자유화부터 점진적으로 추진하는 협정으로 보고 있는 것 같다.[26] 한편, 중국 정부는 TPP 가입을 강하게 '부정'하기보다는 조심스러운 '낙관' 수준으로 볼 수 있는 여지도 있다.[27] 중국의 리커창 총리는 RCEP과 충돌이 예상되는 TPP에 대해 두 자유무역 체제가 세계 무역의 '양대 톱니바퀴' 역할을 하는 상호보완적 관계로 자리 잡아야 한다고 밝힌 바 있고, 또다른 중국 고위관계자는 호주, 뉴질랜드, 일본 등 RCEP 회원국 다수가 TPP에 참가하고 있다는 점을 들어 RCEP 회원국의 자격 문제를 제기한 바 있다.[28]

26__ 남지은(2013), "[FTA · 통상정책] TPP에 대한 중국의 입장은?", 글로벌윈도우, p.2.

27__ 전게서, p.4.

28__ 중국태평양위원회 위원장인 탕대사 언급(2014년 중국태평양위원회 회의).

1. 시작하면서

2. FTA 정책 추진과정과 FTA 실적

3. 우리나라의 FTA 추진전략과 추진절차

4. 우리나라 FTA 정책 평가

5. 추진체계에 대한 평가

6. 향후 FTA 정책방향

FTA and International Trade

우리나라의 FTA 추진현황 및 추진체계

5

GATT-WTO 협정 이행 및 적극적인 FTA 추진 등으로 우리 경제는 전면적인 개방체제로 나아가고 있지만, 대내적으로는 개방정책에 대한 논란, 개방 피해산업의 반대, FTA 이득 분배 문제 등 많은 이슈들을 안고 있다. 특히 FTA 체결은 산업 간 이해관계가 상반될 수 있고, 이 중에서 농업부문에 대해서는 피해가 발생하는 상황이어서 찬반양론이 불가피하다. 한 · 미 FTA의 경우 경제문제뿐만 아니라 이념적 논쟁까지 추가되어 많은 사회적 비용을 지출한 바 있다.

이미 우리나라는 칠레 등과 더불어 세계 최고 수준의 FTA 네트워크를 구축했으나 개선해야 할 사항이 제기되고 있다. 특히 2013년 초 우리 정부는 통상정책을 산업담당 부처로 이관시켰다. 이에 따라 산업통상자원부가 신설되었다. 이 장에서는 우리나라의 FTA 추진현황을 살펴보고, 국내 FTA 추진체계를 살펴보고자 한다.

1. 시작하면서

FTA and International Trade, ch. five

우리나라는 대외지향적 성장정책으로 경제발전을 이룩한 대표적인 국가이며, 교역증가가 경제성장에 중요한 변수 중의 하나가 됨을 국제적으로 입증한 사례로 볼 수 있다. 만약 국제교역 환경이 원만하지 않았다면 오늘날 우리 경제의 모습을 예상하기 어려웠을 것이다. 앞으로도 우리나라는 경제, 무역의 세계화 추세를 적극 활용하여 경제통상선진국으로 발전해 나가야 한다. 굳이 FTA 체결의 세계적인 추세를 언급하지 않더라도, 우리나라의 FTA 추진은 필수불가결한 측면이 있었다. 지속적인 자유화와 자유화로 인해 수반되는 구조조정이나 국내 개혁을 꾸준히 추진해 나가야 한다. 이를 위해 WTO의 다자간무역협상이나 지역무역협정, 그리고 양자간 FTA를 적극 활용할 필요가 있다.

우리나라가 개도국이던 과거와는 달리 우리 경제의 세계적 위상이 높아진 현재에는 무역개방도 상호주의가 적용될 수밖에 없다. 외국의 양보만 바라면서 우리의 개방을 최소화하려는 시도는 오늘날 국제사회에서 수용되기 어렵다. 개방 및 자유화가 손해이고 보호주의가 국익이라는 계산법은 이론적 · 실증적으로 정당화될 수 없음에도, 일부에서는 무역개방과 FTA 체결을 반대하고 있다.

FTA 추진으로 국내 내수시장에 전적으로 의존하는 기업은 피해를 보게 되지만, 수출기업의 경우 다양한 혜택을 보게 된다. 이익이 손실을 능가하기 때문에 FTA 추진이 정당화될 수 있다. 하지만 피해기업에 대해서는 무역조정지원을 받을 수 있도록 조치해야 하고, 필요 시 다른 보완조치를 강구해야 할 것이다. 수출시장 규모가 확대되지만, 국내시장도 동시에 열리게 되어 국내시장에 대한 경쟁이 촉진되어 기업들은 경쟁력 향상을 위해 더 노력하게 된다. 이로 인해 생산성이 향상되고 수출잠재력이 제고되어 경제가 성장하게 된다. 특히 한 · 미 FTA는 시장의 외연적인 확대뿐만 아니라 자본축적의 가속화, 기술의 신속한 도입, 생산성 증대 효과를 가져다줄 것으로 예상된다. 단기는 물론이고 장기적으로도 긍정적이라는 평가가 일반적이다.

정부의 적극적인 FTA 추진에 대한 긍정적인 평가가 많지만, 추진체계를 보완 및 개선시켜야 한다는 주장도 제기되고 있다. FTA 정책 추진 초기에는 정부 주도의 FTA 추진이 불가피했던 측면이 있다. 한 · 미 FTA 추진을 계기로 국민의 알권리 충족, 이해산업의 의견수렴 강화, FTA 절차상의 보완 등의 과제가 강하게 제기되었다. FTA 추진의 필요성에 대한 국민들의 인식은 높아졌지만, 피해업종에 대한 보완대책의 필요성도 강하게 제기되고 있다. 정부 주도의 협정 체결로 이해관계자들의 입장이 협상에 제대로 반영되지 않았다는 지적도 나오고 있다. 향후 추진되는 FTA에서는 이러한 문제들이 개선될 수 있도록 제도적 보완이 필요하다.

이 장에서는 우리나라 FTA 정책의 추진과정을 살펴보고, FTA 추진체계의 보완사항을 제시하고자 한다. FTA 추진과 관련된 대내적 업무는 대외협상 못지않게 중요하다. 대내업무 총괄체계를 과거 외교통상부 시절 FTA체결지원위원회 및 국내대책본부 위주로 간단하게 살펴보고, 이어 현재의 체제를 고찰하고자 한다.

2. FTA 정책 추진과정과 FTA 실적

FTA and International Trade, ch. five

가. FTA 정책 결정 배경

전통적으로 우리나라는 GATT · WTO를 근간으로 하는 다자무역체제에 의존해 왔으나 1990년대 후반부터 FTA를 포함한 지역주의 참여에 관심을 두기 시작하였다. FTA 추진에 대한 간헐적인 검토는 1980년대 중반 이루어진 적이 있으나, 개방에 대한 정치 · 경제적 부담으로 FTA 추진 결정을 하지는 못했다. 1990년대 중반 국내 학계 및 당시 통상산업부 통상정책담당자들이 비공식적으로 FTA 정책의 추진가능성을 검토하기 시작했고, 1997년 말 외환위기로 경제제도 선진화 및 개방경제 체제 확립이 위기극복의 전제조건으로 부각됨에 따라 FTA 추진 필요성에 대해 정책담당자들이 공감하기 시작하였다.

우리나라가 적극적으로 FTA를 추진하게 된 이유는 크게 세 가지로 요약할 수 있다.

첫째, 포괄적 FTA 체결 시 기대되는 경제통상제도 선진화 기회 확보이다. 1997년 외환위기의 원인은 다양하지만, 우리 경제제도의 낙후성이 크게 작용했다. 외환위기는 한국 경제의 근본적인 문제를 되돌아보는 기회를 제공하였고, 수준 높고 포괄적인 FTA 구축이 우리 경제제도의 선진화 및 개방경제 체제의 확립을 위한 가장 빠른 방안인 것으로 당시 정책담당자들은 판단했다.

둘째, FTA 확산과 경쟁국들의 잇따른 FTA 체결에 따라 발생하는 상대적 차별에 기인하는 기회비용의 상승은 우리나라로 하여금 지역주의를 포용하게 유도했다. 다자체제 하에서는 전 세계적으로 무역자유화를 추진하고, 최혜국 대우(MFN) 원칙에 따른 무역자유화의 혜택을 향유할 수 있다는 장점을 기대할 수 있으나, 많은 국가가 참여하는 다자무역협상의 속성상 협상 타결이 쉽지 않은 점은 다자무역체제의 부담으로 작용하였다. 또한 이미 많은 국가가 지역주의에 참여하고 있어

지역주의 확산으로 인한 손실을 줄이기 위한 대응책 마련도 시급한 과제로 대두되었다. 우리나라의 국내총생산(GDP) 대비 수출입 비중이 70~80%로 높아 기존 수출시장을 유지하면서 새로운 무역기회를 창출해야 하는 필요성이 다른 국가보다 크다. 이러한 상황에서 경쟁국들의 FTA 체결 확대는 우리 수출기업에게 적지 않은 부담을 주게 되었고, 결국 우리 정부는 주요 교역국가와의 FTA 체결을 1998년 11월 공식적으로 결정하게 되었다.

셋째, 외환위기 발생 이후 우리나라는 정치 · 경제적 국제협력 강화 필요성을 절감했다. 당시 우리 경제가 위기국면을 맞을 정도로 나쁘지는 않았지만, 태국발 위기 영향에서 벗어나지 못했고, 국제사회는 긴급자금 지원을 망설여 결국 우리 정부는 국가부도 사태를 선언하게 되었다. 1990년대 중반 멕시코 페소화 위기 시 미국이 멕시코에 대해 신속한 금융지원을 하게 된 배경으로 북미자유무역협정(NAFTA)을 들 수 있다. 미국으로서는 NAFTA 회원국의 경제위기를 방치할 수 없었다. 다양한 형태의 위기가 발생할 경우, 국제적으로 신속한 협력을 기대하기 위해서는 주요 교역국과의 FTA와 같은 제도적 경제협력체 구축이 필요하다는 점을 정책담당자들이 인식하게 되었다.

나. 한 · 칠레 FTA 추진과정

1993년 집권한 김영삼정부는 '세계화'를 국정목표로 설정하고 개방과 개혁정책을 추진하였다. 세계화 추진의 일환으로 1996년 29번째 회원국으로 OECD에 가입했다. 그해 12월 필자는 통상정책을 담당하는 국책연구기관인 대외경제정책연구원(KIEP)에서 우리나라 최초의 FTA 정책연구서인 『한국의 소규모 자유무역지대 설립의 경제적 타당성에 관한 연구』를 발간했고, 대통령 직속 기구인 세계화추진위원회 등 고위관계자에게 전 세계적인 FTA 확산 추세에 대응방안을 마련해야 함을 강조하고 FTA 정책 검토를 제안했다. 당시 당국자들은 필요성을 인정하였으나 국내 보호주의 정서를 극복하기 어렵다면서 FTA 공개 토론회를 서너번 연기했다.

1997년 중순 태국의 바트화 가치가 폭락하면서 동아시아 외환위기가 동북아 쪽으로 북상했다. 외형상 탄탄해 보였던 우리 경제도 하반기로 접어들면서 위기론이 확대되기 시작했고 급기야 연말에 국가부도 사태에 직면하게 되었다. IMF 등 국제채권단으로부터 210억 달러의 긴급 구제금융을 수혈받아 외환위기 사태를 수습하게 되었다. 국제채권단은 개혁개방 조건을 달아 긴급자금을 빌려주었고, 1997년 말 대선에서 승리한 김대중정부는 국제사회에 우리나라의 개혁개방 의지를 보여줘야 하는 상황에 놓여 있었다.

정부 인수위 기간에 김대중정부는 우리나라 통상조직을 획기적으로 바꾸었는데, 기존 외무부를 확대개편하고 각 부처에 산재해 있던 통상조직을 통합시킨 통상교섭본부를 외교통상부에 설치하였다. 즉, 외교와 통상을 하나의 조직에서 담당하도록 함으로써 통상정책 역량을 높이고자 했다. 1998년 중반 통상교섭본부에서는 필자를 포함한 통상분야 전문가와 정책당국자들이 연구그룹을 구성하여 FTA 정책을 본격적으로 검토하기 시작하였다. 이 과정에서 1996년 대외경제정책연구원에서 발간한 본인의 FTA 보고서를 참고하여 우리나라 첫 FTA 대상국을 모색하게 되었다. 1998년 11월 우리나라 사상 최초로 열린 대외경제장관회의 의장이었던 김종필 당시 총리는 다음의 결정사항을 발표하였다.

- 세계적인 지역주의에 대응하기 위해 우리나라도 FTA 정책을 추진하기로 하며, 첫 FTA 대상국으로 칠레를 선정한다.
- 일본 등 다른 국가와의 FTA는 한 · 칠레 FTA가 타결된 이후 관계 부처 협의를 통해 정한다.

최초의 대외경제장관회의 결정이 난 며칠 후 필자를 포함한 5명의 FTA 협의단이 칠레 산티아고를 방문하여 칠레 외무부 통상당국자 및 ProChile라는 무역진흥기구 간부들과 만나 한 · 칠레 FTA 협상을 논의하게 되었다.

우리나라 첫 FTA 대상국으로 칠레를 선정한 이유는 먼저 농업계 반발을 의식하여 우리나라와는 원거리에 위치하면서 소규모 경제국과의 FTA가 바람직한 것으로 판단했기 때문이다. 또한 당시 우리나라와의 FTA 논의에 관심을 보이는 국가가 싱가포르, 뉴질랜드, 태국 등이었고, 우리나라가 임의로 상대국을 선정할 수 있는 상황이 아니었다. 또한 FTA 경험이 없었던 우리나라로서는 'FTA 모범국' 으로부터 FTA 정책을 배울 필요성도 있었다. 실제 첫 협의에서 우리나

▲알레한드로 하라 WTO 전 사무차장

라 대표단은 칠레의 FTA 협상역량을 높이 평가하지 않을 수 없었다. 한때 우리나라 고위 관료가 칠레를 한국의 FTA 스파링파트너라는 실언을 한 적이 있으나, 칠레는 결코 만만한 상대가 아니었다. 알레한드로 하라(Alejandro JARA) 당시 칠레·멕시코 FTA 협상대표가 우리나라와의 FTA 협상 대표로서 보여준 FTA 통상정책에 대한 그의 식견과 전문성은 세계 최고의 전문가로서 손색이 없었다. 한·칠레 FTA 협상 초기 그는 외교부 경제차관보로 진급했고, 이후 주제네바 WTO 칠레 대사를 거쳐 2005년부터 2013년까지 WTO 사무차장으로 봉직했다.

1997년 말 우리나라는 외환위기 상황에서 IMF로부터 210억 달러의 긴급자금을 빌렸는데, 예나 지금이나 비상상황에서 긴급자금을 빌리면 이자부담이 만만치 않다.[1] 국제기구로부터의 대출의 경우 보통 3~4%의 가산금리가 붙는데, 이러한 높은 금리를 적용받아 국가부도를 끌 수 있겠지만, 이 금리로는 지속적인 경제운용이 가능하지 않다. 따라서 하루빨리 대출을 상환해야 한다. 2010년 아일랜드가 850억 유로의 긴급 구제금융자금을 9년에 상환금리 6~7%로 받았는데, 연간 이자 부담이 아일랜드 정부 재정수입의 20% 수준이었다. 대출을 상환하기 위해서는 수입을 줄이고 수출을 늘려 무역수지 흑자규모를 확대하고 외국인 투자가 가능해지도록 개혁개방을 해야 한다.

경제위기를 당하고 구제금융을 받는 모든 국가는 개혁과 개방 정책 추진으로 위기극복을 대내외적으로 밝힌다. 그러나 신뢰할 수 있는 조치를 내놓은 국가는 별로 없다. 한때 PIGS(포르투갈, 이탈리아, 그리스, 스페인)로 불리었던 남유럽국가들을 보면 알 수 있고, 구제금융을 받았던 남미국가도 마찬가지였다. 그래서 위기가 반복되는 것이다.

1998년 초 집권한 김대중정부는 개혁개방을 구체적으로 보여주기 위한 방안의 하나로 칠레와의 FTA를 추진한 측면이 강했다. 말로만 하는 개혁·개방이 아니라 행동으로 보여주는 정책이 필요했다. 1998년 중반부터 한국의 FTA 추진 검토가 외신을 탔으나 대부분 국가들이 이를 믿지 않았다. 하지만 연말에 칠레측에서 한국과의 FTA 협상 일정을 발표하자 한국이 드디어 개혁·개방을

1__ IMF가 회원국에게 빌려주는 자금은 정상자금(대기성 차관, SBA)과 긴급자금(SRF)이며, 긴급자금에는 높은 리스크를 감안하여 첫 1년에는 3%의 추가 금리를 적용하고, 1년 후 6개월마다 0.5%씩 가산 금리를 적용한다.

제대로 하는 것으로 받아들이기 시작했다. 이후 한국경제에 대한 대외신인도가 높아지는 것을 목격할 수 있게 되었다.

칠레와의 FTA 협상이 선언되었으나 국내 여건의 미비로 협상은 속도를 내지 못했다. 일반적으로 FTA 추진은 협상 전 협의, 협상 개시 선언, 협상 타결, 협정문 서명, 비준, 발효 순으로 이루어진다. 1999년 두어 차례 정보교환 목적으로 협상 전 협의를 하고 연말에 공식 협상 개시를 선언하고 2000년 4차례의 협상을 진행했으나 진전을 보지 못했다. 협상 부진의 원인은 우리 쪽에 있었고, 당시 칠레는 멕시코, 미국, EU 등과 FTA 협상을 하고 있었다. 칠레측은 협상이 부진한 한국보다는 다른 국가와의 협상 타결에 주력해 성과를 내고자 했다. 결국 2000년 말 제4차 협상 이후 무려 20개월간 협상공전 사태를 겪었다. 중간에 통상장관 협의 등을 통해 상호 신뢰를 회복하는 노력을 했고, 2002년 2월 미국 로스앤젤레스에서 양측이 만나 심기일전해 협상을 재개하기로 합의해 그해 8월 칠레 산티아고에서 5차 협상에서 상당한 진전을 이루었다. 그리고 2개월 뒤인 2002년 10월 말 스위스 제네바에서 양측은 협상을 마무리할 수 있었다.

다. 우리나라의 FTA 추진실적과 추진현황

국내외적으로 어려운 여건 속에서 지난 10여 년 사이 우리나라는 높은 FTA 추진실적을 기록해 세계 최고 수준의 FTA 네트워크를 구축할 수 있게 되었다. 2016년 말 현재 우리나라는 51개 국가와 15개의 FTA를 발효시켰다. 이들 15개 FTA 절반 정도는 2006~2009년에 협상이 타결되었다. [그림 5-1]에서 보듯이 일본을 제외한 세계 주요 경제국가와의 FTA를 발효시켰다.

2004년 4월 칠레와 체결한 FTA를 발효시킨 이후 우리나라는 동아시아 국가 중 최초로 미국, EU, 중국, 인도, 아세안과의 FTA를 발효시켰고, 대세계 교역의 70% 이상과 FTA 자유무역 체제를 구축했다. 칠레 다음으로 높은 실적이며, 다수 국가와의 FTA 협상을 진행하고 있어 우리나라의 FTA 네크워크는 앞으로도 상당 부분 확충될 수 있을 것이다. 2016년 말 기준 우리나라는 5건의 FTA를 협상 중이며, 4건의 협상 재개 여건 조성 중이고, 남미공동시장(MERCOSUR) 등과 협상여건을 조성 중에 있다. 다만, 국내외 다양한 사정으로 TPP에 참여하지 않고 있으나, 이 역시 앞으로 시간을 두고 가입비용을 최소화하는 방향으로 참여 여부를 결정하게 될 것이다.

그림 5-1 우리나라의 FTA 추진 실적과 현황

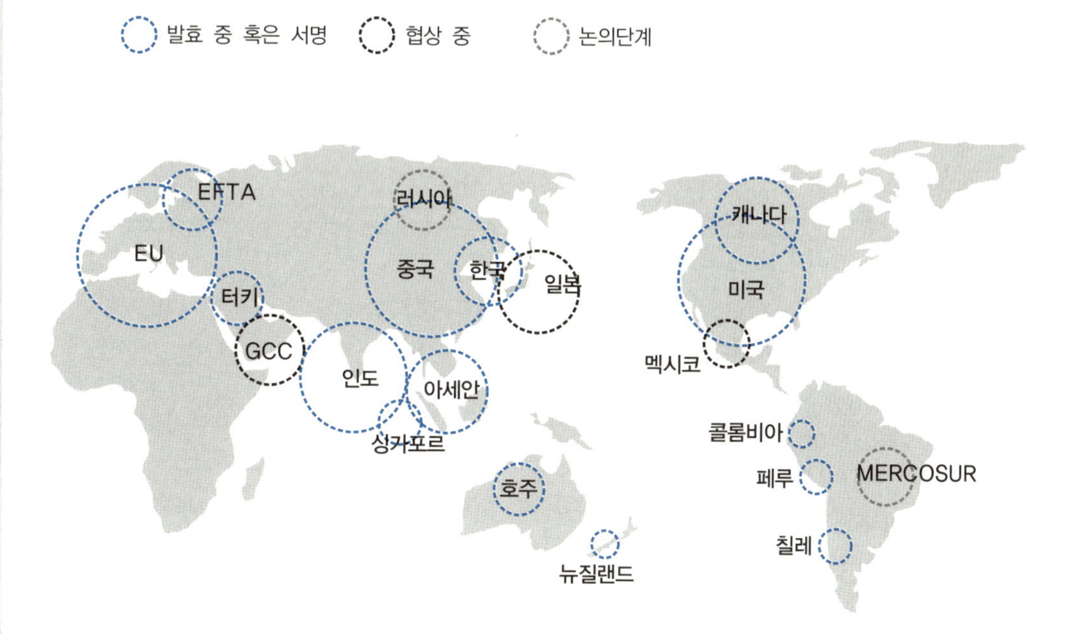

표 5-1 ■ 추진 중인 FTA 대상국(2016년)

단계	FTA	추진 일정	의의
협상 진행 (5건)	한·중·일	▪ 2003~2009년 민간공동연구 ▪ 2010년 5월~2011년 12월 산관학 공동연구 ▪ 2012년 11월 20일 협상 개시 선언 ▪ 총 5차례 실무협상 개최(2014년 11월~2016년 4월)	동북아 경제통합 기반 마련
	RCEP	▪ 2011년 11월 ASEAN, RCEP 작업계획 제시 ▪ 2012년 11월 20일 동아시아 정상회의, 협상 개시 선언 ▪ 총 13차례 협상 개최(2013년 5월~2016년 6월)	동아시아 경제통합 기여
	중미(6개국)	▪ 2010년 10월 공동연구 개시 ▪ 2015년 6월 한·중미 FTA 협상 개시 공식 선언 ▪ 총 4차례 협상 개최	중미 신시장 창출
	에콰도르 SECA	▪ 2012년 4월, FTA 타당성연구 진행 합의 ▪ 2015년 8월, 한·에콰도르 전략적경제보완협정(SECA) 협상 개시 선언 ▪ 총 2차례 협상	자원부국, 중남미 시장 진출 교두보

	이스라엘	▪ 2009년 8월 민간공동연구 개시 ▪ 2016년 5월, 한 · 이스라엘 FTA 협상 개시 합의 ▪ 2016년 6월 제1차 협상 개최	서부 중동지역 거점
협상 재개 여건 조성 (4건)	인도네시아	▪ 2011년 10월, 공동연구보고서 완료 ▪ 2012년 3월, 한 · 인니 포괄적경제동반자협정(CEPA) 협상 개시 선언 ▪ 총 7차례 협상 개최(2012년 7월 ~ 2014년 2월)	ASEAN 회원국 중 우리의 제3위 교역국
	일본	▪ 2003년 12월 협상 개시, 2004년 11월 6차 협상 후 중단 ▪ 2008~2012년 협상 재개 환경 조성을 위한 협의 총 9차례 개최	한국의 주요 교역국
	멕시코	▪ 2007년 12월 FTA 협상 재개 ▪ 2008년 6월 제2차 협상 개최 후 중단되었다가 2016년 멕시코측 FTA 협상 재개 의사 피력	북중미 시장 교두보
	GCC(6개국)	▪ 2008년 7월 협상 개시, 2009년 7월 제3차 협상 개최 후 중단	자원부국
협상 준비, 공동 연구 (2건)	MERCOSUR (5개국)	▪ 2005년 5월~2006년 12월 정부 간 공동연구 완료 (2007년 10월 연구보고서 채택) ▪ 2016년 협상 개시 논의	BRICs국가, 자원부국
	말레이시아	▪ 2011년 5월~2012년 12월 한 · 말레이시아 FTA 타당성 연구	한 · 아세안 FTA 보완

자료 : 산업부 FTA 자료(http://www.fta.go.kr/main/situation/kfta/ov/) 요약.

아세안 10개국, 한 · 중 · 일, 인도, 호주, 뉴질랜드 포함 아시아지역 16개국이 참여하는 메가 FTA인 역내포괄적경제동반자협정(RCEP)은 협상 주도국가가 없는 가운데 참가 회원국 수가 많아 협상 진전이 부진하다. 또한 RCEP 회원국인 한 · 중 · 일은 3국 간 FTA 협상도 동시에 진행하고 있으나, 한 · 중 · 일 FTA 타결 전략이 부재한 가운데 RCEP 협상까지 연과되어 있어 2개 FTA 간 시너지보다는 상호 부담 요인으로 작용하면서 2개 협상이 전반적으로 부진해지는 양상을 보이고 있다.

중미 국가들과의 FTA 협상이 조만간에 타결될 것으로 예상되고 있고, 향후 그동안 FTA 논의가 부진했던 남미, 러시아, 중미 등과의 FTA 논의가 시작될 수 있는 가능성이 나오고 있다. 일본과의 FTA는 2003년 FTA 추진 로드맵에 포함되어 있었으나 아직 진전을 보지 못하고 있다. 한 · 일 FTA는 2003년 말 협상을 시작했으나 6차례 협상을 하고도 양국 간 입장차이가 좁혀들지 않아 협상 개시 1년만에 협상을 중단하였다. 한 · 일의 FTA 당국자 간에는 FTA 외에도 여러 문제에 대해 상호 트라우마를 갖고 있고, 경제 및 지리적으로 가까운 국가지만 서로 입장이 다른 경우가 많아 협상 논의가 부진하다. 특히 FTA의 경우 양국 간 산업격차, 관세율 구조적 차이, 협상에 대한 인식 차 등이 걸림돌로 작용하고 있다.

2006년 한 · 미 FTA 협상을 시작하고, 이어 EU와의 FTA 협상이 타결될 즈음 중국은 그동안 논의되었던 한 · 중 FTA를 연구와 논의 단계에서 협상단계로 전환시킬 것을 강력 요청했다. 2012년 5월 한 · 중은 양국 간 협상 개시를 선언했다. 중국이 우리나라와의 FTA 추진을 요청하자 일본은 2003년 중단된 한 · 일 FTA 협상 재개를 수시로 요청했으나, 우리 통상당국은 한 · 일 FTA 협상 재개에 응하지 않았다. 대안으로 우리나라는 한 · 중 · 일 FTA를 논의할 것을 역제안했는데, 이 이면에는 중국이 요청하는 한 · 중 FTA 협상을 유리하게 전개하면서 일본이 한 · 중 · 일 FTA에 부담을 느끼도록 하기 위한 것도 있었다. 우리나라가 중국측의 한 · 중 FTA 협상 개시 요청을 2012년 5월 수용하자 일본은 한 · 중 · 일 FTA 협상 제의를 수용하게 되었다.

일본은 동북아 3국 간 경제관계가 긴밀한데 한 · 중 2개 국가가 양자간 FTA를 추진하는 것은 공평하지 않다는 논리를 내세웠다. 6개월 후인 2012년 11월 캄보디아 프놈펜에서 한 · 중 · 일 FTA 협상 개시가 선언되었다. 이 시기에 우리나라의 FTA '몸값'은 세계 최고 수준이었다. 느리지만 한 · 중 FTA 협상이 진전되는 데 비해 일본이 포함된 한 · 중 · 일 FTA는 제자리 걸음을 벗어나지 못하자 2013년 일본은 TPP 참여를 공식 결정했다. 2016년초 TPP 협정이 서명되면서 일본은 우리나라가 TPP 가입 협상에서 그동안 누적된 통상현안을 일거에 해결하겠다는 입장을 간접적으로 내비치고 있다. 여러 가지 측면에서 TPP 참여의 최대 난관은 일본과의 협상이 될 것으로 예상된다.

3. 우리나라의 FTA 추진전략과 추진절차

가. FTA 추진 로드맵

알레한드로 하라 WTO 사무차장은 2011년 방한했을 때 필자에게 1999년 당시 한국의 FTA 협상력에 낙담했고, 한국은 어떤 FTA도 체결하기 어려울 것으로 생각했는데, 어떻게 세계 최고 수준의 FTA 네트워크를 형성하게 되었는가에 대해 궁금하다고 언급하기도 했다. 필자는 "동시다발적 FTA" 전략, FTA 정책조직, 우리 정부의 정책 의지, 통상당국자의 역량 등을 들어 우리나라의 FTA 정책 실적을 설명한 바 있다.

1990년대 후반 국내 정치상황은 당시 우리 정부가 적극적으로 FTA를 추진하는 것을 허용하지 않았다. 특히 칠레와의 FTA 검토과정에서 농수산업에 대한 피해가 제기되면서 이해관계자들의 반발이 컸고, 한 · 칠레 FTA 협상 타결 및 이행에 5년 이상의 시간이 소요되었다. 하지만 2003년 노무현정부 출범 이후 우리나라 FTA 정책은 획기적으로 발전하게 되었다. 2003년 9월 발표된 'FTA 추진 로드맵'에서 우리 정부는 상품관세 철폐, 서비스 · 투자, 지식재산권, 경쟁, 정부조달 등을 포함한 포괄적이고 수준 높은 FTA를 지향하는 정책을 추진한다고 명시하고, 단계별 추진대상국 및 추진전략을 확정하여 발표하였다.

FTA 추진 로드맵에서 교역확대, FTA 기회비용 최소화, 국내 FTA 여건 개선, 대외신인도 제고, 추가적인 FTA 체결 대상국 모색 등을 단기적 목표로 설정하였고, 중장기적 목표로는 산업구조조정을 통한 동태적 이익 확보, 대내외 통상환경 개선, 군사안보적 유대 강화로 한반도 안정 등을 설정했다. 〈표 5-2〉에서 보듯이, 당시 FTA 논의 여건, 특히 우리나라와의 FTA에 대한 상대국의 입장을 고려하여 단기간 내 FTA를 추진할 대상국과 중 · 장기적으로 추진할 국가를 구분하였다. 단기 추진 대상국으로 분류된 싱가포르, 일본, 멕시코와는 당시 FTA 추진 협의를 하고 있었으나, 나머지 국가와의 FTA에 대한 전망은 극히 불투명했다.

표 5-2 ■ 2003년 우리나라 FTA 추진 로드맵 개요

추진시기별 FTA 추진목표	
단기적 목표	**중·장기적 목표**
■ 교역확대 통한 통상이익 확보 ■ FTA 미체결에 따른 기회비용 최소화 ■ FTA에 대한 대국민 홍보 및 FTA 정책 모멘텀 확보·유지 ■ 전략적 측면(대외신인도 제고, 추가적인 FTA 체결 대상국 모색 등)	■ 산업구조조정을 통한 동태적 이익 확보 ■ 대내외 통상환경 개선 ■ 국제정치, 군사안보적 유대 강화로 한반도 안정

추진시기별 FTA 대상지역	
구분	**대상지역**
단기적인 추진(3~5년 목표)	싱가포르, 일본, 멕시코 등
중기적인 추진(5~10년 목표)	ASEAN, 한·중·일, 동아시아 FTA 등
국내 연구 실시 및 추진 기반 조성	미국, 중국, EU, 인도 등

우리나라 수출경쟁력을 높이면서 경제적 이익을 극대화하는 목표 달성에 부합하는 국가를 FTA 체결 대상국으로 선정하였다. 일본, 싱가포르, 멕시코, 인도, 유럽자유무역연합(EFTA), 아세안 등이 한국의 단기적인 추진 대상국으로 선정되었고, 중·장기적으로는 미국, 유럽연합(EU), 남미(MERCOSUR), 중국, 동북아경제공동체 등 거대경제권과의 FTA를 추진한다는 전략을 구축하였다.

1999년 12월 칠레와 처음으로 협상을 시작한 이래 2002년 10월 협상을 타결하였으며, 2004년 4월부터 양국 간의 FTA가 발효되었다. 한·칠레 FTA 체결 이후 추진된 싱가포르, EFTA, 아세안, 인도, EU와의 FTA 추진에 대한 국내 반발은 상대적으로 크지 않았다. 다만, 미국과의 FTA는 농업개방 부담 외에도 투자·서비스 분야에 대한 개방에 대한 다양한 입장이 제기되었으며, 미국에 대한 정치적 반발까지 가세하여 협상과정 내내 타당성 여부에 대한 논란이 컸다. 비록 논란의 여지가 있는 내용이 포함된 것도 있으나, 전체적으로 보면 국익에 크게 부합하는 협정인 것으로 평가된다.

협상의 속도를 높이고, 단기간 내 FTA 체결 성과를 기록하기 위해 우리나라는 '동시다발적(multi-track)' FTA 추진전략을 채택했다. 순차적 FTA 추진보다는 동시에 여러 국가와의 FTA 협상을 추진한 결과 다수 FTA를 체결할 수 있었고, 이를 위해 우리 정부는 대대적으로 통상인력을 확충하고 전문성을 강화했다. 미국 및 EU와의 FTA가 단기간에 타결될 수 있었던 이유 중의 하나로 우리나라의 협상인력과 이들의 높은 전문성을 들 수 있다. 칠레와의

FTA 협상과정에서 습득한 FTA 노하우는 정리하여 협상 참가자와 공유했고, 새로이 투입된 통상정책담당자들도 이들 자료를 통해 단기간 내 업무를 파악할 수 있었다.

동시다발적 FTA 추진전략은 칠레와의 FTA 협상에서 힌트를 얻었다. 2001년 말 제4차 협상에서 양측은 의견을 전혀 좁히지 못하고 서먹서먹한 분위기에서 회의를 종료했다. FTA 협상 마지막 날에 차기 회의 일정을 잡는 것이 일반적인데, 당시 칠레측은 멕시코, 미국, EU와의 FTA 일정을 거론하면서 한국과의 FTA 협상 시간을 내기 어렵다는 점을 직간접적으로 표시했다. 칠레와의 총 6차례 협상 중 1~3차 협상은 3개월마다 개최되었으나 4차 협상은 7개월 후에 열렸고, 이후 20개월간 협상 공전을 겪게 되어 우리 통상당국은 초조해지지 않을 수 없었다.

협상 현장에서 칠레측 협상 일정과 전략을 보면서 실은 부럽기도 했고, 칠레측이 다른 국가와의 FTA 협상을 거론하면서 우리 협상단을 압박하는 것을 느끼지 않을 수 없었다. 따라서 우리나라도 다수 국가와의 FTA를 동시에 추진하면서 협상이 순조로운 FTA는 단기간 내 협상 타결 성과를 내면서 협상 부진 국가에게 일종의 압력을 주는 전략을 구사해야만 전체 협상목표 달성이 용이할 것으로 보게 되었다. 우리나라의 공식 FTA 홈페이지에 〈표 5-3〉의 FTA 추진 전략을 제시하고 있다. 우리 정부는 여전히 동시다발적 FTA 추진전략의 실효성을 인정하고 있고, 또 한편으로 FTA 허브화를 지향하고 있다.

표 5-3 ■ FTA 추진전략(산업부 홈페이지)

어떻게 FTA를 추진하는가?
"정부는 2003년 이래 적극적으로 FTA를 추진해 왔으며, 특히 거대경제권과 자원부국 및 주요 거점 경제권을 중심으로 전략적인 FTA 체결 확대 전략을 통한 FTA 네트워크를 구축해 나가고 있습니다. 동시다발적인 FTA 추진을 통해 그동안 지체된 FTA 체결 진도를 단기간 내에 만회하였으며, 현재 FTA 네트워크의 글로벌화를 위해 노력하고 있습니다. 이를 통해 우리 기업의 세계시장 확보를 지원하고, 동아시아 FTA 허브국가로 발돋움하려 합니다."

자료 : 산업부 FTA 홈페이지(http://www.fta.go.kr/main/situation/kfta/psum/).

2003년 FTA 추진 로드맵은 이후 여건 변화와 FTA 추진 실적을 반영하여 몇 차례 수정을 거쳤다. 로드맵에 거론되었던 FTA는 거의 대부분 성사시켰고, 어떤 측면에서는 당시에 고려하지 못했던 FTA도 이미 발효시켰다. 대표적으로 터키, 호주, 캐나다, 콜롬비아와의 FTA를 예로 들 수 있다. 한·중·일 FTA와 역내포괄적경제동반자협정(RCEP) 협상이 진행되고 있으나, 일본이 포함된 FTA는 아직 구체적인 성과를 내지 못하고 있다. FTA 허브화 전략은 2007년 한 · 미 FTA 협상이 타결되면서 채택되었다. 이 시기에 이미 다수 국가와의 FTA 협정이 발효되어 FTA 경제효과를 극대화시킬 전략이 필요했다. 다수 국가와의 FTA 체결로 FTA 허브로 부상한 국가는 수출입 원활화, 역내 공급망 관리, 외국인 직접투자 유치, 대외협상력 제고 등에서 유리하다. 다만, 국가 간 허브화 경쟁이 강화되고, 허브화 추구로 범지역 경제통합 유인이 약화되는 우려사항도 있을 수 있다.

그림 5-2 FTA 허브화 개념과 장 · 단점

FTA 허브화의 개념

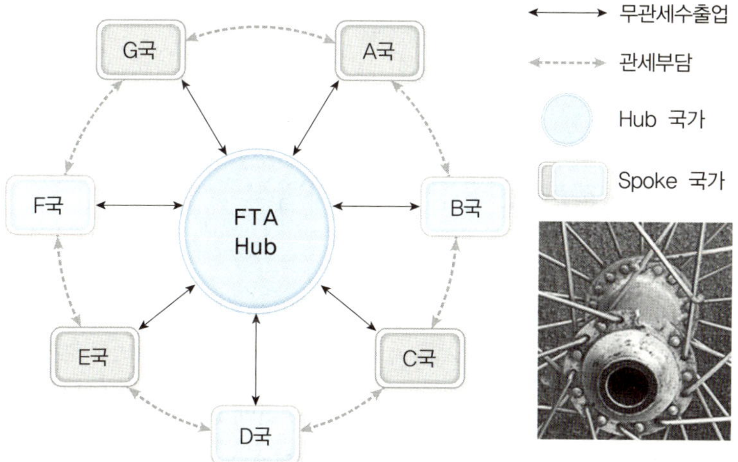

FTA 허브의 장점과 우려사항

- **장점**
  - FTA 경제효과 시너지 확대
  - 외국인 직접투자 유치
  - 대외협상력 제고
- **우려사항**
  - 국가 간 허브화 경쟁
  - 범지역 경제통합 유인 약화

[그림 5-3]에서 보는 바와 같이 현재 추진 중인 FTA도 있으나 이미 우리나라는 FTA 허브화의 상당 부분을 달성했다. 로드맵상의 단기와 중 · 장기 FTA 추진 목표의 대부분을 달성했고, 기존 로드맵에 없던 국가와의 FTA도 성사시켰다.

그림 5-3 우리나라의 FTA 허브화 실적

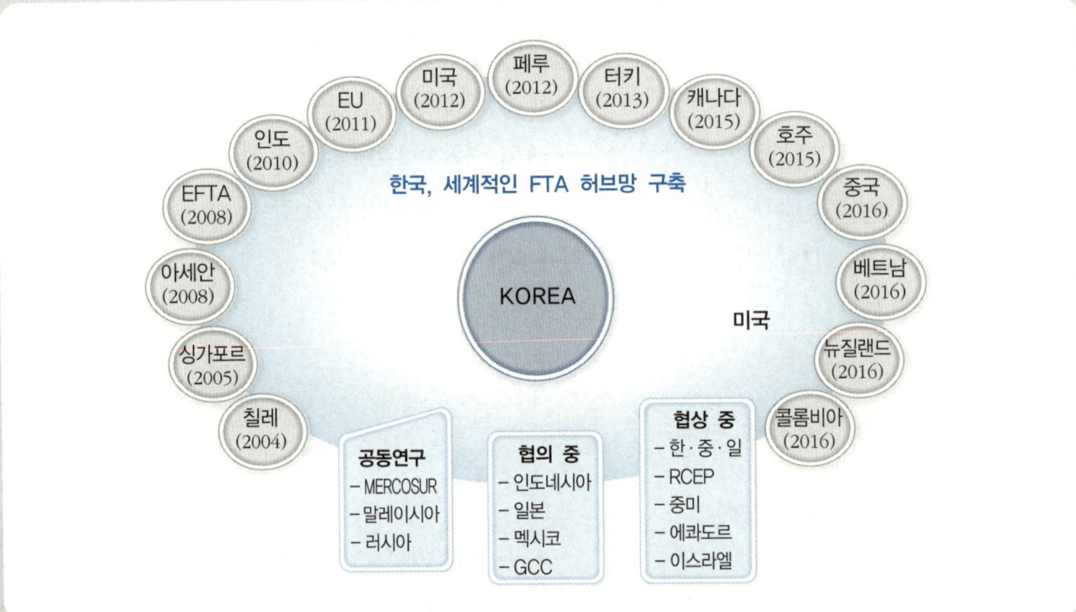

나. FTA 추진절차 및 통상교섭절차법

FTA 추진 로드맵을 구축한 다음 해인 2004년 6월 정부는 '자유무역협정체결절차규정'(대통령훈령)을 제정하여 국민적 공감대 형성을 통한 FTA 추진을 위한 제도를 마련하였다. 본 규정은 FTA 협상 개시 전에 FTA 공청회 개최를 의무화하였으며, 관련 당사자와 국민들에게 진행상황을 보고하고 국민적 의견을 수렴하도록 했다. 협상 전 단계, 협상단계 및 협상 후 단계로 구분하여 파급영향 분석, 의견수렴, 공청회, 국회보고, 보완대책 수립 등을 내용으로 하고 있다.

또한 FTA 추진절차 규정 제정을 통해 FTA 추진의 절차적 투명성을 제고하고자 했다. FTA 추진과정의 투명성을 제고하고, FTA 추진과정에 각계 전문가와 업계의 이익을 반영하고자 했다. 당시 통상교섭본부는 FTA 관련 부처 고위급으로 구성된 'FTA 추진위원회'를 조직해 주요 협상사안을 결정하였고, 내부협상이 원활히 진행되도록 전경련, 무역협회, 대한상의 등 업계와 정부가 공동으로 'FTA 체결지원위원회'와 'FTA 민간대책위원회'를 신설하였다. 이로써 FTA에 대한 이해집단의 의견을 대변하고, 협상당국에 전달할 수 있는 제도적 장치를 통해 FTA 추진에 대한 부작용을 최소화하고자 했다.

'자유무역협정체결절차규정'으로 각계의 의견을 수렴할 수 있었지만, FTA 추진과정이 보다 더 체계화되어야 한다는 점이 지적되었다. 국회에서는 FTA 체결절차를 대통령령으로는 한계가 있으므로 법으로 입법화해야 한다는 점이 제안되었고, 2011년 FTA를 포함한 모든 통상협상에 적용되는 '통상교섭절차법'을 제정하게 되었다. 통상교섭절차법은 기존 규정을 강화한 것으로, FTA 추

그림 5-4 우리나라의 FTA 체결 절차

단계	세부 절차	국회 협의 및 민간 의견 수렴
협상 전 단계	1. FTA 추진 기본 전략 수립(대외경제장관회의) ▶ 국내 전문연구기관에서 FTA 타당성 연구 실시 ▶ "통상추진위원회" 검토 및 "통상교섭민간자문위원회" 자문 2. 협상대상국 및 협상 개시 결정 ▶ 공청회 개최 등을 통한 의견수렴 ▶ "통상추진위원회" 심의 ▶ "대외경제장관회의" 협상 개시 결정 ※ 필요 시 예비협의 의결 가능	▶ 국회 상임위원회 보고 ▶ 통상산업포럼 및 산업단체 등을 통한 업계 의견 수렴 ▶ 공청회 등을 통해 FTA 추진대상국에 대한 각계 의견을 수렴
협상 단계	▶ 정부 대표단 구성 및 협상안 준비 ▶ "통상추진위원회"에서 중요 협상안에 대해 의견수렴 및 자문 ▶ "통상교섭민간자문위원회" 자문 ▶ "대외경제장관회의"에서 중요 협상안 심의 · 조정 ▶ 상대국과의 협상 진행 ▶ 협상결과 설명 및 의견수렴 ▶ 최종 협상안에 대해 "대외경제장관회의" 의결 및 협정문 가서명	▶ 협상의 중요 진행상황 국회 보고 ▶ "통상교섭민간자문위원회"에서 중요 협상안에 대해 의견수렴 및 자문 ▶ 협상의 중요 진행상황을 관련 이해당사자 및 국민에게 설명과 의견수렴
협상 후 단계	▶ 협상결과 국회 보고 및 대국민 홍보 ▶ 협상결과의 파급영향 분석 ▶ 국내보완대책 마련 및 국회 보고 ▶ 국무회의 심의 및 국회비준 동의 ▶ 대통령 비준서 서명 및 발효 준비	▶ 협상결과 국회 보고 및 대국민 홍보 ▶ 산업별 영향 및 중요 사항에 대한 설명회 개최

진 절차상의 주요 내용은 [그림 5-4]와 같다.

통상교섭본부 시절의 FTA 추진위원회와 FTA 민간대책위원회는 각각 '통상추진위원회'와 '통상조약 국내대책위원회'로 개편되었다. 통상추진위원회는 산업과 통상 간 연계 강화를 위해 대통령훈령(2013.9.24., 제319호, "통상추진위원회의 설치 및 운영 등에 관한 규정")에 근거하고 있다. 산업부장관이 위원장인 통상추진위원회는 FTA를 포함한 통상정책, 양자·다자 통상조약, 산업자원협력 등 통상 전반의 정책을 심의하게 된다. 이 위원회에는 기재부, 외교부, 식약청, 관세청 등 20개 기관의 차관급 인사가 참여하며, 통상추진위원회 실무회의는 산업부 통상차관보가 의장을, 위원은 관계기관 국장급으로 구성된다.

통상조약 국내대책위원회는 산업부장관이 공동의장을 맡고, 산업부장관이 위촉하는 40여 명의 민간위원으로 구성된다. 국내대책위원회는 통상조약 체결과 관련된 정보의 대국민 제공 및 국민 의견의 수렴, 통상조약 체결과 관련된 사회적 갈등의 조정, 통상조약 관련 국회 활동의 지원, 통상조약 관련 국내 보완대책 마련 등을 담당하게 하였다.

한편, 의견수렴을 위해 "통상산업포럼"을 구성하였다. 이 포럼은 산업부장관이 위원장을, 한국무역협회 회장이 공동위원장을 맡아 통상현안에 대한 현장 밀착형 소통 강화, 통상 이슈에 대해 산업계와 상시 소통할 수 있는 창구로 활용, 통상교섭에 따른 의견수렴, 업종별 영향분석 등을 담당하도록 했다.

'통상교섭절차법'에 따라 '통상정책 수립 및 통상협상 과정에서 산업통상자원부장관의 자문에 응하기 위하여 산업통상자원부장관 소속으로 통상교섭민간자문위원회를' 설치하였다. 통상정책 및 통상협상에 대한 국내 전문가들의 의견을 수렴함으로써 통상조약 체결절차 및 이행과정에서 국민의 권리와 이익을 확보하는 것을 통상교섭민간자문위원회의 목적으로 설정했다. 이 위원회는 국회, 학계, 업계, 관계부처 등이 추천한 대외경제 및 통상분야 전문가 30여 인으로 구성된다.

통상교섭절차법 하의 통상정책 수립과정을 정부기관의 회의 위주로 요약하면 [그림 5-5]와 같다. 이해집단의 의견과 전문가집단의 자문을 참고하여 산업부에서 통상현안에 대한 1차 대책안을 마련하여 대외경제장관회의 실무회의 협의를 거쳐 대외경제장관회의에서 심의하여 국가 차원의 협상안을 마련하게 된다. 이러한 과정에서 국회는 다양한 채널로 사안에 대해 입장을 전달하게 되며,

그림 5-5 통상교섭절차법 하의 통상정책 수립과정

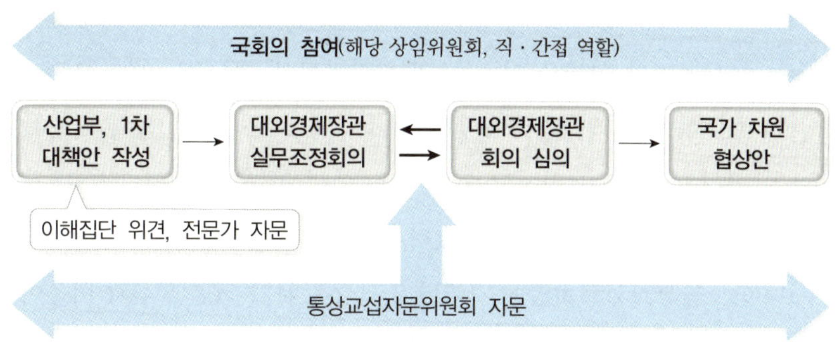

필요 시 산업부장관은 통상교섭자문위원회의를 통해 자문을 받게 된다.

2011년 통상교섭절차법의 정식 명칭은 "통상조약의 체결 절차 및 이행에 관한 법률"이며, 총 23개 조항으로 되어 있다. 제1조에서 "이 법은 통상조약의 체결 절차 및 이행에 관하여 필요한 사항을 규정함으로써 국민의 이해와 참여를 통하여 통상조약 체결 절차의 투명성을 제고하고, 효율적인 통상협상을 추진하며, 통상조약의 이행과정에서 우리나라의 권리와 이익을 확보하여 국민경제의 건전한 발전에 이바지함을 목적으로 한다"고 규정하고 있다.

이 법 제4조에서 불가피한 경우가 아니면 FTA 협상정보를 공개해야 하고, 제6조 통상조약 체결 계획의 수립 및 보고 의무, 제7조 공청회의 개최, 제9조 통상조약 체결의 경제적 타당성 등 검토, 제11조 통상조약 가서명 후 영향평가, 제12조 협상결과의 보고, 제14조 설명회 개최, 제15조 통상조약의 이행상황 평가 및 보고를 통상당국에 의무화하였다. 또한 제8조에서 FTA 협상에 대해 국민의 의견 제출 권한을, 제10조에서는 통상협상의 진행에 대해 국회가 의견을 제시할 수 있도록 명문화했다. 제22조에서는 통상교섭자문위원회의를 설치하여 통상전문가 의견을 수렴하고, 국익 차원에서 제23조 통상정보 비밀엄수를 의무화하였다.

일부 조항은 FTA 협상과 마찰이 발생할 수 있는 여지가 있는 것으로 보인다. 제16조(경제적 권익의 보장)에서 "통상조약의 어느 조항도 우리나라의 정당한 경제적 권익을 침해하는 것을 인정하는 것으로 해석될 수 없다"고 되어 있는데, 이는 FTA 협상에서 우리나라에게 불리한 내용을 수용하지 말라는 의미로 해석된다. 우리나라에게 유리한 내용만을 포함한 FTA를 체결하는 것은 현실적으로 가능하지 않다. 또한 제19조(농축수산업 보호 · 육성 의무 등)는 "정부는 통상조약의 이행을 이유로 "대한민국헌법" 제123조에 따른 농축수산업의 보호 · 육성, 지역 간 균형발전, 중소기업 보호 · 육성 등의 의무를 훼손하여서는 아니 된다"고 규정하고 있다. FTA에서 농축수산업의 개방이 불가피한 점에서 보면 현실과 상충 여지가 있다.

통상교섭절차법을 지키면서 협상을 하게 되면 시간과 비용이 더 들 수 있으나, 이해관계자에게 의견 개진 기회와 국회의 협상 참여 기회를 제공했기 때문에 체결된 협정에 대한 비준처리 비용을 줄일 수 있는 장점도 있다. 완벽하지는 않더라도 통상교섭절차법은 FTA와 같은 중요한 통상협상 과정에서 협상전략 등에 대한 기밀을 유지해야 하며, 이해관계자의 입장 개진 기회를 부여하고 협상의 투명성과 객관성을 확보하기 위한 장치인 것으로 봐야 할 것이다.

4. 우리나라 FTA 정책 평가

FTA and International Trade, ch. five

가. 전반적인 평가

1998년 말 한 · 칠레 FTA 추진 결정 이후 약 20년간의 FTA 추진과정을 평가해 보면, 정부의 정책적 지향점이 '거대 · 선진 경제권과의 FTA 네트워크 구축'에 있음을 알 수 있다. 2006년 한 · 미 FTA 협상 개시를 계기로 우리나라는 거대경제권과의 FTA를 본격적으로 추진하게 되었다.

한 · 칠레 FTA 이후 추진된 한 · 싱가포르 FTA의 경우 ASEAN을, 한 · EFTA FTA는 EU를 염두에 두고 진행되었다고 할 수 있다. 즉, 주변국가와의 FTA를 통하여 거대경제권에 교두보를 확보한다는 전략적 차원에서 동태적으로 추진된 것으로 파악된다. 아울러 정부는 동시다발적 FTA 추진과 동시에 높은 수준의 포괄적 FTA를 각각 추진 순서(sequence)와 정도(extent)로 삼았다. 이와 함께 거대경제권과의 FTA 추진을 위한 국내외적 여건 조성, 신흥유망시장과의 FTA 추진, 그리고 국민적 공감대를 바탕으로 한 FTA 추진이 향후 추진 방향으로 제시되었다.

FTA 정책은 일반인들의 관심이 낮은 반면, 무역자유화를 수반하므로 이해 집단의 관심이 높으며, 주로 국제통상 전문가들이 전문적 지식을 바탕으로 정책방향을 논의해 오던 분야였다. 하지만 한 · 미 FTA는 기존의 FTA 추진과정과는 판이하게 달랐으며, 일반 국민들의 견해가 극도로 대립되는 양상을 보였다. 다른 FTA와는 달리 한 · 미 FTA 추진과정에서는 소위 신자유주의 반대와 "양극화" 논란까지 강하게 제기되었다.

한 · 미 FTA에 대한 논란은 지나칠 정도로 격화되었고, 경제논리보다는 정치이념적 갈등요소도 적지 않게 제기되었다. 단기적인 구조조정 압력과 피해 문제가 집중적으로 부각되었고, 소득분배 문제, 협정에 포함되지 않은 공공서비스 개방으로 인한 문제가 논란으로 제기되기도 했다. 한 · 미 FTA보다는 EU와의 FTA가 우리 경제에 더 큰 영향을 미칠 수 있음에도 한 · EU FTA 추진에 대한 논란은 별로 제기되지 않아, FTA 논란은 FTA 협정내용과 더불어 상대국과의 연관성이 깊은 것으로 이해된다.

지금까지 우리 정부는 적극적으로 FTA 정책을 추진하였고, 정책추진 방향도 대체로 일관성을 유지하였으며, 다음과 같은 정책기조에는 큰 변화가 없었던 것으로 판단된다. 지역경제블록 확산에 따른 무역전환의 불이익을 회피하고 경제성장 및 선진국 진입을 위한 정책도구로 활용하기 위해 FTA를 전략적 · 적극적 · 동시다발적 방식으로 추진하였다.

우리 정부의 FTA 정책은 첫째, 세계적으로 새로운 조류로 자리매김하고 있는 FTA 확산 추세에 비하여 우리나라가 그동안 FTA 추진에 있어서 상대적으로 늦어 다른 나라들의 추세를 따라잡는다는 측면도 있고, 둘째, 선진국 혹은 개도국(공산물 수출국 혹은 농산물 수출국) 중 어느 한 쪽으로만 치우치게 FTA를 추진할 경우 특정 산업에 지나치게 개방의 부담이 집중된다는 측면도 고려된 것으로 평가된다. 비록 우리나라가 세계적인 조류로 굳어진 FTA 협상 체결의 물결에 뒤늦게 참여하였지만, 정부가 '동시다발적인 FTA 추진'이라는 전략을 내세우고 적극적으로 추진함으로써 그 목표를 상당 부분 달성하고 있는 것으로 판단된다.

정책 추진 초기에는 우리나라와의 FTA 추진에 응하는 국가가 대부분 중소규모 국가들뿐이었으나, 이들 국가와의 FTA 추진으로 기반을 형성한 이후부터는 거대경제권과의 FTA를 우선 추진하게 되었다. 시장 확보, 생산성 향상 등 경제적 이익을 극대화하기 위해 미국, EU, 중국, 아세안 등 거대경제권과의 FTA를 추진했다. 또한 경제적 충격, 상대국의 의사 등을 고려하여 추진순위를 조정함으로써 국민경제에 충격을 덜 주는 방식을 채택했다.

한 · 칠레 FTA를 필두로 FTA 협상이 본격 진행됨으로써 우리나라의 통상협상 의지와 능력에 대한 주요 교역파트너의 인식수준이 크게 개선되었다. WTO 협상의 경우 G4(미국, EU, 인도, 브라질) 등 일부 국가가 주도함으로써 우리의 자체적인 협상력 발휘가 어려운 데 반해, 협상 상대를 미리 특정하고 시작하는 FTA 양자협상의 경우에는 우리측이 협상력을 집중시켜 협상 성과를 거둘 수 있었다. FTA 협상이 빠듯한 일정 하에 이루어졌지만, 전문인력 충원을 통해 협상능력을 강화시켰다. 또한 세계 10대 경제국가로는 처음으로 미국과의 FTA를 타결하였고, 최대 경제권인 EU와도 협상을 개시함으로써 여타 국가와의 FTA 추진에 있어 입지가 강화되었다. 2007년 6월 한 · 미 FTA 서명에 이어 2009년 10월 한 · EU 협상이 타결되었고, 2010년부터 인도와의 FTA가 발효되었다.

다수 국가와의 FTA 체결로 시장선점 효과를 확보할 수 있게 되었다. 다소 늦게 FTA 협상에 합류하였으나 동시다발적 협상을 기조로 과감한 FTA 정책을 추진함으로써 시장선점 효과를 높일 수 있게 되었다. 동시다발적 FTA 협상 추진을 통해 우리나라 총교역 대비 FTA 교역비중은 2010년 20%대에 불과하나, 미국, EU 등과의 FTA가 발효되면서 2016년 비율은 70%대로 늘어났다.

2006년 이후 정부가 미국 등 거대 선진국과의 FTA 추진으로 방향을 정한 것은 경제적 측면에서 잘된 결정으로 볼 수 있다. 우리 경제구조를 고려하면 개도국과의 FTA도 필요할 수 있으나, FTA 경제이익을 극대화하기 위해서는 선진국과의 FTA 추진이 바람직하다. FTA는 우리보다 선진국을 상대로 해야지 시장개방을 통한 무역창출 효과에 더해서 경쟁효과, 학습효과, 국내개혁 효과 등을 통해 이득을 극대화할 수 있기 때문이다.

또한 클러스터 방식으로 추진되었는데, 거대경제권 국가 및 그 주변 국가를 대상으로 FTA 클러스터를 형성하도록 추진하되, 주변 국가를 먼저 교두보로 확보하고 이어 거대경제권과의 FTA를 추진하였다. FTA 경험 부족과 국내 취약산업의 반발을 고려하여 초기에는 낮은 수준의 협정을 추진하였으나, 이후 미국과의 FTA를 계기로 높은 수준의 자유화를 추구하게 되었다. FTA 체결의 효과를 극대화하기 위해서 시장개방의 폭과 포괄 범위를 넓히는 것이 필요했는데, 높은 수준의 관세철폐를 포함한 상품분야의 시장개방은 물론 다양한 분야를 협정에 포함시켜 FTA 체결의 효과를 극대화하는 방향으로 추진하였다.

정부가 FTA 정책의 모멘텀을 유지시켜 나가며 국민적 공감대를 형성하기 위해 노력한 점은 인정된다. 그러나 대상국 선정, 협상의 방향, 보완대책 수립 등에 있어 다양한 이익집단의 요구를 수렴하여 FTA 추진 절차와 제도를 보완하여 추진했음에도 국민적 요구를 충족시키지 못한 점은 아쉽다. 하지만 한·미 FTA를 계기로 다수 국민들이 다양한 요구를 제시했으나, 협상당국의 입장에서는 선별해서 수용할 수밖에 없는 점도 이해되어야 한다.

칠레와의 FTA 추진과정에서 수출기업, 즉 FTA 이익집단이 침묵을 지킴에 따라 발생했던 문제점이 한·미 FTA 추진에서도 나타났다.[2] 반대진영의 조직적이고 대중적인 선전과 협상중단을 위한 캠페인에 정부의 협상노력은 번번이 위기에 봉착하였다. 이데올로기적인 반미감정까지 자극하여 대중적인 인기를 구가하는 수입대체지향집단이 중심이 된 지속적인 반FTA 운동이 상당 기간 동안 지속되었다. 그러나 이전까지의 FTA 협상에서는 결집된 목소리를 내지 않았던 수출지향집단들이 우리 최대의 교역시장이자 투자상대국인 미국과의 FTA를 맞아서는 본격적인 대응에 나서 경제 5단체를 중심으로 조직적 로비를 진행하였다. '수출로 먹고 사는 나라'에서 수출의 주역들이 FTA 체결을 강력히 요구하는 상황이 전개되고 주요 언론사들이 이들의 입장과 논리를 옹호함에 따라 한·미 FTA 체결의 당위성이 부각되는 방향으로 여론이 형성되어 갔다. 그에 따라 수입대체지향집단과 수출지향집단 간의 세력의 균형이 형성되었고, 정부는 좀더 자유로운 환경에서 협상이슈들 간의 이익형량에 따라 미국과의 협상을 진행할 수 있었다. 그 결과 농산물을 제외한 상품분야에서는 10년 내에 100% 품목에 대해 관세를 철폐하고, 수입액 기준으로는 양국 모두 전체의 94% 수준의 수입량에 대해 관세를 조기철폐(3년 이내 철폐)하기로 합의하는 등 상당히 높은 수준의 시장통합을 달성할 수 있었다.

2 자세한 내용은 최원목(2008)을 참조 바란다. 최원목(2008), "우리나라 FTA 정책의 평가와 과제", 바른FTA본부 세미나 발표자료(전경련 국제회의실, 2월).

기업들의 FTA 활용을 지원하기 위한 기구와 조직이 확대되었다. 정부의 요청으로 중소기업진흥공단에 무역조정지원기관이 설치되었고, 관세청에는 전국 세관에 FTA 지원센터가 설치되었다. 또한 무역협회, 전경련, 대한상의 등 민간기구에도 FTA 지원조직이 도입되었다. 특히 관세청의 FTA 지원센터는 기업인들의 활용도가 높은 편이다. FTA 협정이 비준되면 관세당국은 FTA 지원업무를 수행하게 된다. FTA 무역환경에서는 관세행정이 국민과 같이 공존하는 행정임을 보여주어야 하기 때문에 고객서비스 차원의 관세행정업무를 개발하게 되었다. 환급 및 감면제도 등 전통적인 관세행정 기능을 쇠퇴시키는 것을 방지 또는 감소시키기 위해서 FTA의 효과를 극대화할 수 있는 민원해결형 현장순회 관세행정을 도입하게 되었다.

그림 5-6 FTA종합지원센터(http://okfta.kita.net) **홈페이지**

민관 합동으로 구성된 FTA종합지원센터(http://okfta.kita.net)는 2011년 12월 국제경쟁력 강화를 위한 중소기업의 FTA 활용률 제고를 지원하기 위하여 무역협회에 설치되었다. FTA종합지원센터는 기업이 필요로 하는 FTA 활용의 전 과정을 한 자리에서 체계적으로 지원하는 One-stop 서비스 기관이다. 특히 지방소재 중소기업의 FTA 활용능력 배양을 위하여 관세 · 회계 · 법무 법인 등 전문기관 컨설팅, 정보 제공 및 교육 등의 실효적 서비스를 제공하고 있다.

FTA 지원센터는 FTA별 원산지기준 · 관세율 등을 종합적으로 분석하여 원재료 구입부터 제조 · 가공 및 해외수출까지 FTA별 특혜요건을 가장 유리하게 활용할 수 있도록 안내하는 등의 역할을 수행하고 있다.

정치 · 외교적 측면에 대한 고려 및 성과도 있었다. FTA는 경제 외적으로도 여러 가지 파급효과를 나타내는 점을 고려하여 FTA 협상은 정치적 · 외교적 측면 등을 고려하여 추진하였다. 특히 한 · 미 FTA는 안보 외부효과가 클 수 있다. 지금까지의 이론적 · 실증적 연구에 따르면 경제관계의 심화는 장기적으로 정치 · 안보적 협력관계로 확대 · 심화됨을 보여주고 있다. 한국과 미국 같이 개방된, 민주국가 간의 경제관계 심화는 더욱 커다란 외부효과를 가져다줄 것으로 기대된다. 상호 간의 신뢰와 대등함에 대한 인식의 괴리로 인해 갈등을 겪고 있는 한 · 미관계는 FTA를 통해 서로의 경제적 가치를 새삼 크게 인식하는 계기를 마련할 수 있고, 이를 통해 정치적인 협력의 가능성을 제고시킬 수도 있을 것으로 평가된다. 따라서 FTA를 통한 경제협력을 정치 · 안보 협력으로 연계시키기 위한 노력이 필요할 것이다.[3]

3 최영종(2007), "한국의 FTA 정책 평가 및 시사점", 외보안보연구원, "한국의 FTA 정책" 워크샵, 6월 13일.

나. 개선해야 할 부분

먼저 국민적 공감대를 형성하려는 정부의 노력에도 불구하고 국민적 공감대 형성에 있어서는 문제점이 많았던 것으로 평가되고 있다. 협상 대상국 선정, 협상 · 보완대책 수립 등에 있어서 다양한 이익집단의 요구를 수렴하여 공감대 형성을 바탕으로 협상이 진행되지 않았다는 것이다. 특히 미국과의 FTA 협상은 협상 대상국 선정, 협상 선언 등에 있어 피해산업 부문의 반발이 심했던 사례이다. 협상의 성격, 협상 기간 및 자원의 제약 등 공감대 형성을 제약하는 요소가 많이 존재하지만 이에 대한 보다 많은 노력이 요구되었다.

FTA 정책 로드맵과 동시다발 FTA 전략을 부정적으로 보는 견해가 있다. 경제합리성에 입각한 FTA 선정기준에 앞서 협상스킬과 노하우를 축적한다는 행정편의성이 강조되는 결과를 초래했다는 것이다. 세계시장 거점확보 기준조차도 무시되어 상대국이 정해지는 경향이 있고, 상대국의 입장에 따라 추진 여부가 결정되는 오류를 낳았다는 것이다. 한 · 칠레 FTA 협상에 대한 국회비준이 지연되는 과정에서 한 · 일 FTA 협상을 무리하게 추진하여 결국 협상중단

상태에 이르게 되었다는 점도 지적된다. 지리적 기준에는 합치하더라도 경제성 기준에서 본다면 일본은 많은 문제가 있음을 간과했고, 이후 한 · 미 FTA 직전까지는 대체로 일본의 FTA 추진 상대국을 뒤쫓아가는 소극적 자세로 우리 정부가 일관했다는 것이다.[4] 이로 인해 우리나라 FTA가 추진의 정책목표를 뚜렷이 세운 채 추진된 것으로 평가하기는 어렵다는 것이다.

4 김도형(2008), 바른FTA 본부 주최 세미나 "한 · 미 FTA 비준 촉구 및 신정부의 FTA 정책 방향" 토론 내용.

FTA 추진정책의 성과에도 불구하고 한 · 미 FTA 협상 전 과정에 걸쳐 공청회가 무산되고, 졸속협상이라는 비난이 끊이지 않았으며, 협상정보의 미공개로 인해 불필요한 오해와 비판이 확산되었으며, 국회와 정당을 통한 이해관계 조정기능의 부재로 인해 이익집단들이 시위 등 대중적인 저항의 형식으로 의견을 표출하는 일이 일반화되었다. 또한 전문적인 민간자문 기능이 미약하고, 산업피해에 대한 보상 원칙을 사전에 제시하고 합리적 구조조정을 위해 새로 마련된 무역조정지원제도의 근거법인 '제조업등의무역조정지원에관한법률' 의 경우에도 그 내용상 형평성과 효율성 측면에서 적지 않은 문제점을 지니고 있는 것으로 평가된다.

우리 정부는 높은 수준의 FTA를 추구하였으나 농업부문은 한 · 미 FTA 이전까지는 예외적으로 낮은 수준의 개방에 머물렀다. 한 · 칠레 FTA에서 관세철폐 제외 21개 품목(전체의 1.5%)을 비롯하여 DDA 협상 타결 이후 재검토 391개 품목(27.3%) 등 29%의 품목이 자유화 예외(현행 관세 유지)와 유사한 결과로 나타났다. 한 · 아세안 FTA에서는 현행 관세 유지 58개 품목, 실질적인 현행 관세 유지(50% 포인트 이하로 감축되어야 하지만 이미 관세율이 50% 미만인 품목) 5개 품목, TRQ 제공 조건부 현행 관세 유지 8품목 등 모두 71개 품목에 대한 현행 관세 유지(전체의 4.9%), 10년의 관세감축 유예기간 후 20% 감축 190품목(13.1%) 등 전체의 18%에 달하는 품목의 개방폭을 최소화하였다. 싱가포르 및 EFTA와의 FTA에서는 대부분의 중요 농산물 양허를 제외하였다.

농업분야에서 높은 수준의 시장개방을 추진하게 된 계기는 한 · 미 FTA였다. 관세의 단기철폐(5년) 대상이 934개 품목(품목 수 기준 전체의 61%, 수입액 기준 68%)이었고, 10년 이상 장기 관세철폐 품목은 174개로 전체 품목의 11.4를 차지했다. 이 가운데 시장개방이 전혀 이루어지지 않는 품목은 1%(쌀 16개 품목)에 불과했다. 이로 인해 호주, 캐나다, 멕시코 등 우리나라와 협상을 하고 있는 국가들이 우리나라의 시장개방 폭을 한 · 미 FTA 수준으로 요구하는 등 농업부문 개방압력이 커지는 문제점도 나타났다.

DDA 협상의 부진과 전 세계적 FTA의 확산이라는 위기의식 하에 추진한 '동시다발적 FTA' 추진전략은 올바른 선택이었다. 하지만 대상국별 FTA 추진의 순서와 속도, 피해산업에 대한 구조조정 지원방안, 그리고 산업구조 고도화와 연계된 장기적 전략 등에 대한 고려가 충분하지 않다는 비판도 엄존하고 있다. 이와 관련하여 FTA 만능주의가 우리 통상당국에 팽배했다는 지적도 있다. FTA는 목표 자체가 아닌 경쟁력 강화와 효율성 제고를 위한 수단에 불과한데, 단기간 내 건수 위주로 협정을 체결함으로써 산업 및 전략적 고려가 부족했다는 것이다. 더구나 통상정책 최고책임자가 내용보다는 건수 위주의 추진목표를 공개적으로 밝힘으로써 내실보다는 건수 위주로 추진되었다는 우려도 있었다.[5] 심지어 한·미 FTA도 FTA 만능주의와 연관된 것으로서, 합리성에 대한 고려보다는 관료조직의 관성이나 조직이기주의의 산물일 가능성이 크다는 분석이 나왔다. FTA 체결 자체에 만족해서는 안 되고, 경쟁력 강화를 위한 규제완화, 제도 혁신, 세제개혁 등과 같은 조치들이 병행되어야 할 것이다. 또한 관세체계나 통관절차 개선 등과 같은 원활화 조치가 수반되어야 FTA의 이득이 구체적으로 실현될 수 있다. 우리나라의 현행 FTA 정책 기조는 외연확장에 중점을 두고 있기 때문에 무역자유화의 범위가 기대에 미치지 못하고 있다는 것이다.

5 최영종(2007), "한국의 FTA 정책 평가 및 시사점", 외보안보연구원, "한국의 FTA 정책" 워크샵, 6월 13일.

FTA는 한국경제가 당면한 선진경제로의 도약이라는 과제를 달성하기 위한 통상정책 수단으로 활용되어야 한다. 내적으로 성장잠재력이 둔화되고 외적으로 세계화가 심화되는 상황에 직면한 한국경제는 요소투입과 선진기술의 모방이라는 기존의 경제성장 패러다임으로는 더 이상 지속적 성장을 담보할 수 없으며 기업의 혁신역량이 강화되지 않고서는 선진국으로 진입할 수 없다. FTA가 이러한 기능을 하도록 설계되어야지, 단순히 수출확대를 위한 정책으로 간주되어서는 안 된다.

FTA 피해업종 지원방안의 문제점도 제기된다. FTA로 인한 피해를 보전하고 산업구조조정을 촉진시킨다는 FTA 보완대책의 목표에도 불구하고, 보완대책이 대중인기영합적 보상으로 이루어지는 문제가 있었다. 자유화와 국내개혁에 대한 정권 차원의 확고한 의지나 국민적 합의가 부족한 상황 하에서 추진되는 FTA는 잠재적 피해자들의 반발을 무마하기 위한 보상장치 논의에만 치중하게 될 우려가 있다. 한 · 칠레 FTA 비준과정에서 보듯이 선거나 대중적 인기를 의식해 보상규모가 경쟁적으로 불어날 가능성도 없지 않다. 자구노력을 전제로 하지 않는 선심성 피해보상 남발로 FTA의 이득보다는 비용이 더 커지고, 경제 전반에 걸쳐 도덕적 해이가 만연할 가능성도 있다. 경쟁력을 상실한 분야의 구조조정을 위한 명확한 계획에 근거해서, 기한을 정해 놓고, 필요한 최소한의 보상이 제공될 수 있도록 정부와 국회가 협의를 해야 하지만, 국회에서는 피해에 따른 적정 규모의 보상책보다는 정치적인 판단 하에 액수 증액을 주로 요구하는 문제가 있다.

5. 추진체계에 대한 평가

FTA and International Trade, ch. five

FTA 비준 및 대통령 서명 등과 같이 법률 제 · 개정을 필요로 하는 사항은 담당 부처가 업무를 담당하지만, 최종적으로는 대통령의 의사결정까지 수반하게 된다. 1998년 FTA 정책이 추진된 이래 국내 FTA 정책구조는 정권에 따라 변화되었다. 산업담당과와 FTA 전담부서에서 자문회의와 의견수렴 기구를 거쳐 정책 초안을 만들어 산업부장관이 위원장인 통상추진위원회에 상정하고, 기획재정부 차관이 주재하는 대외경제장관회의 실무회의에서 관련 부처의 의견을 조율하여 기획재정부장관이 의장인 대외경제장관회의에서 정책을 결정하게 된다. 2013년 정부조직 개편으로 산업부는 기존 무역구제 업무 외에 무역조정 지원, 국내 보완대책 업무도 담당하게 되었다. 부처 간 입장차이가 큰 사안이거나 협상의 중요 사항은 국무회의에서 논의되기도 하며, 정치 · 경제적으로 초민감 사안은 대통령실 경제비서실을 거쳐 대통령에게 보고하게 되며, 협상이 타결되면 국회비준을 거쳐 대통령이 서명하여 발효시키게 된다.

정권교체와 더불어 여러 차례 정부조직이 개편되면서 우리나라의 통상정책 추진 주체도 조금씩 달라져 왔다. 그 중에서 가장 중요한 변화는 1998년 국민의 정부가 출범과 동시에 통상체제를 일원화하였다는 점이다. 1998년 국민의 정부는 출범할 당시 정부조직개편을 단행하였는데, 당시 재정경제원의 통상조직과 통상산업부의 통상조직을 외무부에 편입시켜 외무부를 외교통상부로 개편하고, 외교통상부장관 산하에 통상교섭본부를 설치하였다.

통상교섭본부장은 장관과 차관 중간 서열이었으나, 대외통상 무대에서는 통상장관(Trade Minister) 지위를 사용하여 대외협상력을 강화할 수 있도록 허용했다. 통상교섭본부에는 3명의 차관보(1급 : 통상교섭 조정관, FTA 교섭대표, DDA 교섭대표)가 다자통상 및 FTA 정책을 담당하였고, FTA 교섭대표는 3개의 국(FTA 정책국, FTA 교섭국, 동아시아 FTA 추진기획단)의 업무를 총괄했다.

그림 5-7 통상교섭본부 시절 FTA 추진구조

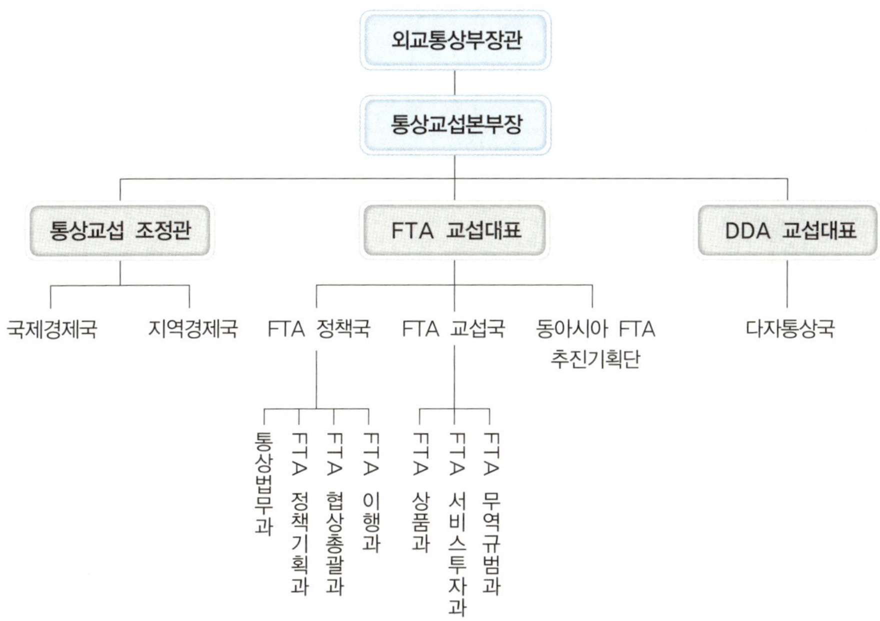

2013년 산업-통상 체제 하에서 통상교섭은 산업부 제2차관이 담당하되, 1급인 통상교섭실장이 3개의 국(FTA 정책국, FTA 교섭국, 동아시아 FTA 추진기획단)을 이끄는 구조로 약화되었다. 무엇보다 산업부장관만이 통상장관으로 국제적인 활동이 가능한데, 산업과 자원에 대한 업무가 과중하여 장관보다는 제2차관이 장관을 대신하여 대외적인 통상업무를 처리할 수밖에 없다. 이에 대해 "이번 정부 들어 '통상정책'이 실종됐다고 말하는 전문가가 늘고 있다. '산업'과 '에너지'에 치여 '통상'은 산업통상자원부의 애물단지로 전락을 거듭하고 있다. 2013년 외교통상부에서 '통상'을 떼어내 산업통상자원부로 업무를 이관할 때 통상 전문가들이 우려했던 '혹시나'가 '역시나'로 막을 내리는 모습이다"라는 지적이 나오고 있다.[6]

6_ 조선일보(2016), "[기고] 외면하고 징징대면 통상 마찰 해결되나", 6월 13일 자.

그림 5-8 산업통상자원본부 FTA 추진구조

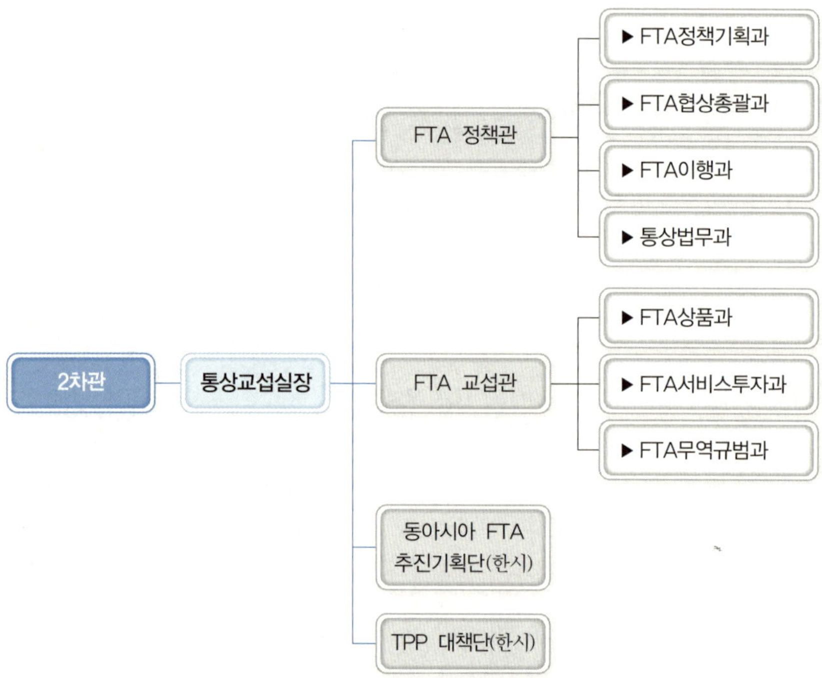

자료 : 산업부 FTA 홈페이지(http://www.fta.go.kr/main/center/group/fta/)

산업부는 FTA 통상정책 추진을 위한 통상추진위원회를 운영하고 있다. 여러 부처와 관련 FTA 협상 업무를 관련 부처 통상조직과 협력하기 위한 목적이다. 통상추진위원회 결정사항은 대외경제장관에 보고되고 국가적 통상정책으로 정해지게 된다.

통상교섭본부 시절 일부에서는 현행 통상교섭본부가 외교통상부에 속해 있어 정치논리를 중요시하는 외교조직과 경제논리를 중요시하는 통상조직이 섞여 있어 통상이익에 대한 고려가 부족하다는 지적이 있었다.[7] 하지만 통상교섭본부는 기획재정부장관이 의장을 맡고 있는 대외경제장관회의를 활용하여 관

7_ 목진휴, "한국정부 조직개편의 평가와 향후 추진방향", 한국행정학회 추계학술대회 발표자료, 2002, p.15.

그림 5-9 통상추진위원회 구조

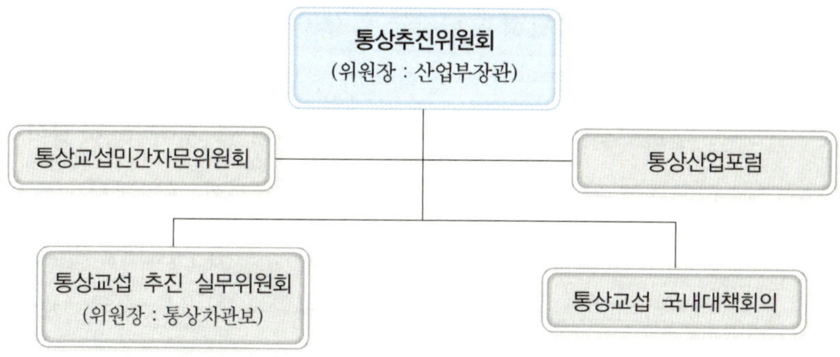

련 부처의 FTA 업무를 총괄해 단기간 내 많은 국가와 FTA를 체결할 수 있었다. 거의 모든 부처에서 크고 작은 통상부서를 운영하며 통상교섭본부와 함께 FTA 협상에 참여하도록 유도했던 것이다. 재경부에 대외경제정책 조정기능을 위한 경제협력국, 국제협력관이 있었고, 농림부에 국제농업국, 그리고 당시 산업자원부에 통상진흥에 초점이 맞추어진 지역통상협력국(1국 5과)이 있었다. 이밖에도 해양수산부, 환경부, 관세청, 조달청 등 거의 모든 부처에 통상기능을 담당하는 부서를 하나 이상씩 유지하고 있었다.[8]

FTA 협상은 물론이고 최근 늘어나고 있는 보호무역주의에 대응하기 위해서는 범국가적 통상역량이 확충되어야 한다. 과거에 비해 농수산업과 서비스업 통상현안을 통상당국인 산업부가 국가적 차원에서 관리하고 있는가에 대한 성찰이 필요하다. 이에 대해 한국경제신문(2016)은 산업부 통상정책의 구조적 문제점을 지적하고 있다.[9] 거대한 제조업을 담당하는 산업부에서 통상분야는 찬밥신세가 되었고, 신통상로드맵은 제대로 추진되지 않고 있고, 거세진 통상압력에 대한 대응력이 약화되었다는 것이다. 제조업의 육성에 익숙한 산업부가 부처 간 개방정책 조율이 필요한 통상문제를 원할하게 처리하기 위해서는 통상분야 전문성이 강화되어야 한다.

기대가 컸던 중국과의 FTA 협정이 낮은 시장개방으로 타결된 이면에는 농수산당국의 반대를 효과적으로 대응하지 못한 점이 작용했다. FTA 체결에도 불구하고 우리 상품에 대한 보호무역조치는 늘어나고 있다. 우리 통상당국은 최근의 급변하는 통상환경에 맞는 전략을 모색하고, 인기영합적 보호무역주의

8 한 · 미 FTA에서 기획재정부는 주로 국내협상 및 국내조정을 담당했고, 통상교섭본부는 주로 대외협상을 담당하는 것으로 업무가 분장되어 있었다.

9 한국경제신문(2016), "통상, 앞으로가 문제다", 6월 19일자.

확산 및 정당하지 않은 비관세장벽 조치에 적극 대응해야 할 것이다. 산업과 통상 연계 정책의 성과를 평가하고 보완해야 하며, 농업과 서비스업의 통상의제를 국가적 차원에서 관리해 나가는 역량을 확충해야 한다.[10]

10_ 보호무역주의와 우리나라의 대응에 대해서는 정인교(2016) "심상찮은 미국발 보호무역 태풍"(세계일보 7월 27일자) 참조.

우리나라는 정권이 바뀔 때마다 정부조직을 개편하는 경우가 많았다. 문제점이 누적되어 개편하더라도 신중을 기해야 할 것이다. 현재의 산업-통상 체제는 나름대로 장점이 있을 수 있다. 다만, 현재의 체제에서도 국가적 통상역량을 제고할 수 있도록 체제를 개편해야 한다. 산업부는 물론이고 범국가적 차원에서 진지한 고민이 필요하다. 한 가지 방안은 1부처 2장관제도를 도입하는 것이 될 수 있다. 통상분야 업무를 담당하는 차관에게 대외통상업무에서는 통상장관 직책을 허용하거나 캐나다, 뉴질랜드 등과 같이 장관 직책을 부여하는 방안도 검토해 볼 수 있을 것이다.

6. 향후 FTA 정책방향

FTA and International Trade, ch. five

가. 실익 위주의 FTA 추진

우리 정부의 FTA 정책 중 가장 시급한 사안은 EU, 미국 등 거대경제권과 체결한 FTA의 경제효과가 조기에 실현되도록 하는 것이다. 많은 수의 FTA가 발효되었음에도 수입품에 대한 소비자가격이 떨어지지 않은 품목이 많은 현 상황과 2016년 미 대선 정국에서 나왔던 한·미 FTA 개정 주장에 대해서도 대응할 수 있는 체제를 확충해야 할 것이다. 또한 한·중 FTA와 같이 시장개방 수준이 낮은 FTA의 보완협상도 차질 없이 추진될 수 있도록 해야 한다.

많은 수의 FTA 발효에도 불구하고 TPP 협상에 대해 우리나라는 신중한 입장이다. TPP 발효 시점을 예상하고, 참여 여부를 결정해야 할 것이다. 또한 동아시아지역 차원의 메가 FTA에 대해서도 적극성을 발휘해야 한다. 우리나라 FTA 정책은 동아시아 지역경제 통합의 주도권 모색과 부합하도록 기획되어져야 한다. 2013년 산업부는 동아시아 경제통합에서의 린치핀(lynch pin) 역할 수행을 강조했다. 주요 교역대상국 중에서는 일본이 FTA 미체결국가로 남아 있다. 일본과의 FTA는 우리 정부의 동북아 · 동아시아 정책방향을 먼저 수립한 후, 적절한 추진 시기 및 방법을 모색해야 할 것이다. 한 · 일 FTA에 대해 국내 학계 및 정부측에서 제시하는 과거 자료는 대부분 양자간 FTA만을 분석한 것이다. 미국, 유럽 등과 FTA를 발효시킨 현 시점에서는 기존 FTA의 고려는 물론이고, 지역협력적 차원에서 한 · 일 FTA 파급영향 및 추진방안을 모색해야 할 것이다.

현재 동아시아지역의 경제통합 논의는 중국과 일본의 주도권 싸움 속에 뚜렷한 방향이 정립되지 못한 상태이다. 중국이 제안했던 ASEAN+3[11] 의 경우, 가장 실질적인 동아시아 경제협력체를 지향하고 있다는 장점에도 불구하고, 일본은 자국이 유일한 선진국으로 참여함으로써, 많은 개도국들과 협상에 임해야 하는 부담을 갖고 있었다. 이로 인해 일본은 CEPEA(ASEAN+6)를 제안했고,[12] CEPEA가 RCEP으로 개명되어 현재 협상이 진행되고 있다. 동아시아지역의 RCEP이 ASEAN 10개국 간 FTA인 AFTA나 중국 · ASEAN FTA 정도로 낮은 수준의 시장개방에 그치는 것을 피하려면 우리나라가 적극적인 목소리를 낼 필요가 있다.

11_ ASEAN+3는 아세안 10개 회원국과 한 · 중 · 일 3국, 총 13개국 간 FTA이다.

12_ CEPEA는 ASEAN+3에 호주, 뉴질랜드, 인도가 추가된 FTA.

FTA를 통해 개도국 시장의 실질적인 개방을 추구해야 한다. 지금까지 개도국들과 체결한 FTA들이 모두 시장개방 수준이 매우 낮은 내용으로 체결되었던 점을 감안하여, 앞으로 체결하게 될 개도국들과의 FTA에서는 실질적인 시장개방을 확보할 수 있도록 노력할 필요가 있다. 이를 위해서는 우선 국내의 이해관계자들, 그 중에서도 농민들을 설득하는 것이 전제조건이 될 것이다. FTA를 통한 시장개방에 부정적인 자세를 보이고 있는 농업분야 종사자들에 대한 설득노력에도 박차를 가할 필요가 있다.

특히 쌀을 제외한다면 실질적으로 민감한 농산물이 걸려 있지 않은 FTA 협상과정에서도 농업분야가 지나친 수준의 보호를 요구함으로써, 상대방 국가의 실질적인 시장개방이 절대적으로 필요한 경우에도 우리 협상단이 강하게 요구하지 못하는 경우가 많이 발생하고 있다. 농업의 비전을 제시하여, 시장개방과 별개로 우리 농업의 미래에 대한 국민적 공감대를 형성하는 것이 필요하다. 이밖에도 일본 등 경쟁국들과의 FTA 추진 시 상당히 많은 제조업분야도 부담을 가질 것으로 예상되는 만큼 이들 시장개방 부담 산업들에 대한 대응책으로 마련되고 있는 '무역조정지원제도' 의 실효성을 높이는 것도 중요한 과제로 대두되고 있다.

FTA 실적에 비해 국민(기업)들의 혜택은 제한적이다. 어떤 조사에 의하면, 국내 수출중소기업 10개 중 2개 기업 정도가 현재 이행 중인 FTA를 활용하고 있는 실정이다. FTA종합지원센터가 중심이 되어 기업의 FTA 활용을 총괄지원해 나가야 할 것이다. 앞으로 우리나라는 추가 FTA 체결 못지않게 이행체제 구축이 중요하며, FTA의 혜택을 소비자, 생산자 모두 누릴 수 있도록 제도상의 보완이 필요하다. 만약 기대했던 FTA 효과가 나타나지 않을 경우 FTA 피로(FTA Fatigue)가 나타날 수 있다. FTA 경제효과 실현을 위해서는 국내 유통구조 개선 등 과감한 규제완화가 필요하다.

나. 대내협상 강화

FTA 협상은 상대국이 있는 게임이므로 FTA 이익의 균형을 위해서는 상대국 입장도 부분적으로 수용할 수밖에 없고, 시장개방에 따른 산업피해가 불가피한 측면이 있다. 손실계층은 FTA 협상결과에 불만을 가질 수밖에 없으며, 자신들의 입장이 협상에 반영되지 않았다고 주장하게 될 것이다. 특히 한 · 미 FTA와 같이 이념적 시각에서 FTA를 평가하는 경우, 우리나라가 수용한 상대국 요구사항을 중점적으로 거론하며 협상 자체를 부정적으로 평가하는 경우도 많다.

우리 정부가 단기간 내 다수 FTA를 체결할 수 있었던 것은 FTA 전담기구를 출범시켜 정부 주도로 적극적인 FTA 추진정책을 실시했기 때문이다. 다양한 의견수렴 채널을 통해 FTA 협상에 대한 일반 국민 및 이해관계자의 의견을 수렴했고, 실제 FTA 협상 내용도 국익에 크게 부합하는 것으로 나타나고 있지만, 의견수렴, 특히 대내협상이 부진했다는 지적도 나오고 있다. 하지만 종합적으로 보면, FTA 대내협상에서 결정적인 하자가 있었던 것으로 보기는 어려우며, 대부분의 관심사항이 협정에 반영된 것으로 평가된다. 특히 한 · 미 FTA는 우리 국민의 과반수 이상이 지지할 정도로 내용이 충실한 것으로 볼 수 있다.

미국과의 FTA 협상 개시 전 단계에서 의견수렴이 다소 미흡했다는 점은 인정되나, 협상 개시를 전후한 시점부터 국회 특별위원회, 산업별 간담회, FTA 협상 자문단, 인터넷 의견수렴 등이 활성화되면서 대내협상이 원만하게 진행된 것으로 평가된다. 특히 국회에 별도로 설치된 한 · 미 FTA 특별위원회는 협상 전 과정에 대해 정부의 보고를 받고 국회의 입장을 통상당국에 전달했다. 협상 전 내용이 체계적으로 특별위원회에 보고되었지만, 이 위원회의 일부 위원은 정보제공 미흡을 문제삼기도 했다. 또한 한 · 미 FTA에 대해 불만이 큰 농업계와의 협의도 수십 차례 개최되었고, 다수 입장이 협상에 반영되었지만, 그렇다고 농업계의 불만을 해소할 수준의 양보를 미국으로부터 받아내기 어려웠다.

다수 FTA 체결로 우리나라는 지역주의 불참으로부터 발생하는 손실을 줄일 수 있게 되었다. 향후 FTA 추진은 정책의 합리성 못지않게 절차적 정당성과 투명성 확보에 바탕을 두어야 한다. 특히 국민들이 수긍할 수 있는 절차와 투명성 없이는 과도한 사회적 비용 지출이 불가피하다. 글로벌 FTA 네트워크 추진에서 효율적인 대내협상은 필수조건인 것으로 볼 수 있다.

FTA and International Trade

part two

FTA 협정의 구조적 분석

제6장 FTA에 대한 이해

제7장 FTA의 주요 내용

제8장 관세 및 관련 규범

제9장 원산지기준 및 원산지 증명

제10장 FTA 무역구제 및 무역조정지원

제11장 지식재산권, 노동 및 환경분야 규범

1. 시작하면서

2. FTA 이해

3. FTA 이해 심화

FTA and International Trade

FTA에 대한 이해

FTA and International Trade
ch. six

6

전통적인 경제통합론에 따르면, 회원국의 경제규모가 클수록, 회원국 수가 많아질수록 FTA 경제효과는 더 커지게 된다. FTA의 시장개방 수준이 높고 포괄범위가 넓어질수록 경제효과가 더 커진다. 이 장에서는 FTA의 포괄범위를 살펴보고, FTA 경제효과 및 주요 국가 · 지역의 FTA 체결 추이를 고찰하고자 한다. 또한 전통적으로 사용해 오던 FTA 이외 경제동반자협정(EPA) 등 다양한 협정 명칭이 사용되고 있는데, 이러한 무역협정 명칭에 대해서도 간단하게 살펴보고자 한다.

1. 시작하면서

지난 20여 년 사이 우리나라 통상환경이 많이 변했다. 국내에서 수용되기 어려울 것으로 예상되었던 FTA가 이제 우리나라 통상정책의 기본으로 정착되었다. 동아시아 금융위기 극복과정에서 FTA 추진 필요성을 절감한 통상당국이 1998년 칠레를 첫 FTA 대상국으로 선정하고, 첫 FTA를 이행시키는 데 무려 5년 반이라는 긴 시간이 소요되었다. 2000년대 초반만 하더라도 미국, 유럽연합(EU)과의 FTA는 연구자들의 머릿속에서만 맴돌 뿐 공식 협상으로 진전되기 어려울 것으로 생각되었다. 하지만 2005년을 기점으로 한 · 미 FTA 협상이 거론되면서 우리나라 FTA 정책은 속도를 내기 시작했고, 그 이후 미국, EU, 인도,

그림 6-1 전체 무역 대비 FTA 무역 비중(2016년)

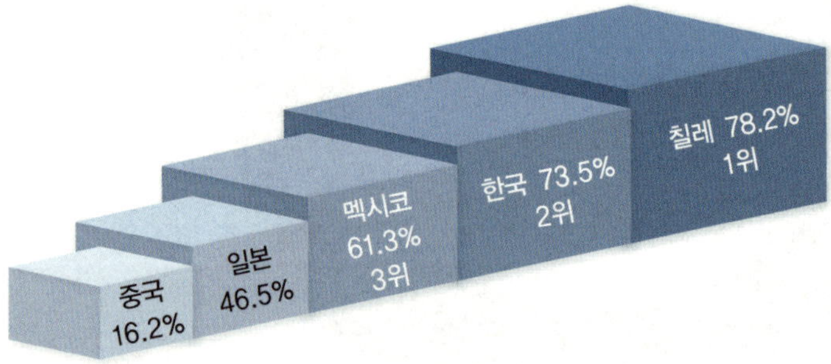

중국 등 거대경제권과의 FTA를 발효시키게 되었다. 현재 추진 중인 한 · 중 · 일, RCEP, 중미(파나마 등 6개국), 멕시코, 남미(MERCOSUR), 중동(GCC) 등과의 FTA까지 이행하게 되면 우리나라는 거의 80개 국가와 자유무역을 실시하게 되며, 전체 교역의 90% 이상이 FTA 체제 하에서 거래될 것으로 전망된다. [그림 6-1]에서 보듯이, 일국의 전체 무역에서 FTA 무역 비중이 가장 높은 국가는 칠레이고, 다음으로 우리나라, 3위는 멕시코인 것으로 조사되고 있다. 일본이 TPP를 발효시키더라도 FTA 무역 비중은 우리나라보다 한참 낮은 수준이다.

세계 주요 교역국들은 FTA를 체결해 수출을 확대시키고 외국인 직접투자(FDI)를 유치하기 위해 노력하고 있다. 오늘날 체결되는 협정은 단순한 무역자유화보다는 서비스, 투자, 경제제도 등 광범위한 분야에 대한 개선을 포함하고 있다. 즉, FTA 체결이 외국인 직접투자 유치 등을 위한 비즈니스 환경 개선에도 기여하게 되는 것이다. 외국인 직접투자는 기술이전, 일자리 창출 등 긍정적인 효과가 커 많은 국가들이 경쟁적으로 외국인 투자를 유치하고 있다. FTA 체결의 경제효과를 키우기 위해서는 무역확대와 더불어 외국인 직접투자도 적극 유치해야 한다. 우리나라의 경우 그동안 외국인 직접투자에 대해 부정적인 인식이 강했으나 금융위기 이후 외국인 투자 유치로 입장을 선회했고, 이후 FTA 체결을 통해 투자환경 개선을 위해 노력하고 있다.

하지만 아직도 우리나라에 대한 외국기업의 투자는 다른 경쟁국에 비해 적은 편이다. FTA는 수출확대 목적이 강하게 작용하여 체결된 것이 사실이지만, 최근에는 세계화에 참여하기 위한 수단으로 체결되는 경우도 적지 않다. 우리나라만 보더라도 FTA 정책 추진 초기에는 수출증대 목적의 협정이 체결되었으나, 미국, EU 등 선진국과의 FTA에서는 경제통상제도 선진화 측면도 비중 있게 고려되었다. 또한 국내 서비스산업이 낙후되어 있어 서비스산업 선진화가 절실한 것으로 지적되고 있다. FTA 개방범위에 서비스산업을 포함시킴으로써 외국의 서비스업체와 국내 업체 간 경쟁을 통해 산업의 경쟁력 제고를 유도하고 있다.

아직 국내 다수 중소기업들은 FTA 활용에 대해 잘 모르고 있고, 실제 활용 수준도 낮은 편이다. 일부 기업인들은 직접 수출을 하지 않고 대기업에 납품하기 때문에 FTA와 무관한 것으로 생각하고 있다. 하지만 앞으로는 중간재에 대한 FTA 원산지기준을 확인해 납품업체에 제공하지 않으면 납품을 받아주지 않는 상황이 일반화될 것이다. FTA를 이해하지 않고는 사업을 영위하기 어려운 시대가 되고 있다.

소비생활에 있어서도 FTA 영향은 매우 클 것이다. 무엇보다 수입품에 대한 관세철폐로 소비자가격이 인하되고 다양한 상품의 수입으로 소비자 선택권이 확대될 것이다. 현재 발효 중인 FTA 대상국 중 일부는 제조업 강국이고, 우리나라는 상당한 소비재를 수입하고 있다. 앞으로 FTA 관세인하가 완료되어 관세철폐가 달성되면 소비자들은 FTA 이익을 피부로 느낄 수 있을 것이다. 일반 국민들의 생활과 밀접한 서비스산업 선진화로 혜택을 기대할 수 있다. 통신, 방송, 금융, 법률 등의 서비스시장이 FTA를 통해 일정 부분 추가적으로 개방되었으나, 교육과 의료는 상대적으로 덜 개방된 상태이고 다른 서비스분야보다 더 낙후된 것으로 지적되고 있다.

2. FTA 이해

가. FTA의 포괄범위

FTA는 회원국 간 교역에 대해 관세를 철폐하고, 완화된 비관세장벽을 적용하는 협정이다. 대부분의 협정은 소수의 회원국 간에 체결되며, 과거와는 달리 관세철폐 외에 서비스와 투자, 그리고 교역제한적인 무역규정들을 조화 및 개선시킴으로써 회원국 간 교역을 확대시켜 나가고 있다. FTA 협상에서 타결이 가장 어려운 분야가 상품교역에 대한 관세이다. 주요 쟁점사항은 기본 관세율 및 관세철폐 시기의 설정과 대상품목의 선정이다. 산업별로는 공산품에 비해 농업, 수산업 등 기초산업에 대한 시장개방 협상이 어려우며, 품목별 민감도에 따라 관세양허 일정이 조정된다.

한편, 회원국 사이에 모든 수출품목이 특혜관세의 대상이 되는 것은 아니다. 즉, 특혜원산지기준에 명시된 방식에 따라 회원국산 제품으로 인정된 수출품에 한해서만 무역상의 특혜를 적용받게 된다. 또한 FTA를 체결했더라도 원산지기준이 자국 산업에 유리하게 규정되어 있지 않다면 생산방식을 변경하거나, 국산 부품을 더 많이 사용하는 등의 비용을 부담하지 않으면 FTA의 혜택을 기대할 수 없다. 그러나 자국 기업에 유리한 원산지기준은 기업 자신이 가장 잘 알고 있으므로, 회원국 기업들은 자신들에게 가장 유리한 원산지기준을 협상당국자에게 적극적으로 제시해야 하고, 그러한 요구가 원산지기준에 반영될 때 협정 체결로부터 기대했던 실익을 거둘 수 있을 것이다.

FTA가 체결되는 즉시 무역자유화가 이루어지면 취약한 역내 산업이 단기간에 큰 타격을 입게 된다. 이에 따라 민감한 분야에 대해서는 보통 5~15년에 걸쳐 단계적인 자유화를 실시하거나 자유화 예외 품목으로 설정하게 된다. 또한 관세인하 이행기간 중에는 양자간 세이프가드(긴급수입제한) 조치를 통해 다른 회원국으로부터 수입이 급증한 품목에 한해서는 수입을 제한할 수도 있다. 한·미 FTA에서도 다양한 형태의 세이프가드 조치가 도입되었고, 피해산업을 지원하기 위한 무역조정지원제도도 발효되고 있다.[1]

1960~1980년대 체결된 FTA의 내용은 주로 관세철폐·무역자유화 등 상품분야에 한정되었으나, 오늘날 체결되는 협정의 범위는 이보다 훨씬 많은 이슈가 포함되고 있다. 서비스와 투자 관련 조항은 대부분의 협정에 포함되고 있으며, 낙후된 경제통상제도를 선진화시키고 국제규범과 조화시키는 내용도 많이 포함되어 있다.

워낙 많은 수의 협정이 체결되고 있고, 회원국 여건도 달라 FTA별로 차이가 큰 편이다. 개도국이 체결한 FTA는 아직도 상품분야 자유화에 높은 비중을 두고 있으나, 선진국이 포함된 FTA는 대부분 상품, 서비스, 투자, 무역규범, 경제협력 등이 포함된 높은 수준의 협정이다. 개도국들은 FTA 협상을 담당할 통상전문인력이 부족하고, 서비스와 투자, 경제규범 등에서 자국의 경제여건이 열악하여 높은 수준의 협정을 체결하는 데 애로가 크기 때문에 상품분야 협정을 먼저 체결하고, 이후 투자와 서비스 등 다른 분야로 협상을 확대해 나가는 경우도 적지 않다. 아세안 10개국이 회원국인 아세안자유무역지대(AFTA)도 이러한 경로를 거쳐 단계적으로 발전해 왔고, 한·아세안 FTA도 상품, 서비스, 투자의 순으로 협정의 포괄범위가 확대되어 왔다.

FTA의 대상범위는 회원국들이 어떤 나라인가에 따라 다양하기 마련이다. NAFTA(북미자유무역협정), 한·미 FTA 등은 협정의 포괄범위가 상당히 넓은 데 비해, 중국·아세안 FTA와 같이 개도국 간 체결된 협정은 상품분야의 무역자유화 또는 관세인하에 중점을 두고 있다. 그러나 자유무역협정은 점차 대상

1 무역조정지원제도는 FTA로 인해 피해를 입은 실직 근로자 및 기업에게 재취업 기회 및 경영지원을 제공하는 제도이다. 근거법인 "제조업등의무역조정지원에관한법률"은 2006년 4월 6일 국회에서 통과되어 4월 28일 공포되었고, 이후 1년간 시행령 및 시행규칙을 제정하여 2007년 4월 29일부터 시행하고 있다. 자세한 사항은 무역조정지원센터(www.taa.or.kr/index.jsp)를 참조하기 바란다.

범위를 확대하고 있으며, 일반적으로 상품, 서비스, 투자, 지적재산권 등을 기본 내용으로 하고, 점차 정부조달, 경쟁정책, 환경, 노동기준 등으로 확대되고 있다. 가장 대표적인 FTA인 NAFTA의 구성요소를 살펴보면, 관세 및 비관세장벽 · 원산지기준 · 통관절차 등으로 이루어진 상품교역 분야, 투자 및 서비스교역 분야, 표준 · 정부조달 · 지적재산권 · 반덤핑 · 환경 · 노동 등 무역규범 분야, 분쟁해결 절차 · 각종 협력 및 검토위원회 등 기타분야로 크게 나누어진다.

한 · 미 FTA도 NAFTA 못지않은 광범위한 내용을 포함하고 있으며, 무역규제, 원산지기준 등과 같은 몇 개 분야는 NAFTA를 능가하고 있다. 한 · 미 FTA는 무역자유화 수준, 포괄범위 등에서 높은 수준의 협정을 구상하고 협상을 시작했다. 〈표 6-1〉에서 보듯, 제2~10장은 무역자유화, 무역 관련 규범에 관계되는 내용이 규정되어 있고, 제11장에는 투자 자유화와 투자자보호 규정이 포함되어 있다. 제12~14장은 일반 서비스, 금융 · 통신 서비스에 대해, 제15장은 전자상거래 진흥을 위한 협력사항이 규정되어 있다. 이어 경쟁정책에 대해서는 제16장, 지적재산권 보호 규정은 제17장에, 노동과 환경 관련 규정은 각각 제18장과 제19장에 명시되어 있다. 경제제도 선진화 및 조화를 위한 규정은 협정문 각 장에 분포되어 있다.

표 6-1 ■ 한 · 미 FTA 각장별 제목

제2장 상품분야 자유화 및 양허표	제12장 서비스무역 관련 규정
제3장 농업분야 자유화	제13장 금융서비스 규정
제4장 섬유 및 의류 관련 규정	제14장 통신서비스 규정
제5장 의약품 및 의료기기 관련 규정	제15장 전자상거래 규정
제6장 원산지 규정 및 원산지 절차	제16장 경쟁정책 관련 규정
제7장 관세행정 및 무역원활화	제17장 정부조달 자유화 및 규정
제8장 위생 및 식물위생 조치	제18장 지적재산권 보호 규정
제9장 무역에 대한 기술장벽규정	제19장 노동기준 관련 규정
제10장 무역구제	제20장 환경보호 규정
제11장 투자자유화 및 보호규정	제21장 투명성 강화 규정

지금까지 체결된 FTA 중 가장 포괄범위가 넓은 협정은 TPP이다. 〈표 6-2〉에서 보는 바와 같이, 30개 장(Chapter)으로 이루어진 협정의 상당 부분은 한 · 미 FTA와 유사하다. 실제 TPP 국가들은 한 · 미 FTA를 기본 교재로 TPP

표 6-2 ■ TPP Chapter와 한·미 FTA 포함 여부 비교

TPP 협정의 Chapter	한·미 FTA	TPP 협정의 Chapter	한·미 FTA
1. 최초 규정 및 정의	포함	16. 경쟁정책	포함
2. 상품분야 규범, 시장접근	포함	17. 국영기업	포함
3. 원산지규정	포함	18. 지적재산권	포함
4. 섬유 및 의류	포함	19. 노동	포함
5. 관세행정 및 무역원활화	포함	20. 환경	포함
6. 무역구제	포함	21. 협력 및 역량 강화	포함
7. 위생 및 식물위생 조치	포함	22. 경쟁력 및 비즈니스 촉진	불포함(신규)
8. 무역에 대한 기술장벽	포함	23. 개발협력	불포함(신규)
9. 투자	포함	24. 중소기업	불포함(신규)
10. 국경 간 서비스 무역	포함	25. 규제 조화	포함
11. 금융서비스	포함	26. 투명성 및 반부패	포함
12. 기업인의 일시 입국	불포함(신규)	27. 행정 및 제도 규정	포함
13. 통신	포함	28. 분쟁해결	포함
14. 전자상거래	포함	29. 예외	포함
15. 정부조달	포함	30. 최종 규정	포함

협상을 추진했다. 이들 30개 Chapter 중 4개 Chapter는 새로운 내용이지만, 2개 Chapter는 유사한 내용이 이미 협정에 포함되었다. 즉, 국영기업-지정독점(제17장)과 협력-역량 강화(제21장)는 2016년 현재 발효 중인 FTA에 부분적으로 반영되어 있다. 다만, 기업인의 일시입국(제12장), 개발협력(제23장), 경쟁력-비즈니스 촉진(제22장) 및 중소기업(제24장) 4개 Chapter는 기존 FTA에 포함되어 있지 않은 사항이다.

현재 발효 중인 FTA 중에서 오래된 협정을 중심으로 협정의 발전과정을 살펴보면 [그림 6-2]와 같이 협정의 포괄범위가 확대되어 왔다. 과거에는 상품분야 위주의 내용으로 협정이 구성되었으나, 점차 무역규범, 지재권 보호 등으로 넓혔고, 이어 서비스와 투자, 규제완화, 노동과 환경, 분쟁해결 분야를 포함하게 되었다. 최근 체결 FTA에는 경제협력, 인력 이동, 투명성 등의 내용이 추가되었다.

이를 시대별로 정리해 보면, [그림 6-3]과 같이 정리될 수 있다. 이 분석이 모든 FTA에 적용되기는 어렵고 FTA에 따라 다른 내용을 포함하는 경우도 있

그림 6-2 FTA 협정 내용의 발전 추이

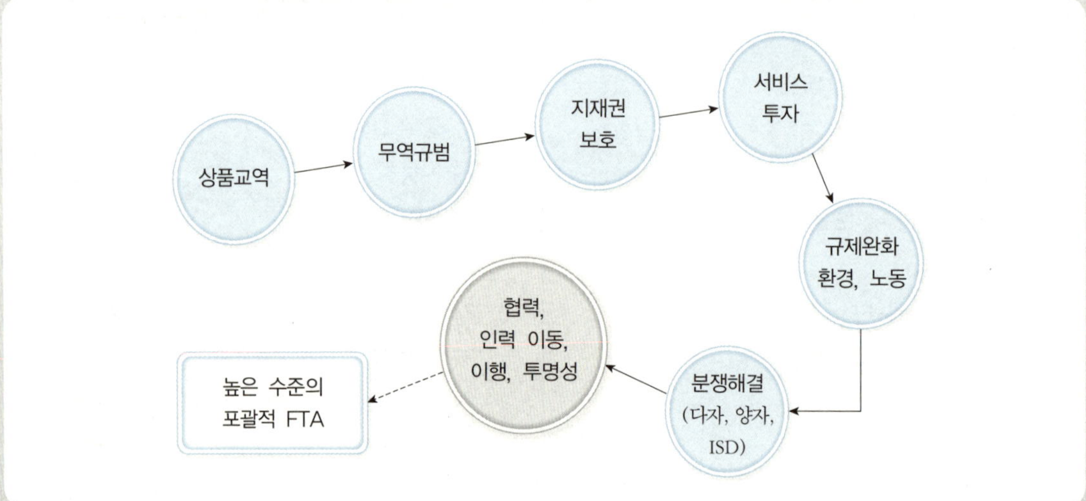

그림 6-3 FTA 협정 내용의 시대별 중점요소

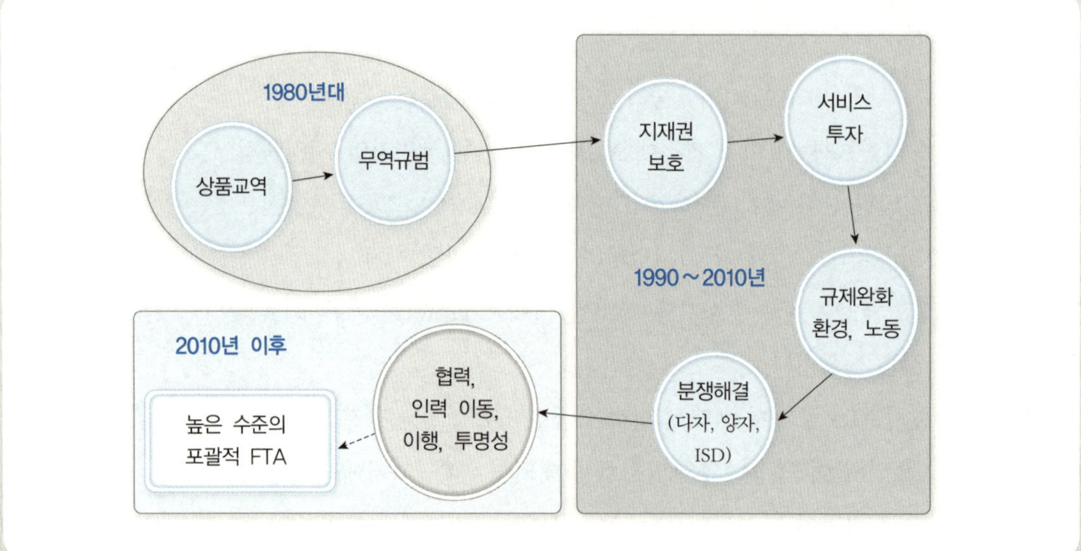

으나, [그림 6-3]은 지금까지 체결된 FTA 내용을 종합하여 작성한 것으로 이해되어야 한다. 1980년대 협정은 상품교역과 무역규범을 주로 포함했으나, 1990년대 들어 체결된 FTA는 기존 상품과 무역규범 외에 지재권, 서비스와 투

자, 규제완화, 환경 · 노동, 분쟁해결을 포함하고 있고, 최근에 체결된 높은 수준의 포괄적 협정은 이들 요소 외에 경제협력, 인력 이동, 이행, 투명성, 중소기업, 국영기업 등 다양한 요소를 협정에 반영하고 있다.

이러한 FTA 포괄범위의 확장은 WTO 출범으로 다자화된 분야가 늘어났다는 점, 글로벌화 진전, 글로벌공급망 확대 및 심화 등 국제통상환경의 변화로 새로이 나타난 국제거래 형태가 안정화되도록 하는 통상제도를 협정에 반영하고, 기존 제도가 새로운 국제비즈니스 활동을 저해하는 문제를 해결하기 위한 사항을 수렴한 결과로 볼 수 있다. 또한 FTA 체제 운영 경험이 늘어나면서 새로운 국제거래 관행을 확립하기 위한 노력이 결실을 맺음으로써 협정의 포괄범위가 확대될 수 있었다.

전 세계 많은 지역에서 지역경제공동체 구축을 목표로 협력사업을 추진 중에 있다. 동아시아에서는 2001년 아세안+3(한 · 중 · 일) 정상회의에서 동아시아공동체 구축을 장기적인 목표로 설정했고, 그 이전인 1985년 11월 인도 · 방글라데시 · 부탄 · 몰디브 · 네팔 · 파키스탄 · 스리랑카 등 7개국 정상들은 남아시아지역협력연합(SAARC)을 결성하면서 장기적으로 경제공동체를 구축해 나가기로 합의했다. 남미, 카리브연안, 아프리카, 중동 등에서도 유사한 논의가 있었다. 이들 지역들이 장기적인 목표로 설정하는 경제공동체는 오늘날 EU와 같은 완전통합체를 의미한다. 하지만 출발점은 무역자유화를 주요 내용으로 하는 FTA 구축이다. 아프리카와 중남미 등에서도 공동체 명칭이 포함된 협정이 있고, 공동체를 지향한다는 점을 협정문에서 언급할 뿐 이를 실행할 수 있는 내용을 결여하고 있다.

예를 들어, 동남아지역의 아세안경제공동체(AEC)는 싱가포르, 태국, 말레이시아, 필리핀, 인도네시아, 베트남 등 동남아국가연합(ASEAN) 10개 회원국이 아세안판 EU를 목표로 2015년 12월 말 공식 출범시킨 경제공동체이다.[2] 1967년 베트남 공산화 이후 지역 내 정치 · 안보적 결속을 위해 결성된 아세안은 1992년 역내 아세안 FTA(AFTA) 체결로 경제협력기구로 발전하였다. 2000년대 이후 AEC를 논의해 단일시장 구축, 회원국의 경쟁력 강화, 균형잡힌 회원국 경제발전, 경제글로벌화 등을 추구하기로 했다.

하지만 상품분야 자유화와 투자 · 서비스분야의 부분적인 자유화를 제외한 나머지 분야는 발전이 더딘 편이다. 1958년 유럽경제공동체(EEC)에서의 4대

2 10개 아세안 회원국의 경제규모는 약 2조 8,000억 달러(세계 GDP의 3.3%, 2016)이고, 6억 3천만 명의 인구(세계 인구의 8.7%), 낮은 평균 연령의 인구 구성, 빠르게 확대되는 중산층 등으로 아세안의 성장 잠재력은 높은 편임. 세계 무역의 6.9%, 우리나라 무역에서 12.6% 차지. 싱가포르, 태국, 브루나이, 인도네시아, 말레이시아 및 필리핀으로 구성된 아세안 선발 6개국은 관세철폐를 99% 완료했으나, 베트남, 캄보디아, 라오스, 미얀마 등 후발 아세안 참여국들도 총 교역상품의 99%에 대해 0~5%의 관세가 적용된다.

분야 자유화와 비슷하게 상품분야와 더불어 서비스, 투자(자본) 및 인력의 자유로운 이동이라는 5대 원칙을 내걸었지만, 경제공동체의 핵심인 인력 이동에 대해서는 거의 진전을 보지 못하고 있고, 서비스분야 시장 통합, 지재권 보호, 규제완화, 낙후된 회원국에 대한 아세안 차원의 경제지원 등에 대한 전망도 밝지 않다. 상품, 서비스, 투자는 현재 체결되는 FTA에 이미 포함된 분야라는 점에서, 경제공동체로서의 의미는 축소될 수밖에 없다. EU 사례에서 보듯이, 경제공동체 구축에는 막대한 재원이 필요한데, 아세안의 경우 인도네시아 자카르타에 아세안사무국이 있지만, 재원 조달을 위한 방안과 전문인력을 갖추고 있지 않아 향후 공동체 추진 전망도 밝지 않다.

그림 6-4 우리나라가 체결한 FTA별 포괄범위

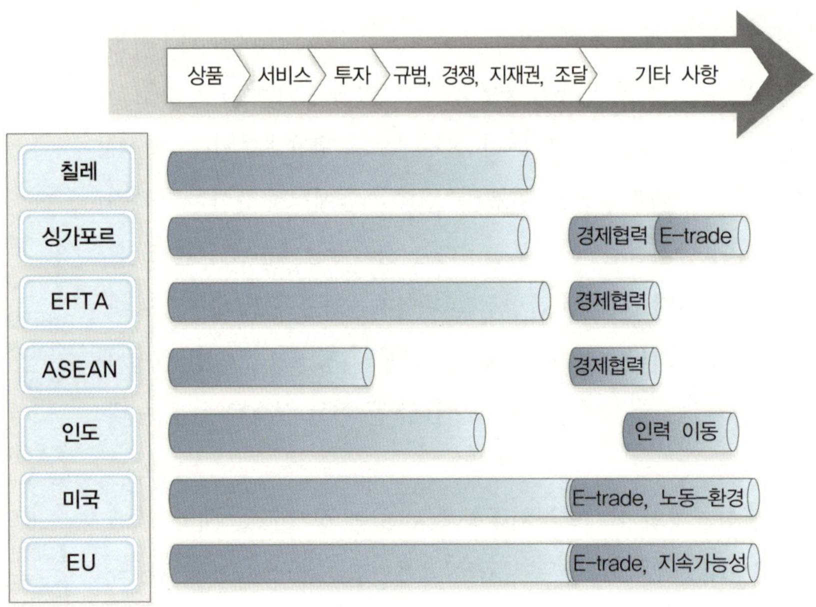

아세안경제공동체와 같이 협정의 타이틀과는 달리 내용은 수준이 낮은 협정이 적지 않다. [그림 6-4]에 나타난 바와 같이 우리나라가 체결한 FTA도 상대국에 따라 협정의 체제와 내용에 큰 차이가 있다. 미국, EU와 체결한 FTA는 포괄범위가 넓은 반면, 아세안, 인도와의 FTA에 포함된 내용은 부실한 것으로 볼 수 있다. 보다 정확한 분석을 위해서는 협정의 포괄범위와 구체적 내용(구속력 있는 약속)의 비교가 필요할 것이다.

나. FTA 체결 배경과 기대효과

FTA를 체결하는 가장 중요한 요인은 경제적 이익의 확보이다. 경제이익 확보를 주요 목적으로 하는 FTA이더라도 서로 다른 목적 달성을 위해 협정이 추진되기도 한다. NAFTA의 경우 유럽통합에 대응하기 위한 북미지역 경제통합 목적이 크게 작용했다. 한편, 우리나라가 칠레와 체결한 협정은 수출증진에 기본 목적이 있었으며, 한 · 아세안 FTA는 우리나라보다 앞서 중국이 아세안과의 FTA를 체결함에 따라 발생하는 경쟁상의 불이익을 극복하기 위해 체결된 협정으로 볼 수 있다.

표 6-3 ■ FTA 체결의 동기

체결 동기	대표 사례	
경제적 동기	지역경제통합	북미자유무역협정(NAFTA)
	수출증진	한 · 칠레 FTA
	경쟁상의 불이익 극복	한 · 아세안 FTA
정치 · 외교적 동기	미국 · 이스라엘 FTA, 미국 · 요르단 FTA	
지역통합 주도권	중국과 일본의 대아세안 FTA	
경제제도 개혁	멕시코, 칠레의 초기 FTA	

지역통합의 구도 속에서 자국의 주도권 확보를 위한 포석 차원에서 FTA를 추진하는 경우도 있다. 중국과 일본이 경쟁적으로 아세안국가와의 FTA를 추진했던 배경에는 동아시아지역 경제통합에서 자국의 주도권 강화 목적이 크게 작용했다. FTA가 회원국 간 관계를 긴밀하게 만든다는 점에서 정치 · 외교적 목적으로 FTA를 추진한 사례도 다수 있다. 1985년 체결된 미국 · 이스라엘 자유무역협정에서 미국은 이스라엘의 안보능력을 제고하고 중동 평화를 유지하기 위해, 이스라엘은 미국과의 정치 · 경제적 유착관계를 강화하기 위한 목적이 고려되었다. 브라질, 아르헨티나 등 중남미지역 국가들은 북미지역과 협상력을 강화하기 위해 MERCOSUR를 체결한 것으로 알려지고 있다. 따라서 어느 국가든 자국의 다양한 기대와 이유로 자유무역협정을 추진한다고 볼 때, 이를 어느

하나의 이유에 맞추어 설명하는 것은 어렵다.

FTA와 같은 지역무역협정을 체결하는 동기는 경제적 이해관계가 중요한 요소이나, 경우에 따라 정치·외교적 고려가 경제적 측면보다 더 중요할 수도 있다. 경제적 요인의 내용은 주로 무역확대, 고용창출, 소비자 후생 증진, 수입물가 하락 및 소비가능 품목 확대로 인한 소비자 후생 증진, 해외시장의 안정적 확보, 외국인 투자 유치 및 기술이전 등을 들 수 있다. NAFTA는 경제적 동기로 체결된 대표적인 지역무역협정의 예로 볼 수 있다. 또한 국내 통상 및 경제제도 개선 및 구조개혁 동기로 활용하기 위한 수단으로 FTA를 채택하는 경우도 있다. 멕시코와 칠레가 1990년대 FTA 정책을 추진한 중요한 목적은 바로 외국과의 협정이라는 구속력을 활용하여 국내 경제제도 개혁에 대한 이익단체들의 영향을 배제하기 위함이었다.

〈표 6-4〉에서 보듯이, FTA 체결의 기대효과는 경제적인 측면과 비경제적인 측면으로 나누고 경제적 효과는 다시 정태적 효과와 동태적 효과로 구분하여 고찰할 수 있다. FTA 하의 무역자유화 효과를 정태적인 측면에서 살펴보면, 회원국 간 무역자유화는 다른 국가 기업에 비해 관세를 면제해 주기 때문에 FTA 상대국으로부터의 수입을 촉진시키게 된다. 이를 무역확대 효과라 부른다. 일반적으로 무역이 증가하게 되면 경제적 이익도 늘어나게 된다. 한·미 FTA와 한·EU FTA에서는 85～90%의 제품이 협정 이행 즉시 관세철폐 품목으로 지정되어 있어 수출입 기업들은 무역자유화 효과를 협정 이행과 동시에 기대할 수 있다.

표 6-4 ▪ FTA 경제 및 비경제 효과 요약

	효과	내용
정태적 효과	무역증진 효과	FTA 체결당사국 간의 무역창출
동태적 효과	경쟁제고 효과	▪ 국내시장 경쟁 격화, 기업경쟁력 개선 ▪ 수입시장 경쟁 심화, 수입물가 하락, 소비자 후생 증가
	성장효과 (자본축적 효과)	▪ 자원배분의 효율성 증진 ▪ 무역 증가로 인한 경제성장
	해외직접투자(FDI) 유입효과	▪ 시장 확대와 관세철폐로 인한 FDI 증가 ▪ 전반적인 비즈니스 환경 개선으로 투자 유인
비경제효과	대외협상력 제고효과	대외협상력 제고
	기타	경제 외적인 외교·안보적인 측면에서의 이점

한편 최근 체결된 FTA에서는 무역효과보다는 동태적 효과가 더 중요할 수 있다. 동태적 효과는 경제통합으로 인한 효과가 단기간 내에는 가시화되지 않더라도 어느 정도 시간이 지남에 따라 서서히 나타나는 효과를 말하는데, 상대국 및 협정의 내용에 따라 동태적 효과가 정태적 효과보다 더 중요할 수도 있다. 특히 규모의 경제 및 경쟁촉진 요인, 외국인 직접투자 등이 동태적인 측면에서 역내 경제활동의 효율성을 증대, 즉 국제경쟁력을 제고하는 데 기여하는 중요한 요인으로 지적될 수 있으며, 이러한 동태적 효과에 대한 연구가 활성화되고 있다.

시장개방과 시장의 확대로 기업들 간의 경쟁이 촉진된다. FTA가 규정하는 관세철폐와 각종 비관세장벽이 제거되면서 관세장벽이 완화되면 역내 다른 회원국 기업들은 자국 시장으로 진출할 것이고, 국내기업들과의 경쟁이 촉진될 것이다. 국내 내수시장을 선점하고 있는 기업 입장에서 보면 경쟁이 바람직하지 않을 수 있으나, 산업정책적 차원에서 보면 경쟁촉진은 여러 가지 측면에서 긍정적인 효과를 가져오게 된다. 먼저, 경쟁력이 약한 산업의 구조조정을 촉발시킬 수 있다. 취약산업을 보호하려는 경향도 있으나 취약산업을 구조조정하고 경쟁력 있는 업종으로 전문화하지 않으면 오늘날 가속화되는 국제통상환경에서 살아남기 어렵기 때문에 산업정책당국은 구조조정을 강조하게 되는 것이다. 이러한 일련의 긍정적 효과들은 역내 상품교역과 기술교류 등을 통해 역내 경제 전반에 걸쳐 파급될 것이고, 이로 인해 역내 경제는 성장을 가속화시킬 수 있게 된다. 즉, 규모의 경제와 경쟁촉진이 동시에 실현됨으로써 산업의 국제경쟁력이 개선된다.

FTA를 설치하는 자체가 역내 시장을 확대하는 것을 의미하므로 확대된 역내 시장에서 영업기회를 확보하기 위한 외국인 직접투자가 역내로 증가하는 경향이 있다. 회원국 간 관세 및 비관세장벽의 철폐는 역내 시장의 확대와 역내에서의 경제활동비용이 낮아짐을 의미하므로, 그 자체로 기업이 이윤을 창출할 수 있는 기회가 확대됨을 의미한다. 일반적으로 기업이 해외직접투자를 고려할 때에는 시장규모와 더불어 시장의 성장가능성, 이윤창출 및 시장진출의 전망, 정치 및 사회의 안정, 법적·제도적 장치의 투명성, 노동력의 질, 사회간접자본 등이 중요한 변수가 되는 것으로 알려져 있다. 이러한 요소들 중 상당수는 FTA 체결로 개선될 수 있다.

한편 FTA 체결은 국제적으로 논의되는 각종 통상현안에서 같은 입장을 유지할 가능성을 높이게 되며, 이로 인해 대외협상에도 유리하게 작용할 수 있다. 또한 FTA 경제동맹 관계를 형성하였으므로 외교 · 안보적인 측면에서의 이점을 기대할 수 있을 것이다.

FTA 체결은 무역 및 투자의 측면에서 전반적으로 역내국에 긍정적인 효과를 유발한다고 할 수 있으나 부정적인 효과도 수반한다. FTA 체결의 영향으로 경제 전체적으로는 이익을 보더라도 업종에 따라 손실을 입는 계층이 있을 수 있으므로, 이들 계층에 대한 정부의 배려가 있어야 한다. 취약산업에 고용되었던 생산요소들의 산업 간 이동이 순조롭지 못할 경우 협정 이행 초기에 실업과 같은 구조조정비용(adjustment costs)이 발생할 수 있다. FTA 하의 시장개방으로 단기적으로 문제가 크다면 단기적인 시장개방의 폭을 축소하여 구조조정의 시간을 확보하는 것이 일반적이다. 또한 현재 발효 중인 무역조정지원제도(TAA)를 활용함으로써 구조조정의 고통을 줄이면서 새로운 산업으로의 진출을 모색할 수 있다.[3]

3 무역조정지원제도는 2007년 4월부터 시행되고 있다. 자세한 내용은 무역조정지원센터 홈페이지(www.taa.go.kr) 참조.

다. FTA 체결 추세

글로벌 금융위기 발생 이후 경기회복이 지연되면서 보호무역주의가 확산될 가능성이 높다. FTA는 상대국 시장에 유리하게 접근할 수 있고, 일부 협정에서는 보호무역주의를 차단할 수 있는 규정을 포함하고 있어 향후에도 FTA 체결 유인은 지속될 것으로 전망된다. 지역무역협정 혹은 지역주의는 FTA, 관세동맹, 특혜무역협정 등을 총칭하는 의미이며, 지역무역협정을 체결한 회원국은 WTO 지역무역협정위원회(CRTA)에 통보해야 한다.

WTO 홈페이지(www.wto.org)에 따르면 1958년 유럽공동체조약(EC Treaty)이 처음으로 다자무역체제에 통보되었고, 2016년 8월 현재 398개의 지역무역협정이 통보되어 있다. 이들 지역무역협정 중 53개는 1995년 이전(즉, GATT 체제)에 통보되었으나, 나머지는 WTO가 출범한 1995년 이후에 통보되었다. 최근 20여 년 사이에 체결된 협정의 수가 그 이전 40년간 체결된 건수의 8배에 달하고 있어, WTO 출범으로 지역주의 확산추세가 줄어들 것이란 당초의 예상과는 반대로 오히려 지역주의가 범세계적으로 확산되었다. 급속한 FTA

체결에도 불구하고 지역무역협정 역내무역 비중은 점진적으로 증가해 왔다. 역내무역 비중이 더디게 증가한 것은 세계 주요 무역국 간의 FTA가 많이 체결되어 있지 않기 때문이다. 일례로 중국은 전 세계 대부분 국가에게 제1위 무역상대국이나 중국이 거대경제권과의 FTA를 아직 체결하지 않아, 중국과의 무역은 역내무역으로 계산되지 않는다.

그림 6-5 세계 FTA 체결 추이와 역내무역 비중

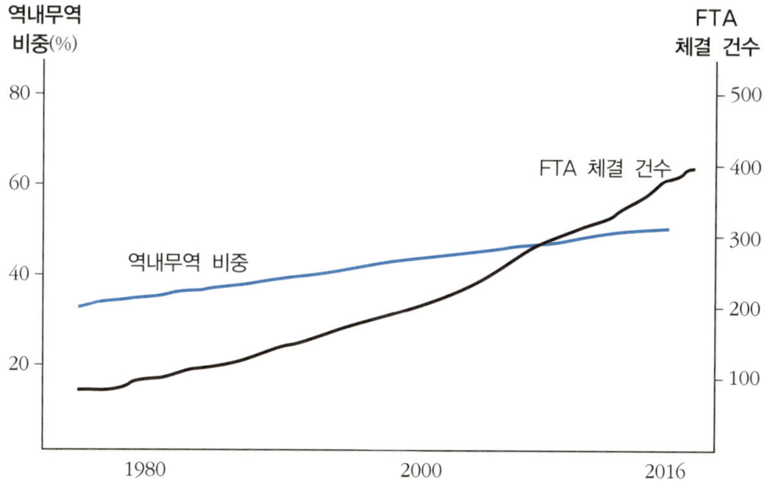

1958년에는 최초의 지역무역협정으로 독일, 프랑스, 이탈리아, 네덜란드, 벨기에, 룩셈부르크 간 관세동맹인 유럽경제공동체(EEC)가 이행되었고, 1960년에는 영국이 주도하여 결성한 유럽자유무역연합(EFTA)이 발효되었다.[4] 또한 1961년에는 미주지역의 첫 지역무역협정인 중미공동시장(CACM),[5] 1968년에는 이집트, 인도, 유고슬라비아 간의 '3국 간 협정(TRIPARTITE)'이 특혜무역협정의 형태로 발효되었다. 지난 1970년대에 발효된 지역무역협정은 총 11개로 1950~1960년대에 비해서 많은 지역무역협정이 체결되었는데, EC가 영국(1973), 덴마크(1973), 노르웨이(1973) 등 여타 유럽국가 및 알제리(1976), 시리아(1977) 등의 국가와 체결한 지역무역협정이 8건을 차지하고 있다. 이 시기의 지역주의는 EC의 확대기간이며, 주로 EC가 개별 국가와 체결한 양자간 협정이 대부분이다. 1973년 미주지역의 2번째 지역무역협정인 카리브공동시

4 영국, 스웨덴, 스위스, 노르웨이 등 EC에 참여하지 않았던 대부분의 유럽국가들이 EFTA에 회원국으로 참여했으나, 1973년 영국, 덴마크, 아일랜드가 EC에 가입한 이후 많은 국가들이 EFTA를 탈퇴함에 따라 현재 스위스, 노르웨이, 아이슬란드 및 리히텐슈타인만이 회원국으로 남아 있다.

5 회원국은 중미지역의 과테말라, 온두라스, 니카라과, 코스타리카 5개국이다.

장(CARICOM)이 발효되었다.[6] 1976년에는 우리나라를 비롯한 인도, 방글라데시, 필리핀 등이 방콕협정을 체결하여 회원국들 간의 무역에 특혜관세를 부여하였다.

1980년대 총 9개의 지역무역협정이 발효됨으로써 협정 건수로는 1970년대에 비해 체결 건수가 감소되었다. 유럽지역에서는 EC가 그리스(1981)와 포르투갈(1986) 및 스페인(1986)을 신규 회원국으로 가입시키는 협정을 발효시켰고, 1983년 호주 · 뉴질랜드 간 자유무역협정인 경제긴밀화협정(Closer Economic Relations ; CER)이 체결되었다. 한편, 미국도 미 · 이스라엘 FTA를 통해 지역주의에 참가하였다.

1990년대에는 지역무역협정 체결이 폭발적으로 늘어났다. 무려 65개의 협정이 발효되어, 지역주의가 세계적으로 확산된 시기이다. 먼저 유럽에서는 유럽공동체(EC)와 유럽자유무역연합(EFTA)이 경쟁적으로 지역주의를 확대해 나간 시기였다.[7] EC는 루마니아(1993), 불가리아(1993), 터키(1996), 튀니지아(1998) 등과 FTA를 체결하였고, 유럽자유무역연합(EFTA)은 터키(1992), 이스라엘(1993), 루마니아(1993), 불가리아(1993), 모로코(1999) 등과 FTA를 체결하였다. 동구권 국가들도 FTA 체결에 나서기 시작하였다. 예를 들어, 조지아와 우크라이나 간의 FTA가 1996년 체결되었고, 루마니아와 터키도 양국 간 FTA를 1998년 체결하였다.

6 중남미의 카리브해 연안국가들이 주요 회원국으로, 바하마, 바베이도스, 가이아나, 자메이카, 도미니카, 하이티, 수리남 등 15개 국가들로 구성되어 있다.

7 1970년대 초반 유럽에서는 독일과 프랑스가 주도하는 유럽공동체(EC)와 영국을 중심으로 형성되었던 유럽자유무역연합(EFTA)이 경쟁하는 형태를 유지했으나, 이후 영국 등 대부분의 EFTA 회원국이 EC에 가입하였다. EC는 1993년 유럽연합(EU)으로 발전하였고, 2009년 12월 발효된 리스본조약에 따라 대외적인 명칭도 기존 EC에서 EU로 변경되었다.

표 6-5 ■ 주요 기간별 지역무역협정의 체결

기간	지역무역협정의 예
1948~1960	EC(유럽공동체 ; 1957) EFTA(유럽자유무역연합 ; 1959) CACM(중미공동시장 ; 1961)
1970~1979	영국, 덴마크, 아일랜드의 EC 가입(1973) CARICOM(중남미카리브해공동시장 ; 1973) 방콕협정(인도, 방글라데시, 한국 등 ; 1976)
1980~1989	CER(호주 · 뉴질랜드 FTA ; 1983) U.S. · Israel FTA(1985) 스페인, 포르투갈의 EC 가입(1986)
1990~1999	MERCOSUR(남미공동시장 ; 1991) AFTA(아세안자유무역지대 ; 1992) NAFTA(북미자유무역협정 ; 1994) 불가리아, 루마니아 등 동구권 국가의 EC와 EFTA 가입

2000~2010	EC · 멕시코 FTA(2000) EC · 칠레 FTA(2003) 동구권 10개국으로의 EU 확대(2004) 일본 · 싱가포르 FTA(2002) 한국 · 칠레 FTA(2004) 미국 · 호주 FTA(2005) 한국 · EFTA FTA(2006) 중국 · 칠레 FTA(2006) EU의 27개국으로 확대(2007) 일본 · 베트남(2009) 미국 · 페루 FTA(2009)
2011~2016	캐나다 · 콜롬비아 FTA(2011) 일본 · 인도 FTA(2011) 홍콩 · EFTA FTA(2012) 미 · 콜롬비아 FTA(2012) GCC · 싱가포르 FTA(2013) 캐나다 · 온두라스 FTA(2014) 중국 · 베트남 FTA(2014) EFTA · 중미(코스타리카, 파나마) FTA(2014) 중국 · 호주 FTA(2015) 아세안 · 인도 서비스 협정(2015) 중국 · 한국 FTA(2015) 유라시안동맹(EEU, 2015) 한국 · 콜롬비아 FTA(2016)

주 : 괄호 안은 발효 연도임.

미주지역에서도 대규모 지역무역협정이 체결되었다. 미국, 캐나다 및 멕시코는 1994년에 북미자유무역협정(NAFTA)을, 브라질, 아르헨티나, 우루과이 및 파라과이는 1991년 관세동맹인 남미공동시장(MERCOSUR)을 발효시킴으로써 북미와 중남미지역의 대표적인 지역무역협정으로 자리 잡게 되었다.[8] 또한 캐나다는 1997년 이스라엘 및 칠레와 양자간 자유무역협정을 발효시켰으며, 칠레 · 멕시코 간 FTA는 1999년 발효되었다. 2010년 이후 캐나다는 콜롬비아(2011), 온두라스(2014)와 FTA를 발효시켰고, 미국은 2012년 파나마 및 콜롬비아와의 FTA를 발효시켜 중남미지역과의 경제관계 강화에 나섰다.

동아시아지역에서는 태국과 라오스 간 특혜무역협정이 1991년 발효되었으며, 현재 동남아지역 10개국으로 구성된 아세안자유무역지대(AFTA)도 1992년 공식 출범하였다.[9] AFTA는 1976년의 제1차 발리 정

8 '공동시장'은 회원국 간 무역자유화, 제3국(비회원국)에 대한 공동의 역외관세 설정, 인력 이동의 자유화가 포함되는 협정을 말한다. 하지만 남미공동시장(MERCOSUR)은 남미지역의 대부분을 차지하는 지역무역협정임에도 명칭과는 달리 공동시장이 될 정도로 시장이 통합되어 있지 않다.

9 아세안은 역내의 안전보장과 정치적 안정을 목적으로 하여 인도네시아, 말레이시아, 필리핀, 싱가포르, 태국 등 5개국이 1967년 발족시켰다. 1984년 브루나이, 1995년 베트남, 1997년 미얀마와 라오스, 1999년 미얀마(구 캄보디아)가 마지막으로 가입하여 현재 10개국의 회원국으로 구성되어 있다.

상회의에서 역내 경제협력 강화를 위한 무역자유화와 산업협력을 추진하였으나, 공식적인 무역협정을 체결하지 않아 내용과 발전 속도 면에서 회원국의 관심을 끌지 못했다. 이후 1990년대 들어 다른 지역에서 지역주의 움직임이 활발하게 진행되자 동아시아에서의 첫 FTA인 AFTA를 발족시키게 되었다. 2015년 아세안은 인도와의 서비스분야 협정을 이행시켰고, 최근 싱가포르, 말레시아, 베트남 등 아세안 개별 회원국들은 메가 FTA 추진에 적극적인 모습을 보였다.

일본은 2011년 인도와의 FTA 발효에 이어 2013년 TPP 협상에 참여하여 2016년 협상에 서명하였다. 중국은 2014년 베트남과의 FTA에 이어 2015년에는 호주 및 한국과 양자간 FTA를 발효시켰다.

2000년 이후 세계 FTA 지역주의는 1990년 중반의 세계적인 확대 추세가 지속되고 있다. 2016년 말 현재 WTO에 통보된 지역무역협정의 절반 이상은 최근 10년 사이 체결된 것이다. EU, EFTA, 미국 등 선진국이 활발하게 지역주의를 확대했고, 아세안, 한국, 일본 등도 FTA 체결에 적극성을 보였다.

먼저 EU는 2004년 폴란드, 헝가리 등 동구권 10개 국가를 신규 회원국으로 가입시켰고, 2007년에는 루마니아와 불가리아가 EU에 가입함으로써 EU는 27개 회원국으로 확대되었다. 또한 멕시코(2000), 크로아티아(2002), 칠레(2003), 이집트(2004), 알제리(2005), 알바니아(2006), 보스니아(2008), 몬테니그로(2008), 카메룬(2009), 코트디브아르(2009) 등 19개 국가와 FTA를 체결하였다. EFTA도 유고슬라비아(2001), 멕시코(2001), 싱가포르(2002), 칠레(2004), 튀니지(2005), 한국(2006), 레바논(2007), 이집트(2007), 남아프리카관세동맹(SACU, 2008) 등과의 FTA를 발효시켰다.

표 6-6 ■ 주요국의 FTA 추진현황

	기체결	협상단계	논의단계
일본	(발효) 싱가포르, 멕시코, 말레이시아, 칠레, 태국, 인도네시아, 브루나이, 필리핀, ASEAN, 스위스, 베트남, 인도, 페루, 호주 (타결) 몽골, TPP	(협상 중) 캐나다, 콜롬비아, 한·중·일, RCEP, EU, 터키 (협상 개시 여건 조성) 한국, GCC	FTAAP (아시아·태평양자유무역지대), 뉴질랜드
중국	(발효) 태국, 홍콩, 마카오, ASEAN, 칠레, 파키스탄, 뉴질랜드, 싱가포르, 페루, 코스타리카, 대만 ECFA, 아이슬란드, 스위스, 한국, 호주	노르웨이, 한·중·일, RCEP, SACU(남아프리카관세동맹), GCC	인도
ASEAN	중국, 일본, 한국, 인도, 호주·뉴질랜드		

인도	(발효) 스리랑카, SAFTA(남아시아특혜무역협정), 싱가포르, 부탄, ASEAN, 한국, 일본, 말레이시아	(협상 중) 태국, CECA, EU, 뉴질랜드, 호주, 인도네시아, RCEP, 캐나다, 이스라엘 (협상 중단) GCC	유라시아 관세동맹, 파키스탄, 중국, 대만, 터키
미국	(발효) 이스라엘, NAFTA, 요르단, 싱가포르, 칠레, 호주, 모로코, 바레인, DR-CA, 오만, 페루, 한국, 콜롬비아, 파나마 (타결) TPP	TTIP, SACU, CAN(안데안공동체), 에콰도르, UAE, 말레이시아, 태국	
MERCOSUR	(발효) CAN, 볼리비아, 콜롬비아, 에콰도르, 베네수엘라, 페루, 이스라엘 (타결) 이집트, 팔레스타인자치정부	(협상 중) EU, SICA, 터키 (협상 중단) GCC, 멕시코	모로코, 캐나다, 한국, 태평양동맹
EU	(발효) 시리아, 안도라, 산마리노, EEA(스위스 제외한 EFTA 3개국과 EU 28개국), 터키, 이스라엘, 팔레스타인자치정부, 튀니지, 남아공, 모로코, 마케도니아, 요르단, 칠레, 레바논, 이집트, 알제리, 알바니아, 몬테네그로, 보스니아·헤르체고비나, 세르비아, 한국, 페루·콜롬비아, 중미, 조지아, 몰도바, 우크라이나 (타결) 싱가포르, 에콰도르, 캐나다, 베트남	(협상 중) TTIP, 일본, 태국, 인도, 말레이시아, MERCOSUR (협상 중단) 아제르바이잔, GCC, 아르메니아, 리비아, ASEAN	필리핀, 아제르바이잔, 브루나이, 인도네시아, 대만, 이란

자료 : 산업통상자원부 FTA 홈페이지 자료 수정·보완.

미주지역에서는 미국, 칠레, 멕시코 등이 활발하게 지역주의를 추진하였다. 미국은 요르단(2001), 싱가포르(2004), 칠레(2004), 호주(2005), 모로코(2006), CAFTA(2006),[10] 바레인(2006), 오만(2009), 페루(2009)와의 FTA를 발효시켰다. 멕시코는 EC(2000), EFTA(2001), 일본(2005) 등과의 FTA를, 칠레는 EC(2003), 미국(2004), EFTA(2004), 한국(2004), 중국(2006), 일본(2007), 콜롬비아(2009), 싱가포르(2009) 등과의 FTA 협정을 발효시켰다.

동아시아에서는 일본이 싱가포르 및 멕시코와의 양자간 협정(EPA)을 각각 2002년과 2005년 발효시켰고, 이어 태국(2007), 인도네시아(2008), 필리핀(2008), 스위스(2009), 베트남(2009)과의 FTA를 순차적으로 이행시켜 오고 있다. 우리나라는 사상 첫 FTA인 한·칠레 FTA를 2004년 발효시킨 이후, 2010년 초까지 싱가포르, EFTA, 아세안, 인도와의 FTA를 이행했고, EU(2011), 미국(2012), 중국(2015)과의 FTA도 발효시켰다. 중국은 아세안 국가와의 조기자유화조치(EHP)를 2003년 발효시켰고,[11] 2005년 7월에는 아세안과의 상품분야 협정을 발효시켰다. 또한 2004년에는 독립적인 관세구역인 홍콩 및 마카오와의 경제강화협정(CEPA)을, 2006년에는 칠레와의 FTA를 발효시켰다. 이어

10_ CAFTA는 중미지역 과테말라, 니카라과, 온두라스, 코스타리카 및 엘살바도르 5개국 간 자유무역협정이며, 2004년 5월 미국과의 FTA 협정에 서명하였다. 동 협정은 2005년 7월 28일 미 하원에서 217 대 215로 가까스로 비준되어 현재 이행 중에 있다.

11_ 조기자유화조치(EHP)는 중국이 농업분야(HS01-08)를 대상으로 아세안과 체결한 협정으로, 중·아세안 FTA 체결에 소극적이었던 아세안 국가들을 FTA 협상으로 유도하기 위해 2003년 중국이 아세안 국가들에게 제공한 특혜무역 조치이다. 이후 조기자유화 조치는 2004년 말 타결된 협정의 일부로 포함된다.

2007년 파키스탄, 2008년 뉴질랜드와의 FTA를 이행시켜 FTA 지역주의에 적극 참여하고 있다.

3. FTA 이해 심화

FTA and International Trade, ch. six

가. 경제통합과 지역무역협정

경제통합(economic integration)은 복수의 독립적인 경제권의 경제제도와 관행을 상호 유사하게 만들어 나가는 일련의 과정으로 해석될 수 있다. 특정 지역 내 다수 국가가 협정 체결을 통해 하나의 통합된 경제권을 형성하는 것을 의미한다. 경제통합을 넓게 해석하면 무역과 투자 증대, 인적 교류의 확대 등 '시장 주도 통합(market-driven integration)'을 포함하기도 하나, 경제통합이론에서는 협정이나 조약을 통한 '제도적인 통합(institutional integration)'을 연구대상으로 설정하고 있다. 1960년대 헝가리 출신 경제학자 벨라 발라사(Bela Balassa)가 기초를 세운 경제통합이론은 제도적인 통합에 국한하여 이론을 전개하였다. 전자의 예로는 동아시아에서 전개되어 온 역내국 간 무역의 확대를 들 수 있으며, 제2차 세계대전 이후 유럽의 통합과정은 후자의 예로 널리 언급되고 있다.

경제통합의 방식은 통상의 대상에 대한 지리적 범위, 통합 주체와 동기, 협정포괄 분야에 따라 구분될 수 있다. 먼저 통합의 지리적 범위에 대해 살펴보자. 국내외에서 발간된 경제통합론 교재들은 주로 유럽의 통합과정을 전형적인 통합사례로 보고 있지만, 오늘날 가장 보편화된 경제통합은 크게 세계무역기구(WTO) 다자무역체제를 통한 세계경제 통합과 지역무역협정(RTA) 체결로 이루어지는 특정 국가 간 경제통합으로 나눌 수 있다. WTO는 전 세계적인 무역-투자-서비스 자유화 및 경제통상제도 조화를 통해 세계경제를 점진적으로 통합하는 장점이 있지만, 많은 회원국 간 합의 도출이 어렵다는 문제가 있다. 2001년 시작된 도하개발의제(DDA) 협상도 몇 차례 타결시한을 연장했지만, 아직도 타결되지 않고 있다. 반면 지역무역협정은 소수의 회원국 간 경제통합에 적합하며, 단기간 내 경제효과를 기대할 수 있다는 장점이 있다.

표 6-7 ■ 경제통합의 분류

	구분	설명
지리적 범위	전 세계(WTO 회원국)	GATT · WTO 다자무역체제 하의 전 세계 경제통합
	특정 회원국	지역무역협정 체결을 통한 회원국 간 경제통합
통합 주체와 동기	제도적 통합	국가 간 협정에 근거한 통합
	기능적 통합	다국적기업에 의한 지역경제권 형성
협정의 관할분야	포괄적 통합	무역, 투자, 서비스, 경제제도 등 다수 분야의 통합
	부문별 통합	특정 부문에 대한 통합

통합의 주체와 동기에 따라 제도적 통합과 기능적 통합으로 구분될 수 있다. 제도적 통합이란 구속력 있는 협정에 근거하여 통합을 달성하는 것을 의미하는 반면, 기능적 통합은 다국적기업들의 경제활동에 의해 지역경제권이 형성되는 것을 말한다. 협정의 포괄범위에 따라 경제통상 등 많은 부문의 통합을 달성하는 포괄적 통합과 자동차, IT제품 등에 대한 부문별 통합으로 나눌 수 있다. 경제통합의 형태에 따라 〈표 6-7〉과 같이 구분이 가능하나, 가장 일반적인 경제통합의 형태는 지역무역협정 체결을 통한 제도적 · 포괄적 통합이 될 것이다. 특정 국가 간 무역통상 이해관계 증진을 위해 체결되는 협정을 포괄적으로 지역무역협정이라 부른다. 지역무역협정은 특정 분야에 대한 무역협정에서부터 오늘날 유럽연합(EU)과 같이 완전통합체까지 다양한 형태를 포괄하는 의미이다.

지역무역협정은 경제통합에 기여하며, 회원국들은 긴밀한 경제관계 형성, 즉 경제통합을 전제로 하고 있다. 유럽연합도 철강과 석탄에 대한 협정(ECSC)에서 출발하여, 전 부문 무역자유화를 거쳐 오늘날 무역통상과 경제제도를 통합했고, 정치통합까지 시도하는 EU로 발전하였다. 단순한 형태의 지역무역협정은 부문별 무역협정과 특혜무역협정인데, 전자의 예로는 앞서 언급한 유럽석탄철강공동체(ECSC, 1951년)와 IT무세화협정(1997년)이 대표적인 예이다.

표 6-8 ■ 지역무역협정의 종류와 예시

	주요 내용	예시
부문별 무역협정	특정 부문에 대한 협정	IT분야 협정(ITA)
특혜무역협정(PTA)	회원국에게 일정 수준의 특혜 제공	아태무역협정(舊 방콕협정)
자유무역협정(FTA)	회원국 간 무역 및 투자(서비스) 자유화, 경제제도 조화 및 선진화	NAFTA
관세동맹(CU)	회원국 간 무역자유화, 역외 공동관세	베네룩스관세동맹
공동시장	관세동맹을 기반으로 회원국 간 생산요소의 이동 허용	유럽경제공동체(EEC)
경제통합체	경제통상, 화폐 등 경제통상분야 통합체	현재의 유럽연합(EU)

IT무세화협정(ITA)은 컴퓨터 등 정보통신기기에 대한 관세를 철폐하는 것으로 WTO와 아태경제협력체(APEC)가 주도하여 IT 제품에 대한 전 세계적인 무역자유화를 실현한 협정이다. 특혜무역협정은 회원국 간에 특혜적 관세대우를 적용하는 협정을 말하는데, 전 품목을 특혜관세 적용대상으로 설정하지 않고, 관세의 철폐 혹은 무역자유화를 지향하지 않는다는 점에서 FTA와 차이가 있다. 예를 들어 우리나라, 중국, 인도, 스리랑카 등이 회원국인 아태무역협정(舊 방콕협정)은 10% 내외 품목에 적용되고, 특혜율은 기존 관세율의 20% 수준이므로 특혜무역협정의 전형적인 예이다.

발라싸는 FTA를 경제통합체 중 가장 낮은 수준의 통합체인 것으로 간주했으나, 오늘날 체결되는 협정은 회원국 간 무역자유화를 근간으로 하면서 투자와 서비스 자유화, 규제완화 등 경제제도 선진화를 내용으로 하고 있다. 한·인도 FTA에서는 전문인력 이동을 허용함으로써 일부 공동시장의 특성을 갖추게 되었다. 관세동맹은 회원국 간 무역자유화에 역외국에 대한 공동관세를 도입하는 것을 말하는데, 과거와 달리 오늘날에는 거의 체결되지 않고 있다.[12] 다자무역체제의 권능이 취약하던 과거 GATT 초기 시절 유럽에서 EEC가 관세동맹으로 출발하여 오늘날 EU로 발전했으나, 중남미지역의 안데스공동체(ANCOM), 남아공이 주도했던 남아프리카관세동맹(SACU) 등 나머지 관세동맹은 명칭만 관세동맹이지 내용면에서는 특혜무역협정에 머물고 있다.

공동시장은 회원국 간 무역자유화를 기반으로 하면서 노동, 자본 등 생산요소의 자유로운 역내 이동을 허용하는 협정으로, 1958년 출범한 유럽경제공동체(EEC)가 대표적인 예이다. 노동 이동이 포함되어 있다는 점에서 유럽경제공동체는 상당히 수준이 높은 통합체로 볼 수 있으나, 일부 협정은 명칭과 달리 내

12 관세동맹의 핵심인 역외 공동관세를 도입하기 위해서는 개별 회원국의 서로 다른 기본 관세율(MFN 관세율) 체계를 통일시켜 역외 공동관세 체계를 도입해야 하는데, WTO 체제 하에서 관세율 조정 시 파생되는 이해관계를 제3국에게 보상해 주어야 하기 때문에 역외 공동관세 도입이 쉽지 않다.

용이 부실한 협정도 적지 않다. 예를 들어 라틴아메리카의 안데스 제국에 속하는 콜롬비아 · 페루 · 에콰도르 · 볼리비아 · 칠레 등의 지역경제통합체인 안데스공동체(ANCOM)는 기존 경제통합론 교재에서 공동시장의 예로 제시되고 있으나, 실제로는 공동시장으로서의 요건에 크게 미달하는 협정이다.

완전통합체는 무역통상, 경제제도는 물론 사법제도 등 사회 전반의 통합을 실현한 것으로, 현재의 EU가 이에 해당한다. EU의 원형은 1946년 9월 19일 당시 영국 수상 윈스턴 처칠이 스위스 취리히 연설에서 처음 공식적으로 언급하였고, 1950년 5월 9일 장 모네가 제안했던 유럽석탄철광공동체 구상을 당시 프랑스 외무장관 로베르 쉬망이 수용하면서 구체화되기 시작하였다. 이후 유럽경제공동체(EEC)와 유럽공동체(EC)로 발전했고, 1993년에는 마스트리히트 조약이 이행되면서 오늘날의 EU가 탄생하게 되었다.

나. EPA, CEPA, SECA : 변형된 FTA 명칭

오늘날 체결되는 지역무역협정 중 가장 보편화된 것이 FTA이고, 최근 들어 FTA 외에 다른 명칭의 협정도 체결되고 있다. WTO가 지역무역협정의 다자무역체제 하의 최혜국 대우(MFN) 예외 인정 요건에 규정하고 있을 뿐, 협정 명칭에 대해서는 규정이 없기 때문에 명칭은 회원국이 합의해 정하면 된다. EU는 이집트 등 중동국가와 체결한 협정을 '제휴협정(Association Agreement ; AA)'으로 부르고 있고, 2005년 체결된 인도 · 싱가포르 간 협정은 '포괄적경제협력협정(Comprehensive Economic Cooperation Agreement ; CECA)', 최근 중국과 대만 간에 논의 중인 협정은 '경제협력기본협정(Economic Cooperation Framework Agreement ; ECFA)'으로 불리고 있다.

우리나라가 추진한 FTA에서 채택되었던 협정 명칭에 대해 알아보면, 한 · 일 FTA 협상과정에서 일본측은 FTA보다는 '경제연계협정(Economic Partership Agreement ; EPA)'이라는 명칭을 사용할 것을 제안하였고, 한 · 인도 FTA의 공식 명칭도 인도측의 요청으로 '포괄적경제연계협정(Comprehensive Economic Partnership Agreement ; CEPA)'으로 명명되었다. 2005～2006년간 진행되었던 멕시코와의 FTA 명칭은 '전략적경제보완협정(Strategic Economic Complementation Agreement ; SECA)'이었으나 2007년 양측은 FTA

로 명칭을 바꾸기로 합의했다. 2007년 논의된 한국-러시아 간 협정은 '양자간 경제동반자협정(Bilateral Economic Partnership Agreement ; BEPA)', 남미의 브라질, 아르헨티나 등이 회원국인 남미공동시장(Mercosur)과의 협정은 '무역협정(Trade Agreement ; TA)으로 불리고 있다.

보통명사인 FTA 대신 다른 명칭이 채택된 협정에는 몇 가지 공통점이 있다. 먼저, FTA 추진과정에서 우리나라보다는 상대국이 다른 명칭을 요청했다는 점이다. 일본, 인도, 멕시코, 러시아, 남미 등이 변형된 FTA 명칭을 제안한 반면, 대체로 우리나라는 상대국의 요청을 수용하는 경향이 있다. 협상과정에서 우리나라는 FTA 보통명사 사용 입장을 밝혔으나, 상대국들은 FTA보다 내용이 더 충실하고, 양국의 요청사항을 더 잘 반영하도록 하기 위해 다른 명칭을 사용할 것을 강조했다. 하지만 최근 체결된 FTA 중 EPA 등의 명칭이 부여된 협정치고 무역개방 수준이 높은 협정은 찾기 어렵다.

둘째, 명칭과는 달리 협정의 내용이 부실하다는 점이다. 다만 미국이 주도해 타결했던 TPP는 예외이다. 하지만 일본, 인도 등이 체결한 EPA는 시장개방 속도가 느리거나 폭이 좁고, 포괄범위가 한정되어 있다. 우리나라는 인도와의 FTA 추진과정에서 처음으로 EPA 명칭을 붙이게 되었다. 인도측은 자국에서 자유무역이라는 용어 자체가 정치적으로 민감하다는 점을 들어 양국 간 협정의 명칭을 CEPA로 할 것을 협상 개시 시점부터 요청했다. 협정의 명칭에서부터 민감한 입장을 보임에 따라 애초부터 높은 자유화 수준을 기대하기 어려웠다. 국제적 기준에서 보면 한 · 인도 CEPA의 수준이 높지 않지만, 인도가 체결한 어떤 협정보다 높은 수준의 자유화를 규정하고 있는 협정을 체결하고 이행하게 된 것은 그나마 다행이라 하겠다. 우리나라 통상정책 담당자들은 향후 당분간 인도가 이 정도 수준의 FTA를 추가로 체결할 가능성이 낮다는 점을 들어 한 · 인도 CEPA가 인도시장 선점에 도움이 될 것으로 보고 있다.

일본이 우리나라와의 FTA에 대해 협상했던 2003～2004년 EPA 명칭 사용을 고집한 배경 역시 인도와 크게 다르지 않다. 세계 최고 수준의 제조업 경쟁력을 구비한 일본이지만, 농업에 대해서는 보호주의 정책을 실시하고 있어 우리나라와의 FTA 협상에서 농업 개방을 꺼렸다. 일본의 농업협상 관계자들은 양국 간에 추진하는 협정은 '자유무역'을 추진하는 협정이 아니고 양국 간 민감산업을 적절하게 고려하는 경제연계협정이란 점을 들어 농업 보호의 정당성을 주장했다. 결국 농업 개방에 대한 입장차이로 협상이 결렬되었는데, 최근 일본측이 우리나라와의 FTA 협상 재개를 요청하면서 EPA의 추진 필요성을 다시 강조하고 있다. 일본은 농업 개방에 대해 자국의 기존 입장을 그대로 유지한 채 양국 간 협상 개시를 요청하고 있는 것으로 보여 협상 재개는 물론이고, 협상 타결도 쉽지 않을 것이다.

셋째, 대체로 협정의 구조는 기존 FTA와 유사하다는 점이다. 우리나라 외교통상부 관계자들도 한 · 인도 CEPA가 상품교역, 서비스교역, 투자, 경제협력 등 경제 관련 전반을 포괄하는 내용을 강조하기 위해 채택된 용어로서 실질적으로 FTA와 동일한 성격을 가지고 있음을 밝히고 있다. 협정의 구조 자체는 유사하지만 앞에서 지적한 바와 같이 전체적으로 보면 내용이 부실한 편이다. 이러한 협정에서 개발도상국들은 주로 개방최소화와 상대국으로부터의 경제협력 제공을 강조하고 있다. 전체적으로 보면 내용이 부실한 편이지만 협정의 구조가 크게 다르지 않기 때문에 굳이 변형된 명칭을 사용할 이유가 많지 않다. 우리나라와 멕시코 간 전략적경제보완협정(SECA)도 결국 FTA로 명칭을 고치기로 2007년 말 합의했다. 당초 SECA를 희망했던 멕시코측에서 보면, 사실상 FTA를 추진하면서 한국과 경제보완을 달성할 수 있는 협정을 추구하다는 점을 일반 국민들에게 납득시키기 어려웠을 것으로 생각되며, 결국 FTA로의 명칭 변경을 제안하였다.

1. 시작하면서

2. 협정의 구조

3. 상품 관련 분야

4. 무역규범 및 관련 분야

5. 투자 및 서비스

FTA and International Trade

FTA의 주요 내용

FTA and International Trade
ch. seven

7

최근 추진된 FTA 협상과정에서 회원국들은 '포괄적이며 높은 수준'의 FTA를 목표로 협상하고 있음을 자주 언급한다. 포괄적이라 함은 협정에 포함된 분야가 많다는 뜻이고, 수준이 높다는 것은 상품과 서비스 시장이 빠른 속도로 개방되는 것을 담보하는 구체적 약속이 명확하게 제시되어 있음을 의미한다. FTA의 질적인 평가는 여러 측면에서 가능하나 가장 간단한 방식은 FTA 포괄범위와 구체적 약속의 정도를 평가하는 것이 될 수 있다. 우리나라가 체결한 FTA 중 한·미 FTA는 가장 포괄적이고 구체적 약속이 가장 우수한 것으로 볼 수 있다.

그림 7-1 우리나라 FTA의 질적인 평가

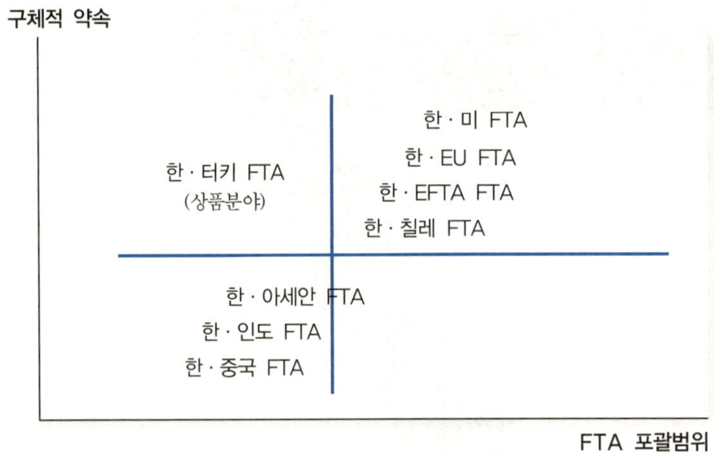

자료 : 정인교(2016)[1]

1_ Cheong, Inkyo (2016) "Analysis of the FTA Negotiation between China and Korea", Asian Economic Papers 15(3)

1. 시작하면서

FTA는 다양한 목적 달성을 위해 추진되며, 상대국에 따라 협정의 내용도 달라진다. 한 · 칠레 FTA와 한 · 미 FTA 체결 목적은 다르며, 협정의 구조 및 내용에 있어서도 상당한 차이가 있다. 국내에서 FTA에 대한 인식수준이 낮았고, FTA를 통한 수출확대보다는 무역장벽 유지로 국내산업을 보호해야 한다는 분위기가 강했던 1990년대 말 당시 우리나라는 칠레와의 FTA 체결을 지역주의에 참여하는 계기로 활용한다는 목적이 크게 작용했고, 이에 따라 우리나라의 무역개방 및 국내산업 피해를 최소화하면서 협상을 타결하기로 입장을 정했다. 즉, 시장개방 협상에서 소극적인 입장을 취할 수밖에 없었고, 결과적으로 개방수준이 낮은 FTA를 체결하게 되었다.

한 · 칠레 FTA 발효 이후 싱가포르, EFTA, 아세안 등과의 FTA 체결로 FTA가 국내 통상제도로 정착되어 가면서 2000년대 중반부터는 경제적인 측면을 중시하는 방향으로 FTA 정책이 발전하게 되었다. 이 과정에서 한 · 미 FTA 추진이 결정되었고, 우리 정부는 한 · 미 FTA를 우리나라 경제통상제도 선진화 기회로 활용한다는 전략을 수립하게 되었다. 협상 개시 전 사전실무협의에서부터 광범위한 분야가 포함되면서 개방수준이 높은 협정 체결에 잠정 합의하였고, 실제 타결된 협정은 NAFTA를 능가하는 수준인 것으로 평가되고 있다. 한 · 미 FTA 체결 이후 우리나라가 추진하는 FTA에서 기본 교재로 한 · 미 FTA 협정문이 주로 사용되고 있다.

크게 보면, 개도국과의 FTA에서는 관세철폐 등 시장개방 문제가 주요 협상 쟁점이 되는 반면, 서비스와 투자 등에 대한 내용 없이 상품분야 위주로 협정이 구성되거나, 상품분야 외 다른 내용에 대한 장(Chapter)을 설치하더라도 회원국에게 크게 부담이 되지 않는 내용을 포함하고 있다. 하지만 선진국과의 협상에서는 무역규범, 서비스, 투자 등 경제통상제도에 관련된 쟁점 타결에 많은 시간과 노력이 투입된다. 선진국과의 협상에서도 농업, 자동차, 섬유 등이 핵심 쟁점으로 작용하는 사례도 다수 있다. 한 · 미 FTA에서는 쇠고기 · 자동차 시장개방 협상이 난항을 겪었고, 한 · EU FTA에서는 자동차분야 쟁점이 협상 타결

막바지에 가까스로 타결되었다.

FTA 협정문은 대체로 천 페이지 내외로 구성되어 있어 일반인들이 협정의 구성 및 내용을 파악하는 것이 쉽지 않다. 이로 인해 FTA에 대한 많은 저서들이 시장개방 위주로 FTA를 소개하는 경향이 있고, 일반인들도 상품분야가 협정의 대부분을 구성하는 것으로 알고 있다. 하지만 선진국 간 FTA는 흔히 '포괄적 협정'으로 부를 정도로 다양한 분야를 규정하고 있다.

우리나라가 체결한 FTA 중 가장 포괄성이 높고 시장개방 수준이 높은 협정은 한 · 미 FTA이다. 한 · 미 FTA만 이해하면 국내외 다른 협정을 이해하는 데 어려움이 없다고 해도 과언이 아니다. 제7장에서는 한 · 미 FTA 위주로 FTA 구조 및 주요 내용을 논의하고자 한다. 제8장부터 제11장까지는 FTA의 내용을 분야별로 분석한다. 즉, 관세(제8장), 원산지기준(제9장), 무역구제(제10장), 지적재산권 · 환경 · 노동(제11장)에 대해 살펴본다. 투자와 서비스에 대한 내용은 전문적인 용어와 기술적인 측면이 많아 별도의 장에서 논의하지 않고 이 장의 제4절에서 주요 내용을 간략하게 정리하였다.

2. 협정의 구조

FTA and International Trade, ch. seven

한 · 미 FTA 협정의 국문 정식명칭은 "대한민국과 미합중국 간 자유무역협정"이며, 전문(Preamble), 협정 본문(장, Chapter), 부속서(Annex), 부록(Appendix), 서한(Letter) 등으로 구분될 수 있다. 협정문의 전체 구조는 다른 FTA와 유사하나, 본문 Chapter의 구성은 협정별로 차이를 보인다. 각 Chapter는 기본 입장, 핵심 내용, 관련 정의 등을 제시하는 본문과 관련 부속서, 부록, 부속서한, 주해 등으로 구성되며, 대부분의 Chapter는 부속서, 양국 간 통상장관(한국 : 통상교섭본부장, 미국 : 무역대표부(USTR) 대표) 명의의 서한이 첨부되어 있다. 부속서는 품목별 원산지기준, 관세양허안 등과 같이 내용이 방대한 것을 별도로 정리하거나 협정의 의미를 명확하게 하기 위해 주로 사용되며, FTA 협상과정에서 통상장관 등 책임 있는 당국자 간 서한(letter)도 협정문의 해석 시 제기될 수 있는 혼선을 피하기 위해 사용되고 있다.

표 7-1 ■ 협정 구성 요소별 주요 내용

구성 요소	주요 내용
전문(Preamble)	■ 협정 체결의 일반적인 목적을 선언적으로 규정
장(Chapter)	■ 분야별로 Chapter를 분류하여, 양측 간 합의 내용을 협정 본문에 규정
부속서(Annex)	■ 관세양허안 또는 서비스 유보안처럼 분량이 방대하거나, 협정문 본문에 두는 것이 적절치 않은 특정 분야의 합의 내용을 규정
부록(Appendix)	■ 부속서에 딸린 부록은 부속서 내용 중에서도 보다 구체적이고 기술적인 세부내용을 규정
서한(letter)	■ 협정 내용 중 해석상 이해가 다를 경우를 대비하여, 협상과정에서 합의한 해석내용 또는 협상과정의 논의내용을 확인하는 서한 형태의 문서

자료 : 대한민국 정부(2007), "한·미 FTA 상세 설명자료".

협정문의 앞부분에는 전문과 제1장 최초 규정 및 정의 조항이 제시된 다음 총 21개의 Chapter(제2장부터 제22장까지)에 협정의 본문이 수록되어 있다. 이어 예외조항(제23장)과 최종 규정(제24장)이 정리되어 있다. 협정 제2장부터 제10장까지의 내용은 상품교역에 대한 내용으로 구성되어 있으며, 상품분야 시장접근, 농업, 섬의류, 의약품과 의료기기, 원산지기준, 통관행정, 동식물 검역, 기술장벽, 무역구제 등의 내용을 담고 있다. 이어 제11장은 투자 관련 내용을, 제12장부터 제14장까지는 서비스분야를 규정하고 있다. 제12장은 서비스일반에 대해, 제13장 금융서비스, 제14장은 통신서비스 내용을 포함하고 있다. 제15장부터 제22장까지는 무역규범에 관련된 내용을 규정하고 있는데, 전자상거래, 경쟁정책, 정부조달, 지적재산권, 노동, 환경, 투명성에 대한 내용이 순차적으로 정리되어 있다.

3. 상품 관련 분야[2]

가. 상품무역

WTO 규범에 따라 FTA 체결 시 상품분야에 대한 관세 및 무역장벽의 상당 부분이 철폐되어야 한다. 한·미 FTA에서 양측은 협상 초기부터 높은 수준의 자유화 달성을 협상목표로 내걸었고, 실제 타결된 시장개방 내용도 세계 최고

2 이 장에서 제시하는 상품, 무역규범, 서비스, 투자 등에 대한 내용은 외교통상부(2007. 4월) "한·미 FTA 협상결과"의 내용을 중심으로 축약 및 보완하여 작성하였다.

수준인 것으로 평가되고 있다.

FTA에서 상품분야는 협정의 전반부에 배치되며, 상품분야 일반 규정, 관세, 원산지기준, 통관절차, 자동차 등 특정 산업에 대한 내용 등을 2~3개의 개별 장에 포함시키는 것이 일반적이다. 품목별 관세철폐와 원산지기준에 대해서는 많은 지면을 할애하게 된다. 회원국은 각각의 관세철폐 스케줄에 따라 상대국산 상품(공산품/임 · 수산물)에 대해 관세를 철폐함으로써 무역자유화를 촉진시키게 된다.[3] 상대국의 상품에 대해 원칙적으로 내국민 대우를 부여하며, 상대국으로 수출되는 상품에 대해 수출세를 부과하지 않기로 했다. 수입허가제도를 새로 도입할 경우, 신규 허가절차 발효 전에 정부기관지에 게재하거나 인터넷 등을 통해 공개해야 한다. 또한 상품협정의 운영과 관련된 양국 간 협의채널로서 상품위원회를 설치하기로 합의했다.

상품분야에 대해 양국은 관세를 완전철폐하기로 하였으며, 수입액 기준 약 94%의 품목을 조기(3년 내)철폐하기로 합의하였다. 관세양허 내용은 제8장에서 자세하게 논의되며, 우리나라의 관심품목 대부분에 대한 관세가 조기에 철폐되도록 협정이 타결되었다. 예를 들어, 2007년 협상에서 자동차 관세는 3년 이내에 철폐하기로 합의했으나, 2010년 추가협상에서 우리나라는 협정 발효 시 기준관세 8%를 4%로 인하하고, 발효 5년차에 철폐하기로 하였다. 이에 비해 미국은 2.5% 관세를 협정 발효 5년차에 철폐하기로 하였다. 이에 따라 2016년 이후 한국과 미국 간 자동차 교역은 완전무세화되었다. 자동차 관련 모든 부품의 관세는 협정이 발효된 2012년 철폐되었다. 하지만 우리나라에게 민감한 농산물, 수산물 및 임산물에 대해서는 장기철폐, 비선형 관세철폐,[4] 수입쿼터(TRQ)[5] 등을 도입하였다. 미국은 자국의 물품취급 수수료를 철폐하기로 하였으며, 우리나라는 농산물에 대해 높은 관세를 부과하는 조정관세를 협정의 기준세율로 설정하게 되었다. 협상에서 미국은 우리나라 조정관세를 철폐해야 하며, 기준세율에서도 조정관세 배제를 요구했었지만 결국 우리나라의 입장이 수용되었다.[6]

나. 농업

우리나라 FTA 추진과정에서 가장 큰 애로는 농업개방의 정치 · 경제적 부담이며, 협상에서 쟁점이 많은 분야이다. FTA 상대국이 우리 농업시장 진출에

3 협정에서 상품은 농산물과 서비스를 제외한 전 산업을 의미한다.

4 비선형 관세철폐란 협정 이행 초기에는 관세를 덜 인하하고, 협정 이행 후반부에는 상대적으로 높은 비율로 관세를 인하하는 것을 의미한다. 주로 개방에 민감한 품목을 대상으로 설정하게 된다.

5 수입쿼터(TRQ)란 일정 물량을 낮은 관세율로 수입하는 제도로, 주로 개방이 어려운 분야에 대한 관세를 인하하지 않거나 수입개방하지 않는 대신 일정 물량을 의무적으로 수입하기로 함으로써 상대국의 이해를 일부 충족시켜 주게 된다. FTA에서도 민감품목에 대해 이러한 제도를 도입하게 된다.

6 우리나라 관세율 체계는 다른 국가에 비해 복잡한 편이다. 기본 관세율과는 별도로 일부 민감품목에 대해서는 높은 세율의 조정관세를 부과하고 있다. 간혹 FTA 상대국들은 조정관세보다는 기본 관세를 FTA 관세협상 기준세출로 정할 것을 요구하기도 한다. 이 경우 우리나라는 농업개방 부담이 커지게 된다.

관심을 가지는 경우 협상은 난항을 겪었고, 국내에서의 반FTA 분위기도 고조되었다. 대표적인 사례가 한 · 미 FTA일 것이다. 한 · 미 FTA가 타결된 이후 추진된 FTA의 농업분야 관세인하는 대체로 한 · 미 FTA와 유사한 것으로 보인다. 여기서는 한 · 미 FTA의 농업개방 내용을 평가하고자 한다.

한 · 미 FTA 협상에서 가장 민감한 분야였던 농업개방은 양측의 이해관계를 일정 수준 반영하면서 민감쟁점을 해소한 것으로 평가된다. 미국측 관심품목에 대한 시장접근을 허용했지만, 우리나라에게 가장 민감한 쌀에 대해서는 자유화 예외를 실현했다. 많은 FTA에서 상품분야와는 별도로 농업분야 내용을 규정한 장이 설치된다. 일반적으로 농산물 개방은 민감하므로 일반 상품과는 다르게 취급하는 것이 FTA에서 보편화되어 있으며, 한 · 미 FTA에서 보듯이 다수 농산물에 대해 장기간의 관세철폐 이행기간 혹은 자유화 예외를 규정하고 있다. 특히 우리나라가 체결한 협정에서는 가장 민감한 농산물인 쌀에 대해서는 자유화 예외를 일관되게 규정해 오고 있다.

쌀과 관련 제품을 제외한 대부분의 농업품목에 대한 관세를 인하 및 철폐하기로 하되, 쇠고기, 돼지고기, 인삼, 고추, 마늘, 양파 등에 대해서는 물량을 기준으로 한 농산물 특별세이프가드(SSG) 제도를 도입하기로 하였다. 세이프가드 제도는 단기간 내 수입이 급증하여 국내산업에 심각한 피해를 줄 우려가 있을 경우 일시적으로 관세를 올려 무역피해를 최소화하는 장치를 말한다. 일부 핵심 품목에 대해 적용되는 농산물 세이프가드는 관세철폐 후에도 일정 기간 존속시켜 민감농산물에 대한 보호장치를 마련하였는데, 미국이 체결한 기존 FTA에서 관세철폐 후 세이프가드 존속을 인정한 경우는 거의 없다. 당해 연도 수입량이 사전에 정해진 발동기준 물량을 초과하는 경우에 한해 추가관세가 부과된다. 사과, 고추, 마늘, 양파, 인삼 등의 품목은 관세철폐 후 최장 3년간 세이프가드가 유지되며, 수입쿼터(TRQ) 품목에 대해 다양한 관리방식을 도입하기로 했다. 당초 미국은 선착순 방식만을 도입할 것을 요구하였으나, 선착순, 수입권 공매, 과거 실적기준 배분 등 다양한 방식을 도입하기로 합의했다. 미국은 TRQ 수입농산물에 대한 용도제한 금지, 쿼터 물량 배정시기 등에 관해 엄격한 규범을 요구하였으나, 품목별 특성을 감안하여 예외규정을 두는 방안에 대하여 합의했다.

표 7-2 ■ 농산물 양허협상 결과

양허유형	주요 품목
양허 제외	쌀
현행 관세, 수입쿼터	오렌지(성출하기), 식용대두, 식용감자, 탈지 · 전지분유, 연유, 천연꿀
계절관세	포도(성출하기 17년, 비출하기 5년), 스낵용 감자(출하기 7년 유예 후 8년, 비출하기 즉시 철폐)
장기철폐, 세번분리	사과(후지 20년, 기타 10년), 배(동양배 20년, 기타 10년)
장기철폐, 세이프가드	쇠고기(15년), 돼지고기(냉장 2개, 10년), 고추 · 마늘 · 양파(15년), 인삼(18년), 보리(15년), 맥주맥 · 맥아(15년), 전분(10~15년)
15년	호두(미탈각), 밤, 감귤, 송이버섯, 표고버섯, 필터담배
12년	닭고기(냉동가슴살, 날개), 냉동양파, 수박, 보조사료
10년	복숭아, 감, 단감, 감귤주스, 잎담배, 자두
6~9년	신선 딸기(9년), 맥주 · 아이스크림 · 살구 · 팝콘용 옥수수 · 아이스크림(7년), 돼지고기(2014.1.1, 기타), 호두(탈각), 옥수수유(6년)
5년 이내	완두콩 · 감자(냉동) 토마토주스 · 오렌지주스 · 위스키 · 브랜디(5년), 해조류(3년), 아보카도 · 레몬(2년)
즉시철폐	오렌지주스(냉동), 산동물, 화훼류, 커피, 포도주, 밀, 사료용 옥수수, 채유용 대두, 아몬드

주 : 괄호 안의 숫자는 관세철폐기간.
자료 : 농림부(2007), "한 · 미 FTA 농업부문 협상결과와 대응방안", 공직자 설명회 자료(4월 11일).

민감한 품목이 많을수록 관세철폐 카테고리가 많아지고 복잡해지는 경향이 있다.[7] 특히 쇠고기, 오렌지, 낙농품, 꿀, 식용대두, 식용감자 등 민감품목에 대해서는 다양한 예외적 취급방식이 도입되었다. 즉, 현행 관세를 유지하되, 쿼터 제공, 관세 장기 철폐, 계절관세, 농산물 특별세이프가드 등을 적용하기로 했다. 현행 관세가 유지되는 품목은 수확기의 오렌지(50%), 탈지 · 전지분유(176%), 연유(89%), 식용감자(304%), 식용대두(487%), 천연꿀(243%) 등이며, 이들 품목에 대해서는 기존 수입실적 및 수입전환 효과를 감안하여 소량의 무관세 쿼터를 제공함으로써 미국측에 최소한의 시장접근 기회를 보장해 주기로 했다.

7 관세양허 카테고리는 자유화하는 방식을 구분하는 것으로, 이에 대해서는 제8장의 〈부록표 8-1〉를 참조 바란다.

상당수의 주요 품목에 대해 현행 관세 유지를 확보한 것은 미국이 체결한 여타 FTA와 비교해 볼 때 예외적인 결과로 볼 수 있다. 감자 및 대두의 경우 식용과 가공용으로 세번을 분리함으로써 국내산과 대체관계가 큰 식용에 대해서는 현행 관세를 유지하기로 했다. 미국의 경쟁력이 강한 과일류에 대해서는 계절관세를 도입하거나 세번을 분리하고, 국내에서 주로 생산 · 소비되는 품종은 장기 관세철폐기간을 확보하였다. 오렌지, 포도는 수확기와 비수확기로 구분하여 우리 수확기 동안에는 현행 관세를 유지하거나(오렌지) 관세를 17년에 걸쳐 철폐(포도)함으로써 개방에 따른 피해가 최소화되도록 하였다. 또한 사과, 배는 국내에서 주로 생산 · 유통되는 품종에 대해서는 20년 철폐, 나머지는 10년 철폐(사과는 23년 동안 세이프가드 유지)할 계획이다. 쇠고기 · 돼지고기 · 사과 등 민감품목, 고추 · 마늘 · 양파 · 인삼 · 보리 등 고관세 품목에 대해서는 수입 급증 시 완충장치로서 농산물 특별세이프가드를 도입할 수 있다.

다. 섬의류

우리나라 쌀과 같이, 선진국에서는 섬의류 개방이 정치적으로 민감한 편이고, 대체로 선진국이 체결한 FTA에서는 섬의류분야를 별도로 규정하는 것이 일반화되어 있다. 한 · 미 FTA에서 섬의류분야 관세는 양허일정에 따라 상대국산 상품에 대해 관세를 철폐하기로 하되, 이 분야에 대해서는 엄격한 원산지기준을 도입했다.[8] 섬의류분야에 대한 관세는 100% 철폐되며, 대미 수출품의 61%(수입액기준)를 즉시 철폐하기로 했다. 양국은 섬의류제품 생산을 위한 기초 투입재의 국내 공급물량이 부족할 경우 원산지기준 개정을 위한 협의절차를 마련함으로써 엄격한 원산지기준으로 인한 문제점을 보완하게 되었다. 즉, 회원국의 요청이 있는 경우 60일 내 개정을 위해 노력하기로 합의했다. 또한 최소허용기준(de minimis), 세트규정 등 원산지기준을 완화하기 위한 보충기준을 도입하기로 했다.

우회수출 방지를 위한 세관협력을 강화하기로 하였으며, 수출품에 대해 수출국 세관이 원산지 검증을 수행할 수 있도록 했다. 또한 우회수출 방지를 위해 대미 수출품에 대한 우리 세관의 원산지 검증 및 우리 기업의 정보제공에 합의했다.[9] 섬의류 생산정보는 기업의 영업이익에 직결되는 사항이므로 기밀준수를 전제로 미국 세관에 제공되며, 미국 세관은 이 자료를 한국 기업의 우회 우려가 없음을 사전에 확인하는 자료로 활용하게 된다.

우리나라가 농업에 대한 특별세이프가드를 설정한 것과 유사하게 미국은 자국 산업의 민감성을 이유로 섬의류분야 세이프가드를 요청했다. 세이프가드는 긴급수입제한조치로도 불리며, 단기간 내 수입이 급증하여 해당 산업에 심각한 피해가 발생하거나 우려되는 경우 일시적으로 관세를 올리거나 수입물량을 조정하는 것을 말한다. 세이프가드에는 WTO에서 인정하는 WTO 세이프

8 원산지기준은 상품의 국적을 정하는 기준을 의미하며, 자세한 내용은 제9장을 참조 바란다.

9 섬유분야 정보 제공은 중국산 섬의류가 한국산으로 둔갑되어 미국으로 수출되는 것을 방지하기 위한 목적으로 미 세관이 도입한 제도이다. 한 · 미 FTA 이전에 미국은 우리나라를 포함한 대미국 섬유수출국에게 이 제도 적용을 통보해 왔다. 따라서 한 · 미 FTA와 무관하게 시행될 제도로 볼 수 있다.

가드, 농산물에 대한 특별세이프가드, 섬의류분야 세이프가드 등으로 나눌 수 있다. 이에 대해서는 본서의 제10장에서 자세하게 논의하고 있다. 섬의류분야 세이프가드는 WTO 일반 세이프가드보다 완화된 조건 하에 발동될 수 있으며, 품목별 관세철폐 후 10년간 발동이 가능하다. 원산지기준은 원칙적으로 원사기준(yarn-forward)이며,[10] 린넨, 여성재킷, 남성셔츠 등 우리의 주력 수출품목 중 원사기준 충족이 어려운 품목에 대해서는 원사기준 예외를 확보하였다. 또한 일정 물량에 대하여 원료의 공급이 부족하여 수출품이 원사기준을 충족하기 어려운 품목에 대해 2억 평방미터(우리나라 수출의 10% 수준)의 물량까지 TPL(원산지 예외 쿼터) 부여에 합의했다. 2억 입방미터는 우리나라 대미국 섬의류 수출의 10% 물량이므로 수입 직물을 사용하는 우리 섬의류 기업들도 한 · 미 FTA를 활용할 수 있는 길을 텄다.

라. 원산지기준

FTA 특혜관세의 적용 및 우회수출입 여부를 판정하기 위해 품목별 원산지 판정기준이 필요하다. 기본적으로 미국과 한국 내에서 최종 생산과정을 거친 물품에 대해 원산지를 인정하되, 구체적인 판정기준으로 품목별 특성에 따라 세번변경기준, 부가가치기준 또는 주요 공정기준 등을 규정하고 있다.[11]

원산지 판정 보완기준도 도입되었는데, 역내산(미국산 및 한국산) 원부자재의 교역활성화를 위하여 상대국의 원부자재를 사용한 경우 이를 역내산으로 인정하는 누적기준을 도입하기로 했다. 또한 제품을 제조할 때 역외산 원부자재의 가격비율이 10% 이하일 경우에는 세번변경기준에 따른 원산지 인정요건을 충족시키지 못하더라도 예외적으로 원산지를 인정하는 미소기준을 도입하기로 했다.

대체사용 가능한 재료의 원산지 판정 특례로, 곡물 · 석탄 · 고철 등과 같이 대체사용 가능한 재료를 사용하여 생산한 물품에 대하여는 원산지 판정의 간소화 및 무역편의 증진을 위해 선입선출법 · 후입선출법 등과 같은 재고관리법에 따라 원산지를 판정하는 방식을 도입하기로 했다.[12] 역내 부가가치 계산방법은 원산지 판정에 필요한 부가가치기준을 계산할 때 사용하는 공식으로 공제법과 집적법을 선택적으로 사용할 수 있도록 규정했다.[13]

10_ 원사기준이란 실의 소재가 되는 원면이나 양모는 수입산을 사용할 수 있으나, 국내에서 실을 짜고 국내산 실로 옷감을 만들어 옷을 재단 및 봉재해야 하는 것을 의미한다. 원산지기준 중 까다로운 기준으로 알려져 있으며, 미국이 체결하는 협정에서는 섬의류에 대해 이러한 기준을 적용하고 있다.

11_ 구체적인 내용은 제9장 원산지기준을 참조하기 바란다.

12_ "대체사용 가능한 재료"란 원료의 종류나 성질이 사실상 동일하여 국산, 외국산 구분 없이 서로 대체하여 사용하는 재료를 의미한다. 원산지기준에서 선입선출법은 먼저 구입한 재료를 먼저 사용한 것으로 보고, 그 먼저 사용한 재료의 원산지를 기준으로 최종제품의 원산지를 결정하는 방법이다. 후입선출법은 나중에 구입한 재료를 먼저 사용한 것으로 보고, 나중에 사용한 재료의 원산지를 기준으로 최종제품의 원산지를 결정하는 방법을 의미한다.

13_ 공제법은 역내 부가가치 = (제품가격 – 비원산지 재료가격)/제품가격으로 계산하는 방법이며, 집적법은 역내 부가가치 = 원산지 재료가격/제품가격으로 계산하게 된다.

마. 통관 및 원산지 검증

FTA에서는 수입자의 부담을 줄여주기 위해 관세철폐는 기본이고, 더 나아가 통관에 따르는 비용최소화를 위한 조치도 제공하고 있다. 통관절차의 신속화 · 간소화를 위해 수입화물 신속반출제, 특송화물 통관절차 간소화, 원산지자율증명제도 및 사전판정제도 등이 도입된다. 수입화물이 공항 · 항만에 도착된 후 원칙적으로 48시간 이내에 반출토록 하고, 수입신고서류도 화물 도착 전에 제출할 수 있게 하는 수입 전 사전신고제도를 한 · 미 양국은 도입했다. 특송화물 통관절차 간소화를 위해 특급탁송화물의 통관서류를 최소화하는 등 통관절차를 대폭 간소화하고, 원칙적으로 통관서류 제출 후 4시간 이내에 국내반출이 가능하도록 하는 통관절차 도입에 합의했다. 수출업체, 생산업체 또는 수입업체가 특혜관세 신청에 필요한 원산지증명서를 자율적으로 작성 · 발급하는 것이 가능하며, 특혜관세 적용에 필요한 품목분류 · 원산지 · 쿼터세율 등 의문사항에 대해 세관당국이 미리 심사하여 알려주는 사전판정제도가 적용된다.

한편, 한 · 미 FTA 협상과정에서 미국은 섬의류의 우회수입 방지를 위한 제도적 장치 도입을 강력하게 요청했다. 제3국 물품의 우회수입 방지를 위하여 세관당국이 수출국의 수출자 또는 생산자를 대상으로 원산지의 적정 여부를 직접 검증할 수 있는 원산지 현지실사제도를 도입했다. 원산지 검증 과정에서 수출입업체가 수입국의 세관당국에 제출한 자료에 대해서는 비밀유지를 의무화하고, 제출자의 동의 없이는 다른 목적으로 사용할 수 없도록 규정했다. 또한 세관당국의 원산지 검증 요구를 기피 · 방해하거나 증빙서류 제출을 거부하는 때에는 특혜관세를 배제하는 내용을 명문화했다. 또한 양국 간 통관제도 개선 및 부정무역 단속에 관한 정보교환 등 상호협력장치를 마련하고, 통관협력위원회를 설치하여 양국 간 관세협력 및 통관신속화에 관한 사항을 정기적으로 협의해 나가기로 합의했다.

바. 정부조달

정부나 공공기관이 자체적으로 필요한 물자를 조달하는 것을 말하며, 재원이 국민들이 납부한 세금으로 충당되므로, 대부분의 국가들은 자국 업체에게 정부조달을 의뢰하려고 한다. 하지만 일정 규모 이상의 정부조달도 국제적으로 개방되어야 한다는 것이 국제규범(WTO GPA)이며, FTA에서는 양허하한선을 낮춰 회원국 기업들에게 정부조달 기회를 늘릴 수 있는 조치를 도입하게 된다. 여기서 양허하한선이란 정부조달의 대상이 되는 중앙정부(연방정부)의 입찰 중 의무적으로 상대국 기업에게도 입찰참여를 허용해야 하는 최저한도를 의미한다. 한 · 미 양측은 중앙정부(연방정부) 상품, 서비스의 양허하한선(개방하한금액 : Threshold)을 현행 약 20만 달러에서 10만 달러로 인하하여 정부조달시장의 개방폭을 상당 부분 확대하였다.

우리나라의 요청으로 학교급식 예외조항을 신설하였는데, 우리나라 양허안에 급식 예외조항을 신설하여 학교급식용 식자재의 경우 정부조달 입찰 예외로 인정받을 수 있는 근거를 마련하였다. 또한 우리나라 양허안에 중소기업 예외조항을 신설하여 민자사업(BOT) 추진과정에서 적용되는 현행 중소기업 우대제도를 그대로 유지할 수 있게 했다. 한편, 이미 대외적으로 개방되어 있는 민자사업(BOT)을 정부조달 범주에 포함시켜 향후 신규 사업에 대해서는 국제입찰을 실시키로 합의하였다.[14] 입찰참가 및 낙찰 과정에서 조달기관이 속한 국가 내 과거실적 요구를 금지함으로써 공급자의 상대국 정부조달시장 진입에 대한 제도적 장벽을 제거하기로 하였다.

14_ BOT(Build-Operate-Transfer)는 정부가 민간사업자를 선정하고, 동 민간사업자는 원칙적으로 자신의 부담 하에 공사를 시행한 후 일정 기간 수익을 향유하는 형태의 민자유치 사업이다.

정부조달 작업반 설치에도 합의했는데, 양국이 제안한 정부조달과 관련된 이슈를 논의하고, 정부조달 기회와 관련된 정보를 교류하도록 함으로써 상대국 정부조달시장에 보다 효과적으로 참여할 수 있는 기반을 마련하게 되었다.

4. 무역규범 및 관련 분야

FTA and International Trade, ch. seven

가. 무역구제

국민경제 전체로 보면, 무역개방으로 경제이익을 기대할 수 있지만, 경쟁력이 취약한 산업은 피해를 보게 된다. 무역자유화, 덤핑, 수출국의 보조금 지급 등 특정 물품의 수입으로 인하여 국내산업이 피해를 입거나 입을 우려가 있을 경우 당해 수입물품에 대하여 관세조치 및 비관세조치 등의 구제조치를 취하여 국내산업을 보호하는 제도를 무역구제라 한다. 이해관계인의 신청 등에 의하여 수입증가로 인한 국내산업의 피해사실을 조사하여 추가관세 부과, 반덤핑관세, 상계관세 등을 부과하여 당해 물품의 수입을 제한함으로써 국내산업을 보호하는 제도를 말한다. 무역자유화를 추구하는 FTA에서도 무역구제제도가 광범위하게 허용되고 있다.

무역구제는 우리나라가 미국측에 개선을 요구했던 사항이지만, 미국은 자국 법 개정상의 한계를 이유로 수용하지 않음에 따라 법개정이 필요하지 않은 사항 위주로 개선안을 도출하였다.[15] 먼저, 반덤핑 · 상계조치 조사 개시에 앞서 사전통지 및 협의하기로 하였다. 반덤핑 제소장 접수 후, 접수 사실을 상대국에 서면통지하고, 조사를 개시하기 이전에 자국 법이 허용하는 범위 내에서 제소 내용에 대하여 양국 간 협의함으로써 우리 기업들이 사전적으로 준비하고, 필요 시 미국측의 오해를 사전에 시정할 수 있게 되었다.

또한 미국이 반덤핑 · 상계관세 제재를 발동할 경우에도 가격 또는 물량합의를 통해 일정 수준 우리 기업들이 미국의 벌칙사항을 수용하는 대신, 실제 제재를 피할 수 있게 되었다.[16] 미국측이 결정한 반덤핑이나 상계관세에 대해 우리나라가 가격 또는 물량조정을 제안하면 미국이 이를 적절히(due) 고려해 우리나라에게 적절한(adequate) 협의 기회를 부여하도록 규정하였다.

또한 반덤핑 · 상계관세 문제를 구체적으로 논의하는 기구로 무역구제위원회를 설치하기로 했다. 무역구제위원회를 설치하여 양국 간 무역구제 법령 및 관행에 대한 이해 증진, 조사 개시 전 사전통지 및 협의 조항과 가격 · 물량 합의 조항의 이행 및 준수 여부를 감독, 무역구제기관 간 협력 증진, 양국의 반덤핑, 보조금 및 상계관세, 세이프가드에 대한 정보교환, 무역구제 관련 국제적 이슈(예 : WTO 반덤핑 협상), 양국 조사기관의 조사 관행(예 : 이용 가능한 사실, 실사 절차), 산업보조금 관행 등에 대하여 협의하기로 하였다.[17]

한편, 양국 간 관세철폐 이행과정에서 발생하는 심각한 산업피해를 최소화하기 위해 양자간 세이프가드를 도입하기로 했다. 농산물 등 부패가 쉬운 상품에 대해 확정판정 전에 조치를 취할 수 있는 "잠정조치"를 허용하기로 했는데, 이 조치는 원칙적으로 협정 발효 후 10년 동안, 관세철폐기간이 그 이상인 품목의 경우는 관세철폐기간 종료 시까지 존속된다. 조치가 발동되는 경우 최장 2

15_ 미국이 우리나라 상품에 대한 반덤핑제소를 많이 했기 때문에 우리나라는 미국과의 FTA 협상에서 반덤핑제소 남발을 방지할 수 있는 제도 도입을 시도했다.

16_ 문제가 된 상품의 수출가격을 올리거나 수출량을 줄이게 되면 상대국의 산업피해를 줄일 수 있기 때문에 사전합의를 통해 제재를 피해 나갈 수 있다.

17_ "이용 가능한 사실(facts available)"이란 조사기관이 피제소 수출기업에게 자료를 요구하고, 이에 대한 답변 제출이 미진할 경우 조사기관이 이용 가능한 사실에 근거하여 판정을 내릴 수 있는 관행을 말한다. 또한 "실사 절차(verification procedure)"란 조사기관이 수출기업의 답변서를 접수한 이후, 답변 내용의 정확성을 확인하기 위하여 수출기업을 방문하여 수행하는 조사 절차를 의미한다.

년까지 유지 가능하며, 필요 시 1년 연장 가능하다.

나. 전자상거래

인터넷의 발달로 전자상거래가 전 세계적으로 확산됨에 따라 전자상거래 관련 내용도 FTA에 규정되고 있다. FTA 전자상거래 내용은 일반 상품보다는 디지털콘텐츠제품(digital product)의 무관세를 주로 규정하고 있다. 일반 상품은 관세 부과에 대해 회원국 간 입장차이가 커 전자상거래 관할범위에서 제외되는 반면, 이미 무관세화가 적용되고 있는 온라인 전송 디지털콘텐츠제품에 대한 무관세 적용을 FTA에서 확인하는 것이 주요 내용이다. 1998년 WTO 각료회의에서 디지털제품 무관세를 결정한 이후 우리나라도 무관세를 적용하고 있다. CD 등의 전달매체에 담아 오프라인으로 전달되는 디지털제품 중 양국을 원산지로 하는 물품에 대해서도 무관세화하기로 하였다.

디지털제품에 대한 비차별 대우 및 적용 예외에 합의하였다. 양측은 상대국의 디지털제품에 대해 내국민 대우 및 최혜국 대우를 부여하되,[18] 보조금 및 정부권한 행사에 의한 서비스는 적용에서 예외로 하기로 하였다.

전자상거래에 대한 협력조항으로는 전자상거래에 있어 사기와 기만적인 행위로부터 소비자들을 보호하기 위하여 양국의 소비자 보호기관이 협력하기로 하였다. 또한 전자거래의 활성화를 위해 전자거래 당사자들이 상호 합의 하에 전자인증수단을 선택할 수 있도록 보장하되, 전자금융거래 등 고도의 안전성과 신뢰성이 요구되는 경우에는 당사국이 공인전자서명 등을 의무화하기로 하였다. '종이 없는 무역(paperless trading)'의 활성화를 위해 협력하며, 무역 원활화를 위하여 국경 간 정보이동에 대한 불필요한 장벽을 만들지 않도록 노력하기로 하였다.

시청각서비스의 비차별 대우 적용을 배제하기로 하였는데, 우리나라는 소비자의 선택권이 없는 방송 등 시청각서비스의 경우, 공공성 · 사회적 영향력을 고려하여 전자상거래 과정에서 파생되는 비차별 의무(내국민 대우 및 최혜국 대우)를 적용하지 않기로 합의했다.

18_ FTA뿐만 아니라 WTO에서 가장 중요한 원칙은 '최혜국 대우(MFN)'와 내국민 대우(National Treatment)이다. 최혜국 대우는 여러 수입품들에 대한 대우에 있어서의 비차별성을, 내국민 대우는 수입품에 대한 대우와 국산품에 대한 대우 간 비차별성을 의미한다. 예를 들어, 독일차든 일본차든 모든 자동차에 대해서는 8%를 부과하는 것은 최혜국 대우이며, 맥주집에서 국산 Hite 맥주와 일본산 삿포로 맥주에 대해 10% 소비세를 동일하게 적용하는 것은 내국민 대우이다.

다. 지적재산권[19]

한 · 미 FTA에서는 지적재산권(저작권) 보호기간을 저작자 사후 또는 저작물 발행 이후 70년으로 연장하되, 보호기간 연장시점을 협정문 발효 후 2년간 유예하기로 합의하였다. 우리나라 권리자에게 부여하고 있는 방송보상청구권을 내국민 대우 원칙 예외로 설정하였다.[20] 방송보상청구권은 방송 등에서 음반이 사용되었을 경우 실연자, 음반제작자에게도 보상해야 함을 규정하는 것으로, 우리나라는 상호주의를 전제로 방송보상청구권을 인정하고 있으며, 미국은 동 권리를 인정하지 않고 있다.

일시적 저장에 대한 복제권을 인정하되, '공정이용(fair use)' 에 대해서는 예외조항을 설정할 수 있는 근거를 확보하였다. 일시적 복제는 컴퓨터 사용 시 RAM에 일시적으로 저장되는 복제 등을 지칭하는 개념이지만, 공정이용에 대한 예외인정을 허용함으로써 선의의 컴퓨터 및 인터넷 이용자들은 일시적 복제권 위반에 대한 우려 없이 인터넷을 사용할 수 있다. 저작권자의 허락 없이 접근통제적 기술적 보호조치를 우회하는 행위를 금지하되, 추가 예외규정 논의근거를 도입하기로 하였다. 또한 불법 해독된 위성 또는 케이블 신호 수신 · 사용을 금지하며, 정부의 정품 저작물 사용을 의무화하였다.

상표권의 배타적 효력이 미치는 범위를 지정상품과 '동일 · 유사' 한 상품으로 한정하였고, 지리적 표시 단체표장권자 및 상표권자에게 선출원주의에 근거한 배타적 권리를 부여하기로 하였다. 상표 사용권의 등록요건을 폐지하며, 상업적 의미가 있는 냄새 · 소리는 상표로 인정된다.

심사지연 등 특허청의 귀책사유로 인해 특허출원 후 4년과 심사청구 후 3년이 모두 경과된 이후 등록된 경우 지연된 기간만큼 존속기간을 연장해 주는 제도를 도입하기로 하였다. 현행 특허 존속기간은 등록 후 출원일로부터 20년이며, 발명자가 발명을 공개한 후에도 출원하여 특허를 받을 수 있는 공지 예외적용기간(Grace Period)을 현행 6개월에서 12개월로 연장하였다. 미실시 요건 폐지를 통한 특허 무효화 기준을 강화하였으며, 상표 및 저작권 침해에 대한 법정손해배상제도를 도입하기로 하였다. 실손해배상 원칙을 훼손하지 않는 한도 내에서 사전에 법으로 손해배상액의 상한과 하한을 정하는 법정손해배상제도를 도입하기로 하였다. 또한 법원에 지재권 침해물품 수출금지 권한 부여 등 민

19. 지적재산권에 대한 보다 자세한 내용은 본서 제11장을 참조 바란다.

20. 즉, 우리나라 음반에 대해서만 방송보상청구권이 인정된다.

사소송절차를 강화하기로 하였으며, 저작권 침해에 대해 고소 없이 기소할 수 있는 권한을 사법당국에 부여하기로 하였다. 저작권 상품에 대해서도 저작권 침해 물품으로 의심되는 물품에 대해서는 자동 반출정지 및 권리자 통보가 가능하도록 신고제도를 도입하기로 했다.

라. 동식물 위생검역

동식물 위생검역은 국가별로 검역수준이 다르고 규범화하기가 어렵기 때문에 다자무역체제의 제도를 재확인하는 것으로 대체하는 경우가 많다. 간혹 다자체제 이상의 규범을 도입하는 FTA가 있으나, 대부분의 FTA에서 동식물 위생검역은 WTO 관련 협정인 위생검역협정(SPS)의 규정을 준수한다는 선언적 의미가 주요 내용이다.

즉, WTO/SPS 협정상의 권리와 의무를 재확인하고, 양측 간 SPS조치 관련 분쟁사항도 WTO의 분쟁해결절차를 따르기로 합의하였다. 양국은 이러한 검역절차를 정기적으로 협의하기 위해 SPS정례위원회를 설치하기로 하였다. 동 위원회가 통상압력의 수단이 되지 않도록 과학적 위험평가 및 전문기관 간 기술협의가 우선되어야 한다는 명문조항을 협정에 포함시켰다.

또한 SPS분야 기술협력을 강화해 나가기로 했는데, 농수산물 위생검역, 식품안전 등 SPS제도 전반에 대한 기술협력을 통해 우리나라 검역역량을 확충하기로 했다. 양국 SPS검역기관 간의 기술협력사항(기술이전, 인적교류 확대 등)을 개발하고, 이를 구체적으로 적용 · 실행할 수 있도록 양국이 협력하기로 합의했다.

마. 기술장벽

기술규정을 까다롭게 해서 상대국 기업의 국내 진입을 방해하는 것을 기술장벽이라고 부른다. WTO에서는 이러한 장벽을 무역에 대한 기술장벽(TBT)이라 부른다. 또한 이러한 장벽 완화를 위해 TBT 협정(WTO/TBT)을 규정하고 있다. 기술규정은 어떤 상품에도 적용될 수 있는데, 예를 들어 라이터의 경우에도 국제적으로 인정되는 기준보다 훨씬 높은 안전도를 요구함으로써 외국제품의 국내 수입을 막을 수 있다. FTA에서는 기술규정이 무역에 장애가 되지 않도록 완화된 조치를 도입하게 된다. 한 · 미 FTA에서 양국은 상대국 제도에 대한 상호 이해를 높이도록 했으며, 표준, 기술규정 및 적합성 평가절차 분야에 있어서 협력을 강화해 나가기로 했다.

기술협력분야에 대해 양국은 표준 및 기술규정 제 · 개정 과정에서 투명성을 높이기로 했다. 표준 및 기술규정 제 · 개정 과정에 상대국 관계자의 비차별적 참여를 허용하는 내국민 대우 원칙에 합의했다. 단, 표준 및 기술규정 제 · 개정 과정에서 상대국 이해관계자의 참여허용 의무는 자국민에 공개되는 수준임을 주석으로 명시하였다.[21] 기술규정(안) 또는 최종본의 모든 통보문은 웹사이트나 공보기관을 통해 접근할 수 있도록 보장한다는 데 합의했다. 또한 현재 우리나라가 기술표준 관련 정보의 통보 및 보급을 위하여 운영 중인 4개의 질의처(해수부, 농림부, 식약청, 기표원)를 한 · 미 양국 간에는 산업자원부 산하 기술표준원으로 단일창구화하기로 합의했다.[22]

시험 · 인증기관 지정의 내국민 대우를 인정하기로 했는데, 양국은 자국의 적합성평가기관을 시험 · 인증기관으로 지정하는 경우, 상대국의 적합성평가기관을 양국 국민 모두에게 비차별적으로 지정하기로 했다. 즉, 회원국이 지정한 기관에서 받은 시험 · 인증 결과를 상호 인정해 주기로 했다. 또한 TBT 위원회에서 특정 분야(화장품, 가정용 전기용품, 자동차)의 적합성평가제도에 대하여 지속적으로 논의하기로 합의했다. 협정의 적용범위에 지방정부를 포함시킴으로써 기술규정 관련 정보제공에 대한 지방정부의 의무사항을 명시하였다. 즉, WTO 통보대상 기술규정에 대한 정보제공 의무사항은 '지방정부도 중앙정부와 동일한 수준으로 적용된다'는 데 합의했고, WTO 협정에 규정된 내용 이상(WTO-plus) 수준의 정보제공은 '지방정부의 기술규정이 제공되도록 중앙정부가 가능한 합리적인 조치를 취한다'는 데 합의했다.

국제표준에 대해 양측은 WTO/TBT 협정에 의한 국제표준, 지침 또는 권고가 존재하는지 여부를 판정함에 있어 WTO/TBT 위원회가 채택한 국제표준 개발원칙에 근거를 두기로 합의하였다. 통신분야 상호인정(MRA)을 추진하기로 했는데, 통신분야의 상호인정협정인 APEC-TEL MRA(Phase II)의 이행시기와 관련하여 '한국측은 본 FTA 협정이 발효된 후 1년 이내에 MRA 이행을 위한 관련법 개정(안)을 입법예고'하는 것으로 합의했다.

양국이 합의한 TBT 위원회 설치는 양국 간에 제기되는 TBT 이슈에 대한

21 협정문 제9장(기술장벽) 6조(투명성) 제1항의 각주에 따르면, "제1항 첫 번째 문장의 목적상, 그리고 보다 명확히 하기 위하여 회원국이 다른 쪽 회원국의 인을 포함한 대중에게 공개되는 참여절차를 유지하는 경우, 그 당사국은 표준, 기술규정 및 적합성 평가절차의 개발에 다른 쪽 당사국의 인이 참여하도록 허용"하는 것으로 규정되어 있다.

22 모든 국가는 공산품에 대해 제품기준을 설정하고 있는데, 이를 기술표준이라고 한다. 예를 들어 자동차의 배기가스가 일정 수준의 이산화탄소를 배출하지 않도록 해야 한다는 것도 기술표준의 예이다.

신속한 처리와 원활한 협정 이행을 모니터링하기 위함이다. 정기적인 회의 개최 및 필요 시 특정 분야의 작업반(워킹그룹)을 구성하고, 적합성평가제도 관련 양국의 정부 및 비정부기관 간의 상호협력을 촉진시키기로 했다. 동 위원회는 상대국에서 수행한 적합성평가 결과의 수용을 원만하게 만들어 나가는 협의도 진행하게 된다.

바. 경쟁정책

경쟁정책은 완전경쟁시장 구도로 만들어 나가기 위한 일련의 정책을 말하며, 독점이나 과점기업의 행위를 제한하는 내용으로 구성되어 있다. 우리나라와 미국을 포함한 많은 국가들은 공정경쟁을 지향하기 위한 경쟁법과 집행기관을 유지하고 있다. 우리나라의 경우 공정거래법과 공정거래위원회가 경쟁정책의 근거법과 집행기관이다.

경쟁정책을 규정하고 있는 FTA는 회원국의 경쟁법 집행을 확실하게 하고, 정부지정독점(designated monopoly) · 공기업에 대한 규정을 강화하는 내용을 도입하고 있다. 즉, 회원국 정부가 독점 · 공기업을 설립 · 유지할 수 있도록 규정하되, 이러한 기업을 통해 정부가 의무를 회피하거나 시장을 왜곡하지 않도록 몇 가지 의무를 규정하였다.

지정독점 · 공기업의 의무로는 ① 정부위임 권한 행사 시 FTA 제반 협정상의 의무를 준수해야 하며, ② 상대국 상품 · 서비스 · 투자에 대한 비차별적 대우 제공을 들 수 있다. 지정독점에만 추가적으로 적용되는 의무로는 ③ 독점 상품 · 서비스의 판매 · 구입 시 지정조건(terms of designation)을 준수하는 경우 외에는 상업적 고려에 따라 활동(다만, 정부의 공공정책에 따른 공공요금에 대해서는 상업적 고려를 따르지 않아도 되도록 명확화)해야 하며, ④ 독점적 지위를 이용하여 비독점시장에서의 상대국 기업의 투자에 부정적인 영향을 미치는 반경쟁적 행위를 금지시키기로 합의했다.

경쟁법 집행 및 협력 관련 내용으로 피심인이 공정위와 합의한 시정방안을 취하는 경우 위법성 판단을 받지 않고 공정위 절차를 종결하는 제도인 동의명령제를 도입하기로 하였다. 경쟁법 정책 및 집행에 있어서 상호협력, 고지, 협의 및 정보교환 등을 통한 당국 간 협력을 강화해 나가기로 했다.

사. 노동[23]

23__ 노동과 환경 분야에 대한 규정은 한·미 FTA에만 도입되었다.

한·미 FTA에서는 노동분야 규정이 도입되었다. 노동분야의 주요 합의사항은 국제적으로 인정된 노동권의 보장과 보호 수준 향상을 위해 지속적으로 노력한다는 것이 주요 내용이다. 또한 노동법의 효과적 집행 및 적용을 위해 지속적이고 반복적인 작위 또는 부작위를 통해 양국 간 무역에 영향을 미치는 방식으로 노동법의 효과적인 집행에 실패하지 말아야 할 의무도 부과되었다. 다만, 양국은 노동법 집행과 관련하여 자원배분의 우선순위를 설정할 수 있는 재량권을 보유하기로 하였다. 무역 및 투자의 증진을 위한 목적으로 국내 노동법상의 보호수준 약화를 금지하기로 하였다.

공중의견제출제도(Public Communication ; PC)는 양 회원국의 접촉창구(Contact Point ; CP)로 협정문 이행과 관련 양국의 일반 국민(협정에서는 "공중, public"으로 표현)에게 의견제출 기회를 제공하고 이를 접수·검토해야 한다는 규정이다. 각국은 자국 노동부 내에 상대국 및 공중과의 CP 역할을 하는 팀(office)을 지정해야 한다. 다만, 제기된 PC의 내용이 사소하거나 반복적인 것, 또는 국내 구제절차나 국제기구에서 다루어지고 있는 사안일 경우에는 이를 검토하지 않는 것이 양국의 이해(interest)에 부합함을 인정한다는 내용을 Confirmation Letter(협정문 일부로 포함)에 규정하였다.

노동분야 분쟁은 일반 분쟁절차를 따르게 된다. 협정문 위반과 관련하여 정부 간 협의를 통해서도 문제가 해결되지 않을 경우 중립적인 판정기구를 구성하여 분쟁을 해결하는 제도를 도입하였다. 분쟁해결절차 회부대상은 정부가 무역·투자 촉진을 위하여 지속적·반복적으로 작위 또는 부작위를 통해 노동법 집행의무를 이행하지 않는 경우에 한한다. 서면협의요청 60일 내 문제해결에 실패하고, 동 문제가 "노동법의 효과적 집행의무 위반"에 관한 사안인 경우, 분쟁해결절차에 회부가 가능하다.

아. 환경

지구온난화 방지에 대한 국제적 관심이 제고되고 있고, 금융위기 이후 전세계적인 녹색성장정책의 추진으로 FTA 환경분야에 대한 관심이 높아지고 있다. 환경분야에 대해서는 높은 수준의 환경보호 의무를 양국에게 부과하기로 합의하였다. 환경법 및 정책이 높은 수준의 환경보호를 제공할 수 있도록 보장하고, 동 보호수준 향상을 위해 양국 정부는 지속적으로 노력해야 한다. 단, 환경보호 수준 및 환경개발 우선순위를 정하고, 이에 따른 환경법 및 정책을 채택 및 수정하는 각 국가의 권리를 인정하고 있다.

노동분야에서와 같이, 환경법의 효과적 집행 및 적용을 위해서는 지속적이고 반복적인 작위 또는 부작위를 통해 한 · 미 양국 간 무역에 영향을 미치는 방식으로 환경법의 효과적인 집행을 저해해서는 안 된다. 한 · 미 양국 간 무역 및 투자의 장려를 위해 기존의 환경보호 수준을 약화시키지 않도록 노력할 의무가 있다. 대중 참여 보장을 위해 일반 개인도 환경 Chapter의 이행에 관하여 한 · 미 양국에 정보와 의견교환을 요청할 수 있고, 입장 제출도 가능하다. 정부는 환경 Chapter 이행에 대한 조언을 구하기 위해 관련 분야 식견을 가진 개인(전문가)으로 구성된 국가 수준의 자문위원회를 구성해야 한다.

환경 Chapter 이행을 감독하기 위해 고위 정부관리로 구성된 환경이사회를 설립 및 운영하기로 하였다. 환경법 위반 시 제재 및 구제를 위한 사법 · 준사법 행정절차를 보장하며, 한 · 미 양국 간 환경협력 강화를 위해 환경 Chapter와 별도로 환경협력협정(Agreement on Environmental Cooperation ; AEC)을 체결하고 구체적 환경협력사업을 추진하기로 하였다.

5. 투자 및 서비스

FTA and International Trade, ch. seven

가. 투자

FTA 투자분야는 주로 투자와 투자자를 정의하고, FTA 상대국 기업에게 허용할 투자분야를 명시하는 것이 주요 내용이다. 또한 외국인 투자에 대한 조건을 줄이고 투자환경을 개선해 주는 내용과 협정에 따라 투자자 보호 조항을 포함하기도 한다.

최근 몇십 년 사이 해외투자가 확산되면서 외국인 투자자를 보호하기 위한 논의가 1990년대 중반부터 OECD를 중심으로 추진되었다. 상품분야와는 달리 국가별로 투자제도가 크게 다르고, 외국인 직접투자에 대한 시각도 차이가 크기 때문에 국제적으로 인정될 수 있는 투자 관련 규범을 도입하기 어려워 20여 년에 걸친 논의에도 불구하고 국제규범으로 자리를 잡지 못하고 있다. 다행히 FTA에서는 국제적으로 논의되는 투자 관련 사항이 포함되는 사례가 나오고 있다. 특히 한 · 미 FTA에서의 투자규범은 투자자 보호수준을 높인 것으로 볼 수 있다.

한 · 미 FTA에서의 투자는 기업, 주식, 채권, 지식재산권 등 투자자가 직접 또는 간접적으로 소유하거나 지배하는 자산을 대상으로 삼는다. 이미 설립된 투자뿐만 아니라 진입단계의 투자 및 투자자에 대해 내국민 대우 및 최혜국 대우를 부여하기로 했다. 외국인 투자자에게 국제관습법상 인정되는 공정하고 공평한 대우 및 보호와 안전을 보장하며, 투자와 관련하여 해당 기업의 생산물 중 일정 비율 수출, 국내산 원재료 사용, 기술이전 등의 이행요건을 부과하는 것을 금지하고, 투자기업의 고위경영자가 자국 국민이어야 한다는 국적요건 등 까다로운 조건을 부과하지 않기로 합의했다. 양국 간 투자에 대해 내국민 대우, 최혜국 대우, 이행의무 부과금지, 고위경영자의 국적요건 부과금지의 의무로부터 면제되는 조치(불합치조치)는 부속서에 명기되어 있다.

투자자의 재산을 직접 또는 간접적으로 국유화하거나 수용하는 것을 원칙적으로 금지하되, 공공의 목적을 위해 국유화하거나 수용하는 경우 자국 국민에게 적용하는 동일한 기준 및 공정시장가격에 따라 보상하도록 규정하고 있다. 투자와 관련된 자유로운 송금을 보장하되, 채권자 보호, 범죄행위, 소송에 따른 판결이행 등을 이유로 송금을 제한하는 것은 허용된다. 특히 한 · 미 FTA에서는 투자자국가제소제(ISD)를 도입,[24] 외국인 투자자는 동 협정에 따른 권리가 침해되고 피해가 발생한 경우 투자유치국을 상대로 국제중재를 제기할 수 있도록 허용했다. 한 · EU FTA에서는 ISD가 도입되지 않았는데, 이는 EU가 자체적인 ISD 투자규범을 확립하지 않고 있기 때문이다. 하지만 우리나라는 대부분의 EU 회원국가와 양자간 ISD를 체결하고 있다.

한 · 미 FTA 협상과정에서 ISD는 찬반논쟁이 가장 격화되었던 분야 중 하나였다. 이와 관련하여 간접수용에 대한 의견도 크게 엇갈렸다. 간접수용이란 직접수용처럼 정부가 외국인 투자자의 재산권을 박탈, 국유화하는 것은 아니나,

24 투자자-국가 소송제(ISD)란 대부분의 FTA 및 투자협정에 포함되는 제도이며, 투자유치국이 FTA를 체결하면서 약속했던 의무를 이행하지 않아 외국투자자가 경제적 피해를 입었을 때 투자유치국을 상대로 국제중재기구에 중재를 제기하는 분쟁해결방식이다. 예를 들어 회원국 투자자를 자국민과 동등하게 대우해 주기로 약속해 놓고도 상대방 투자자를 불리한 규제로 차별할 경우에 외국투자자의 권익을 보장하기 위해 도입되었다. 한편, 반FTA 진영에서는 투자자-국가 제소권을 한 · 미 FTA의 독소조항이라고 주장했었다.

도시계획 변경 등과 같이 특정 정부조치로 인하여 투자자가 사실상 영업을 할 수 없게 되어 투자의 가치가 직접수용과 동등한 정도로 박탈되는 경우를 의미한다. 일부에서는 간접수용이 인정됨으로써 정부의 정책권한이 크게 훼손될 수 있다는 점을 우려하였다. 이에 따라 우리 정부는 간접수용의 판정기준을 명확히 정의하고, 공공복지정책 목적의 정당한 정부규제는 원칙적으로 간접수용에 해당하지 않음을 명시함으로써 정당한 정부규제 권한을 확보했다. 간접수용에 대한 국제중재 피소를 우려하여 정부의 규제정책이 위축되지 않도록 수용에 관한 부속서를 추가하여 중재판정부에 간접수용의 명백한 판정지침을 제시하였다. 정부정책이 간접수용으로 인정되기 위해서는 외국인 투자자의 권리침해 정도가 직접수용과 동등한 정도로 인정되어야 하며, 정부조치가 투자자에게 미치는 경제적 영향, 정부정책이 외국인 투자자의 합리적 기대를 벗어난 것인지 여부, 개인에 대한 특별한 희생의 강요 여부 등 정부정책의 성격 등을 종합적으로 고려하여 간접수용 해당 여부를 판정하기로 했다.

한편, 공중보건, 환경, 안전, 부동산가격 안정화정책 등 공공복지를 위한 정당한 정부정책은 예외적인 경우를 제외하고는 간접수용에 해당하지 않음을 명시하였다. 특히 저소득층을 위한 주택정책 등 우리나라의 부동산가격 안정화정책은 원칙적으로 간접수용으로 인정되지 않음을 명기하였다. 또한 조세정책도 별도의 부속서에 투자자 정부제소의 예외로 규정함으로써 정부의 조세권이 협정의 적용대상이 되지 않도록 했다. 즉, 세금부과는 일반적으로 수용을 구성하지 않으며, 국제적으로 인정된 조세정책과 원칙에 부합된 조세조치와 비차별적 조세조치는 원칙적으로 수용에 해당하지 않음을 명시하여 조세당국의 정책적 권한을 보장하기로 하였다.

투자 관련 이행요건(제11장 8조)과 관련하여, 회원국은 회원국 또는 비회원국 투자자의 자국 영역 내 투자의 설립 · 인수 · 확장 · 경영 · 영업 · 운영이나 매각, 이익의 수령 등과 관련하여, 수출의무, 역내산 부품 사용, 외화획득을 요건으로 한 판매제한 등을 부과 또는 강요하거나, 이에 대한 약속 또는 의무부담을 강요할 수 없다. 이러한 투자와 관련된 요건은 협정에 명시된 것에 한정되며, 근로자의 훈련 또는 고용, 특정한 시설의 건설 또는 확장, 또는 연구개발의 수행 등은 해당되지 않음을 제11장 8조 3항에서 규정하고 있다. 즉, 미국인 투자자에게 연구개발(R&D) 활동 요건, 장애인 고용의무 등의 부과는 분쟁의 대상이 될 수 없다. 또한 국제중재판정부에 제출된 서류 및 중재심리의 공개, 국제중재 시 NGO 등 제3자 의견제출권을 보장하며, 국제재판에서 언어상의 불리함을 제거하기 위해 한국어를 영어와 함께 중재절차의 공식 언어로 규정하였다.

나. 서비스일반

FTA에서 서비스분야는 현행 자유화와 규정을 FTA 상대국 기업에게도 허용해 줄 것인가와 일부 서비스분야에 대해 미래 시점 정부가 새로운 규제를 도입할 수 있도록 허용할 것인가가 핵심 내용이다. 현재 우리 서비스 기업에게 적용되는 제도 중 일부를 제외하거나, 해외 개방이 민감한 서비스분야를 FTA 상대국 기업에게 개방하지 않을 수도 있다. 설령 현재 제도를 적용하더라도 특정 서비스분야에 대한 규정을 변경할 수 있음을 협정에 명시할 수 있다. 상대국 기업에게 개방하는 내용을 약속하는 방식은 크게 GATT가 사용하는 Positive 방식과 NAFTA 방식인 Negative 방식이 있다. 전자는 개방하는 분야를 제시하는 것이고, 후자는 개방하지 않는 분야만을 열거하는 방식이다. 한 · 미 FTA에서는 후자가 사용되었다. 각 서비스분야에 대해 내용을 파악해야만 전반적인 서비스 자유화 수준을 알 수 있다.

이로 인해 FTA 협정에서 가장 이해하기 어려운 분야로 서비스분야가 거론되기도 한다. 여기서는 가급적 일반인이 쉽게 이해할 수 있는 내용 위주로 정리하고자 한다. FTA 서비스분야는 전문적인 지식이 있어야만 내용파악이 가능하며, 전체 서비스분야에 적용되는 규범과 개별 서비스분야에 대한 내용으로 구분된다. 모든 서비스분야를 협정문 적용대상으로 설정하되, 사행성 게임을 포함한 도박 서비스, 금융서비스, 항공운송 서비스, 정부조달 · 정부보조금 · 정부제공 서비스 등은 서비스일반의 내용이 적용되지 않는다.

회원국들은 상대국 기업이 자국에 진출하여 제공하는 서비스에 대해 내국민 대우(NT), 시장접근(MA) 제한 금지, 최혜국 대우(MFN), 현지주재의무(LP)를 준수해야 한다. 단, 이러한 일반적 의무에도 불구하고 상기 의무에 부합하지 않는 규제를 유지하고자 하는 경우에는 유보안에 명시하면 된다. 참고로 내국민 대우는 상대국 서비스 공급자에게 자국의 서비스 공급자에 비해 불리하지 않은 대우를 부여해야 함을 의미하며, 최혜국 대우란 상대국 서비스 공급자에게 제3국의 서비스 공급자에 비해 불리하지 않은 대우를 부여하는 것을 말한다. 시장접근 제한조치 도입 금지는 서비스 공급자의 수 혹은 사업의 범위를 한정하는 양적 제한, 사업자의 법적 형태(법인, 자연인 등)를 제한하는 규제의 도입을 금지하는 것이며, 현지주재의무 부과 금지는 국경 간 서비스 공급의 조건으로 국내 사무실 구비요건 혹은 거주요건을 요구하는 것을 금지하는 것을 의미한다.

FTA를 통해 개방되는 서비스분야를 협정에 정리하는 방법은 크게 개방되는 분야를 열거하거나(포지티브 방식), 개방되지 않는 분야만 제시하는 방법(네가티브 방식)이 있다. 일반적으로 네가티브 방식을 채택한 FTA에서의 서비스분야 개방수준이 포지티브 방식 하의 FTA보다 높다. 한 · 미 FTA에서는 양국 간 협상에서 개방하지 않는 서비스분야를 유보안에 열거하는 네가티브 방식이 사용되었다.[25] 유보안에 포함된 서비스분야(즉, 미양허분야)는 앞에서 설명한 서비스 장(Chapter)의 4대 일반적 의무(내국민 대우, 시장접근제한 금지, 최혜국 대우, 현지주재의무)에 합치하지 않는 중앙정부(우리측 중앙정부, 미측 연방정부)의 모든 비합치 조치를 유보하는 것으로 합의하였다.

25_ 참고로, 한 · EU FTA에서는 포지티브 방식이 채택되었고, 한 · 미 FTA에 비해 서비스분야 개방수준이 높지 않다.

한 · 미 FTA 서비스분야에 있어 가장 중요한 협상실적은 전문직 자격 상호인정 논의를 위한 체계를 구축했다는 점이다. 인정 조항의 부속문서를 통해 "전문직 서비스 작업반(Professional Services Working Group)"을 구성하며, 양국이 상호 합의한 분야를 중심으로 전문직 자격 상호인정 논의를 추진하기로 합의했다. 전문직 자격 상호인정은 양국의 제도 및 여건이 유사한 수준으로 인정되어야 하므로 상당한 논의와 노력을 거친 후 가능해진다. 우선 엔지니어링, 건축설계, 수의(獸醫)분야를 중심으로 협정 발효 1년 이내에 논의를 개시하기로 최종 합의했으며, 추후 양국 간 별도 합의에 따라 여타 전문직분야에 대한 협상 추진도 가능하다. 전문직 자격이 상호 인정되면 한 · 미 양국의 자격증 소지 국민은 상대국에서 취업할 수 있다.

FTA에서 개방되지 않은 서비스분야는 개방유보리스트에 명기하게 된다. 유보안 작성에 있어 미국과 우리나라는 다른 지방정부 체계를 가지고 있어 별도의 규정이 필요했다. 어떤 측면에서는 미국 50개 주가 독자적으로 채택하고 있는 규제조치 중 한 · 미 FTA와 부합하지 않는 조치(비합치 조치)를 파악하는 것이 쉽지 않았다. 즉, 미국은 연방제국가이므로 주정부 권한이 강하고 연방정부가 통제할 수 없는 분야가 많다. 미국 주정부의 규제를 협정의 적용대상에서 제외하는 대신, 우리나라 광역시 · 도의 모든 비합치 조치에 대해 나열의무를 면제하여 기재하지 않기로 합의했다. 미국은 주정부의 비합치 조치를 포괄 유보로 기재하되, 동 조치에 대한 정보교환 및 해결방안을 논의할 수 있는 협의체계를 구축하기로 했다. 기초 지자체 비합치 조치의 경우 양국 상호 유보안에 기재하지 않는 것으로 합의하였다. 우리나라는 초 · 중 · 고 교육, 의료, 사회서비스 등 공공성이 강한 부분은 포괄적으로 유보하였으나, 법률, 회계, 세무(외국법 자문분야) 등 사업서비스 등은 개방하기로 하였다.

사업서비스도 개방되었다. 미국 변호사 · 회계사 자격 소지자가 국내에서 국제공법 및 자격 취득국의 법률에 대한 자문서비스를 제공하는 것을 허용하기로 하였다. 법률서비스의 경우 3단계로 자유화되며, 1단계로 발효 즉시 외국법 자문 허용, 외국 로펌의 사무소 개설을 허용하기로 했고, 2단계는 발효 2년차부터 국내 로펌과의 제휴를 허용하며, 제3단계는 발효 5년차부터 합작 · 고용을 허용하기로 하였다. 한편, 회계 · 세무 분야는 2단계로 추진되며, 제1단계는 발효 즉시 외국 회계 · 세무 자문 허용, 외국 회계법인의 사무소 개설이 허용되며, 제2단계로 발효 5년차부터 외국 회계법인의 국내 회계 · 세무 법인에 대한 출자가 허용된다. 2009년 타결된 한 · EU FTA에서도 유사한 내용이 포함되었다.

교육 · 의료 및 사회서비스(국민연금, 보건, 탁아 등), 공공서비스는 개방이 포괄적으로 유보되었는데, 교육(초 · 중 · 고 교육) · 의료 및 사회서비스, 사회적 약자를 위한 특별 조치, 음용수 등 공공서비스에 대한 정부의 모든 규제 권한을 우리 정부가 현재 상태대로 유지하게 된다. 지상파, 위성방송, 케이블(SO), 방송채널사용사업(PP)[26] 등에 대한 외국인 투자 허용수준을 현행 수준으로 유지하되, PP에 대한 외국인 간접투자 제한은 현행 50%에서 협정 발효 3년 내에 철폐하기로 했다.[27] 단, 보도 · 종합편성 · 홈쇼핑 PP에 대해서는 적용하지 않는다. 또한 케이블 방송에 적용되는 국산프로그램 의무편성 비율("방송쿼터")을 완화하기로 하였는데, 국산 영화 의무편성 비율은 현행 35%에서 30%로 축소하며, 애니메이션 부문은 현행 25%에서 20%로 낮아진다. 한편, 상기 사항을 제외한 교차 소유, 간접투자, 이사 국적제한, 채널 구성과 운영, 만화총량제 등 대안쿼터, 외국방송 재송신 등 주요 정책사항, 방송 · 통신 융합서비스, 해외공동제작 관련 사항 등에 대해서는 정부의 규제 권한을 포괄적으로 유보(미래유보)하였다.

사회적 인프라로 볼 수 있는 업종인 에너지(전력 · 가스)분야에 대한 투자 허

26 PP는 낚시채널, 바둑채널 등과 같이 특정 주제에 국한한 방송채널을 의미한다.

27 간접투자는 외국자본이 국내기업에 투자한 후 투자기업을 이용하여 PP업체에 투자하는 것을 의미한다.

용기준을 명확화했다. 증권시장에 상장되어 이미 유통 중인 한국전력 및 한국가스공사에 대해서는 현재의 외국인 투자지분(각각 40%, 30%)을 유지하는 한편, 나머지 사항에 대해서는 미래유보 형태로 포괄유보하여 정부의 규제 권한을 확보하였다.

택배(특급배달) 서비스의 경우, 현행 우편법상의 "신서 송달" 독점 규정을 개정,[28] 현재 민간영역에서 이미 활발하게 제공 중인 국제택배 서비스를 신서 송달의 독점 범위에서 제외했다. 즉 국제택배회사도 문서, 책 등을 전달할 수 있도록 허용했지만, 일반적인 형태의 우정사업 및 관련 서비스에 대해서는 권한을 포괄적으로 유보하여 현재 국민들의 편의를 위해 우정사업본부에서 제공하고 있는 우정서비스는 여전히 제공된다. 다수 서비스분야가 협정문 적용대상으로 설정되어 있으나, 사행성 게임을 포함한 도박서비스, 항공운송 서비스, 정부제공 서비스 등은 제외된다.

28 우편법상 "신서"란 의사전달을 위해 문자 등으로 표시한 문서나 전단을 의미한다.

서비스분야가 포함된 대부분의 FTA에서는 서비스분야를 서비스 규범에 대한 전반적인 내용은 서비스 일반 Chapter에 배치하고, 금융서비스, 통신서비스 등과 같이 회원국 관심이 높은 분야는 별도의 Chapter를 도입하기도 한다. 다음 소절에서는 한 · 미 FTA에 규정된 금융서비스와 통신서비스의 내용을 요약하고자 한다.

다. 금융서비스

금융서비스는 일반 서비스와는 다른 특성을 지니고 있기 때문에 한 · 미 FTA에서도 별도의 장을 설치하여 관련 규정을 도입하고 있다. 금융위기 시 단기 세이프가드 조치 발동을 통해 급격한 외화유출입을 통제할 수 있는 안전장치를 확보했다. 금융분야 단기 세이프가드는 1997년 외환위기를 겪었던 우리나라가 주장하여 도입된 것으로, 미국이 다른 나라와 체결했던 FTA에서는 허용되지 않았던 조치이다.

농어촌 · 중소기업 등에 대한 정책금융지원 등을 위한 국책금융기관들의 특수성을 인정하기로 하였다. 산업은행, 기업은행, 주택금융공사, 농협, 수협 등과 같은 국책 금융기관은 서민 · 농민 · 중소기업 지원 등 공적인 역할을 협정에 구애받지 않고 수행할 수 있게 되었다. 수출입은행, 자산관리공사, 수출보험공사, 한국투자공사, 예금보험공사, 기보, 신보는 정부 자체 기능으로 인정되어, 이들 국책 금융기관들이 공적인 역할을 원활히 수행할 수 있게 정부가 제공하는 지급보증, 손실보전 등의 혜택을 유지할 수 있게 되었다.

금융부분 위반을 이유로 다른 부분에 보복하는 교차보복을 금지시켰다. 즉, 금융분야에서의 협정위반 시 우리나라의 대미 주력수출상품인 반도체 · 자동차 · 섬유 등 금융 이외의 부분에 대해서는 보복조치를 취할 수 없도록 했다. 즉, 한국(미국)이 금융협정 위반 시 미국(한국)은 금융에만 보복이 가능하다. 원래 미국은 상대국이 금융협정의무를 위반한 경우, 농업 · 상품 등 타업종에 대해서도 교차보복을 할 수 있는 방안을 주장했었다.

신금융서비스는 미국(한국)에는 있으나 한국(미국)에는 없는 금융상품 및 서비스로, 신금융서비스는 우리나라의 현행 규정에 따라 건별 심사 통과 시 허용되는 것으로 합의되었다. 향후 미국은 우리나라에 있는 미국 금융기관 현지법인 · 지점 등을 통해서만 금융서비스 공급이 가능하며, 국경 간 거래를 통한 신금융서비스 공급은 허용되지 않는다. 우리나라의 현행 금융 관련 법률 및 규정이 허용하는 범위 내에서만 신금융서비스 국내 공급이 가능하며, 국내 금융감독당국이 신금융서비스 개개 상품별로 심사하여 판매 여부를 결정하는 허가제로 운영된다. 단, 우리나라에 현지법인 · 지점 등을 설립하지 않고 해외에서 인터넷 등을 통해 금융서비스를 공급하는 국경 간 거래는 은행 등 전문기관에 한정해서 개방된다. 대외무역 촉진 및 기업활동 지원을 위한 부대 금융서비스에 한해 은행, 무역상사 등 전문기관(업체)이 금융서비스의 국경 간 거래를 허용한다. 상품분야 무역거래 촉진을 위해 필요한 무역 관련 보험서비스(예 : 수출입 적하보험)와 본질적인 금융업을 지원하기 위한 금융부수서비스(예 : 기업구조조정 자문, 보험 자문)를 개방하기로 하였다.

금융기관이 보유하고 있는 금융정보를 해외 본점 및 금융정보처리기관에 위탁 · 처리할 수 있게 허용하되, 유예기간(협정 발효 후 2년 이내)을 두고 개인정보 보호 등을 위한 감독체계를 정비하기로 하였다. FTA 협상에서 미국측은 금융정보 처리의 해외 위탁 허용을 강력하게 요구했고, 우리나라는 협정 발효 2년 유예기간을 갖자고 했다. 이에 대해 국내에 진출한 미국계 금융기관들이 고객의 프라이버시 권리보호 장치가 확보되지 않은 상태에서 홍콩이나 인도 소재 IT 센터에서 금융정보를 처리할 경우 개인정보 유출 등을 우려하는 목소리가 적지 않았다. 하지만 협정 이행 2년 이후에도 금융정보 해외 위탁 처리를 불허하자, 2016년 들어 미 의회에서는 이를 한국의 한·미 FTA 이행이 미흡한 5개 항목 중 하나로 분류하고 한국의 허용을 공개적으로 요구하고 있다.[29]

29_ 2016년 3월 미 상원 해치 재무위원장은 주미 한국대사관으로 서한을 보내 한·미 FTA 협정 이행 결과를 긍정적으로 평가하면서도, 약가 결정과정, 공정거래위원회 조사 투명성, 법률서비스 시장 개방, 정부기관의 불법 복제 소프트웨어 사용, 금융정보 해외위탁 규정 등 5개 항목은 이행이 미흡하다고 주장했다.

우리나라 우체국보험 및 일부 공제기관의 특수성을 인정하되, 금융감독을 강화함으로써 잠재적 부실가능성을 축소해 나가기로 하였다. 우체국보험은 향후에도 현재와 같이 서민을 주요 고객으로 하는 보험상품을 판매할 수 있으나, 금감위를 통한 건전성 감독을 강화해 나가기로 했다. 예를 들어 우체국보험 위험관리 위원회 등의 심의·의결기구 위원의 절반 이상을 금감위가 추천·임명하고, 금감위의 우체국보험의 결산, 상품의 기초서류 심사 및 금감위 의견에 대한 우체국보험의 준수의무를 명시하였다. 농협·수협·새마을금고·신협공제는 3년 유예기간 동안 민간 보험사와 동일한 지급여력(solvency) 기준을 적용하기로 했다. 이러한 내용은 금융당국의 규제 밖에 있는 특수금융기관의 건전성을 제고시키는 계기로 활용될 수 있을 것으로 정부당국은 평가하고 있다.

현재 미국에서 영업 중이거나 향후 진출할 우리 금융기관이 영업활동 과정에서 발생하는 애로를 해결할 수 있는 정기적 협의채널을 마련하기로 합의했으며, 향후 우리나라 금융기관들이 글로벌 경영체제를 구축하는 과정에서 발생할 수 있는 애로를 해소하기 위해 정부 간 대화채널을 마련했다.

또한 한·미 금융감독당국은 금융기관의 글로벌경영 지원과 변화된 금융환경 하에서의 금융감독 능력과 수준을 제고하기 위해 합의문 혹은 양해각서 체결 등을 통한 정보교환 및 감독협력을 추진해 나가기로 하였다. 이를 통해 국경간 거래 시 발생할 수도 있는 소비자보호 문제를 해결할 수 있게 되었다.

라. 통신서비스

방송과 통신이 융합되면서 새로운 성장산업으로 부각되고 있는 통신서비스는 최근 체결되는 FTA에서 비중 있게 다루어지는 분야이다. 제한적으로 개방을 허용하면서도 자국의 정책권한을 가급적 유지하려는 경향이 강하다. 기본적으로 한·미 양국은 통신·방송 융합 서비스 및 온라인 시청각 서비스를 포괄적으로 유보하였다. IPTV(인터넷 TV)를 비롯, 미래 기술에 의해 새로 출현하는 서비스에 대한 정부의 규제 권한(내·외국인 차별 권한 포함)을 포괄적으로 유보하기로 하는 한편, 온라인 시청각 콘텐츠에 대해서도 포괄적인 규제 권한을 유보하였다. 단, 미래의 디지털 방송 환경 속에서 국산 컨텐츠가 활발히 제작 · 유통될 수 있도록 하는 조치 도입 권한은 우리 정부가 유지하기로 하였다. 또한 국산 영화에 대한 상영의무를 의미하는 스크린쿼터 제도의 규제도 현행 수준인 73일이 협정문 부속서에 명기되었다.

통신서비스에 대한 상대국의 투자 기회를 확대하되, 민감한 분야는 제한하기로 하였다. 기간통신 사업자에 대한 외국인 직접투자 제한은 현행 수준인 49%로 유지하기로 하는 한편, KT · SKT를 제외한 기간통신 사업자에 한해 협정 발효 2년 후 외국인의 간접투자(국내법인 설립을 통한 투자) 제한(현재 15%)을 100%까지 허용 가능하다.[30]

한 · 미 FTA 협상에서 통신서비스분야 주요 협상이슈는 기술 선택의 자율성과 투자한도 완화 등이었다. 기술 선택의 자율성은 사업자들이 통신서비스의 기초가 되는 기술 기반을 선택할 때 정부 결정에서 자유로워야 한다는 의미이다. 우리 정부는 통신사업자들의 중복투자를 막고 주파수 등을 효율적으로 이용하기 위해 CDMA 표준 등과 같이 기술표준을 정부가 결정해 왔으나, 미국은 각 사업자가 자율적으로 기술 기반을 선택할 수 있도록 허용하고 있다. 미국은 기술 선택의 자율성을 부여하는 것이 기술 진보에 유리하다고 주장했지만, 우리나라 입장이 수용되어 정당한 공공목적 달성을 위해 필요한 경우에는 정부 주도의 기술표준정책 추진 권한을 인정하기로 합의하였다. 다만, 기술표준에 관한 정부의 규범 제정 시 국내외 통신사업자들에게 다양한 의견 개진 기회를 부여할 수 있도록 절차적 투명성과 공정성을 보장하기로 합의하였다. 상대국 사업자가 자국의 공중통신망 및 서비스를 이용하려고 할 경우 합리적이고 공평한 접근과 이용을 보장하기로 하였다. 단, 이러한 접근은 공공서비스의 책임성 확보와 공중 통신망 및 서비스의 기술적 무결성을 보호하기 위해 제한될 수 있다.

공중통신서비스의 지배적 사업자와 관련된 의무로, 지배적 사업자에게 상호접속, 전용회선, 전주 · 관로 · 도관의 이용 등을 비차별적으로 제공할 의무를 부과하였다. 지배적 사업자란 필수설비에 대한 통제력 또는 시장 지위 등을 이용하여 시장에 중대한 영향을 미칠 수 있는 통신서비스 공급자를 의미한다. 공중통신서비스의 일반 사업자와 관련된 의무로는, 일반 통신사업자가 상대국의 사업자에게 상호접속, 번호 이동, 동등다이얼(dialing parity)을 비차별적으로

30 기간통신 사업자에 대한 외국인 직접투자는 현행 49%가 유지되지만 경영권 목적이 아닌 단순투자의 경우 공익성 심사를 받으면 투자가 가능하다. 공익성 심사는 경영권 변화가 있을 때마다 공공의 이익에 반하는지를 정부가 심사해서 경영권을 제한하는 제도를 말한다.

제공하도록 하는 의무를 부과하였다. 미국 무선분야 및 우리나라 국제전화서비스분야는 각각 적용 배제하기로 하였다.[31]

31_ 동등다이얼이란 서비스를 제공하는 타 사업자와 접속 시 추가 코드나 번호 등을 입력하지 않도록 동일한 자릿수의 식별번호를 부여하는 것을 말한다(예 : 국제전화 3자리(001, 002 등)).

1. 시작하면서

2. 관세분야에 대한 협정의 주요 내용

3. 상품의 관세양허 구조 및 주요 품목의 관세양허

4. 관세양허표 이해하기

5. FTA 수출입 통관절차

FTA and International Trade

관세 및 관련 규범

ch. eight

8

애초 FTA는 상품분야 무역자유화를 위해 고안된 협정이다. 기본적으로 포괄적 FTA는 상품, 서비스, 투자, 규범 등 많은 분야를 협정에 규정하고 있으나, 실제 협상에서 가장 협상 타결이 어려운 분야가 바로 관세분야이다. WTO 무역자유화로 관세의 중요성이 낮아졌지만, 관세분야는 협정 발효의 영향이 바로 나타나기 때문에 자국 시장개방에 소극적인 입장을 취하게 되며, 선진국일지라도 경쟁력이 취약한 품목에 대해서는 높은 관세를 부과하고 있어 FTA 협상 막판까지 관세분야는 쟁점으로 남는 경우가 많다.

우리나라가 체결한 대부분의 FTA는 높은 수준의 관세철폐를 기록했다. 특히 미국, EU, EFTA와 체결한 FTA의 관세철폐 비율은 거의 100%(10년 시점 기준)에 근접하나, 인도, 터키, 중국과의 FTA 자유화율은 상대적으로 낮은 편이다. 특히 한 · 중 FTA에서 중국의 관세철폐 비율은 70%를 겨우 넘는 수준이다.

그림 8-1 우리나라가 체결한 FTA 관세철폐 비율(협정 발효 10년 시점 기준, %)

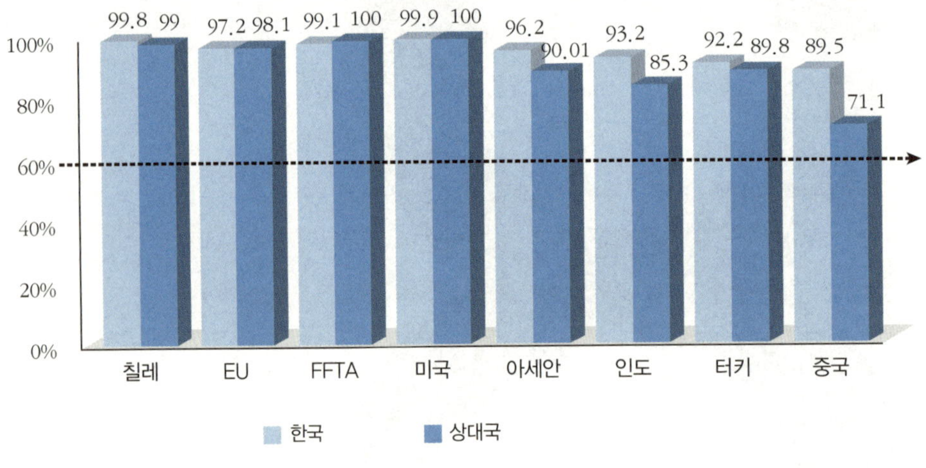

자료 : 협정상의 관세철폐 내용을 이용하여 계산.

1. 시작하면서

FTA and International Trade, ch. eight

오늘날 체결되는 FTA는 대체로 높은 수준의 시장개방을 허용하고 있다. 우리나라가 미국, EU와 체결한 FTA의 시장개방 수준은 다른 나라의 FTA에 비해 손색이 없을 정도로 높은 편이다. 한 · 미 양국은 상품분야(공산품, 임 · 수산물)에서 모든 관세를 협정 이행 10년 내에 완전철폐하기로 하였고, 수입액기준 94% 품목에 대한 관세를 3년 내 조기철폐하기로 합의하였다. 한 · EU FTA의 개방수준은 한 · 미 FTA를 상회하고 있다. FTA 협상에서 가장 쟁점이 된 분야는 상품과 농산물시장 개방 범위와 일정인 것으로 볼 수 있으며, 미국과의 힘든 협상과정을 통해 우리나라는 다른 FTA와 비교해서 손색이 없을 정도로 폭넓은 무역자유화 내용을 도출하였다. 또한 협정 상대국으로 수출되는 상품에 대해 수출세를 부과하지 않기로 하였고, 신규 수입허가제도를 도입할 경우 정부기관지 혹은 인터넷 등을 통한 사전공시제도를 도입함으로써 우리 기업들이 관련 정보를 신속하게 입수할 수 있도록 하였다.

전체적으로 상품시장 개방분야는 회원국 모두에게 이익이 될 것이며, FTA 경제이익의 상당 부분이 상품분야 무역자유화로부터 제공될 것으로 추정된다. 특히 한 · 미 FTA와 한 · EU FTA에서 조기에 관세를 철폐하는 비율이 93~95%에 달함에 따라 경제이익도 협정 이행 초기에 나타나고 있다.[1]

한 · 미 FTA의 경우, 우리나라 상품의 미국시장 진출 확대에 도움을 줄 수 있는 내용은 관세철폐 내용, 통관 등 무역원활화 조치, 정부조달, 무역구제, 기술장벽 완화, 전자상거래 활성화 등 협정의 여러 분야에 포함되어 있다. 48시간 내 신속통관절차 의무화, 원산지증명서 자가 발급, 물품수수료 면제(수출액의 0.21%) 등 무역원활화 조치와 관세철폐가 동시에 수출증가에 기여하게 될 것이다. 한 · 미 FTA에서 양국은 양국 간의 교역원활화 차원에서 효율적인 물품반출이 가능하도록 간소화된 통관절차를 채택하였다. 공항만 도착 후 최대한 48시간 내 화물반출, 수입 전 사전신고, 부두 직통관 및 세액결정 전 화물반출 승인 등이 합의되었다. 협정에서 반영된 물품반출 신속화제도는 대부분 우리 관세법에 반영되어 운영 중인 사항이어서 국내 부담은 없는 반면, 9.11 테러 이

1_ EU와의 FTA 발효 이후 우리나라의 대EU 무역수지가 악화되었으나 이는 EU의 경제위기와 관련이 있으며, FTA 관세철폐가 된 품목의 경우 대EU 수출이 FTA 무역이론에 부합하는 수준으로 늘어나고 있는 것으로 조사되고 있다. 이에 대해서는 무역협회(2015), "한 · EU FTA와 브렉시트" 참조.

후 길어진 미국의 통관시간을 단축하는 효과가 클 것으로 무역업계는 평가하고 있다. DHL, Federal Express 등 특급운송수단을 이용하여 배달되는 특급탁송 화물의 통관서류를 최소화하는 등 통관절차를 대폭 간소화하고, 원칙적으로 통관서류 제출 후 4시간 이내에 국내반출의 허용 및 신고서류의 전자제출 허용 등을 규정하였다.

또한 각 회원국은 정보통신기술을 활용하여 화물 반출절차를 신속히 하도록 규정하였다. 신속한 통관절차를 적용하면서도 위험관리기법을 세관검사에 도입하기로 하였다. 현재 우리나라 세관당국은 화물위험관리시스템(Cargo Selectivity)을 개발하여 화물의 위험도에 따라 차등검사하는 제도를 이미 운영중에 있다. 여기에다가 미국 세관과의 위험관리시스템 연계로 신속통관 환경이 더욱더 개선될 수 있게 되었다. 우범성이 낮은 것으로 판명되는 수출입 화물은 신속하게 통관되도록 함으로써, 우리 기업의 물류비용의 절감 및 생산성 증대가 기대된다. 또한 원산지 등 사전판정제를 도입하기로 하였는데, 사전판정제도는 특혜관세 적용에 필요한 품목분류 · 원산지 · 쿼터세율 등 교역과정에서 제기되는 의문사항에 대해 세관당국이 미리 심사하여 알려주는 제도이다. 세관당국이 사전판정 요청을 받은 때에는 원칙적으로 90일 이내에 판정하고, 그 결과를 의뢰자에게 통보해 주어 판정결과에 이의가 있는 경우에는 재심을 요청할 수 있도록 명시하였다.

2. 관세분야에 대한 협정의 주요 내용

한 · 미 FTA 협정의 제2장에서는 상품 수출입에 대한 내용을 규정하고 있으며, '내국민 대우 원칙' 이 회원국산 물품의 수출입에 대한 국경 간 및 국내에서의 거래에 적용된다. 여기서 회원국이 부여하는 내국민 대우라 함은 "동종의, 직접적으로 경쟁적인, 또는 대체 가능한 상품에 대하여 부여하는 가장 유리한 대우보다 불리하지 아니한 대우" 를 의미한다. 한마디로 자국산 상품에게 적용하는 규정을 회원국 상품에 동일하게 적용한다는 의미이다. 특히 수출입 상품에 부과되는 관세에 대해서는 협정에 달리 규정된 경우를 제외하고, 원산지 상품에 대해 기존의 관세를 인상하거나 새로운 관세를 채택할 수 없도록 규정하고 있다. 또한 각 회원국은 〈부속서 2-나〉의 양허표에 따라 원산지 상품에 대한 관세를 점진적으로 철폐해야 한다.[2]

2 WTO 등 다자간무역협상에서 양허는 관세를 일정 수준 이상 부과하지 않겠다고 약속하는 행위를 의미하나, FTA에서는 품목별 관세를 인하 혹은 철폐하는 내용을 양허로 표현한다. 즉, WTO에서의 의미와는 다른 것으로 이해해야 한다.

1) 수수료 및 부과금

대부분의 FTA에서 회원국은 〈1994년도 GATT 제8조 제1항 및 그 주해〉에 따라 수입이나 수출과 관련된 수수료 및 부과금은 실제 제공된 서비스의 실비 수준에서 부과되어야 하며, 수수료가 국내 상품에 대한 간접적인 보호나 재정적 목적을 위해 부과되지 말아야 함을 규정하고 있다.[3] 또한 어떤 회원국도 다른 쪽 회원국 상품의 수입과 관련하여 관련 수수료 및 부과금을 포함한 영사거래를 요구할 수 없다.[4] 각 회원국은 수입 또는 수출과 관련하여 자국이 부과하는 수수료 및 부과금의 적용 리스트를 인터넷에 공개함으로써 일반인들이 확인 가능하도록 해야 한다.

3 단, 〈1994년도 GATT 제3조 제2항〉에 근거한 내국세와 그 밖의 내국 부과금에 상당하는 부과금, 그리고 반덤핑 및 상계관세는 적용되지 않는다.

4 영사거래(consular tran-saction)란 물품의 수출을 위해 상대국 영사의 심사를 요하는 것을 말하며, 동 요건은 미국측 주장으로 협정에 반영되었으나, 양국 모두 실제로는 사용하지 않고 있다.

표 8-1 ■ 미국의 물품취급 수수료 및 항만유지 수수료

종류	징수 근거 및 대상	징수내역
물품취급 수수료 (Merchandise Processing Fee)	• 통합예산총괄조정법(Consolidated Omnibus Budget Reconciliation Act, 1985) • 모든 수입물품에 대하여 일률적으로 부과(종가세) • 제외지역은 (1) 미국속령의 제품, (2) 최빈국가의 제품, (3) 카리브연안 특혜대상국가임	▶ 2,000달러 이상 물품 - 수입가격의 0.21%(최대 건당 $485) ▶ 2,000달러 이하 물품 - 자동신고 : $2 - 수동신고(개인) : $6 - 수동신고(세관) : $9
항만유지 수수료 (Harbor Maintenance Fee)	• 수자원개발법(Water Resources Development Act of 1986) • 수입 관련 항만사용, 외국무역지역 반입승인, 내륙선적 및 여객운송 승인에 대해 징수	▶ 화물가격의 0.125% - 수입은 건별 징수 - 수출은 분기별 징수 ※ 미연방대법원 1998. 3 판결에 따라 수출화물에 부과는 금지

자료 : 대한민국정부(2007), "한 · 미 FTA 상세 설명자료".

한 · 미 양국은 원산지 상품에 대하여 물품취급 수수료를 채택하거나 유지하지 않기로 합의했다. 특히 한 · 미 FTA에서는 양측 협의에 따라 미국이 수입액 2,000달러 이상의 물품에 대해 부과하는 물품취급 수수료(merchandise processing fee)를 한국산 수출품에 대해서는 부과하지 않기로 하였다. 동 수수료는 수입액의 0.21%(최고한도 485달러)이며, 기획재정부 추정에 따르면 우리나라는 총 4,700만 달러의 지출을 줄일 수 있게 되었다. 한편, 미국은 수입액의 0.125%를 항만유지 수수료로 부과하고 있으며, 한·미 FTA 원산지 상품에 대해 철폐할 것을 주장했으나 미국은 다른 FTA에서 전례가 없음을 들어 수용하지 않았다.

2) 일시 반입

한·칠레 FTA, 한·미 FTA 등 일부 FTA는 일시 반입을 허용하고 있다. 하지만 유럽 국가들의 FTA에는 일시 반입 규정이 없으며, 한·EU FTA에도 일시 반입을 규정하지 않고 있다. 협정에 따르면, 특정 조건 하에 관세를 부과하지 않고 상품을 일시 반입했다가 귀국 시 반출할 수 있는데, 각 회원국은 원산지에 관계없이 다음의 상품에 대하여 무관세 일시 반입을 허용한다.

무관세 일시 반입이 허용되는 상품(경우)

가. 수입 회원국의 법에 따라 일시 입국의 자격을 갖춘 자의 영업활동, 무역 또는 직업을 수행하는 데 필요한 것으로서, 언론매체 및 텔레비전을 위한 장비, 소프트웨어, 방송 및 영화 장비를 포함하는 전문 장비
나. 전시 또는 시연을 위한 상품
다. 상업용 견본품, 광고용 필름 및 기록물, 그리고
라. 스포츠용으로 반입되는 상품

일시 반입 기간은 입국 시 정해지지만, 세관당국이 타당하다고 판단하는 경우 처음에 정해진 기간을 초과해 일시 반입의 기간이 연장될 수 있다. 무관세 일시 반입된 상품은 그 상품이 다른 회원국의 국민 또는 거주자에 의해서만 또는 그 개인의 감독 하에서만 본인의 영업활동·무역·직업 또는 스포츠를 수행하는 데 사용되어야 한다. 만약 그 상품이 반입되어 판매되거나 임대될 경우, 그 상품에 통상적으로 부과될 관세 및 그 밖의 부과금에다가 자국 법에 규정된 추가적인 부과금 또는 벌금을 더해 적용된다. 일시 반입된 상품은 신속한 반출을 규정하는 절차를 활용할 수 있으며, 상품은 해당 국민 또는 거주자의 입국과

동시에 반출되어야 하며, 반입 통관항구 이외의 다른 통관항구를 통해서도 수출될 수 있다.

3) 수리 또는 개조 후 재반입되는 상품

수리 또는 개조 후 재반입도 대부분의 FTA에서 허용되고 있다. '수리 또는 개조'를 위하여 자국 영역에서 다른 쪽 회원국의 영역으로 일시적으로 수출된 후 자국 영역으로 재반입되는 상품은 그 상품의 원산지와 관계없이 관세가 부과되지 않는다. 비록 수리 또는 개조로 그 상품의 가치가 증가되었더라도 수리 또는 개조를 위하여 다른 쪽 회원국의 영역으로부터 일시적으로 반입된 상품에 대해서도 동일하게 적용된다.

하지만 수리 또는 개조는 다음의 작업이나 공정이 포함될 경우 인정되지 않음을 한 · 미 FTA는 규정하고 있다.

- 상품의 본질적인 특성을 파괴하거나 새로운 또는 상업적으로 다른 상품을 만드는 것, 또는
- 미완성 상품을 완성 상품으로 변형하는 것

한편, 한 · EU FTA에서는 수리 및 개조 후 재반입 규정이 없이 재반입만을 허용하고 있다. 재반입되는 상품이 수출된 상품과 동일한 것이어야 하고, 상대국에서 상품의 성능을 유지하는 데 필요한 이상의 공정이 추가되지 않아야 한다는 조건을 규정하고 있다.

4) 상업용 견본품과 인쇄된 광고물의 무관세 반입

산업용 견본품과 광고용 제품에 대한 무관세 반입은 NAFTA식 FTA에서는 허용되는 반면, 유럽식 FTA에는 관련 규정이 없다. 다른 회원국으로부터 반입되는 소액의 상업용 견본품과 인쇄된 광고물은 원산지에 관계없이 무관세 반입을 허용한다. 하지만 그 견본품은 다른 회원국이나 비회원국의 상품, 또는 다른 회원국이나 비회원국의 영역으로부터 제공되는 서비스의 주문을 권유하기 위하여만 반입되어야 한다. 또한 그 광고물이 포장단위로 수입되고 각 포장이 그러한 광고물의 1부 이상 포함하고 있지 않아야 하며, 그 광고물 또는 그 포장 어

떤 것도 더 큰 다른 탁송물의 일부로 수입되어서는 안 된다.

5) 수출입 제한

한 · 미 FTA와 한 · EU FTA에서는 원칙적으로 수출입 제한을 금지하고 있다. 특정한 경우를 제외하고는 다른 회원국 상품의 수입 또는 다른 회원국으로 향하는 상품의 수출이나 수출을 위한 영업행위를 금지 또는 제한할 수 없다.[5] 또한 상계 및 반덤핑 관세 판정 이행을 위해 필요할 경우를 제외하고는 수출 및 수입 가격 요건을 부과할 수 없으며, 이행요건의 충족을 조건으로 하는 수입허가 또는 1994년도 GATT 제6조와 불합치하는 자발적 수출제한을 금지한다.

5__ 협정에서 달리 규정된 경우 혹은 1994년도 GATT 제11조 및 그 주해에 근거한 경우 비관세조치 적용이 가능하다.

한편, 한 · 아세안 FTA에서는 심각한 경상수지 및 외환위기 또는 유사한 위협상태에 있을 때 수출입 제한조치를 사용할 수 있는 것으로 규정하고 있다. 단, 수출입 제한 시 다른 회원국에게 즉시 통보해야 한다.

6) 지리적 표시

상품의 특정 품질, 명성 또는 그 밖의 특성이 본질적으로 지리적 근원에서 비롯되는 경우 특정 지역, 지방 또는 국가를 원산지로 하는 상품임을 명시하는 것을 지리적 표시(Geographical Indicator ; GI)라 한다. 즉, 지리적 의미가 있는 상품, 특산품을 법으로 보호한다는 의미이다. 다수 FTA는 지리적 표시를 인정하고 있으며, 특히 한 · EU FTA에는 지리적 표시 보호대상 특산품의 숫자가 협상쟁점이 되었다.

유럽은 식품과 주류 관련 지리적 표시 대상품목이 많아 162개를 보호대상으로 설정한 반면, 우리나라는 64개에 그쳤다. 주요 지리적 표시 대상품목을 살펴보면, 우리나라의 품목은 보성녹차, 순창전통고추장, 이천쌀, 고려홍삼, 진도홍주, 고창복분자 등이며, EU는 보르도, 부르고뉴, 샴페인, 꼬냑, 스카치위스키, 까망베르드노르망디(치즈) 등이다. 우리나라 기업이 샴페인이라 상호를 붙여 주류를 판매할 수 없으며, 유럽 기업은 녹차에 보성이란 상호를 사용할 수 없다.

한 · 미 FTA에서도 지리적 표시가 법으로 보호되는데, 미국 테네시 주에서 생산된 버본 위스키와 테네시 위스키는 미국의 특산품으로 인정된다. 따라서 미국 테네시산이 아닌 어떤 상품도 우리나라에서 버본 위스키 또는 테네시 위스키 상품명으로 판매될 수 없다. 한편, 안동소주와 경주법주는 우리나라의 특산품으로 인정되며, 한국산이 아닌 어떠한 상품도 미국에서 안동소주 또는 경주법주로 판매되는 것을 금지시켰다.

3. 상품의 관세양허 구조 및 주요 품목의 관세양허

가. 상품분야 양허 구조

우리나라가 미국 및 EU와 체결한 FTA는 상품분야에 대해 높은 수준의 자유화를 규정하고 있다. 3년 이내 조기 관세철폐 비율이 90%를 상회하고 있고, 관심품목에 대한 조기 자유화에 합의한 점이 높게 평가된다. 미국 및 EU와 높은 수준의 FTA 체결을 통해 우리나라 수출주력품목의 시장점유율 확대가능성을 제고시키고, 잠재적 수출품목의 시장진입 가능성도 높아지게 되었다. 특히, 당분간 일본, 중국 등 경쟁국들이 미국 및 EU와 FTA 체결 가능성이 높지 않아 우리 기업들은 미국과 EU 시장에서 유리한 경쟁기반을 확보할 수 있게 되었다.

한 · 미 FTA와 한 · EU FTA를 비교해 보면, 한 · 미 FTA에서는 우리나라의 조기 자유화 비율이 높은 반면, 한 · EU FTA에서는 유럽측이 우리보다 조기에 관세철폐하는 것으로 볼 수 있다. 수입액 기준으로 EU측은 모든 대한국 수입에 부과되는 관세를 5년 내에 철폐하고, 우리나라는 대EU 수입 97.0%에 부과되는 관세를 5년 내 철폐하기로 했다. 품목 수를 기준으로 할 때, EU측은 쌀을 제외한 나머지 99.6%에 해당하는 품목에 부과되는 관세를 5년 내 철폐하고, 우리나라는 93.6%를 5년 내 철폐하기로 하였다. 양측 모두 쌀(우리나라 16개 관세세번, EU측 39개 관세세번)은 양허에서 제외하기로 합의했다.

한 · 미 FTA의 관세양허 내용을 살펴보자. 관세양허는 협정문에서 가장 많은 수의 페이지를 차지하는 분야이며, 우리나라와 미국의 관세세번(각각 HS 10단위 및 HS 8단위)에 따른 품목별 관세철폐 일정은 총 447페이지 분량으로 제시되어 있다.[6]

현재의 실행관세는 각각의 관세철폐 스케줄에 따라 철폐되며, 양국은 수입

6 관세세번은 상품의 분류 체계이다. 이에 대해서는 이 장의 제4절을 참조 바란다.

표 8-2 ■ 한 · 미 FTA 상품분과 양허결과 (단위 : 억 달러)

		우리나라				미국			
		품목 수	비중	수입액	비중	품목 수	비중	수입액	비중
즉시철폐		7,218	**85.6%**	200.0	**80.6%**	6,176	**87.0%**	331.0	**87.2%**
3년 균등		719	**8.5%**	33.2	**13.4%**	360	**5.1%**	28.2	**7.4%**
5년 균등		168	2.0%	3.8	1.5%	196	2.8%	8.7	2.3%
10년	균등	301	3.6%	10.7	4.3%	333	4.7%	11.5	3.0%
	비선형	24*	0.3%	0.3	0.0%	12	0.2%	0.1	0.0%
12년	비선형	1	0.0%	-	0.0%	17	0.2%	0.02	0.0%
	TRQ	2	0.0%	0.03	0.0%				
15년(TRQ)		1	0.0%	0.04	0.0%				
총계		8,434	100%	248.4	100%	7,094	100%	379.6	100%

자료 : 대한민국 정부(2007), "한 · 미 FTA 상세 설명자료".

액기준 약 94% 품목의 관세를 조기(3년 내)철폐하기로 합의하였다.[7]

공산품의 경우 협정 이행 즉시 철폐되는 품목이 대부분이지만, 우리나라의 민감품목인 수산물 및 임산물에 대해서는 장기철폐, 비선형 관세철폐, 쿼터(TRQ) 등을 도입하여 산업피해를 최소화하는 방향으로 시장개방 일정이 확정되었다.

전체적으로 한 · 미 양국은 상품(공산품과 수산물) 전 품목에 대해 관세를 철폐하기로 합의함으로써 한 · EU FTA와 더불어 높은 수준의 FTA를 달성할 수 있게 되었다. 자동차, 섬유 등 우리나라 관심업종에 대해 조기 관세철폐가 이루어짐으로써, 향후 양국 간 실질적인 교역증대 효과가 기대되며, 우리나라 대미국 수출주력품목의 시장점유율 확대 및 잠재적 품목의 시장진입의 가능성이 제고되었다. FTA 협정 이행 시 단기적으로 미국 내 시장점유율 확대가 예상되는 품목(주요 경쟁국)으로는 승용차(일), LCD모니터(중, 일), 캠코더(일), TV카메라(일), 오디오앰프(중), 폴리스티렌(멕), 금속절삭가공기계(일), 이어폰(중), 에폭시수지(캐), 컬러 TV(멕) 등을 들 수 있다.

양국 간 관세철폐 내용을 살펴보면, 즉시철폐의 경우 우리나라는 수입액 기준 80.6%를 즉시 철폐하지만, 미국의 즉시철폐 비율은 87.2%로 우리나라보다 소폭 높은 편이다. 하지만 관세가 적용되는 품목을 기준으로 계산해 보면, 우리나라의 즉시철폐 비율이 미국보다 높다. 미국의 경우 무관세품목이 우리나라보

7_ 참고로 한 · EU FTA에서 EU는 99.4%(품목 수 기준)에 해당하는 물품을 3년 이내에 철폐한다. 반면, 우리나라는 95.8%를 3년 이내에 철폐한다.

다 높기 때문이다. 5년 이내 철폐 비율은 우리나라가 95.5%이나, 미국은 96.9%로 미국이 높다. 다만, 10년 이후에는 양국의 거의 모든 관세가 100% 철폐된다.

표 8-3 ▪ 주요 품목별 한·미 및 한·EU FTA 양허 비교

품목		한·미 FTA		한·EU FTA	
		한국	미국	한국	EU
자동차	○ 중대형(1,500cc 초과)	(8%) 4년	(2.5%)가솔린/중소형 : 4년 (2.5%)가솔린/대형 : 4년 (2.5%)디젤/대중소형 : 4년	(8%) 3년	(10%) 3년
	○ 소형(1,500cc 이하)	(8%) 4년		(8%) 5년	(10%) 5년
	○ 기타(하이브리드)	(8%) 10년	(2.5%) 10년	(8%) 5년	(10%) 5년
화물 자동차	○ 승합차	(10%) 즉시	(2%) 3년	(10%) 즉시	(10~16%) 즉시
	○ 디젤화물차(5톤 이하)	(10%) 즉시	(25%) 10년	(10%) 즉시	(22%) 5년
	○ 디젤화물차(20톤 초과)	(10%) 즉시	(25%) 10년	(10%) 5년	(22%) 3년
	○ 도로주행 트랙터	(8%) 즉시	(4%) 3년	(8%) 5년	(16%) 3년
자동차 부품	○ 디젤엔진 부품	(8%) 즉시	(2.5%) 즉시	(8%) 즉시	(2.7%) 즉시
	○ 카스테레오	(8%) 즉시	(0~2%) 즉시	(8%) 즉시	(14%) 즉시
	○ 기어박스	(8%) 즉시	(2.5%) 즉시	(8%) 즉시	(4.5%) 즉시
	○ 타이어	(8%) 즉시	(0~4.2%) 즉시, 5년	(8%) 즉시	(2.5~4.5%) 3년
부품	○ 선박완성품	(0~8%) 즉시, 3년	(0~2.7%) 즉시	(0~8%) 즉시	(0~2.7%) 즉시
	○ 부품	(0~8%) 즉시, 3, 5, 10년	(0~6.7%) 즉시	(0~8%) 즉시, 3년, 5년	(0~2.7%) 즉시
컬러 TV	○ 컬러 TV 완성품	(8%) 즉시	(0~5%) 즉시, 3년	(8%) 즉시	(14%) 5년
	○ 천연색 음극선관	(8%) 즉시	(3%) 즉시	(8%) 즉시	(14%) 즉시
	○ 수상기	(8%) 즉시	(3.9~5%) 즉시	(8%) 즉시	(14%) 5년
냉방고	○ 냉장고 완성품	(8%) 즉시	(1.9%) 즉시	(8%) 즉시	(1.5~2.2%) 즉시
	○ 부품	(8%) 즉시	(0%) 즉시	(8%) 즉시	(2.2%) 즉시
에어컨	○ 에어컨 완성품	(8%) 즉시	(0~2.2%) 즉시	(8%) 즉시	(2.7%) 즉시
섬유 및 의류	○ 순모직물	(13%) 즉시	(7~25%) 즉시	(13%) 5년, 7년	(8%) 즉시, 5년
	○ 편직제 의류(61류)	(8~13%) 즉시	(0~32%) 즉시, 10년	(8~13%) 즉시	(2~12%) 즉시
	○ 직물제 의류(62류)	(8~13%) 즉시	(0~28.6%) 즉시, 10년	(8~13%) 즉시	(6.5~12%) 즉시
	○ 합성섬유(54/55류)	(8~13%) 즉시	(0~25%) 즉시, 10년	(8~10%) 즉시	(8%) 즉시
의료용 기기	○ X선방사선기기	(8%) 즉시, 3년, 10년	(0~1.4%) 즉시	(8%)즉시, 3년, 5년, 7년	(2.1%) 즉시
	○ 초음파영상진단기	(8%) 10년	(0%) 즉시	(8%) 5년	(0%) 즉시
	○ 콘택트렌즈	(8%) 3년	(2%) 3년	(8%) 3년	(2.9%) 즉시
	○ 자기공명촬영기	(8%) 10년	(0%) 즉시	(8%) 5년	(0%) 즉시
	○ 심전계	(8%) 10년	(0%) 즉시	(8%) 5년	(0%) 즉시

의약품	○ 완제 의약품	(8%) 즉시, 3년	(0%) 즉시	(8%) 즉시, 3년	(0%) 즉시
	○ 비타민제	(6.5%) 즉시	(0%) 즉시	(6.5%) 즉시, 3년	(0%) 즉시
	○ 호르몬제	(0~6.5%) 즉시	(0%) 즉시	(0~6.5%) 즉시	(0%) 즉시
	○ 항생제	(6.5%) 즉시	(0%) 즉시	(6.5%) 즉시	(0%) 즉시
화장품	○ 기초화장품	(8%) 10년	(0%) 즉시	(8%) 5년	(0%) 즉시
	○ 페이스파우더	(8%) 즉시	(0%) 즉시	(8%) 5년	(0%) 즉시
	○ 향수	(8%) 3년	(0%) 즉시	(8%) 3년	(0%) 즉시
	○ 립스틱	(8%) 3년	(0%) 즉시	(8%) 3년	(0%) 즉시
	○ 헤어린스	(8%) 5년	(0%) 즉시	(8%) 5년	(0%) 즉시
비철 금속	○ 동과 그 제품	(8%) 즉시, 3년	(0~3%) 즉시, 3년	(8%) 즉시, 3, 5, 7년	(0~5.2%) 즉시, 3년
	○ 알루미늄과 제품	(8%) 즉시, 3년, 5년	(0~6.5%) 즉시, 3년, 10년	(8%) 즉시, 3년, 5년	(0~10%) 즉시
석유 화학	○ 합성수지	(6.5%) 즉시, 3, 5, 10년	(6.5%) 즉시, 3년, 10년	(6.5%) 즉시, 3년, 5년	(6.5%) 즉시, 3년
	○ 합성고무	(6.5%) 즉시, 5년, 10년	(0%) 즉시	(65.5%) 즉시, 3, 5, 7년	(0%) 즉시
합판류	○ 합판	(8~12%) 10년	(3~8%) 10년	(8~12%) 5년, 7년	(6~10%) 3년
	○ 섬유판	(8%) 10년	(3.9~6%) 10년	(8%) 5년, 7년	(7%) 3년
	○ 파티클보드	(8%) 10년	(0%) 즉시	(8%) 5년, 7년	(7%) 3년
기타	○ 구두(드레스화)	(13%) 즉시	(0~55.3%) 즉시, 12(비)	(13%) 즉시	(17%) 즉시
	○ 가죽제 가방	(8%) 즉시	(8~10%) 즉시	(8%) 즉시, 3년	(2.7~9.7%) 즉시, 3년
	○ 복사기	(8%) 즉시	(0~3.7%) 즉시	(8%) 즉시	(3%) 즉시, 3년
	○ 서류절단기	(8%) 즉시	(0~2.6%) 즉시	(8%) 즉시	(2.2%) 즉시

주 : 괄호 안은 현행 기본 관세율.

자료 : 관계부서합동(2009), "한 · EU FTA 상세 설명자료", 10월.

〈표 8-3〉은 우리나라가 미국 및 EU와 체결한 FTA에서 양허된 주요 상품의 시장개방 내용을 제시하고 있다. FTA에 따라 상품별 관세철폐 일정이 다름을 알 수 있다. 먼저, 한 · 미 FTA에서 허용된 관세양허단계별 해당 품목을 살펴보기로 하자. 우리나라의 즉시철폐 대상품목은 자동차부품, 케이블, 디지털 프로젝션TV 등이고, 미국의 해당 품목은 자동차부품, 컬러 TV, 신발 일부, 전기앰프 등이다. 우리나라가 5년 이내 철폐하는 품목으로는 골프채, 고주파증폭기, 면도날, 세제, 헤어린스 등이고, 기초화장품, 페놀수지, 콘택트렌즈 등은 10년 내 단계별로 철폐된다. 한편, 파티클보드, 섬유판, 합판 등 제조업종과 가오리, 오징어, 명태, 민어, 고등어 등 민감수산물에 대한 관세는 10년 혹은 10년 이상에 걸쳐 자유화된다.

미국의 단계별 관세철폐 품목 중 3년 철폐 대상은 골프용품, 샹들리에 등이며, 타이어, 가죽의류, 폴리에스테르, 스피커는 5년 철폐 대상품목이다. 전자레인지, 세탁기, 장신구, 베어링, 화물자동차는 10년에 걸쳐 자유화되고, 20～55%의 고관세가 부과되는 특수신발에 대한 관세는 12년 이후에 철폐된다.

우리나라의 대EU 수출구조를 살펴보면, 대기업 품목군이 전체 수출의 68%를 차지하고 있으며, 주요 수출품은 선박, 무선전화기, 승용차, 평판디스플레이, 자동차부품, 반도체, 섬유제품, 경유, 컬러 TV, 광학기기부품 등이다. 반면, 한국의 대EU 주요 수입품목은 의약품, 반도체제조장비, 승용차, 자동차부품, 정밀화학원료, 반도체, 화공제품, 원동기, 펌프 등이다. FTA 이행으로 유럽으로부터의 수입도 늘어나겠지만, 우리나라의 주력 수출품에 대한 관세가 조기에 철폐됨에 따라 유럽으로의 수출도 큰 폭으로 증가할 것으로 예상된다.

EU가 협정 이행 즉시 관세를 철폐하는 품목은 자동차부품(관세율 4.5%), 무선통신기기부품(2～5), 스웨터(12), 편직물(8), 냉장고(1.9), 에어컨(2.7), 라디오(9～12), 스키부츠(8～17), 폴리에스테르 직물(8), 진공청소기(2.2), 연축전지(3.7), 리튬전지(4.7) 등이다. 3년 내 철폐대상 품목은 중·대형(1,500cc 초과) 승용차(10), 베어링(8), 타이어(2.5～4.5), 합성수지(6.5), 고무벨트(6.5), 복사기(6), 전자레인지(5), 주방용 도자기제품(12), 항공기(7.5～7.7), 기타신발(17), 자전거(15) 등이고, 소형(1,500cc 이하) 승용차(10), 하이브리드카(10), 컬러 TV(14), 모니터(14), 카스테레오(10), 광학기기부품(6.7), 순모직물(8), 모사(3.8) 영상기록재생용기기(14), 화물자동차(22) 등은 5년 내 철폐된다. 대한무역투자진흥공사(2009)는 대EU 10大 수출유망품목을 관세율, 수출액(2008년 5천만 달러 이상 수출), 바이어 의견을 종합하여 조사하였다.[8] 주요 대상품목은 승용차, 자동차부품, 트럭, TV, 위성방송수신기, 폴리에스테르섬유, 메리야스편물, 산업용 장갑, ABS수지, 승용차 타이어 등이다.

8 대한무역투자진흥공사(2009), "한·EU FTA 10大 수출유망품목", Kotra Executive Brief 2009～2016. 7월.

나. 주요 품목의 관세철폐

1) 자동차

미국 및 EU와의 FTA 협상에서 이해관계가 가장 첨예하게 대립되었던 품목 중의 하나는 자동차였다. 우리나라는 즉시 관세철폐를 강도 높게 요구한 반면, 미국과 EU는 자동차에 대한 우리나라의 비관세장벽 완화를 적극적으로 요청하였다. 2007년 협상에서 합의된 자동차분야 관세철폐에 대해 미국의 불만이 컸다. 결국 2010년 추가 협상에서 한·미 양국은 자동차에 대한 관세를 협정발효 4년차에 철폐하기로 했다.[9] 우리나라는 자동차에 대한 즉시 관세철폐와 함께 내국세 체제를 간소화하기로 합의하였다. 미 승용차관세 조기철폐, 픽업트럭 단계적 개방 확보 및 자동차부품 관세 즉시철폐 등으로 대미 진출 확대기반을 마련한 것으로 정부 협상당국은 평가하고 있다.

우리 정부의 요청으로 한·미 양국 간 표준협력 강화를 위한 '자동차표준작업반'을 설치하기로 하였는데, 향후 양국 자동차산업 간 표준설정, 기술개발 등에서 협력이 증진될 것으로 보인다.[10] 미국이 요구했던 우리나라 자동차 세제 개편도 일부 수용되었는데, 특별소비세(특소세)를 5%로 단일화하고, 미국과의 FTA 이전 5단계로 되어 있는 자동차세를 3단계로 축소하기로 하였다. 특소세 인하는 국적과 관계없이 모든 수입차량과 국내산 차량에 적용된다. 특소세는 차량가격을 기준으로 부과되는데, 한·미 FTA 이전 800cc 미만은 면제되고, 800~2,000cc에는 5%, 2,000cc 초과 자동차는 10%가 부과된다. 한·미 FTA 합의에 따르면, 면제범위가 1,000cc 이하로 확대되는데, 2,000cc 초과 차량은 협정 이행 시 8%로 낮아지고, 이행 3년 후 5%로 인하된다. 자동차세는 엔진크기(cc)를 기준으로 부과되고 있는데, 현행 5단계에서 3단계로 개편되었다. 또한 자동차공채(지하철 공채, 지역개발 채권)도 향후 구매자의 공채 매입 부담을 현재 수준보다 증가시키지 않기로 했다.

협정에서 양국은 배기량에 기초한 새로운 세제를 도입하지 않기로 하였으며, 배기량별 요율 차이를 변경시키지 않기로 하였다. 다만, 배기량에 따른 세부담을 증가시키는 방향이 아닌 한 자동차 세제 개편은 허용된다.

9_ 한·EU FTA에서 우리나라와 EU의 중대형 승용차(1,500cc 초과) 관세는 협정 이행 3년 내, 소형(1,500cc 이하) 승용차의 관세는 5년에 걸쳐 철폐된다.

10_ 자동차표준작업반은 관련 표준, 기술규정 및 적합성 평가절차의 개발·이행 및 집행을 점검하게 된다. 또한 회원국은 개발 중인 관련 표준, 기술규정 및 적합성 평가 절차와 관련 규제 영향 분석과 같은 가용한 정보를 작업반에 제공하며, 작업반은 회원국이 제공하는 정보를 평가하고, 정보를 제공한 회원국에게 견해를 제공하게 된다.

2) 섬의류

섬의류 관세 협상에서 미국과 EU는 대조적인 모습을 보였다. 미국은 관세철폐에 소극적이었으나, EU는 10% 넘는 고관세가 적용되는 섬의류 분야 관세를 품목 수 기준 99.4%, 수입액 기준 99.9%를 협정 이행 즉시 철폐하기로 하였다. 프랑스, 이탈리아 등 고급의류 업체가 많은 국가의 입장이 반영된 것으로 보인다.

표 8-4 ■ 한·미 섬유류 양허 개요

구분		즉시	3년	5년	10년
수입액	한국	72.0	13.4	14.6	0
	미국	61.2	0	18.6	20.2
품목 수	한국	97.6	0.5	1.9	0
	미국	86.8	0	9.3	3.9

표 8-5 ■ 우리나라 대미 주요 수출섬유류 관세철폐

즉시철폐 (품목, 수출, 관세율)	5년 철폐 (품목, 수출, 관세율)	10년 철폐 (품목, 수출, 관세율)
인조스웨터 : 277(32.0%)	남성 면셔츠 : 67(19.7%)	화섬 편물(탄성사 함유 등) : 141(12.3~10.0%)
PE단섬유 : 140(4.3%)	PEF 직물 : 61(14.9%)	PE 강력사 : 53(8.8%)
남성 합섬셔츠 : 134(25.9%)	화섬 양말 : 59(14.6%)	PEF 직물(염색) : 24(14.9%)
면양말 : 134(13.5%)	면직물 : 54(6.0%)	남성 면셔츠(편물) : 25(16.6%)
합섬모포 : 36(8.5%)	화섬편물(염색) : 38(10.0%)	여성 면바지(직물) : 25(16.6%)
남성 모직정장 : 25(27.3~17.5%)	합섬편물 블라우스 : 17(32.0%)	

주 : 수출은 미국수입통계 기준(백만 달러, 2003~2005년 평균).
자료 : 산업자원부, "한·미 FTA 섬유류 설명자료", 2007. 5월.

한·미 FTA에서 양국은 모든 섬유류에 대한 관세를 10년 내에 철폐하되, 양국의 교역구조·관세율·수혜효과 등을 감안하여 미국보다는 우리나라의 즉시 관세철폐 범위를 좀 더 넓게 정했다. 2003~2005년 연간 우리나라의 대미 평균 수출액은 27억 달러인 데 비해, 대미 수입액은 2억 4천만 달러이다. 한편, 가중평균관세율은 우리나라가 9.3%, 미국이 13.1%이다. 관세철폐 범위를 살펴보면, 수입액 기준으로 미국의 섬유류 즉시 품목은 61%, 5년 균등 19%, 10년 균등철폐 품목은 20%를 차지하는 반면, 우리나라 섬유류의 72%가 즉시 철폐되고, 13%와 15%는 각각 3년 균등 및 5년 균등 철폐된다.[11]

관세철폐 양허단계별로 해당 품목을 살펴보면 남성모직정장, 화섬스웨터, 남성셔츠, 합섬모포, 면양말, 화섬단섬유 등은 즉시철폐 대상이고, 면직물, 면셔츠, 화섬편물 블라우스, 화섬편물, PEF직물 등은 5년 혹은 10년에 걸쳐 철폐된다. 이들 품목에 대한 관세는 대부분 10% 이상으로 높은 편이며, 품목에 따라 32%의 고율관세가 부과되고 있다.

또한 원사기준의 엄격한 원산지기준을 기본으로 인정하면서도 특혜관세 수혜의 걸림돌이 되지 않도록 원산지기준의 예외를 확보함으로써 엄격한 원산지

11 품목 수 기준으로 미국은 즉시 87%, 5년 균등 9%, 10년 균등철폐 4%이고, 한국의 즉시철폐 품목은 98%이다.

기준으로 인해 FTA 경제효과를 볼 수 없을 것으로 예상되었던 기업들에게도 FTA 혜택을 제공할 수 있게 되었다. 이들 품목은 가방 · 린넨직물 · 여성재킷 · 남성셔츠 등의 제품에 대해 단일실질변경기준을 적용하기로 하였는데, 이는 대미 수출의 5%에 상당한다. 예를 들어, 가방(HS 420212, 22, 32, 92)은 재단 · 편직 · 봉제기준을 적용하며, 린넨직물(5311)은 제직기준을, 여성편물재킷(610433, 39)은 재단(편직) 및 봉제 기준을 충족시키게 되면 특혜관세를 적용받을 수 있다. 뿐만 아니라, 아크릴 · 레이온 · 라이오셀 등 재생섬유 소재 · 사의 역외 조달을 허용하였는데, 화섬편물 · 스웨터 · 의류 등 대미 수출의 11% 상당 제품의 제조과정에 투입할 수 있게 되었고, 역내 공급부족 원료를 사용한 수출제품(직물과 의류 각각 최대 1억 입방미터, 대미 수출의 10% 상당)에 대해 관세특혜 쿼터를 도입하기로 하였다. 즉, 원사기준 예외, 특혜수혜가 가능하도록 역내 원사 사용범위가 확대됨에 따라 대미 수출의 80% 이상이 특혜수혜 혜택을 볼 수 있을 것으로 산업자원부(현 지식경제부)는 예상한 바 있다.

4. 관세양허표 이해하기[12]

FTA and International Trade, ch. eight

가. HS 품목분류표 구성 및 구조

협정문에 제시된 품목별 관세양허 내용을 소개하기 전에 상품분류 체계부터 살펴보기로 한다. HS 코드는 국제적으로 합의된 상품분류 체계로서 수출입 통계 작성, WTO 등을 통한 개방협상, 관세양허 등에 널리 사용된다.[13] HS 코드는 WCO(세계관세기구)의 주관 하에 정해져 국제기준으로 인정되며, WCO 국제협약에 따라 개별 국가들은 HS 6단위 이하 세분화된 코드를 상품별로 부여할 수 있다.[14] HS는 1988년 발효된 이래 1992년, 1996년, 2002년 세 차례에 걸쳐 개정되었으며, 이를 각각 HS88, HS92, HS96, HS2002로 통칭한다. HS 코드는 국제협약에 의해 국제 간에 공통으로 사용하는 상품분류 체계로서 세관에서 관세행정 목적으로 사용하는 것 이외에도 무역통계, 운송, 보험 등과 같이 여러 분야에서 다양한 목적에 통일되게 사용할 수 있도록 고안되었다고 하여 조

12 관세를 낮추거나 철폐하기로 약속하는 것을 "양허"라고 한다.

13 HS 품목분류 외에 CCCN과 SITC도 사용되고 있는데, CCCN(Customs Cooperation Council Nomenclature, 관세협력이사회품목분류표)은 CCC가 1976년 관세부과를 목적으로 만든 품목분류표이고, SITC(Standard International Trade Classification, 국제표준무역분류)는 UN이 1938년 무역통계의 국제적 비교를 위하여 제정한 상품분류방식이다.

14 참고로 한국의 HSK는 10단위로 구성되어 있고, 미국의 HTSUS는 8단위이다.

화제도(Harmonized System)로 불리게 되었다.

HS는 우리나라를 포함한 전 세계 170여 개 국가가 가입해 있는 국제협약에 근거하여 21부, 97류, HS 6단위(Sub-heading) 5,225개로 구성되며, HS 코드 6단위까지는 HS를 사용하는 모든 국가가 동일한 분류체계를 공유하게 된다. HS 코드 6단위를 초과하는 세부 분류는 각국의 사정에 따라 정해진다. 우리나라의 경우에는 HS 코드 10단위까지 세분류하고 있으며, 일본은 HS 코드 9단위, 미국 · EU · 중국은 HS 8단위까지 세분류하고 있다.

HS는 부(Section), 류(Chapter, 2단위), 호(Heading, 4단위) 및 소호(Sub-heading, 6단위)로 구성되며, 호와 소호는 동종 · 유사 상품끼리 체계적으로 배열한 품목의 리스트에 4단위 또는 6단위의 숫자(코드)를 부여하게 된다. 2002년판 HS 분류체계는 21부, 97류, 1,244호(4단위), 5,225소호(6단위) 순으로 배열하여 세분화하고 있다. HS 체계 이해를 위해 립스틱 세번을 찾아보자. 예를 들어, 4번째 줄(30대 류)은 화공품을 나타내고, 네 번째 칸에 있는 향료 · 화장품은 33류가 된다. 33류는 3301호(에센셜 오일)부터 3307호(면도용 제품류, 실내용 조제방취제)로 세분되고, 각 호 아래 다수의 6단위 소호로 분류된다. 예를 들어 3304호(미용 또는 메이크업 제품류와 기초화장품 제품류)는 총 5개의 6단위 소호(330410, 330420, 330430, 330491, 330499)를 가지고 있다. 이 중 330410소호는 입술화장품 제품류이고, 동 소호는 2개의 8단위 세번(33041010, 33041090)으로 구성된다. 최종적으로 립스틱은 3304101000으로 지정된다.[15]

15__ 6단위 이하 HS 번호는 국가마다 다른 것이 일반적이다. 예를 들어, 립스틱에 대한 미국과 일본의 HS 번호는 각각 33041000과 3304100000이다.

그림 8-2 립스틱의 세번분류 체계

- HS 품목분류에서 2단위는 류, 4단위는 호, 6단위는 소호라 부른다.
- 예를 들어 입술화장품 제품류의 HS CODE 6단위는 330410이다.

류	호	소호
33	3304	330410
화장품	미용, 메이크업 제품, 기초화장품	입술화장품 제품류

- 우리나라는 입술화장품 제품류를 세분하여 립스틱을 3304101000으로 지정하고 있다.

HS 체계에 대해 사전지식이 없다면 먼저 〈표 8-6〉을 잠시 살펴보기 바란다. 일반적으로 HS 품목분류표의 01류부터 24류까지는 농수산물로 볼 수 있으며, 제25류 이상의 품목은 공산품에 해당한다. HS 2단위 표에서 맨 왼쪽 칸은 류의 첫째 숫자를 나타내고, 각 줄에서 수평으로 배치된 숫자는 류의 둘째 숫자를 의미한다.

표 8-6 ■ HS 상품분류 체계

	0	1	2	3	4	5	6	7	8	9
0		산동물	육과 식용설육	어패류	낙농품 · 조란 · 천연꿀	기타 동물성 생산품	산수목 · 꽃	채소	과실 · 견과류	커피 · 차 · 향신료
10	곡물	곡물의 분과 조분밀가루 · 전분	채유용 종자 · 인삼	식물성 엑스	기타 식물성 생산품	동식물성 유지	육 · 어류 조제품	당류 · 설탕과자	코코아 · 초콜릿	곡물, 곡분의 주제품과 빵류
20	채소, 과실의 조제품	기타의 조제식료품	음료, 주류, 식초	조제사료	담배	토석류 · 소금	광, 슬렉, 회	광물성연료, 에너지	무기화합물	유기화합물
30	의료용품	비료	염료, 안료, 페인트잉크	향료 · 화장품	비누, 계면활성제 · 왁스	카세인 · 알부민 · 변성전분효소	화약류 · 성냥	필름인화지 사진용재료	각종 화학공업 생산품	플라스틱과 그 제품
40	고무와 그 제품	원피 · 가죽	가죽제품	모피, 모피제품	목재 · 목탄	코르크 · 짚	조물재료의 제품	펄프	지와 판지	서적 · 신문 인쇄물
50	견 · 견사 견직물	양모 · 수모	면 · 면사 면직물	마류 의사와 직물	인조 필라멘트 섬유	인조 스테이플 섬유	워딩 · 부직포	양탄자	특수직물	침투, 도포한 직물
60	편물	의류 (편물제)	의류 (편물제 이외)	기타 섬유제품 · 넝마	신발류	모자류	우산 · 지팡이	조제 우모 · 인조 제품	석, 시멘트, 석면제품	도자제품
70	유리	귀석, 반귀석, 귀금속	철강	철강제품	동과 그 제품	니켈과 그 제품	알루미늄과 그 제품	(유보)	연과 그 제품	아연과 그 제품
80	주석과 그 제품	기타의 비금속	비금속 제공구, 스푼 · 포크	각종 비금속 제품	보일러 · 기계류	전기기기 · TV · VTR	철도 차량	일반 차량	항공기	선박
90	광학 · 의료 · 측정 · 검사 · 정밀기계	시계	악기	무기	가구류 · 조명기구	완구 · 운동용구	잡품	예술품 · 골동품		

나. 관세양허 카테고리 확인

거의 모든 품목에 대한 자유화를 추진하는 FTA에서 수많은 품목에 대한 시장개방 내용을 정리하는 것은 용이한 작업이 아니다. FTA에서 관세철폐* 일정은 편의상 HS 품목분류 체계에 따라 각 품목별로 협정문의 부속서 혹은 부록으로 정리하게 된다. 시장개방 협상에서 관세철폐의 방식을 정하게 되는데, 이를 관세양허 카테고리(혹은 코드)로 부른다. 즉, HS 품목별로 합의된 관세철폐 카테고리를 명시하게 된다.

관세양허표상에 제시된 품목별 관세양허 일정은 해당 품목의 HS 코드별로 정리되어 있으며, 구체적인 양허내용은 적지 않고 영어 대문자 A부터 Z 중 하나로 표시되어 있다. 한·EU FTA에서는 숫자를 관세양허 카테고리로 사용하고 있다. 양허표만으로는 관세인하 일정을 이해할 수 없고, 협정의 〈부속서-2나(관세철폐)〉의 제1항과 〈일반 주해-대한민국 관세양허표〉, 〈일반 주해-미국 관세양허표〉에 규정된 양허 카테고리를 참고해야만 양허내용을 파악할 수 있다.

협정의 품목별 관세철폐 내용을 이해하기 위해서는 먼저 해당 품목의 HS 세번을 파악하고, 협정문 부속서의 해당 세번을 찾아 관세양허 카테고리를 확인하면 된다.

표 8-7 ■ 한·미 FTA 관세양허 카테고리

	발효 이후 철폐 소요기간	철폐방식	설명
A	0년	즉시	발효일부터 즉시 철폐
B	2년	균등철폐	이행 2년차 1월 1일부터 무관세 적용
C	3년	균등철폐	이행 3년차 1월 1일부터 무관세 적용
D	5년	균등철폐	이행 5년차 1월 1일부터 무관세 적용
E	6년	균등철폐	이행 6년차 1월 1일부터 무관세 적용
F	7년	균등철폐	이행 7년차 1월 1일부터 무관세 적용
G	10년	균등철폐	이행 10년차 1월 1일부터 무관세 적용
H	15년	균등철폐	이행 15년차 1월 1일부터 무관세 적용
I	10년	비선형 철폐	이행 10년차 1월 1일부터 무관세 적용
J	12년	비선형 철폐	이행 9년차부터 4년 균등철폐. 12년차 무관세

K	무관세 지속	–	기존의 무관세 적용 지속
L	9년	균등철폐	이행 9년차 1월 1일부터 무관세 적용
M	12년	균등철폐	이행 12년차 1월 1일부터 무관세 적용
N	16년	비선형 철폐	이행 16년차 1월 1일부터 무관세 적용
O	18년	균등철폐	이행 18년차 1월 1일부터 무관세 적용
P	20년	균등철폐	이행 20년차 1월 1일부터 무관세 적용
Q	2014년 1월 1일	균등철폐	2014년 1월 1일부터 무관세 적용
T	15년	비선형 철폐	이행 11년부터 5년 균등철폐. 이행 15년 무관세
U	계절관세	일부 균등철폐	12월 1일부터 4월 30일까지 : 발효일부터 무관세 적용 5월 1일부터 11월 30일까지 : 이행 8년차부터 8년 균등철폐. 이행 15년차 무관세
V	계절관세	균등, 비선형	5월 1일부터 10월 15일까지 : 17년 균등철폐. 17년차부터 무관세 적용 10월 16일부터 4월 30일까지 : 발효 시 24%로 인하. 이행 2년부터 4년 균등철폐. 5년차 무관세
W	계절관세	비선형 철폐	9월 1일부터 2월 말일까지 : 기준관세율 유지 3월 1일부터 8월 31일까지 : 발효 시 30%로 인하. 이행 2년부터 6년 균등철폐. 7년차부터 무관세
X	관세 유지	–	기준관세율 유지
Y	양허 제외	–	협정상 관세와 관련된 모든 의무 면제(쌀 16개 품목)
R	–	–	미국 통합상품명 및 부호체계(HTSUS) 제98류에 적용
S	–	–	미국 통합상품명 및 부호체계(HTSUS) 제98류에 적용
T	15년	비선형 철폐	이행 11년차부터 5년 균등철폐
U	계절관세, 15년	비선형 철폐	12월 1일부터 4월 30일까지 : 무관세. 나머지 기간 : 8년차부터 8년 균등철폐
V	계절관세, 17년, 5년	비선형 철폐	5월 1일부터 10월 15일까지 : 17년 균등철폐. 나머지 기간 : 이행 시 24%로 인하. 2년차부터 나머지 관세 4년 균등철폐. 5년차 무관세
W	계절관세	비선형 철폐	9월 1일부터 2월 말까지 : 기준세율 적용 나머지 기간 : 이행 시 30%로 인하. 2년차부터 6년 균등철폐. 7년차 무관세화
X	자유화 예외	–	관세철폐 예외 품목
Y	–	–	협정상 아무런 의무사항 없음
Z	10년	비선형 철폐	이행 시 20%로 인하. 2년차부터 9년 균등철폐. 10년차 무관세화 달성

관세양허 카테고리의 이해를 위해 간단한 형태의 표를 〈표 8-7〉에 제시하였다. 자세한 설명은 이 장의 맨 뒷부분에 제시한 〈부록표 8-1〉을 참조하기 바란다. 한 · 미 FTA 협정에서의 기준관세율은 2006년 1월 1일 현재 적용되는 한 · 미 양국의 최혜국 관세율이다.[16]

품목별 관세철폐 일정은 원산지 제품에 한해 적용된다.[17] 일반적으로 양허

16_ 기준관세율은 대한민국 관세법 제69조에 따라 조정관세가 포함된 세율이다.

17_ 디지털상품은 협정의 발효일부터 무관세가 적용된다.

카테고리는 협정 본문에 명시되어 있다. 한 · 미 FTA에서는 총 32개의 카테고리가 도입되었다. 한 · 미 FTA의 양허 카테고리는 다른 FTA에 비해 개수가 많을 뿐만 아니라 내용도 복잡한 편이다. 다른 협정들은 보통 10개 이하의 카테고리를 도입하고 있다. 이렇게 된 배경에는 농업분야 개방에 대한 한 · 미 간 입장차이가 주로 작용했다. 미국은 실질적인 시장접근 기회를 부여받기 위해, 우리나라는 현재의 관세율 체계를 가급적 장기간 유지하기 위해 다양한 형태의 관세철폐 카테고리를 설정하게 된 것이다.

표 8-8 ■ 관세감축 일정 비교

관세감축방식		발효일	1년째	2년째	3년째	4년째	5년째
3년 철폐	1/n	66.6%	33.3%	0%			
	1/(n+1)	75%	50%	25%	0%		
5년 철폐	1/n	80%	60%	40%	20%	0%	
	1/(n+1)	83.3%	66.6%	50%	33.3%	16.6%	0%

독자들의 참고를 위해 한 · EU FTA와 한 · 인도 FTA의 관세양허 카테고리를 두 개의 박스에 요약 · 정리한다. 한 · EU FTA는 1/(n+1) 관세철폐 방식을 도입하였다. 예를 들어 3년 철폐(카테고리 3)의 경우, 4번에 걸쳐 균등하게 관세가 감축된다. 참고로 한 · 미 FTA, 한 · 인도 FTA에서는 1/n 관세철폐 방식이, 우리나라가 칠레, 싱가포르, EU와 체결한 FTA에서는 1/(n+1) 관세철폐 방식이 적용된다.

한 · EU FTA 관세양허 카테고리

한 · EU FTA 관세양허의 기준연도는 2007년 5월 6일이며, 최장 21년간 관세철폐를 규정하고 있다. 20개의 양허 카테고리로 구성되어 있으며, 각각 2개의 계절관세와 자유화 예외 카테고리를 설정하고 있다. 2개 카테고리(10-A, 10-B)에 해당하는 품목에 대한 관세는 협정 이행 초기에는 낮은 비율로 감축되다가 후반부에 높은 폭으로 인하된다.

카테고리	관세철폐 시점 (n+1년)	카테고리의 주요 내용
0	즉시	협정 이행 즉시 철폐
2	3년	3번 균등철폐(1월 1일)
3	4년	4번 균등철폐(1월 1일)

5	6년	6번 균등철폐(1월 1일)
6	7년	7번 균등철폐(1월 1일)
7	8년	8번 균등철폐(1월 1일)
10	11년	11번 균등철폐(1월 1일)
12	13년	13번 균등철폐(1월 1일)
13	14년	14번 균등철폐(1월 1일)
15	16년	16번 균등철폐(1월 1일)
18	19년	19번 균등철폐(1월 1일)
20	21년	21번 균등철폐(1월 1일)
10-A	10년	협정 이행 시 기준세율 5% 인하, 이후 10년차까지 관세철폐
10-B	10년	협정 이행 시 기준세율 20%로 인하, 이후 10년차까지 관세철폐
12-A	12년	1~8년차 기준세율 유지, 9년차부터 4년간 균등철폐
16-A	16년	이행부터 15년간 30%로 균등인하, 16년차 완전철폐
S-A	계절관세, 5년	5월 1일~10월 15일에는 무관세. 이외 기간에는 협정 이행 즉시 24%로 인하, 2년차부터 4단계 균등철폐
S-B	계절관세, 7년	9월 1일~2월 말까지 무관세. 이외 기간에는 협정 이행 즉시 30%로 인하, 2년차부터 6단계 균등철폐
E	예외	기존 관세 유지
X	예외	협정상의 의무 면제

한 · 인도 FTA 관세양허 카테고리

한 · 인도 FTA(CEPA) 기준관세는 2006년도 4월 1일 시점의 관세율이며, 1/n 관세철폐 방식이 적용된다.

분류	관세철폐 시점/ 자유화 종료시점	관세양허코드 내용
E-0	즉시	협정 이행 즉시 무관세
E-5	5년차	5년 균등철폐
E-8	8년차	8년 균등철폐
RED	8년차 1~5%	8년에 걸쳐 1~5%로 균등인하(8년째부터 1~5% 관세 적용)

협정문 부속서의 한국 관세양허표를 보면, 관세 세번별 품목명, 기준세율, 양허유형이 품목별로 제시되어 있다. 립스틱에 대한 관세양허를 살펴보자. 양허표에서 먼저 33류를 찾고, 그 아래에서 3304호를 찾을 수 있다. 즉, 〈표 8-

9〉와 같이 13개 HS 10단위 품목에 대해 품목명, 기준세율 및 양허유형이 정리되어 있다. 예를 들어 립스틱(HS3304101000)에 대한 우리나라의 기준세율은 8%이고, 미국산 립스틱의 양허유형은 C이기 때문에 최혜국(MFN) 관세율 8%의 기준관세율이 철폐될 것임을 알 수 있다. 한편 미국은 립스틱에 별도 세번을 부여하지 않고, HS33041000번에 입술화장용 제품류로 정의하고 있다. 미국은 립스틱을 포함한 입술화장용 제품에 대해 이미 무관세화했으며, 관세철폐유형은 K로 규정하고 있다.

표 8-9 ■ HS3340호에 대한 한국과 미국의 관세철폐 카테고리

한국의 관세양허표

HSK	품목명	기준세율	양허유형
3304101000	립스틱	8	C
3304109000	기타	8	C
3304201000	아이섀도	8	C
3304209000	기타	8	C
3304301000	네일에나멜	8	C
3304309000	기타	8	C
3304911000	페이스파우더	8	C
3304912000	베이비파우더(탤컴파우더를 포함한다)	8	A
3304919000	기타	8	A
3304991000	기초화장용 제품류	8	G
3304992000	메이크업용 제품류	8	C
3304993000	어린이용 제품류	8	A
3304999000	기타	8	C

미국의 관세양허표

HTS 8	품목명	기준세율	유형
33041000	입술화장용 제품류	0	K
33042000	눈화장용 제품류	0	K
33043000	매니큐어용 제품류와 페디큐어용 제품류	0	K
33049100	미용 또는 메이크업용 파우더(압축한 것인지의 여부는 불문한다)	0	K
33049910	석유젤리(소매용의 것에 한한다)	0	K
33049950	따로 분류되지 아니한 미용 또는 메이크업용 제품류와 기초화장용 제품류(의약품을 제외하며, 선크림과 선탠 제품류를 포함한다)	0	K

여기서 관세양허 유형은 기준세율을 협정 이행 시 언제 어떠한 방식으로 철폐할 것인가를 나타낸다. 한 · 미 FTA의 양허 카테고리는 〈부속서 2-나(관세철폐)〉의 제1항과 〈일반 주해-대한민국 관세양허표〉, 〈일반 주해-미국 관세양허표〉에 규정되어 있고, 각 양허 카테고리를 정리하면 〈부록표 8-1〉과 같다. 양허 카테고리별 관세철폐 일정은 원산지 제품에 한해 적용된다.

5. FTA 수출입 통관절차

FTA and International Trade, ch. eight

FTA 통관절차는 일반 수출입절차를 따르며, 특혜관세를 적용받기 위한 절차가 추가되는 것이 특징이다. 먼저 수출이라 함은 내국물품을 외국으로 반출하는 것으로, 수출하고자 하는 모든 물품은 세관의 수출통관 절차를 밟아야 한다. 이러한 수출통관은 수출하고자 하는 물품을 세관에 수출신고한 후 신고수리를 받아 우리나라와 외국 간을 왕래하는 운송수단에 적재하기까지의 절차를 포함한다.

FTA 수출입 통관절차는 [그림 8-3]의 도표로 제시될 수 있다. 이를 간단하게 정리하면 [그림 8-5]와 같이 흐름도를 그릴 수 있다. 일반적인 수출절차를 먼저 살펴보면 FTA 수출절차가 명확해진다.

일반적인 수출절차는 수출자의 수출신고를 세관이 심사 후에 수리한 후 선적하는 것으로 처리된다.

FTA 수출통관 절차가 일반적 수출통관 절차와 가장 구별되는 점은 원산지증명서(C/O) 발급절차가 포함된다는 점이다. 원산지증명서는 물품의 국적을 나타내는 것으로, FTA 혜택을 받기 위해서는 반드시 원산지증명서를 상대국 수입자에게 송부해야 한다. 원산지증명서 발급방식은 FTA별로 상이하며 협상에 따라 달라진다. 자율발급은 수출자 등의 원산지결정기준 등에 따라 C/O를 직접 발급하는 것을 의미하며, 기관발급은 수출자 등의 신청에 따라 기관(우리나라의 경우 세관과 상공회의소)에서 C/O를 발급하는 방식이다. 한 · EU FTA에서는 관세청으로부터 원산지인증발급자로 지정된 수출자(생산자)만이 FTA 특혜 신청을 위한 원산지증명서를 발급할 수 있다.[18] 한 · 미 FTA에서는 수출자, 생산자뿐만 아니라 수입자도 원산지증명서를 발급할 수 있고, 유효기간은 4년

18_ 이에 대해서는 제9장 참조.

이며, 별도 형식 없이 필수사항만 기재하면 된다.

그림 8-3 FTA 수출입 통관 절차

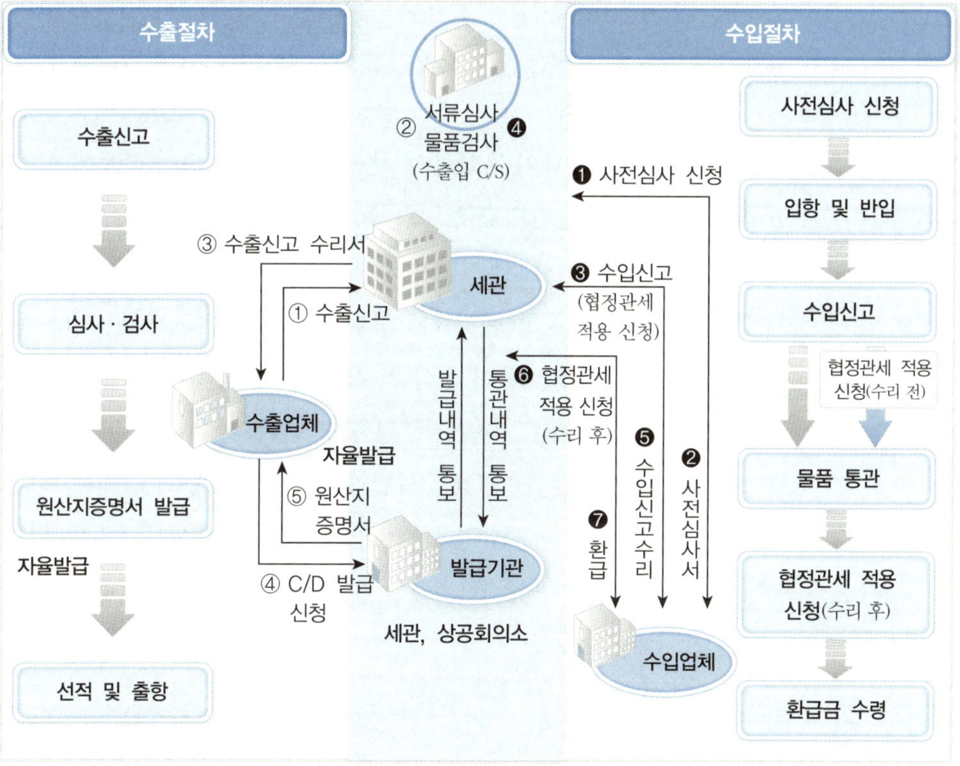

자료 : 관세청, "FTA와 관세행정", 2007. 6.

그림 8-4 일반적 수출통관 절차

수출신고 → 서류심사 → 물품검사 → 신고수리 → 선적

그림 8-5 FTA 수출통관 절차

수출신고 → 서류심사 → 물품검사 → 신고수리 → 원산지증명서 발급 → 선적

표 8-10 ■ FTA별 원산지증명서(C/O) 발급방식 비교

구분	칠레	싱가포르	EFTA	아세안	한·미 FTA
C/O 발급방식	자율발급	기관발급	자율발급	기관발급	자율발급

모든 수입물품은 세관에 수입신고를 하여야 하며, 세관에서 수입신고를 수리하여야 물품을 국내로 반출할 수 있다. 수입신고는 우리나라에 물품이 도착되기 전에도 가능한데, 이러한 신고를 출항전수입신고, 입항전수입신고라고 한다. 관세청에서는 컨테이너 화물의 신속한 통관을 위하여 부두에서 바로 반출할 수 있는 "부두직통관제도"도 시행하고 있다.

수입신고는 관세청에서 정한 수입신고서에 기재사항을 기재한 후 수입신고서에 선하증권 부본 등 제출서류를 첨부하여 세관에 제출하면 된다. 대부분의 물품은 검사 없이 신고내용의 형식적·법률적 요건만 심사하고 수리하지만, 검사대상으로 선정된 물품은 세관공무원이 수입물품에 대한 검사 및 심사를 한 후 신고수리를 하게 된다. 세관의 심사결과 수입신고가 법의 규정에 따라 정당하게 이루어진 것으로 확인된 경우에는 당해 물품에 대한 관세 등을 납부하거나 해당 세액에 상당하는 담보를 제공한 후 물품을 반출할 수 있다.

그림 8-6 일반적 수입통관 절차

FTA에서는 수입자가 원산지를 확인한 후 협정관세적용신청서를 작성하여 신청하여야 한다. 세관은 수입자가 제출한 협정관세 적용 신청에 대하여 통관단계에서는 형식적인 요건을 심사하고, 원산지가 의심되는 경우에는 사후에 원산지심사를 통하여 협정관세의 적정 여부를 확인한다.

수입자는 원산지증명서를 수출자로부터 제출받아 소지한 상태에서 특혜관세 적용 신청을 해야 하며, 기존의 서류제출 방식에 의한 협정관세 적용방식이 수입·수출업체를 지원하기 위해 서류제출이 필요 없는 방식(P/L)이 가능한 특혜관세적용신청서 방식으로 변경됨에 따라 일일이 세관을 방문하여 원산지증명서를 제출할 필요가 없다. 다만 세관장의 요구가 있는 경우 원산지증명서를 직접 제출하여야 하는데, 이와 같은 경우에도 원산지의 진정성이 의심되는 경우보다는 수입신고서와 협정관세적용신청서의 원산지가 다른 물품이나 품명과 원산지기준이 다른 물품 등 형식적인 요건 심사를 위한 것이다.

그림 8-7 FTA 협정관세 수입신고 수리 전 적용신청 절차

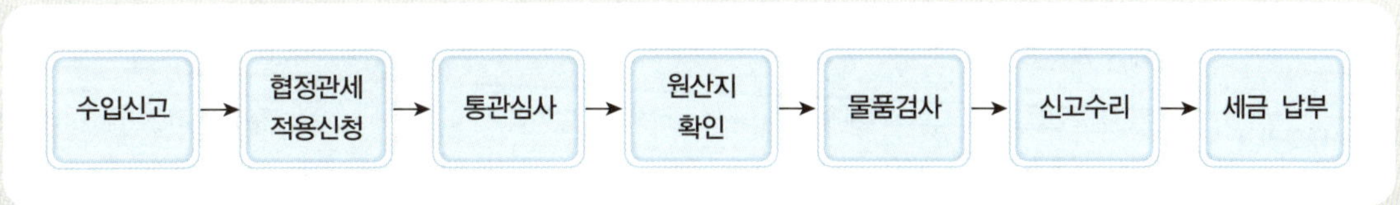

수입자가 FTA 협정관세대상 물품임을 알았으나, 수출국 발급기관의 원산지증명서 발급 지연이나 수출자의 준비부족 등에 의해 수입신고 당시 원산지증명서를 구비하지 못하였다면 수입신고 수리 후 협정관세 적용 신청을 하여야 한다.

그림 8-8 FTA 협정관세 수입신고 수리 후 적용신청 절차

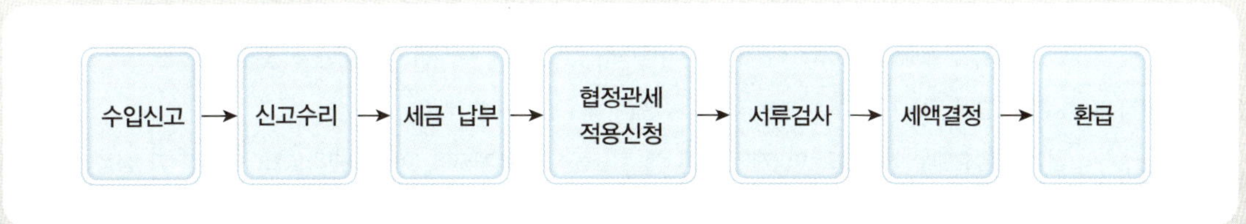

현행 FTA 특혜법령 체제에서는 한 · 미 FTA 수입통관도 이와 같은 절차를 통해 협정관세를 적용받을 수 있다. 그리고 통관 원활화 및 납세자 편의를 위해 한 · 미 FTA 통관분과에서 도착 후 최대한 48시간 내 화물반출, 수입 전 사전신고, 부두 직통관제도, 특혜관세 적용에 필요한 품목분류 · 원산지 · 쿼터세율 등의 사전판정제도, 원산지증명서 오류사항 정정신고제도 및 특혜관세 사후신청제도 등을 도입하기로 합의하였다.

부록표 8-1 ■ 협정상의 관세철폐 카테고리

양허카테고리 A	협정 발효일에 관세가 철폐됨.
양허카테고리 B	협정의 발효일을 시작으로 2단계에 걸쳐 매년 균등하게 철폐되어, 이행 2년차 1월 1일부터 그 상품에 대하여 무관세가 적용됨.
양허카테고리 C	협정의 발효일을 시작으로 3단계에 걸쳐 매년 균등하게 철폐되어, 이행 3년차 1월 1일부터 그 상품에 대하여 무관세가 적용됨.
양허카테고리 D	협정의 발효일을 시작으로 5단계에 걸쳐 매년 균등하게 철폐되어, 이행 5년차 1월 1일부터 그 상품에 대하여 무관세가 적용됨.
양허카테고리 E	협정의 발효일을 시작으로 6단계에 걸쳐 매년 균등하게 철폐되어, 이행 6년차 1월 1일부터 그 상품에 대하여 무관세가 적용됨.
양허카테고리 F	협정의 발효일을 시작으로 7단계에 걸쳐 매년 균등하게 철폐되어, 이행 7년차 1월 1일부터 그 상품에 대하여 무관세가 적용됨.
양허카테고리 G	협정의 발효일을 시작으로 10단계에 걸쳐 매년 균등하게 철폐되어, 이행 10년차 1월 1일부터 그 상품에 대하여 무관세가 적용됨.
양허카테고리 H	협정의 발효일을 시작으로 15단계에 걸쳐 매년 균등하게 철폐되어, 이행 15년차 1월 1일부터 그 상품에 대하여 무관세가 적용됨.
양허카테고리 I	협정 발효일에 기준세율의 5퍼센트를 인하하고, 협정 이행 2년차 1월 1일부터 추가적으로 기준세율의 5퍼센트, 이행 3년차 1월 1일부터 추가적으로 기준세율의 7퍼센트, 그리고 그 이후부터 이행 5년차까지 매년 추가적으로 기준세율의 7퍼센트를 인하함. 관세는 이행 6년차 1월 1일부터 추가적으로 기준세율의 10퍼센트, 이행 7년차 1월 1일부터 추가적으로 기준세율의 10퍼센트를 인하함. 관세는 이행 8년차 1월 1일부터 추가적으로 기준세율의 12퍼센트, 이행 9년차 1월 1일부터 추가적으로 기준세율의 17퍼센트, 그리고 이행 10년차 1월 1일부터 추가적으로 기준세율의 20퍼센트를 인하하여, 이행 10년차 1월 1일부터 그 상품에 대하여 무관세가 적용됨.
양허카테고리 J	이행 1년차부터 이행 8년차까지 기준세율을 유지함. 관세는 이행 9년차 1월 1일을 시작으로 4단계에 걸쳐 매년 균등하게 철폐되어, 이행 12년차 1월 1일부터 그 상품에 대하여 무관세가 적용됨.
양허카테고리 K	K로 규정된 원산지 상품은 지속적으로 무관세 대우를 적용받게 됨.
양허카테고리 L	협정의 발효일을 시작으로 9단계에 걸쳐 매년 균등하게 철폐되어, 이행 9년차 1월 1일부터 그 상품에 대하여 무관세가 적용됨.
양허카테고리 M	협정의 발효일을 시작으로 12단계에 걸쳐 매년 균등하게 철폐되어, 이행 12년차 1월 1일부터 그 상품에 대하여 무관세가 적용됨.
양허카테고리 N	협정의 발효일을 시작으로 15단계에 걸쳐 매년 균등하게 감축되어 이행 15년차에 종가세 30퍼센트로 인하되고, 이행 16년차 1월 1일부터 그 상품에 대하여 무관세가 적용됨.
양허카테고리 O	협정의 발효일을 시작으로 18단계에 걸쳐 매년 균등하게 철폐되어, 이행 18년차 1월 1일부터 그 상품에 대하여 무관세가 적용됨.
양허카테고리 P	협정의 발효일을 시작으로 20단계에 걸쳐 매년 균등하게 철폐되어, 이행 20년차 1월 1일부터 그 상품에 대하여 무관세가 적용됨. 후지사과.
양허카테고리 Q	협정의 발효일을 시작으로 매년 균등하게 철폐되어, 2014년 1월 1일부터 그 상품에 대하여 무관세가 적용됨.
양허카테고리 R	미국 HTSUS 제98류 제2절 주 3에 명시된 절차에 따라 적용됨.

양허카테고리 S	양허카테고리 S 품목(주로 HS 98류)에 대하여 규정된 원산지 상품에 대한 관세는 완전히 철폐되고, 그 상품에 대한 관세는 이 협정 발효일부터 무관세가 적용됨.
양허카테고리 T	이행 1년차부터 이행 10년차까지 기준관세율을 유지함. 이행 11년차 1월 1일을 시작으로 5단계에 걸쳐 매년 균등하게 철폐되어, 이행 15년차 1월 1일부터 그 상품에 대하여 무관세가 적용됨.
양허카테고리 U	1) 12월 1일부터 4월 30일까지 대한민국으로 수입되는 상품에 대한 관세는 완전히 철폐되며, 협정 발효일에 그 상품에 대하여 무관세가 적용됨. 그리고 2) 5월 1일부터 11월 30일까지 대한민국으로 수입되는 상품에 대한 관세는 이행 1년차부터 7년차까지 기준관세율이 유지됨. 관세는 이행 8년차 1월 1일을 시작으로 8단계에 걸쳐 매년 균등하게 철폐되어, 이행 15년차 1월 1일부터 그 상품에 대하여 무관세가 적용됨.
양허카테고리 V	1) 5월 1일부터 10월 15일까지 대한민국으로 수입되는 상품에 대한 관세는 이 협정 발효일을 시작으로 17단계에 걸쳐 매년 균등하게 철폐되어, 이행 17년차 1월 1일부터 그 상품에 대하여 무관세가 적용됨. 2) 10월 16일부터 4월 30일까지 대한민국으로 수입되는 상품에 대한 관세는 협정 발효일에 종가세 24퍼센트로 인하됨. 관세는 이행 2년차 1월 1일을 시작으로 4단계에 걸쳐 매년 균등하게 철폐되어, 이행 5년차 1월 1일부터 그 상품에 대하여 무관세가 적용됨.
양허카테고리 W	1) 9월 1일부터 2월 말일까지 대한민국으로 수입되는 상품에 대한 관세는 기준관세율이 유지됨. 그리고 2) 3월 1일부터 8월 31일까지 대한민국으로 수입되는 상품에 대한 관세는 이 협정 발효일에 종가세 30퍼센트로 인하됨. 관세는 이행 2년차 1월 1일을 시작으로 6단계에 걸쳐 매년 균등하게 철폐되어, 이행 7년차 1월 1일부터 그 상품에 대하여 무관세가 적용됨.
양허카테고리 X	양허카테고리 X로 규정된 원산지 상품에 대한 관세는 기준관세율이 변동 없이 유지됨.
양허카테고리 Y	양허카테고리 Y로 규정된 품목에 대해서는 이 협정상 관세에 관한 어떠한 의무도 적용되지 아니함.
양허카테고리 Z	협정 발효일에 종가세 20퍼센트로 인하됨. 관세는 이행 2년차 1월 1일을 시작으로 9단계에 걸쳐 매년 균등하게 철폐되어, 이행 10년차 1월 1일부터 그 상품에 대하여 무관세가 적용됨.

1. 시작하면서

2. 원산지기준 협정 내용

3. 원산지기준 확인과 원산지 증명

4. 원산지기준과 기업활동

FTA and International Trade

원산지기준 및 원산지 증명

FTA and International Trade
ch. nine

9

2016년 2월 공개된 환태평양동반자협정(TPP)은 원산지기준 계산 시 완전누적을 인정하는 것으로 되어 있다. 원산지기준이란 FTA상의 특혜관세를 적용받기 위해 필요한 상품의 국적을 정하는 방식이다. 완전누적이란 어떤 제품이 여러 회원국에 걸쳐 생산될 경우, 각 회원국에서 투입된 부가가치의 누적치를 원산지 판정 시 인정해 주는 것을 말한다.

커피 원두를 전혀 생산하지 않은 우리나라가 세계 몇 번째 커피 수출 국가로 거론되는 것은 인스턴트커피에 대한 원산지기준이 원두 생산국이 아니라 커피 로스팅(roasting) 국으로 되어 있기 때문이다. 이 장에서는 FTA 원산지기준 주요 내용을 정리하고자 한다.

기업은 원산지증명서를 첨부해 FTA 관세혜택을 받은 후 일정 기간 동안 원산지 검증에 응해야 하는 의무를 지게 된다. 국제무역연구원(2016)의 자료에 따르면, FTA 체결국과의 수출비중이 70%를 초과하고 있으나, 우리나라 FTA 활용기업 중 32.8%만이 원산지 사후검증 대응 가능한 상황이다. 기업의 원산지 검증 대응역량 강화가 필요하다.

1. 시작하면서[1]

FTA and International Trade, ch. nine

FTA 협상에서 쟁점이 많고, 협정 이행 후 활용과정에서 가장 많이 거론되는 분야가 원산지기준이다. 물품의 원산지(Country of Origin)란 수출입품의 국적을 의미하는 것으로, 그 물품이 생산 · 제조 · 가공된 나라, 동식물의 경우에는 성장한 나라를 의미한다. 여기서 동식물에 대한 원산지기준은 논란이 적으나, 수입부품을 사용하여 생산되는 공산품은 원산지기준을 정하는 것이 쉽지 않다. 주로 원재료의 공급국 및 주요 공정 수행국이 원산지국가가 되며, 자본투자국 · 디자인 수행국 · 기술 제공국 · 상표 소유국 등과는 무관한 개념이다. 모든 국가는 FTA와 무관하게 각 상품별 원산지기준을 정하고 있다.

FTA 원산지기준은 흔히 특혜원산지기준으로 불리기도 하는데, 협정마다 품목별 기준이 다르게 규정된다. 또한 국가별로 사정이 다르기 때문에 품목별 기준도 달라지게 된다. 당초 원산지기준은 무역굴절 방지가 목적이었으나,[2] 오

1 원산지기준은 필자의 연구보고서 정인교 외(2005), 『우리나라 FTA 원산지규정(ROO) 연구 및 실증분석』의 자료를 확대 · 보완하여 작성하였다.

2 무역굴절(trade deflection)은 역외국에 대한 관세가 낮은 회원국으로 수입된 제3국산 물품이 다른 회원국(높은 관세 부과)에게 무관세로 수출되는 현상을 말한다.

늘날에는 상품의 시장접근과 투자 결정에 영향을 미치는 강력한 무역정책 수단으로 이용되고 있다. 기본적으로 특혜원산지기준은 불법 물품의 우회수입을 억제하고, 역내 회원국 간 교역을 확대시키는 데 그 목적이 있다. 하지만 보호무역주의적 시각에서 원산지기준을 활용하는 사례도 많다. 이를 위해 원산지 인정 기준이 엄격해지게 되고, 그 결과 무역전환에 따른 부정적인 영향이 커지게 되며, 무역과 투자를 왜곡시키는 부작용을 초래하게 되는 것이다. 또한 FTA 숫자가 늘어나고 협정마다 서로 다른 원산지기준을 적용함에 따라 비효율이 발생하게 되는데, 이를 바그와티 교수가 스파게티손실(Spaghetti Effects)로 처음 명명한 이후 학계에서 널리 인용되고 있다.

원산지는 통상 "당해 물품이 실질적으로 생산된 국가", 즉 "물품의 국적"을 의미한다고 볼 수 있으나, 원산지기준은 FTA 협상에서 결정되므로 통일적인 기준이 있는 것은 아니며 국제경쟁력, 생산방식 등에 따라 FTA마다 달리 정해지게 된다. 그러나 FTA에서도 원산지를 결정하는 기본 원칙은 대부분 동일하다. 원산지를 결정하는 기본 원칙으로 완전생산기준(Wholly obtained or entirely produced)과 실질변형기준(Substantial transformation)을 사용하고 있다.[3] 다만, 완전생산기준과 실질변형기준의 구체적인 범위에 있어서 차이가 있다. 완전생산기준은 당해 물품의 전부를 생산 · 가공 또는 제조한 나라를 원산지로 인정하는 기준을 말한다. 주로 가공하지 아니한 농수산물이나 광산품 등 1차 산품이 이에 해당되며, 자국산 원재료만 사용하여 가공한 물품도 이에 해당된다.

3 원산지기준 관련 용어는 이해하기 어렵다. 이 장에 사용된 원산지기준 용어는 이 장의 맨 뒷부분에 첨부된 용어집을 참조바란다.

이와 달리 실질변형기준은 당해 물품이 2개국 이상에 걸쳐 생산 · 가공 또는 제조된 경우에 당해 물품의 본질적인 특성을 부여하기에 충분한 정도의 실질적인 변형이 최종적으로 수행된 나라를 원산지로 인정하는 기준을 말한다. 즉, 외국에서 수입한 원재료와 국산 원재료를 혼용하여 물품을 가공 · 생산할 경우 이 기준이 적용되며, 대부분의 가공생산품이 이에 해당된다. 현재 이행 중인 한 · 칠 FTA, 한 · 싱 FTA, 한 · EFTA FTA, 한 · 아세안 FTA, 한 · 미 FTA, 한 · EU FTA 등 현재 이행 중인 6개의 FTA를 중심으로 FTA 원산지기준을 살펴보자.

그림 9-1 원산지결정기준의 종류

완전생산기준 (적용대상 : 농수산물)	외국산 재료를 전혀 사용하지 않고 순수하게 국내에서 생산한 경우 원산지를 인정하는 기준		
실질변형기준 (적용대상 : 공산품)	외국산 재료를 사용하더라도 당해 물품의 본질적 특성이 생산과정에서 부여되면 원산지로 인정하는 기준		
	세번변경요건	부가가치요건	특정공정요건

2. 원산지기준 협정 내용

FTA and International Trade, ch. nine

가. 완전생산기준

완전생산기준은 주로 농수산물에 적용되며, 당해 물품을 완전히 생산 · 가공 또는 제조한 나라를 원산지로 인정하는 기준이다. 기체결한 6개 FTA 모두 공해상에서 획득한 수산물을 제외하고는 완전생산기준 개념에 대해 큰 차이가 없다. 회원국(이하 "역내" 라 한다)에서 채굴한 광산물, 재배 · 수확한 농산물, 수렵 또는 어로작업에 의해 획득한 물품이 그 주요 대상이다. 소 · 말 · 돼지 · 닭 등 산 동물의 경우에는 역내에서 번식되어 사육한 것만 해당된다. 역외에서 수입한 씨앗(seed) · 인경(bulb) · 근경(rootstock) · 삽수(揷樹) · 접수(接樹) 또는 기타 산 식물의 일부에서 성장한 농산물 및 원예작물은 원산지가 인정된다.

이 외에 영해 밖의 해저 또는 해저층에서 채취 · 채굴한 원유 · 광산물 등 해저자원이나 기타 물품의 경우에도 역내 국가가 영해 밖의 해저를 탐사하거나 채굴할 수 있는 권리를 소유하고 있는 때에는 역내산으로 인정된다. 또한 역내에서 행하여진 생산과정에서 발행한 폐기물(waste) 및 부스러기(scrap)와 역내에서 수집되어 사용이 끝난 물품 중 원재료 회수용으로 적합한 것도 역내산으로 인정된다. 아울러 역내산으로 인정되는 것을 원료로 하여 역내에서 완전히 생산한 물품도 완전생산물품에 해당된다.

수산물의 경우 영해 내에서 획득한 것은 선박의 국적 여하를 막론하고 연안국을 원산지로 인정한다. 외국에서 치어를 수입하여 자국에서 양식(fish farming)한 수산물의 경우에도 원산지가 인정된다. 영해 밖의 공해(outside territorial sea)상에서 획득한 수산물 또는 선상가공품의 경우 작업이 이루어진 선박이 자국적인 때에 한하여 원산지를 인정한다. 그러나 자국산 선박의 범위를 판단하는 기준에 있어서는 서로 상이한 점이 있다. 먼저 미국, 칠레, 아세안 및 싱가포르와 체결한 FTA에서는 자국산 선박을 인정하는 기준으로 기국요건(旗國要件, vessel flying the flag of a Party)과 등록요건(登錄要件, vessel registered or recorded with a Party)을 동시에 충족해야 한다.[4] 즉, 법적으로 자국에 등록하였을 뿐만 아니라 실질적으로 자국 기업 또는 자국 국민이 운영하는 선박으로 획득한 수산물 또는 선상가공품만 원산지를 인정한다. 따라서 자국에 등록되지 않은 임차선박으로 획득한 수산물은 원산지가 불인정된다. 이에 반해 한 · EFTA FTA에서는 기국요건만 충족하면 된다. 즉, 이 경우 기국요건만 충족하면 원산지가 인정되므로 자국에 등록된 선박이 아닌 임차선박을 이용하여 공해상에서 획득한 수산물에 대해서도 원산지를 인정받을 수 있다.

원산지 목적상 "영해(territorial sea)"의 범위와 관련해서도 다소 상이하다. 핵심은 배타적 경제수역(Exclusive Economic Zone ; EEZ)[5]을 영해에 포함시키느냐 여부이다. 일반적으로 EEZ는 국제법상 영해에 포함시키지 않는다. EEZ를 영해에 포함시킬 경우 선박의 국적과 관계없이 동 수역에서 획득한 수산물은 연안국으로 원산지를 인정받게 된다. 이와 관련 한 · 칠레 FTA에서 칠레의 영해는 EEZ를 포함하지만 한국의 영해에 EEZ는 포함되지 않았다. 나머지 한 · 미 FTA, 한 · 싱가포르 FTA, 한 · EFTA FTA, 한 · 아세안 FTA에서는 모두 국제법상 인정되는 영해만 포함한다. 즉, EEZ는 영해에 포함되지 않는다. 이상의 내용을 비교 · 정리하면 〈표 9-1〉과 같다.

4 이들 요건 하에서는 해당 선박이 자국의 국기를 게양하고 선박을 그 국가에 등록해야 한다.

5 EEZ : 영해 밖 해안기선으로부터 200해리 안에 설정된 수역. 이 수역은 연안국의 영해 바깥 해양 자원에 대한 요구를 만족시키기 위하여 1982년 국제연합해양법조약으로 제도화한 것이다.

표 9-1 ■ 수산물 및 선상가공품의 원산지 인정 기준 차이점 비교

상대국(지역)	칠레	싱가포르	EFTA	아세안	미국
자국선박 요건	기국요건 + 등록요건	기국요건 + 등록요건	기국요건	기국요건 + 등록요건	기국요건 + 등록요건
영해의 범위 (EEZ 포함 여부)	칠레 : EEZ 포함 한국 : EEZ 불포함	EEZ 불포함	EEZ 불포함	EEZ 불포함	EEZ 불포함

나. 실질변형기준

공산품에 대한 원산지기준은 매우 느슨한 형태(예 : 6단위 세번변경)에서부터 아주 까다로운 기준(2단위 세번변경과 60% 부가가치기준을 조합한 경우)까지 다양하다. 일반적으로 6개 FTA에서는 모두 실질적 변형 여부를 판단하는 기준으로 세번변경기준과 부가가치기준을 다양하게 사용하고 있다. 물품의 특성에 따라 세번변경기준 또는 부가가치기준을 단독으로 사용하거나 양 기준을 선택적으로 사용(선택기준 : alternative rule)하거나 양 기준을 모두 충족해야 원산지를 인정하는 조합기준(combination rule/hybrid rule)을 사용하기도 한다. 주요 공정기준(SP)은 섬유 · 의류제품 등 일부에만 사용한다. 미국, EU, 인도, 칠레, 싱가포르, EFTA와의 FTA 모두 위 세부기준을 기초로 품목별 원산지기준을 별도로 마련하여 각 협정의 원산지기준에 부속서 형태로 규정하고 있다. 우리나라의 FTA에서 사용하고 있는 실질변형기준의 체계를 정리하면 [그림 9-2]와 같다.

그림 9-2 우리나라 FTA의 원산지결정기준(실질변형기준) 체계

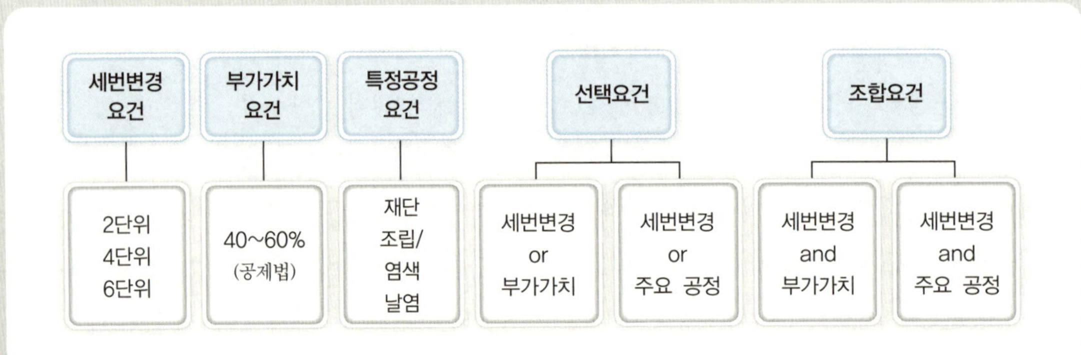

아세안과의 FTA에서는 부가가치기준을 주로 판단기준으로 하는 간단한 형태의 원산지기준(실질변형기준)이 도입되었다. 회원국에서 완전 획득되지 않거나 생산되지 않은 상품은 역내 부가가치(RVC) 비율이 본선인도가격(FOB price)의 40% 미만이 아니거나 HS 4단위 세번변경이 일어나면 원산지 상품으로 간주한다. 하지만 미국, EU, 인도, 칠레, 싱가포르, EFTA와의 협정에서는 세번변경기준이 포함된 복잡한 형태의 원산지기준이 도입되었다.

1) 세번변경요건(CTC)

형태가 다양하지만 세번변경요건은 어느 기준보다 객관적이고 예측가능성이 높아 FTA에서 가장 보편적으로 사용되고 있다. 이는 해당 물품의 생산에 사용된 수입산 원재료 또는 부품의 세번과 일정 수준 이상 상이한 세번의 제품이 생산된 국가를 원산지로 인정하는 방법을 말한다. 여기서 일정 수준이라 함은 품목에 따라 HS 2단위(Chapter, 장), 4단위(Heading, 호) 또는 6단위(Subheading, 소호)가 달리 적용될 수 있다. [그림 9-3]에서 보듯이, 수입산 설탕과 향료를 사용하여 국내에서 생산된 캔디는 4단위 세번변경기준을 충족시

그림 9-3 세번변경기준의 예시

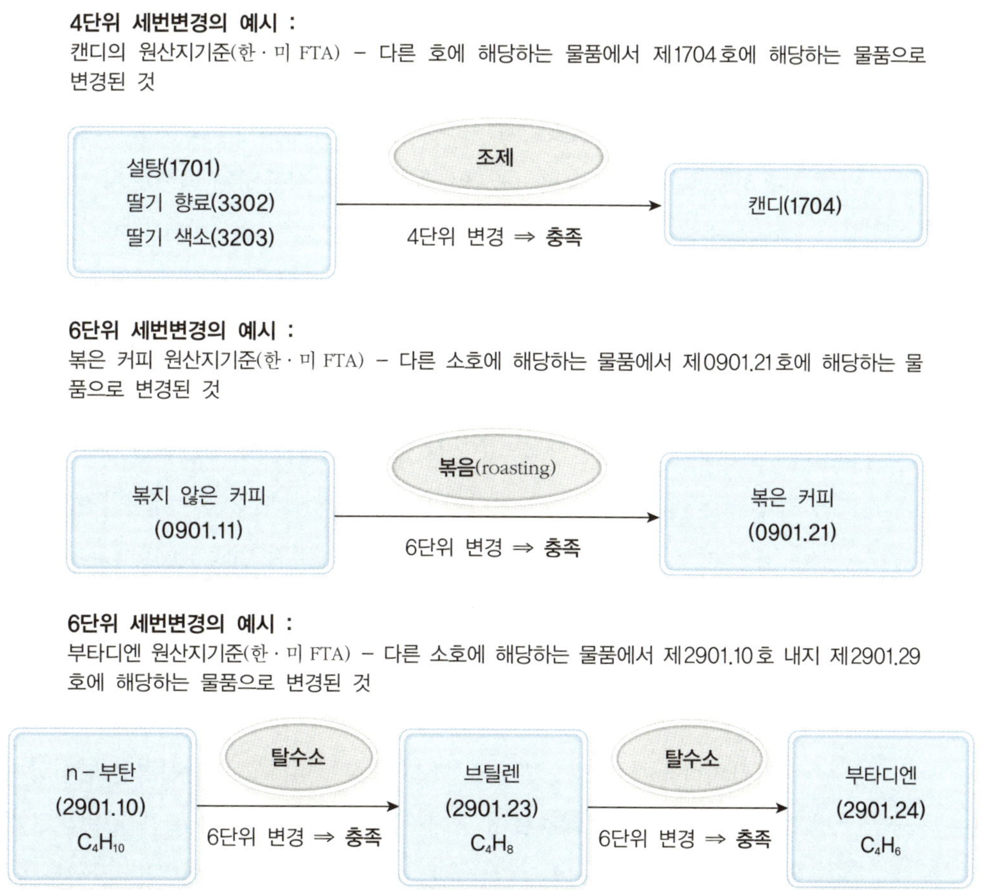

자료 : 관세청(2009), "기업실무자用 FTA 매뉴얼"에서 발췌.

키게 된다.

한 · EU FTA에서는 4단위 세번변경이 주로 사용되었고, 한 · 인도 FTA에서는 부가가치 35%기준과 6단위 세번변경기준이 복합적으로 적용된다. 품목별 구체적인 수준은 FTA에 따라 각기 다르다. 회원국 간의 투자 · 교역관계, 산업구조 및 경쟁력 등에 따라 FTA 대상국별로 원산지기준이 달리 적용되기 때문이다. 통상 2단위 변경기준(CC)이 가장 엄격하며, 다음으로 4단위 변경기준(Change of Tariff Heading ; CTH)이 엄격하다고 할 수 있고, 6단위 변경기준(Change of Tariff Subheading ; CTSH)이 비교적 완화된 기준인 것으로 볼 수 있다.

일반적으로 국내경쟁력이 취약한 개방에 민감한 산업물품의 경우 2단위 또는 4단위 위주의 비교적 엄격한 원산지기준을 사용하는 데 비하여 수출경쟁력이 뛰어난 제품의 경우 6단위 변경기준을 사용한다. 그러나 HS 품목분류 체계가 지니는 한계로 인해 CC기준이더라도 충족이 용이한 경우가 있으며, 물품의 특성에 따라 세번변경기준과 부가가치기준을 선택적으로 적용하거나 조합하여 사용하는 품목도 많다. 또한 세번변경기준을 사용하는 때에도 특정 호 또는 소호에 해당하는 재료를 사용한 경우에는 원산지를 불인정하는 방식을 사용하기도 한다.[6]

6 예 : KSFTA 및 KEFTA에서 HS2402호의 담배의 경우 CTH(4단위 변경기준)를 채택하면서 HS2403호에서 변경된 재료는 제외하도록 규정하고 있다.

2) 부가가치요건

품목에 따라 세번변경기준으로 원산지를 판별하기 곤란한 경우가 있다. 예를 들어, 수입쌀(HS 10)을 쌀가루(HS 11)로 만들면 2단위 세번변경이 이루어졌으나 실제로 가공된 공정은 보기에 따라 '실질적 변형'이 발생하지 않은 것으로 볼 수 있다. 부가가치요건은 당해 물품의 제조, 생산 또는 가공 과정에서 역내에서 발생한 부가가치가 일정 수준 이상인 경우 원산지를 인정하는 방법이다. 원재료 및 제품 가격의 등락, 환율의 변동 또는 회계기준에 따라 물품별로 부가가치비율에 차이가 발생할 수 있어 불투명하고 비안정적인 방법임에도 불구하고 우리나라가 체결한 FTA에서는 세번변경기준과 함께 광범위하게 사용되고 있다. 부가가치기준 단독으로 사용되는 경우도 있으나, 대부분 세번변경기준과 결합하여 사용되거나 선택적으로 사용하는 방식을 채택하고 있다.

표 9-2 ■ 부가가치기준의 기술적 세부사항 차이점 비교

대상국(지역)	칠레	싱가포르	EFTA	인도	EU	미국
제품기준가격	FOB	FOB	공장도가격	FOB	공장도가격	FOB
부가가치 공식	공제법/집적법	공제법	MC방식	공제법	MC방식	공제법/집적법
부가가치 수준	45%/35% (공제법)	45~55% (공제법)	40~70% (공제법 환산 시)	35% (복합기준)	40%	55%/35%

부가가치비율 산출에 필요한 기준가격, 산정공식 및 원산지를 인정하는 품목별 부가가치비율은 FTA마다 각각 다르다. 기준가격과 관련 한 · 미 FTA, 한 · 인도 FTA, 한 · 칠레 FTA와 한 · 싱가포르 FTA는 부가가치비율 산출에 필요한 제품의 기준가격으로 본선인도가격(FOB price)을 사용하는 데 반하여 한 · EU FTA와 한 · EFTA FTA는 공장도가격(ex-work price)을 사용한다. 부가가치비율을 산정하는 공식(formula)은 FTA에 따라 공제법, 집적법, 순원가법이 단독 혹은 선택적으로 사용된다. 부가가치 계산방법은 〈표 9-3〉에 정리되어 있다.

표 9-3 ■ 부가가치 계산방식

공제법: RVC 비율 $= \dfrac{\text{조정가치}(AV) - \text{비원산지재료가치}(VNM)}{\text{조정가치}(AV)} \times 100$

집적법: RVC 비율 $= \dfrac{\text{원산지재료가치}(VOM)}{\text{조정가치}(AV)} \times 100$

순원가법: RVC 비율 $= \dfrac{\text{순원가}(NC) - \text{비원산지재료가치}(VNM)}{\text{순원가}(NC)} \times 100$

수입산함량: 역외산가치비율 $= \dfrac{\text{비원산지재료가치}(VNM)}{\text{조정가치}(AV)} \times 100$

조정가치(AV): 상품의 가격에서 수출국으로부터 수입지까지 상품의 국제수송에 수반되는 모든 운송, 보험 등의 모든 비용 · 부과금 또는 경비를 제외한 가치

비원산지재료가치(VNM): 생산자가 획득하여 상품의 생산에 사용한 비원산지재료의 가치

원산지재료가치(VOM): 생산자가 획득하거나 자가생산하고 상품의 생산에 사용한 원산지재료의 가치

순원가(NC): 상품의 순원가

한 · 미 FTA와 한 · 칠레 FTA에서는 공제법(build-down method)과 집적법(build-up method)을 선택적으로 사용할 수 있도록 하고 있다. 한 · 미 FTA에서는 공제법을 사용한 경우 RVC 비율이 55% 이상이 되어야 원산지를 인정하며, 집적법을 사용한 경우 35% 이상이 되어야 원산지를 인정한다. 자동차에

대해서는 순원가법 사용도 허용되며, 35% 이상의 RVC 비율을 충족시킬 경우 역내산으로 인정된다.

한편, 원재료를 수입하여 역내에서 추가가공을 거친 반제품을 사용하여 최종제품을 생산한 경우 부가가치비율 계산 시 이 반제품의 가격을 비원산지 재료가격에 포함할지 여부가 문제된다. 역내 추가가공을 통하여 반제품이 역내산으로 원산지가 변경된 때에는 반제품 가공 전 외국산 재료의 가치를 비원산지 재료가격에 포함할 필요가 없다. 반제품 그 자체가 원산지 재료로 인정되기 때문에 반제품에 결합된 비원산지 재료를 따로 분리할 필요가 없다.[7] 그러나 반제품의 원산지가 역내산으로 인정되지 않는 경우에 반제품의 처리방법과 관련하여 FTA마다 상이한 기준이 적용된다. 칠레 및 싱가포르와 체결한 FTA의 경우 기본적으로 반제품의 가격 전체를 비원산지 재료가격에 포함시킨다. 다만, 추가가공 시 역내산 재료가 포함된 경우 역내산 재료가액은 공제될 수 있다. 재료비를 제외한 나머지 인건비나 가공비용은 공제되지 않는다. 그러나 한 · EFTA FTA에서는 이에 관한 명확한 규정이 없어 다소 논란의 소지가 있다. 해석상 국산 재료비도 공제될 수 없다고 봄이 타당하며, 반제품 가격 전부를 비원산지 재료가격에 포함시키게 된다.[8]

7_ 이를 실무에서는 롤업(Roll-up) 방식이라고 한다.

8_ 이를 실무에서는 rolling-down 방식이라고 한다.

3) 특정공정요건

소수의 한정된 품목에 적용되는 특정공정요건은 당해 물품의 제조 · 생산 또는 가공과정에서 특정한 공정을 당해국에서 거친 때에 한하여 원산지를 인정하는 기준이다. 우리나라가 체결한 일부 FTA에서 섬유 또는 의류제품에 한하여 세번변경기준과 병용하거나 선택적으로 사용되고 있다. 한 · 미 FTA에서는 가장 엄격한 수준의 원산지기준으로 볼 수 있는 원사기준이 채택되었다.[9] 우리나라 요청에 의해 일부 품목에 대해서는 예외규정을 두었지만, 대체로 미국의 입장이 반영되어 가장 엄격한 형태의 기준이 도입되었다.

한 · 칠레 FTA의 경우 의류제품(HS 61~62류)에 한하여 회원국에서 자국산 원단을 사용하여 재단 · 봉제 공정을 거쳐 만든 의류제품에 대해 원산지를 인정하고 있다.[10] 한 · 싱가포르 FTA 및 한 · EFTA FTA의 경우 원산지와 관계없이 재단 · 봉제 공정을 거쳐 만든 의류제품에 대해 원산지를 인정하고 있다. 따라서 외국에서 수입한 원단을 사용하여 재단 · 봉제한 경우에도 원산지가 인

9_ 원사기준은 자국산 실을 사용하여 짠 직물을 사용하여 재단 및 봉제되어야 한다는 요건을 말한다.

10_ 재단기준은 원단이 생산된 실(원사)의 원산지에 관계없이 자국산 원단을 재단 · 봉제하는 요건을 말한다.

정된다. 한 · EFTA FTA에서는 원단의 경우 염색공정과 날염공정을 거친 것에 대해 원산지를 인정하고 있다. 다만, 수입 원재료(이 경우 '생지'로 부름)생지의 가격이 최종 제품 공장도가격의 50% 이하이어야 한다. 다시 말해서 중국에서 생지를 수입하여 국내에서 염색공정을 거친 원단을 스위스로 수출한다고 가정할 경우 수입한 생지의 가격이 최종 제품의 공장도가격을 기준으로 50% 이하인 때에는 한국산으로 원산지를 인정받게 된다. 각 FTA별 주요 공정기준이 적용되는 물품을 비교하면 〈표 9-4〉와 같다.

표 9-4 ■ FTA별 주요 공정기준 적용물품 비교

품명	HS 번호	칠레	싱가포르	EFTA	인도	미국
의류제품	61~62류	국산원단요건 + 재단기준	재단기준	재단기준	재단기준	원사기준
직물	50~60류	CC	CC	CTH or 염색 또는 날염 (단, 수입한 생지의 가격이 최종 제품가격의 50% 이하일 것)	세번변경+40%	품목별로 규정

4) 보충적 원산지기준

실질변형기준에서 채택되는 세번변경기준, 부가가치기준 등이 지니고 있는 한계 또는 모순을 보완하기 위하여 대부분의 FTA 원산지기준에서는 다양한 형태의 보충적 원산지기준을 도입하고 있다. 대표적인 보충기준으로는 원산지인정 최소허용기준(미소기준) · 세번변경기준의 특례 · 누적기준 · 불인정공정기준 · 부속품 등의 특례 · 직접운송원칙 등이 사용된다.

비원산지 재료가격이 당해 물품의 전체 가격에서 차지하는 부분이 미미할 경우 품목별 원산지기준에서 규정하고 있는 세번변경기준 등 원산지요건을 충족하지 못할 경우에도 예외적으로 원산지를 인정할 수 있다. 이를 원산지인정 최소허용기준 또는 미소기준(De Minimis or Tolerance rule)이라 부른다.

원산지를 인정하는 미소기준 인정한도는 FTA에 따라 상이하다. 한 · 미 FTA, 한 · EU FTA, 한 · 인도 FTA 등 다수 FTA에서 10%의 미소기준을 허용하고 있다. 단, 한 · 칠레 FTA의 경우 섬유제품(HS 50~63류)을 제외한 일반 물품에 대해 가격기준으로 8% 미만인 경우 비역내산 부품을 인정하고 있다. 섬유제품은 사용된 원사의 중량비율을 기준으로 한 · 미 FTA는 7%, 한 · 칠레 FTA 및 한 · 싱가포르 FTA는 8% 미만이나 한 · EFTA FTA는 10% 미만으로 설정했다.

미소기준은 수입재료의 비율이 극히 미미할 경우 세번변경이 발생하지 않더라도 예외적으로 원산지를 인정하도록 함으로써 획일적 세번변경기준 적용에 따르는 모순과 불합리성을 보완하기 위해 도입된 기준이다. 다만, 한·EFTA FTA의 경우 미소기준은 적용상 약간 차이점이 있다. 한·EFTA FTA의 품목별 원산지기준에서는 특정 물품에 대하여 특정한 비원산지 재료의 경우 사용을 금지하도록 하고 있는데, 이 경우 사용금지 비원산지 재료의 가격이 제품가격의 10% 이하일 경우에는 미소기준을 적용하여 예외적으로 원산지를 인정하도록 하고 있다.[11]

11_ 예를 들면, 곡분(Chapter 11)의 경우 제10류에 해당하는 비원산지 재료(예 : 쌀)는 사용을 금지하고 있는 바(Manufacture from materials of any other Chapter except from Chapter 10), 외국에서 수입한 쌀을 혼용하여 곡분을 가공한 경우에도 제품가격 중 수입쌀의 비율이 10% 미만에 불과할 경우 원산지를 인정할 수 있다.

한편, 농수산가공품의 경우에는 국내 농·어민 보호와 우회수입 방지를 위하여 미소기준의 적용을 엄격히 제한하고 있다. 섬유제품의 경우 세번이 원단 또는 직물에 함유된 섬유나 실의 함량에 의해 결정되는 특징을 고려하여 중량을 기준으로 하게 된 것이다. 섬유제품은 가격등락이 매우 심하여 가격기준으로 최소기준을 설정할 경우 원산지 결정이 혼란스러운 점이 고려대상이 되었다. 각 FTA별 미소기준의 차이점을 정리·비교하면 〈표 9-5〉와 같다.

표 9-5 ■ FTA별 미소기준 차이점 비교

구분		칠레	싱가포르	EFTA	아세안	EU	미국
일반 물품(가격기준)		8% 미만 (FOB)	10% 미만 (FOB)	10% 미만 (ex-works)	10% 미만 (FOB)	10% 미만 (공장도 가격)	10% 미만 (조정 가격)
섬유제품(중량기준) (HS 50~63류)		8% 미만	8% 미만	10% 미만	10% 미만	품목별로 다름	7%(중량)
농수산물	기초농산물 (HS 1~14)	8% + CTSH[1)]	적용 제외	10% + CTSH	10% 미만	품목별로 다름	품목별로 다름
	가공농산물 (HS 15~24)	8% + CTSH	10% + CTSH	10% + CTSH	10% 미만	품목별로 다름	품목별로 다름

주 : 1) CTSH : 농산물의 가공에 투입된 원재료와 제품의 세번이 최소한 6단위 이상 변경된 경우에 한하여 미소기준 적용.

우리나라 FTA에서는 누적이 허용된다. 양자간 누적기준은 일방을 원산지로 하는 물품이나 재료가 상대국의 물품에 포함되거나 결합되는 경우 그 물품이나 재료를 상대국이 원산지인 것으로 인정하는 제도이다. 즉, 우리나라를 원산지로 하는 재료 또는 구성물품이 체약상대국에서 생산되는 물품에 포함되는 때에는 그 재료 또는 구성물품의 원산지를 체약상대국으로 하고, 체약상대국을 원산지로 하는 재료 또는 구성물품이 우리나라에서 생산되는 물품에 포함되는 때에는 그 재료 또는 구성물품의 원산지를 우리나라로 본다.

양자간 누적기준은 우리나라의 FTA는 물론이고 대부분의 FTA에서 널리 도입된다. 다만, 한 · EFTA FTA의 경우 4개국으로 구성된 EFTA의 특성을 고려한 일종의 역내국 간 다자누적에 대한 특례조항이 추가로 도입되었다. 이 특례조항에 따르면 A회원국의 원산지 물품을 B회원국으로 반입한 후 원상태 또는 실질적인 추가가공 없이 C회원국으로 다시 수출하는 경우 이 물품의 원산지를 A국으로 인정하게 된다. 또한 B국에서 A국산 물품과 B국산 물품을 혼용한 경우에는 과세가격을 기준으로 A국산 물품과 B국산 물품 중 더 높은 가격을 가진 물품의 원산지로 결정한다. 예컨대, 노르웨이에서 생산된 물품을 스위스로 반입한 후 원상태 또는 경미한 작업 이외의 실질적인 추가가공을 거치지 아니한 상태에서 다시 우리나라로 수출하는 때에는 노르웨이 원산지를 그대로 유지하게 된다([그림 9-4] 참조).

그림 9-4 역내 국가 간 교역에 따른 원산지 결정 개념도

그러나 만약 스위스에서 스위스산 물품과 노르웨이산 물품을 혼합하여 한국으로 수출한다고 가정하고, 스위스산 물품의 가격이 노르웨이산 물품의 가격보다 더 높은 때에는 당해 최종 혼합물품의 원산지는 스위스로 결정된다.

한 · EFTA FTA 관세양허안에 의하면 일부 가공농산품의 경우 EFTA 회원국별로 상이한 양허세율이 적용되게 된다. 따라서 EFTA측에서 수입한 물품이라 하더라도 원산지에 따라 서로 다른 세율이 적용될 수 있으므로 이러한 역내국 간 다자누적에 관한 특례조항은 나름대로 실익이 있다. 누적조항은 역내산 부품 또는 재료의 사용을 촉진하는 효과가 있어, FTA로 인한 시장통합의 시너지효과를 창출하고 역내 간 교역과 투자를 증진시키기 위해 사용되고 있다. 다만, 현실적으로 누적된 부가가치의 산출과 검증에 따르는 혼란과 마찰이 만만치 않을 것으로 예상된다.

5) 부속품 등의 원산지기준

현재 타결된 FTA 모두 통상 부속품 · 예비부분품 및 공구로 인정되는 물품은 이들 물품이 투입되거나 사용되는 본제품의 원산지를 따르도록 하고 있다. 예컨대 진공청소기에 딸려서 판매되는 집진봉지는 본제품인 진공청소기의 원산지를 적용한다. 즉, 진공청소기가 원산지 물품에 해당할 경우에는 그 집진봉지가 비록 수입물품일 경우에도 원산지 물품으로 간주한다는 취지이다. 이 경우 부속품 · 예비부분품 및 공구 등은 본제품과 함께 수입되어 동시에 판매되고 그 종류 및 수량으로 보아 통상적으로 인정되는 것이어야 한다. 따라서 부속품 등을 별도로 수입하거나 통상 인정되는 수량보다 많을 경우에는 동 규정이 적용되지 아니한다.

소매판매용 포장용품 및 포장용기(예 : 포장지 · 병 · 캔 등)의 경우 협정문의 규정상 차이가 있다. 먼저 한 · 칠레 FTA 및 한 · 싱가포르 FTA의 경우 그 내용물품의 원산지에 따르도록 규정하고 있다. 다만, HS품목분류 체계상 포장용품과 내용품을 각각 별개의 품목번호로 분류하고 있는 때에는 제외하도록 규정하고 있다. 계속 반복 사용이 가능한 가스통 · 컨테이너 · 기타 특수제작한 금속용기 등이 이에 해당할 것으로 본다. 그러나 한 · EFTA FTA의 경우 포장용품 및 포장용기의 원산지 결정에 관한 명시적인 규정을 두지 않아 포장용품을 내용품의 원산지에 따르도록 할 것인지 여부가 명확하지 못한 측면이 있다.

3. 원산지기준 확인과 원산지 증명

FTA and International Trade, ch. nine

가. 품목별 원산지기준 확인 예시

한 · 미 FTA의 품목별 특혜원산지 판정기준은 협정 〈부속서 6-가〉 "품목별 원산지 규정" 에 규정되어 있다. 단, 섬유에 대해서는 〈부속서 4-가〉 "섬유 또는 의류 상품에 대한 품목별 원산지 규정" 에 별도로 제시되어 있다. 부속서에 규정된 품목별 원산지기준은 양국 산업의 생산과정, 교역상의 경쟁력, 글로벌 아웃소싱 패턴 등을 반영하여 작성된 것이다. 원산지기준은 회원국 간 협의를 거쳐 개정되기도 한다. 특히 호주-뉴질랜드 간 FTA(CER) 등 오래 전부터 이행된 협정을 보면, 협정 이행 이후 생산 및 교역 환경이 변화하였고, 협상 당시에는 관련 정보의 미흡으로 원산지기준에 반영하지 못했던 사항을 반영하기 위해 협의를 통해 원산지기준을 개정한 바 있다.

품목별 원산지기준은 제8장에서 설명한 HS 코드에 대한 이해가 필요하며, 원산지기준 표에서 해당 품목의 HS 체계를 찾는다. 예시를 위해 망간건전지에 대한 원산지기준을 확인해 보자. 먼저 망간건전지의 HS 코드를 찾아야 한다(〈표 9-6〉 참조). 건전지는 전기부품이므로 HS85(전기기기와 그 부분품, 녹음기와 음성재생기·텔레비전의 영상 및 음성 기록기와 재생기 및 이들의 부

표 9-6 ■ 한·미 FTA 원산지기준의 예시(제85류)

제85류	전기기기와 그 부분품, 녹음기와 음성재생기·텔레비전의 영상 및 음성 기록기와 재생기 및 이들의 부분품과 부속품
8501.10	다른 호에 해당하는 물품(제8503호의 것을 제외한다)에서 제8501.10호에 해당하는 물품으로 변경된 것; 또는 다른 호에 해당하는 물품에서 변경된 여부와 관계없이 제8503호에 해당하는 물품에서 제 8501.10호로 변경된 것. 다만, 아래의 역내 부가가치가 발생한 것에 한한다. 1. 집적법 35퍼센트 이상, 또는 2. 공제법 45퍼센트 이상
8501.20 - 8501.64	다른 호에 해당하는 물품에서 제8501.20호 내지 제8501.64호에 해당하는 물품으로 변경된 것
85.02 - 85.03	다른 호에 해당하는 물품에서 제8502호 내지 제8503호에 해당하는 물품으로 변경된 것
8504.10 - 8504.23	다른 소호에 해당하는 물품(제8504.10호 내지 제8504.50호의 것을 제외한다)에서 제8504.10호 내지 제8504.23호에 해당하는 물품으로 변경된 것
8504.31	다른 호에 해당하는 물품에서 제8504.31호에 해당하는 물품으로 변경된 것 ; 또는 다른 호에 해당하는 물품에서 변경된 여부와 관계없이 제8504.90호에서 제8504.31호에 해당하는 물품으로 변경된 것. 다만, 아래의 역내 부가가치가 발생한 것에 한한다. 1. 집적법 35퍼센트 이상, 또는 2. 공제법 45퍼센트 이상
8504.32 - 8504.50	다른 소호에 해당하는 물품(제8504.10호 내지 제8504.50호의 것을 제외한다)에서 제8504.32호 내지 제8504.50호에 해당하는 물품으로 변경된 것
8504.90	다른 호에 해당하는 물품에서 제8504.90호에 해당하는 물품으로 변경된 것
8505.11 - 8505.30	다른 소호에 해당하는 물품에서 제8505.11호 내지 제8505.30호에 해당하는 물품으로 변경된 것
8505.90	다른 호에 해당하는 물품에서 제8505.90호에 해당하는 물품으로 변경된 것
8506.10 - 8506.40	다른 소호에 해당하는 물품에서 제8506.10호 내지 제8506.40호에 해당하는 물품으로 변경된 것
8506.50 - 8506.80	다른 소호에 해당하는 물품(제8506.50호 내지 제8506.80호의 것을 제외한다)에서 제8506.50호 내지 제8506.80호에 해당하는 물품으로 변경된 것
8506.90	다른 호에 해당하는 물품에서 제8506.90호에 해당하는 물품으로 변경된 것

분품과 부속품)에서 건전지 관련 제품이 HS850610 소호에 속하고, 구체적으로는 HS8506101000가 망간건전지인 것을 알 수 있다.

다음에는 원산지기준 부속서에서 HS 85류를 찾아야 한다. 부속서에서 앞의〈표 9-6〉과 같은 페이지를 찾을 수 있으며, 10단위 HS8506101000를 6단위로 줄이면 HS850610으로 되고 부속서에서 8506.10-8506.40이 망간건전지의 원산지기준임을 알 수 있다.[12] 관련 원산지기준을 읽어보면, "다른 소호에 해당하는 물품에서 제8506.10호 내지 제8506.40호에 해당하는 물품으로 변경된 것"(즉, HS 6단위 세번변경)이 한·미 FTA에서 인정된 망간건전지의 원산지기준이다.

12_ HS 6단위 혹은 4단위로 품목별 원산지기준을 규정하는 것이 일반화되어 있다.

참고로〈표 9-6〉에서 HS85.02-HS85.03은 6단위가 아닌 HS 4단위로 원산지기준이 규정되어 있는데, 이들 세번 이하 모든 HS 코드에 동일한 기준이 적용된다. 경우에 따라 HS 2류 모든 품목에 대해 동일한 원산지기준을 적용하기도 한다.

일반적으로 HS 2단위 세번변경이 HS 4단위 세번변경보다 더 제한적인(까다로운) 기준이 되고, HS 4단위 세번변경이 HS 6단위 세번변경보다 더 엄격한 기준이 된다. 또한 세번변경 요건에 부가가치 요건이 추가될 경우 원산지기준은 더 엄격해진다. 예를 들어, HS 6단위 세번변경으로 규정된 HS8506.10 품목은 4단위 세번변경으로 규정된 HS85.02보다 완화된 형태의 원산지기준이 적용되고 있는 것으로 이해될 수 있다. 역내 부가가치도 비율의 크기에 따라 원산지기준의 엄격도가 달라지게 된다. 예를 들어, 역내 부가가치 비율이 최소 50% 이상으로 규정된 품목은 최소 30% 기준 적용대상 품목보다 원산지기준이 더 엄격하게 되고, 이를 충족시키기 위한 기업의 비용(compliance costs)도 높아지게 되는 것이다.

나. 원산지증명서 자율발급

한·미 양국 소재 기업들은 상호 간에 물품을 수출입할 때 동 물품이 양국 간 FTA 특혜관세를 적용받기 위해서 원산지기준을 충족시킨다는 증명서를 제출해야 한다. 이를 원산지증명서(Certificate of Origin)라고 한다. 원산지를 증명하는 방식에는 크게 기관발급제(authorized certification), 자율발급제(self-certification) 및 인증발급제 등 3가지가 있는데, 한 · 칠레 FTA, 한 · EFTA FTA, 한 · 미 FTA에서는 자율발급제, 2010년 서명된 한 · EU FTA에서는 인증발급제가 채택되었다.

원산지증명서의 발급 주체는 수출자 또는 생산자 · 수입자가 될 수 있으며, 발급 형식은 서면 또는 전자문서가 될 수 있다. 양식은 딱히 정해진 형식이 없으나, 한 · 미 FTA 협정문 제6.15조에 따라 다음 요소는 반드시 포함되어야 한다.

가. 증명인의 성명(연락처 또는 다른 신원확인 정보 포함)
나. 상품의 수입자
다. 상품의 수출자
라. 상품의 생산자
마. 통일 상품명 및 부호 체계에 따른 품목분류와 품명
바. 상품이 원산지 상품임을 증명하는 정보
사. 증명일
아. 증명 유효기간 (포괄증명의 경우)

먼저 자율발급제는 수출자가 자율적으로 원산지요건 충족 여부를 확인하고 원산지증명서를 작성하여 수입국의 수입자에게 제공하는 방식을 말하며, 우리나라가 칠레, EFTA와 체결한 협정에서도 채택된 바 있다. 이에 비해 기관증명제는 상공회의소와 같은 제3의 기관이 수출자로부터 신청받아 원산지의 적정 여부를 확인한 후 원산지증명서를 발급해 주는 방식으로, 우리나라가 싱가포르와 체결한 FTA에서 채택된 방식이다. 인증발급제는 일정 규모 이상의 금액을 빈번하게 수출하는 수출자 중 성실업자에 대하여 수출국 세관당국의 사후관리를 조건으로 자율적으로 원산지증명서를 발급할 수 있도록 허용하되, 그렇지 않은 수출자에 대해서는 권한 있는 당국에 신청하여 원산지증명서를 발급받는 방식을 말한다. 주로 EU가 체결한 FTA에서 많이 도입하고 있는 방식이다.

허위 원산지 증명 및 특혜관세 적용을 방지하기 위해 수입자, 수출자, 생산자 모두 원산지 관련 자료를 일정 기간(보통 5년) 보관해야 한다는 의무를 부과하고 있다. 수입국의 세관은 FTA 협정에 근거하여 원산지기준 충족 여부를 확

표 9-7 ▪ FTA별 원산지증명 비교

구분	한 · 칠레 FTA	한 · 싱가포르 FTA	한 · EFTA FTA	한 · ASEAN FTA	한 · 미 FTA	한 · EU FTA
증명서 발급방식	자율발급	기관발급	자율발급	기관발급	자율발급	자율발급
증명주체	수출자	싱 : 세관 한 : 세관, 상공회의소	수출자	아세안 : 정부기관 한 : 정부에서 지정한 기관	수출자, 수입자, 생산자	수출자
증명방법	공동통일 증명서식	각국 별도 증명서식	인보이스 신고방식	공동통일 증명서식	양식 없음	인보이스 신고방식
유효기간	2년	1년	1년	1년	4년	1년

인할 수 있고, 증명서에 서명한 수입자, 수출자 혹은 생산자는 세관의 문의나 자료 요청에 협조해야 한다. 허위 원산지증명서 발급에 대한 조사는 먼저 서류조사로 시작하게 되며, 필요 시 세관관계자가 현장을 방문하여 조사할 수 있다.

한 · 미 양국은 자율발급제에 사용될 원산지증명서 양식을 특별히 정하지 않고 생산에 관련된 중요 사항을 적어 제출하는 것으로 합의했다. 하지만 수출자, 수입자 및 생산자의 편의를 위해 향후 협정 이행 시 공통의 양식을 지정할 것으로 판단된다. 참고를 위해 우리 정부가 고안한 한 · 미 FTA 원산지기준 권고양식을 〈표 9-8〉에 제시했다.[13]

13__ 이 장의 일부 내용은 『기업실무자用 FTA 매뉴얼— FTA 달인이 된 길 무대리가 간다』에서 발췌.

우리나라가 2004년 4월부터 발효시킨 칠레와의 FTA 원산지증명서(〈표 9-8〉)를 중심으로 원산지증명서 자율발급에 대해 설명하고자 한다. 구조와 내용이 일부 달라질 수 있으나, 자율발급제를 실시하는 FTA에서 사용하는 양식은 대부분 비슷한 형태로 되어 있다. 일반적으로 원산지증명서는 영문으로 작성되며, 증명서의 모든 칸에 정확한 내용을 기록해야 한다. 1항에는 수출자(Exporter)의 이름, 주소(국가 포함), 사업자등록번호를 기재하고, 2항에는 생산자의 이름, 주소, 사업자등록번호(Tax ID No.) 등 생산자에 대한 인적사항을 적는다. 3항에는 수입자의 인적사항을, 4항에는 수출입 상품명 등 상품에 대한 설명을 기재하게 된다. 5항에서는 상품의 HS 코드, 6항에는 관세특혜코드를 기재한다. 7항은 부가가치기준 적용대상 물품인 경우에 한하여 기재하며, 8항에는 물품의 원산지 국가를 표시한다. 나머지 항에는 작성날짜 등을 적고 서명하게 되면 원산지증명서 작성이 끝나게 된다.

표 9-8 ■ FTA 원산지증명서 예시

Issuing Number :				
1. Exporter(Name and Address) Tax ID No :				
2. Producer(Name and Address) Tax ID No :		3. Importer(Name and Address)		
4. Description of Good(s)	5. HS No.	6. Preference Criterion	7. Regional Value Content	8. Country of Origin
9. Remarks :				

10. Certification of Origin

I certify that :

l The information on this document is true and accurate and I assume the responsibility for providing such representations. I understand that I am liable for any false statements or material omissions made on or in connection with this document.

l I agree to maintain and present upon request, documentation necessary to support this certificate, and to inform, in writing, all persons to whom the certificate was given of any changes that could affect the accuracy or validity of this certificate.

l I The goods originated in the territory of the parties, and comply with the origin requirements specified for those goods in KOREA-CHILE FREE TRADE AGREEMENT. and there has been no further production or any other operation outside the territories of the Parties in accordance with Article 4.12 of the Agreement.

Authorized Signature	Company Name
Name(Print or Type)	Title
Date(MM/DD/YY)	Telephone/Fax/Email

표 9-9 ■ 원산지증명서 항목별 작성요령

항목	기재조건	기재사항
Issuing Number		▶ 원산지증명서 일련번호 기재
1. Exporter		▶ 수출자의 이름, 주소(국가 포함), 사업자등록번호 기재
2. Producer	▶ 생산자가 1명일 경우	▶ 생산자의 이름, 주소(국가, 전화번호, 팩스, e-mail 포함), 사업자 등록번호 기재
	▶ 생산자가 2명 이상일 경우	▶ "VARIOUS" 기재 ▶ 모든 생산자의 리스트를 첨부(생산자의 이름, 주소, 국가, 전화번호, 팩스, e-mail 포함), 사업자등록번호 기재
	▶ 생산자와 수출자 동일	▶ "SAME" 기재
	▶ 생산자를 모를 경우	▶ "UNKNOWN" 기재
	▶ 비밀로 할 경우	▶ "Available to Customs upon request" 기재
3. Importer		▶ 수입자의 이름, 주소(국가 포함) 기재
	▶ 수입자를 모름	▶ "UNKNOWN" 기재
	▶ 수입자 다수일 경우	▶ "VARIOUS" 기재
4. Description of Good(s)		▶ HS 및 송품장과 관련시킬 수 있는 상세한 상품의 설명을 기재 ▶ 송품장번호 기재
	▶ 송품장번호를 모를 경우	▶ shipping order, purchase order number 등 물품을 확인할 수 있는 관련 번호 기재
5. HS No.		▶ 항목 4의 각 물품에 대하여 HS 번호 6단위까지 기재
6. Preference Criterion	▶ 아래 특혜기준 참조 ※	▶ 항목 4의 각 물품에 대하여 적용할 수 있는 특혜기준(A 내지 D) 기재
7. Regional Value Content	▶ 부가가치기준 적용대상 물품인 경우에 한하여 기재	▶ 공제법(build-down method)에 의해 계산하는 경우 "BD" 기재
		▶ 직접법(build-up method)에 의해 계산하는 경우 "BU" 기재
8. Country of Origin	▶ 원산지가 한국일 경우	▶ "KR" 기재
	▶ 원산지가 칠레일 경우	▶ "CL" 기재
9. Remarks	▶ 송품장(invoice)이 비원산지국에서 작성되었을 경우	▶ 작성자의 이름, 회사명, 주소를 기재

표 9-10 ■ 한·미 FTA 원산지증명서 권고서식

[별지 제 호의 서식]

Ref.No. :
(발급번호)

CERTIFICATE OF ORIGIN
KOREA-US FREE TRADE AGREEMENT

1. Exporter (수출자)	Name(성명)		2. Blanket Period(원산지포괄증명기간)
	Address(주소)		YYYY (년) MM (월) DD (일) / YYYY (년) MM (월) DD (일)
	Telephone(전화)		From : ____/____/____ (부터) To : ____/____/____ (까지)
	Fax(팩스)		
	E-mail(전자주소)		

3. Producer (생산자)			4. Importer (수입자)		
	Name(성명)			Name(성명)	
	Address(주소)			Address(주소)	
	Telephone(전화)			Telephone(전화)	
	Fax(팩스)			Fax(팩스)	
	E-mail(전자주소)			E-mail(전자주소)	

5. 원산지증명대상물품내역

Serial No. (연번)	Description of Good(s) (품명·규격)	HS No. (품목번호 HS 6단위)	Preference Criterion (원산지 결정기준)	Country of Origin (원산지 국가)

6. Observations :
(특이사항)

I certify that :
본인은 다음 사항을 확인합니다.

- The information in this document is true and accurate and I assume the responsibility for proving such representations. I understand that I am liable for any false statements or material omissions made on or in connection with this document.
  상기 서식에 기재된 내용은 사실이고 정확하며, 기재된 사항에 대한 책임은 본인에게 있습니다. 이 증명서 또는 이와 관련한 허위 진술 또는 중대한 사실 누락에 대해서는 본인에게 책임이 있음을 확인합니다.
- I agree to maintain, and present upon request, documentation necessary to support this Certificate, and to inform, in writing, all persons to whom the Certificate was given of any changes that would affect the accuracy or validity of this Certificate.
  본인은 이 증명서를 입증하는 데 필요한 문서를 보관하며, 요청이 있을 경우 이를 제출할 뿐만 아니라, 이 증명서의 정확성이나 유효기간에 영향을 미치는 여타 변동사항에 대해서 이 증명서를 받은 관계자들에게 서면으로 통보할 것에 동의합니다.
- The goods originate in the territory of one or both Parties and comply with the origin requirements specified for those goods in the Korea-United State of America Free Trade Agreement.
  당해 물품은 대한민국과 미합중국 간의 자유무역협정에 따른 원산지 결정기준을 충족하고 있음을 확인합니다.
  This Certificate consists of _____ pages, including all attachments.
  이 증명서는 첨부서류를 포함하여 총____장으로 구성되어 있습니다.

7. Authorized Signature (서명권자의 서명)	Company (회사명)	
Name : (작성자 성명)	Title (직위)	
YYYY (년) MM (월) DD (일) ____/____/____	Telephone : (전화번호)	Fax : (팩스번호)

다. 원산지 검증

FTA 이행과정에서 분쟁의 소지가 가장 많은 것이 원산지 증명이다. 특히 선진국과의 FTA에서 검증문제가 많이 제기되는데, 한 · 미 FTA와 한 · EU FTA 이행에 대비하여 기업들은 원산지 검증에 철저하게 대비할 필요가 있다. 무역협회 산하 국제무역연구원(2016)의 자료에 따르면, 우리나라 FTA 활용기업 중 32.8%만이 원산지 사후검증 대응 가능한 것으로 보고하고 있다. 이 연구원은 FTA 체결국과의 수출비중이 71.0%에 달하는 데 비해 기업의 사후검증은 준비되어 있지 않음을 우려하고 있다.[14]

14__ 국제무역연구원이 FTA 활용기업 351개사를 대상으로 설문조사를 실시한 결과 응답기업의 67.3%가 FTA 원산지 관리 필요성에 공감하고 있고, 86.3%가 원산지증명서 발급이 많거나 향후 증가를 예상하고 있으나, 원산지 사후검증 대응이 가능하다고 응답한 기업은 32.8%에 불과해 우리 업계의 사후검증 대응 역량은 미흡한 수준인 것으로 드러났다. 국제무역연구원(2016) "FTA 원산지사후검증 현황 및 시사점" 참조.

여기서는 한 · 미 FTA에서의 원산지 검증에 대해 논의하고자 하며, EU와의 FTA에서도 독특한 검증방법이 규정되어 있어 이에 대해서는 박스 기사로 정리하였다. 물품의 원산지가 의심스러운 경우 통관당국은 원산지 검증을 실시하게 된다. 원산지증명서를 자율적으로 발급하는 것이 허용되더라도 허위사실에 입각한 증명서 발급 및 특혜관세 적용에 대한 검증은 통관 이후 5년간 가능하다.

한 · 미 FTA에 규정된 검증절차에 따르면, 회원국으로부터 자국 영역으로 수입되는 상품이 원산지 상품인지의 여부를 결정하기 위한 목적으로 수입국은 다음의 수단에 의하여 검증을 수행할 수 있다.

- 수입자 · 수출자 또는 생산자에게 서면으로 정보 요청
- 수입자 · 수출자 또는 생산자에게 서면으로 질의
- 수출자 또는 생산자의 사업장 방문
- 섬의류에 대하여는 별도 절차(제4장 제3조 : 섬유 또는 의류 상품에 대한 세관협력)
- 수입 및 수출 회원국이 합의하는 다른 절차

수입국이 서면 검증을 실시하는 경우, 상대국 통관당국에게 정보제공을 주선하도록 요청할 수 있으며, 수출국 통관당국은 수입국 요청에 응해야 한다. 회원국은 다음의 경우 상품에 대한 특혜관세대우를 배제할 수 있다.

- 수입자 · 수출자 또는 생산자가 서면자료 요청에 따라 해당 상품이 원산

지 상품이라는 것을 증명하는 정보를 제출하지 못하는 경우,

- 사업장 방문조사를 거부하는 경우, 또는
- 문서 등으로 허위사실을 제출, 제시한 것이 적발될 경우

검증의 결과 해당 물품이 원산지 상품이 아닌 것으로 예비결정 될 경우, 수출자가 원산지를 증명하는 추가정보를 제출할 수 있는 기회를 제공하게 된다. 이후 검증국가의 통관당국은 최종 결정을 수입자에게 서면으로 제공해야 한다. 만일 원산지를 속일 목적으로 수입자 · 수출자 또는 생산자가 근거 없는 진술 · 신고나 증명을 제공하는 것이 적발될 경우, 이들의 진술 · 신고 또는 증명의 대상이 되는 동일 상품에 대하여 특혜관세대우를 중지할 수 있다.

한 · EU FTA 원산지 증명 및 검증

한국과 EU 양측은 인증수출자에 한해 원산지 자율증명제도를 채택하였고, 원산지증명서는 특별한 양식을 요구하지 않는 인보이스 신고(Invoice Declaration) 방식을 채택하였다. 원산지증명서 유효기간은 발급일로부터 12개월이며, 수입업체가 특혜관세를 신청할 때 원산지증명서 제출을 의무화하지 않고 수입국이 법령에 따라 요구하는 경우에만 제출하게 된다.

수입신고 당시에 특혜관세를 신청하지 못한 경우에는 수입통관 1년(한국 수입) 또는 2년(EU 수입) 이내에 사후신청이 허용된다. 수입자는 원산지증명서 유효기간 이내에 특혜관세 신청이 필요하나, 유효기간이 경과한 경우에도 불가피한 사유가 있는 경우에는 예외를 인정하기로 했다. 또한 원산지증명서의 사소한 오류를 이유로 원산지증명서를 무효화할 수 없도록 규정하였다.

원산지 검증은 간접검증방식 및 공동검증제도를 채택하였다. 특혜관세 진위 여부 검증은 원칙적으로 수입국 관세당국이 수출국 관세당국에 원산지 요건 충족 여부를 확인 요청하는 "간접검증방식"을 도입하였다. 수입국 관세당국은 수출국 관세당국에 원산지 검증을 요구할 수 있다. 검증요청을 받은 수출국 관세당국은 원산지 검증결과를 수입국 관세당국에 통보해야 한다. 단, 10개월 내에 회신하지 않을 경우 수입국 관세당국은 특혜관세 적용 배제가 가능하다.

아래의 경우에는 수입국 관세당국이 원산지 검증요청을 하지 않고 특혜관세 적용을 바로 배제할 수 있다.

- 원산지 규정상 직접운송 요건을 충족하지 못한 경우
- 당초 부정한 방법으로 수입된 물품에 대해 증명서를 제출한 경우
- 원산지증명서가 비당사국 수출자에 의해 발급된 경우
- 수입국 법령에서 정한 기간 이내에 수입자가 원산지증명서를 제출하지 않을 때.

4. 원산지기준과 기업활동

FTA and International Trade, ch. nine

갈수록 격렬해지는 국제무역 경쟁체제 하에서 생존전략으로서의 FTA 체결 확대는 세계적인 추세로 굳어지고 있다. 우리나라도 미국 및 EU와의 FTA 협상을 타결하였고 중국과의 FTA는 2015년 12월 20일 정식 발효되었다.

관세 등 제반 비용의 감소와 교역규모의 확대로 인하여 FTA를 잘 활용할 경우 국가경제뿐만 아니라 개별 기업들도 보다 성장할 수 있는 기회가 될 것이다. 물론 FTA로 인해 국제경쟁력이 약한 사양산업은 구조조정의 압력을 받을 것으로 예상되지만, 어떻게 대처하느냐에 따라 그 결과는 달라지리라 생각된다. 〈표 9-11〉에서 보듯이, 한 · 미 FTA와 한 · EU FTA 원산지기준 관련 사

표 9-11 ■ 한 · 미 FTA와 한 · EU FTA 원산지 관련 비교

	구분	한 · 미 FTA	한 · EU FTA
원산지 결정기준	부가가치기준	요건 : 역내 부가가치 비율(35~60%) 상품가격 : FOB 공식 : 공제법, 집적법, 순원가법	요건 : 비원산지비율(25~60%) 상품가격 : 공장도가격 비원산지 재료비/공장도가격
	미소기준	가격기준 : 일반품목 10% 농수산물 적용제외 원칙	일반품목 10% 농수산물 10%
		섬유류 중량기준 7%	섬유류 중량기준 8~30% (일부는 가격기준)
주요 물품 관련 기준	의류	원산기준 (Yarn-Forward)	직물기준(Fabric Forward)
	화학제품	주요 공정기준과 세번변경기준 모두 인정	세번변경기준(CTH)
원산지 증명 방식	증명주체	수출자, 생산자, 수입자	수출자(인증수출자 한정) * 단, 6,000유로 이하 예외
	증명서식	지정서식 없으나, 필수사항 기재한 권고서식 마련	송품장 신고방식
	사용언어	영어, 국어	협정 각 당사자 언어
	유효기간	4년	1년
	분할사용	12월 이내 포괄증명 가능	1회 사용원칙
원산지 검증	검증방법	직접검증(섬유 · 의류는 간접검증)	간접검증
	검증주체	수입국(섬유 · 의류는 수출국)	수출국(수입국 참관)
	검증기간	(섬유 · 의류)요청일로부터 12개월 이내 협정관세 적용배제 등 조치	요청일로부터 10개월

항이 FTA에 따라 차이가 있으므로 FTA 활용 전에 면밀한 준비가 필요하다.

기업이 FTA를 통해 이익을 얻기 위해서는 FTA와 국내법령이 정하는 규정과 원칙을 잘 지켜야 한다. FTA에 따른 혜택은 협정과 제반 법령이 정하는 범위 내에서 향유할 수 있으며, 기업의 FTA 활용 노력이 경제효과 크기에 큰 영향을 미치게 됨을 명심해야 할 것이다.

우선 법령에서 정하고 있는 준수사항을 제대로 이행해야 한다. 수입자, 수출자 및 생산자는 협정 및 이 법에 따른 원산지의 확인, 협정관세의 적용 등에 필요한 것으로서 대통령령이 정하는 서류를 5년 동안 보관하여야 한다.[15] 수입자가 보관해야 하는 서류로는 원산지증명서 사본, 수입신고필증, 수입거래 관련 계약서, 지적재산권 거래 관련 계약서, 수입물품의 과세가격 결정과 국제운송 관련 자료 등이며, 수출자와 생산자도 대통령령에서 정하는 원산지증빙서류를 보관해야 한다.[16]

또한 관세청장 또는 세관장은 심사를 함에 있어 필요한 경우에는 수입자, 수출자, 생산자 등에 대하여 원산지증빙서류의 제출을 명할 수 있고,[17] 수입자, 수출자, 생산자, 원산지증빙서류 발급기관은 원산지 조사에 협력하여야 한다.

자료제출의무 위반, 증빙서류 허위 제출, 자료보관의무 위반, 원산지 조사 거부, 방해 또는 기피 등 법령상 준수사항을 지키지 않았을 경우에는 특혜적용 제한 및 보류,[18] 벌금과 과태료 부과 등의 벌칙을 받게 됨을 명심해야 할 것이다.

가끔 발표되는 관세청의 관세환급 조치에서도 알 수 있듯이, FTA 특혜관세를 적용받기 위해서 필요한 기본적인 지식들을 제대로 알고 있지 못하여 특혜관세를 적용받지 못하는 사례도 빈번하게 발생하고 있다. 수입신고 시 협정관세 적용의사를 표시하지 못하여 협정관세 적용이 배제되는 경우와 같이 부주의한 실수로 인해 막대한 피해를 보게 되는 것이다. 현재 이러한 실수로 인한 협정관세 적용 배제사례를 줄이기 위해 관세청에서는 자체 프로그램을 활용하여 FTA 미활용 기업에게 활용가능성을 알려주고 있다.

부당한 특혜관세 신청에 대해서도 주의해야 한다. 발급권한이 없는 기관이 발급한 원산지증명서 때문에 협정관세 적용이 배제되는 경우에 수입자는 수출자가 보낸 원산지증명서를 믿고 제출한 잘못밖에 없다고 항변할 수 있으나, 부당한 특혜관세 신청에 대한 벌칙은 수입자가 질 수밖에 없기 때문에 수입자는 수출자에게 발급권한이 있는 기관이 발급한 원산지증명서를 요구하는 등 각별

15 FTA 관세특례법 제12조 제1항.

16 FTA 관세특례법 시행령 제13조 제1항.

17 16(FTA 관세특례법 제12조 제2항).

18 FTA 관세특례법 제16조, 제17조.

한 주의를 기울여야 할 것이다.

수입물품이 FTA 특혜관세를 적용받기 위해서는 원산지가 FTA 체결국임을 입증해야 한다. 입증함에 있어 가장 기본적이고 중요한 서류는 원산지증명서라는 점은 주지의 사실이다. 이러한 원산지증명서가 협정과 법령이 정한 바에 따라 제대로 작성되고 발급되었는지를 확인하고 점검하는 일은 일차적으로 FTA 특혜관세를 적용받는 기업(수입자)이 해야 할 일이다.

FTA 협정별로 특혜관세는 세번에 따라 다른 원산지결정기준과 세율을 규정하고 있으며, 같은 세번이라도 연도별로 다른 세율을 규정하는 등 복잡한 구조로 인해 세번 또는 세율을 잘못 적용하는 경우가 많이 발생하고 있다. 세번 또는 세율 적용에 주의하는 한편, 품목분류 사전회시나 사전심사제도 등을 적극적으로 활용할 필요가 있다.

직접 운송원칙을 위반하지 않기 위해서는 FTA 체약국인 수출국으로부터 우리나라로 직접 운송이 이루어져야 하며, 운송상 이유 등으로 제3국을 경유한 경우에는 단순 경유 사실을 입증할 수 있어야 한다. 경유지국에서 환적 또는 일시 장치 후 수입되는 물품의 경우에는 당해 물품의 원산지 국가로부터 우리나라에 도착하기까지의 B/L 사본 및 원산지 증명 서류에 의하여 원산지를 확인하게 되며, 경우에 따라 우리나라로 수출하였으나 지리적 또는 운송상의 이유로 비원산국의 항구, 보세구역 등에서 환적 또는 일시 장치하였고 세관 통제 하에 있었음을 입증하는 서류 또는 기타 세관장이 원산지 및 직접운송 여부 확인을 위해 필요하다고 인정하는 서류를 제출토록 수입자에게 요청할 수 있다는 점을 고려하여 단순 경유 사실을 입증할 수 있는 자료를 확보하는 데 주력해야 할 것이다.[19]

19_ 원산지제도 운영에 관한 고시 제2~3조 제2항.

원산지결정기준을 적용하고 이를 심사하는 것은 기업뿐만 아니라 심사기관의 입장에서도 쉬운 일이 아니다. 원산지결정기준, 특히 부가가치기준 적용에 대한 심사를 위해서는 수출자와 생산자의 자료가 절대적으로 필요하다. 따라서 협정이나 법령에서도 수출자와 생산자에 대한 현지조사 또는 상대국 세관에 대한 조사(검증 또는 확인) 요청을 규정하고 있다. 우리나라 수출기업들이 FTA 체약국으로 수출한 물품에 대하여 상대국 세관당국에 의한 현지조사가 이루어지거나, 상대국의 조사 요청에 따른 한국 세관의 조사가 이루어질 경우 수출기업은 원산지결정기준 적용을 입증할 수 있어야 한다. 수출물품에 대한 원산지심사에서 한국산이라는 판정을 받지 못할 경우 FTA 특혜관세 적용 배제로 인한 가격상승과 신뢰도 저하 등으로 인하여 수출경쟁력이 저하되고 수출 루트를 잃어버릴 가능성이 큰 만큼 수출물품에 대해서도 원산지 관리를 소홀히 하지 말아야 할 것이다.

1. 시작하면서

2. 우리나라 무역구제 판정절차

3. FTA 무역구제조치 내용

4. FTA 무역조정지원제도

5. 무역이득공유제

FTA and International Trade

FTA 무역구제 및 무역조정지원

FTA and International Trade
ch. ten

10

FTA 경제이익의 많은 부분은 무역자유화를 통한 수출입 교역 확대, 산업의 구조조정 등을 통해 실현되며, 회원국들은 보다 큰 경제이익을 누리기 위해 무역자유화 범위를 확대하게 된다. 경제이익을 확대하기 위해서는 폭넓은 산업 구조조정이 수반되어야 하는데, 이 경우 구조조정에 따르는 취약산업의 반발이 우려된다. 즉, 경제이익과 구조조정은 서로 연관되어 있어 단기간 내 광범위한 구조조정은 정치적 반발을 초래하게 되고, 이로 인한 정치적 비용이 상당할 수 있다.

이로 인해 무역자유화를 실시하더라도 일정 기간 동안에는 무역자유화로 인한 피해를 줄여줄 수 있는 장치를 도입하게 되는데, 이를 무역구제제도라 한다. 무역구제의 내용으로는 덤핑방지 관세제도(Anti-Dumping Duty System ; AD), 상계관세제도(Counterveiling Duty System ; CVD), 긴급수입제한제도(SafeGuard ; SG) 등을 들 수 있다. 또한 무역자유화로 인한 직접적인 피해를 보상해 주는 무역조정지원제도를 미국 및 우리나라가 시행하고 있다. 이 장에서는 무역구제제도와 무역조정지원제도에 대해 살펴보도록 한다.

1. 시작하면서

무역구제제도는 특정한 물품의 수입으로 인하여 국내산업이 피해를 입거나 입을 우려가 있을 경우 당해 수입품에 대해 수량제한이나 관세부과 등 적절한 구제조치를 취하는 제도로 이는 GATT 및 WTO 규범으로 보장된 국내산업 보호장치이다. 무역개방에 따른 피해 최소화 및 정치적 반발 무마를 위해 많은 국가들이 도입하는 제도가 무역구제제도이다.

무역자유화를 선도해 온 미국은 강력한 무역구제제도를 활용하고 있는 대표적인 국가이다. 특히 수출국 기업이 덤핑을 통해 자국 기업들에게 피해를 줄 경우, 높은 수준의 반덤핑관세를 부과해 왔다. 또한 자국의 통상산업정책 차원에서 반덤핑제도가 남용되어 왔다는 점도 지적되고 있다. 한 · 미 FTA 협상에서 우리 정부는 반덤핑 관련 미국의 제도와 규범을 대폭 수정할 것을 요구했으나, 미국은 자국 통상제도의 특수성에 기인한 관련 법 개정상의 어려움을 이유로 우리나라 요구를 수용하지 않았다.

다만, 양자간 세이프가드 조치를 마련하여 민감한 품목에 대한 피해를 관세철폐기간 동안 효과적으로 보호할 수 있도록 했고, 무역구제협력위원회를 설치하여 양국의 관련 기관 간 정기적인 대화채널을 마련하였으며, 상대국이 실질적 피해의 원인이 아닌 경우 다자간 세이프가드[1] 적용대상에서 재량적으로 제외하기로 한 것은 미진하나마 무역구제 분야의 제도화를 이룬 것이라 평가할 수 있다. 사실 미국의 법적 · 정치적 상황을 감안할 때, 반덤핑제도의 전면적인 개선보다는 우리 수출품에 대해 무역구제 발동을 실질적으로 억제하는 것이 관건이었다. 따라서 조사 개시 전 사전 통지 및 협의, 조치의 실질적인 배제, 가격 또는 물량 합의에 의한 조사중단 등에서 협력위원회의 역할이 기대된다.[2]

1 다자간 세이프가드는 WTO 세이프가드제도에 근거하여 발동된 조치로, WTO 전 회원국에게 일괄적으로 적용된다.

2 최원목(2007), "한 · 미 FTA 평가—지재권, 의약품, 무역구제, 분쟁해결 등 제도화 관련 부문을 중심으로", 한 · 미 FTA 비준시민연대 주최 '한 · 미 FTA 전문가 평가회의' 발제 자료.

2. 우리나라 무역구제 판정절차

무역구제제도는 1900년대를 전후하여 세계에서 처음으로 북미 국가들에 의해 도입되었다. 미국이 1894년 상계관세제도(윌슨법)를 도입한 후 1916년 반덤핑제도를 채택하였고, 캐나다가 1903년 관세법에 덤핑방지 관세를 도입하는 등 선진국들이 덤핑방지 관세 및 상계관세를 국내법에 도입하였으며, 긴급수입제한제도는 1942년 미 · 멕시코 무역협정에서 처음으로 도입되었다.

다자무역체제 하의 무역구제조치는 GATT 출범에서부터 도입되었다. 1947년 GATT 체제의 출범 이후 GATT 제6조(덤핑방지 관세 및 상계관세 규정), 제19조(긴급수입제한규정)를 채택하여 1979년 도쿄라운드에서 GATT 보조금 및 상계관세협정이 제정되고, 1995년 WTO 체제의 출범으로 GATT 및 그 부속협정의 승계 · 발전적 보완으로 덤핑방지협정, 보조금 및 상계관세협정, 세이프가드협정이 채택되었다.

우리나라는 1963년 처음으로 관세법에 덤핑방지 관세를, 1967년에 상계관세를 도입하였으며, 1987년 대외무역법에 도입된 수입으로 인한 산업영향조사제도 및 긴급수입제한제도가 2001년 "불공정무역행위조사 및 산업피해구제에 관한 법률"(이하 무역구제법)에 통합되었다.

우리나라의 무역구제제도는 덤핑방지 관세제도, 상계관세제도, 긴급수입제한제도, 불공정무역행위 조사제도 및 WTO 규범 위반사건 조사제도로 구성된다.

그림 10-1 반덤핑 · 보조금 조사절차도

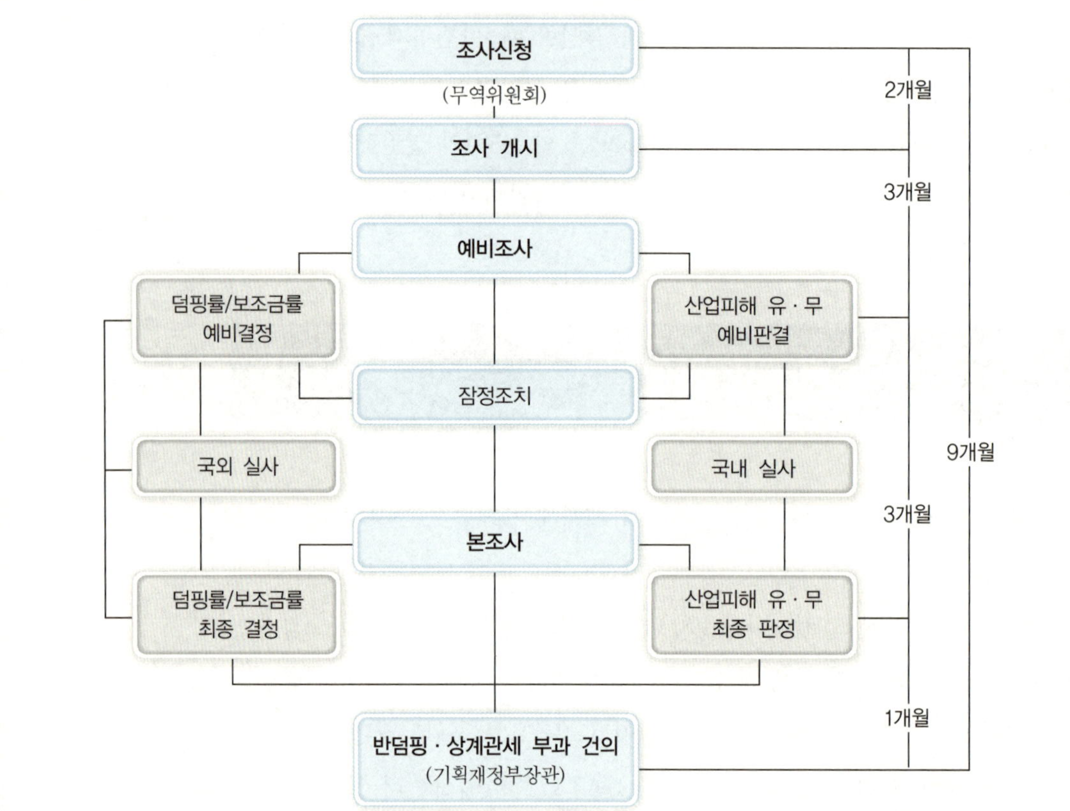

덤핑방지 관세제도란 외국물품이 정상가격보다 월등히 싼 가격(덤핑가격)으로 수입되어 국내산업이 실질적인 피해를 입거나 입을 우려가 있을 때 또는 국내산업의 확립을 지연시킬 때 관세를 추가로 부과하여 공정경쟁을 확보하는 제도로, GATT 제6조, WTO 덤핑방지협정, 무역구제법 제23조, 관세법 제51조에 근거규정을 두고 있다.

상계관세제도란 수출국 정부로부터 보조금을 받아 수출경쟁력이 높아진 물품이 수입되어 국내산업이 실질적인 피해를 받거나 받을 우려가 있을 때 또는 국내산업 발전이 지연될 때 관세를 추가로 부과하여 공정경쟁을 확보하는 제도로, GATT 제6조, WTO 보조금 · 상계관세협정, 무역구제법 제24조, 관세법 제57조에 근거하고 있다.

긴급수입제한제도란, 수출국의 공정한 수출행위에 의한 수입이지만 특정 물품의 수입증가로 국내산업이 심각한 피해를 입거나 입을 우려가 있을 때 관세를 인상하거나 수입수량을 제한하여 국내산업을 보호하는 제도로, GATT 제19조, WTO 세이프가드협정, 무역구제법 제15조 내지 제22조에 근거규정을 두고 있다.

그림 10-2 세이프가드 조사절차도

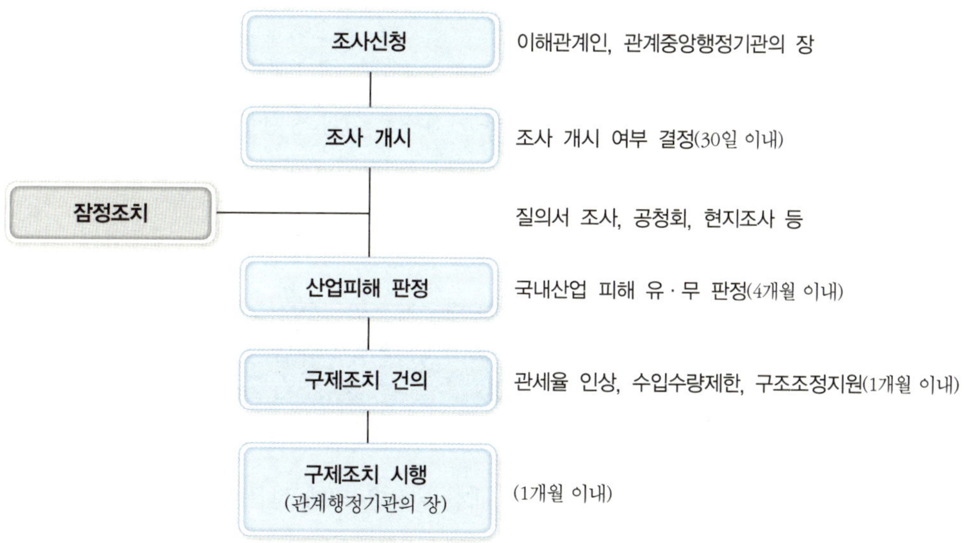

불공정무역행위 조사제도란 무역거래에 있어서 교역상대국 또는 수입국 법령에 의해 보호되는 지적재산권의 침해, 원산지표시 위반행위 및 수출입질서 저해행위 등 불공정한 무역행위를 조사하여 시정조치를 명령하거나 과징금을 부과하는 제도로, 미국의 1930년 관세법 제337조, 무역구제법 제4조 내지 제14조에 근거규정을 두고 있다. WTO 규범 위반 사건 조사제도는 교역상대국의 무역에 관한 법령 · 제도나 관행 등의 국제무역규범 위반으로 국내산업의 피해가 있다고 판단될 경우 이에 대한 조사를 통해 시정요구를 하고 이에 불응할

그림 10-3 불공정무역행위 조사절차도

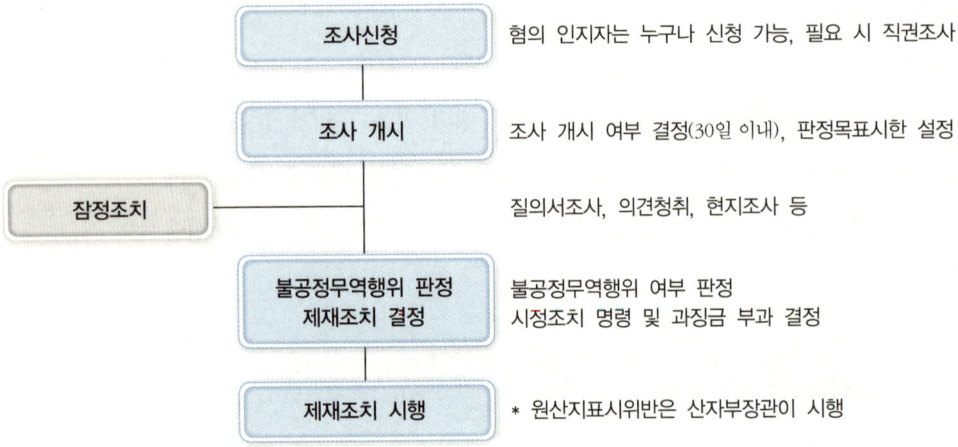

경우 무역보복 조치를 가하는 제도로 미국의 경우 1974년 통상법 제301조, 우리나라는 무역구제법 제25조의2에 근거규정을 두고 있다.

3. FTA 무역구제조치 내용

FTA and International Trade, ch. ten

FTA에서 무역구제에 대한 내용은 크게 긴급수입제한조치, 반덤핑 및 상계관세로 대별할 수 있으며, 한 · 미 FTA에서는 이 외에도 무역구제위원회를 설치하기로 하였다. 〈표 10-1〉은 우리나라가 체결한 FTA에서 채택된 무역구제 분야 내용을 요약하고 있다. 대부분의 FTA가 유사한 형태의 무역구제조치를 포함하고 있지만, 한 · 미 FTA는 이전의 FTA와는 부분적으로 다른 무역구제조치를 포함하고 있다.

표 10-1 ■ FTA별 무역구제분야 내용

구분	한 · 칠레 (2004.4)	한 · 싱가폴 (2006.3)	한 · EFTA (2006.9)	한 · 아세안 (2007.7)	한 · 미국 (2007.4 타결)
〈반덤핑 및 상계관세〉					
AD CVD	WTO 준용	WTO 준용 ① Zeroing금지 ② LDR	WTO 준용 ① LDR ② 사전협의	WTO 준용	① 사전협의 ② 가격인상 약속/ 사전물량 합의
〈글로벌 세이프가드〉					
SG	WTO 준용	WTO 준용	별도 규정 없음	WTO 준용	재량적 적용배제
〈양자세이프가드〉					
대상 품목	농산물	상품	상품	상품	상품
적용 요건	수입증가 심각한 피해/시장교란 인과관계	절대 · 상대적 수입증가 심각한 피해 · 우려 인과관계	절대 · 상대적 수입증가 심각한 피해 · 우려 인과관계	절대 · 상대적 수입증가 심각한 피해 · 우려 인과관계	절대 · 상대적 수입증가 심각한 피해 · 우려 인과관계
조치 수단	관세인하정지 관세인상	관세인하 정지 관세인상	관세인하 정지 관세인상	관세인하 정지 관세인상	관세인하 정지 관세인상
조치 기간	-	2+2	1+2	3+1	2+1
조사 기간	-	1년	-	-	1년
재발동	-	WTO 준용	3년 동안 재발동 금지	WTO 준용	재발동 금지
보상/ 보복	동등한 보상, 동등한 보복	동등한 보상, 동등한 보복	동등한 보상, 동등한 보복	동등한 보상, 동등한 보복	동등한 보상, 동등한 보복
잠정 조치	120일 이내	200일 이내	200일 이내	WTO 준용 (200일 이내)	200일 이내 ■ 잠정조치 신청공표 후 이해관계인에 20일 이상 의견제출기회 부여 ■ 조사 개시 45일 후 조치 가능
제도 존속 기간	-	-	5년 후 검토, 2년 주기 검토	관세철폐 종료 후 7년간	협정발효 후 10년, 관세철폐기간이 10년 이상인 경우 관세철폐 기간 동안

자료 : 방순자(2007), "한 · 미 FTA에서의 무역구제제도와 향후 발전방안".

가. 긴급수입제한조치[3]

대부분의 FTA는 협정 이행으로 인한 수입 급증과 산업 피해에 대비하여 긴급수입제한조치를 도입하고 있으며, 협정마다 부분적으로 변형된 요건을 규정하고 있다. 한·미 FTA 협정문 제10장의 내용에 따르면, 긴급수입제한조치는 협정상의 관세인하 또는 철폐의 결과로서, 수출하는 회원국으로부터의 원산지 상품의 수입이 동종 또는 직접적으로 경쟁적인 상품을 생산하는 국내산업에 '심각한 피해' 또는 그에 대한 '우려의 실질적인 원인'을 구성할 정도로 절대적 또는 국내 생산에 비하여 상대적으로 증가된 물량과 조건 하에 다른 쪽 회원국의 원산지 상품이 회원국의 영역 내로 수입되고 있는 경우에 발동될 수 있다.[4] 이러한 경우 협정에 규정된 그 상품에 대한 관세율의 추가인하를 정지하거나, 해당 상품에 대한 최혜국 실행관세율과 협정의 발효 직전 해당 상품에 대한 최혜국 실행관세율 중 낮은 관세율 수준까지 그 상품에 대한 관세율을 인상할 수 있다. 계절관세 적용 상품의 경우, 각 계절별로 긴급수입제한조치 적용 직전 해당 상품에 대한 최혜국 실행관세율과 협정의 발효일 직전 계절의 해당 상품에 대한 최혜국 실행관세율 중 낮은 관세율 수준까지 관세율을 인상시킬 수 있다.

긴급수입제한조치는 영어 원어인 세이프가드(SG)로도 널리 불리고 있으며, WTO 규범에 근거한 다자간 세이프가드, FTA 하의 세이프가드는 양자간 세이프가드, 섬의류분야에 대한 섬의류 세이프가드, 농업분야에 대한 특별세이프가드로 나눌 수 있다. 한·미 FTA의 협정문 제10장에 명시된 긴급수입제한조치는 양자간 세이프가드를 의미한다. 참고로 섬의류 세이프가드는 관세 인하 및 철폐로 인한 수입급증으로 섬의류에 심각한 피해가 발생했을 때 발동할 수 있는 조치이며, 협정 이행 과도기간 동안 최장 4년까지 관세인하를 정지하거나 다자 최혜국관세율로 복귀할 수 있다. 양자간 세이프가드와 마찬가지로 동일 품목 1회 발동 가능하며, 섬유분야에서 보상해야 하나 보상협의가 되지 않았을 경우 다른 분야를 대상으로 교차(cross-sector) 보복이 가능하다. 특별세이프가드는 농산물에 적용되며, 쇠고기, 돼지고기 등 77개 품목이 대상품목이다. 기준 물량 초과 시 발동 가능하다.

회원국은 산업피해 조사를 개시할 때 다른 회원국에 서면으로 통보해야 하며, 조사로부터 얻어지는 정보를 검토하고 그 조치에 대한 의견을 교환하기 위

3_ 긴급수입제한조치는 통상적으로 협정 이행 과도기간 동안 적용되는데, 과도기간이라 함은 대체로 이 협정의 발효일 이후부터 10년까지의 기간을 말한다. 다만, 긴급수입제한조치를 적용하는 회원국의 부속서 2-나(관세철폐)의 양허표가 그 회원국이 그 상품에 대한 관세를 10년을 초과한 기간에 걸쳐 철폐하도록 규정하는 상품에 대한 과도기간은 그 양허표에 규정된 그 상품의 관세철폐기간까지로 확대되는 것으로 해석된다.

4_ 심각한 피해라 함은 국내산업의 입지에 대한 중대하고 전반적인 손상을 말하며, 실질적 원인이라 함은 중요하고 다른 어떠한 원인보다 작지 아니한 원인을 의미한다. 심각한 피해의 우려라 함은 단순히 주장, 추측 또는 막연한 가능성이 아니라 사실에 기초하여 명백히 임박한 심각한 피해를 의미한다.

하여 긴급수입제한조치를 적용하기 이전에 '실행 가능한 한 최대한 조기에' 조사대상 회원국과 협의해야 한다. 회원국의 조사당국은 관련 일체의 조사를 개시일로부터 1년 내에 완료해야 한다.

긴급수입제한조치가 적용되는 총 기간은 최초 적용기간과 연장기간을 포함하여 3년을 초과하지 말아야 하며, 동일한 상품에 대하여 1회를 초과하여 긴급수입제한조치를 적용할 수 없다. 또한 긴급수입제한조치의 예상존속기간이 1년을 초과하는 경우, 수입 회원국은 일정한 시간 간격을 두고 긴급수입제한조치를 점진적으로 자유화해야 하며, 긴급수입제한조치 종료 시 특혜관세율은 관세양허표상의 종료시점에 해당하는 관세율이 된다.

양자간 세이프가드는 원칙적으로 협정 발효 후 10년 동안, 관세철폐기간이 10년 이상인 상품의 경우 관세철폐기간 종료 시까지 발동할 수 있다.[5] 양자간 세이프가드 조치는 2년 동안 지속되고 1년 연장 가능하며, 동일 품목에 대해 2번 이상 조치를 할 수 없다. 회원국의 조사당국이 예비판정을 내리기 전에 회원국은 조사를 개시한 후 최소한 45일까지는 잠정적인 수입제한조치(잠정조치)를 적용할 수 없으며, 잠정조치의 존속기간은 200일을 초과할 수 없다. 하지만 잠정조치 회원국은 수입자 및 수출자를 포함한 이해당사자가 잠정적인 긴급수입제한조치를 요청하는 신청서를 자국의 관보에 공표하고, 이해당사자들이 잠정조치의 적용에 관하여 증거 및 의견을 제시할 수 있도록 그 공고를 공표한 날로부터 최소한 20일의 기간을 부여해야 한다.

5 양자간 세이프가드는 FTA 회원국 간에만 적용되는 조치이다.

농산물 등 부패하기 쉬운 상품 또는 긴급히 산업피해를 구제할 필요성이 인정되는 경우에 한해 잠정조치를 허용하며, 잠정조치의 남용을 방지하기 위하여 최소 20일간 이해당사자(예 : 수출자)에게 의견개진 기회를 부여하고 조사 개시로부터 45일 이후부터 조치를 발동할 수 있도록 제도를 마련하고 있다. 농산물의 경우 수출 후 수입국 통관이 지연되면 회복하기 어려운 손상이 초래될 중대한 상황에서 회원국은 다른 쪽 회원국의 원산지 상품 수입이 이 협정상의 관세 인하 또는 철폐의 결과로서 증가하였으며, 그러한 수입이 국내산업에 심각한 피해 또는 그에 대한 우려의 실질적 원인을 구성한다는 명백한 증거가 있다는 조사당국의 예비판정에 따라 긴급수입제한조치를 잠정적으로 적용할 수 있도록 허용하는 것이 일반적이다.

긴급수입제한조치를 적용한 회원국은 다른 회원국에게 보상해야 한다. 긴급수입제한조치를 적용한 후 30일 이내에 실질적으로 동등한 무역효과를 가지거나 그 조치로부터 발생할 것으로 기대되는 추가적인 관세액과 동등한 양허의 형태로 된 적절한 무역자유화 보상에 관하여 협의할 수 있는 기회를 다른 쪽 회원국에게 부여한다. 조치적용 회원국은 상대국 회원국과 상호 합의한 보상을 제공해야 한다. 양 회원국이 협의 개시 후 30일 이내에 보상에 대하여 합의하지 못하는 경우, 조치를 적용받는 원산지 상품의 회원국은 조치적용 회원국의 원산지 상품에 대하여 긴급수입제한조치와 실질적으로 동등한 무역효과를 가지는 관세양허의 적용을 정지할 수 있다. 수입 회원국의 보상제공 의무와 양허정지 권한을 가진 수출 회원국의 권리는 긴급수입제한조치가 종료하는 날에 종료된다.

한 · 미 FTA 체제 하에서도 다자간 세이프가드 규범인 〈1994년도 GATT 제19조 및 긴급수입제한조치협정〉상의 권리 및 의무를 유지한다. 즉, 상대 회원국의 원산지 상품의 수입증가로 심각한 피해 또는 그에 대한 우려의 실질적인 원인이 아니더라도 특정 회원국이 취하는 다자간 긴급수입제한조치가 다른 회원국에게도 적용될 수 있다.[6] 또한 조치 발동 회원국의 의사에 따라 다른 회원국에게 다자간 세이프가드 조치 적용을 면제해 줄 수도 있다.

6_ 하지만 양자간 긴급수입제한조치와 다자간 긴급수입제한조치를 동시에 적용해서는 안 된다.

나. 반덤핑 및 상계관세

미국과의 FTA 논의단계에서 반덤핑제도 개선 등 무역구제 분야는 우리 정부의 핵심 관심사항 중의 하나였으나, 미국은 DDA 협상에서도 자국이 수용하지 못하는 분야임을 설명하면서 논의를 완강하게 거부하였고, 미국 몬태나 주 빅스카이리조트에서 개최된 5차 협상에서는 무역구제에 대한 입장차이로 협상이 파행적으로 운영되기도 했다. 협상 중반 이후 우리 정부가 미국측에게 요구한 반덤핑 관련 5개 제안사항은 다음과 같다.

① **산업피해 누적적 평가 제외**(Non-cumulation) : 산업피해 판정 시 수출국들의 누적평가에서 우리나라를 분리

② **한 · 미 무역구제 협력위원회 설치** : 양국 무역구제제도에 대한 정보교환, 반덤핑 현안을 논의할 수 있는 위원회 설치

③ **조사 전 통보 및 사전협의** : 조사당국 간 반덤핑 조사 개시 전 상호 조율할 수 있는 기회를 부여함으로써 반덤핑 조사 개시의 남발 방지

④ **가격 약속 및 수량 제한**(Suspension Agreement) : 가격인상 및 물량조절 약속을 통한 반덤핑 조사 중지

⑤ **이용 가능한 사실**(Facts Available) : 현지실사 계획상 실사대상에 포함되지 않은 이슈는 실제 실사 시 자료요구 금지 및 이용 가능한 사실(Facts Available) 대상에서 제외

상기 5개 사항 중 누적적 평가 제외만을 제외한 4개 사항은 미국이 수용하였고, 이와 관련된 내용은 협정문에 제시되어 있다. 사실상 미국은 자국의 현행 다자간 반덤핑 및 상계관세 제도를 그대로 적용하되, 국내 관련 법 개정이 필요 없는 통보, 가격약속 등에 대해 우리나라의 요구사항을 수용한 것이다. 이를 반영하여 관련 협정문(제10장 제2절)에서는 원칙적으로 각 회원국은 반덤핑 및 상계 관세의 적용에 관하여 WTO 관련 협정에 규정된 자국의 권리 및 의무를 유지하는 것으로 선언하고 있다.

먼저 통보 및 협의에 있어 반덤핑을 조사할 회원국은 관련 서류를 접수한 때(조사 개시 전)에 상대 회원국에게 이 사실에 대해 서면으로 통보하고, 동 건에 대해 협의 또는 유사한 기회를 상대 회원국에게 부여해야 한다.

가격 및 물량 약속은 반덤핑 적용대상 국가에게 반덤핑 적용을 회피할 수 있는 조건(가격 및 물량)을 검토할 수 있는 기회를 제공하는 것이다. 즉, 반덤핑의 원인이 되는 '지나치게 낮은 가격'을 적정한 수준으로 올리거나, 수입국 피해가 발생하지 않도록 수출물량을 조절하겠다는 약속을 수입 회원국이 수출 회원국으로부터 받아내는 것이다. 협정(제10장 제7조 4항)에 따르면 "회원국의 권한 있는 당국이 반덤핑 또는 상계관세 조사를 개시한 후, 그 회원국은 가격 또는 물량에 대한 약속을 자국의 당국이 고려하도록 요청하기 위한 자국의 절차에 관한 서면 정보를, 그러한 약속을 제의하고 체결할 수 있는 기간을 포함하여, 다른 쪽 회원국의 대사관 또는 권한 있는 당국에게 전달한다"고 명시하고 있다. 또한 "반덤핑 조사에 있어 회원국의 당국이 덤핑과 그러한 덤핑으로 야기된 피해에 관한 긍정적인 예비판정을 내린 경우, 그 회원국이 이를 수락한다면 자국의 법과 절차에 규정된 수단을 통하여 반덤핑관세를 부과하지 아니하고

조사를 중지하는 결과를 가져올 수 있는 가격약속 제안에 관하여 다른 쪽 회원국의 수출자에게 적절한 고려와 충분한 협의 기회를 부여한다."

이러한 가격 및 물량 약속 제도는 상계관세 조사에도 적용된다. 즉, 회원국 당국이 보조금 지급과 그러한 보조금으로 야기된 피해에 관한 긍정적인 예비판정을 내린 경우, 조사 회원국은 상계관세를 부과하지 아니하고 조사를 중지할 수 있는 가격 또는 물량에 대한 약속을 상대 회원국에게 제안하게 된다.

다. 무역구제위원회

한 · 미 양국은 반덤핑, 보조금 및 상계 조치와 긴급수입제한조치 문제를 포함한 무역구제 사안을 협의하기 위해 이 업무를 담당하는 회원국의 대표들을 위원으로 하는 무역구제위원회를 설치하기로 했다. 동 위원회는 최소 매년 1회 회합하며, 동 위원회의 기능은 다음과 같다.

① 다른 쪽 회원국의 무역구제 법 · 정책 및 관행에 대한 각 회원국의 지식 및 이해 증진
② 무역조치 관련 규정 및 합의사항의 이행 감독
③ 무역구제 사안을 담당하는 양 회원국의 기관 간 협력 증진
④ 반덤핑, 보조금 및 상계관세 조치와 긴급수입제한조치에 대한 정보교환
⑤ 회원국의 공무원을 위한 무역구제법의 운영과 관련된 교육프로그램의 도입 및 개발 감독
⑥ DDA 협상, "이용 가능한 사실" 및 실사절차, 산업보조금에 대한 회원국의 관행 등 회원국의 상호 관심사에 대한 논의의 장으로 활용

무역구제위원회는 우리나라가 1990년대부터 지속적으로 미국에 요구한 바 있으나 미국이 수용하지 않았던 사항이다. 한 · 미 FTA를 계기로 무역구제위원회가 설치됨으로써 조사 개시 전 단계에서부터 최종 판정단계까지 전 과정에 걸쳐 우리 수출기업의 입장을 대변할 수 있는 대화 채널을 마련한 것에 그 의의가 있다. 특히, 이용 가능한 사실[7]과 현장실사[8]와 관련한 조사관행을 논의하도록 명시함으로써 우리 수출자들이 미국의 반덤핑 조사에 대응할 때 겪을 수 있는

7 이용 가능한 사실(facts available)은 조사기관이 피제소 수출기업에게 자료를 요구하고, 이에 대한 답변 제출이 미진할 경우 조사기관이 이용 가능한 사실에 근거하여 판정을 내릴 수 있는 관행을 말한다.

8 실사절차(verification procedure)란 조사기관이 수출기업의 답변서를 접수한 이후, 답변 내용의 정확성을 확인하기 위하여 수출기업을 방문하여 수행하는 조사절차를 의미한다.

어려움을 해소할 수 있도록 하였다.

4. FTA 무역조정지원제도[9]

FTA and International Trade, ch. ten

9 이 절의 주요 내용은 전재완 · 정인교(2010), "우리나라 무역조정지원제도의 활성화 방안에 대한 연구"(무역학회지 제35권 제1호)를 활용하여 작성하였다.

가. 개요

2004년 우리 정부가 FTA 로드맵을 확대 · 수정하고, 미국, EU 등 거대경제국가와의 FTA 체결을 추진해 나가자, 한국산업계 및 통상학자들은 FTA 보완대책, 즉, FTA 이행으로 인해 피해를 볼 수 있는 기업들을 위한 구조조정지원을 위한 무역조정지원제도(TAA)를 도입해야 함을 주장하기 시작하였다. 2005년 들어 한 · 미 FTA에 대한 국내 논의가 시작되면서 FTA로 피해를 보거나 피해가 예상되는 기업과 근로자 지원을 위한 TAA의 도입은 급물살을 타게 되었다.

정부는 동시다발적인 FTA 추진에 따른 수입증가로 인해 피해를 입었거나 입을 것이 확실한 제조업 및 제조업 관련 서비스업에 대해 피해기업의 구조조정과 소속 근로자의 전직 · 재취업을 지원하기 위하여 TAA 제도를 2006년 4월 도입하였다. FTA 이행에 따른 피해로 무역조정 기업과 무역조정 근로자로 지정될 경우 무역조정 기업은 정보 제공, 단기경영자금 융자, 경영 · 기술상담, 경쟁력확보자금(기술개발 · 설비투자자금 등) 융자지원 및 기업구조조정조합 출자지원 등 구조조정의 전 과정에서 지원을 받게 된다.

피해판정을 위한 기준으로 심각한 피해 여부는 신청일부터 2년 이내의 기간 중 6개월 기간 동안 전년 동기 대비 기업의 매출 또는 생산이 25% 이상 현저하게 감소한 경우로서, 기타 피해요인을 고려하여 무역위원회가 결정하게 된다. 이 경우, 기업이 생산하는 동종 물품 또는 직접적으로 경쟁하는 물품에 대해 FTA를 체결한 국가로부터의 수입급증이 심각한 피해의 주된 원인이 되어야 한다. 무역조정지원 기업으로 지정받기 위해서는 FTA로 인한 수입급증 등 피해사실과 인과관계를 제시하고 무역위원회의 무역피해 판정을 받아야 한다.

한국의 TAA는 미국의 제도를 벤치마킹했으나, 내용면에서는 미국과 다른 것으로 볼 수 있다. 즉, 미국 TAA와는 달리 지원받는 기업에 대한 구조조정 의무가 비중 있게 강조되지 않고, 다분히 산업지원 성격이 강한 편이다.[10] FTA 관련 산업지원은 2004년 이행된 한 · 칠레 FTA에서 시작되었다. 한 · 칠레 FTA 특별법에 따른 농업지원은 구조조정에 중점을 두고 있지 않으며, 다분히 농민의 불만을 달래기 위한 정책적 지원에 중점을 두고 있다. 한 · 칠레 FTA의 보완대책으로 한국은 농업지원특별법을 제정했고, 협정 이행 이후 8년 동안 연간 2,000억원 내외의 농업지원예산을 FTA 피해 여부와 무관하게 집행하도록 되어 있다.

10 WTO 보조금협정 허용범위 내의 지원이 이루어지고 있다.

TAA나 농업지원특별법은 정치적인 이유가 강하게 작용하여 도입된 것으로 볼 수 있다. 미국 등 거대경제권과의 FTA 추진에 대한 정치적 반발을 최소화하기 위해서는 한 · 칠레 FTA 특별법의 농업지원과 유사한 방안이 제조업에도 필요하다는 인식이 확산되면서 정부와 국회는 TAA 입법에 동의하게 되었다. 입법 당시에는 농업과 달리 제조업에 대한 지원은 도덕적 해이(moral hazard)를 최소화하도록 엄격한 원칙 하에 산업구조조정을 지원해야 한다는 점에 대해 공감대가 형성되어 있었다. 여기에는 한 · 칠레 FTA 하의 농업지원에 수반된 도덕적 해이 문제가 크게 작용했다. 엄격한 지원기준이 도입되었지만, 실제 법안에서는 구조조정지원 의무가 명시되지 않았고, WTO 보조금 규범 허용범위 내에서 피해기업 지원으로 변질되었다.

TAA의 또 다른 문제점으로는 TAA 신청기업의 수가 너무 적다는 점이다. 연간 평균 10개 이하 기업이 신청하고 있다. 그간 지정 요건이 까다롭고 홍보가 부족해 기업들의 관심이 낮았다. 또한 까다로운 지원요건에 비해 지원내용이 빈약하다는 지적이 있다. 구조조정을 모색하는 컨설팅보다는 자금지원에 수요가 집중되고 있다는 점도 문제점의 하나로 제기되고 있다.

나. TAA 제정 및 개정

2003년 9월 한국 최초의 "FTA 추진 로드맵"이 확정 및 발표되고, 2005년 미국과의 FTA 추진 가능성이 언급되면서 무역조정지원제도 도입 논의도 급진전되었다. 이에 앞서 경제단체들은 2004년 10월 FTA 민간대책위원회를 통해 무역조정지원제도의 필요성을 정부에 건의했고, 2005년 8월 대한상공회의소 등 경제단체 주관으로 '제조업 등의 무역조정지원에 관한 법률제정안 공청회'를 개최했다. 당시 산업자원부(현 산업통상자원부)가 주도해 동년 11월 법안을 국회에 제출하였고, 2006년 4월 국회 본회의에서 통과되었다. 공식 명칭이 "자유무역협정 체결에 따른 무역조정지원에 관한 법률"인 이 법률은 2006년 4월 28일 공포되었고, 1년간의 준비기간을 거쳐 2007년 4월 29일부터 시행되었다.

법안 제정 이유는 FTA의 체결로 인한 수입증가에 따라 발생할 수 있는 무역피해를 극복하기 위하여 기업의 구조조정과 근로자의 전직·재취업을 지원할 수 있도록 하며, 국내산업 구조의 고도화를 앞당기고, 국민경제의 균형 있는 발전을 도모하기 위함이다.

표 10-2 ■ FTA 확대에 따른 무역조정지원사업 개정 추이

	2006년 4월	2009년 4월	2011년 9월	2012년 1월	2016년 7월
관련 법령	제조업 등의 무역조정지원에 관한 법률	자유무역협정 체결에 따른 무역조정지원에 관한 법률(혹은 시행령)			
대상업종	제조업	제조업·제조업 관련 서비스업			
주요 개정사항	피해기준*				중진공이 피해판정 및 집행 통합 관리
	25% 이상	25% 이상	20% 이상	(융자) 10% 이상 (컨설팅) 5% 이상	

주 : *6개월간의 총매출액 또는 생산량이 그 직전년도 동일 기간과 비교하여 일정 비율 이상일 것.
자료 : 국가법령정보센터(www.law.go.kr)

이 법(혹은 시행령)은 지금까지 4차례에 걸쳐 개정하였다. 1차 개정안은 2007년 8월 28일 제안되었고, 11월 22일 본회의를 통과하였다. 개정이유는 FTA의 이행으로 인한 무역피해에 대해 효과적으로 대비하기 위하여 무역조정지원을 받을 수 있는 서비스 업종을 제조업 관련 서비스업에서 서비스업 전반으로 확대하고, 무역조정 기업으로 지정되기 전이라도 긴급한 필요성이 인정되는 경우에는 무역조정에 필요한 상담지원을 할 수 있도록 하며, 그 밖에 현행 제도의 운영상 나타난 일부 미비점을 개선·보완하려는 것이다.

2차 개정안은 2009년 4월 1일 본회의를 통과하였다. 무역조정지원 기업으로 지정되기 위한 심각한 피해의 구체적인 기준을 매출액 혹은 생산량 25%에서 대통령령으로 별도로 정할 수 있도록 허용하여 무역환경의 변화에 따라 탄력적으로 대응할 수 있도록 했다. 하지만 새로운 대통령령이 발동되지 않아 아직도 25%기준이 그대로 적용되고 있었다. 당초 지원기준은 6개월간 매출액이나 생산량 25% 감소에서, 2011년 9월 관련법 시행령을 개정하며 피해 인정 기준은 20% 이상 감소로 하향 조정되었고, 2012년 1월 다시 5(컨설팅)~10% 감소로 완화됐다. 특히 컨설팅은 6개월간의 총매출액 또는 생산량이 그 직전연도 동일 기간과 비교하여 5% 이상 감소가 예상되는 경우에 지원받을 수 있으나, 영업이익, 고용, 가동률, 재고 등의 변화를 종합적으로 고려하여 TAA 프로그램 지원 여부를 결정하게 된다.

표 10-3 ■ 무역조정지원사업 융자지원 신청자격 내용

	신청기간	신청요건
무역피해를 입었을 경우	지정신청일 이전 2년 이내 발생	■ 6개월간의 총매출액 또는 생산량이 그 직전연도 동일 기간과 비교하여 10% 이상 감소 ■ 또는 영업이익, 고용, 가동률, 재고 등을 종합적으로 고려한 상기 피해에 상당하는 것으로 인정되는 경우
무역피해를 입을 것이 확실한 경우	지정신청일 이후 1년 이내 발생	■ 6개월간의 총매출액 또는 생산량이 그 직전연도 동일 기간과 비교하여 10% 이상 감소가 예상되는 경우(단, 영업이익, 고용, 가동률, 재고 등의 변화를 종합적으로 고려함)

주 : 컨설팅지원을 신청할 경우 5%이상 감소

TAA 기업 지원 절차도 대폭 간소화되었다. 기존 절차는 신청기업이 무역위원회에 증빙서류를 제출하여 피해 판정을 받은 후 중소기업진흥공단(중진공)에 TAA 기업 지정 서류를 제출하도록 되어 있었으나, 2016년 7월부터는 중소기업진흥공단에 신청서류를 제출하면 나머지 절차가 진행되는 것으로 단순화시켰다. 또한 기존 지원서 제출 시 제출하도록 되어 있던 신청회사의 경쟁력 강화 방안, 즉 무역조정계획을 융자 신청 시에만 제출하도록 하고, 무역조정계획 착수 · 완료 보고서도 요구하지 않기로 했다. 아울러 무역조정지원 기업으로 지정되면 동일 기업 근로자는 자동적으로 무역조정지원 근로자 요건을 갖춘 것으로 간주하기로 했다. 실직 근로자는 재교육 등 각종 지원 프로그램을 이용할 수 있다.

다. TAA 지원 내용

우리나라의 TAA는 2006년 4월 "제조업 등의 무역조정지원에 관한 법률"의 제정으로 시작되었고, 1년 후인 2007년 4월부터 시행되고 있다.[11] 중소기업진흥공단 본부 및 22개 지역거점(지역본부 및 지부)에 무역조정지원센터가 설치

11 이 법안은 2005년 11월 7일 정부가 제출하였고, 제256회 국회에서 공청회, 제258회 국회(임시회) 법안심사소위원회에 회부, 제8차 산업자원위원회(2006. 2. 17)에 보고하여 의결되었다.

되어 운영 중이다.

FTA 체결 상대국으로부터의 수입이 주된 원인이 되어 6개월간 매출액(생산량)이 25% 이상 감소되는 심각한 피해를 입었거나 입을 것이 확실한 기업으로서, 피해의 원인이 FTA로 인한 수입증가가 주된 것으로 '무역위원회'가 판정하고, 해당 기업이 수립한 무역조정계획이 피해 회복 및 경쟁력 확보에 적합한 것으로 인정받아야 한다.

2007년 4월 무역조정지원제도 시행 이후 2016년까지 TAA 지원결정을 받은 기업은 50여개 기업이다. 지원 첫 해 지원 결정된 업체는 가공식품업체가 3개사(M주류, G식품, J식품)이며, 1개사는 제조업(A시계)이다. 이들 식품업체는 한 · 칠레 FTA를 이유로 무역조정지원을 신청했고, 나머지 한 업체는 한 · EFTA FTA 하의 수입증가를 이유로 제시했다.

표 10-4 ■ 무역조정지원 신청 기업 예시

구분	M주류	G식품	A시계	J식품
주생산품목	머루주 (포도주의 대체재)	돈육가공	시계제조업	돈육 가공 및 유통
지정신청일	2008. 8. 14	2008. 10. 6	2009. 3. 6	2009. 4월
신청사유	매출 감소 (전년 동기대비 45%)	생산 감소 (전년 동기대비 28%)	매출 감소 (전년 동기대비 49.5%)	매출 감소 (전년 동기대비 31.6%)
수입국가	칠레 (한 · 칠레 FTA)	칠레 (한 · 칠레 FTA)	스위스 (한 · EFTA FTA)	칠레 (한 · 칠레 FTA)
실태조사일자 - 무역조정계획 조사 - 무역피해 조사	 2008. 9. 4 2008. 9. 4	 2008. 10. 21 2008. 10. 21	 2009. 3. 11 2009. 3. 9	 2009. 4월 2009. 4. 20

자료 : 전재완 · 정인교(2010), "우리나라 무역조정지원제도의 활성화 방안에 대한 연구".

"자유무역협정 체결에 따른 무역조정지원에 관한 법률"은 무역자유화 조치로서 우리 정부가 외국 정부 등과 체결한 자유무역협정 또는 다자무역 협정 등으로 인한 무역조정을 효과적으로 지원함으로써 국민경제의 균형 있는 발전에 기여할 목적으로 제정되었다. 무역조정지원 대상 업종은 제조업과 서비스업이며,[12] 전체 지원규모는 동법 시행 이후 10년간 FTA 피해를 입은 기업과 근로자에 대한 지원으로 (a) 기업상담 지원 1,070억원, (b) 구조조정조합 출자 700억원, (c) 단기 경영자금 및 경쟁력 확보 자금 융자 2조 4,630억원, (d) 근로자 전

12__ 전기, 수도 등 공공서비스는 제외된다.

직 · 재취업 지원 2,073억원 등 총 2조 8,473억원을 지원하도록 구성되어 있다([그림 10-4] 참조).

그림 10-4 무역조정지원 자금의 분포도

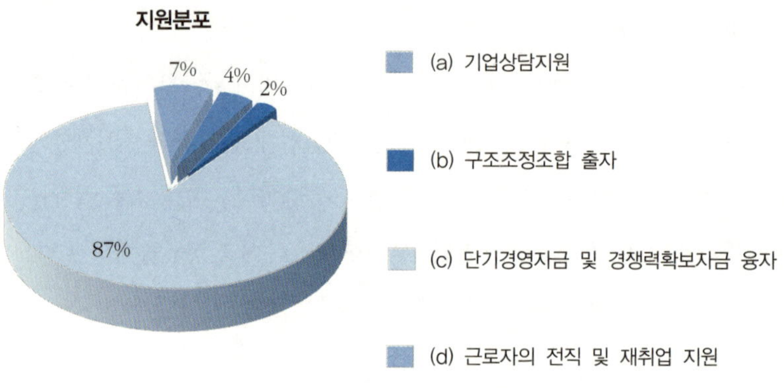

총 2조 8,473억원 지원 중 87%인 2조 4,630억원이 기업에게 제공되는 융자금액이고, 13% 정도인 3,843억원이 기업에 직접 지원되는 지원 금액으로 구성되어 있다. 동 법의 주요 내용은 제4조항부터 제16조항에 걸쳐 설명되고 있는데 이 내용은 〈표 10-5〉와 같다.

2016년 간소화된 TAA 신청절차에 따라, TAA 지원을 희망하는 기업이 중진공에 자격요건을 충족하는 내용으로 구성된 신청서를 제출하게 되면 중진공이 자격심사를 하게 된다. 제출서류는 TAA 지정 신청서, 무역피해사실입증서, 무역조정계획서 등이며, 중진공 지역본부나 지부에 제출하면 된다. 중진공은 무역피해 여부를 판정하게 되고, 그 결과를 산업통상자원부 국내대책본부에 통보하면 국내대책본부에서 TAA 기업을 지정하게 된다. 융자와 컨설팅 지원을 연계해서 지원하는 경우, 무역조정계획서의 적합성을 심사하게 된다. 하지만 융자컨설팅을 신청한 경우와 경영안정 및 경쟁력 확보를 위한 컨설팅을 지원한 경우 중진공이 실태조사와 지원요건을 심사하여 지원 여부를 결정하게 된다.

TTA 기업 지정에서 제외되는 것은 FTA 상대국으로부터 수입증가에 따라 무역피해가 발생하지 않았거나, 제조업 또는 제조업 관련 서비스업 업력이 2년 미만일 경우이다. 또한 휴 · 폐업 중인 기업도 지정대상이 아니며, 무역조정지

표 10-5 ■ 제조업 등의 무역조정지원에 관한 법률의 주요 내용

<table>
<tr><th>법률 조항</th><th colspan="2">주요 내용</th></tr>
<tr><td>제4조
무역조정지원
종합대책의 수립</td><td colspan="2">산업통상자원부장관, 고용노동부장관은 관련 제조 및 서비스 업체에 경영, 기술상담, 사업전환, 근로자의 전직 · 재취업 등을 지원하는 내용의 무역조정지원 종합대책을 공동으로 수립</td></tr>
<tr><td rowspan="2">제5조～제10조
무역조정 기업의
지정 및 지원</td><td>지정</td><td>FTA 상대국에서의 상품 · 서비스 수입 증가로 6개월 이상 매출액이나 생산량이 25% 이상 감소하는 피해를 입거나 그럴 가능성이 농후한 기업들이 제출한 무역조정(구조조정) 계획이 경쟁력 확보</td></tr>
<tr><td>지원
내용</td><td>1. FTA 이행으로 피해를 받는 무역조정 기업에 자금, 인력, 기술, 판로 및 입지 등에 관한 정보 제공
2. 생산시설의 가공 · 유지에 필요한 원자재 및 부자재의 구입자금
3. 사업전환 등의 이행에 필요한 기술개발, 설비투자, 입지확보 및 인력훈련 등에 소요되는 자금
4. 단기 경영안정 및 경쟁력 확보에 필요한 자금
5. 경영, 회계, 법률, 기술 및 생산 등의 상담에 관한 지원
6. 기업구조조정 전문회사가 기업구조조정조합을 결성 시 기업구조조정조합 출자금의 50% 이내에서 자금 출자 허용</td></tr>
<tr><td rowspan="2">제11조～제13조
무역조정
근로자의 지정
및 지원</td><td>지정</td><td>1. 근로자의 경우 실직 또는 근로시간 단축이 이뤄지거나 그럴 가능성이 큰 무역조정 기업
2. 무역조정 기업에 납품하는 기업
3. 수입상품 증가로 상품의 제조시설을 해외로 이전한 기업 등에 소속된 경우, 근로자 대표나 사업주가 '고용안정센터'를 통해 신청을 하거나 노동부장관이 직권으로 무역조정 근로자로 지정</td></tr>
<tr><td>지원
내용</td><td>1. 무역조정 근로자는 산업별 특성에 따라 특화된 전직과 재취업에 필요한 정보 제공 및 상담 지원
2. 고용보험법에 따른 각종 지원책 등을 활용해 전직 또는 재취업 지원
3. 전직과 재취업과 관련된 사업시행자에 대한 비용 지원</td></tr>
<tr><td>제14조～제15조
무역조정지원위원회
및 무역조정기획
평가위원회</td><td colspan="2">1. 기획재정부에 무역조정위원회를 두고 위원장은 기획재정부장관으로 하며 15인 이내의 위원으로 구성하며, 지원위원회에 실무위원회를 둠
2. 무역조정계획에 적합성 등을 심의하기 위하여 산업통상자원부에 무역조정계획 평가위원회를 두고 30인 이내의 위원으로 구성</td></tr>
<tr><td>제16조
무역조정지원
센터의 설치</td><td colspan="2">산자부장관은 무역조정의 지원과 관련된 지원업무를 종합적으로 수행하기 위하여 중소기업진흥공단에 무역조정지원센터를 둔다.</td></tr>
</table>

원 기업 지정신청일 현재 국세 및 지방세를 완납하지 아니한 기업이거나 무역조정지원 기업 부지정 통보일 또는 지정취소일로부터 6개월이 경과하지 아니한 기업도 TAA 지원 대상이 될 수 없다.

무역조정 기업으로 지정이 되면, 중소기업진흥공단의 무역조정지원센터가 경영상담 및 융자금을 지원하면서 기업의 구조조정이 실시된다. 이러한 과정에

그림 10-5 무역조정지원(TAA) **신청절차**

서 실제적이고 가장 중요한 역할을 수행하는 무역조정지원센터는 FTA 이행에 따라 어려움을 겪게 되는 기업들에게 상담단계에서부터 신청서 작성 지원을 수행하며, 중진공의 중소기업 지원 노하우를 바탕으로 TAA 지정 기업들에 대한 실제적인 컨설팅, 경쟁력 확보를 위한 활동(홍보, 브랜드, 해외시장 마케팅 등), 융자 지원과 사후관리 활동을 포함한 종합적인 지원 역할을 담당하게 된다.

라. TAA 평가

FTA나 개방정책으로 인해 혜택을 보는 승자산업이 있는가 하면 손해를 보는 패자산업도 있게 마련이다. 패자산업에 대해 정부가 대책을 세우는 것이 정책을 추진하는 과정에서 사회적 · 정치적 논란을 줄이는 데 도움이 된다. 우리나라는 제조업과 서비스에 대해 무역조정지원제도를, 농수산업 분야 지원을 위한 여러 가지 특별법을 제정했다.

무역조정지원제도 자체에 대해 지지론과 신중론이 제기되었다. 무역조정지원제도가 필요하다는 주장이 많이 있었는데, 대표적인 것은 2006년도 KDI(한국개발연구원) 보고서이다. FTA로 인해 단기적 피해가 예상되는 계층에 대해서는 어떤 체계적인 대안을 제시하고 적절한 보상체계를 마련해야만 FTA 정책이 정치적으로 가능해질 것이라고 주장했다. 신중론은 한국경제연구원이 제기했다. 무역조정지원제도가 기업의 구조조정을 지연시키고 무역자유화의 효율성을 떨어뜨리는 문제가 있다는 것이 주요 논지이다.

표 10-6 ■ 무역조정지원제도에 대한 지지론과 신중론

	내용(주장)
지지론 : 한국개발 연구원(KDI, 2006)	KDI(2006) "한·미 FTA의 기대효과 : 산업구조조정 관점에서" FTA 대외개방으로 인해 중·단기적 피해가 예상되는 계층에 대한 체계적인 대안을 제시하고 적절한 보상체계를 수립하는 한편, 포괄적인 무역조정지원법을 제정, 재정수요를 파악해야 함
신중론 : 한국경제 연구원(2011)	한국경제연구원(2011) "무역조정지원제도의 근거와 한계" 무역조정지원이라는 제도가 무역자유화를 통한 자원배분의 효율성 제고는 물론 정치적으로 무역자유화를 추진하는 데 있어 크게 기여하는 바가 없을 것 오히려 구조조정의 지연 등 무역자유화의 효율성 제고 효과를 제약하는 역할을 하게 될 가능성 높음

필자가 국내 몇 분의 통상전문가와 무역조정지원제도에 대해 인터뷰한 바에 따르면, FTA 국내 보완대책으로 무역조정지원제도는 필요하다는 것이 중론이다. 필요하지만 무역조정지원은 어디까지나 기업의 구조조정을 촉진하는 쪽으로 작동이 되어야지 한계기업의 생존을 연장시키는 용도가 되어서는 안 된다는 것이다.

김도훈 전 산업연구원 원장은 "미국은 1962년부터 무역조정지원제도를 도입했다. 미국은 다분히 정치적인 목적으로 TAA 제도를 운영하고 있다. 미국은 기업이 아니고 근로자가 주요 지원대상이다. 하지만 실효성은 낮은 편이다. 근로자한테 지원하는 TAA 지원액보다 전국 여러 곳에 산재되어 있는 TAA 기관, 즉 지방 사무소까지 포함한 TAA 기관 운영비가 더 많이 드는 것을 비꼬는 지적들이 나오고 있다."

채욱 전 대외경제정책연구원 원장은 "무역조정지원의 기본 취지를 처음부터 제대로 인식하고 제도를 도입했어야 했는데, 입법과정에서 개방피해에 대한 보상적 의미를 추가하였다. 우리나라가 미국식 제도를 벤치마킹하면서도 그게 보상적 개념이 들어가면서 진정한 무역조정지원을 하지 못하고 있다. 제도의 명칭에 조정(adjustment)이 들어가 있는데, 산업구조조정이 원활해지도록 지원하기보다는 오히려 어떤 측면에 있어서는 역작용도 날 수 있는 피해보상이 들어가 있다. 근로자의 전직이라든가 재취업이 잘 될 수 있는 쪽으로 제도를 개선해야 한다"고 지적했다.

FTA에 대해 부정적인 입장을 피력해 온 모 대학 교수는 무역조정지원제도는 한 · 미 FTA를 추진하면서 도입된 것으로 우리나라도 필요한 제도로 보고 있다. 세계화는 패자(loser)를 사회적으로 만들어내는 구조이므로 이들에 대한 적당한 보상체제를 만들어야 하고, 이 제도를 운영한 지 얼마되지 않았으므로 지금까지의 실적으로 제도를 평가하기에는 이른 것으로 보고 있다. 미국의 경우, 1960년대에 이 제도를 도입한 이후 이 제도를 통해서 혜택을 본 근로자는 200만 명 정도밖에 안 된다. TAA 제도를 통해 혜택을 받은 노동자들의 수가 적은 것은 제도의 실효성에 대해서 진지한 검토가 필요한 점을 시사하는 것으로 볼 수 있다. 하지만 우리나라의 경우, 운영기간이 짧아 제조의 실효성을 검증해 볼만한 데이터가 적다.

미국과 마찬가지로 우리나라의 무역조정지원제도는 FTA 무역개방 반대론자 설득을 위한 정치적인 목적이 크다. 우리나라의 무역조정지원제도는 무역개방으로 인한 피해지원 측면이 강한데, 한계기업 구조조정에 초점을 맞추어야 한다. 또한 2007년 이후 TAA 운영실적을 살펴보면, TAA 신청 기업의 수가 너무 적다는 점도 지적될 수 있다. 무역조정지원제도를 평가하기는 이른 점이 있지만, 이 제도를 이용한 기업의 수가 연 평균 5개 내외로 적다는 점은 제도 운영상의 문제가 있다는 것을 시사한다.

신청요건이 미국보다 까다롭고 여러 기관을 방문해야 하는 절차상의 애로를 파악한 산업통상자원부는 미국 수준의 요건을 하향조정했고, 2016년에는 중소기업진흥공단 지역사무소에서 신청하면 나머지 절차는 신청기업의 방문 없이 처리될 수 있도록 단순화했다. 한편, 향후 FTA 이행기간이 늘어나면서 관세의 완전철폐가 이루어지는 품목이 많아지게 되면 무역피해도 늘어날 가능성이 있어 무역조정지원제도의 활용도도 높아질 것으로 예상된다.

5. 무역이득공유제

가. 무역이득공유제 개요

19대 국회 중반 일부 국회의원들이 무역이득공유제에 대한 법안을 제출했다. FTA로 이익을 본 기업으로부터 이익의 일부를 거두어들여 피해업종에게 지원하자는 것이 입법의 주요 취지였다. FTA 발효로 이익을 보는 기업이 있는가 하면 분명 손실을 보는 산업이 있고, 이익 본 기업이 피해기업을 돕자는 것이 타당한 것으로 보이지만, 여러 가지 문제점이 지적되면서 이 법안은 처리되지 못하고 있었다.

2015년 말 한 · 중 FTA 국회비준안이 통과되는 과정에서 국회 내 여야 정당은 1조원의 농어업상생기금을 마련하기로 합의했다. 당초 FTA에 따른 산업계의 이익을 피해산업과 공유해야 한다는 무역이익공유제가 결국 농어업상생기금 조성과 절충된 것이다. 하지만 중국과의 FTA 발효를 계기로 피해산업 지원을 위해 기업에게서 매년 1,000억원씩 10년 동안 걷겠다는 것은 사실상 새로운 준조세를 기업에게 부과하는 것이기 때문에 기업들은 반발했다. 이에 궁해진 정부는 세제혜택을 통해 자발적인 참여를 유도하겠다고 하지만 준조세 논란은 앞으로도 제기될 수 있다.

일부 시민단체는 애초 발상부터 문제가 많았던 무역이득공유제를 농어업상생기금이란 이름으로 둔갑시킨 것도 모자라 여야 정치권이 합의한 점을 개탄하지 않을 수 없다며 공개 토론회를 열어 국회와 정부를 함께 비판하기도 했다. 발단이 된 한 · 중 FTA는 우리나라 FTA 중 농업개방 수준이 가장 낮은 협정의 하나이며, 정부는 국회 비준을 대비하여 1조 6천억원 규모의 농어업 대책을 마련했다. 20년간 농림수산업 누적 생산감소액이 3,639억원(농업 958억원, 임업 582억원, 수산업 2,079억원)의 4배에 달하는 규모로 국내대책을 세웠는데, 여기에다가 1조원을 더 얹은 셈이다. 피해예상액의 6배에 해당하는 금액을 농림수산업계에 지원하게 되었다.

본서 제14장에서 후술하겠으나, 농민 설득에 자신이 없었던 우리 통상당국은 한 · 중 FTA에서 '사실상' 농업을 제외했고, 이에 중국측이 부실한 제조업 자유화 내용으로 대응함에 따라 관세자유화 수준이 전반적으로 매우 낮고, 이에 따라 무역피해가 발생할 가능성도 희박하다. 농업계 설득뿐만 아니라 농업계와 정치권이 제안한 무역이득공유제에도 제대로 대응하지 못했던 것으로 볼 수 있다.

나. 무역이득공유제의 문제점

무역이득공유제는 칠레와의 FTA 협상과정에서 처음으로 제기되었다. 2002～2003년 한 · 칠레 FTA 협정 국회 비준 과정에서 농업계에서 제기되었던 'FTA이익세'가 최근 한 · 중 FTA 협상을 전후하여 무역이득공유제 명칭으로 다시 부활한 셈이다. 한 · 칠레 FTA 추진 당시 외교통상부는 FTA 이익세가 조세정의에 부합하지 않는 것으로 판단했고, 이후 논의를 거쳐 한 · 칠레 FTA 농업특별법을 제정하여 농업분야 피해 보상 및 구조조정을 지원했다. 무역이득공유제는 FTA 확대로 대기업이 누리는 무역이득의 일부를 법인세 인상 등의 방법으로 환수해 농어촌발전기금 등으로 쓰거나, FTA 활용 수출기업의 수출증가액에 대해 농어촌부흥세를 부과하자는 내용이다.

무역이득공유제의 문제점을 살펴보면, 이득공유 자체의 의미와는 달리, 이는 시장경제논리와 배치되며, 이러한 기조가 확산될 경우 시장경제 체제 전반에도 영향을 미칠 수 있다. FTA 혹은 다른 무역제도를 활용하여 획득한 이익에 대해서는 법인세를 납부하게 되는데, 이에 더하여 또 다른 세금을 부과하는 것은 동일한 영업이익에 대해 이중과세하는 문제가 발생한다. 이외에도 아래와 같은 여러 가지 문제점이 제기된다.

1) FTA 취지 약화

법정 법인세가 부과되고 있는 상황에서 FTA 확대를 이유로 법인세를 올리거나 별도의 세금을 부과하는 것은 관세인하를 통해 교역확대를 도모하는 FTA 기본 취지와 반한다. FTA 관세철폐가 된 상황에서 우리 기업에게만 국내세를 부과하게 되면, 결과적으로 상대국 기업만 유리해지고 국내 기업은 불이익을 받게 된다.

2) 기술적 문제

기술적 측면으로는 FTA는 기업의 수많은 이익창출 요소 중 하나로, 전체 이익에서 FTA 기여분만 추려내는 것은 기술적으로 불가능하다. FTA 이행 시 수출입을 활성화시키는 것은 확실하나 특정 기업의 수출실적에서 FTA 기여분을 계측하는 것이 현실적으로 쉽지 않다. 더구나 무역계약 방식에 따라 FTA 관세혜택은 일차적으로 수입자에게 귀속되고, 수출자는 간접 혜택을 보는 경우가 많아 FTA 혜택 계측의 한계도 무시할 수 없다.

3) 국내 보완대책 시행

한 · 칠레 FTA 이후 일정 수준 파급영향이 예상되는 FTA에 대해서는 사전적으로 농업, 제조업 및 서비스업에 대한 국내 보완대책을 수립해 오고 있다. FTA 시장개방에 따른 농어업피해 보전과 경쟁력 제고를 위해 지금까지 50조원대 규모의 국내 보완대책을 시행하고 있다. 더구나 우리나라는 미국에 이어 세계 2번째로 무역조정지원제도를 도입했고, 지원 기준도 점진적으로 완화해 오고 있다.

4) 형평성 문제

수출기업이 FTA 혜택을 보는 것으로 알려져 있으나, 실은 수입품 가격 인하 혜택을 누리는 소비자(일반국민)에게 돌아가는 혜택이 더 클 수 있다. 또한 앞서 설명한 바와 같이, 수입자가 일차적으로 FTA 관세혜택을 누리게 된다. 무역이익공유제의 취지대로라면 소비자와 수입업자에게도 세금을 매겨야 하는데, 현 무역이익공유제는 수출기업만을 대상으로 하고 있다. 앞으로 다른 FTA가 체결될 때 또다른 준조세를 기업에게 부담시킨다면 기업의 FTA 활용유인이 저하될 수 있고, FTA가 아니더라도 다른 통상정책 추진 시 승자산업과 패자산업간 갈등 등 정책적 부담이 심해질 수 있는 우려도 있다.

시장경제국가 중 무역이득공유제를 도입한 사례가 없으며, 조세정의, FTA 정책목적, 기술적인 문제, 형평성 문제 등으로 도입 타당성이 없다. 그동안 다양한 형태로 도입 · 운영되어 온 FTA 피해보상 · 구조조정 지원 제도의 정책효과를 정밀분석하여, 기존 정책의 효율성을 높이고 보완하는 것이 현실적인 방안이 될 것이다. 여러 FTA 지원법을 무역지원법으로 통합하여 정책의 실효성을 제고할 필요가 있다.

다. 전문가 평가

무역이득공유제가 내재적인 문제점을 안고 있더라도 해당 제도에 대해서는 가치관에 따라 평가가 다를 수 있다. FTA 발효로부터 얻은 이익을 피해업종과 공유하자는 취지인 무역이득공유제에 대해 FTA 관련 연구를 많이 해 온 3개 정부출연연구기관의 원장에게 개인적인 평가를 들어봤다.

채욱 전 대외경제정책연구원 원장은 농업계에서 많이 제기해 온 무역이득공유제가 농어촌상생기금으로 합의되었는데, 민간 기업이든 공기업이든 아니면 농협, 수협까지 다 합해 매년 1,000억 원씩 모아서 10년 후에 1조원의 기금을 만드는 발상에 대해 근본적인 문제 제기를 했다. 자발적으로 기금을 조정한다고 했는데, 사실 굉장히 모순된 것이고 자유무역 원칙에도 상당히 벗어난 것으로 보고 있다. FTA 확대로 인한 농어촌계의 어려움은 이해되지만, 농어촌상생기금도 자발적으로 조정하기로 한 것 자체가 상당한 불확실성을 초래할 것으로 보고 있다. 만약 목표액대로 기금이 조성되지 않는다면 정부에서 지원해야 할텐데, 이 역시 당초 민간모금 취지와는 괴리가 있다는 것이다. 한 · 중 FTA를 발효시키기 위해 필요한 국회 비준 동의를 얻기 위한 대안으로 정부가 서둘러 동의한 것으로 보고 있다. 자발적이라고 하지만, 일정 부분 강제성이 있을 수 있고 기업에게 추가적인 부담을 주게 되는 점은 FTA 정책과도 맞지 않는다는 것이다. 상생기금을 전제로 한 · 중 FTA가 비준되었으므로 상생기금은 지켜져야 한다. 또한 농어촌 상생기금의 운영도 정밀하게 만들어져야 한다. 앞으로 농민들의 불만은 더 가중될 것이고 기업은 기업대로 상당히 부담을 느껴 다른 FTA를 추진할 때마다 비슷한 상황이 재연될 것으로 채원장은 예상하고 있다.

김도훈 산업연구원 원장은 무역이득은 이미 공유되고 있다고 지적했다. 무역으로부터 혜택을 받은 제조업에서 세금으로 거둔 재원으로 피해가 예상되는 농업의 구조조정이라든지 직접적 피해보상을 위해 지출하고 있기 때문이라는 것이다. 그 규모는 농어촌상생기금의 수준을 압도적으로 뛰어넘는 수준이다. 국가가 통상협상, 무역협상, 무역자유화의 책임을 졌듯이 국가가 매개체가 되어 이익을 받는 쪽으로부터 거둔 세금으로 국내보완대책을 제도적으로 하고 있다는 자신감을 통상당국은 가졌어야 함을 주장하고 있다. 우리 농업이 어려워지고 있는 것은 단순 무역 때문만은 아니고 농업 내부에도 그 이유가 있다는 점도 인식해야 한다. 농업계의 어려움을 도와주자는 사회적 운동은 필요하고, 기업들이 자발적으로 지원할 수 있는 기회를 만들어야 한다. 무역 때문에 농업이 어려워졌다고 무역협상이 있을 때마다 제조업이 농업지원 부담을 갖도록 압력을 주게 되면 자발적 지원 결정을 내리기 쉽지 않게 된다는 점을 인식해야 한다고 김원장은 강조하고 있다.

최세균 전 농촌경제연구원 원장은 경제학적으로 접근한다면, FTA로 인해서 이익을 보는 기업으로부터 재원을 거둬 피해업종에 지원하는 것은 FTA 의미를 퇴색시키는 것으로 볼 수 있는 측면이 있지만, 한 · 중 FTA 비준을 앞두고 피해산업에 대한 대책과 이익공유 문제가 거론되면서 무역이득공유제라는 명칭 자체를 농어촌상생협력기금으로 변경한 것에 대해서는 큰 의미를 부여하고 있다. 무역이득을 공유하자는 것에 대해서는 부정적인 견해가 상당한 점을 감안하여 농어촌상생협력기금으로 변경해 여야 간 접점을 찾은 것으로 보고 있다. 논리적 · 경제적인 타당성을 떠나 그 기금을 조성해서 우리가 앞으로 추진할, 또한 지금까지 추진해 왔던 시장개방으로 인해 피해를 본 계층의 소외감을 달래줄 수 있고, 또한 우리나라가 시장개방을 추진하는 데 탄력을 받을 수 있다고 하면 사회적인 갈등비용을 줄이는 데 기여할 수 있다는 것이다. 이러한 사회적 비용을 최소화하는 것이 중요한 과제이므로 상생기금은 우리나라가 해볼 만한 제도로 생각하며, 다만 운영에 대해서는 정밀한 준비가 필요할 것으로 언급하고 있다.

1. 시작하면서

2. 지식재산권제도

3. 노동분야

4. 환경분야

FTA and International Trade

지식재산권, 노동 및 환경분야 규범

FTA and International Trade
ch. eleven

11

지식재산권(지재권) 보호, 노동 및 환경분야 규범은 '21세기형' FTA에 반드시 포함되는 내용이다. 저작권 보호기간을 늘리고, 상표권자나 저작권자가 권리 침해 시 소송을 용이하게 하는 제도를 도입하며, 저작권 침해는 고소가 없어도 기소할 수 있는 권한을 사법당국에 부여하고 있다. 저작권 상품에 대해서도 저작권 침해 물품으로 의심되는 경우 자동 반출정지 및 권리자 통보를 할 수 있는 신고제도도 도입되었다.

노동과 환경에 대한 규정은 관련 국제규범을 준수하며, 회원국의 실정법을 투명하게 집행하는 의무를 부과하고 있다. 회원국은 국제적으로 인정된 노동권의 보장과 보호 수준 향상을 위해 지속적으로 노력할 의무를 준수해야 하며, 무역 및 투자의 증진을 위한 목적으로 회원국 노동법에 명시된 보호수준을 저하시켜서는 안 됨을 규정하고 있다. 환경법의 경우에도 무역 및 투자의 장려를 위해 기존의 환경보호 수준을 약화시키지 않도록 노력할 의무를 회원국에 부여하고 있다.

1. 시작하면서

FTA and International Trade, ch. eleven

오늘날 체결되는 FTA에는 지식재산권 보호를 강화시키는 내용이 포함되고 있으며,[1] 특히 미국이 체결하는 협정에는 환경과 노동 관련 규정도 포함되고 있다. 지식재산권은 지적인 창작물에 독점권을 부여함으로써 창작의욕을 돋구어 새로운 창작물을 많이 생산하도록 유도해 문화와 산업의 발전에 기여하고 인류생활을 윤택하게 한다는 점에서 보호의 대상이 되고 있다. 지식재산권이 어떻게 보호받느냐에 따라 한 나라의 문화와 기술 수준이 결정되고, 그 나라의 경쟁력은 지식재산권 보호수준에 달려 있다고 할 만큼 중요도가 높아지고 있다. 반면에 지재권제도의 독점배타성 때문에 권리를 지나치게 보호할 경우 정보에 대한 접근권과 알 권리, 문화를 향유할 권리 등을 제한할 수 있으며, 공공성을 해칠 수도 있다는 우려 때문에 가급적 권리를 제한하여야 한다는 주장을 펴는 사람들도 있다.

1__ 지식재산기본법 시행 전에는 지적재산권(知的財産權)이란 용어를 사용했으나, 지식재산권이 더 정확한 표현인 것으로 해석된다.

그러나 선진국을 비롯한 세계 각국은 지식재산권 수준을 국가경쟁력의 중요한 요소로 파악하고 보호수준을 향상시키기 위해 노력하고 있다. 가장 극명한 사례가 일본의 '지적재산추진계획 2004'로서 총리 책임 하에 지식재산제도를 세계적 수준으로 향상시킨 바 있다. 우리나라도 비록 늦긴 했지만 지식재산제도의 중요성을 인식하여 지식재산기본법안 의원입법을 제출하여 지식재산입국을 국가전략으로 추진해 왔다. 2006년 11월 공청회가 개최되었고, 2010년 4월 입법예고되어 2011년 5월 시행되었다. 이 법은 개정 전 여러 부처에 산재되어 있던 지재권을 범정부적인 지식재산정책의 심의 · 조정 등을 위한 국가지식재산위원회를 설치하도록 하는 등 지식재산 정책을 수립 · 추진하도록 함으로써 지식 기반 경제 육성과 국가경쟁력을 강화시키는 데 목적이 있었다.[2]

2_ 지식재산기본법 시행 전 우리나라 특허권 · 실용신안권 · 디자인권 · 상표권 등의 산업재산권은 특허청, 저작권은 문화체육관광부, 식물의 신품종과 관련된 품종보호권은 농림수산식품부가 관장하고 있어 범정부적인 지식재산 정책이나 보호 전략을 수립하기 어려운 상황이었다.

노동 및 환경 분야는 한 · 미 FTA가 체결되면서 처음으로 우리나라 FTA에 포함되었다. 기본적으로 노동권익을 보호하며, 환경기준을 위반함으로써 생산단가를 낮춰 수출품의 가격경쟁력을 높이는 것을 방지하는 데 목적이 있다. 노동과 환경 분야 일부 내용에 대해서는 우리나라 고용노동부와 환경부가 협상 초기에 부정적인 인식을 가지고 있었으나, 협상 중반 이후 동 제도의 장점을 높이 평가하면서 이들 규범을 수용하게 되었다.

우리나라 노동과 환경 여건이 미국과의 협정 의무를 충족시키는 데 심각한 문제가 없으며, 글로벌 기준을 강화해 나가야 하는 우리나라 입장에서 보면 노동과 환경 기준 강화는 우리 경제의 선진화 및 글로벌화에도 긍정적인 역할을 한다는 분석도 나온 바 있다.

여기서는 한 · 미 FTA의 내용을 중심으로 지식재산권, 환경, 노동 이슈에 대해 고찰하고자 한다. 다른 FTA보다 더 포괄적인 한 · 미 FTA의 내용을 고찰함으로써 독자들은 향후 전 세계적으로 확산될 수 있는 통상 이슈를 이해하는 계기로 삼을 수 있다. 이 장의 내용은 주로 FTA에만 적용됨을 밝혀둔다.

2. 지식재산권제도

지식재산권제도의 기본 정신은 인간의 두뇌로 새로이 창작해 낸 것 중 일정 요건을 갖춘 창작물을 법으로 보호받도록 해준다는 것이다. 정신적 창작물이 지식재산권의 보호대상이 되며, 지식재산권은 크게 산업재산권, 저작권, 신지식재산권으로 구분된다. 산업재산권이란 각종 산업활동(서비스업을 포함한 모든 형태의 생산활동)에 의해 독창적으로 발명(고안)된 진보성 있는 기술을 그 기술 발명에 따른 산업발전에 기여한 대가로 발명자(고안자)에게 일정 기간 동안 독점 행사할 수 있도록 부여한 재산권을 말한다. 산업재산권은 크게 발명의 결과를 보호하는 특허권, 고안에 대한 실용신안권, 의장권, 상표권으로 구분된다.

그림 11-1 지식재산권 체계도

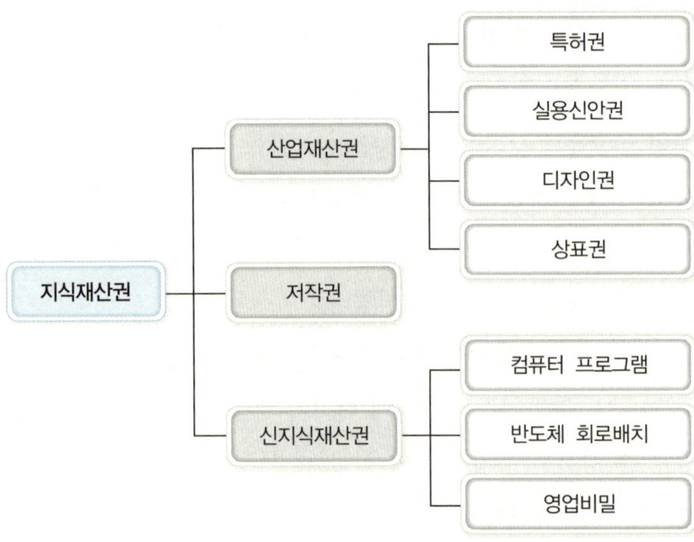

회원국은 무역 관련 지식재산권에 관한 세계무역기구 협정에 규정된 기존의 권리 및 의무를 확인하며, 이 협정의 발효일까지 지식재산권에 대한 국제협정을 비준 및 가입하기 위해 노력하기로 합의했다.[3] 회원국은 지식재산권에 대하여 협정이 요구하는 것보다 더 강화된 보호 및 집행을 자국 법으로 규정하는 것에 아무런 제약이 없다. 또한 적용대상이 되는 모든 범주의 지적재산에 관하여 각 회원국은 지식재산권과 그러한 권리로부터 파생되는 모든 혜택의 보호 및 향유에 대하여 내국민 대우 원칙을 적용시켜야 한다. 다만, 아날로그 통신, 아날로그 무료 공중파 라디오 방송, 그리고 아날로그 무료 공중파 텔레비전 방송의 수단에 의한 음반의 이차적인 사용에 대하여는 내국민 대우 예외가 적용된

3_ 한 · 미 양국은 지식재산권에 대한 국제협정을 대부분 비준한 상태였으므로 특별한 부담을 갖지는 않았다. 협정 이행 전에 가입을 비준해야 하는 것으로 협정문에 언급된 국제협정은 "1979년에 개정된 특허협력 조약(1970년)", "산업재산권의 보호에 관한 파리 협약(1967년)(파리협약)", "문학 · 예술 저작물의 보호를 위한 베른 협약(1971년)(베른협약)", "위성에 의하여 송신되는 프로그램 전달 신호의 배포에 관한 협약(1974년)", "표장의 국제 등록에 관한 마드리드 협정에 대한 의정서(1989년)", "1980년에 개정된 특허절차상 미생물 기탁의 국제적 승인에 관한 부다페스트 조약(1977년)", "식물 신품종 보호를 위한 국제 협약(1991년)", "상표법 조약(1994년)", "세계지식재산권기구 저작권 조약(1996년)" 및 "세계지식재산권기구 실연 · 음반 조약(1996년)"이다. 또한 회원국은 "특허법 조약(2000년)", "산업디자인의 국제 등록에 관한 헤이그 협정(1999년)", 그리고 "상표법에 관한 싱가포르 조약(2006년)"을 비준하거나 가입하기 위하여 모든 합리적인 노력을 다해야 함을 협정에 명시하였다.

나. 즉, 우리 업체들이 현재 누리고 있는 혜택과 동등한 대우를 미국 업체가 요청할 수 없다. 이 협정의 발효일 이전에 발생한 행위에 대하여 의무가 발생하지 않는다.

지식재산권의 보호 및 집행을 투명하게 추진하기 위해 각 회원국은 지식재산권의 보호 또는 집행에 관한 모든 법 · 규정 및 절차가 명문화되고 공표되거나, 공표가 실행 가능하지 아니한 경우에는 정부 및 권리자가 그 내용을 인지할 수 있도록 자국의 언어로 공개해야 한다. 회원국은 지리적 표시가 상표로서 보호될 자격이 있음을 규정하고, 상표를 구성하는 표지가 소리 또는 냄새라는 이유만으로 상표의 등록을 거부할 수 없다고 명시함으로써 소리와 냄새가 보호의 대상이 될 수 있는 근거를 마련했다. 등록된 상표 소유자의 동의를 얻지 않은 제3자가 등록된 상표에 관한 상품 또는 서비스와 최소한 동일하거나 유사한 상품 또는 서비스 사용으로 인해 소비자의 혼동가능성을 야기할 경우, 그러한 사용을 금지할 수 있는 배타적 권리를 상표권 소유자가 가지도록 규정하고 있다.

가. 특허분야

회원국은 모든 기술분야에서 물건 또는 방법에 관한 어떠한 발명에 대하여도 특허가 가능하도록 규정하고 있다. 다만, 발명이 신규성이 있고 진보성을 수반하며 상업 목적으로 이용 가능하여야만 한다. 또한 알려진 물건의 새로운 용도 또는 사용방법에 대하여 특허가 가능하다는 것을 확인했다. 다만 다음 사항은 특허대상에서 제외된다.

① 인간 · 동물 또는 식물의 생명이나 건강을 포함하여, 공공질서 또는 선량한 풍속을 보호하거나 환경에의 심각한 피해를 회피하기 위하여 회원국의 영역 안에서의 상업적 이용을 금지하는 것이 필요한 발명
② 인간 또는 동물의 치료를 위한 진단방법 · 치료방법 및 외과적 방법

회원국은 특허에 의하여 부여되는 배타적 권리에 대하여 제한적인 예외를 규정할 수 있지만, 예외는 제3자의 정당한 이익을 고려하여 특허의 통상적인 이용에 불합리하게 저촉되지 말아야 하고, 특허권자의 정당한 이익을 불합리하

게 저해해서는 안 된다.

한 · 미 FTA에서 지식재산권 보호 관련 사항은 크게 특허 관련 제도, 상표권 및 저작권 분야로 크게 나눌 수 있다.

미국측 요구가 수용된 특허분야는 발명의 공개 후에도 출원 가능한 기간(공지 예외 적용기간 : Grace Period) 연장, 불실시에 의한 특허취소제도 폐지이고,[4] 미국측 요구가 일부 수정되어 수용된 분야로는 특허청의 등록업무 처리지연에 따른 특허 존속기간 보상(연장)제도 도입을 들 수 있다. 하지만 원생산국에서의 시판허가 기간을 고려한 의약품특허 존속기간 연장, 양국 간 수정실체심사제도 도입 시 타국에서 연장된 특허 존속기간 인정,[5] 강제실시권 행사요건 제한 등에 대해서는 미국의 입장이 반영되지 않았다.

미국의 요구가 수용된 공지 예외 적용기간은, 일반적으로 공개(공지)된 발명은 특허를 신청할 수 없으나, 발명자 자신이 학술대회 등에서 발표한 경우에는 공개 후 일정 기간 내 예외로 인정하는 것을 말하며, 세계적으로 6개월 인정 국가(한국, 일본, 유럽 등)와 12개월 인정 국가(미국, 호주, 캐나다 등)로 대별된다. 이번 미국과의 협상에서는 공지 예외 적용기간이 발명자에게 특허출원시기를 선택할 수 있는 기회의 폭을 넓혀 준다는 취지에서 국내의 기존 6개월을 12개월로 연장하기로 하였다. 등록지연에 따른 특허 존속기간 보상(연장)제도는 특허청의 심사지연 등으로 인한 등록지연에 대해 합리적으로 특허기간을 보상하는 제도로, 등록지연은 '출원 후 4년과 심사청구 후 3년 중 늦은 날을 기준'으로 특허의 독점적 사용기간을 최장 3년까지 보상하기로 하였다. 특허심사 기간이 지나치게 늘어나는 것을 방지하는 것이 특허 존속기간 보장 제도의 목적이다. 2007년 2월 등록된 특허를 분석한 결과 총 특허출원 건수 중 0.3%만이 연장대상이 되는 것으로 나타났고, 특허청의 특허심사기간 단축으로 적용시점인 2008년 이후 특허심사관이 대폭 충원되었다. 출원건의 경우 연장대상이 더욱 축소되었으므로 실질적인 경제적 영향은 미미할 것으로 평가된다.[6]

한편, 우리나라는 특허권과 관련하여 미국이 요구한 일부 내용을 수용하지 않았다. 우리나라는 수입의약품(신약)의 경우 원생산국에서의 시판허가 증명자료 제출을 요구하고 있는데, 이와 관련된 업무로 인해 특허 보호기간이 축소된 기간을 보상해 달라는 미국의 주장은 수용되지 않았다. 강제실시권은 '반경쟁적 관행의 방지 · 개선' 또는 '공공의 비상업적 사용', '국가 비상사태 또는 기

4__ 불실시에 의한 특허취소제도 폐지는 특허등록 후 3년 이상 특허를 사용하지 않았고, 이후 2년 이상 계속 불실시될 경우 특허를 취소할 수 있는 제도를 폐지하는 것을 말한다. 지금까지 이러한 경우가 없었을 뿐만 아니라, 특허권자의 권리를 지나치게 제한할 수 있다는 점이 고려되어 수용되었으며, 경제적 파급효과는 거의 없다는 것이 특허청의 평가이다.

5__ 수정실체심사제도는 타국(미국)에서 등록된 특허에 대해 당사국(한국)에서 실체심사 없이 등록해 주는 제도를 의미한다.

6__ 특허청 국제협력팀(2007), "한 · 미 FTA 산업재산권 분야 협상결과," 4월.

타 극도의 긴급상황'일 경우 가능한 것으로 규정함으로써 우리나라의 입장이 반영되었다.

나. 상표분야

상표분야의 경우, 상표 전용사용권은 등록(recordation) 요건을 폐지하고, 상표권자와 사용권자 간의 계약만으로 유효한 것으로 간주되도록 하였다. 국제적인 추세를 반영하여 소리·냄새 상표를 인정하기로 하였는데, 우리 상표법은 상표를 '시각을 통해 인식될 수 있는 표장'으로 한정하고 있으므로 소리·냄새 등 비시각적 상표는 보호대상으로 고려되지 않았다. 소리·냄새 등 비시각적 상표가 보호되는 것은 한·미 FTA에 한정되며, 우리나라가 체결한 다른 FTA에서는 이러한 조항이 포함되어 있지 않다. 상표 전용사용권은 실질적 상표로 소비자가 인식하는 소리와 냄새에 국한되며, 소리 상표의 예로는 인텔의 효과음, MGM사의 사자 울음소리 등이 있으며, 냄새 상표로는 레이저 프린터 토너의 레몬향 등이 있다.

상표 침해에 대한 법정손해배상제도를 도입하였는데, 법정손해배상은 최소한의 손해배상액을 법으로 미리 인정하는 데 그 의의가 있으며, 저작권 침해 시 실손해 입증이 어려울 경우를 대비하여 법원이 사전에 피해액을 미리 규정해 둔다. 법정손해배상은 우리 민법상 '실손해배상 원칙'과 배치되나 상표권자의 권리강화 측면을 고려하여 수용되었다. 법정손해배상제도는 민사소송에서 특허 침해로 인한 손실을 원고가 입증하지 못할 경우 사전에 법령에 정해진 일정 금액 또는 일정한 범위의 금액을 원고가 선택하고, 이를 법원이 피해액으로 인정해 주는 제도를 말한다. 이 규정은 상표권자의 권익을 효과적으로 보호할 수 있을 것으로 판단되며, 손해배상액의 하한을 규정함으로써 상표 침해를 방지하는 데 도움이 될 것으로 보인다.[7]

회원국은 합리적인 상표등록제도를 마련해야 하는데, 협정에 규정된 상표등록제도는 ① 상표등록의 거절이유에 대한 통지를 출원인에게 서면으로 제공하는 요건과 통지를 전자적으로 제공, ② 출원인이 상표 당국으로부터의 통지에 대하여 답변하고, 최초 거절에 대하여 이의를 제기하며, 최종적인 등록 거절에 대하여 사법적으로 불복청구할 수 있는 기회 부여, ③ 이해당사자가 상표 출

7 미국은 특허 침해에 대한 3배수 배상제도 도입, 상표 침해에 대한 부가적 손해배상제도 도입을 요구했으나 수용되지 않았다.

원에 대하여 이의를 제기하고 상표가 등록된 후 그 상표의 취소를 구할 수 있는 기회 부여, ④ 이의제기 및 취소절차에서의 결정은 이유가 설명되어야 하며 서면으로 이루어져야 한다는 요건 및 서면 결정은 전자적으로 제공 등의 사항을 포함해야 한다. 상표의 최초 등록 및 각 등록 갱신이 10년 이상의 기간이 되도록 규정해야 한다. 또한 한 · 미 FTA에서는 상표 사용권의 효력 발생 및 손해배상 청구 등을 위해 사용권의 "등록"을 요구하여서는 안 된다고 규정하고 있다. 한 · 미 FTA 이전 국내법 규정(상표법 제56조)은 "전용 사용권"의 경우 "등록"을 효력발생 요건으로 규정하고 있었다. 즉, 기존 규정으로 전용 사용권자는 침해금지 및 손해배상을 청구할 수 있었다. 하지만 한 · 미 FTA에서는 상표 사용권자의 보호를 강화한 것이다. 전용사용권 계약을 특허청에 등록하지 않은 사용권자도 상표권 침해로부터 손해배상 등을 통해 적극적으로 구제받을 수 있게 되었다. 상표권은 자유로운 이용 · 처분이 가능한 '사적인 권리(私權)이며, 상표 사용권은 당사자 간의 계약에 의해 자유롭게 결정될 사항이라는 것이 한 · 미 FTA의 해석이다.

다. 저작권

저작자 · 실연자 및 음반제작자가 어떠한 방식이나 형태로 영구적 또는 일시적으로(전자적 형태의 일시적 저장을 포함한다) 그의 저작물 · 실연 및 음반의 모든 복제를 허락하거나 금지할 권리를 가지도록 규정한다.[8] 회원국은 저작자 · 실연자 및 음반제작자에게 판매 또는 그 밖의 소유권의 이전을 통하여 그의 저작물 · 실연 및 음반의 원본과 복제물을 공중에게 이용 가능하도록 하는 것을 허락하거나 금지할 수 있는 권리를 제공해야 한다.

8 저작권 및 저작인접권(다음 각주 참조)에 대하여 달리 명시되지 아니하는 한 이 장의 목적상 실연이라 함은 음반에 고정된 실연을 말한다.

한 · 미 FTA와 한 · EU FTA에서 저작권 보호기간은 우리나라의 현행 50년에서 70년으로 연장되었다. 미국은 저작자가 자연인인 경우 저작자 사후 70년, 법인과 같이 자연인이 아닌 경우 발행 후 95년 또는 창작 후 120년까지 보호 연장을 요구하였으나, 자연인과 비자연인을 불문하고 미 · 호주 FTA 수준인 '보호기간 70년 보호'에 합의하였다.

표 11-1 ■ 저작권법 제39조(저작권 70년간 보호)

저작권법 제39조(보호기간의 원칙)
① 저작재산권은 이 관에 특별한 규정이 있는 경우를 제외하고는 저작자가 생존하는 동안과 사망한 후 70년간 존속한다.
② 공동저작물의 저작재산권은 맨 마지막으로 사망한 저작자가 사망한 후 70년간 존속한다.

일시적 저장에 대한 복제권을 인정하면서도 예외규정을 설정하였다. 컴퓨터 구동 중 RAM에서 행하여지는 일시적 복제에 대한 권리(복제권)를 저작자에게 주되, 시사보도, 교육, 연구 등 공익적 목적을 위한 공정한 이용의 경우에는 저작권을 침해하지 않는 것으로 규정함으로써 이용자 보호를 위한 근거를 마련하기로 하였다. 따라서 인터넷상의 웹서핑, 웹브라우징 비상업적 이용은 한·미 FTA 협정 체결 이후에도 저작권법에 저촉되지 않고 자유롭게 허용된다.

미국의 요청사항이었던 접근통제에 대한 기술적 보호조치[9] 우회 금지를 수용하였다. 따라서 일반적으로 저작물 접근을 막는 암호를 우회('뚫거나 깨는')하는 것이 금지된다. 접근통제 기술보호조치를 위반하더라도 고의·과실이 있는 경우에 한해 저작권 침해를 인정하기로 하였다.

9__ 접근통제란 암호와 ID가 있어야 저작물을 이용할 수 있게 하는 것을 말한다.

온라인 서비스 제공자의 책임이 강화된다. 온라인 서비스 제공자가 저작권 침해자의 개인정보를 저작권자에게 제공하는 조항을 도입하였고, '상업적 규모'의 저작권을 침해할 경우 비친고죄가 적용된다.[10] 또한 상표에서와 같이 저작권 침해 시 손해배상의 하한액을 명시하는 법정손해배상제도를 도입하기로 하였다. 현재 저작권 침해와 관련해서는 기본적으로 '실손해배상' 원칙이 적용되나, 이전 저작권법(1986년 저작권법 제94조, 2003년 삭제)에 '법정손해배상' 제도와 유사한 성격의 조항이 존재했었다.

10__ 우리나라 개정 저작권법(2007. 6. 발효) 제140조에는 '영리·상습적으로 저작권 침해 시 비친고죄 적용'으로 규정되어 있다.

저작권과 관련하여 한·미 FTA 협정은 저작물·실연 또는 음반에 대한 어떠한 경제적 권리를 취득하거나 보유한 인에게 다음 사항의 권리를 부여한다.

① 그 권리를 계약에 의하여 자유롭게 개별적으로 양도할 수 있다.
② 저작물·실연 및 음반 창작의 바탕이 되는 고용계약을 포함한 계약에 의하여 그 권리를 자신의 이름으로 행사할 수 있고, 그 권리로부터 파생되는 혜택을 충분히 향유할 수 있다.

저작자·실연자 및 음반제작자가 자신의 권리행사와 관련하여 사용하고,

그의 저작물 · 실연 및 음반과 관련된 허락받지 않은 행위를 효과적으로 제한하기 위해 협정문에 명시된 지식재산권 피해구제(제18.10조 제13항)[11]의 적용대상자를 아래와 같이 명시한다.

① 보호되는 저작물 · 실연 · 음반 또는 그 밖의 대상물에 대한 접근을 통제하는 효과적인 기술조치를 알면서 또는 알만한 합리적인 근거를 가지고 허락 없이 우회하는 인 또는

② 다음의 장치 · 상품 또는 부품을 제조, 수입, 배포, 공중에게 제의, 제공 또는 달리 밀거래하거나 다음의 서비스를 공중에게 제의하거나 제공하는 인

㉮ 효과적인 기술조치의 우회를 목적으로 그 인이 또는 그 인과 함께, 그리고 그 인이 이를 알고 있는 상태에서 행동하는 다른 인이 홍보 · 광고 또는 판매하는 것,

㉯ 효과적인 기술조치를 우회하는 것 이외에는 제한적인 상업적 의미가 있는 목적 또는 용도만 있는 것,

㉰ 효과적인 기술조치를 우회하는 것을 가능하게 하거나 또는 용이하게 하는 것을 주목적으로 고안 · 제작되거나 기능하는 것.

회원국은 비영리 도서관, 기록보존소, 교육기관 또는 비상업적 공공방송국 이외의 어떠한 인이 고의로, 그리고 상업적 이익 또는 사적인 금전적 이득을 얻을 목적으로 위의 행위 중 어느 하나에 관여된 것으로 판명되는 때에 적용될 형사 절차 및 처벌을 규정해야 한다.

라. 지리적 표시

회원국은 관련 상품 또는 서비스에 대하여 유명 상표와 동일하거나 유사한 상표 또는 지리적 표시의 사용이 혼동을 야기하거나, 실수를 야기하거나, 기만하거나 그 상표 또는 지리적 표시와 유명 상표권자를 연관시킬 위험이 있거나, 유명상표의 명성에 대한 불공정한 이용을 구성하는 경우 그러한 상표 또는 지리적 표시의 등록을 거절하거나 취소하고 사용을 금지하는 적절한 조치를 취해

11__ 협정에 규정된 저작권 위반행위에 관한 민사 사법절차에서 각 당사국은 사법당국이 최소한 다음의 권한을 가지도록 규정한다.—금지된 행위와 관련된 것으로 의심되는 기기 및 제품의 압류를 포함한 잠정조치를 부과할 수 있는 권한.—권리자가 입은 실제 손해배상액과 법정손해배상액 중 하나의 지급을 권리자가 선택할 수 있는 기회를 제공할 수 있는 권한.—단, 민사 사법절차의 종결 시 금지된 행위에 관여한 당사자가 승소자에게 소송비용과 수수료 및 합리적인 변호사 보수를 지급하도록 명령할 수 있는 권한, 그리고—금지된 행위에 연루된 것으로 판정된 기기 및 제품의 폐기를 명령할 수 있는 권한.

야 함을 규정하고 있다.

한 · EU FTA에서 유럽측은 포도주 · 증류주 특산품의 지리적 표시 보호에 높은 관심을 보였다. 보호되는 지리적 표시의 범위는 농산물 및 식품(이하 농식품), 포도주, 증류주로 한정되었지만, 해당 품목은 무려 162개 특산품에 달했다. 협정문 부속서에 기재된 양국의 지리적 표시는 다음과 같이 보호받도록 했다. 먼저, 상품의 지리적 출처에 대하여 대중의 오인을 유발하는 방식으로 진정한 산지가 아닌 지역을 원산지로 한다고 표시하거나 암시하는 행위는 금지된다.

두 번째, 진정한 산지가 표시되거나, 지리적 표시가 번역 또는 음역되어 사용되거나, "종류", "유형", "양식", "모조품" 등의 표현이 수반되는 경우에도 당해 지리적 표시에 나타난 장소를 원산지로 하지 아니하는 유사상품에 지리적 표시를 사용하는 행위는 금지된다. 유사상품의 범위는 WTO TRIPS 협정 제23조에 따라 포도주의 지리적 표시를 포도주에 쓰는 경우, 증류주의 지리적 표시를 증류주에 쓰는 경우에 준하여 해석된다. 따라서 포도주의 지리적 표시인 샴페인을 TV와 같이 포도주와 유사하지 않은 상품에 쓰는 것은 가능하다.

세 번째, 파리협약 제10조의 2의 의미 내에서의 불공정경쟁을 구성하는 행위가 금지된다. 지재권을 보호하는 파리협약 제10조의 2항(불공정경쟁)은 산업 및 상업상 정직한 관행에 어긋나는 모든 경쟁행위를 불공정경쟁행위로 정의하고 불공정경쟁에 대하여 회원국에게 효과적인 보호를 부여할 것을 규정하고 있다. 특히 혼동을 야기하는 행위, 허위주장, 대중의 오인을 유발하는 행위를 금지하고 있다.

한 · 미 FTA 협상에서 미국은 자국산 위스키에 대한 지리적 표시를 요구했다. 미국은 미국 내에서 자국 법령에 따라 생산되지 않은 버본위스키 및 테네시위스키는 "버본위스키" 또는 "테네시위스키"라는 명칭으로 한국 내에서 판매될 수 없도록 하는 문안을 제시했다. 특허청의 검토에 의하면, 우리나라는 2004년 상표법을 개정 2005년 7월부터 지리적 표시를 상표법상의 권리로 보호하는 "지리적 표시 단체 표장" 제도를 시행하고 있어 부담이 거의 없는 것으로 나타났다.

개정 상표법 하에서는 ① 다른 주산지 상품과 구별되는 품질, 명성 등이 있고, ② 그 품질 등이 그 지역 기후 등 자연적 조건이나 독특한 기법 등 인적 조건을 포함하는 지리적 환경에 기초할 경우 상표등록을 허용하고 있다. 또한 상표법과 별도로 미측의 위스키 관련 지리적 표시는 "주세사무처리규정"(국세청 훈령) 및 "주류의상표사용에관한명령위임고시"(국세청고시)에 따라 이미 보호되고 있다. 위스키의 지리적 표시는 당해 지리적 표시에 나타난 장소를 원산지로 하지 않은 위스키에 사용할 수 없도록 규정하고 있다. 최종적으로 우리측은 미측 주장을 수용하는 대신 우리나라 특산품(안동소주, 경주법주)에 대해서도 미국이 인정하는 상호주의 방식으로 합의하였다.

회원국은 다음의 각 사항이 지리적 표시의 보호 또는 인정을 거절하거나 이의제기 및 취소의 근거가 되도록 자국의 관련 법령과 규정을 정비해야 한다. 첫째, 지리적 표시가 그 당사국의 영역에서 선의로 출원 또는 등록 중이며, 그 영역에서 그 지리적 표시의 보호 또는 인정일보다 앞선 우선일을 가진 상표와 혼동을 야기할 가능성이 있는 경우, 둘째, 지리적 표시가 선의의 사용을 통하여 그 당사국의 영역에서 상표에 대한 권리를 획득하고 그 영역에서 그 지리적 표시의 보호 또는 인정일보다 앞선 우선일을 가진 상표와 혼동을 야기할 가능성이 있는 경우, 마지막으로, 지리적 표시가 그 당사국의 영역에서 유명하게 되었고 그 영역에서 그 지리적 표시의 보호 또는 인정일보다 앞선 우선일을 가진 상표와 혼동을 야기할 가능성이 있는 경우이다.

마. 지식재산권의 효과적인 집행

지식재산권 보호를 위한 법률의 효율적인 집행을 위해 각 회원국은 지식재산권의 집행과 관련하여 일반적으로 적용되는 사항에 관한 최종 사법결정과 행정판정은 서면으로 하고, 관련 조사결과 및 그 결정과 판정을 기초로 하는 사유 또는 법적 근거를 일반인들이 이해할 수 있게 명시하도록 규정했다.

회원국은 자국의 민사 · 행정 및 형사 제도에서 지식재산권의 효과적인 집행을 제공하려는 자국의 노력(통계적 정보 포함)에 대한 정보를 공개하기로 했다. 저작권 또는 저작인접권에 관련되는 민사 · 행정 및 형사절차에서, 반대되는 증거가 없는 한,[12] 저작물 · 실연 또는 음반의 저작자 · 제작자 · 실연자 또는 출판자로 통상적인 방식으로 그 성명이 표시되는 인을 그러한 저작물 · 실연 또는 음반의 지정된 권리자로 추정한다. 또한 회원국은 반대되는 증거가 없는 한 그러한 대상물에 저작권 또는 저작인접권이 존재하는 것으로 추정하도록 규정

12_ 저작인접권이란 저작물의 복제 · 전파기술의 발달로 전통적인 저작권의 보호 외에 저작물의 실연, 녹음 및 방송을 통하여 저작물의 배포 · 전파에 기여한 사람들의 권리를 보호해 주기 위해 인정된 권리 개념이고, 저작인접권자로 보호를 받는 자는 실연자, 음반제작자, 방송사업자 등이다.

한다.

저작권 보호를 위한 민사 및 행정 절차와 구제를 살펴보면, 회원국은 모든 지식재산권 집행에 관한 민사 사법절차를 권리자에게 이용 가능하도록 한다.[13] 또한 다음 사항을 규정한다.

① 민사 사법절차에서 사법당국은 침해자가 권리자에게 다음을 지급하도록 명령할 권한을 가진다.

㉮ 침해의 결과로 권리자가 입은 피해를 보상할 수 있는 충분한 손해배상[14] 또는

㉯ 최소한 저작권 또는 저작인접권 침해 및 상표위조의 경우, 침해로 인하여 얻은 침해자의 이익은 손해배상액으로 추정될 수 있다.

② 지식재산권 침해로 인한 손해배상을 결정함에 있어서 사법당국은 특히 시장가격, 권장소비자가격 또는 권리자가 제시한 그 밖의 정당한 가치 측정에 의하여 산정된 침해된 상품 또는 서비스의 가치를 고려한다.

민사 사법절차에서 각 당사국은 최소한 저작권 또는 저작인접권에 의하여 보호되는 저작물·음반 및 실연에 대하여, 그리고 상표위조의 경우에 권리자의 선택에 따라 이용 가능한 법정손해배상액을 수립하거나 유지한다. 법정손해배상액은 장래의 침해를 억제하고 침해로부터 야기된 피해를 권리자에게 완전히 보상하기에 충분한 액수이어야 한다.[15] 회원국은, 사법당국이 저작권 또는 저작인접권의 침해, 특허 침해 또는 상표 침해에 관한 민사 사법절차의 종결 시 패소자로 하여금 승소자에게 소송비용 및 수수료를 지급하도록 명령할 수 있는 권한을 가지도록 규정하고, 최소한 저작권 또는 저작인접권 침해 또는 고의적인 상표위조에 관한 절차에서는 합리적인 변호사 보수의 지급도 명령할 수 있도록 권한을 부여했다. 즉, 각 회원국 사법당국이 특허 침해에 관한 민사 사법절차의 종결 시 패소자로 하여금 합리적인 변호사 보수를 승소자에게 지급하도록 명령할 수 있는 권한을 가지도록 규정한다.

저작권 또는 저작인접권 침해와 상표위조에 관한 민사 사법절차에서 각 당사국은, 사법당국이 침해행위와 관련된 침해혐의가 있는 상품·재료 및 도구의 압류, 그리고 최소한 상표위조에 대하여는 침해와 관련된 증거서류의 압류를

13_ 제18.10조의 목적상 "권리자"는 그러한 권리를 주장할 수 있는 법적 지위와 권한을 가진 협회 또는 조합을 포함하고, 지적재산에 포함된 하나 이상의 지식재산권을 배타적으로 가지고 있는 인을 포함한다.

14_ 특허 침해의 경우, 침해를 보상하기에 충분한 손해배상은 합리적인 로열티보다 적어서는 안 됨을 규정하고 있다.

15_ 어떤 회원국도 법정손해보상과 관련한 내용을 회원국 또는 회원국의 승인이나 동의 하에 행동한 제3자에 대한 침해행위에 적용하도록 요구하지는 않는다.

명령할 수 있는 권한을 가지도록 규정한다. 또한 회원국은 다음 사항을 규정하고 이행한다.

① 민사 사법절차에서 권리자의 요청이 있는 경우, 불법복제되거나 위조된 것으로 판정된 상품은 예외적인 상황을 제외하고 폐기된다.

② 사법당국은 불법복제되거나 위조된 상품의 제조 또는 생성에 사용된 재료 또는 도구가 어떠한 종류의 보상도 없이 신속하게 폐기되거나, 예외적인 상황에서는 어떠한 종류의 보상도 없이, 추가침해에 대한 위험을 최소화하는 (비상업적) 방식으로 처분되도록 명령할 수 있는 권한을 가진다.

③ 위조된 상표 상품에 부착된 불법상표를 단순히 제거하는 것만으로는 저작권이 보호된 것으로 간주되지 않는다. 즉, 위조상품은 폐기되어야 한다는 의미이다.

회원국은 지식재산권 침해 내용을 상세하게 밝혀 유사한 경우가 재발되지 않도록 해야 한다. 회원국은 지식재산권 집행에 관한 민사 사법절차에서 사법당국이 증거수집의 목적상 침해된 상품 또는 서비스의 생산과 유통 또는 그 유통경로에 연루된 제3자의 신원을 포함하여 침해의 어떠한 측면으로든 연루된 인과 그러한 상품과 서비스의 생산수단 또는 유통경로에 관하여 침해자가 소유하거나 통제하는 모든 정보를 제공하고, 그 정보를 권리자 또는 사법당국에게 제공하도록 침해자에게 명령할 수 있는 권한을 가지도록 규정해야 한다.

이와 관련하여 사법당국은 다음의 권한을 가지도록 규정한다.

① 적절한 경우 사법당국이 내린 유효한 명령을 지키지 못한 민사 사법절차의 당사자에게 벌금 · 구류 또는 구금을 명령할 수 있는 권한

② 소송절차에서 생산되거나 교환된 비밀정보의 보호에 관한 사법명령의 위반에 대하여 민사 사법절차의 당사자, 변호인, 전문가 또는 법원의 관할권이 미치는 그 밖의 인에게 제재를 부과할 수 있는 권한

사법당국이 최소한 다음의 권한을 가지도록 저작권 보호 관련 민사 사법절

차를 규정해야 한다.

① 금지된 행위에 관련된 것으로 의심되는 기기 및 제품의 압류를 포함한 잠정조치를 부과할 수 있는 권한
② 권리자가 입은 실제 손해배상액과 법정손해배상액 중 하나의 지급을 권리자가 선택할 수 있는 기회를 제공할 수 있는 권한
③ 민사 사법절차의 종결 시 금지된 행위에 관여한 당사자가 승소자에게 소송비용과 수수료 및 합리적인 변호사 보수를 지급하도록 명령할 수 있는 권한
④ 금지된 행위에 연루된 것으로 판정된 기기 및 제품의 폐기를 명령할 수 있는 권한

어떤 회원국도 저작권 침해 행위가 금지된 행위를 구성한다는 것을 인지하지 아니하였고, 그렇게 믿었을 만한 사유가 없었음을 증명한 비영리 도서관·기록보관소·교육기관 또는 공공의 비상업적 방송기관에 대하여는 민사소송절차에 따른 손해배상을 이용할 수 없다.

3. 노동분야

FTA and International Trade, ch. eleven

가. 개요

한·미 양국은 국제노동기구(ILO)의 회원국으로서의 의무를 재확인하며, 국제노동기구선언과 그 후속조치(1998년)(국제노동기구선언)와 같이 자국의 법 및 규정, 관련 관행에서 기본 노동권리를 채택하고 유지하기로 했다.[16] 회원국의 법·제도, 관행, 노사관계 현실 등을 고려해 한·미 양국은 국제적으로 인정된 노동권을 법제화하는 것을 의무화하지는 않으면서도 법제화와 노동기준 향상을 위해 노력할 것을 합의했다.

노동자의 권익보호를 위해 각 회원국은 자국 노동법의 집행을 위한 기관(재

16 노동법이라 함은 다음의 국제적으로 인정된 노동권과 직접적으로 관련된 회원국의 법 및 규정이나 그 조항을 말한다.
- 결사의 자유
- 단체교섭권의 효과적인 인정
- 모든 형태의 강제 또는 강요에 의한 노동의 철폐
- 아동노동의 효과적인 폐지, 가혹한 형태의 아동노동의 금지, 그리고 아동 및 미성년자를 위한 그 밖의 노동상의 보호,
- 고용 및 직업상의 차별 철폐, 그리고
- 최저임금, 근로시간, 그리고 직업상의 안전 및 보건에 대하여 수용 가능한 근로조건

판소 등)의 운영이 공정하고 공평하며 투명할 것을 보장해야 한다.

각 회원국은 자국 법에 따라 준수해야 할 재판 관련 사항을 다음과 같이 제시하고 있다(제19장 4조 2항).

① 판정 관련 절차의 적법절차 준수
② 규정된 경우를 제외하고는 모든 심리의 일반 공개
③ 당사자는 각자의 입장을 지지하거나 방어할 권리 확보
④ 불합리한 수수료 또는 시간제한 등으로 부당지연 금지
⑤ 최종 판정은 서면으로 이루어지고, 지체 없이 당사자 및 일반인에게 공개
⑥ 판정에 대한 재심과 정당한 경우 정정 요구 권리 제공
⑦ 재심 재판소의 공평 및 독립성 유지 및 사안에 대한 이해관계가 없을 것

나. 노동협력 메커니즘

한 · 미 양국은 "국제노동기구선언에 구현된 핵심 노동기준" 에 대한 존중과 〈가혹한 형태의 아동노동 금지와 철폐를 위한 즉각적인 조치에 관한 국제노동기구협약 제182호(1999년)〉(국제노동기구협약 제182호)의 준수를 증진하기 위해 노동협력 메커니즘을 설치하기로 하였다.

제19장 제5조 제도적 장치에 따르면, 양 회원국은 회원국의 노동부와 그 밖의 적절한 기관 또는 부처의 적절한 고위공무원으로 구성되는 노동협의회를 설치해야 한다. 협의회는 제19장 제6조 노동협력 메커니즘의 활동을 포함한 협정의 노동분야 이행을 감독하기 위해 회의를 주기적으로 개최하며, 각 회원국은 상대 회원국 및 일반 대중과의 접촉창구 역할을 하는 조직을 노동부 내에 지정하기로 하였다.

협정문 〈부속서 19-가〉 노동협력 메커니즘에 따라 설치되는 노동협력 메커니즘은 다음의 업무를 수행한다.[17]

① 노동사안에 관한 협력활동의 우선순위 설정
② 우선순위에 부합되게 구체적인 협력활동 개발
③ 각 회원국의 노동법 및 관행에 관한 정보교환

17_ 또한 양 회원국은 다음을 포함하여 양 회원국이 적절하다고 판단하는 모든 노동사안에 관하여 노동협력 메커니즘을 통하여 협력활동을 수행할 수 있다. 예를 들어 기본권 및 그 효과적인 적용, 가혹한 형태의 아동노동, 사회안전망 프로그램, 근로조건, 노사관계, 노동통계, 인적자원 개발 및 평생학습 등이 협의대상이 될 수 있다.

④ 최적 노동관행을 포함한 노동법 및 관행을 개선하기 위한 방안에 관한 정보교환
⑤ 국제노동기구선언 및 국제노동기구협약 제182호에 반영된 원칙에 대한 이해, 존중 및 효과적인 이행의 증진
⑥ 노동법으로 간주되는 회원국의 어떠한 법 또는 규정이나 조항의 범위에 대한 이해 증진
⑦ 협의회의 검토를 위하여 각 회원국이 취할 수 있는 조치의 발굴

양국은 다양한 형태의 노동협력 메커니즘에 의하여 수행되는 협력활동을 시행할 수 있다. 정부대표, 전문 직업인, 학생 및 전문가 간 연구방문과 그 밖의 교류의 주선, 관련 발간물 및 전문분야 논문의 교환을 포함하여 표준 · 규정 · 절차 및 최적 관행에 관한 정보의 교환, 공동회의 · 세미나 · 워크샵 · 회의 · 훈련 · 대외접촉활동 및 교육프로그램의 조직, 합작사업 또는 시연의 개발, 인정된 전문성을 가진 독립적인 전문가의 참여를 포함한 공동연구사업 · 연구 및 보고에의 참여 등 다양한 방식의 협력활동을 한 · 미 양국 노동당국이 실시하기로 했다.

다. 공중의견제출제도

한 · 미 FTA는 노동분야 Chapter 위반사항에 대해 일반국민(공중)이 의견을 제출하는 통로를 마련했다. 무역투자 촉진을 위해 회원국 노동권리 보호수준을 약화시키는 것은 금지되며, 노동권리 보호를 위한 일반인들의 참여 확대를 위해 '공중의견제출제도(Public Communications)' 를 도입하기로 했다.[18] 노동협정문을 위반한 경우 양 당사국의 누구라도 상대국에 시정을 요구할 수 있는 제도이며, 양 당사국 정부가 노동협정문을 위반한 경우 양 당사국의 노사단체 등 일반대중이 협정문 위반국가를 상대로 시정요구 등 의견을 제출하는 제도이다.

공중의견은 양국의 노동권리 약화를 일반인들이 관찰하고 이러한 사실을 상대국 노동부에 제기함으로써 노동권리 보호를 효과적으로 이행하도록 하는 장치인 것으로 볼 수 있다. 만일 미국 업체가 싼 가격에 제품을 생산하기 위해 최저 임금 이하의 낮은 임금으로 불법 노동자를 고용함으로써 결과적으로 노동

18__ 북미자유무역협정(NAFTA)에서 공중의견제출제도가 운영된 후 2005년 말까지 총 34건이 접수되었다. 국가별로는 미국 정부 11건, 캐나다 정부 2건, 멕시코 정부 21건이며, 분야별로는 결사의 자유 등 25건, 산업안전보건 15건, 최저근로기준 12건, 외국근로자 보호 6건, 차별금지 5건, 아동노동 2건, 강제근로 1건 등이었다. 대부분 노동법 집행, 절차적 권리 보장 관련 사항으로 노동입법에 관한 사항은 1건에 그쳤다.

법을 위반하고 근로자의 노동조건을 악화시켰다면, 한 · 미 양국의 노동단체가 독자적으로 위반국 노동부에 노동권리 시정요구를 담은 의견서를 제출할 수 있다. 이를 기초로 우리나라 노동부는 미국의 해당 업체나 근로자를 만나 협정문 위반 여부를 조사할 수 있다.

4. 환경분야[19]

FTA and International Trade, ch. eleven

19_ 환경부(2007), "한 · 미 FTA 환경협상 타결 결과", "한 · 미 FTA 환경협상 결과 및 향후대책"의 자료를 참고하여 작성하였다.

가. 개요

한 · 미 FTA에서 양국은 환경문제 개선을 위해 협정문 제20장에 환경 Chapter를 마련하고, 양국 간 환경협력위원회(AEC)를 구성하는 등 환경협력을 강화토록 하였다. 양국은 환경법 및 정책을 통해 높은 환경보호 수준을 보장하고, 무역 및 투자 장려를 위해 기존 환경보호 수준을 약화시키지 않도록 의무화하였으며, 민간인도 환경협정문의 이행에 관한 정보와 의견교환을 요청할 수 있는 민간조사요구제를 도입하기로 하였고, 추가협의에서 일반 분쟁절차를 통해 환경분쟁을 해결해 나가기로 했다. 또한 환경협정문의 이행을 감독하기 위해 고위 정부관리로 구성된 환경이사회를 운영하고, 양국 간의 환경협력사업 추진을 위하여 환경협력위원회를 구성 · 운영하기로 하였다.

환경 관련 서비스 부문에 있어서는 WTO-DDA에서 이미 개방된 분야 외에 일부 업종에 대한 추가개방에 합의하였다. 이에 따라 폐수 및 폐기물처리업, 대기오염방지, 소음진동저감, 환경영향평가 등 이미 개방된 분야 외에 환경컨설팅 및 토양오염복원업이 추가로 개방되었다. 그러나 수도산업 · 생활폐기물처리 등 공공환경서비스는 포괄적으로 개방을 유보하여 동 사업이 갖는 공공성이 침해되지 않도록 보장하였다. 또한 환경투자 부문에서는 정당한 환경정책의 집행이 소송대상이 되지 않도록 간접수용의 대상에서 제외하여 분쟁의 소지를 축소시켰다.

나. 주요 내용

협정문 제20장에 명시된 환경 Chapter는 자국의 환경보호 수준과 자국의 환경발전 우선순위를 설정하고, 자국의 환경법 및 정책을 채택하거나 수정할 수 있는 각 회원국의 권리를 인정하면서, 높은 수준의 환경보호를 규정하고 장려하도록 보장하기 위함이 목적이다.

환경법의 적용 및 집행에 관해서는 협정의 발효일 이후 회원국 간 무역 또는 투자에 영향을 미치는 방식으로 자국의 환경법, 그리고 적용대상 협정상의 자국의 의무를 충족하기 위한 법, 규정 및 그 밖의 조치를 효과적으로 집행해야 함을 명시하고 있다.

회원국은 환경사안에 있어 자국 법에 따라 인정된 이해관계를 가진 인에게 자국 환경법 위반이나 인간 건강 또는 환경에 관한 자국 법에 따른 법적 의무의 위반을 제재 또는 구제하는 데 효과적인 접근방식을 제공해야 한다.

높은 수준의 환경보호의 달성 및 유지를 위해 환경보호 성과 향상을 위한 메커니즘을 구축해야 하며, 각 회원국은 환경을 보호하거나 증진하는 자발적 조치를 촉진하는 메커니즘과 천연자원과 환경의 보전 · 복원 및 보호를 장려하기 위한 유인을 구비해야 한다. 수준 높은 환경협력을 위해 회원국은 환경협의회를 설치한다. 협의회는 환경을 담당하는 공무원을 포함한 각 회원국의 적절한 고위공무원으로 구성되며, 협의회 회의의 의제 개발에 있어 일반국민으로부터 자문을 구하며, 국민이 관심을 갖는 환경문제에 관하여 국민과 대화하도록 하는 등 환경분야 협력 협의에 대한 국민의 참여를 증진시키기로 했다.

노동분야에서와 같이 일반국민의 참여기회를 제공하는데, 회원국은 자국의 이해관계인이 회원국의 환경 당국에게 자국 환경법 위반 주장을 조사하도록 요청하는 절차를 포함하여, 환경법과 환경법 집행 및 준수 절차에 관한 정보가 공개되도록 보장함으로써 자국의 환경법에 대한 대중 인식을 증진시켜야 한다(제20장 제7조 1항). 개인은 한 · 미 양국에 환경 Chapter의 이행에 관한 정보와 의견교환을 요청하고 민간조사요구제(Citizen's Submission)를 도입하기로 하였다. 개인의 서면조사 요구가 특정 요건을 충족할 경우 관련 당국은 회신의무를 지게 된다.[20]

회원국은 환경협정 이행과 관련된 사안에 관한 견해를 수렴하기 위해 사업

20_ 각국은 자국민의 서면조사 요구에 대해 자국법에 따라 조치해야 하며, 상대국 국민의 서면조사 요구는 자국의 현행 제도보다 엄격할 필요가 없는 범위 내에서 아래 조건을 충족시켜야 한다.
- 자국 정부의 contact point를 통해서만 가능하며,
- 조사요구 내용이 충분한 사유를 포함하고,
- 요구 내용에 협정과 관련된 사안이 있어야 함.

또는 환경 사안에 대한 경험을 포함하여 관련 경험을 가진 그 회원국 국민으로 구성된 새로운 국가자문위원회를 소집하거나 기존의 국가자문위원회와 협의해야 한다.

한 · 미 양국 간 환경협력을 제고하기 위해 환경협력협정(Agreement on Environmental Cooperation ; AEC)을 체결하였다. 한 · 미 양국 간 환경협력 확대 · 강화를 위해 환경 Chapter와 별도로 30여 개의 환경협력 사업을 추진하기로 합의하였다. 또한 환경협력사업 추진을 위하여 환경협력위원회(Environmental Cooperation Committee)를 구성하여 지속적인 환경협력 의제를 발굴 · 추진하기로 했다. 회원국은 환경을 보호하는 회원국의 역량을 강화하고, 양국의 환경보전 역량을 제고할 수 있는 공동사업 발굴 · 추진, 정보 및 인적교류 촉진 등 협력을 위한 제도적 장치를 마련하였다. 사업추진 체계로 양국 정부대표로 구성되는 환경협력위원회를 설치 · 운영하며, 협력위원회는 협력사업을 점검하고 협력사업의 발전을 위한 권고안을 채택할 수 있으며, 협력결과 보고서를 작성 · 공포하기로 했다.

환경협력위원회는 한 · 미 FTA 발효 1년 이내 첫 회의를 개최한 이후 합의에 따라 주기적으로 회동하며, 협력사업 계획(Action Plan)은 양국 당사국의 합의를 바탕으로 협력사업 계획서를 작성하여 합동포럼의 승인을 받는 형식으로 채택된다. 협력사업 분야로는 인센티브, 시장메커니즘, 민 · 관 파트너쉽, 모범사례에 대한 정보교환 등을 통해 환경보전 및 자연자원의 지속 가능한 이용을 촉진시키고 환경보전과 자연자원의 지속 가능한 이용을 위한 환경법 및 정책개발과 이에 대한 이행 준수 · 집행에 대한 정보를 교환하기로 했다.

다. 자동차 관련 환경 이슈

자동차 환경기준은 그동안 한 · 미 양국 간 통상현안이었을 뿐만 아니라, 한 · 미 FTA에서도 민감한 이슈로 작용하였다. 우리 정부의 강화된 배출가스 허용기준(K-ULEV) 적용과 배출가스 자기진단장치(OBD-II) 의무장착 문제는 미국과의 FTA 협상과정에서 미국 자동차업계가 보인 최대 관심사항 중 하나였다. 양국 간에 합의된 미국 캘리포니아 방식의 '평균배출량제도(FAS)'는 자동차 교역의 불균형 시정 측면에서 우리나라가 미측의 요청을 수용한 사안이다.[21] 우리

21 평균배출량제도(Fleet Average System ; FAS)는 여러 단계의 배출기준을 허용하고, 제작사는 생산 차종을 어떤 기준으로 적용해도 무방하나 제작사 규모별로 달리 규정된 평균배출량(Fleet Average) 값을 맞추어야 하는 제도를 의미한다.

정부의 자동차 배기가스 기준을 소량 수출국가에게 적용함으로써 배출가스 기준은 그동안 통상분쟁의 대상이 되어 왔다는 점도 협상과정에서 고려되었다.

양국은 미 캘리포니아에서 운영하고 있는 평균배출량제도를 도입하는 데 합의하였는데, 미국산 자동차 중 국내에서 소량으로 판매되는 차종에 대해서는 미국의 입장을 반영하기로 하였다. 즉, 1만 대 이하 판매 제작사의 경우, 우리 현행 기준(ULEV)보다 다소 완화된 수준(4,500대 이하 LEV, 4,501대～1만 대 LEV/ULEV)으로 평균배출량 기준(FAS)이 적용되나, 1만 대 이상 판매 제작사의 경우 현행과 동일한 수준으로 평균배출량 기준이 적용된다.[22, 23] 결국 자동차 비관세장벽에 대한 미국의 입장이 협상에서 반영된 것은 우리나라의 대미국 자동차 무역수지에 대한 미 정치권과 자동차산업의 입장을 염두에 둔 불가피한 선택이었던 것으로 볼 수 있다.

22__ FAS 제도는 자동차 제작사에게 다양한 배출허용기준(캘리포니아의 배출가스 기준인 LEV, ULEV, SULEV)을 허용하여 유연성을 부여하되, 제작사는 전체 자사 판매차량의 배출량 평균이 평균배출량 기준을 충족시켜야 함. 4,500대 이하는 LEV 기준, 4501대～1만 대는 LEV와 ULEV 중간기준, 1만 대 초과는 ULEV 기준을 평균배출량 기준으로 적용하기로 했다.

23__ 배출가스 자기진단장치 부착의무의 경우에는 2007년(50%), 2008년(75%), 2009년(100%)을 2년간 면제하였다. 2009년부터는 100%로 일괄 적용되고 있다.

FTA and International Trade
part three

주요 FTA 분석 및 FTA 활용

제12장 한 · 미 FTA 분석

제13장 한 · EU FTA 분석

제14장 한 · 중 FTA 분석

제15장 FTA 활용과 기업 지원

제16장 FTA 활용 비즈니스 모델

1. 시작하면서

2. 한 · 미 FTA 주요 내용

3. 한 · 미 FTA 예상효과

4. 협정의 정성적 평가

5. 한 · 미 FTA 추가 협상

FTA and International Trade

한 · 미 FTA 분석

이 장은 정인교 · 조정란(2012), "한 · 미 FTA가 국민경제에 미치는 영향"(상장협연구 64호) 논문의 내용을 수정보완한 것이다. 이 논문의 사용을 허락해 준 상장협연구에 감사드린다.

FTA and International Trade
ch. twelve

12

2006년 우리나라는 미국과의 FTA 협상을 시작하여 2007년 6월 협정에 서명하였다. 2010년 말 추가협상 타결, 1년 뒤 국회 비준을 거쳐 2012년 3월 15일 한 · 미 FTA를 발효시켰다. "시각에 따라 미국과의 FTA에 대한 평가가 달라질 수 있으나, 한 · 미 FTA는 시장개방 수준 및 포괄성 측면에서 높은 평가를 내릴 수 있다. 한 · 미 FTA 협정문은 미국이 주도했던 환태평양동반자협정(TPP) 협상의 기본 모델로 채택될 정도이다."[1]

이 장에서는 한 · 미 FTA의 주요 내용을 상품시장, 제도개선, 서비스, 투자 등으로 구분해서 고찰하고, 국민경제에 미칠 영향을 주요 부문별로 분석하고자 한다. 특히 미국과의 FTA 추진과정에서 논란이 컸던 투자자국가제소권(ISD), 상생협력 관련 유통법 및 상생법 개정내용 관련 사항도 분석함으로써 미국과의 FTA 발효가 우리 경제에 미칠 영향을 종합적으로 분석해 보고자 한다.

1. 시작하면서

FTA and International Trade, ch. twelve

2012년 3월 15일 한 · 미 FTA 발효는 우리나라 FTA 정책의 최대 실적이고 전환점이 되었다. 대상국이 미국이라는 점에서 FTA 상대국의 상징성과 더불어 세계 최대 경제와의 FTA 이행으로 파급영향이 클 수 있는 잠재력을 한 · 미 FTA는 내포하고 있다. 미 의회 및 정치권 일각에서는 우리나라와의 FTA에 대해 부정적인 입장을 갖고 있어 앞으로 협정 개정 논란이 있을 수도 있다.

한 · 미 FTA 발효 이후 미국과의 FTA 논란이 약화되었으나, 몇 가지 사항에 대해서는 논란이 지속되고 있다. 정부, 산업계 및 보수진영에서는 한 · 미 FTA의 경제성 및 발효의 타당성을 강조하고 있지만, 투자자국가제소권 등 10개 이슈에 대해 '재재협상'을 주장했던 반FTA진영은 한 · 미 FTA 반대 입장을 견지하고 있다. 한 · 미 FTA와 파급영향이 유사한 유럽연합(EU)와의 FTA에 대해서는 그다지 반발하지 않았고, 현재 협정이 발효된 중국과의 FTA에 대해서도 논란을 제기하지 않았던 진보진영이 유독 미국과의 FTA를 반대하고 있는 것은 경제적 파급영향보다는 경제 외적인 정략적인 측면이 작용하고 있다는 분석이 나오고 있다.[2]

1 TPP는 아시아 · 태평양 지역 경제의 통합을 목적으로 2005년 6월 뉴질랜드, 싱가포르, 칠레, 브루나이 4개국 체제로 출범한 다자간 자유무역협정으로, 2008년 2월 미국이 이 협정에 참여하기 위한 협상을 시작하였고, 그해 8월 호주, 베트남, 페루가 참여 의사를 밝혔으며, 2010년 10월 말레이시아가 참여를 선언하였다. 이후 일본, 캐나다, 멕시코가 협정에 참여하여 12개 회원국으로 늘어났다. 2015년 말 협상이 타결되어 2016년 2월 뉴질랜드 오클랜드에서 TPP 협정이 서명되었다.

2 연합뉴스(2012), "정옥임 '한 · 미 FTA 총선 제물' 전략 막아야", 2월 9일자.

"시각에 따라 미국과의 FTA에 대한 평가가 달라질 수 있으나, 한 · 미 FTA는 시장개방 수준 및 포괄성 측면에서 높은 평가가 가능하다. 한 · 미 FTA는 미국이 주도했던 환태평양동반자협정(TPP) 확대 협상에서 기본 모델로 채택되어 사용되었다." 참고로 TPP 국가들은 '21세기형' FTA 구축을 협상목표로 설정했고, 이러한 목표에 가장 근접한 협정으로 한 · 미 FTA를 꼽은 것이다. 상품분야에 대한 높은 자유화 수준 이외에도 규제완화, 서비스투자 자유화 및 규범 선진화 등을 담고 있어 우리나라 경제선진화에도 한 · 미 FTA가 기여하였다.

2. 한 · 미 FTA 주요 내용[3]

3 한 · 미 FTA 주요 내용은 정인교(2007, 2008, 2010)의 내용을 중심으로 작성하였다.

가. 상품분야 주요 내용

FTA 협상에서 가장 쟁점이 큰 분야는 상품과 농산물 시장 개방 범위와 일정인 것으로 볼 수 있으며, 힘든 협상과정을 통해 양측은 다른 FTA와 비교해서 손색이 없을 정도로 폭넓은 무역자유화 내용을 도출하였다. 한 · 미 양국은 상품분야(공산품, 임 · 수산물)에서 모든 관세를 10년 내에 완전철폐하기로 하였고, 수입액 기준 94% 품목에 대한 관세를 3년 내에 조기철폐하기로 합의하였다. 상품시장 개방분야는 양국 모두에게 이익이 될 것이며, FTA 경제이익의 상당부분이 상품분야 무역자유화로부터 제공될 것으로 추정된다. 양국 간 관세철폐 내용을 살펴보면, 즉시철폐의 경우 우리나라는 수입액 기준 80.6%를 즉시철폐하지만, 미국의 즉시철폐 비율은 87.2%로 우리나라보다 소폭 높은 편이다. 하지만 관세가 적용되는 품목을 기준으로 계산해 보면, 우리나라의 즉시철폐 비율이 미국보다 높게 된다. 미국의 경우, 무관세품목이 우리나라보다 높기 때문이다. 5년 이내 철폐 비율은 우리나라가 95.5%이나, 미국은 96.9%로 미국이 높다. 다만, 10년 이후에는 양국의 거의 모든 관세가 100% 철폐된다.[4]

4 한 · 미 FTA 상품시장 개방 내용은 정인교(2008)의 내용을 압축하여 작성하였다.

표 12-1 ■ 양국 상품분과 양허 결과 (단위 : 억 달러)

		우리측				미측			
		품목 수	비중	수입액	비중	품목 수	비중	수입액	비중
즉시철폐		7,218	**85.6%**	200.0	**80.6%**	6,176	**87.0%**	331.0	**87.2%**
3년 균등		719	**8.5%**	33.2	**13.4%**	360	**5.1%**	28.2	**7.4%**
5년 균등		168	2.0%	3.8	1.5%	196	2.8%	8.7	2.3%
10년	균등	301	3.6%	10.7	4.3%	333	4.7%	11.5	3.0%
	비선형	24*	0.3%	0.3	0.0%	12	0.2%	0.1	0.0%
12년	비선형	1	0.0%	-	0.0%	17	0.2%	0.02	0.0%
	TRQ	2	0.0%	0.03	0.0%				
15년(TRQ)		1	0.0%	0.04	0.0%				
총계		8,434	100%	248.4	100%	7,094	100%	379.6	100%

자료 : 대한민국 정부(2007), "한 · 미 FTA 상세 설명자료".

한편, 한 · 미 FTA 농업협상에서 미국은 협상 개시 시점부터 전면적인 농업자유화를 주장했지만, 우리나라는 농업의 특수성을 들어 미측을 설득했다. 즉, 우리나라는 쌀 시장 개방 예외 및 민감품목 장기 관세철폐에 협상력을 집중시켰고, 미국은 자국의 관심품목 시장개방에 관심을 보였다. 양국은 쌀(한국)을 제외한 거의 전 품목 관세철폐를 합의했다. 관세철폐 부담이 클 수 있는 오렌지, 감자칩, 포도 등 일부 농산물에 대해서는 계절관세를 도입했다. 국내 생산 및 유통 시기에는 계절관세를 적용하여 FTA가 작동되지 않고 현행 관세가 유지될 수 있으나, 국내 산업피해가 없는 나머지 기간에는 관세양허 일정에 따라 단계별로 폐지된다. 이들 품목을 제외하면 대부분 농산물에 대한 한 · 미 FTA 영향은 그다지 크지 않은 것으로 분석된다.

관세철폐뿐만 아니라 여러 제도적인 측면에서 우리나라 상품의 미국시장 진출 확대에 도움을 주도록 협정을 구성했다. 협정에 채택된 물품반출 신속화 제도는 9.11 테러 이후 까다로워진 미국의 통관시간을 단축하는 효과가 클 것으로 미국으로의 수출기업들은 평가하고 있다. 48시간 내 신속통관절차 의무화, 수입전 사전신고, 부두 직통관 및 세액결정전 화물반출 승인, 원산지증명서 자가 발급, 물품수수료 면제(수출액의 0.21%) 등 무역원활화조치, 정부조달, 무역구제, 기술장벽 완화, 전자상거래 활성화 등을 통해 경쟁국보다 우리 기업의 미국시장 진출을 용이하게 하였다. 한·미 FTA에서 양국은 양국 간의 교역 원활화 차원에서 효율적인 물품반출이 가능하도록 간소화된 통관절차를 채택하였다.

나. 제도의 개선(규제완화)

한·미 FTA 이행법 통과로 다수 분야의 제도가 변경되었다. 우리 기업인들이 부담을 많이 가졌던 미국 비자 발급이 개선되었다. 미국지사로 파견되는 우리 근로자에 대한 비자유효기간이 연장되어 비자 갱신을 위한 비용과 불편이 감소되었다. 미국 현지법인 파견 근로자들에게 발급되는 L비자 유효기간이 신설사업체 1년, 기존 사업체 3년에서 모든 사업체 5년으로 연장되었고, 1～3년마다 본인과 가족들이 해외로 나가 비자연장수속을 밟아야 하는 불편함이 해소되었다.

미국산 수입자동차는 배기량 2,000cc 이하 차량의 경우 한·미 FTA 발효 즉시 약 4%, 발효 5년차 이후부터는 관세철폐에 따라 약 8%의 가격인하 효과를 기대할 수 있게 되었다. 또한 2,000cc를 초과하는 차량은 관세인하와 함께 개별소비세 인하 효과까지 동시에 누릴 수 있게 되어 한·미 FTA 발효 이후 약 12%에 해당하는 가격 인하 여력이 발생할 것으로 기대된다.[5]

증명표장제도의 경우, 상표·표장을 비롯한 지식재산권에 대한 강화된 보호를 위해 증명표장제도를 도입하여 상표의 품질보증 기능을 내실화했다. K마크와 같은 기존의 인증마크와 달리 공공기관뿐 아니라 민간인증도 보호하여 더 강력한 재산권적 보호가 가능해졌다.

미국과의 FTA에서는 우리 경제제도 선진화에 기여할 수 있는 내용이 다수 포함되었다. FTA를 계기로 한 선진 제도의 도입과 관련 법령의 제·개정은 우리 제도의 선진화는 물론 절차적 투명성과 공정성을 높이는 효과가 클 것으로 예상된다. 우체국보험 및 일부 공제기관의 특수성을 인정하되 금융감독을 강화함으로써 잠재적 부실가능성을 축소하기로 하였다. FTA 분과 중에서 제도 개선의 효과가 클 것으로 예상되는 분야는 자동차, 의약품·의료기기, 기술장벽, 동의명령제, 경쟁, 지적재산권, 노동, 환경분야 등이다. 이들 분야의 개방을 통해 경쟁력을 강화하면서 시스템 선진화를 병행할 때 FTA 효과가 극대화

5 미국산 수입자동차에 대해 우리나라는 한·미 FTA 발효 즉시 관세를 4%로 낮추고, 발효 5년차가 되는 2016년부터 관세가 철폐되었다. 따라서 2016년부터 관세철폐로 인해 8%의 가격인하 효과를 기대할 수 있게 되었다. 또한 관세철폐로 인한 개별소비세 인하까지 감안하면 가격인하 효과는 더 커질 것이다.

될 것이다.

표 12-2 ■ 한·미 FTA 이행 시 법률개정 사항의 예시

부처	법률명	개정 내용
재정경제부	특별소비세법	■ 자동차 세제 관련
행정자치부	지방세법	■ 자동차세 세율구간 축소 및 세율인하
행정자치부	행정절차법	■ 입법예고기간 연장
문화관광부	저작권법	■ 저작권법 보호기간 연장 ■ 일시적 복제권 인정 및 예외규정 마련 ■ 온라인상 저작물의 접근통제 등 기술적 보호조치의 우회 금지 및 예외규정 마련 등
산업자원부	불공정무역행위 조사 및 산업피해 구제에 관한 법률	■ 무역구제위원회 설치, 반덤핑 강화 등 근거조항 마련
정보통신부	전기통신기본법	■ 정보통신기기 인증 시 지정된 미국의 인증기관이 발행한 인증서를 수용할 수 있는 근거 마련 ■ 인증기관의 지정기준, 방법, 절차 등의 하위법령 위임근거 마련
보건복지부	약사법	■ 의약품 허가와 특허 연계, 신약 등 자료독점권 규정
공정거래위원회	독점규제 및 공정거래에 관한 법률	■ 위법한 사업자가 법위반 시정방안을 공정위에 제출한 경우, 공정위가 이해관계인의 의견수렴을 거쳐 당해 행위의 시정, 피해자구제 등 시정방안의 타당성이 인정되면 별도의 시정조치를 하지 않고 동 시정방안의 조치를 명하는 동의명령제 도입

〈표 12-2〉는 한·미 FTA 이행 시 개정해야 하는 법률과 개정 내용을 예시한 것으로, 자동차 세제 관련 2개의 법률(특별소비세, 지방세법)을 개정해야 하고, 행정절차법을 개정하여 법령의 제·개정 시 입법예고기간을 연장해야 한다. 기술표준 결정 시 민간 참여의 확대를 통한 투명성 및 공정성 보장, 투자자 국가제소권(ISD) 도입을 통한 투자자 보호 강화, 지적재산권 보호가 강화되도록 법률 개정이 필요하다.

이들 내용을 구체적으로 살펴보면, 동의명령제는 경미한 위법사안에 대한 기업부담을 덜어주는 제도로, 미국, EU, 독일, 일본 등 선진국에서는 널리 활용되는 제도이다. 형사처벌 대상이 되지 않는 사안이면서 위법여부가 불분명하고 위법성 판단에 장기간이 소요되는 사건에 있어서 당해 사업자가 법위반 시정방안을 공정위에 제출한 경우, 공정위가 이해관계인의 의견수렴을 거쳐 당해 행위의 시정, 피해자구제 등 시정방안의 타당성이 인정되면 별도의 시정조치를 하지 않고 동 시정방안의 조치를 명하는 제도이다. 동의명령제는 우리 기업들이 오래 전부터 정부에 요청해 왔던 사안이나 부처 간 이견으로 도입되지 못했다.

제한된 범위이지만, 기술표준이 통상마찰의 대상이 되지 않도록 국내 조치상의 절차적 투명성이 강화되었다. 미국과의 협상에서 우리 정부는 정부가 기술표준을 정하도록 해야 함을 강조했으나, 미국은 정부의 개입이 비시장적 조치라는 이유로 우리의 요구를 수용하기 어렵다는 입장을 보였다. 결국, 양국은 기술표준 결정 시 투명성을 강화하는 것으로 입장 차이를 좁히게 되었다. 즉, 기술정책의 효율성 제고, 공공 목적 달성을 위해 필요한 경우에는 정부가 기술표준정책추진 권한을 유지하되, 기술표준에 관한 정부의 규범 제정 시 절차적 투명성과 공정성을 강화하기로 합의했다. 또한 통신 관련 정책의 투명성 강화 차원에서 허가, 공중통신망 및 서비스와의 상호접속, 요금 및 비정부 공중통신 서비스를 위한 주파수 할당 또는 배분을 포함한 구제 결정 및 절차가 모든 시장 참여자에 대하여 공평하도록 보장했다.[6]

한 · 미 FTA는 우리나라 제약산업의 연구개발 역량 확충을 유도하는 방향으로 작용하게 되었다. 의료보험공단과 제약사 간 약가산정방식이 제약사의 복제약 출시 유인을 제공한다는 판단 하에 전반적인 약가 인하[7] 및 오리지널약-복제약 간 약가 조정을 통해 복제약 출시의 경제적 유인을 축소하게 된 것이다.[8] 약가산정 방식은 한 · 미 FTA 협상 기간 중 이루어졌으며, 약가 책정 시 투명성과 공정성을 한 · 미 FTA에 명시함으로써 정책목표를 달성하고자 했다. 약가 제도의 투명성과 공정성을 제고하기 위해, 의약품 관련 규정 공개, 의견수렴 절차 및 과정을 명확화하기로 하였다. 의약품의 등록, 구매 등과 관련된 리베이트 근절 등 영업 관행을 개선하기로 함으로써 국내 병의원-제약사 간 불합리한 관행을 시정하게 되었다.

노동과 환경 분야에서는 공중의견제출제도(PC)가 도입된다. 한 · 미 양국의 노동 및 환경 보호 수준이 높기 때문에 별도의 보호규정을 마련하지 않는 대신, 일반 국민들이 기존 실정법 위반사례를 상대국 관할기관에 의견을 제출하도록 함으로써 관련 법 이행력을 강화시킨 것이다.[9] 즉, 회원국이 노동 관련 내용을 위반한 경우 양 당사국의 누구라도 다른 상대국의 접촉창구(CP)에 시정 요구 등의 의견을 제출할 수 있는 제도이다. 이 제도의 도입으로 무역상대국의 노동협정문 이행상황에 대한 일반 대중 및 시민단체의 참여를 보장하여 정부의 자의적인 법률 해석과 적용을 견제하고 집행의 투명성을 확보하는 계기를 마련했

6 한 · 미 FTA 기술표준 내용은 정인교(2008)의 내용을 압축해 작성하였다.

7 2012년 1월 1일자 국민건강보험 적용(등재) 의약품 총 13,814품목 중 6,506품목(47.1%)의 가격이 동년 4월부터 인하되었고, 인하율은 건강보험 적용 의약품 평균 14%이었다. 전체 약품비 절감액은 약 1조 7천억원(건보재정 1조 2천억, 본인부담 5천억)으로 추산되었다. 자세한 내용은 보건복지부(2012), "기등재 의약품 가격 4월부터 인하", 보도자료(2월 27일자)

8 제네릭 등재 시 오리지널과 제네릭 모두 특허만료 전 오리지널 약가의 53.55% 부여하는 방식으로 제네릭 약가를 결정하고 있다. 보건복지부(2014), "약가제도 개선을 위한 시행규칙 · 고시개정안 입법예고", 보도자료(12월 16일자).

9 즉, 이해관계가 있는 사인(私人)은 국내법에 따라 환경법 위반혐의가 있는 사안에 대하여 당사국에 조사를 요청할 수 있으며, 당사국은 환경법 위반 시 제재 및 구제를 위한 사법 · 준사법 · 행정절차를 보장하고, 관련 법률상 이해관계를 가진 사인이 동 절차를 통해 구제받을 수 있도록 보장한다.

다고 볼 수 있다.[10]

다. 서비스

전통적으로 서비스분야는 GATS-WTO 다자무역체제 하에서 자유화가 이루어지며 서비스분야가 포함된 FTA에서는 다자체제에 약속한 사항을 그대로 반영하는 것이 일반적이다. 한 · 미 FTA에서 서비스분야는 가장 아쉬운 분야로 평가되는데, 우리나라에서 가장 경쟁력이 약한 교육과 의료서비스를 한 · 미 FTA에 포함시켜 산업에 충격을 줘 경쟁력 향상을 유도했어야 한다는 점이다. 국민들의 생활에 크게 영향을 미치지 않는 분야에 대해 극히 일부 개방되기도 했지만, 일반국민들의 우려가 큰 수도, 가스 등 공적서비스분야는 협정에 포함되지 않았다.

따라서 서비스분야는 사실상 GATS-WTO 약속내용과 같은 것으로 평가될 수 있다. 대표적으로 서비스 관련 4대 의무사항도 다자무역체제와 동일한 내용이 적용된다. 상대국 서비스 공급자에게 제공되는 4대 일반적 의무로는 내국민대우(NT), 최혜국 대우(MFN), 시장접근(MA) 제한 조치 도입 금지, 현지주재(LP) 의무 부과 금지 등이다. 단, 이러한 일반적 의무에도 불구하고 상기 의무에 부합하지 않는 규제를 유지하고자 하는 경우, 비합치조치(Non-Conforming Measure) 조항에 의거하여 유보안에 기재할 수 있다("Negative 방식").[11] 일반 서비스 협정문은 모든 서비스분야를 협정문 적용 대상으로 설정하되, 특수성이 강한 일부 분야는 별도 규정을 도입한다. 즉, 사행성 게임을 포함한 도박 서비스, 금융서비스, 항공운송 서비스, 정부조달 · 정부보조금 · 정부제공 서비스 등은 일반 서비스 협정에서 제외시키되, 개별 챕터 혹은 다른 관련 부분에 포함시키게 된다.

유보안의 작성 범위와 관련한 협상에서 지방정부 조치가 문제로 대두되었다. 연방제 국가인 미국은 연방정부과 주정부 간 권한과 의무가 다르고, 법체계가 다른 경우가 있어 협상에서 쟁점이 많았다. 50개 주정부의 비합치조치를 모두 조사하는 데 있어 미측의 기술적 어려움을 고려하여, 모든 주정부 비합치 조치를 나열하는 대신 비구속적인 예시적 목록만 첨부토록 하였다.[12, 13] 아울러, 국내 서비스공급자 또는 투자자의 미국 진출 시 특정 주정부의 비합치 조치가

10_ 한 · 미 FTA 공중의견제출제도는 정인교(2008)의 내용에 근거해 작성했다.

11_ 유보하는 방법은 Annex I(현재유보)와 Annex II(미래유보)가 있으며, Annex I(현재유보)은 협정상 의무에 합치하지 않는 현존 조치를 나열한 목록으로, 자유화후퇴방지 메커니즘이 적용됨. 예를 들어, 외국인 투자 현행 제한이 30%일 경우, 그 이하인 20%로 하향 조정하거나, 30%를 40%로 상향 조정했다가 그 이후에 다시 40% 미만으로 하향 조정하는 것은 허용되지 않음. Annex II(미래유보)는 향후 규제가 강화될 가능성이 있는 현존 비합치 조치 또는 전혀 새로운 제한 조치가 채택될 수 있는 분야를 나열한 목록이다.

12_ 비구속적 · 예시적 목록만 첨부했다고 해서 주정부가 한 · 미 FTA를 이행하지 않는다는 것은 아니며, 주정부는 연방정부가 서명한 협정을 이행할 의무를 지게 된다.

13_ 미국 주정부 비합치 조치는 현재유보(Annex I)로 기재하기로 허용하는 대신, 우리나라의 대응조치로, 우리의 광역지자체를 포함한 모든 지자체 및 미국의 기초 지자체(county 수준)의 현존 비합치 조치에 대해서는 4대 일반적 의무(NT, MFN, MA, LP)에 합치하지 않는 현존 조치를 상호 허용하기로 하였다.

장애요소로 작용할 경우 동 조치에 대한 정보교환 및 해결방안을 논의할 수 있는 협의 채널을 별도 부속서로 규정하였다. 즉, 현재의 주정부 조치 중 한 · 미 FTA와 합치하지 않는 내용은 인정하되, 현재 조치보다 규제수준이 높은 조치 도입은 원칙적으로 금지되는 것으로 규정함으로써 주정부와의 비즈니스 업무에서 우리 기업들에 대한 불리한 조치 적용을 방지할 수 있게 되었다.

우리나라는 OECD 가입으로 금융분야의 대부분을 개방하였고, 한 · 미 FTA에서는 극히 제한된 범위 내에서 추가개방한 것으로 볼 수 있다. 우리나라의 금융서비스시장 개방이 상업적 주재에 기반을 둔 형태로 대부분 완료되었다는 점에서 한 · 미 FTA 금융 협상은 주로 국경 간 서비스 및 신금융서비스에 대한 개방에 관한 내용이었다. 일부에서는 한 · 미 FTA로 인해 미국식 금융개방이 이루어진 것으로 간주하나, 자세히 살펴보면 기존 제도가 그대로 유지됨을 알 수 있다. 다만, 재보험, 항공보험, 수출입적하, 해상보험 등 4개 분야 국경 간 보험중개업을 허용하고, 신용평가사의 경우 국경 간 거래는 제한하되 국내에 진출할 경우 허가조건을 완화해 주기로 하였다는 점이 추가개방 내용이다. 신금융상품의 경우 사실상 기존 제도가 적용된다. 즉, 건별 감독당국 심사 · 허가 하에 개방하기로 합의하고 국경 간 거래에서 국내에 충격이 클 수 있는 소매금융은 제외하기로 합의하였다. 국경 간 거래의 확대와 신금융서비스 상품허용 등에 따라 금융소비자 보호와 금융안정성 확보를 위한 양해각서(MOU)를 체결하였다. 미국은 국책금융기관에 대한 정부지원을 문제 삼았으나, 우리나라는 산업은행, 기업은행, 주택금융공사, 농협, 수협에 대한 정부지원은 국민경제적 목적사업상 필요하다는 이유를 들어 미측을 설득했다.

한 · 미 FTA를 통해 가장 개방이 많이 이루어진 분야는 전문직서비스(법무 · 회계 · 세무)이다. 이들 분야는 국내산업 지원 차원에서 경쟁력 향상이 필요한 것으로 지목되었던 것으로, 업계에 대한 부담을 고려하여 단계적으로 개방하기로 하였다. 미국 변호사 자격 소지자가 국내에서 국제공법 및 미국법에 대한 자문 서비스를 제공하는 것을 3단계로 허용하며, 회계사 · 세무사의 경우도 유사하게 2단계로 개방하게 된다.

국내 방송서비스도 부분적으로 개방되는데, 국민들에게 영향이 큰 분야는 기존 제도가 유지된다. 즉, 지상파, 위성방송, 케이블사업자(SO)의 인 · 허가제도 · 외국인 투자 지분 한도 · 방송쿼터 등은 한 · 미 FTA의 영향을 전혀 받지 않도록 하되, 방송채널사용사업(Program Provider ; PP) 관련 투자규정이 변경된다. PP는 바둑, 낚시 등 특정 분야에 한해 방송콘텐츠를 구성하는 사업을 말한다. PP에 대한 직접투자 한도는 현행 49%를 유지하되, 지분투자가 아니라 국내법인 설립을 통한 직접적인 PP 투자는 100%까지 협정 발효 후 3년 내에 허용된다. PP 방송일지라도 보도 · 종합편성 · 홈쇼핑 등 국민들에게 영향력이 큰 분야는 제외된다. 지상파 방송에 적용되는 방송쿼터는 현행 제도를 유지하되, PP 방송쿼터에 있어 국산 프로그램 의무편성 비율을 완화시켰다. 영화 부문은 현행 25%가 발효 시 20%로, 애니메이션은 현행 35%에서 30%로 낮아진다.

라. 투자

한 · 미 FTA에서는 투자분야 논란이 많았다. 투자협정은 크게 ① 외국인 투자자의 권리 및 이를 보호하여야 할 투자유치국 정부의 의무와 이의 예외, ② 동 의무 위반 시 적용될 수 있는 투자자국가제소권(ISD)으로 구성되어 있다. 본 협정은 발효 이전에 발생한 사건 및 행위, 발효 이전에 종료되는 상황에 대해서는 적용되지 않는다. 중앙, 지역, 지방정부 및 그러한 정부로부터 위임을 받은 비정부기관에 적용된다. 회원국 정부는 공공목적을 위해 비차별적인 방법으로 적법절차를 준수하는 경우에 한해 투자자의 재산을 수용 및 국유화할 수 있으나, 신속 · 적절 · 효과적으로 수용 당시의 공정한 시장가격(fair market value)으로 보상할 것을 규정하였다. 또한 직접수용과 동등한 정도로(equivalent) 재산권을 침해하는 간접수용에 대해서도 정당한 보상을 제공할 것을 규정하고 있다.[14] 간접수용에 대한 보상은 우리가 체결한 모든 FTA 및 대부분의 투자보장협정을 포함한 전 세계 투자협정에 일반적으로 포함되어 있다.

한 · 미 FTA 협상과정에서 가장 논란이 컸던 ISD는 투자유치국 정권이 바뀌거나 무리한 정책 추진으로 외국인 투자자가 재산을 몰수당하는 수준의 피해를 방지하기 위한 것이 목적이지, 협정국의 정책역량을 위축시키기 위한 것이 결코 아니다. 전 세계 2,800여 개 협정에서 채택된 제도이고, 우리나라가 지금까지 체결한 81개 투자협정과 7개의 FTA도 ISD를 채택하고 있다. ISD는 외국인 투자자를 보호하기 위한 글로벌 스탠다드인데, 정당성이 결여된 무리한

14 간접수용이란 직접수용처럼 정부가 외국인 투자자의 재산권을 박탈, 국유화하는 것은 아니나, 특정 정부 조치로 인하여 투자자가 사실상 영업을 할 수 없게 되어 투자의 가치가 직접 수용과 동등한 정도로 박탈되는 경우를 말한다.

규제가 외국인 기업에게만 적용되어 몰수 혹은 몰수에 준하는 수준의 재산상의 손실을 가져올 때, 해당 정부를 국제중재기관에 제소할 수 있도록 허용하는 것이 골자이다.

제2차 세계대전 이후 해외 투자가 늘었고, 일부 국가에서 민주주의 체제가 전복당하거나 반시장적인 정부가 집권하면서 외국인 투자자 자산을 몰수하는 사례가 발생했다. 투자자는 한푼의 투자금도 챙기지 못하고 투자했던 국가에서 쫓겨나기도 했다. 이 경우 투자자 손실을 보상받을 수 있는 방안이 국제적으로 논의되면서 투자협정(BIT)이 체결됐고, 투자자 보호 조항으로 ISD를 포함시키게 됐다. 비합리적인 규제로 재산 몰수 수준의 피해를 봤고 이에 대한 배상이 없다면 굳이 ISD가 아니더라도 WTO 규범으로도 문제를 제기할 수 있다. 중요한 것은 외국인 투자자를 내국인과 동일하게 대우하고, 몰수 수준의 무리한 규제를 도입하지 않으면 문제될 것이 없다. 일부에서는 사법주권 침해를 주장하고 있으나 FTA를 포함한 국제통상협정 가입은 국내 제도를 상대국 혹은 국제 규범과 조화시키는 것으로 봐야 한다. 한 · 미 FTA가 사법주권을 침해하는 것으로 본다면 세계무역기구(WTO) 가입은 꿈도 꾸지 말았어야만 했다.[15]

15_ 정인교(2011b), "한 · 미 FTA 투자자 국가소송제도(ISD) 독소 논란 … 경제위기 도래하면 세이프가드 발동 가능", 매경이코노미 제1634호(2011. 12. 7일자)의 내용을 압축 · 정리한 것이다.

마. 지식재산권

기술과 지식 등 무형자산이 기업 및 국가의 경쟁력을 좌우하는 지식기반경제(KBE)가 점점 가속화되고 있고, 미국, 일본 등 선진국들은 전체 부가가치의 50% 이상을 지식의 활용을 통해 창출하고 있다. 미래학자인 드럭커(P. Drucker)가 예견한 바와 같이 21세기는 지식과 정보가 개인 및 국가경쟁력의 핵심 요소이면서 가치창출의 원천이 되는 지식기반사회이다.

한 · 미 FTA 지식재산권 내용은 부분적으로 우리 경제에 부담을 줄 수 있으나, 대체로 우리 제도 선진화 및 지식재산권 강화에 기여할 것으로 평가된다. 먼저 저작권 보호기간을 저작자 사후 50년에서 70년으로 연장하되 2년의 유예기간을 두었다. 불합리한 특허등록 지연에 따른 특허권 존속기간을 연장하는데 합의하였고, 저작권, 상표권 침해에 대한 법정손해배상제도를 도입하여 손해배상의 하한선을 사전에 법으로 정하도록 하였다. '일시적 복제권'을 인정하되 교육, 연구 목적 등 공익적 목적과 관련하여 예외를 규정할 수 있도록 하였다. '접근통제 기술적 보호조치' 관련, 연구, 교육 목적 등을 위한 명시적 예외 조항을 규정하였으며, 불합리한 특허등록 지연에 따른 특허권 존속기간을 연장하도록 하였다. 이러한 사항들은 대체로 미국측 입장이 관철된 것이다. 한편 한국측 입장을 반영하여 WTO 결정이 있을 때까지 비위반제소의 지재권분야에의 적용을 유예하였다.

불합리한 특허등록 지연(unreasonable delay)에 따른 특허권 존속기간을 연장하는 제도적 장치도 마련했는데, 이 제도의 본질은 출원 후 4년 또는 심사청구 후 3년이라는 표준 등록기간을 설정해 두고 이 기간보다 지연된 기간만큼만 연장하는 것이므로, 그 시행으로 인해 우리 특허심사 및 등록기간이 표준화되고 예측가능성이 높아지게 된다.

한 · 미 FTA 산업재산권 협상이 우리 경제에 미치는 영향을 최소화하면서 산업재산권 제도의 선진화를 위한 기반을 구축하는 계기를 마련한 것으로 볼 수 있다.("한 · 미 FTA 산업재산권 분야 협상결과", 국제협력팀) 당초 산재권분야는 저작권 등 다른 지재권분야와 마찬가지로 미측의 거센 공세에 밀려 미측의 요구를 대폭 수용할 것이라는 시각이 우세했다. 실제 미국은 그간 체결한 FTA에서 지재권분야에 높은 우선순위를 부여하고 상대국에 정형화된 협정문(template)을 제시, 이를 거의 예외 없이 관철해 왔다.

상표분야에 있어서도 미국 요구가 다수 수용되었다. 먼저, '상표 전용사용권을 특허청에 등록하지 않은 경우 전용사용권의 법적 효력을 인정하지 않는다면 사용권자의 권리가 충분히 보호될 수 없다는 비판'과 '최근 국제적인 사용권 등록요건 폐지 추세' 및 '상표권은 권리자의 자유로운 이용 처분이 가능한 재산이며, 사용권은 당사자 간의 계약에 의해 자유롭게 결정될 사항이라는 측면'을 종합적으로 고려하여 미국의 상표 전용사용권의 등록(recordation)요건 폐지를 수용하였다.

증명표장제도를 도입했는데, 증명표장은 상품이나 서비스업의 품질을 증명하기 위하여 사용하는 표장을 의미한다. 상표의 품질보증기능의 강화 등 증명표장제도의 긍정적인 측면을 고려하여 수용했다. 정부 · 지자체 · 민간단체 등에서 시행하고 있는 인증마크제를 활성화시키고 소비자에게 올바른 상품선택의 정보 및 기준을 제공하여 소비촉진에 기여할 것으로 기대된다.

소리 · 냄새 상표도 인정되는데, 국제적인 소리 · 냄새 상표 보호추세와 상표 보호대상 확대라는 긍정적 측면을 고려하여 수용하게 되었다. 우리 상표법은 상표를 '시각을 통해 인식될 수 있는 표장'으로 한정하여 소리 · 냄새 등 비시각적 상표는 보호대상이 아닌 것으로 규정하고 있다. 이후 관련 법률을 개정하여 현재는 상표법 제2조 제1항 제1호의 '다' 조항에 소리 · 냄새도 상표범위에 포함하는 것으로 명문화하였다.

바. 정부조달

중소기업청(2007)에 따르면,[16] 미 연방 조달시장에 진출하기 위해 필요한 미 연방조달청(General Service Administration ; GSA) 스케줄 등록과 다수공급자계약제도(Multiple Award Supply ; MAS) 등에 따른 복잡한 자격요건 및 입찰절차가 중소기업의 실질적인 참여제약 요인으로 작용해 왔다. "대미 조달 실태조사 결과 중소기업은 조달주계약자(Prime Contractor) 현지 컨설턴트 에이전트 발굴과 함께 입찰 및 응찰서류 작성의 어려움 등을 주요 애로사항으로 꼽고 있어 이를 입증하고 있다." "국방 조달분야의 경우 2005년도 기준 미 연방정부 조달시장의 70%(약 2,700억 달러)를 차지함에도 불구하고 별도의 국방조달협정 체결과 시험분석프로그램 통과 등 까다로운 절차를 거치도록 해 실질적인 진입장벽으로 작용하고" 있다는 것이다.

16__ 중소기업청(2007), "중기 기회의 땅, 해외 조달시장을 노려라", 국정브리핑, 8월 20일자.

미국을 비롯한 해외조달시장은 점차 넓어지고 있어 우리 중소기업의 '新성장전략' 시장이 될 수 있으며, 한 · 미 FTA가 미국 정부조달시장 진출의 기회를 제공할 것으로 중소기업청은 보고 있다. 협정문 제17장 정부조달 내용을 살펴보면, 먼저, 회원국은 상대 회원국의 정부조달시장에서 양자적 무역기회를 더욱 확대하는 데 합의했고, 아시아태평양경제협력체(APEC)와 그 밖의 적절한 국제무대에서 조달사안에 관하여 협력하기로 했다. 정부조달에 대한 한 · 미 FTA 규정(협정 제17장)은 WTO 정부조달협정상의 권리 또는 의무로부터 이탈하는 것으로 해석되어서는 안 되며, 적용대상 조달에 관한 모든 조치에 적용된다.

한 · 미 양국은 중앙(연방)정부 상품, 서비스 양허 하한선(Threshold)[17]과 관련하여 미국은 WTO 정부조달협정상 개방수준인 현행 약 20만 달러에서 10만 달러로, 우리나라는 약 2억원에서 1억원으로 인하하기로 합의함에 따라 미국 정부조달시장의 개방폭이 상당 부분 확대되었다. 즉, 미국과 우리 정부는 각각

17__ 정부조달 입찰을 상대국 기업에게 개방해야 하는 최소 금액.

10만 달러와 1억원 이상의 물품과 서비스 구매 시 상대국 공급자들이 입찰에 참여할 수 있도록 허용해야 한다. 미국은 협상과정에서 주정부의 경우 현행 WTO 정부조달협정상의 양허수준을 유지하기로 함에 따라 우리나라는 이에 대응해 지방정부뿐만 아니라 공기업까지 배제하기로 했다. 단, 지방정부 및 공기업을 한 · 미 FTA에서 양허를 배제하더라도 WTO 정부조달협정에 따라 미국의 주정부(37개) 및 공기업(6개) 조달시장은 이미 개방되어 있다.

사. 무역구제

한 · 미 FTA의 무역구제분야는 크게 반덤핑 및 상계관세, 다자 세이프가드 및 양자 세이프가드 3가지 부문으로 구분된다. 이 중 반덤핑 및 상계관세 부문에서 가격 또는 물량 합의 활성화, 사전통지 및 협의 의무를 규정하는 데 합의하였으며, 다자 세이프가드 적용 배제, 그리고 양국 조사기관 간 대화채널인 무역구제위원회의 설치에 합의하였다.

미국과의 FTA 추진 필요성을 제시하는 데 많이 언급된 내용 중 하나는 반덤핑 제소 남용을 방지하기 위한 방안 마련이었다. 미국 수입시장의 경우, 반덤핑이 결정되면 1년 후 해당 품목의 수입은 약 55% 감소하고, 그 이후 감속 폭은 약간씩 줄어들지만 반덤핑이 수입에 여전히 심대한 영향을 미치며, 무혐의로 판정된 경우에도 덤핑 제소 1년 후 수입은 33% 감소하고, 또한 협의조정이 이루어지더라도 수입은 40% 이상 감소하는 것으로 조사되고 있다.[18]

18_ 한편, 우리나라 무역위원회(2005)는 2000년 중국산 및 일본산 건전지에 덤핑방지관세를 부과한 이후 3년 동안 국내 관련 기업의 매출이 2배 이상 증가한 것으로 보고하였다.

무역구제의 내용을 구체적으로 살펴보면, 먼저 가격 또는 물량 합의제도는 반덤핑 또는 상계관세 조사과정에서 우리 수출자 또는 정부가 수출상품의 가격 또는 수출물량에 대한 제안을 제시하면, 미국 조사당국이 이를 적절히(due) 고려하여 우리측에 충분한(adequate) 협의기회를 부여하도록 허용하는 것을 의미한다. 협의를 통해 수출 가격 또는 물량에 대해 양측이 합의하면 반덤핑 상계관세 조사가 종결된다.

한 · 미 간에는 사전통지 및 협의 의무를 부여함으로써 반덤핑 조사 전 단계에서부터 대응할 수 있는 채널을 확보하게 되었다. 한 · 미 양국은 반덤핑 조사 신청을 접수한 경우, 조사 개시 이전에 상대국에 통보함과 동시에 협의 또는 이와 유사한 기회를 부여하여야 한다. WTO 협정에는 반덤핑에 관한 조사 개시 이전에 상대국에게 통지하도록 규정만 하고 있으나, 한 · 미 양국에서 반덤핑 조사 신청을 접수한 경우에는 FTA에 따라 정보교환 등의 협의를 의무적으로 이행하여야 한다.

이 경우 반덤핑 조사 개시 전 단계에서 적극적인 소명을 함으로써, 미국 기업의 반덤핑 조사 신청과 개시를 견제할 수 있다. 통상 반덤핑 조사 개시와 함께 피제소 기업은 매출감소 등의 피해가 발생하므로 제소장 접수로 인하여 곧바로 조사당국의 조사 개시가 진행되지 않도록 하는 것이 중요하다. 즉, 사전협의를 통해 제소자의 무분별한 반덤핑 제소 남용을 억제하고 조사당국이 제소요건의 적합성 및 제출자료의 신뢰성에 대하여 면밀하게 검토하도록 촉구할 수 있는 기회를 마련함으로써 우리 수출기업의 비용과 시간 부담을 완화시킬 수 있게 된다.

3. 한 · 미 FTA 예상효과

가. 경제성장

2015년 우리나라는 사상 최대 규모의 무역수지흑자를 기록했으나 교역 1조 달러에는 미치지 못했다. 수출 5,272억 달러, 수입 4,368억 달러로 900억 달러 이상의 무역수지흑자를 기록했다. 수출실적은 세계 7위, 교역규모는 세계 9위를 기록했다. 2011년 12월 하순 우리나라는 세계 9번째로 교역 1조 달러 클럽에 진입하였다. 최근 우리 경제가 보여온 수출실적과 수출경쟁력을 보면 거대 경제권과의 FTA 발효는 기존 수출증가세에 날개를 달아줄 것으로 기대된다. 특히 2011년 7월에 발효된 유럽연합(EU)과의 FTA에 이어 2012년 3월 15일 한 · 미 FTA까지 발효되어 FTA는 우리나라가 세계 유수의 수출국가로 발전하는 데 기여할 수 있을 것으로 보인다.[19]

한 · 미 FTA가 우리 나라 경제성장 및 수출에 대한 효과를 논의해 보면, 세계 최대 내수시장에 대한 우리 기업의 특혜적 시장접근은 상당한 대미 수출 증진 효과를 가져다줄 수 있다. 또한 관세율효과에만 국한되지 않고, 특정 제품에

19 정인교(2011a), "한 · 미 FTA 더 이상 미룰 수 없습니다", 『FTA 세상』 9 · 10월호.

대한 소비자의 인지도 상승, 자원배분의 효율성 제고, 경쟁력 있는 자본재의 접근 용이, 기술의 학습효과 등을 통한 생산성 제고, 개방 및 경쟁촉진을 통한 국내기업의 국제경쟁력 제고 등 다양한 경로를 통해 FTA 경제효과가 발생할 것이다.

한 · 미 FTA 협상이 타결된 직후 대외경제정책연구원(KIEP), 산업연구원(KIET) 등 11개 국책연구기관은 "한 · 미 FTA의 경제적 효과 분석" 연구결과를 발표하였다.[20] 농업, 제조업, 서비스 등 산업별 영향과 더불어 경제 전반에 대한 영향, 고용, 국민후생 등에 대한 종합 연구결과를 제시하였다. 2010년 말 추가협상으로 경제성장, 일자리 창출 등 우리 경제에 미치는 효과가 달라지지 않을 것으로 예상된다. 추가협상은 제한적 분야에 국한되어 합의된 것으로서 경제성장, 일자리 창출 등의 효과가 달라질 요인은 별로 없다는 것이 정부 통상당국의 설명이다.[21] 즉, 미국의 승용차 관세철폐 4년 유예, 냉동 돼지고기 관세철폐 2년 연기, 의약품 허가 · 특허 연계 제도 시행시점 3년 연기 등이 주요 내용이다.

2007년 4월 11개 대외경제정책연구원 등 국책연구기관의 분석결과에서 향후 10년간 GDP는 6.0% 증가하고, 새로운 일자리는 총 34만 개가 창출될 것으로 전망하였다. 2007년 한 · 미 FTA 타결된 이후의 연구에서는 단기에 GDP 0.32% 증가하고, 생산성을 고려하면 우리나라의 GDP는 최고 5.97% 증가하는 것으로 추정되었다. 2011년 8월 국책연구기관들이 발표한 보고서에서는 한 · 미 FTA 이행에 따라 우리나라의 실질 GDP는 약 0.02~5.66% 추가 증가하는 것으로 나타났다. 관세철폐에 따라 단기적(정태모형)으로 교역증대, 자원배분의 효율 개선 등에 따른 국내생산 증가로 FTA가 없을 때에 비해 실질 GDP가 약 0.02% 추가 증가하는 것으로 나타났으며, 중장기(자본축적모형)로 자본축적과 생산성 향상 등을 고려할 경우 실질 GDP는 약 0.48~5.66% 추가 증가하는 것으로 추정되었다. 즉, 추가협상으로 한 · 미 FTA의 경제효과가 일부 줄어들었으나, 기본적으로 큰 차이가 없는 것으로 평가된다.

20_ 대외경제정책연구원 등, "한 · 미 FTA의 경제적 효과 분석", 4월.

21_ 외교통상부/기획재정부(2011), "한 · 미 FTA 주요 쟁점과 대응", 6월.

표 12-3 ■ 한·미 FTA의 경제적 효과 : 국책연구기관 추정

KIEP외 10개 연구기관 추정치(2007년 4월 30일)

	단기 정태효과	자본축적모형	
		생산성 미고려	생산성 고려
실질 GDP	0.32%	1.28%	5.97%
후생수준	0.43%(17억$)	1.00%(40억$)	5.23%(209억$)

추가협정을 고려한 추정치(2011년 8월)

구분	교역 증대 및 자원배분효율 개선 (단기)	교역 증대 및 자원배분효율 개선 + 자본축적 (중장기)	
		생산성 증대 미고려	생산성 증대 고려
실질 GDP(%)	0.02	0.48	5.66
후생수준(억 달러)	5.3억 달러	25.5억 달러	321.9억 달러

자료 : KIEP 등 8개 국책연구기관(2011), "한·미 FTA 경제적 효과 재분석".

나. 제조업

이미 많은 국가가 치열한 수출전쟁을 통한 경제회복을 추진하고 있고, 이 과정에서 미국과의 FTA 발효에 대한 중소기업의 관심도 높아지고 있다. 1%의 단가를 다투는 수출현장에서 관세철폐는 우리 기업에게 수출기회를 가져다줄 수 있기 때문이다. 일반적으로 FTA 추진의 가장 큰 목적은 수출확대이다. FTA 활용률이 낮다는 지적이 있지만 최근 몇 년 사이 우리 기업들은 발효된 FTA를 통해 수출을 상당 수준 확대해 왔다. 한·칠레 FTA의 경우 칠레에 대한 수출증가율은 평균 50%대로 우리나라의 세계 전체 수출증가율의 2.5배를 넘는다. 그 결과 칠레 내 시장점유율도 2003년 2%대에서 2010년 7%대 수준으로 높아졌다.[22]

한·미 FTA 체결로 인한 관세인하 효과 및 생산성 증대 효과를 모두 고려할 경우, 우리나라의 대세계 수출은 연평균 25.5억 달러, 對미 수출은 연평균 13.9억 달러 증가할 것으로 추정하고 있다. 7개 주력 업종은 연평균 20.1억 달러의 對세계 무역흑자를 창출하며, 對미 무역수지는 8억 4천만 달러 개선될 것으로 전망하였다.

22__ 정인교(2011a), "한·미 FTA 더 이상 미룰 수 없습니다", 『FTA 세상』 9·10월호.

표 12-4 ■ 한·미 FTA가 제조업 수출입에 미치는 영향 (요약) (단위 : 백만 달러, 2003~2005년 평균가격)

주요 업종	수출 증가		수입 증가		무역수지	
	총수출	對미 수출	총수입	對미 수입	對세계	對미국
자동차	1,089	836	59	72	1,030	764
섬유	227	194	19	23	208	171
전기전자	623	160	38	126	584	34
일반기계	103	34	72	90	31	△56
철강	18	2	△3	2	21	0
화학	191	33	63	108	128	△75
생활용품	25	21	21	22	4	△1
7개 업종	2,276	1,280	269	443	2,007	837
제조업 전체	2,547	1,387	370	591	2,177	796

자료 : 대외경제정책연구원 등(2007), "한·미 FTA의 경제적 효과 분석".

한·미 FTA 최대 수혜업종은 자동차와 부품산업인 것으로 볼 수 있다. 최근 우리나라 자동차 브랜드가 세계적으로 높은 소비자 인지도를 얻고 있고, 미국시장에서의 점유율도 10%에 육박하고 있는데다가 미국의 관세철폐는 기존 수출증가세를 강화시키게 되기 때문이다. 추가협상으로 완성차에 대한 관세를 협정 이행 5년차부터 철폐되기로 하였지만, 국내 자동차업체는 추가협상에 대해서도 지지의사를 보낸 바 있다. 자동차 외 대부분의 제조업종이 한·미 FTA 혜택을 볼 수 있다. 전기전자, 섬의류, 석유화학 등 관세가 부과되는 대부분의 품목이 한·미 FTA 수출효과를 누리고 있다. 핸드폰, 평면TV, 세탁기, 냉장고 등 가전제품은 물론이고, 전기기계, 전자부품도 관세철폐의 혜택을 볼 수 있다. 전자제품은 미국 내에서도 생산되지 않고 주로 수입에 의존하고 있어 일본 등 경쟁제품보다 가격경쟁력을 제고할 수 있어 전자업계는 한·미 FTA를 활용한 적극적인 시장지배 확대전략을 수립할 수 있게 되었다.[23]

한·미 FTA 협상이 한창 진행 중이던 당시 제조업에 대한 영향을 분석한 박동철(2006)의 연구결과에 따르면, 제조업에 관한 한, 다른 산업과는 달리 큰 논란이 없었다. 한·미 간 산업분업으로 우리 산업에 대한 부정적인 영향이 적기 때문이다. 품목에 따라 산업구조조정이 일어날 수 있으나, 국내 제조업 상당 부문은 미국 제조업에 비해 경쟁력이 있기 때문

23_ 정인교(2012), "한·미 FTA 발효, 무엇을 대비해야 하나?", 통일한국 2012년 1월호(337호), 평화문제연구소.

에 시장의 확대와 사회적 후생의 증대라는 FTA의 경제적 이득을 충분히 누릴 수 있다는 분석이다.

서비스 등 다른 산업부문뿐만 아니라 제조업에 있어서도 한 · 미 FTA를 추진함에 있어 우리가 견지하고 해결해야 할 과제는, 한 · 미 FTA를 통해 경쟁력이 강한 부문은 더욱 강하게 하고, 약한 부문은 구조조정을 하거나 경쟁력을 강화할 수 있는 방안을 모색하고 추진해야 한다는 것이다. 특히 산업구조의 선진화와 함께 제조업의 발전과정에서 나타나고 있는 소위 양극화 문제가 해소되는 방향으로 제조업 발전에 정책당국의 노력이 필요할 것이다. 또한 한 · 미 FTA는 각종 제도나 환경을 선진화함으로써 신규 산업이 끊임없이 창출되고 성장할 수 있도록 활용되어야 한다.

다. 중소기업

우리나라 수출이 꾸준히 증가하기 위해서는 수출저변이 확대돼야 한다. 특히 중소기업의 수출확대가 필요한데, 지난 몇 년 사이 우리나라 총수출 중 중소기업 수출 비중이 크게 악화되고 있다. 전통적으로 우리나라 중소기업들은 대기업에서 하청을 받아 납품하는 관행에 익숙해져 있으며 수출시장에 직접 뛰어드는 경우는 상대적으로 드물다. 필자가 잘 아는 중소기업 전문가는 우리나라 중소기업 사장이 대기업 오더를 따내기 위한 노력의 절반만 투자하면 수출시장을 열 수 있다고 한다. 특히 미국, EU 같은 선진 거대경제권과의 FTA를 활용하면 더욱 쉽게 수출활로를 확보할 수 있을 것으로 보고 있다.[24]

시장개방 및 FTA에서 우리나라 중소기업은 피해를 많이 보는 것으로 지적되어 왔다. 하지만 김도훈(2006)은 우리나라 중소기업들의 입지를 위협하고 있는 가장 큰 잠재적 경쟁자는 원가 경쟁력을 앞세운 후발개도국 기업들인 것으로 분석하고 있다. 대부분의 중소기업들이 두려워하는 것은 중국과 같은 후발개도국들에게 시장을 급속하게 개방하는 것이지, 미국과 같은 선진국들과 시장을 상호 개방하는 것은 오히려 수출확대의 기회가 된다는 것이다. 한 · 미 FTA는 오히려 우리나라가 상대적으로 비교

24__ 정인교(2011a), "한 · 미 FTA 더 이상 미룰 수 없습니다", 『FTA 세상』 9/10월호.

우위를 가지는 산업들에 종사하는 중소기업들에게 미국시장이 더욱 개방되는 효과를 가져와 이들 중소기업들이 성장할 수 있는 좋은 기회로서 작용할 가능성이 크다는 것이다.

한 · 미 FTA로 미국측의 관세율이 인하되면 자동차부품, 섬유, 통신기기, 전기 · 기계 등 중소기업의 대미 수출이 증가할 것으로 전망된다. 우리 중소기업 제품에 대한 미국의 관세는 0～17% 수준으로 제조업 평균관세보다 높은 수준이며, 한 · 미 FTA로 인한 관세철폐는 우리 중소기업의 가격경쟁력 확보에 큰 도움이 될 것이다. 중소기업의 직접수출뿐만 아니라, 대기업 납품 증대를 통한 간접수출 증대 효과도 기대된다. 한 · 미 FTA 발효로 수출이 늘어나고 가격경쟁력을 향상시킬 수 있는 국내 대기업은 상생협력 차원에서 부품납품단가를 조정하는 등 FTA 경제효과를 중소기업과 공유하는 마인드가 필요하다. 특히 중소기업은 원자재원산지증명서를 제출해야만 완제품의 원산지 판정 가능하다는 점에서 대기업의 배려가 필요하다.

또한 미국의 정부조달협정상 개방수준이 인하되어 우리 중소기업의 미국 정부조달시장 진출가능성이 확대될 수 있다. 미국의 정부조달 하한선, 즉 개방수준이 20억$에서 10억$로 인하되어 공구절삭기 · 문서세단기 · 리튬전지 분야의 진출이 유망한 것으로 조사되고 있다. 섬유제품의 원산지규정은 까다로운 편이나, 국내에서 원료가 조달되지 않는 품목에 대해서는 미측을 설득하여 원산지기준을 완화시켰다.

라. 서비스

서비스시장은 워낙 범위가 넓고 각 분야가 나름대로 특성을 지니고 있어 분석이 용이하지 않다. 신용상(2006)에 따르면, 세계 최고 수준의 서비스 경쟁력을 자랑하는 미국과의 협상이어서 국내 서비스업체 및 관련 단체들에게 미칠 영향이 클 것이란 점이 우려되지만, 개방과 경쟁을 통해 우리나라 서비스산업의 구조조정과 도약의 계기로 삼을 수 있다. 협상과정에서 제기되었던 공교육체계 와해, 의료보험체계 붕괴, 외국 금융자본의 지배력 강화 등 서비스부문 논쟁들은 주로 경제적 측면보다는 정치 ·

사회적 시각 차이가 주로 작용했다. 제2장 한 · 미 FTA 서비스분야에서 살펴본 바와 같이, 교육과 의료, 공공서비스는 협정에서 아예 제외되었고, 부분적으로 개방된 내용도 대부분 우리나라 기존 제도의 제한을 받거나 실제 국민생활에 영향을 주지 않는 것이다. 기본적으로 서비스분야는 FTA보다는 다자무역체제 하에서 규율되기 때문이다.

현재 국내에서 논란이 많은 유통분야에 대해 살펴보자. 일부에서는 한 · 미 FTA로 인해 국내 "골목상권은 초토화" 될 것으로 주장하고 있다. 유통법과 상생법 개정사항이 한 · 미 FTA로 무력화되고, "아무런 보호장치 없이 월마트 등 미국의 공룡 유통업계들과 맞닥뜨리게 된다. 미국의 유통업계가 SSM(기업형 슈퍼마켓)을 통해 소매업까지 진출하여 골목상권은 초토화되고 수많은 지역상인들이 거리로 내몰리게 될 것이다" 라는 것이다.[25] 상생협력 관련 개정사항이 한 · 미 FTA ISD로 무력화된다는 주장은 근거가 부족한 것으로 분석된다. 즉, ISD는 투자유치국의 규제나 조치가 투자챕터상의 의무, 투자계약 또는 투자인가 위반으로 인해 외국인 투자자가 손해를 입었을 경우 적용되는 데 비해, 투자챕터상 의무 위반이 아닌 유통업 개방에 대한 서비스챕터 등 다른 챕터상 의무 위반을 이유로는 ISD가 적용되지 않기 때문이다. 한 · 미 FTA보다는 GATT 및 WTO DDA 양허를 위배한다는 점을 우려해야 한다.

25 모 정당 특보, "한 · 미 FTA로 골목상권은 초토화"에서 인용.

우리나라 유통업 개방은 1988년 "도 · 소매업 진흥 5개년 계획" 을 수립하면서 시작하였고, 우루과이라운드(UR) 협상결과에 따라 1996년부터 외국인 투자기업에 대한 점포 수 및 매장면적 제한 등에 대해 전면적으로 철폐했다. 2001년에는 담배, 골동품 · 예술품 소매업 등을 제외한 모든 소매업종을 외국인 투자자에게 개방했고, 2003년 WTO 양허를 통해 극히 일부 분야만 제외하고 '사실상 모든' 유통분야를 전면개방했다. DDA 양허안에서 업종제한을 철폐하고, 백화점과 쇼핑센타도 대외개방했다. 앞에서 언급한 바와 같이, FTA 협상은 WTO와 DDA 양허안을 토대로 시장개방을 합의했으므로 본질적으로 차이가 없다.

2005년 우리나라의 제2차 양허안에 의하면 식품소매업에서 담배를 제외한 전체를 개방하고 있고, 비식품소매업에서는 자동차연료 소매업 중 LPG 관련 소매업 및 LPG 주유소, 총포, 도검, 화약류, 골동품, 예술품, 지

표 12-5 ■ GATS DDA(2005년 제2차 양허안) 소매분야 양허내용

<table>
<tr><th>소매분야</th><th>개방분야</th><th>개방 제외 분야</th><th>개방분야의 시장접근에 대한 제한
(Mode3 상업적 주재)</th></tr>
<tr><td>식품소매</td><td>■ 담배를 제외한 전체</td><td>■ 담배</td><td rowspan="3">■ 중고차 매매업 및 가스연료 소매업은 경제적 수요 심사에 의함.
- 주요 기준 : 국내 공급업체의 수와 영향, 인구밀집, 교통, 환경오염, 지역 사정, 기타 공공이익과 같은 지역적 특성</td></tr>
<tr><td>비식품소매</td><td>■ 전체
■ 자동차연료</td><td>■ LPG 관련 소매 및 LPG 주유소
■ 총포 · 도검 · 화약류 유통업
■ 골동품 및 예술품 유통업
■ 지방정부가 지정한 농수축산물 공동도매시장의 개설, 운영 및 직접 관련 유통서비스</td></tr>
<tr><td>자동차 · 오토바이</td><td>■ 자동차 및 부품
■ 오토바이 및 부품</td><td></td></tr>
</table>

방정부 지정 농수산축산물 유통서비스 등 극히 일부를 제외한 전분야를 개방하고 있다. GATS 양허안에 비해서는 백화점 및 쇼핑센터의 상업적주재를 삭제하여 허용하고 있으며, 중고자동차 매매업과 가스연료 소매업의 경제적수요심사(ENTs) 기준을 국내공급업체의 수와 영향, 인구밀집, 교통, 환경오염, 지역사정, 기타 공공이익과 같은 지역적 특성으로 명시하고 있을 뿐이다. 현재까지 GATS와 DDA 서비스분야 양허안은 지금까지 우리나라가 칠레, 싱가포르 및 유럽자유무역연합(EFTA), ASEAN, 미국, EU 등과 체결한 FTA에 반영되어 있다.

마. 농업

모든 분야가 FTA 혜택을 보는 것은 아니다. 대표적으로 농업분야는 FTA 피해업종이며, 그동안 우리나라가 추진한 모든 FTA 협상에서 농업분야 시장개방 협상이 가장 어려웠다. FTA 상대국에 따라 무역개방으로 인한 피해품목이 달라지지만, 미국과의 FTA에서는 몇 개 품목에 피해가 집중될 것으로 분석된다. 쇠고기, 돼지고기 등 축산물, 감귤류로 대표되는 과일이 피해를 많이 볼 것으로 예상된다. 미국으로부터 20~30억 달러 내외의 농산물을 수입하지만, 옥수수, 대두 등 곡물류와 축산물, 오렌지가 대부분이다. 다만, 곡물류에 대한 관세는 무관세이거나 2% 이하의 낮은 세율이 적용되므로 FTA의 영향이 작은 반면, 축산물과 감귤이 주로 큰 피

해를 초래할 수 있다는 예상이 가능하다.[26]

26_ 정인교(2011a), "한·미 FTA 더 이상 미룰 수 없습니다", 『FTA 세상』 9/10월호.

서진교(2006)는 농업에 대한 영향을 객관적이고 종합적으로 제시하고 있다. 미국과의 FTA를 반대하는 진영에서는 한·미 FTA가 체결되면 국제경쟁력이 취약한 우리 농업·농촌이 붕괴될 것이라고 주장했지만, 서진교는 다소 다른 분석결과를 제시한 바 있다. 1980년대 말 이후 우리 나라는 농산물 시장개방 확대정책을 꾸준히 시행해 왔으며, 이에 따라 사실상 미국의 핵심 수출 농산물에 대한 실효관세는 높지 않으며, 이미 상당 부분의 수입농산물이 우리 시장에서 팔리고 있다는 것이다. 따라서 쌀을 제외한다면 한·미 FTA 체결로 인해 전체 농축산물의 수입량이 크게 증가하기보다는 종전 제3국으로부터의 수입품이 미국산 수입품으로 전환되는 무역전환 효과가 우세할 것으로 예상되며, 동시에 수입 농산물과 국내 농산물의 품종과 용도, 맛, 국내 소비자의 소비취향 등에 기초해 볼 때 미국산 농산물과 국산 농산물은 서로 부분적인 소비대체관계에 있기 때문에 농업부문의 실질적 피해는 일반적 예상과는 달리 크지 않을 것으로 필자는 분석하고 있다.

결국 한·미 FTA로 인해 우리 농업부문에 대한 피해는 분명하지만 그렇다고 우리 농업이 붕괴된다거나 초토화될 것이라는 주장은 상당 부분 과장되어 있다는 판단이다. 한편 FTA 이행과정에서 농업부문의 구조조정이 원활히 이루어져 농업 생산성이 향상될 경우 실제 발생할 생산 및 소득피해는 상당히 줄어들 가능성이 있다. 한편 우리 농업은 내부에서도 농업인구의 고령화로 인하여 향후 큰 구조변화가 일어날 전망이다. 아울러 비단 농산물 시장개방이 아니더라도 품질이 낮은 중저가 농산물은 국내 소비자의 소비취향과도 일치하지 않기 때문에 점차 설 자리가 없어질 것으로 보인다. 결국 우리 농업은 세계화와 개방화라는 큰 흐름에 직면하여 대내외적으로 근본적인 체질 변화와 개혁이 요구되고 있는 상황이기 때문에 한·미 FTA는 우리 농업에 위기이자 구조조정을 촉발시킬 수 있는 계기가 될 것으로 서진교는 전망하고 있다.

한·미 FTA 발효로 쇠고기와 감귤에 대한 피해가 집중되겠지만, 소비자들은 값싼 농산물과 식품을 소비할 수 있는 계기도 될 수 있다. 발효 이후 소비자들이 직접적으로 체감할 수 있는 한·미 FTA의 효과는 삼겹살 · 치즈 · 체리 등 미국산 수입 농축산물 및 식료품에 대한 관세철폐로 인한 장바구니 물가 부담 경감이 될 수 있다. 미국산 생삼겹살(1kg당 13,000원 수준)은 한 · 미 FTA가 발효 이후 관세 22.5%가 점진적으로 철폐(10년)되어, 보다 저렴한 가격으로 즐길 수 있을 것이고, 아이들의 간식을 비롯하여 각종 요리재료로 사용되는 체다 슬라이스 치즈에 부과되는 관세 36%도 점진적으로 철폐(체다치즈 10년, 일반치즈 15년)되어, 추가적인 가격 인하 효과를 기대할 수 있게 되었다. 술안주와 간식으로 애용하는 캘리포니아 건포도(21%), 캘리포니아 아몬드(8%), 체리(24%) 가격은 한 · 미 FTA 발효 즉시 관세가 철폐되어 가격인하가 기대된다. 미국산 와인에 부과되는 15%의 관세도 즉시 철폐되며, 와인의 경우에는 주세 · 교육세 등 추가적인 세제까지 감안하면 소비자들은 관세인하분 이상의 가격인하 혜택을 체감할 수 있다.[27]

27_ 무역협정 국내대책본부(2011), "한 · 미 FTA로 달라지는 우리생활", 교육홍보팀.

4. 협정의 정성적 평가

FTA and International Trade, ch. twelve

한 · 미 FTA 추진과정에서 찬반 논란이 심했고, 극단적인 평가도 적지 않았다. 한 · 미 FTA 지지측이 발간한 대표적인 보고서로는 한 · 미 FTA 민간대책위원회(2007)가 발간한 『한 · 미 FTA, 미래를 위한 선택』, 정인교 외 공저(2007), 『한 · 미 FTA 분야별 협상결과 평가 및 우리 기업에 주는 시사점』, 나성린(2006, 편저), 『한 · 미 FTA 대한민국 보고서』 등을 들 수 있고, 반대진영이 발간한 대표적인 보고서는 한 · 미FTA저지국민운동본부가 2006년 발간한 『한 · 미 FTA 국민보고서』, 이해영(2006), 『낯선 식민지, 한 · 미 FTA』 등을 들 수 있다. 또한 2008년에는 한 · 미 FTA 찬반 논쟁을 체계적으로 정리한 저서가 발간되었다.[28]

28_ 이해영 · 정인교(2008), 『한 · 미 FTA, 하나의 협정 엇갈린 진실』, 시대의 창 발간.

반대진영이 발간한 보고서가 한 · 미 FTA의 부정적인 측면을 논리적으로 지적한 부분도 있지만, 이들은 신자유주의를 부정하고 있고, FTA를 신자유주의에 입각한 대표적인 정책으로 간주함으로써 협정 자체를 부정적으로 보고 있다. 따라서 한 · 미 FTA를 객관적으로 평가한 것으로는 보기 어려운 측면이 많다. 그래서 한 · 미 FTA에 대한 미국 학자와 국내 학자들이 정성적인 평가를 제시함으로써 한 · 미 FTA의 정성적 분석을 나름대로 시도해 보고자 한다.

가. 쇼트의 평가

쇼트(Jeffrey Schott)는 전 세계적으로 FTA 협정문 분석 및 정책에 가장 명망 있는 학자 중의 하나이며, 그가 근무하는 워싱턴 DC 소재 페트슨 국제경제연구소(Peterson Institute for International Economics)는 미국 통상정책을 연구하고, 정부에 조언하는 미국 내 가장 권위 있는 통상분야 연구기관이다.

쇼트가 2007년 발간한 "The Korea-US Free Trade Agreement : A Summary Assessment" 에서 쇼트는 다른 무역협정과 같이 정치적인 고려로 인해 일부 분야가 제외되거나 개방이 최소화됨으로써 '최적의 협정' 으로 타결된 것은 아니지만, 한 · 미 FTA(KORUS FTA)는 한 · 미 양국에게 상당한 경제적 이익과 후생복리를 증진시킬 수 있는 협정인 것으로 평가하고 있다. 또한 KORUS FTA는 NAFTA를 제외한 미국이 체결한 어떤 협정보다도 포괄적인 협정이며, 한 · 미 양국 경제관계를 더욱더 긴밀화시킬 것으로 평가하고 있다.

KORUS FTA는 외교 · 안보 등 비경제적 이해관계에도 영향을 미치게 되는데, 한국에게는 한반도의 안정 및 동아시아 내 경제통합의 방향성 설정 과정에서 한국의 위상을 제고하게 될 것으로 쇼트는 보고 있다. 미국에게는 한국과의 정치 · 경제적 관계 강화로 북한과 관련된 미국의 이해를 증진시키는 데 기여할 수 있다는 것이다. 또한 쇼트는 현재 세계에서 가장 활발한 경제통합이 진행되는 지역(hotbed)이 동아시아이며, 미국으로서는 동아시아 경제통합 논의에 직접 관여할 수 있는 채널을 확보하지 못했지만, KORUS FTA를 통해 동아시아 내 정치 · 외교적 이해를 어느 정도 유지할 수 있을 것으로 보았다.

한 · 미 FTA는 동아시아 및 아태자유무역지대(FTAAP)에 긍정적으로 작용할 것으로 전망되지만, 단기적인 영향은 약할 것으로 보인다. 하지만

ASEAN+3, ASEAN+6, FTAAP 등 동아시아가 참여하는 거대 FTA에서 허브로 작용해 온 아세안의 위상이 약화될 것이다. 아세안은 내부통합이 부족하고, 국가별로 다양한 경제사회 구조를 지니고 있으며, 구심력이 약해 거대 FTA에서 허브로 작용하는 데 한계가 있다는 지적도 가능하다.

나. 국내 전문가 평가

미국과의 FTA 경제효과는 다방면에서 발휘되어 전체 경제효과가 매우 클 것으로 예상된다. 미국이 우리나라의 주요 교역대상국일 뿐만 아니라, 양국 간 교역이 상호보완적으로 이루어지고 있기 때문이다. 우천식 외(2003)에 따르면, 한 · 미 양국의 교역은 "품질의 차이가 있는 제품 간의 교역"이 주종을 이루고 있다. 또한 오상봉(2006)도 한 · 미 양국이 주요 첨단기술분야에서 많은 교역을 하고 있으며,[29] 상호보완적인 산업 내 분업 성격이 강해 교역확대에 따라 높은 이익이 기대되는 반면, 피해는 반대론자의 주장보다 크지 않을 것으로 전망하였다.

29 오상봉(2006), "한 · 미 FTA가 주요 산업에 미치는 영향," '2006 무역학자 전국대회' 발표자료.

표 12-6 ■ 한 · 미 양국 제조업의 비교우위 분야

산업	한국의 비교우위 분야	미국의 비교우위 분야
목재가구	중저가 가구	목재, 원자재
석유화학	범용제품	고부가가치 제품
섬유	중저가 범용제품	산업용 섬유
철강	범용제품	스크랩
통신기기	단말기	핵심 부품, 통신장비
반도체	메모리	비메모리
자동차	중소형 자동차, 부품	대형 고급차
항공	항공부품	완성기
조선	상선	레저용 보트

자료 : 산업연구원(2006).

산업연구원(2006)도 이 부분에 대해 "한 · 미 양국은 전체 산업구조 측면에서 서로가 시장개방을 통해 윈-윈할 가능성이 큰 국제분업 체계를 갖추고 있어 미국과 우리나라가 직접 경쟁하는 분야가 많지 않다"고 분석하고 있다.[30] 〈표 12-6〉에서 보듯이, 미국은 IT, BT 등의 신기술산업과 첨단 부품 소재산업 분야에서 상대적으로 비교우위를 갖고 있는 반면, 우리

30 산업연구원(2006), "서로 보완적 관계, '윈-윈' 가능해," 한 · 미 FTA 특별기획(http://www.kiet.re.kr/kiet/main_news/brief0097.jsp).

나라는 섬유, 철강, 가전, 조선 등 전통산업 분야에서 비교우위를 갖고 있다. 한·미 양국의 산업은 전체적으로 볼 때 경쟁우위의 분야 및 품목이 서로 겹치지 않는 보완적 관계를 형성하고 있다.

한·미 FTA로 기대할 수 있는 경제효과는 일차적으로 대미 수출확대로부터 발생할 것이다. 양국은 상품양허에서 공히 양국 간 교역되는 상품의 100%를 관세철폐하기로 하고, 이 중 약 94%는 조기철폐(3년 이내) 하기로 합의하였다. FTA가 발효되어 평균 4.9%의 관세 부담이 없어지면 미국시장에서 중국 등 개도국 상품에 뒤지는 현재 상황을 어느 정도 개선시킬 수 있는 계기를 마련할 것으로 기대된다. 또한 현행 약 20만 달러에 달하는 중앙정부 물품 및 서비스 양허 하한선을 10만 달러로 낮추기로 합의함에 따라 미국의 연방정부 조달시장이 상당 부분 추가로 개방될 수 있게 되었다. 입찰참가 및 낙찰 과정에서 미국 본토 내의 실적뿐만 아니라 해외실적도 인정받게 됨으로써 미국 조달시장 진입장벽도 완화될 것으로 예상된다. 미국 조달시장 진출이 어려운 것으로 알려져 있으나, 최근 우리나라 일부 중소기업들이 성공적으로 미국 정부기관에 조달하고 있고, 무역투자진흥공사(KOTRA) 등 수출진흥기관들이 미국 조달시장 진출 방안을 업계에 홍보하고 있어, 한·미 FTA에서의 조달시장 진출기준 완화가 우리 업계의 미국 조달시장 진출에 도움이 될 것으로 보인다.

서비스와 투자부문에 대한 개방은 우리나라 관련 분야에 대한 부담이 덜한 분야 위주로 제한적으로 이루어졌다. 교육, 의료 및 사회서비스와 공공서비스에 대한 정부의 모든 규제권한은 포괄적으로 유보되어 추가개방을 허용하지 않았으며, 방송서비스의 경우 지상파, 위성방송, 케이블, 방송채널사용사업(PP) 등에 대한 외국인 투자 허용수준을 현행 수준으로 유지하되, 방송채널사용사업자의 간접투자에 대한 규제는 협정 발효 3년 이내에 철폐하기로 합의하였다. 기간통신사업자에 대한 외국인 직접투자는 현행 지분제한(49%)을 유지하되, KT와 SKT를 제외한 사업자에 대해서는 협정 발효 후 2년간의 유예기간을 거쳐 간접투자를 100% 허용하기로 하였다. 현재 포화상태인 우리의 통신내수시장을 고려할 때, 우리 업계는 국내시장에 안주할 것이 아니라 세계 최대규모인 미국통신시장 진출을 적극적으로 고려할 필요가 있다. 또한 우리나라에 진출한 미국계 방송채널사업자를 통해 우리 방송콘텐츠를 미국에 수출하는 계기를 마련할 수 있을 것이다.

제도개선이 장기적으로 우리 경제에 도움이 되지만, 단기적으로 우리 업계에 상당한 부담이 되는 분야도 다수 있다. 전통적으로 농업분야는 개방에 가장 취약한 분야이다. 협상이 논의되면서 농업의 전면적인 개방이 불가피할 것으로 전망되었으나, 타결된 협정은 쿼터, 계절관세 등을 통해 민감 농산물 다수에 대한 기존 고관세체계를 유지할 수 있게 되었다. 다만, 쇠고기, 돼지고기 등 축산물은 직접적인 피해가 우려된다.

또한 지식재산권의 경우, 저작권 보호기간을 저작자 사후 또는 저작물 발행 이후 현행 50년에서 70년으로 연장했다는 점에서 미국의 입장이 협정에 반영된 것으로 볼 수 있으나, 특허심사의 합리화, 상표권 보호 등 지식재산권 관련 제도의 선진화는 궁극적으로 우리나라 지재권 산업의 경쟁력을 강화시킬 것이다. 이는 한류 등으로 창출된 우리 지재권의 부가가치를 확대하고, 우리 지재권 침해가 증가하고 있는 중국 및 동남아 국가 등에 대해 지재권 보호 강화를 요구할 수 있는 근거를 마련했다는 데 의의가 있다.

5. 한 · 미 FTA 추가 협상

FTA and International Trade, ch. twelve

2007년 6월 공식 서명된 한 · 미 FTA는 미국 내 정치지형 변화로 한동안 국회비준절차를 진행하지 못했다. 국내 보완대책에 대한 여야 합의로 2009년 4월 한 · 미 FTA 비준안은 국회 외교통상위원회(외통위)를 통과했다. 하지만 미국에서의 추가협상 논의가 진행되자 2010년 6월 한 · 미 정상은 추가협상을 협의했고, 그해 연말 추가협상이 타결되었다. 2011년 한 · 미 양국은 협정 비준을 시작하여 하반기에 협정 발효 요건을 모두 완료해, 2012년 3월 15일 한 · 미 FTA를 발효시켰다.

추가협상을 실무협의가 2010년 하반기에 2차례 개최되었고, 11월 30일~12월 3일 워싱턴 인근에서 한 · 미 FTA 관련 양국 통상장관회의에서

표 12-7 ■ 한 · 미 FTA 주요 일정

단계	일자	활동	비고
원 협정 협상	2006. 2. 3	한 · 미 FTA 협상출범 공식 선언	
	2006. 6. ~ 2007. 4.	8차례 공식 협상 및 고위급 협상 개최	
	2007. 4. 2	한 · 미 FTA 협상 타결	서울
	2007. 6. 30	한 · 미 FTA 협정문 공식 서명	워싱턴
국회 비준	2009. 4. 22	한 · 미 FTA 비준동의안 국회 외통위 통과	외통위
추가협상	2010. 6. 26	양국 정상, 한 · 미 FTA 협의(G20 정상회의)	토론토
	2010. 12. 3	한 · 미 FTA 추가협상 타결(통상장관회의)	워싱턴
	2011. 2. 10	한 · 미 FTA 서한교환 서명 · 교환	
	2011. 5. 4	한 · 미 FTA 비준동의안 외통위 철회	외통위
국회 비준 동의 추진	2011. 6. 3	한 · 미 FTA 비준동의안 국회 재제출	추가협정 포함
	2011. 9. 16	한 · 미 FTA 비준동의안 국회 외통위 상정	
	2011. 10. 3	(미국) 한 · 미 FTA 이행법안 의회 공식 제출	
	2011. 10. 12	(미국) 한 · 미 FTA 이행법안, 미 의회 통과 (하원 : 찬성 278, 반대 151, 상원 : 찬성 83, 반대 15)	
	2011. 11. 22	한 · 미 FTA 비준동의안 국회 본회의 통과 (찬성 151, 반대 7, 기권 12)	
협정 발효	2012. 3. 15	협정 발효	한 · 미 양국

최종 타결되었다. 미국이 주장했던 핵심 사항은 승용차 관세철폐 일정 조정이었다. 모든 승용차에 대한 관세를 양국 모두 협정 발효 4년 후 철폐하기로 하였다. 미국은 관세 2.5%를 발효 후 4년간 유지한 후 철폐하고, 한국은 발효일에 기존 관세 8%를 4%로 인하하고 이를 4년간 유지한 후 5년차에 철폐하기로 하였다. 단, 전기자동차에 대해 한국은 발효일에 관세 8%를 4%로 인하하고, 한국(4%)과 미국(2.5%) 모두 4년간 균등철폐하기로 하였다. 화물자동차에 대해 미국은 당초 한 · 미 FTA 일정대로 9년간 관세(25%)를 철폐하되, 발효 7년 경과 후부터 균등철폐하는 것으로 조정되었다.

또한 미국은 2007년 협정에 합의된 자동차 세이프가드 발동요건에서 '심각한 피해(serious damage)'을 삭제했고, 자동차 안전기준에서 제작사별 25,000대까지 미국 안전기준을 준수할 경우 한국 안전기준을 준수한 것으로 인정하기로 했다. 또한 CO_2/연비 기준도 완화해 주기로 했는데,

4,500대 이하(2009년 판매 기준) 제작사에 대해 적용된다. 뿐만 아니라 향후 CO_2/연비에 기반한 자동차 세제 도입 시 절차적 투명성을 규정하되, 이 규정에 대해서는 분쟁해결 대상에서 제외하고, 협력 및 협의 절차만 반영하기로 했다.

우리나라가 미측에 요구해 관철시킨 사항은 돼지고기 관세 철폐기간 연장, 의약품 허가·특허 연계 의무 3년 유예, 기업 내 전근자비자(L-1) 유효기간 연장이었다. 돼지고기 관세 철폐기간은 "냉동 기타(목살, 갈비살 등)" 1개 품목(0203299000, 관세 25%)에 한해 2년 연장되었다. 2007년 협정상 의약품 허가·특허 연계 관련된 시판방지 조치 의무 이행에 대한 분쟁해결절차 적용을 18개월 유예하도록 하고 있었으나, 연계 이행 자체를 3년 유예로 변경하기로 하였다. 대미 현지투자기업 파견 근로자의 비자(L-1) 유효기간은 기존 사업체의 경우 3년에서 5년으로, 신설 사업체는 기존 1년에서 5년으로 연장하기로 하였다.

추가협상으로 2007년 협정의 내용이 일부 변경됨에 따라 계량화가 가능한 자동차, 돼지고기 및 의약품 등 3개 부문에 대한 영향 분석을 실시한 바에 따르면, 2007년 협정 분석 결과와 비교할 때 연간 406~459억원 수준의 경제이익이 감소하는 것으로 나타났다. 기존 협상 결과보다 경제이익이 소폭 줄어들지만, 이를 반영하더라도 GDP 5%대의 한·미 FTA 경제효과는 상당하다는 것이 정부의 설명이었다.[31]

31_ 기획재정부, 산업연구원, 한국농촌경제연구원, 한국보건산업진흥원(2011), "한·미 FTA 추가협상 영향 분석"

정부 합동 추가협상 분석결과 종합

합계(연간)	자동차(무역수지)	돼지고기(생산액)	의약품(매출액)
⊖ 406~459억원	⊖ 573억원	⊕ 70억원	⊕ 44~97억원

참고문헌

기획재정부 · 산업연구원 · 한국농촌경제연구 · 한국보건산업진흥원(2011), "한 · 미 FTA 추가협상 영향 분석".

김도훈(2006), "중소기업", 정인교(편), 『한 · 미 FTA의 논쟁, 그 진실은?』.

______(2008), "산업발전전략에서 본 FTA 추진 우선순위", KIET.

김득갑(2007), "한 · EU FTA의 주요 쟁점과 협상전략", 삼성경제연구소.

김한성 · 조미진 · 정재완 · 김민성(2009), "한국 FTA 원산지규정의 특성 및 활용전략", 대외경제정책연구원 연구보고서.

대외경제정책연구원(KIEP) 등 국책연구기관 공동연구(2007), "한 · 미 FTA의 경제적 효과 분석", 4월.

대외경제정책연구원(KIEP) 등 8개 국책연구기관(2011), "한 · 미 FTA 경제적 효과 재분석", 8월.

대한민국 정부(2007), "한 · 미 FTA 상세 설명자료".

무역협정 국내대책본부(2011), "한 · 미 FTA로 달라지는 우리생활", 교육홍보팀.

박동철(2006), "제조업", 정인교(편), 『한 · 미 FTA의 논쟁, 그 진실은?』.

산업연구원(2008), "한국 제조업의 기술수준 및 개발 동향", 산업연구원.

삼성경제연구소(2008), "한국의 FTA 추진현황 평가 및 향후 전", 지경부 연구용역과제.

서진교(2006), "농업", 정인교(편), 『한 · 미 FTA의 논쟁, 그 진실은?』.

신용상(2006), "서비스분야", 정인교(편), 『한 · 미 FTA의 논쟁, 그 진실은?』.

연합뉴스(2012), "정옥임 '한 · 미 FTA '총선 제물' 전략 막아야' ", 2월 9일자.

외교통상부(2004), "FTA 추진 로드맵 보완 계획", 외교통상부.

__________(2011), 『2011외교백서』, p.127

외교통상부 · 기획재정부(2011), "한 · 미 FTA 주요 쟁점과 대응", 6월.

외교통상부 통상교섭본부(2003), "자유무역협정(FTA) 추진 로드맵", 외교통상부.

이시욱(2007), "시장개방이 기업 생산성에 미치는 영향—수입관세 인하 효과를 중심으로", 『KDI 정책포럼』, 제184호, 12월.

이해영 · 정인교(2007), 『한 · 미 FTA, 하나의 협정 엇갈린 진실』, 시대의 창.

정인교(2006), 『한 · 미 FTA 논쟁, 그 진실은? 』(편저), 해남출판사.

______(2007), "한 · 미 FTA에 대한 주요 논쟁과 평가", 바른FTA본부 주최 한 · 미 FTA 세미나(2007. 4) 발표자료.

______(2008), "한 · 미 FTA의 주요 이슈 및 파급영향 분석", 『한국경제의 분석패널』 제14권 2호, pp.213～270, 2008년 8월.

______(2010), 『FTA 통상정책론』, 율곡출판사.

______(2011a), "한 · 미 FTA 더 이상 미룰 수 없습니다", 『FTA 세상』 9/10월호.

______(2011b), "한 · 미 FTA 투자자 국가소송제도(ISD) 독소 논란… 경제위기 도래하면 세이프가드 발동 가능", 매경이코노미 제1634호(2011. 12. 7일자)

______(2012), "한 · 미 FTA 발효, 무엇을 대비해야 하나?", 『통일한국』 2012년 1월호(337호), 평화문제연구소

정인교 · 조정란 외(2005), 『우리나라 FTA 원산지규정(ROO) 연구 및 실증분석』, 서울 : 한국경제연구원.

1. 시작하면서

2. 상품분야

3. 무역규범

4. 서비스분야

FTA and International Trade

한 · EU FTA 분석

FTA and International Trade
ch. thirteen

13

한 · EU FTA 발효 5주년이 되는 2016년 중반 영국의 EU 탈퇴(Brexit) 국민투표로 EU와의 FTA는 새로운 국면을 맞게 됐다. EU는 우리나라의 3대 무역 대상국이자 최대 투자 지역이다. EU와의 FTA 추진과정에서 국내 연구기관들은 대EU 수출이 늘어나고 무역수지가 개선될 것으로 예상했었다. 대EU 무역 실적 부진의 상당 부분은 유럽의 재정 · 경제위기에 기인한다.

비록 무역실적은 부진했더라도 한 · EU FTA는 우리 경제에 도움이 되었다. EU와의 FTA가 없었더라면 전체 무역실적은 사실상 더 악화되었을 수 있다. 이는 우리나라의 대EU 시장에서의 실적이 FTA를 체결하지 않은 일본, 중국보다 양호하기 때문이다. 한국산 상품의 유럽시장 점유율은 지난 5년간 0.12% 포인트 감소한 반면, 일본의 경우 0.47% 포인트, 중국의 경우 0.42%가 축소되었다. 또한 한 · EU FTA 발효 이후 FTA 관세 수혜품목의 수출 증가세가 뚜렷했고, 특히 비수혜 품목과 명백한 대비를 보였다. 참고로 EU와의 FTA 5주년에 소비자보호원은 10개 주요 소비자품목에서 한 · EU FTA 소비자 후생 효과 체감도가 전반적으로 높은 것으로 평가했고, FTA 소비자 후생 효과 극대화를 위해 우리나라 유통구조를 개선해야 함을 제안하였다.[1]

1_ 한국소비자원(2016), "한 · EU FTA 소비자 후생 효과 체감도 조사", 보도자료(7월 4일).

1. 시작하면서

FTA and International Trade, ch. thirteen

협정 이행 5년 동안 양 지역 간 무역규모가 크게 늘어났지만, 우리나라의 대EU 수출과 무역수지는 당초 기대에 크게 미치지 못하고 있다. 우리나라의 대EU 수출은 한 · EU FTA 발효 첫해(2011년) 557억 달러에서 2015년 481억 달러로 줄어들었고, 수입은 2010년 474억 달러에서 2015년 572억 달러로 늘어나, 우리나라의 대EU 무역수지는 2011년 83억 달러 흑자에서 이듬해 무역수지 적자로 돌아섰고 2015년 91억 달러의 적자를 기록했다. EU와의 무역실적만으로 보면, 당초의 한 · EU FTA 경제효과와는 상당한 거리가 있는 것으로 볼 수 있다.

우리나라와 EU 간 무역은 대체로 상호 보완적이며, FTA 발효 이전 EU와의 무역에서 우리나라가 무역수지 흑자를 누리고 있었기에 한 · EU FTA 이행으로 무역이 확대되고 우리 상품의 대EU 진출이 늘어날 것으로 예상되었다. EU의 경제규모, 관세수준 및 관세양허 내용 등으로 볼 때, EU와의 FTA로 우리나라는 상당한 경제이익을 기대할 수 있었지만, 유럽의 재정 · 경제위기로 지난 5년간 무역실적은 당초 기대에 비해서는 크게 미흡했다. 한편 일부 동구권 회원국은 개도국이지만 EU 회원국 중 다수 회원국이 선진국이고, 우리나라의 관세수준이 EU보다 높기 때문에 EU와의 FTA 이행 시 산업피해가 발생할 수 있는 품목도 있을 수 있다.

한 · EU FTA에서 양측은 거의 대부분 품목에 대한 관세를 단계별로 철폐함으로써 무역증진을 통한 FTA 이익을 확보하면서, 민감한 농업분야에 대해서는 장기철폐, 자유화 예외 등으로 분류하여 산업적 피해를 최소화한 것으로 평가된다. 참고로 한 · EU FTA 하의 농업개방 압력은 한 · 미 FTA의 30% 수준이 될 것이라는 연구가 있다.[2] 수입액 및 품목 수 기준으로 EU의 자유화 속도가 빠른 것으로 평가되며, 수입액 기준 5년 내 관세철폐 비율은 우리나라 97%, EU 100%이다.

2__ 최세균(2009), "한 · EU FTA 농업분야 평가", FTA연구센터 내부자료.

한편 한 · EU FTA의 결과 EU에 대한 관세철폐로 발생하는 수입증대액 중에는 경쟁국인 일본으로부터의 수입을 대체하는 효과가 발생할 것으로 예상되었다. 특히 대EU 수입증가의 비중이 큰 기계, 정밀화학, 전기전자(특히 중전기기 분야) 등에서의 대일본 대체효과가 두드러지게 나타나고 있다.

한 · EU FTA는 법률서비스 등 전문직서비스, 고등교육서비스 등 교육서비스 등은 아직 WTO 회원국에게 개방하지 않았으나 한 · 미 FTA에서 양허된 분야를 중심으로 EU에게 개방하기로 하였다. 환경서비스의 생활하수 서비스, 시험기술분석 서비스 등도 추가적으로 개방되었으나 이 분야들은 현행법상 국내적으로 제한이 없거나 일부 기업이 이미 진출해 있는 상황으로 국내산업에 대한 피해가 그다지 염려되지 않는 분야이다. 한 · EU FTA와 한 · 미 FTA가 발효되는 경우, 양국 서비스 공급자 사이의 경쟁을 통하여 국내 서비스 수요자는 보다 양질의 서비스를 보다 저렴한 가격으로 공급받을 수 있다는 견해도 있다.

한 · 미 FTA와 더불어 EU와 체결한 FTA는 우리나라 FTA 정책에서 가장 의미 있는 협정으로 볼 수 있다. 제12장의 한 · 미 FTA에 이어 이 장에서는 한 · EU FTA의 주요 내용을 외교통상부(2009)가 발표한 "한 · EU FTA 설명자료"를 중심으로 논의하고자 한다.

2. 상품분야

가. 공산품

한 · EU 양측 모두 공산품(임산물 포함) 전 품목에 대해 관세를 철폐하기로 하였다. 관세철폐 시기에 있어 EU가 다소 조기에 철폐하도록 비대칭적 관세철폐 의무 이행에 합의하였다. 우리나라는 7년 구간을 사용하는 데 비해, EU는 5년 이내 모든 상품에 대한 관세를 철폐하기로 되어 있다. 수입액을 기준으로 할 경우, EU는 즉시철폐 구간에서 7.3%(EU : 76.7%, 한국 : 69.4%), 3년 내 조기철폐 구간에서 1.5%(EU : 93.3%, 한국 : 91.8%)를 우리에 비해 더 많이 철폐하도록 되어 있다. 품목 수를 기준으로 할 경우, EU는 99.4%에 해당하는 품목을 3년 내에 철폐하는 반면, 우리나라는 95.8%를 3년 내 철폐하기로 하였다.

표 13-1 ■ 공산품 분야 관세양허 내용 (단위 : 억 달러)

양허단계	한국 양허				EU 양허			
	품목 수	비중	대EU 수입액	비중	품목 수	비중	대한국 수입액	비중
즉시철폐(A)	8,535	90.7%	180	69.4%	7,201	97.3%	318	76.7%
3년 철폐(B)	478	5.1%	58	22.4%	151	2.1%	68	16.6%
조기철폐(A+B)	9,013	95.8%	238	91.8%	7,352	99.4%	386	93.3%
5년 철폐	346	3.7%	18	6.9%	46	0.6%	28	6.7%
7년 철폐	45	0.5%	3	1.3%	-	-	-	-
총합계	9,404	100%	259	100%	7,398	100%	414	100%

자료 : 외교통상부(2009), "한 · EU FTA 설명 자료".

EU와 체결한 FTA에서 공산품 시장개방은 한 · 미 FTA보다 더 빠르게 자유화되며, 전반적으로 자유화 수준이 매우 높은 것으로 볼 수 있다. 높은 수준의 FTA 체결을 통해 우리의 대EU 수출주력품목의 시장점유율 확대가능성을 제고시키고, 잠재적 품목의 시장진입 가능성도 높아지게 되었다는 것이 통상전문가들의 평가이다. 특히, EU와 FTA가 체결되지 않은 일본, 중국에 비해 EU 시장에서 우리 업계에 유리한 경쟁기반 조성 등의 효과가 기대된다.

표 13-2 ■ 공산품 분야 한 · EU, 한 · 미 FTA 양허 비교 (단위 : 억 달러, %)

양허단계	한 · EU FTA								한 · 미 FTA							
	한국 양허				EU 양허				한국 양허				미국 양허			
	품목 수	비중	수입액	비중	품목 수	비중	수입액	비중	품목 수	비중	수입액	비중	품목 수	비중	수입액	비중
즉시철폐(A)	8,535	90.7	180	69.4	7,201	97.3	318	76.7	8,453	89.9	202	81.0	7,424	87.3	347	85.5
3년 철폐(B)	478	5.1	58	22.4	151	2.1	68	16.6	594	6.3	33	13.2	346	4.1	28	6.9
조기철폐(A+B)	9,013	95.8	238	91.8	7,352	99.4	386	93.3	9,047	96.2	235	94.3	7,770	91.4	375	92.4
5년 철폐	346	3.7	18	6.9	46	0.6	28	6.7	177	1.9	4	1.5	339	4.0	14	3.4
7년 철폐	45	0.5	3	1.3	–	–	–	–	–	–	–	–	–	–	–	–
10년 철폐	–	–	–	–	–	–	–	–	180	1.9	11	4.2	392	4.6	17	4.2
총합계	9,404	100	259	100	7,398	100	414	100	9,404	100	250	100	8,501	100	406	100

자료 : 외교통상부(2009), "한 · EU FTA 설명 자료".

나. 자동차

1) 관세

양측 모두 중형 및 대형(배기량 1,500cc 초과)은 협정 발효 후 3년 내, 소형(배기량 1,500cc 이하)은 5년 내에 철폐하기로 합의했다. 주요 자동차부품의 관세는 즉시 철폐된다. EU의 중 · 대형 승용차 관세 10%를 3년 내 철폐 시 매년

표 13-3 ■ 자동차 관세양허

품목		협정 이행 후 관세철폐 시점(괄호 안은 현행 관세율)	
		한국	EU
승용차	중 · 대형(1,500cc 초과)	(8%) 3년	(10%) 3년
	소형(1,500cc 이하)	(8%) 5년	(10%) 5년
	기타(하이브리드)	(8%) 5년	(10%) 5년
화물자동차	승합차	(10%) 즉시	(10~16%) 즉시
	디젤/5톤 이하 화물차	(10%) 즉시	(22%) 5년
	디젤/20톤 초과 화물차	(10%) 5년	(22%) 3년
	도로주행 트랙터	(8%) 5년	(16%) 3년
자동차부품	디젤엔진부품	(8%) 즉시	(2.7%) 즉시
	카스테레오	(8%) 즉시	(14%) 즉시
	기어박스	(8%) 즉시	(4.5%) 즉시
	타이어	(8%) 즉시	(2.5~4.5%) 3년

3.3% 관세인하 효과가 예상된다. 참고로 우리나라는 자동차에 대해 8% 관세를 부과하는 반면, EU는 10%를 부과하고 있다. 승용차는 2008년 기준 대EU 전체 공산품 수출액 중 18.5%를 차지(전체 수출 중 8.9%인 52억 달러)하며, 3년 철폐 대상인 중형 및 대형 자동차 수출 비중이 대EU 자동차 수출의 2/3 이상을 차지하고 있다.

2) 기타 자동차 관련 규정

한 · 미 FTA에서와 같이 한 · EU FTA 협상에서도 자동차 안전기준이 핵심 쟁점으로 부각되었다. 회원국의 안전기준과 유사한 UN 유럽경제위원회(UN ECE) 기준에 따라 제작된 차량에 대해 해당 국내기준을 충족한 것으로 인정하기로 했다. UN ECE는 자동차 기술표준의 국제적 조화를 목적으로 설립되었으며, EU와 우리나라는 회원국으로 가입하고 있다. 우리나라 42개 주요 안전기준 중 32개, EU 기준의 대다수가 인정대상 기준에 해당된다. 우리 기준 중 UN ECE와 유사한 기준이 없는 기준(10개)에 대해서는 국내기준을 적용하기로 함으로써 우리나라 규정을 EU가 인정하기로 했다.

한 · EU 간 배출기준 관련 잠정조치 합의에 따라 배출기준 관련 잠정조치에 합의했는데, 2009년 1월부터 시행 중인 평균배출량 관리제도(Fleet Average System ; FAS)가 적용되나, 1만 대 이하 소량판매 제작자에 대해서는 완화된 배출기준 적용을 내용으로 하는 과도조치를 도입했다. FAS는 자동차 제작자가 다양한 배출기준(LEV, ULEV, SULEV, ZEV)을 만족하는 자동차를 출고할 수 있도록 허용하는 대신, 동 제작자가 판매하는 모든 차종의 평균배출량이 일정한 기준을 넘지 못하도록 하는 제도이다. 동 잠정조치는 한 · 미 FTA가 발효되어 1만 대 이하 판매 제작자에 대한 배출기준이 도입될 때까지 적용되며, 잠정조치

표 13-4 ■ 자동차 환경기준 비교

한 · EU FTA 발효 후, 한 · 미 FTA 발효 이전		한 · 미 FTA 발효 후	
차량 대수	NMOG 수치	차량 대수	NMOG 수치
1 ~ 250대	0.047g/km(LEV 기준)	1 ~ 4,500대	0.047g/km(LEV 기준)
251 ~ 4,000대	0.039g/km		
4,001 ~ 10,000대	0.030g/km	4,501 ~ 10,000대	0.037g/km
10,001대 이상	0.025g/km(ULEV 기준)	10,001대 이상	0.025g/km(ULEV 기준)

상의 배출기준은 한·미 FTA 합의내용보다 강화된 기준이다.

원산지기준에 대해 살펴보면, 완성차의 경우 한·미 FTA와 유사한 역외산 부품의 허용치를 최고 45%로 하고, 자동차부품의 경우 세번변경기준 또는 역외산 허용치 50%에 합의하였다. 모터사이클, 트레일러 등 기타 자동차의 경우에는 세번변경기준 또는 역외산 허용치 50%에 합의하였다. 단, 철도차량은 세번변경기준을, 자전거는 역외산 허용치 45%를 적용하기로 했다.

특히 한·EU FTA에서는 일반분쟁 해결절차에 비해 신속한 분쟁해결절차를 도입하기로 했다. 자동차 관련 분쟁 발생 시 협의요청부터 최종보고서 제출까지 총 100일 이내에 처리되도록 분쟁해결절차를 당기기로 했다. 참고로 WTO 일반분쟁 해결절차는 통상 160일이 소요된다. 한·미 FTA에 도입된 자동차 관련 강화된 구제조치(snap-back)는 도입하지 않기로 했다. 참고로 Snap-back은 자동차 관련 협정내용이 이행되지 않을 때 자동차 관세 인하를 원점으로 돌리는 조치이다.

다. 농산물

주요 민감품목에 대해서는 양허 제외, 현행 관세 유지, 계절관세 도입, 세번분리, 농산물 세이프가드 적용 등 예외적 취급과 함께 10년 이상의 관세철폐 기간을 확보하였다. 쌀 및 쌀 관련 제품(16개 HS 세번)은 자유화 대상에서 제외되었고, 민감한 일부 품목에 대해서는 현행 관세 유지, 수입쿼터를 허용하는 선에서 개방에 따른 부담을 줄이고자 했다. 현행 관세가 유지되는 품목으로는 감귤(온주밀감), 고추, 마늘, 양파, 인삼이며, 현행 관세 유지 및 수입쿼터 제공 품목은 분유, 천연꿀, 오렌지(성출하기)이다.

포도(5월~10월 15일), 오렌지(9월~2월) 등에 대해서는 국내 생산시기에는 관세인하가 되지 않도록 계절관세를 제공하기로 했으며, 사과(후지), 배(동양배) 주요 품종은 20년 관세철폐로 하되 세번분리방식을 채택하였다. 쇠고기, 냉장돼지고기, 맥주맥·맥아, 사과, 설탕, 인삼, 발효주정, 감자전분, 변성전분 등 9개 품목은 농산물 세이프가드가 적용된다. 또한 돼지고기에 대해서는 삼겹살 등 부위별 민감성을 고려하여 차등양허를 적용하기로 했다. 가장 민감한 냉동·냉장 삼겹살 및 냉장 기타 부위의 관세철폐 기간은 10년으로 확보하였다.

낙농제품에 대해서는 양허기간을 장기화했다. 양허기간을 10년 이상 장기화하고, 전·탈지분유, 치즈, 유장 등에 대해서는 과거 수입실적을 고려하여 무관세 쿼터물량(TRQ)을 설정하였다.

표 13-5 ■ 돼지고기 수입구조 및 관세양허

구분	관세율	품목명	수입액(천불)	시장점유율		양허 현황	
				미국	EU	한·미	한·EU
냉동	25%	삼겹살	183,159	0.7%	77.4%	2014.1.1	10
		기타	96,784	32.8%	34.1%	2014.1.1	5
냉장	22.5%	삼겹살	703	72.7%	3.2%	10 + ASG	10 + ASG
		기타	41	72.8%	0.5%	10 + ASG	10 + ASG

표 13-6 ■ 낙농제품 관세율 및 관세양허

구분	관세율(%)	수입액(천불)	양허단계
치즈	36	20,238	15년 + TRQ
유장	49.5	9,616	10년 + TRQ
전탈지분유	89～176	2,738	TRQ
조제분유	36～40	2,566	10년 + TRQ
버터	89	972	10년 + TRQ

EU측 농산물 양허내용을 살펴보면, EU는 쌀(39개 품목)을 제외한 모든 농산물 관세를 5년 내 철폐하며, 우리나라의 대EU 주요 수출품목 및 수출유망품목은 대부분 즉시 철폐된다. 대표적인 품목은 면류(6.4% 이상 복합세), 식물성액즙(0～19.2%%), 간장(7.7%), 비스켓(9% 이상 복합세), 음료(0～33.6%), 화훼류(0～12%) 등이며, 이들 품목이 우리나라의 대EU 수출액의 86%를 차지하고 있다. 한편, EU는 토마토, 호박, 감귤, 복숭아 등 일부 채소 및 과일 품목(16개 세번)의 경우 일정 기간 기존 시장진입가격제도를 유지하기로 했다. 시장진입제도는 EU로 수입되는 과일 및 채소의 수입가격이 일정 가격보다 낮을 경우, 관세 상당치를 추가로 부과하는 제도이다.

라. 수산물

우리나라는 민감도별로 즉시철폐에서 10년까지 차별화하여 양허하고, 주요 민감품목은 현행 관세를 유지하거나 10년 이상의 관세철폐 기간을 확보하였다. 현행 관세 유지 품목은 오징어, 명태, 민어(이상 냉동)이며, 10년 이상 관세철폐 품목은 넙치, 고등어, 가자미, 서대, 민대구, 전갱이, 볼낙, 홍어, 가오리(이상 냉동), 게살, 멸치젓, 어류통조림이다. EU측 관심도가 높은 냉동 고등어, 조제 골뱅이 등에 대해서는 한·미 FTA 내용을 고려하여 관세를 철폐하기로 했다. 10%의 관세가 부과되는 냉동 고등어는 한·미 FTA와 같이 12년 내에 철폐하기로 했다.

표 13-7 ■ 수산물분야 관세양허

양허단계	우리나라 양허안				EU 양허안			
	품목 수	비중(%)	수입액(천$)	비중(%)	품목 수	비중(%)	수입액(천$)	비중(%)
0	50	12.3%	5,606	6.8%	155	40.8%	21,585	25.3%
3	130	31.9%	16,734	20.3%	121	31.8%	59,445	69.7%
5	94	23.0%	42,021	50.9%	104	27.4%	4,272	5.0%
7	18	4.4%	119	0.1%				
10	111	27.2%	5,152	6.2%				
예외적 취급	5	1.2%	12,908	15.6%				
합계	408	100.0%	82,540	100.0%	380	100.0%	85,302	100.0%

주 : 예외적 취급은 현행 관세 유지, 수입쿼터, 10년 초과 장기철폐 품목을 의미.

EU는 수산물 중 품목 수 기준 40.8%(수출액 기준 25.3%)에 대해 관세를 즉시 철폐하기로 했다. 대EU 수출품목 중 품목 수 기준 72.6%(수출액 기준 95%)가 3년 내 자유화되고, 나머지 품목은 5년 내 완전 자유화된다. 또한 대EU 수출 100만 달러 이상 품목 중 냉동넙치(5년)를 제외한 전 품목이 즉시 또는 3년 내 완전 자유화된다. 대EU 수출 100만 달러 이상 3년 내 자유화되는 품목은 대구(12%), 새우(12%), 오징어(8%), 문어(8%), 참치(20%), 기타 조개(8%)(이상 냉동), 기타 수산가공품(20%), 게통조림(8%), 조개통조림(20%)이다.

마. 정부조달

일반 정부조달시장은 현행 WTO 정부조달협정(GPA) 양허 이상의 추가개방은 하지 않기로 했다. EU측의 GPA상 개방수준이 워낙 높아 추가개방을 할 경우에 우리측의 개방 부담이 커지게 될 것을 고려한 결과이다. 이에 따라 개정 GPA의 일반 정부조달 절차를 준용하기로 했다. 우리 국내법상 이미 개방되어 있는 민자사업을 상호 개방하되, 양측 모두 1,500만 SDR(222억원) 이상의 민자사업에만 적용하여 개방하기로 하였다. 우리나라는 중앙정부 및 광역지방자치단체, 일부(서울시, 부산시, 인천시, 경기도) 기초지방자치단체, EU측은 중앙정부 및 모든 단위의 지방자치단체가 개방대상이 된다.

3. 무역규범

FTA and International Trade, ch. thirteen

가. 지적재산권

지적재산권에 대한 보호를 전반적으로 강화하기로 양측이 합의했다. 단, 선행상표(협정 발효 전에 출원 또는 등록된 상표, 사용에 의해 식별력이 확립된 상표)의 사용은 계속 보장된다. 협정 부속서에 기재된 양측의 지리적 표시(GI)를 상호 보호하기로 했다. 보호대상은 농산물 및 식품(이하 농식품)과 포도주 · 증류주를 포함한다.

표 13-8 ■ 지리적 표시 보호품목

	농식품	포도주	증류주	합계
한국	63	0	1(진도홍주)	64
EU	60	80	22	162

농식품의 지리적 표시의 보호수준을 WTO TRIPS 협정 제23조의 포도주 · 증류주의 보호수준으로 강화하되, 양측이 보호하기로 합의한 품목에 대해서만 보호하기로 했다.

표 13-9 ■ 한 · EU FTA EU의 지리적 표시(GI) 보호목록

품목	주요 GI 대상품목
와인(80)	메독, 쌩떼밀리옹, 보르도, 보졸레, 브르고뉴, 샤블리, 마고(프랑스), 키안티, 토스카나, 캄파니아(이탈리아), 미털라인, 라인헤센, 라인가우, 모젤(독일)
증류주(22)	아이리쉬 위스키(아일랜드), 우조(그리스), 코냑, 아르마냑(프랑스)
치즈(19)	까망베르 드 노르망디(프랑스), 에멘탈 드 사부아(프랑스), 모차렐라 디 부팔라 깜파나(이탈리아)
육류가공품(14)	잠봉 드 바이욘(프랑스), 잠포네 모데나(이탈리아), 프로슈트 디 파르마(이탈리아), 프로슈트 드 토스카나(이탈리아)
오일(10)	아쎄이떼 델 바호 아라곤(스페인), 윌 에쌍시엘 드 라벙드 드 오뜨 프로방스(프랑스)
맥주(6)	뮌헤너 비어, 바이어리쉐스(독일)
채소조제품(4)	엘리아 깔라마따스(그리스)
제과류(2)	히호나(스페인)
굴제품(1)	위트르 드 마렌느 올레롱(프랑스)
기타(4)	마스티하 히우(그리스), 아싸프란 데 라만차(스페인)
합계	162개

부속서에 1차로 등재된 EU의 지리적 표시 품목 수는 162개이며, 우리나라 품목 수는 64개이다. EU는 포도주가 80품목으로 가장 많고, 다음이 증류주(22품목)이며, 농식품은 60개 품목이 지리적 표시 대상이다. 반면 우리나라는 농식품이 63품목으로 가장 많고, 증류주가 1품목이다. 양측은 협정 발효 후 공동위원회를 개최하여 GI 추가, 심사절차 등을 논의할 예정이다. 추가등록과 관련하여 상표법상 지리적 단체표장도 EU측의 기준을 만족하는 경우에 추가등록이 가능하다.

표 13-10 ■ 한 · EU FTA 우리나라 지리적 표시(GI) 보호목록

품목	주요 GI 대상품목
채소(9)	서산마늘, 의성마늘, 남해마늘, 단양마늘, 괴산고추, 청양고추, 해남겨울배추, 창녕양파, 무안양파
과일(7)	성주참외, 충주사과, 밀양얼음골사과, 함안수박, 고흥유자, 영암무화과, 청송사과
인삼류(6)	고려수삼, 고려홍삼, 고려백삼, 고려태극삼, 고려인삼제품, 고려홍삼제품
쌀 · 맥류(4)	이천쌀, 철원쌀, 여주쌀, 군산찰보리쌀
차(4)	보성녹차, 하동녹차, 제주녹차, 무안백련차
잡곡 · 서류(4)	홍천찰옥수수, 정선찰옥수수, 여주고구마, 해남고구마
조제품(4)	순창고추장, 괴산고춧가루, 청양고춧가루, 영양고춧가루
특용작물(5)	고창복분자, 광양매실, 정선황기, 진부당귀, 강화약쑥

축산물(3)	횡성한우고기, 홍천한우, 제주돼지고기
주류(2)	고창복분자주, 진도홍주(증류주)
임산물(16)	양양송이버섯, 장흥표고버섯, 산청곶감, 정안밤, 울릉도삼나물, 울릉도미역취, 울릉도참고비, 울릉도부지깽이, 경산대추, 봉화송이, 청양구기자, 상주곶감, 남해창선고사리, 영덕송이, 구례산수유, 광양백운산고로쇠
합계	64개

한 · 미 FTA와 같이, 저작권 보호기간(기존 50년)을 저작자 사후 70년으로 연장하되, 보호기간 연장시점을 협정문 발효 후 2년간 유예하기로 했다. EU측이 요청한 추급권(Artists' Resale Right) 도입은 일단 배제하고 협정 발효 후 2년 이내에 한국에서의 추급권 도입의 적절성 및 실행가능성을 협의하기로 했다. 추급권은 미술품이 재판매될 때 작가(저작자)가 판매액의 일정 몫을 받을 수 있는 권리를 말한다. FTA 협상에서 EU측은 'Made in EU' 원산지 표기 방식을 요청했으나 우리나라는 수용하지 않았다. 하지만 2012년 한 · EU FTA 협정위원회에서 우리나라는 'Made in EU'를 포함한 다양한 방식의 원산지 표기 방식을 인정해 주기로 하였다. 국제적으로 통용되는 국가명(예 : Greece, Scotland, Wales), 당사자 국가의 국제코드(예 : GR, GB, DE, IT), EU 표기(European Community ; EC), 당사국의 형용사 표기(예 : Danish, German), EU측 각 당사자 언어 협정문에 표현된 'EU' 표기('UE', 'ES', 'EE', 'EC'), 안도라 공국을 원산지로 하는 제품(HS 25류~97류)과 산마리노 공화국을 원산지로 하는 제품도 인정해 주기로 하였다. 마킹 및 라벨링에 있어 정보 제공 목적 외 강제적 라벨 요건은 최소화하고, 기술장벽으로 작용할 가능성이 있는 통관 전 라벨의 사전승인 · 등록 · 인증절차 철폐(우리나라의 경우 실제로는 동 제도를 사용하지 않고 있다), 복수언어의 사용, 규제목적을 저해하지 않는 경우 비영구적 · 탈착 가능 라벨의 허용 노력 등에 합의했다.

나. 위생 및 식물위생 조치(SPS)

농수산물 순수입국인 우리나라는 국내 산업 및 국민건강 보호를 위해 수입국의 권리에 중점을 두고 FTA 협상을 진행하면서, WTO 위생 및 식물위생 조치의 적용에 관한 협정(SPS) 수준으로 규정할 것을 제안하였다. 또한 SPS 관련 분쟁은 WTO 분쟁해결절차에 따르는 것이 바람직하고, 동물복지 및 지역화 인정절차 등은 수용하기 어렵다는 입장을 견지하였다. 육류수출작업장 검역 및 승인절차는 국제기준 및 이에 따른 수출국의 검역조치를 존중하나 구체적인 수입조건을 결정하는 것은 수입국의 권리라는 점을 EU측에 주지시키고자 했다. 하지만 EU측은 지역화 인정절차 마련을 강력하게 요구하였고, 동물복지는 EU FTA에 반영하는 주요 관심사항이란 점을 강조하였다. 협상 결과, SPS 이슈는 FTA 분쟁해결절차보다는 WTO 절차에 따르며, 지역화 인정은 원칙적으로 도입하되 2년간 협의를 통해 상호이해를 증진시키고, 수출작업장 승인절차에 특정 수입요건을 부과하기로 했다.

WTO SPS 협정은 인간, 동물 또는 식물의 생명과 건강을 보호하기 위하여 필요할 경우에 무역을 제한하는 정부의 권리로서, 우루과이라운드 당시 여러 국가들은 관세화의 결과로 농산물에 대한 비관세장벽이 금지되면서 위생 및 검역을 이유로 하여 무역에 대한 부당한 무역제한조치가 남용될 것을 우려하였다. 이에 대처하기 위해 SPS는 우루과이라운드에서 처음 도입되었고, SPS 협정의 목적은 식품의 안전과 동식물의 건강을 보호하기 위한 조치는 과학적 근거에 바탕해야 하고, SPS 조치는 무역에 미치는 영향을 최소한으로 유지해야 하도록 규정했다.

SPS 협정의 주요 원칙은 다음과 같이 정리될 수 있다.

- **조화**(harmonization) : 식량농업기구 및 세계보건기구(FAO/WHO), 국제식품규격위원회(Codex Alimentarius Commission), 국제가축전염병사무소(International Office of Epizootics) 및 국제식물보호협약(International Plant Protection Convention)의 체제 하에서 활동하는 기구들의 활동에 참여하고 가능한 한 SPS 조치를 조화시키도록 장려
- **동등성**(equivalence) : 동일한 수준의 건강보호를 가져오는 다른 국가의 관행을 동등한 것으로 인정
- **위해성 평가**(risk assessment) : 식품의 안전과 동식물의 건강을 보호하기 위한 SPS 조치는 위해성 평가에 기반하여야 하며, 모든 SPS 조치는 사용 가능한 과학적 증거에 기초
- **지역화**(regionalization) : 공급국의 다른 지역에 질병이 존재하는 경우에

도, 질병이 없는 지역이나 당해 해충 또는 질병의 가능성이 낮은 지역에서 수입될 경우에는 이를 고려

- **투명성** : 모든 WTO 회원국들은 단일 문의창구(enquiry point)를 설치하고 국내적으로 SPS 관련 규정을 도입하거나 개정하는 경우 채택 전 통고하도록 의무화

SPS에 대한 한 · EU FTA 협정문은 WTO SPS의 권리와 의무를 재확인하는 수준에서 규정하였고, 협의채널인 SPS 위원회를 설치하고, 분쟁 발생 시 WTO 절차를 이용한다는 점은 한 · 미 FTA의 SPS 협정과 동일하다. 다만, EU가 28개 회원국으로 구성되어 있음을 감안하여 ① 수입조건을 부과하는 원칙, ② 지역화 인정 절차, ③ 동식물 작업장 승인 절차 개발 논의, ④ 동물복지(animal welfare) 등 양자간 절차적인 내용이 추가로 포함되었다.

표 13-11 ■ FTA별 SPS 관련 조항 비교

구분	한 · 칠레 FTA	한 · 싱가포르 FTA	한 · EFTA FTA	한 · 아세안 FTA	한 · 미 FTA	한 · 인도 CEPA	한 · EU FTA
규정 형태	Chapter (12개 조)	Chapter (1개 조)	Article (2개 항)	Article (2개 항)	Chapter (4개 조)	Article (4개 항)	Chapter (11개 조)
WTO 준용 여부	일반규정은 WTO/SPS 준용						
협의 메커니즘	SPS 위원회 설치			contact point 지정 및 공동 작업반 설치	committee 설치	공동작업반 설치	committee 설치(1년 주기)
분쟁 해결	별도 언급 없음(FTA 협정의 분쟁해결절차에 따름)				FTA 협정의 분쟁해결절차를 이용하지 않음		

한 · EU FTA에서는 WTO SPS 협정상의 권리와 의무를 확인하고, SPS 조치 관련 분쟁은 한 · EU FTA의 양자간 분쟁해결절차의 적용을 배제하고 WTO 분쟁해결절차를 적용하기로 했다. FTA에서는 쇠고기 수입위생조건 등 개별 위생검역 현안은 다루고 있지 않으며, 검역기준과 관련하여 새로운 내용이 추가된 것은 없다.

수입요건을 부과함에 있어서 일반적(general) 수입요건은 타방의 영역 전체에 걸쳐 적용된다. 단, 수출국의 동 · 식물 위생상황에 기반하여 수출 국가별 또는 지역별로 추가적인 특정 수입요건 부과는 가능하다. 특정 수입요건 부과의 근거가 되는 수출국의 동 · 식물 위생상황은 WTO SPS 협정 및 CODEX, OIE,

IPPC에 의해 수립된 국제 기준 또는 지침에 따라 수입국이 결정한다.

한편 동·식물 위생검역에 있어서는 지역화가 인정된다. 지역화 인정이란 질병이 발생한 지역에 대해서만 제한적으로 수입금지 조치를 내리는 것을 말한다. 즉, 다른 지역의 농식품은 안전한 것으로 인정하여 수입에 아무런 제재를 가해서는 안 된다. 이처럼 한·EU FTA에서는 WTO/SPS 협정의 지역화 개념을 확인하고, 신뢰구축 활동 전개 및 지역화 인정 절차를 마련하기로 했다. 약 2년간의 신뢰구축 활동을 통하여 지역화 관련 제도 및 적용에 대한 상호 이해를 증진하고 지역화 인정 절차를 마련하기로 했다. 수입국은 지역화 인정 여부를 수출국이 제공한 정보를 기초로 해서 수출국의 관련 결정도 참고하여 결정하게 된다. 단, 지역화 결정에 관한 양측의 입장이 다를 경우 협의절차를 개시하여 쟁점을 해소해 나가게 된다.

다. 무역기술장벽협정(TBT)

WTO 무역기술장벽협정(TBT)은 강제적인 기술규정이나 자발적인 표준, 그리고 그 준수 여부를 판정하는 적합성판정절차가 국제무역에 불필요한 장애가 되거나 무역을 방해하는 목적으로 채택되었다. 동시에 TBT 협정은 국가안보의 보장, 기만적인 관행의 방지, 인간 및 동식물의 생명 또는 건강의 보호와 환경 보호 등 정당한 목적을 추구하는 회원국의 권리를 인정하고 있다.

TBT의 주요 내용은 강제성이 있는 기술규정(techinical regulation)의 준비, 채택 및 적용, 표준 기관에 의한 표준(standards)의 준비, 채택 및 적용, 그리고 기술규정과 표준의 합치 여부에 관한 확인 및 인증을 위한 적합성평가절차(conformity assessment procedures)로 구성되며, 주요 내용은 다음과 같다.

- 기술규정, 표준 및 적합성평가절차는 비차별원칙이 적용되고 내국민 대우와 최혜국 대우가 적용,
- 동시에 국제무역에 대한 불필요한 무역장벽을 조성하려는 의도를 갖거나 그러한 효과를 초래하도록 준비, 채택 또는 적용해서는 안 됨.
- 또한 기술규정은 목적 달성을 위해 필요한 것보다 더 무역제한적이서는 안 됨.

TBT는 기술규정에 대한 국가별 차이로 인한 무역장벽을 최소화하기 위해 기술규정, 표준 및 적합성평가절차를 다음과 같은 방법으로 조화시켜 나가고 있다.

- **국제표준**(international standards) : 국제적으로 합의된 관련 표준이 존재하는 경우, 다른 방법이 없는 한 회원국은 이를 기술규정 또는 표준을 조화시키는 기초로 사용하도록 장려
- **동등성**(equivalence) : 다른 회원국의 기술규정이 자국의 정책목표 달성과 부합하는 경우, 이를 자국의 규제화와 동등한 것으로의 수용을 적극 고려
- **상호인정**(mutual recognition) : 회원국 간 적합성평가의 상호인정에 관한 상호인정협정(MRA)을 협상할 것을 촉구

한 · EU FTA는 표준, 기술규정, 적합성평가 등이 양측 간 상품교역에 장애가 되지 않도록 투명성 제고 등 기술규정 제 · 개정 시의 의무 준수, 표준 및 기술규정 등 분야에서 공동협력 강화, 양측 간 현안 문제의 해결을 위한 협의체 설치, 마킹 및 라벨링 규제의 교역장애 요소 최소화 등을 규정하고 있다.

협상에서 EU는 제품이 EU 회원국 내 여러 국가를 거쳐 제조되는 경우에 원산지 결정상의 어려움을 감안하여 "Made in EU" 등 다양한 원산지 표기를 허용했다. 또한 마킹 및 라벨링 규제가 소비자에 대한 정보제공 목적 이외에 양측 간 통상장벽이나 불필요한 규제가 되지 않도록 보증하기로 했다. 즉, 정보제공 목적 외 강제적 라벨요건을 최소화하기로 했다. WTO TBT 협정 부속서 1은 마킹이나 라벨링 기준이 기술규정에 해당함을 명시하고 있으며, 제2조 제2항은 마킹 및 라벨링 규제가 정당한 목적을 달성하는 데 필요한 이상으로 무역제한적이어서는 안 됨을 규정하였다. 또한 라벨의 사전승인, 등록, 인증을 철폐하기로 하였는데, 기체결 FTA에서 마킹이나 라벨링 관련 사항을 별도 규정한 사례는 없다는 점에서 의의가 있다. 마킹과 라벨링에서 복수언어의 사용을 허용했고, 비영구적이고 탈착 가능 라벨도 허용되었다.

FTA TBT는 WTO TBT를 준용하면서 정보교류를 활성화시키는 내용이 포함된다. 특히 한 · EU FTA TBT는 이 부분에 대해 우수한 평가를 받을 수 있다. 기술규정 제 · 개정 시의 의무는 한 · 미 FTA를 포함한 우리나라 기체결

FTA보다 진전된 것으로 평가된다. 기술규정 관련 법령 등을 제·개정할 경우 국내(혹은 회원국 내) 이해관계자(업계, 단체, 개인 등)는 물론 상대측 이해당사자의 비차별적 참여를 허용하는 내국민 대우 원칙을 규정하였다(한·EU FTA 제4.4조 제2항). 이는 한·미 FTA TBT 협정문과 유사하며, 무역 상대국의 기술규정 제·개정안에 대한 이해당사국의 의견제시(comments) 권리만 포함하고 있는 WTO TBT 협정보다 한층 강화된 투명성 의무를 부과하였다. 기술규정을 제·개정할 경우, 상대국이 요청하는 경우에는 동 기술규정의 제·개정 목적, 법적 근거, 정당성 등 정보 제공 의무를 부여했다(제4.4조 제1항). 제·개정한 기술규정에 대하여 정보를 제공하기 위한 공개된 웹사이트 등 설립 및 상대측 요청 시 지체 없이 서면 정보 및 적절한 지침을 제공해야 한다(제4.4조 제1항).

표 13-12 ▪ WTO 및 기체결 FTA에서의 TBT 규정 재·개정 관련 규정 비교

WTO TBT 협정	한·칠레 FTA	한·미 FTA	한·인도 CEPA	한·EU FTA
▪ 제·개정하고자 하는 기술규정안을 WTO에 통보한 후 서면의견 제출기간 보장	▪ 표준 관련 조치 준비 과정에서 상대국 비정부인의 참여 허용 ▪ 표준 관련 조치 목록을 작성, 상대국 요청 시 이를 제공	▪ 표준 및 기술규정 제·개정 과정에 상대국인의 비차별적 참여 허용 ▪ 모든 통보문은 실행 가능한 하나의 웹사이트나 여타 정보처에서 얻을 수 있도록 보장	▪ 기술규정·표준 및 적합성평가절차에 대한 정보 교환	▪ 기술규정 제·개정 과정에 상대국인의 비차별적 참여 허용 ▪ 제·개정한 기술규정 정보를 제공하기 위해 공개된 웹사이트 등의 설립 ▪ 상대측 요청 시 지체 없이 서면 정보 및 적절한 지침 제공

라. 무역구제

FTA에 따른 관세감축으로 국내 산업에 심각한 피해가 발생할 경우, 우리나라가 MFN 관세율까지 관련 상품에 대한 특혜관세율 인상 권한을 보유하기로 했다. 양자 세이프가드는 관세철폐 후 10년까지 발동 가능하다. 한·미 FTA의 경우, 발효 후 10년 또는 10년 이상 관세철폐 대상품목의 경우 관세철폐 기간까지 발동 가능한 것으로 규정되어 있다.

농산물의 경우, 특정 품목마다 미리 정해둔 물량이 초과되어 수입될 경우에 세이프가드 발동이 가능하다. 해당 농산물에 대한 특혜관세율을 MFN 관세율까지 인상 가능하다. WTO 협정에 따른 다자 세이프가드 발동권한을 보유하되, 동일한 상품에 대해 양자 세이프가드와 다자 세이프가드를 동시에 발동할 수 없도록 제한하였다.

반덤핑 또는 상계관세는 덤핑 마진 또는 보조금 마진이 국내산업 피해를 제거할 수 있는 수준보다 높을 경우, 국내산업 피해를 제거할 수 있는 수준까지만 부과 가능하다. 즉, 최소 관세부과 원칙(Lesser Duty Rule)이 적용된다. 미소기준(de minimis)을 확대적용하기로 했는데, WTO 반덤핑협정에 따른 미소기준은 원심뿐만 아니라 신규 수출자 재심, 상황변동 재심 등 재심(review)에도 적용된다. 비합산(non-cumulation) 검토의무를 부과하기로 했는데, 다수 국가로부터 수입되는 상품이 반덤핑 또는 상계관세 관련 조사의 대상이 되는 경우, 상대국으로부터의 수입을 합산하는 것이 적절한지 검토의무를 부과하기로 했다. 반덤핑 사전통보 조항을 도입하여 반덤핑 조사 개시 15일 전까지 상대국에 반덤핑 조사신청서 접수 사실을 통보하도록 합의했다. 참고로 WTO 반덤핑협정에는 조사 개시 전 통보 의무만 있을 뿐, 조사 개시 일정 기일 전 통보 의무는 없다.

마. 보조금

보조금의 정의 및 특정성 개념은 WTO 보조금협정을 준용하기로 했다. 단, 서비스 및 농·수산 보조금은 협정 적용범위에서 제외된다. 아래 2가지 유형의 보조금은 금지보조금으로 규정된다. 단, 객관적 기준 및 조건에 따라 지급되는 중소기업보조금은 금지보조금 적용대상에서 제외된다.

① 기간 또는 양적인 측면에서 무제한적인 보증에 따라 지급되는 보조금
② 신뢰할 만한 회생계획 및 상당한 자구노력을 하지 않는 부실기업에 대한 지원(일시적 유동성 지원이나 공공서비스 공급비용 보상 및 석탄산업 지원은 예외)

상기 두 유형의 보조금은 WTO 보조금협정상의 조치가능보조금에 해당될 뿐만 아니라, 발동요건 및 효과를 WTO 보조금협정상의 조치가능보조금과 유사하게 규정함으로써, 추가적 의무부담은 실질적으로 없다. WTO 보조금협정

상의 금지보조금은 수출보조금, 수입대체보조금 2종류뿐이다.

바. 원산지 및 관세환급

EU측은 그간 EU가 체결한 FTA에서 고수해 온 엄격한 결합기준 원칙(세번변경기준 and 부가가치기준)을 처음으로 선택기준(세번변경기준 or 부가가치기준)으로 수정하였다.

기계 및 전기·전자는 양국의 수출입 주력 품목으로서, 무역확대에 기여할 수 있도록 대부분의 품목에 대해 세번변경기준과 45~50%의 부가가치기준을 선택적으로 적용할 수 있도록 규정하였다. 의류에 대해서는 직물기준에 합의하였고, 섬유사 및 직물에 대해서는 비스코레이온사 및 나일론 스테이플사는 일정 범위 내에서 역외산을 사용할 수 있도록 했다. 참고로 직물기준(Fabric Forward)은 한·미 FTA의 원사기준(Yarn-Forward)보다 완화된 기준으로, 2단계의 공정을 거치면 된다는 의미에서 이중변형기준이라고도 한다.

플라스틱 및 화학제품은 원유가격 변동에 따른 원산지기준의 불안전성을 고려하여 HS 코드 4단위 세번변경기준(CTH)으로 합의하였다. 농수산물은 양측의 주요 관심품목을 상호 균형 있게 반영하였다. 쇠고기, 돼지고기, 닭고기에 대해서는 완전생산기준을 적용하기로 했다. 수산물과 수산가공품 모두 원칙적으로 완전생산기준을 적용하되, 우리의 주력수출품목인 어묵의 경우 수입재료를 사용할 수 있는 원산지 면제 물량을 확보하였다.

원산지 자율증명제도를 채택했는데, 특혜관세를 받기 위한 원산지증명은 원칙적으로 인증수출자가 스스로 발급하는 방식을 채택하였다. 인증수출자는 수출국 관세당국이 수출자가 인증수출자 요건을 갖추었는지 심사한 이후 지정된다. 원산지증명서의 유효기간은 1년으로 규정되었다. 특혜관세 신청절차 간소화를 위해 수입업체가 특혜관세 신청 시 원산지증명서를 함께 제출하여야 하는지의 여부는 수입국 법령을 기준으로 결정하기로 했다. 소액 개인용 물품과 여행자 개인수하물은 원산지증명서 제출 의무가 면제된다. 금액한도는 EU의 경우 개인용품은 500유로 이하, 개인수하물은 1,200유로 이하이며, 우리의 경우 구분 없이 미화 1,000달러 이하이다.

원산지 간접검증 및 공동검증제도를 채택했다. 원칙적으로 수입국 세관당국이 수출국 세관당국에 원산지 요건 충족 여부 확인을 요청하도록 하는 간접 검증방식을 도입하였다. 세관상호지원 부속서에 따라 양측 세관당국의 공동검증 근거를 마련하기로 했다.

EU와의 FTA 협상에서 쟁점 중의 하나로 제기되었던 우리나라의 관세환급 제도는 계속 유지하기로 했다. 다만, 협정 발효 5년 후부터 특정 요건을 충족할 경우에 해당 품목에 대한 관세환급 비율을 제한할 수 있는 세이프가드 조치를 도입하기로 했다.

표 13-13 ■ 관세환급 세이프가드 제도 주요 내용

▶ **관세환급제도에 대한 검토 실시**
- 협정 발효 5년 후부터 일방 당사국의 요청이 있을 경우 관세환급제도에 관해 공동으로 검토(Review) 실시

▶ **관세환급 세이프가드 발동요건**
- 기본 원칙: 상대국 동종 제품과의 경쟁조건에 부정적인 영향을 미칠 수 있는 역외산 원자재 조달방식(sourcing pattern)의 변화가 입증될 경우 발동 가능
- 구체적 요건: 1) 최종재의 상대국 수출이 크게 증가하고, 2) 최종재에 포함된 역외산 원자재의 대세계 수입증가율(FTA 비체결국으로부터의 수입에 국한)이 최종재의 상대국 수출증가율을 크게 초과
- 경감요인: 역외산 원자재의 수입증가가 국내소비 증가 등 상대국 수출용도 이외의 수요에 기인한 경우, 상기 증가율의 경감요인으로 고려

▶ **관세환급 세이프가드 발동절차**
- 관세환급제도 검토 결과, 세이프가드 발동요건을 충족한 것으로 입증될 경우, 일방 당사국이 해당 품목에 대한 관세환급 제한을 위한 협의(consultation) 요청
- 발동요건 충족 여부에 대한 양측 간 이견이 있을 경우, 한 · EU FTA 분쟁해결절차 적용(객관적인 패널(3인)을 구성해 결정)
- 패널에서 세이프가드 발동요건이 있다고 판정하면, 해당 품목에 대해 환급되는 관세를 5%로 제한(현재 실행관세율이 8%인 품목의 경우 5%만 환급됨)

4. 서비스분야

FTA and International Trade, ch. thirteen

Negative 방식의 한 · 미 FTA와 달리 양허표에 기재한 분야만 개방하는 Positive 방식(GATS 방식)을 채택하였다. 한 · EU FTA 발효 후 서명되는 FTA에 대하여 한 · 미 FTA와 동일하게 미래 MFN을 적용하기로 했다. 즉, 향후 다른 FTA에서 채택되는 서비스 양허가 EU에도 적용된다. 서비스 양허표에 기재된 분야만을 개방하는 포지티브 양허방식을 채택하고 있어 역진방지장치

(ratchet mechanism)는 포함되지 않았다. 한·미 FTA에서 채택된 역진방지장치는 서비스 자유화 수준을 협정상 양허한 수준보다 높일 경우 다시 후퇴할 수 없도록 하는 의무를 말한다. 한편, 한·EU FTA에서는 투자자국가제소권(ISD) 등 투자보호 관련 사항은 포함되지 않았다. 현재 EU 법체계상 투자보호 관련 협상권한은 EU 집행위원회가 아닌 개별 회원국이 보유하고 있어 제외되었다. 하지만 우리나라가 EU 개별 회원국과 체결한 대부분의 투자협정(BIT)에는 ISD가 포함되어 있다.

공교육(유·초·중·고), 의료 및 사회 서비스 등 공공성이 강한 분야는 개방하지 않기로 했다. 다만, 한·미 FTA에서와 마찬가지로 고등교육(대학교) 및 성인교육 분야의 경우 현행 법령 수준에서 개방된다. 전기·가스 등 외국인투자촉진법상 외국인 투자 제한업종은 현행 규제수준을 유보함으로써 기간산업에 대한 규제권한을 유지하였다. 기타, “총·포·도검류의 취급, 사회적 취약계층에 대한 대우, 국가소유 전자·정보 시스템”에 대해서는 포괄적으로 유보하였다.

전문직(법률, 회계, 세무 등), 사업(조사 및 경비, 부동산 등), 육상 운송, 우편·쿠리어(courier), 건설 등 대부분의 분야에서 한·미 FTA와 유사한 수준에서 개방하기로 했다. EU측의 개방범위는 총 139개 분야로, 우리측의 115개 분야보다 훨씬 넓은 수준(WTO 분류 155개 분야 기준)이다.

법률·회계·세무 분야는 단계적으로 개방하기로 했다. EU 회원국 변호사 자격 소지자가 국내에서 국제공법 및 자격취득국의 법률에 대한 자문서비스를 제공하는 것을 허용했다. 회계사·세무사의 경우도 유사하게 개방하기로 했다. 법률서비스의 경우 3단계, 회계·세무 분야의 경우 2단계로 추진되는데, 이는 한·미 FTA와 동일한 내용이다.

표 13-14 ■ 법률 및 회계·세무 분야 개방내용

법률
1단계(발효) : 외국법 및 국제공법 자문 허용, 외국 로펌의 사무소 개설 허용 **2단계**(발효 후 2년 내) : 국내 로펌과의 업무제휴 허용 **3단계**(발효 후 5년 내) : 외국 로펌과 국내 로펌 간의 합작 및 동 합작법인의 국내 변호사 고용 허용
회계·세무
1단계(발효) : 외국 회계·세무 자문 허용, 외국 회계·세무법인의 사무소 개설 허용 **2단계**(발효+5년 내) : 국내 회계·세무법인에 대한 외국 회계사·세무사의 출자 허용

시청각분야는 협정 적용대상에서 제외되었다. 한 · 미 FTA에서 부분개방이 이루어졌던 방송서비스 시장에 대한 개방의무가 없으며, 방송 및 스크린쿼터 조치에 대한 재량권이 협정에 의해 제한되지 않는다.

에너지(전력 · 가스)분야에 대한 투자 허용기준을 명확화했다. 한국전력 및 한국가스공사에 대해서는 현재의 외국인 투자 지분제한(각각 40%, 30%)과 개인별 지분제한(각각 3%, 15%)을 유지하기로 했고, 에너지분야에 대한 포괄적 권한을 유보하여 정부의 규제권한을 확보하였다.

우편 및 쿠리어 서비스는 한 · 미 FTA 수준으로 부분 개방하였다. 경제적 수요심사를 거쳐 화물운송사업 면허를 받는 조건으로 유럽 기업이 우리나라에서 상업서류 송달업을 할 수 있다. 단, 우편, 전보 등 우정당국의 독점영역 분야는 개방되지 않는다. 국제특송(Express Delivery Service)의 경우 현행 우편법상 무역 관련 서류 등에만 한정하고 있는 것을 국제서류까지 확대하기로 했다.

금융서비스 분야의 경우 한 · 미 FTA의 개방수준을 유지하기로 했다. 임시 세이프가드 및 건전성 조치를 확보함으로써, 외환위기 같은 경제위기 시 우리 정부가 외화 유 · 출입을 통제할 수 있는 단기 세이프가드 조치(예 : 자본거래허가제 등) 발동이 가능하다. 또한 금융소비자 보호 및 금융시스템의 안정을 위하여 필요한 건전성 조치는 언제라도 도입 가능하다. 농어촌 · 중소기업 등에 대한 정책금융 지원에 대한 한 · EU FTA의 제한사항은 없다. 서민 · 농민 · 중소기업 지원 등 공적인 역할을 수행하는 국책금융기관들(수출입은행, 기업은행 등)은 협정의 예외로서 인정된다. 이들 국책금융기관들이 공적인 역할을 원활히 수행할 수 있게 정부가 제공하는 지급보증, 손실보전 등의 특혜 부여가 가능하다.

일정한 조건 하에서만 신금융서비스를 허용하기로 했다. 상대국에서는 허용 · 거래되고 있으나, 아직 자국에는 존재하지 않는 신금융서비스의 경우 엄격한 조건 하에서만 허용된다. 현지법인 및 지점 형태로만 공급 가능하며, 현행법상 허용되는 범위 내로 허용된다. 필요 시 건별 인허가제도 운영이 가능하다. 국경 간 금융서비스를 제한적으로 개방하기로 했다. 인터넷 등 통신수단을 통해 금융서비스를 제공하는 국경 간 금융서비스의 경우, 국제거래와 관련된 보험서비스(해상, 항공, 수출입적하보험 등)와 금융기관의 업무를 지원하기 위한 부수서비스(금융정보 제공 · 이전 등)에 한정하여 개방된다.

통신서비스 역시 한 · 미 FTA의 개방수준을 유지하기로 했는데, 전신, 전화, 인터넷접속 등 기간통신서비스가 적용대상이며, 통신서비스를 이용해 콘텐츠를 제공하는 IPTV 등 융합서비스는 제외된다. 또한 직접적으로 소비자에게 공급하는 DTH(Direct To Home) 형태의 방송서비스는 적용대상에서 배제된다. 기간통신사업에 대한 외국인 직접투자 제한(49%)을 유지하지만, 국내 자회사를 통한 간접투자는 공익성 심사를 통하여 국가 안전보장 등에 미치는 영향이 없는 경우에는 100%까지 허용된다. 단, 2년의 유예기간이 적용된다. 한·미 FTA에서와 같이, 핵심 기간망을 보유하고 있는 KT·SKT는 간접투자 완화 대상에서 제외되었다.

1. 서론

2. 한 · 중 FTA의 의의

3. 한 · 중 FTA 주요 내용 및 평가

4. 중국의 FTA 추진 동향과 한 · 중 FTA 추진 배경

5. 결론 및 시사점

FTA and International Trade

한 · 중 FTA 분석

이 장은 필자가 상장협연구 제71호(2015년 춘계)에 게재한 논문 「중국경제와 한 · 중 FTA」를 일부 보완한 것이다. 논문 사용을 허용해 준 상장사협회에 감사드린다.

14

이미 G2로 부상했고 우리나라의 최대 교역국인 중국과는 FTA가 상당한 규모의 경제효과를 유발시킬 잠재력을 갖고 있다. 무역과 투자상의 긴밀한 관계는 말할 것도 없고 지리적으로 인접한데다, 문화적 유사성으로 인해 FTA 파급영향이 커질 수 있기 때문이다.

하지만 한 · 중 FTA는 이러한 기대를 충족시키기에는 미흡한 것으로 평가된다. 무엇보다 시장개방 범위가 좁고 서비스 교역에 대한 내용도 다른 FTA에 미치지 못해 협정 발효 3년에 업그레이드 협상을 하기로 하고 협정을 서명했다. 한 · 중 양국 간의 서비스산업 경쟁력을 고려하면 서비스분야에 한정한 협상은 한계가 있을 수 있으므로 농업과 제조업 추가개방까지 포함한 업그레이드 협상을 전개해야 할 것이다. 이를 위해서는 농업과 서비스업 FTA 의제를 국가적으로 종합 관리하는 역량 확충이 전제되어야 한다.

1. 서론

FTA and International Trade, ch. fourteen

한 · 중 양국 간 교역비중이 높을 뿐만 아니라 긴밀한 경제관계를 갖고 있어 한 · 중 FTA 협상 타결 자체가 갖는 의미는 적지 않다. 또한 한 · 중 FTA는 한 · 미 FTA 못지않은 경제효과를 가질 수 있다는 연구결과가 산업연구원 등 국책연구기관에서 협상 개시를 전후에 발표된 바 있어 양국의 기업들은 협정 활용 분야와 방안에 높은 관심을 갖기에 충분했다. 2015년 2월 25일 한국과 중국은 양국 간에 자유무역협정(FTA)을 가서명하고 내용을 일반 공개하였다. 이로써 2003년 후진타오(胡錦濤) 중국 주석의 제안으로 시작된 한 · 중 FTA가 근 12년 만에 타결되었다.

지난 30년 가까이 고성장을 실현해 왔던 중국 경제의 성장률이 최근 들어 약화되고 있다. 보다 근본적으로는 경제 성장 동력이 약해지고 있고, 부패, 지역격차 등 그동안 누적된 구조적 문제점이 나타나고 있다. WTO 가입을 계기로 중국은 일시적인 개혁개방 정책을 실시했으나, 이후 잠재성장률 제고를 위한 실질적인 조치가 부족했다. 다수 FTA를 체결했으나 전형적인 개도국형 협정을 추진함에 따라 중국 경제체제를 업그레이드하는 데는 한계가 있었다. 대신 시진핑 정부는 서비스 자유무역구와 일대일로(一帶一路) 구축을 국정과제로 추진 중이다. 만약 우리 정부가 협상 개시 시점에 농업 제외를 의미하는 '2단계 협상'을 주장하기보다는 높은 수준의 협정을 추구했다면 중국은 자국의 개혁개방에 한 · 중 FTA를 활용했을 것으로 예상된다.

이 장에서는 한 · 중 FTA 체결의 의미를 분석하고 협정의 내용을 평가하며, 중국의 FTA 정책과 한 · 중 FTA에 대한 중국의 입장을 다양한 관점에서 살펴보는 데 목적이 있다. 중국과의 FTA 협상을 담당했던 우리 통상당국은 농수산물 개방 최소화 약속을 지킨 것으로 홍보하고 있으나, 중국 내수시장 진출에는 미흡한 것으로 평가된다. 농업분야의 반발을 의식하여 우리나라는 처음부터 낮은 수준의 협정 타결 구도를 정하고 중국과의 FTA 협상에 나섰으나, 대국굴기(大国崛起)로의 대외정책 전환, 중국의 서비스산업 발전 정책, 아시아인프라투자은행 설립, 일대일로 정책을 통한 해외 인프라 투자 등을 종합적으로 고려하여 한 · 중 FTA 협상 구도를 마련했어야 했다. 낮은 수준의 협정 타결에도 불구하고 경제효과를 과도하게 제시한 것은 아쉽다.

이 장은 한 · 중 FTA에 대한 분야(이슈)별 논문에 앞서 양국 간 협정에 대한 전반적인 내용을 정리하는 데 목적이 있다. 제2절과 제3절에서는 한 · 중 FTA 체결의 의미를 분석하고 양국 간 협정의 내용을 평가하고자 한다. 이어 제4절에서 중국의 FTA 정책과 한 · 중 FTA에 대한 중국의 입장을 다양한 관점에서 살펴보고자 한다. 중국은 한 · 중 FTA를 경제적 측면보다 정치 · 외교적 관점에 더 큰 중요성을 부여하는 것으로 보인다. 하지만 세계 10대 경제국가와의 FTA는 한 · 중 FTA가 처음이라는 측면에서 중국 당국도 자국의 경제현안과 연관시켜 협상에 임했을 것으로 추정된다. 마지막으로 한 · 중 FTA에 대한 정책시사점을 제시하고자 한다.

2. 한 · 중 FTA 의의

한 · 중 경제관계가 시사하듯이 한 · 중 FTA는 적지 않은 의의와 시사점을 갖고 있고, 협상 기간 중 우리 기업들은 한 · 중 FTA 타결 시 적지 않은 비즈니스 기회를 모색할 수 있을 것으로 기대했다. 서론에서 한·중 FTA가 당초 기대에 못 미치는 수준에서 타결했다는 점을 언급했다. 비록 협정 내용이 당초 기대에 부합하지 못하지만, 우리나라 입장에서 한·중 FTA 의의를 살펴보고자 한다.

가. FTA 망 확충

2012～2014년 3년 사이 우리나라는 4개의 FTA 협상을 마무리했다. 한·미 FTA와 한·EU FTA 협상에 가려 그동안 협상 진전이 더디었던 호주, 캐나다, 뉴질랜드 영연방 3개국과의 FTA 협상을 재개하여 타결했고, 공식 논의에서 협상 타결까지 10년 이상이 걸렸던 중국과의 FTA 협상을 2014년 타결했다. 이들 4개 FTA 중 가장 관심을 끈 협정은 한·중 FTA가 될 것이다.

한·중 FTA는 우리나라 제1위 교역 대상국과의 FTA이고, 기존 미국, EU와의 FTA에다가 한·중 FTA 타결은 우리나라 FTA 네트워크 확충과 더불어 글로벌 3대 경제권인 국가와의 FTA 네트워크 완성을 의미한다. FTA 체결 건수로 보면, 멕시코와 칠레가 우리나라보다 앞서지만, 상대국의 경제규모, FTA 네트워크의 구성 등 내용을 보면 우리나라에 못 미친다. 더구나 중국이라는 거대경제국의 위상을 고려하면 협상 타결 자체에 큰 의의를 부여할 수 있다. 세계

표 14-1 ■ 한·중 간 거시경제 지표 비교(2013년 기준)

구분		한국	중국	비고
국내총생산(명목, 10억 달러)[1]		1,450	10,355	중국, 한국의 7.1배
1인당 GDP(명목, 달러)[1]		28,739	7,572	–
경제성장률(실질, %)[1]		3.0	7.7	–
對세계 상품교역 (억 달러)[2]	총액	10,752	41,590	–
	수출	5,596	22,090	중국 1위, 한국 7위
	수입	5,156	19,500	중국 2위, 한국 9위
	수지	440	2,590	–
對세계 서비스교역 (억 달러)[2]	총액	2,200	5,365	–
	수출	1,130	2,059	중국 5위, 한국 13위
	수입	1,070	3,306	중국 2위, 한국 13위
	수지	60	△1,247	–

자료 : 1) IMF, World Economic Outlook D/B(2014년 10월).
2) WTO, International Trade and Market Access D/B.

2위 경제대국인 중국 경제규모와 한·중 간 높은 수출입 관계로 인해 전 세계 GDP 대비 FTA 체결국의 시장 규모 합계가 73.45%로 높아졌고, 우리나라 전체 교역 중 FTA 체결국과의 교역 비중은 62.94%로 높아지게 되었다.

나. 일반무역 확대

한·중 수교 이후 우리나라 경제발전은 중국 경제의 성장과 궤를 같이 했다. 대중국 수출이 우리나라 수출과 산업 발전을 이끌어 왔다고 해도 과언이 아니다. 연도에 따라 차이가 있지만, 우리나라의 대중국 수출은 연평균 20%대 증가했고, 우리나라의 중국 내 수입시장 점유율은 9.7%로, 일본 8.3%, 미국 7.8%, 대만 7.7%보다도 높다. 하지만 2014년 우리나라의 대중국 수출은 0.4%(한국 기준) 줄어들었다. 세계 경제 악화 등 여러 요인이 작용한 결과이겠지만, 가장 큰 원인은 중국의 정책변화에 우리 기업이 제대로 대응하지 못한 점을 들 수 있다.

지리적으로 인접할 뿐만 아니라 경제발전 단계 격차로 많은 우리 기업들이

그림 14-1 한국의 대중국 수출 중 가공무역 비중 추이

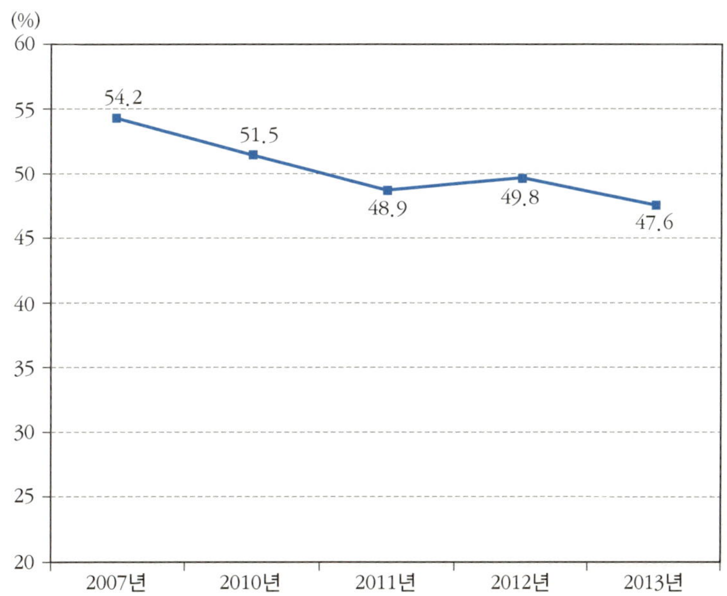

중국의 저임금을 활용하는 가공무역에 진출하였다. 하지만 '세계의 공장'으로 부각될 정도로 생산역량을 확충해 오던 중국은 과도한 자원 소비, 환경 악화, 지역격차 등 부작용을 겪게 되었고, 지난 5년 전부터 가공무역을 단계적으로 제한하면서 규제를 강화하기 시작하였다. 그 결과 중국 진출 기업들은 가공무역을 줄이고 중국 내수시장 침투 과제를 안게 되었다. 실제로 우리나라의 대중국 수출 중 가공무역 비중은 2007년 54.2%에서 2013년 47.6%로 낮아졌다.

중국 GDP는 10.4조 달러(2013년)로 우리나라 1.4조 달러의 7배 이상이고, 중국 정부의 내수 부양정책에 따라 내수 경제규모는 빠른 속도로 증가하고 있다. 조사기관에 따라 차이를 보이고 있지만, 구매력평가설(PPP) 기준으로 보면 중국의 내수시장 규모는 미국을 능가하는 것으로 알려지고 있다. 소득 증가에 따라 실제 중국 소비자들의 씀씀이가 커지고 있어 우리 기업의 대중국 수출전략은 내수 진출이 되어야 한다. 하지만 가공무역 관행에 젖은 우리 기업들은 내수 진출 전략 수립에 적극적이지 못하고 있으며,[1] 우리나라의 가공무역 비중은 대만 다음으로 높은 수준이다. 2013년 기준 일본의 가공무역 비중은 33.4%로 우리나라의 47.6%보다 훨씬 낮으며, 독일의 비율은 6.9%에 불과하다.

1 "중국은 가공무역을 통해 커온 무역대국이다. 그 밑바탕은 관세와 증치세(부가가치세)를 내지 않는 독특한 특혜에 기인한다. 일단 걷은 후에 돌려주는 것이 아니라 처음부터 걷지 않는다. 그러니 내수시장을 겨냥하기 위해 돈(관세와 증치세)을 투입하고 복잡한 통관절차를 갖고 싸우는 일에 익숙하지 않다."(최용민 2015)

그림 14-2 주요국의 대중국 무역형태별 비중(2013)

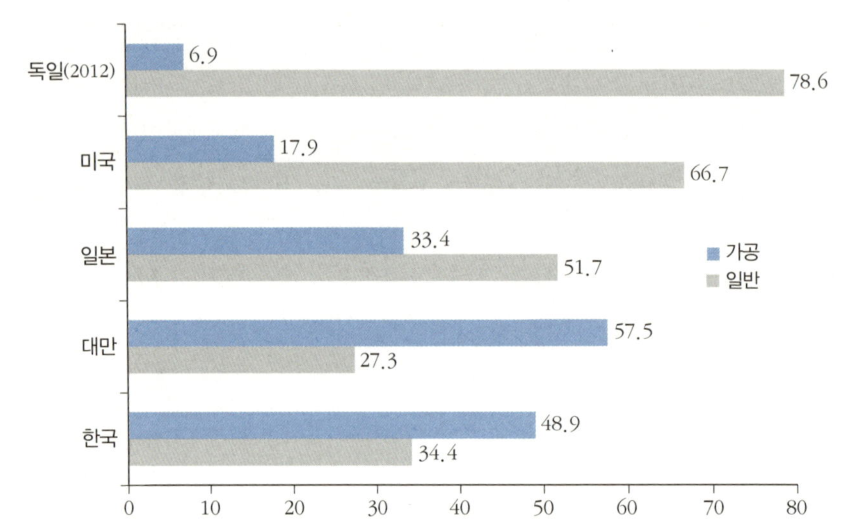

한·중 FTA는 가공무역 중심의 우리나라 대중국 무역구조를 내수 중심으로 바꾸는 데 기여할 수 있다. 주로 경제특구에서 이루어지는 가공무역용 수출용 원자재를 무관세로 수입해서 보세창구를 통해 해외로 수출되므로 중국 당국의 관세 부과에서 자유롭다. 반면 내수용 일반무역은 수입신고 절차에서부터 관세 부담까지 작용하므로 우리 기업들은 일반무역을 꺼려 왔다. 하지만 FTA로 인해 관세가 철폐되면 우리 기업은 사실상 가공무역과 유사한 여건에서 한국산 원자재를 수입해서 중국 내수시장에 판매할 수 있다. 한·중 FTA에서 높은 수준의 관세자유화를 기업들이 기대했던 점도 바로 이 때문이다. 다음 절에서 분석하겠지만, 다른 협정에 비해 관세철폐 내용이 부실하고 대상 품목이 상대적으로 적어 한·중 FTA 효과가 당초 기대에 미치지 않을 것이란 우려가 적지 않다.

다. 중국의 비관세장벽 완화

체제전환국인 중국은 불합리한 규제와 비관세장벽이 많은 대표적인 국가이고, 우리 기업들은 한·중 FTA에서 수출·투자 관련 비관세장벽이 협정에서 해소될 수 있기를 기대했다. 이번 협정에서 통관·시험인증·지재권 등 분야에서 우리 수출기업 애로사항의 일부를 해소할 수 있게 되었다. 먼저, 중국의 비관세조치 시행 전 유예기간을 확보함으로써 우리 기업들이 대응할 수 있는 시간을 확보할 수 있게 되었고, 비관세조치 분쟁해결 중개 절차를 도입하여 우리 기업의 일방적인 피해가능성이 줄어들게 되었다.

통관에서는 48시간 통관 원칙에 합의하고, 700달러 이하 수입품에 대한 원산지증명서 제출을 면제하며, 중국 내 세관 당국의 일관적인 규정을 적용하기로 하였다. 중국의 까다로운 시험인증 문제가 해소되지는 않았지만, 향후 협의를 통해 국제공인 시험성적서 상호수용을 촉진시켜 나가기로 했다. 또한 시험인증기관 상호 인정 협력을 강화시켜 기업의 기술무역장벽을 완화시켜 주기로 했다. 우리 상품에 대한 중국기업들의 지재권 침탈을 약화시키기 위해 외국 유명상표 보호 강화, 지재권 침해물품의 압류·폐기, 권리구제 장치를 마련하기로 했다.

소득수준 향상으로 중국의 서비스시장 규모도 빠르게 성장하고 있고, 우리 기업들은 중국 유망 서비스시장 진출에 관심을 가져왔다. 서비스산업의 특성상 중국이 적극적인 개방을 하지 않았지만, 건설, 환경, 엔터테인먼트, 유통, 법률 등 일부 유망 시장을 우리 기업에게 개방했다. 당초 기대에 비해 크게 못 미치는 개방수준이지만, 향후 협정 이행 후 2년 내 서비스시장 개방방식을 네거티브로 전환하고, 추가 서비스시장 개방을 위한 후속 협상을 개시하기로 한 점에 의의를 부여할 수 있다.

라. 비경제적 요소

지난 10년 이상의 기간 동안 한 · 중 FTA는 양국 간 최대 통상정책 현안이었고, 협상 타결로 새로운 한 · 중 관계를 열 수 있게 되었다. 1999년 한 · 일 FTA가 논의되자 중국은 동북아 질서 구축에서 소외될 것이란 위기감을 갖고 있었고, 2003년 한 · 일 FTA 협상이 시작되자 중국은 한 · 중 FTA 검토를 공식 제안하게 되었다. 이후 우리나라가 미국과의 FTA 협상을 타결하자 한 · 중 FTA에 대한 중국의 필요성은 더 커졌다. 2011년 미국이 환태평양동반자협정(TPP)을 주도하면서 지역주의에서 중국의 위기감은 증폭되었고, 한 · 중 FTA 논의 단계에서부터 협상 타결까지 중국측이 주도적인 입장을 취해 온 것은 동아시아 정세변화에 기반을 둔 지정학적 고려 때문이다.

이처럼 한 · 중 FTA는 한 · 일, 한 · 중 · 일, 한 · 미 관계와 관련이 있고, 중국은 우리나라 제1위 교역투자 대상국이면서 남북관계 및 북한에 대해 가장 영향력을 미칠 수 있는 국가라는 점에서 이번 협상 타결은 우리나라 입장에서도 높은 정치 · 외교적 의의를 찾을 수 있다. 무엇보다 특정 국가에 치우치기보다는 우리나라와 밀접한 주요 관련 국가와의 균형외교에 도움이 될 것이다. 한 · 미 FTA에 이어 한 · 중 FTA를 체결함으로써 우리나라의 전략적 가치를 키울 수 있다.

또한 한 · 중 FTA는 한반도 안정과 북한의 개방화에 기여할 수 있다. 기본적으로 FTA는 회원국 간 긴밀한 경제관계 설정을 의미하므로 상대국의 정치 · 경제 · 안보적 안정을 지향한다. 이는 1994년 북미자유무역협정(NAFTA) 발효 이후에서도 파악할 수 있다. 현재 중국은 북한이 정치 · 경제적으로 가장 의존하는 동맹국이고, FTA 타결로 인해 한 · 중 관계가 보다 긴밀해질 것임을 북한도 파악하게 될 것이다.

지난해부터 우리 정부는 2014년 이후 북한 내 정세 변화와 남북통일 가능성에 대비해 통일위원회를 구성했다. 통일에는 중국 등 주변국과의 협력이 중요할 것이다. 북 · 중 관계를 근본적으로 바꾸기 어렵겠지만, FTA 체결로 경제동맹을 맺은 중국으로서는 한국과의 안정적인 정치 · 외교 관계 유지에 관심이 높을 수밖에 없다. 또한 북한은 한 · 중 간 자유무역 체제가 동북아 정세에 미칠 영향을 고려하게 될 것이고, 개방개혁 및 지역경제 통합(참여)에 대해 고민하도록 유도하게 될 것으로 생각된다.

3. 한 · 중 FTA 주요 내용 및 평가

중국과의 FTA 협정을 가서명한 당일 산업통상자원부(2015)가 발표한 자료의 첫머리에 "한 · 중 FTA!! 거대 중국 내수시장, 진출 기회를 확보했습니다! 농수산물 개방 최소화, 정부는 약속을 지켰습니다!" 라고 되어 있다.[2] 농업을 지킨 것은 맞지만, 중국 내수시장 진출에는 미흡한 것으로 평가된다. 여기서는 먼저 정부의 한 · 중 FTA 평가 내용을 살펴보고, 이어 비판적 시각에서 한 · 중 FTA를 평가해 보고자 한다.

2 산업통상자원부(2015) 참조.

가. 정부의 평가 : 농업 보호 및 중국 내수 진출 기대[3]

3 전게서.

협상당국인 산업통상자원부의 평가에 따르면, 한 · 중 양측은 제1단계에서 합의한 자유화율 이상의 수준으로 관세철폐에 합의함으로써 당초 목표수준을 상회하는 시장 자유화에 성공했다고 자평하고 있다. 한 · 중 FTA 관세철폐는 원칙적으로 매년 단계적으로 관세를 낮추는 선형 철폐(linear cut) 방식으로, 협정 발효일 즉시 1년차 관세인하가 적용되고, 차년도 1월 1일에 2년차 추가 인하가 시행되는 방식을 채택하였다.

자유화율을 품목 수와 수입액(%)으로 계산해 보면, 당초 합의된 자유화율은 각각 90%와 85%이었으나, 중국(91%, 85%), 우리나라(92%, 91%)로 설정했기에 목표 대비 결과가 양호하다는 것이다. 중국은 품목 수 71%(5,846개), 수입액 66%(1,105억 $)에 해당하는 품목을 최장 10년 내 철폐, 품목 수 91%(7,428개), 수입액 85%(1,417억 $)에 해당하는 품목을 최장 20년 내에 철폐하기로 했고, 우리나라는 품목 수 79%(9,690개), 수입액 77%(623억 $)에 해당하는 품목을 최장 10년 내 철폐, 품목 수 92%(11,272개), 수입액 91%(736억 $)에 해당하는 품목을 최장 20년 내 철폐하기로 했다.

표 14-2 ■ 한·중 FTA 관세양허 요약

품목군		한국		중국	
		품목 수	수입액	품목 수	수입액
일반품목(NT)	즉시	6,108 (49.9%)	418.5억 $ (51.8%)	1,649 (20.1%)	733.7억 $ (44.0%)
	5년	1,433 (11.7%)	31억 $ (3.8%)	1,679 (20.5%)	58.3억 $ (3.5%)
	10년	2,149 (17.6%)	173.3억 $ (21.5%)	2,518 (30.7%)	312.5억 $ (18.7%)
	소계	9,690 (79.2%)	622.8억 $ (77.1%)	5,846 (71.3%)	1,104.5억 $ (66.2%)
민감품목(ST)	15년	1,106 (9.0%)	79.5억 $ (9.8%)	1,108 (13.5%)	219.2억 $ (13.1%)
	20년	476 (3.9%)	34.1억 $ (4.2%)	474 (5.8%)	93.75억 $ (5.6%)
	소계	1,582 (12.9%)	113.6억 $ (14.0%)	1,582 (19.3%)	312.9억 $ (18.7%)
자유화율(NT + ST)		11,272 (92.2%)	736.4억 $ (91.2%)	7,428 (90.7%)	1,417.4억 $ (85%)
초민감품목(HST)		960 (7.8%)	71.3억 $ (8.8%)	766 (9.3%)	250.1억 $ (15.0%)
합계		12,232 (100%)	807.7억 $ (100%)	8,194 (100%)	1,667.5억 $ (100%)

자료 : 산업자원부(2015), "한·중 FTA 가서명 보도자료" 2월 25일자.

주요 제조업분야에서 양측의 시장개방 결과를 평가한 부분에서 우리 제조업에게는 대중 수출 가능성을 연 반면, 대중국 수입을 효과적으로 방어할 수 있도록 협상을 타결한 것으로 자평하고 있다. 이에 대해서는 이 장의 나.절에서 평가하고자 한다.

정부 보고서에 따르면, 철강의 경우 중국은 냉연강판, 스테인레스 열연강판 및 범용제품인 후판 등을 개방하기로 했고, 우리나라는 중소·중견 기업 보호를 위해 페로망간 등 합금철은 장기양허, 상하수도관으로 사용되는 주철관은 개방 대상에서 제외시켰다. 대중국 수출액이 수입액보다 13배 이상 큰 양국 간 교역 현황을 고려하여, 중국의 일부 첨단 고부가가치 석유화학 제품(이온교환수지, 고흡수성 수지, 폴리우레탄 등)에 대한 시장 선점 기회를 확보한 반면, 초산에틸 등 우리 중소업체의 민감 제품은 보호하였다는 것이 산업통상자원부의 평가이다.

섬유분야에서 중국은 우리나라의 대중 주력 수출품목(편직물) 및 유망품목(기능성 의류, 유아복 등)을 포함한 대부분의 중국시장을 개방한 반면, 우리나라는 순면사, 의류(직물제 · 편직제), 모사, 면직물 등 민감한 품목은 부분감축 또는 양허 제외하였다. 전기 · 전자에서 중국은 일부 중소형 생활가전(전기밥솥, 세탁기, 냉장고 등) 및 의료기기, 가전부품 등을 개방하고, 우리나라는 전동기 · 변압기 등 주요 중전기기의 국내시장을 중 · 장기 관세 철폐로 보호함으로써 우리 업계의 입장을 협상에 반영한 것으로 보고 있다.

농수산분야에서 양측은 민감품목을 시장개방 예외로 설정했다. 우리나라는 국내 농업의 민감성을 최대한 반영하여 주요 농산물 대부분을 개방대상에서 제외하였다. 수산업에서 우리나라는 주요 수산물을 보호한 반면, 중국은 100%(수입액 기준) 개방하였다. 특히 김, 미역, 넙치, 전복, 해삼 등 우리의 주력 수출품목에 대한 관세를 10년 내 조기철폐함으로써 우리 수산물의 대중 수출 길을 열었다는 것이다.

개성공단에서의 역외가공을 인정하여 협정 발효와 동시에 개성공단 생산품목에 대해 특혜관세 혜택을 부여하기로 합의한 점도 협상성과로 들고 있다. 현재 개성공단에서 생산 중인 품목을 포함한 총 310개 품목(HS 코드 6단위 기준)에 대해 원산지 지위를 부여하기로 하여 우리의 기체결 FTA 중 가장 우호적인 결과를 도출하였다는 것이다.

서비스분야에서는 성장 확대가 예상되는 중국 서비스시장 개방에 주력했다는 것이 산업통상자원부의 설명이다. 양국 모두 DDA 플러스 수준으로 서비스 시장을 개방하고 특히 중국이 FTA 최초로 법률 · 건설 · 유통 분야 등에서 의미 있는 시장개방을 약속했으며, 후속협상을 통한 추가 시장 기회를 확보하기로 한 점을 성과로 들고 있다. 중국은 FTA 최초로 금융 · 통신 분야를 별도 챕터로 구성하여 투명성을 강화하고 공정한 경쟁 보장 장치를 마련하여 금융 및 통신 분야 시장진출 기반을 조성했다는 것이다. 또한 자연인의 이동분야는 그간 우리 진출기업의 가장 큰 애로사항이었던 在中 주재원의 체류기간을 2년으로 연장하고, 기업인의 자유로운 이동을 보장하되 단순 인력의 이동 관련 내용은 규정하지 않았다.

표 14-3 ■ 한·중 FTA 서비스시장 개방

분야	반영 내용
법률	▪ 중국 내 대표사무소를 설립한 한국 로펌은 중국 로펌과 공동 사업 가능(상하이 FTZ에 한정)
건축/엔지니어링	▪ 중국 내 한국 기업 면허 등급 판정 시 한국 등 여타 국가에서 달성된 실적도 인정
건설	▪ 중국 내 한국 기업 면허 등급 판정 시 한국 등 여타 국가에서 달성된 실적도 인정 ▪ 상하이 FTZ 내 설립된 한국 건설기업은 상하이 지역에서 외국 투자 비율 요건(외국 투자 50% 이상) 제한 없이 중외합작 프로젝트 수주 가능
환경	▪ 폐수, 고형 폐기물처리, 배기가스 정화, 소음저감, 위생 서비스 등 5개 분야에서 지분 100%의 한국기업 설립 허용
유통	▪ 중국 내 30개 이상 점포를 가진 소매유통업체의 책 판매 허용
엔터테인먼트	▪ 공연 중개 및 공연장 사업 분야 49% 지분 한국기업 허용

자료 : 산업자원부(2015), "한·중 FTA 가서명 보도자료", 2월 25일자.

금융분야에서는 금융서비스 규제완화, 금융서비스 위원회 설치, 투명성 강화 등을 규정하여 양국 금융산업에 대한 시장접근 기반을 개선하였고, 상대국의 통신망·서비스에 비차별적 접근 보장, 비차별적 상호접속 제공 의무, 교차보조 금지를 통해 중국 통신서비스 시장 진출도 가능해졌다고 산업통상자원부는 보고 있다.

통관 및 무역원활화 분야에서는 일관성(관세법령을 모든 세관에서 일관되게 집행하도록 보장), 원활화·투명성(통관 절차 원활화, 관련 정보의 공개 및 질의응답 창구 지정), 관세위원회(FTA 이행을 위한 "관세위원회" 및 "통관 및 무역원활화 소위원회" 설치) 확보를 들고 있다. 지재권분야에서는 WTO 지재권 협정(TRIPS) 수준을 상회하는 조항 등을 통해 지재권을 폭넓게 보호하는 한편, 지재권 위반에 대해 분쟁해결절차를 활용할 수 있도록 규정함으로써 우리 업계에 상당한 도움이 될 수 있다는 것이 협상당국의 설명이다.

또한 상대국 정부의 반독점행위 조사 시 우리 기업에 대한 차별적 법집행 방지 등 우리 기업의 보호 장치를 마련하였고, 공기업에 대해서도 경쟁법상 의무가 적용되므로 중국 내에서 우리 기업과 중국 공기업 간에 공정한 경쟁이 가능해졌다고 보고 있다. 관광분야에서 중국은 한국 관광회사의 중국인 해외여행 영업 신청을 장려하고 동 신청에 대한 허가를 긍정적으로 고려하기로 약속하여 당국 간 협의 채널을 통해 구체적인 논의를 진행한 점도 협상 성과로 들고 있다.

나. 비판적 평가 : 외형은 포괄적이나 내실은 부족[4]

2월 25일 발표된 한 · 중 FTA 협정문은 22개의 장으로 구성되어 있고, 외형상 지난 5년간 한국이 체결해 온 협정과 비슷하다. 차이점이라면 국내 농업계 반발을 고려해 낮은 수준의 시장개방과 서로에게 부담 없는 내용 위주로 협정을 구성했다는 점이다. '덜 주고 덜 받은' 중급 수준의 협정으로 봐도 무방하다. 양국 모두의 다수 관심품목이 10년 내외의 장기 관세철폐 품목으로 규정됐으므로 협정 이행 5년이 돼야 혜택을 기대할 수 있을 것이다. 한국의 대중국 10대 수출품목(HS6단위) 중 중국이 발효 즉시 철폐하는 품목은 단 1개(LCD 패널)뿐이고, 그동안 FTA 혜택을 기대해 왔던 석유화학, 자동차, 굴착기, 2차전지 등 다수 품목은 협정에서 아예 제외됐다.

대중국 협상 전략은 농업 제외가 아니라 국내시장을 열어주고 중국의 서비스와 투자 분야 개방을 얻어내는 것이어야 했다. 산업통상자원부의 설명 자료에 따르면, 서비스분야 개방을 DDA 수준 이상으로 합의했다고 하지만, 뚜렷한 개방분야를 찾기 어렵다. 정부가 적극 홍보해 온 서비스 핵심 분야는 문화콘텐츠(한 · 중 공동제작 영화), 중국 관광업, 통신분야 비차별 및 교차보조 금지, 건설, 법률서비스 등인 것으로 볼 수 있다. 그러나 우리 기업이 요청한 분야를 개방한 것을 찾기 어렵다. 정부가 강조해 온 건설과 법률 분야는 자유무역시범구 내에 투자한 기업에게만 적용된다.

이번 FTA로 중국 내 한류 확산 및 유지에 도움이 될 것으로 정부는 예상하지만, 우리나라의 대중국 문화서비스 수출 중 최대 품목은 게임이다. 게임에 대한 합의로 우리 게임업계가 기대를 가질 만한 내용이 없다. 한 · 중 영화 공동제작 2,000억 원 기금 조성으로 '반짝' 한류 지속에 도움이 될 수 있으나, 중국의 스크린쿼터 규제 벽을 넘을 수 있을지 의문이다. 올해부터 중국 당국이 시행하고 있는 외국 방송콘텐츠 규제와 사전심의제로 인해 국내 업체는 시장을 잃고 있다. 앞으로 중국은 또 다른 규제 도입으로 우리 업계의 영업환경을 악화시킬 것으로 예상되는데, 한 · 중 FTA가 중국의 일방적인 조치를 방지할 방안은 갖고 있지 않다는 것이 현실이다.(정인교 2015a)

협상당국은 한 · 중 FTA 최대 홍보 요소로 개성공단의 물품 인정, 즉 역외가공 허용을 들고 있다.[5] 현재 개성공단에서 생산 중인 품목을 포함한 총 310

4 이 절의 내용은 필자가 기고한 신문 기고(정인교[2015a, 2015b])의 내용을 중심으로 작성.

5 역외가공은 FTA 회원국산 원재료 및 부품을 수출해 특정 역외에서 가공 후 재수입해 역내에서 최종 조립된 물품에 대해 원산지 지위를 인정하는 제도를 말하며, 역외가공 인정은 기존 협정상의 원산지기준을 우회하게 되므로 FTA 회원국들은 인정하는 것을 꺼린다. 역외가공 제품을 협정상의 관세혜택 대상으로 지정받을 수 있는 지역이 역외가공지역이다.

개 품목에 대해 원산지 지위를 부여하기로 했고, 북한 근로자의 임금을 비원산지 가치 계산 시 제외하기로 함으로써 40% 이하 비원산지 가치 요건 충족을 쉽게 했다는 것이다.

역외가공 적용 범위가 늘어난 점은 우리 기업에게 긍정적일 수 있다. FTA 상대국들은 역외가공 허용 자체를 꺼리는데다가 적용 대상 품목도 줄이고자 한다. 무관세 지역인 싱가포르는 역외가공 허용에 부담이 없지만, 관세를 적용하고 있는 FTA 상대국들은 수입 부담을 갖게 된다. 이로 인해 FTA에는 극히 일부 품목만이 역외가공 품목으로 인정되어 왔다.[6] 품목이 늘수록 더 많은 대가를 줘야 한다는 점은 협상의 상식이다.

6__ 한 · 유럽(EFTA) FTA에서는 267개, 한 · 인도 108개, 그리고 아세안(ASEAN), 페루, 콜롬비아 등은 100개로 허용품목을 제한했다.

다른 FTA 대상국과는 달리 중국은 역외가공을 굳이 반대할 이유가 적고, 이로 인해 우리나라 FTA 사상 최대 적용 품목을 얻어낼 수 있었다고 봐야 한다. 북한 지역에 생산시설을 했고, 향후에도 시설 확대가 가능한 중국은 한반도 역외가공의 수혜국이 될 수 있기 때문이다. 참고로 역외가공지역이 개성으로 한정되어 있지 않다. 문제는 우리 기업이 투자한 개성공단은 남북관계 경색으로 생산 활동이 활발하지 못하다는 점이다.

당초 계획에 따르면, 지금쯤 3단계 천만 평 부지에 우리 중소기업들이 입주했어야 하지만, 개성공단 가동 10년 동안 1단계 백만 평 부지의 15%에만 공장이 들어섰고, 그나마 일감 부족으로 생산시설이 풀가동되지 못하고 있다. 기업활동에 가장 기본적인 3통(통행 · 통신 · 통관)이 허용되지 않고, 오전 10시경 출경하여 공단 내 회사에 도착하고 오후 4시에 입경하는 상황이 반복되고 있다. 전반적인 부진 속에 개성공단 물품의 수출 비중도 악화되고 있다. 2007년 21%였던 수출 비중은 2012년 9%로 지난 5년 사이 절반 수준 이하로 낮아져 현지 진출 대다수 기업들은 FTA 혜택을 체감하지 못하고 있다.

중국과의 FTA 이행으로 개성공단은 새로운 전기를 맞을 수 있다는 기대감도 있을 수 있지만, 역외가공 허용 경제효과를 실현하기 위해서는 개성공단 자체가 활성화돼야 할 것이다. 또한 통상당국은 현재의 개성공단 진출 기업의 영업 현황과 기업경영 여건을 감안하여 한 · 중 FTA 홍보 요소를 정해야 할 것이다.(정인교 2015b)

4. 중국의 FTA 추진 동향과 중국의 한·중 FTA 추진 배경

가. 중국의 FTA 추진 동향

2016년 8월 현재 우리나라는 15건의 FTA를 발효시켰고, 4건의 FTA 협상을 진행하고 있다. 한때 FTA에 대한 찬반양론이 적지 않았지만 이제 FTA는 우리나라 통상정책의 주축으로 자리 잡았고, FTA 정책에 대한 국민적 지지도도 크게 향상되었다. 악화되는 대외통상 환경에 대응하는 가장 기본적인 통상 인프라로서의 FTA 가치를 인정하는 경향이 높아지고 있으며, FTA 선도국가로서의 지위 유지를 위해 앞으로도 FTA를 꾸준하게 추진해 나가야 하는 상황이다.

중국의 FTA 정책은 우리나라에 비해 크게 뒤진 상황이다. 중국은 아세안, 파키스탄, 칠레, 싱가포르, 뉴질랜드, 페루, 코스타리카, 홍콩, 마카오, 대만 등 18여 개 국가 및 3개의 중화권 지역(홍콩, 마카오, 대만)과 FTA 협정(CEPA 혹은 ECPA 명칭 사용)을 체결했다. 또한 중국은 중동(GCC), 호주, 노르웨이, 아프리카(SACU), 한국, 한·중·일, RCEP 협상을 진행 중이며, 인도와는 공동연구를 완료한 상황이다.

표 14-4 ■ 중국의 FTA 협상 및 추진 검토 현황

이행(기체결)	협상 중	검토 중
홍콩, 마카오, ASEAN, 칠레, 파키스탄, 뉴질랜드, 싱가포르, 페루, 코스타리카, 대만(ECPA), 아이슬랜드, 스위스, 한국	GCC, 호주, 노르웨이, SACU, 한·중·일, RECP	인도, MERCOSUR

출처 : 트레이드 내비의 데이터를 조합하여 작성.

FTA는 경제적 요인이 주로 작용하여 추진하게 되지만, 경제 외적 요인이 작용한 사례도 적지 않다. 우리나라는 경제적 타당성 위주로 FTA를 추진해 온 대표적인 국가이지만, 미국, 중국 등 지역적 리더십이나 지역패권을 도모하고 있는 국가들은 FTA를 정치·안보적 차원에서 활용하는 경우가 적지 않다. 중국이 기체결한 FTA의 협상 내용을 보면 FTA를 추진하는 전략에 경제적인 목적 이외에 정치·외교적인 동기도 작용한 것으로 유추 가능하다.

예를 들면 지리적으로 멀리 떨어져 있고 경제소국인 칠레, 뉴질랜드와 체결한 FTA는 경쟁국의 FTA로 인한 불이익을 줄이면서 경제적 이익 극대화를 우선시한 협정인 반면, 인접한 동남아시아지역의 ASEAN 및 대중화 경제권(Greater China Economic Zone)인 대만과 체결한 FTA는 경제논리 외에 정치 · 외교적 요인을 고려한 협정으로 볼 수 있다.

덩샤오핑(鄧小平)의 대외정책인 도광양회(韜光養晦)에 따라 중국은 동아시아지역 국가와의 마찰을 최소화하면서 개방개혁 정책을 지속해 왔으나,[7] 1997년 발생한 동아시아 금융위기 극복을 위해 지역경제협력 논의가 시작되면서 중국은 도광양회와는 달리 지역경제 문제 해결에 적극적인 입장을 제시하게 되었다. 유럽이나 북미와 달리 동아시아는 지역경제협력체가 존재하지 않았고, 금융위기 극복과정에서 지역적 차원의 협력이 부족했던 당시 상황에서 중국은 동아시아 차원의 경제협력체 구성에 높은 관심을 갖게 되었다.

7 도광양회(韜光養晦)는 '빛을 감추고 어둠 속에서 실력을 기른다'는 뜻으로, 1980년대 덩샤오핑이 개혁개방 정책을 시작하면서 중국이 세계의 강대국으로 발전하기 위해서는 힘을 자랑하지 말고 국력을 쌓아야 한다는 지침으로 작용했다.

특히 당시 전 세계적으로 확산 양상을 보였던 미국 등 경쟁국의 FTA 지역주의에 중국은 대응해야 했고, 개혁개방을 위해 WTO에 가입해야 하는 상황에 직면해 있었다. 중국의 WTO 가입을 원활하게 하고, FTA 지역주의에 대응하기 위해 중국이 꺼낸 카드가 중 · 아세안 FTA이었다. 이듬해인 2001년 중국은 WTO에 가입하였고, 2003년 중국이 일방적으로 특혜를 제공하는 홍콩 및 마카오와 CEPA(Closer Economic Partnership Arrangement : 긴밀한 경제동반자 협정)를 결성했다.

ASEAN과의 FTA는 중국이 지역경제통합 리더십 확보 및 동아시아 경제통합 추진에서 일본을 견제하기 위한 목적도 크게 작용한 협정으로 볼 수 있다. 중국 · 대만 FTA는 중화경제권 형성 전략 하에 추진된 것이다. 대만 경제의 중국 경제에 대한 의존도를 높여 장기적으로 중화권 경제통합 여건을 조성하는 한편, 중국과의 상생을 도모하는 마잉주(馬英九) 정부를 후원한다는 정치 · 외교적인 목적을 달성하기 위해 경제협력기본협정(ECFA)도 체결하였다.

나. 중국의 한 · 중 FTA 추진 배경

중국이 한 · 중 FTA를 제안했던 배경은 2000년 전후의 동북아 한 · 중 · 일 3국 간 당시 관계에서 찾을 수 있다. 동아시아 금융위기 이후 중국의 위상 강화

노력이 가시화되자, 일본은 우리나라와의 FTA 체결을 통해 중국을 견제하려는 전략을 가동시키기 시작했다. 1999년 공식 논의가 시작되었던 한·일 FTA를 협상단계로 업그레이드해야 함을 일본 당국은 한국측에 수차례 제안했다. FTA 경험이 부족했을 뿐만 아니라 일본과의 수출경쟁에서 열세에 놓인 우리나라는 2003년 말에 가서야 공식 협상 개시에 합의하였다.

이 사이 중국은 아세안과의 FTA를 제안했고, 중화경제권 구축 및 FTA 역량 강화를 위해 홍콩 및 마카오와의 FTA를 검토하게 된다. 중국이 ASEAN과의 FTA를 제안했던 것도 동아시아에서 양자간 FTA를 추진 중이던 한·일을 제외한 아세안과의 FTA를 체결하게 되면, 동아시아를 양분하게 되므로 아세안의 10개국과 중국 간의 협정은 어느 정도 일본의 동아시아 지역주의 전략에 대응할 수 있을 것으로 중국은 기대했다. 중국은 아세안과의 협상에 그치지 않고, 한·중 FTA를 제안함으로써 동아시아 경제통합에서의 주도권 확립을 강화해 나가는 적극적인 전략을 구사했다.

이로써 덩샤오핑의 외교정책인 도광양회 하에 상당한 기간 동안 절치부심했으나, 후진타오(胡錦濤) 중국 주석(2003년 3월부터 2013년 2월)에 이르러 국제관계에서 중국의 이익을 지키기 위해 '필요하면 개입하겠다'는 취지의 유소작위(有所作爲) 대외정책을 중국은 표면화하였다. 특히 미국이 TPP를 주도해 나가자 중국은 한·중 FTA 추진에 대외정책 우선순위를 부여하였다. 2010년 이후 미국이 주도적으로 추진해 온 TPP에 대해 중립적인 입장을 취하는 것으로 고위관계자들이 언급하면서도, 2014년 11월 베이징 아시아·태평양경제협력체(APEC) 정상회의를 통해 아시아·태평양자유무역협정(FTAAP)이 지역경제통합에 적합한 모델임을 미국, 일본 등 TPP 국가 정상들에게 시진핑 주석은 주지시키고자 했다. 베이징 APEC 정상회의에서의 중국 지도자 발언을 종합해 보면, 중국은 미국 주도의 TPP를 달가워하지 않고 있으며, 자국 기준에 부합하지 않으면 TPP에 참여하지 않을 것임을 내비친 것으로 해석된다.

2014년 들어 중국 당국은 TPP 진전을 지켜보면서 적극적인 통상정책을 구사했고, 특히 한·중 FTA 타결에 역점을 두기로 선언했다. 2014년 3월 3일부터 13일까지 개최된 제12기 2차 양회(兩會)에서 중국은 개혁개방 심화 및 시장 활성화와 자생력을 강화시키고, 미국, EU와 투자협정을 추진하며 한국, 호주, GCC와 FTA 체결을 가속화시키기로 결정했다. 협상이 종결되지 않았음에도

APEC 정상회의 전날 한 · 중 정상이 양국 간 FTA 협상타결을 선언한 것도 중국의 정치 · 외교적 목표 때문이었다. "FTAAP 추진과 더불어 중국의 APEC 최대 이벤트는 한 · 중 FTA 협상 타결 선언이었다. TPP 결성으로 중국 견제와 우리나라에 뒤진 FTA 지역주의를 일거에 만회하겠다는 일본에 한 · 중 FTA 협상 타결은 작지 않은 충격으로 받아들여지고 있다. APEC 정상회의에 맞춰 협상 타결을 선언한 점과 TPP 협상이 부진해지고 있는 점 등을 감안하면 미국 버락 오바마 행정부에 시사하는 바도 적지 않다." (정인교 2014)

한편, 중국 입장에서 한 · 중 FTA는 기체결한 다른 FTA 협정과는 차이가 있다. 무엇보다 한국은 중국의 FTA 상대국 중 최대 경제 국가이고, 산업경쟁력 차원에서 중국이 추격(catch up)하거나 장기적으로 극복하고자 하는 국가이다. 중국이 FTA를 이행시킨 상대국인 동남아, 칠레, 파키스탄, 뉴질랜드, 싱가포르, 페루, 코스타리카, 대만(ECPA), 아이슬랜드, 스위스 중 어느 국가도 중국 산업에 위협이 되기 어렵다. 따라서 기존 협정과는 달리 중국은 한 · 중 FTA 제조업 시장개방 협상에서 소극적인 입장을 보일 수밖에 없다. 특히 우리나라가 2단계 협상을 통해 '사실상' 농업 제외 입장을 고수하자 중국은 제조업 최소 개방으로 대응했고, 그 결과 한 · 중 FTA 관세양허는 우리나라가 체결한 어떤 협정보다 시장개방 내용이 부실한 편이다. 상품분야 개방 부진은 서비스분야 소폭 개방으로 이어져 전반적으로 한 · 중 FTA는 부실한 협정으로 타결되었다.

중국이 시장개방에 소극적으로 대응한 이면에는 자국 경제의 부진과도 관련되어 있다. 일반적으로 경제가 활황이면 FTA 시장개방에 적극적이나, 불황인 경우 보호주의적 경향을 보이는 경향이 있다. 지난 3～5년 사이 중국의 경제 성장률은 9%대에서 7%대로 낮아졌고, 지역별로 실업문제가 심각해지는 등 그동안 누적된 구조적 경제문제 및 경제위기 가능성이 부각되었다. 정치 · 외교적인 측면에서는 한 · 중 FTA 필요성이 컸으나 자국 경제문제로 경제적 측면에서는 소극적인 입장을 취하게 되었다. 다음 장에서는 중국 경제의 최근 현황과 과제를 고찰해 보고자 한다.

5. 결론 및 시사점

중국은 서비스 자유무역구를 통해 자국의 서비스산업 발전 및 내수 확대 전략을 대내적으로 추진하고, 대외적으로는 일대일로 구상으로 세계로 뻗어 나가는 중국의 위상을 구체화시켜 나가고 있다. 넓은 관점에서 보면, 중국의 FTA 정책 역시 일대일로 정책의 연장선인 것으로 이해될 수 있다. 육상 및 해상 교통로 확보는 하드웨어적 통상역량 및 인프라 투자로 볼 수 있고, FTA 협정 체결은 소프트웨어적 통상역량인 것이다.

농업분야의 반발을 의식하여 우리나라는 처음부터 낮은 수준의 협정 타결 구도를 정하고 중국과의 FTA 협상에 나섰으나, 대국굴기로의 대외정책 전환, 중국의 서비스산업 발전 정책, 아시아인프라투자은행 설립, 일대일로 정책을 통한 해외 인프라 투자 등을 종합적으로 고려하여 한·중 FTA 협상 구도를 마련했어야 했다. 산업통상자원부의 주장과 같이, 농업 개방을 막은 것은 확실하지만, 우리 기업들이 눈여겨 볼만한 협정 내용을 찾기 어려울 정도로 낮은 수준으로 협상을 타결한 점은 아쉽다.

세계 최고 수준의 FTA 망을 구축한 우리나라는 중국과의 FTA를 보다 넓은 시각에서 접근해야 했다. 낮은 수준의 협정 타결에도 불구하고 경제효과를 과도하게 부풀려 기업들에게 기대감을 갖게 하는 것도 바람직하지 못하다. 어떤 측면에서는 현재의 한·중 FTA를 1단계 협정으로 간주하고, 협정 이행 이후 2단계 업그레이드 협상을 추진해야 할 것이다. 다행히 서비스분야에 대해서는 협정 이행 2년 내 추가 협상 개시를 기설정의제(built-in agenda)로 설정했으므로 차제에 협정 전반에 대한 검토 및 업그레이드 협상을 내실 있게 추진해야 한다.

이를 위해서는 우리나라 내부의 통상역량을 확충해야 할 것이다. 현재와 같이 농업분야 개방 문제는 사실상 농림수산식품부가 담당하는 구조로는 의미 있는 개방을 논의하기 어렵다. 제조업 개방 논의도 마찬가지다. 통상정책을 산업통상자원부로 유지하더라도 통상정책 전반에 대한 의사결정 역량을 현재보다 훨씬 더 확충시켜야만 높은 수준의 제조업 시장개방에 대한 부처 내 의견 수렴이 가능할 것이다. 서비스분야를 관장하는 부처와의 협력 강화도 필요하다.

한 · 중 FTA 협상에서 중국의 서비스시장 개방을 이끌어내지 못한 것도 우리나라의 협상전략 부족에 기인하고 있다.

우리 통상당국은 문화콘텐츠 산업을 한 · 중 FTA 수혜 업종으로 보고 있으나 이 역시 매우 제한적인 혜택만이 실현 가능할 것이다. 2015년 1월 한국을 방문했던 왕양(汪洋) 중국 부총리가 언급했듯이, 한 · 중 양국은 새로운 서비스 무역 모델을 모색해야 한다. "과거의 무역은 제조업 중심이었지만, 지금은 금융, 통신, 관광 등 서비스분야로 확대가 가능해졌다. 첨단기술을 활용한 물류 사업, 전자상거래, TV 홈쇼핑 분야에서도 협력을 강화할 수 있다. 원격 진료 등 의료 사업도 같이할 수 있는 분야이다."[8]

8 汪洋(2015) 부총리 발언문.

마지막으로 아직도 중국은 국가 간 협정을 제대로 이행하기 어려운 상황이다. 부패가 만연해 있고, 정책집행기관의 자의적인 해석으로 현지 진출 우리 기업의 영업 애로가 적지 않다. 2016년 중국의 각종 보호무역주의 조치 남발 방지에 중국과의 FTA가 그다지 도움이 되지 못하고 있다는 것이 학계의 평가이다. 협정 발효도 중요하지만, 협정 이행을 강제할 수 있는 수단을 결여하고 있어 향후 협정 이행과정에서 적지 않은 문제점이 예상된다. 정기적으로 FTA 이행위원회를 개최하여 협정 이행이 원활하게 될 수 있도록 양국 간 협력을 강화시켜야 할 것이다.

참고문헌

산업통상자원부(2015), "한 · 중 FTA 가서명 보도자료", 2월 25일.

汪洋(2015), "한 · 중 FTA 기념 세미나" 발언문, 1월 23일 서울 상공회의소 .

정유신(2015), "中 대국굴기 전략의 속내", 중앙일보 이코노미스트 3월 16일 발행.

정인교(2014), "중국의 대국굴기에 맞서려면 …", 매일경제신문, 11월 12일자.

______(2015a), "韓 · 中 FTA, 부가가치 낮은 '반쪽 협정' ", 한국경제신문 2월 27일자.

______(2015b), " '한 · 중 FTA' 이후 개성공단의 과제", 문화일보 3월 3일자

주간무역(2014), "밀려나는 한국제품, 비상걸린 진출기업", 8월 2일자.

최용민(2015), "한·중 FTA 지렛대로 중국 내수시장 개척해야", 주간무역 2월 13일자.

코트라(2013), "中 상하이자유무역구가 우리 경제에 미치는 영향", 11월 11일자.

_____(2015a), "중국 2기 자유무역시험구 어디에 있나", 1월 16일자.

_____(2015b), "中, 4대 지역전략·경제 발전 새동력", 1월 22일자.

한국은행(2014), "해외생산과 거시경제지표 변화", 10월 26일자.

_______(2015a), "뉴노멀 시대 중국경제의 변화방향과 과제", 『국제경제리뷰』 제2015-2호.

_______(2015b), "최근의 국내외 경제동향", 2월 17일자.

Bloomberg News(2014), "China's $50 Billion Asia Bank Snubs Japan", 5월 12일자.

IMF(2014), World Economic Outlook D/B(2014년 10월).

____(2015), World Economic Outlook Update, January.

WTO(2015), International Trade and Market Access D/B.

1. 시작하면서

2. 우리나라 FTA 활용률

3. FTA 활용 장애요인

4. FTA 활용 지원 내용과 평가

5. FTA 수출유망품목

FTA and International Trade

FTA 활용과 기업 지원

FTA and International Trade
ch. fifteen

15

전 세계는 FTA 경제제휴를 통해 자국의 이익을 극대화하는 데 많은 노력을 집중하고 있고, FTA 체결 국가들 간 역내무역이 전 세계 교역의 절반을 이미 초과하였다. FTA는 협정 회원국 간 제반 무역장벽을 완화하고 각종 경제통상 제도를 선진화하여 회원국 간 교역증가, 생산증대, 고용확대 등의 선순환구조를 원활하게 하여 경제 활력의 원동력을 제공하도록 해야 한다.

정부의 FTA 망 확충에도 불구하고, 중소기업의 FTA 활용률은 낮은 상황이다. 다수 중소기업들은 FTA 비즈니스 활용 정보가 부족하고, 전문인력을 갖추지 못하고 있다. 이 장에서는 글로벌 FTA 허브 국가로서의 경제이익을 조기에 실현하기 위해 FTA 활용 지원체제를 고찰하고, 우리나라가 발효시킨 주요 FTA를 대상으로 수출유망품목을 제시하고자 한다. 중소기업들의 FTA 활용을 원활하게 할 수 있는 FTA 활용지원은 대내외 통상환경을 고려하여 시의성 있게 개선해야 할 것이다.

1. 시작하면서

2010년 이후 추진된 우리 정부의 FTA 활용지원으로 과거에 비해 FTA 활용기반이 상당 수준 개선되었고, 전반적인 FTA 활용수준도 높아진 것으로 평가되고 있다. 하지만 다수 중소기업들은 FTA 활용에 대한 인식수준이 낮을 뿐만 아니라 실제 수출입 비즈니스에서 FTA를 활용하는 데 필요한 기본적인 정보 활용에 대해 모르고 있다. 그동안 구축한 다양한 FTA 정보 제공체계(FTA 포탈 등)로 협정상의 기본 정보는 인터넷을 통해 쉽게 접근할 수 있음에도 중소기업들은 FTA 활용에 따른 '경제성' 자체를 심각하게 검토하지 않고 있다. 정부가 확충해 온 FTA 네트워크를 기업 활동에 활용하는 방안을 모색하는 중소기업은 극히 일부에 지나지 않는 것으로 보인다.

일반적으로 FTA 활용률은 기업의 수출입 활동에서 FTA 특혜관세를 사용하는 비율을 의미하나, 필요에 따라 부분적으로 다른 계측방법을 사용하기도 한다. 가장 정확한 활용률 계산은 해당 FTA 대상국에 대한 수출(수입)액을 분모로 하고, 각 무역거래별 FTA 특혜관세 적용을 신청한 수출(수입)액을 합한 금액을 분자로 해서 구한 비율이 될 것이다. 여기서 FTA 특혜관세 신청 금액 파악이 용이하지 않은데, 수입 특혜신청액은 우리나라 관세청 자료를 통해 확인 가능하지만, 수출액의 경우 상대국 세관을 통해 자료를 확보해야 하나 자료 획득이 매우 어렵다. 수출의 경우, 수출 시 원산지증명서 발급 현황을 기초로 FTA 활용 수출규모를 추산하기도 하나, 원산지증명서가 발급되었다고 해서 관세혜택을 신청하지 않을 수 있으므로 오차의 여지가 있다. 또한 원산지증명서 자가발급이 허용된 경우 국내 상공회의소나 관세청도 원산지증명서 발급 여부 파악에 한계가 있을 수 있다.

비록 FTA 활용 수출입 통계를 확보했더라도 매일 수천 건씩 처리되는 무역거래를 종합 분석하는 것은 상당한 시간과 노력이 필요하다. 이러한 계측상의 애로로 인해 기업대상 설문조사를 통해 FTA 활용률을 추정하는 경우도 많다. 설문조사의 경우, 설문대상 기업의 선정이 조사결과에 큰 영향을 미치게 되는데, 조사의 편의상 수출입 규모가 큰 상위 기업을 대상으로 FTA 활용 여부를 조사하게 되면 활용률이 높게 나오게 된다. 설문조사 과정에서 해당 기업의 수출(입) 금액을 조사하여 'FTA 활용'을 답한 기업의 금액을 FTA 활용액으로 간주하여 금액 기준 활용률로 해석하기도 하는데, 이 방법으로는 현실과 동떨어진 분석결과를 도출하게 될 것이다.

설문조사의 또 다른 문제점은 설문 대상 업체의 선정 방식인데, 대부분의 설문조사는 현재 수출하고 있는 업체를 대상으로 설문을 함에 따라 FTA 수출활용률이 높아질 가능성이 잠재되어 있다. 예를 들어, 설문에서 "귀사는 미국에 대한 수출 시 한 · 미 FTA 특혜관세를 활용하고 있습니까?" 라고 물을 경우, 백만 달러 수출 중 만 달러만 FTA를 활용하더라도 "그렇다" 라고 할 것이고, 설문자는 백만 달러 전체를 FTA 활용액으로 계산하게 되기 때문이다.

한편, 관세세번(HS)별 FTA 관세특혜 여부를 고려하게 되는 활용률 계산 시 분모에 해당하는 FTA 관세혜택 적용이 가능한 금액을 낮출 수 있게 됨에 따라 전반적인 활용률을 높일 수 있게 된다. 이 경우의 FTA 수출활용률(%) 공식은 다음과 같다. 즉, 최혜국 대우(MFN) 관세율이 이미 "0" 이 되었거나 아주 낮은 관세율이 적용되는 품목은 FTA 관세혜택 적용 대상이 아닌 것으로 보고 통계분석에서 제외함에 따라 분모가 작아지게 된다.

$$\text{수출활용률}(\%) = \frac{\sum_{\substack{i \in HS\text{세번} \\ r \in \text{수출상대국}}} \text{실제 관세특혜 신청한 관세세번별 수출액}(X_{i,r})}{\sum_{\substack{i \in HS\text{세번} \\ s \in \text{수출상대국}}} \text{관세혜택 적용 대상 관세세번별 수출액}(X_{i,r})} \times 100$$

또한 활용률 계산은 100대 기업 혹은 백만 달러 이상 등 일정 규모 이상의 거래를 대상으로 조사하는 샘플조사와 전체 무역통계를 바탕으로 활용률을 계산하는 전수조사로 나눌 수 있고, 조사 방식에 따라 활용률이 큰 차이를 보이게 된다. 대체로 샘플조사 활용률이 전수 조사보다 높게 나타나게 된다.

원산지기준 충족이 상대적으로 용이하여 원자재 수입 비중이 높은 우리나라의 경우, 수출보다는 수입 FTA 활용률이 높게 나타날 수밖에 없다. 예를 들어, 우리나라의 대칠레 수입의 대부분이 전기동(구리), 와인, 포도이고, 이들 품목은 칠레에서 생산된 것이 대부분이다. 예를 들어, 전기동은 칠레 광산에서 채취하여 1차 가공한 제품이므로 수출자는 아무런 부담없이 원산지증명서를 첨부해 수출할 것이고, 우리나라 수입자는 통관 시 FTA 관세혜택을 신청하게 되어 한 · 칠레 FTA 수입활용률은 90%를 상회하게 된다. 따라서 FTA 활용률 논의는 활용률 그 자체 못지않게 계산방식을 동시에 고려하여 평가해야만 현실적인 진단이 가능하다. 실제 무역통계를 바탕으로 계산된 FTA 수출활용률은 매우 낮게 나타나게 되는데, 최근 관세청 등에서 발표하는 FTA 활용률은 높게 제시되고 있다. 하지만 활용률 계산 방식에 대해서는 거의 언급되지 않고 있다.

2. 우리나라 FTA 활용률

FTA and International Trade, ch. fifteen

한 · EU FTA 및 한 · 미 FTA 발효 이후 기업들의 FTA 활용에 대한 정책당국의 관심이 높아졌고, 과거에 비해 우리 기업들의 FTA 활용수준도 개선되고 있는 것으로 보인다. 관세청 등 정부기관에서 FTA 활용률 조사결과를 제시하고 있는데, 이전과 달리 수출활용률이 높게 나타나고 있다. 우리나라가 발효시킨 FTA 활용률은 체결 상대국에 따라 큰 차이를 보이고 있는데, FTA무역종합지원센터(2013)가 발표한 자료에 따르면, 한 · 칠레 FTA와 한 · EU FTA의 경우 80% 이상의 높은 활용률을 보이고 있는 반면, 한 · 아세안 FTA와 한 · 인도 CEPA의 경우 33.1%와 35.8%로 저조한 것으로 나타났다.

표 15-1 ■ 주요 FTA 수출활용률

구분 (발효)	칠레 (2004. 4)	아세안 (2007. 6)	인도 (2010. 1)	EU (2011. 7)	페루 (2011. 8)	미국 (2012. 3)
수출	85.5%	33.1%	35.8%	81.4%	61.3%	68.9%
(기준연도)	(2010)	(2011)	(2011)	(2012)	(2011)	(2012)

자료 : FTA무역종합지원센터(2013).

중소기업중앙회가 조사 · 발표한 "중소기업 FTA활용 현황 조사 보고서"(2013. 7)에 따르면, 우리나라 수출 중소기업의 FTA 체감효과는 100점 만점에 평균 68.2점으로 보통 수준이고, FTA 활용도는 각 협정별 34~56% 수준인 것으로 나타났다.[1] FTA별로는 한 · EFTA FTA가 76점으로 체감효과가 가장 높게 나타났고, 한 · 페루 FTA(73.4점), 한 · 미 FTA(71.6점), 한 · 칠레 FTA(70점)도 비교적 높게 나타난 반면, 한 · 아세안 FTA(66.4점), 한 · 인도 CEPA(65.4점), 한 · 터키 FTA(63.6점)의 체감효과는 중소기업들이 상대적으로 낮게 평가하고 있는 것으로 조사되고 있다.

1 동 조사는 2013년 6월 중소기업 504개사를 대상으로 한 전화 및 설문조사 결과임.

그림 15-1 중소기업 FTA 체감효과도

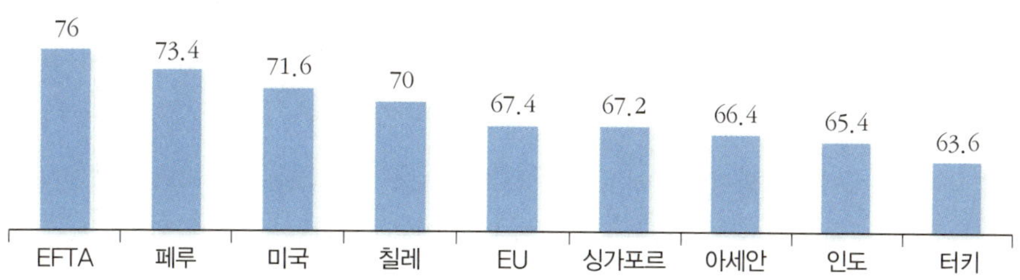

2014년 산업연구원 자료에 의하면,[2] FTA 활용률은 조사대상 FTA별로 차이가 크며 수출과 수입에서도 다른 패턴을 보이고 있다. 아세안 및 인도와의 FTA 수출활용률은 30%로 낮은 반면, 나머지 대부분 FTA 수출활용률은 70% 대를 초과할 정도로 높은 편이다. 조사대상 전 FTA에서 수입활용률은 50%대

2 산업연구원(2014), "중소기업의 FTA 활용 촉진을 위한 종합대책", KIEP 산업경제 4월호.

그림 15-2 중소기업의 FTA 활용도

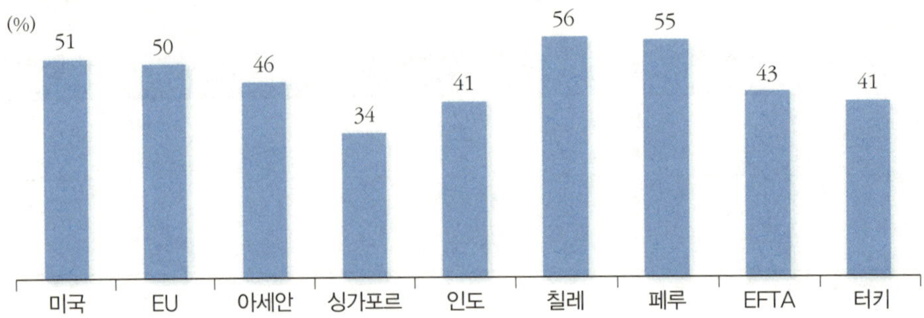

자료 : 중소기업중앙회(2013. 7), "중소기업 FTA활용 현황 조사 보고서".

이상으로 높으며, 칠레, 페루와의 FTA의 활용률은 90%를 초과하고 있다. 수입 활용률의 특징 중 하나는 수출활용률이 낮았던 아세안과 인도와의 FTA 수입활용률이 각각 74%와 53%로 높다는 점이다.

한 · 미 FTA 발효 1주년을 맞아 정부 관계부처 합동으로 발표한 "한 · 미 FTA 발효 1년간 주요성과" 자료에 따르면, 2013년 2월 말 기준 한 · 미 FTA 수출활용률은 69.6%, 수입활용률은 62.1%로서 발효 이후 활용률이 꾸준히 증가하고 있는 것으로 조사되었다.[3] 본 자료에서 수출활용률은 수출통관 시 신고자료에 근거한 추정치이며, 수출활용률은 발효 3개월 시점 59.4%에서, 6개월 시점 62.1%, 9개월에는 68.8%로 높아졌다. FTA 혜택품목의 수출은 6.4% 증가하여 FTA 비혜택품목(-2.4%)과 비교 시 FTA 수출 증대 효과가 발생하는 것으로 판단된다.

관세청(2013) 자료에 의하며, 2013년 6월 당시 우리나라 발효 FTA 전체 수출활용률은 39.5%, 수입활용률은 33%인 것으로 계산된다.[4] 활용률이 상대적으로 낮게 나온 것은 활용률 계산방식 차이에 기인하는 것으로 보인다. 즉, 산업연구원(2014)과 중소기업중앙회(2013)가 제시한 활용률은 샘플조사에서 구한 반면, 관세청(2013) 통계는 수출입 무역통계 전체를 대상으로 계산했기 때문이다. 관세청 자료와 우리나라가 발효시킨 FTA 상대국과의 수출입 금액을 이용하여 FTA 활용률을 계산해 보면, 수출입 평균 활용률은 31.67%로 낮아진다. 관세청(2013) 추정치와 기획재정부 등 다른 공공기관 추정치 간 격차가 나타나

3 정부 관계부처 합동(2013), "한 · 미 FTA 발효 1년간 주요 성과", 3월 14일.

4 관세청(2013), "FTA 원산지 검증사례 설명회 개최", 보도자료(9.3).

그림 15-3 수출 중소기업의 FTA 국가별 특혜관세 신청률

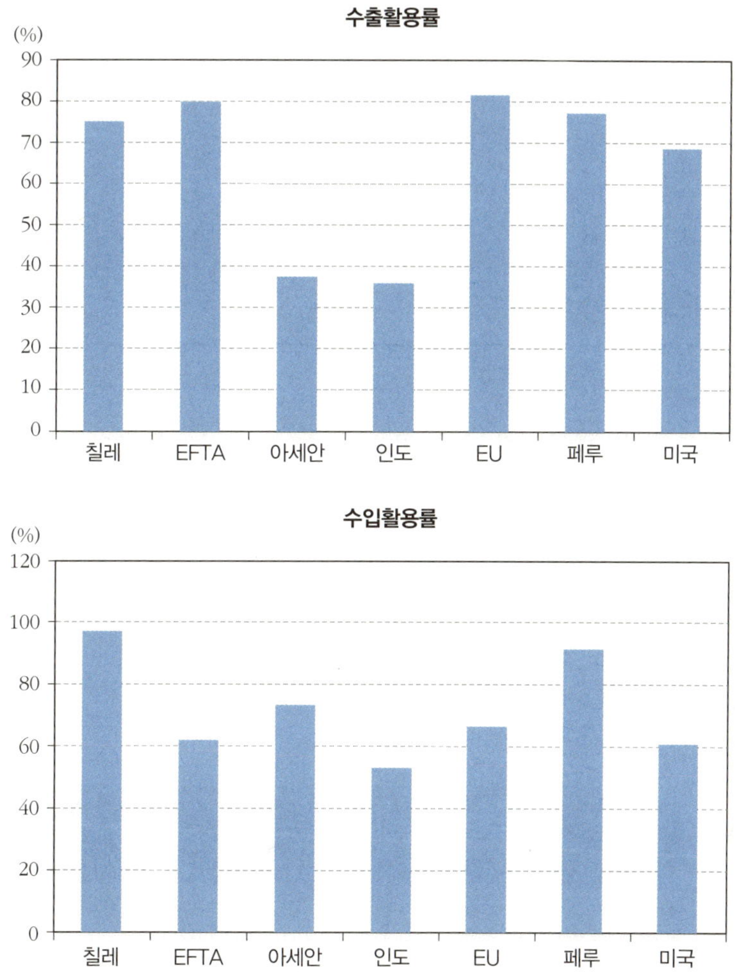

자료 : 산업연구원(2014).

고 있다. 앞서 언급한 바와 같이, 활용률 계산방식을 밝히지 않고 있어 어느 추정치가 정확한지 판단하기 어렵다. 따라서 FTA 활용률 추정 작업은 정밀하게 이루어져야 하고, 추정치에 대해서는 신중한 해석이 요구됨을 알 수 있다.

2013년 이후 정부의 FTA 활용률 조사 결과가 나오지 않고 있으나, FTA 체약국과의 교역액 중 FTA 적용비율은 31.67%로 많은 기업이 FTA를 활용하지 못하고 있음을 의미한다. 이러한 FTA 활용률 추정치는 대기업 및 수출 중견기업의 FTA 활용실적을 주로 포함하고 있고, 일반 중소기업이 FTA를 활용하는

표 15-2 ■ 우리나라 FTA 체약 상대국과의 교역 추이 및 FTA 활용수준 (단위 : 억 달러)

구분	2011		2012		2013. 6월	
對세계 교역(A)	10,796		10,674		5,333	
	수출 5,552	수입 5,244	수출 5,478	수입 5,196	수출 2,767	수입 2,566
對FTA 상대국(B)	2,662(24.7%)		3,710(34.8%)		1,939(36.4%)	
	수출 1,458(26.3%)	수입 1,204(23.0%)	수출 2,044(37.3%)	수입 1,666(32.1%)	수출 1,092(39.5%)	수입 847(33.0%)
FTA 적용 교역 (비율, A/B)	614 (5.7%)		1,134 (10.6%)		614 (11.5%)	
FTA 활용률	23.07%		30.57%		31.67%	

자료 : 관세청 보도자료(2013. 9. 3자)의 내용을 재구성하여 작성.

비율은 대기업에 비해 낮을 것으로 추정된다.[5] 산업연구원(2014)에 따르면, 한 · 미 FTA의 수출활용률의 경우, 대기업의 활용률은 77%인 데 비해 중소기업은 61%로 낮았다. 더구나 현재 수출을 하지 않고 있는 중소기업들은 조사대상에서 제외되어 있고, 이들 기업까지 고려할 경우 실제 FTA 활용률은 현재 추정치보다 훨씬 낮을 것으로 예상할 수 있다.

5_ 관세청은 FTA별 FTA 활용률 및 수출과 수입 FTA 활용률을 공개하지 않음.

3. FTA 활용 장애요인

FTA and International Trade, ch. fifteen

가. 2008~2009년 조사

국내에서 FTA 활용수준에 대한 관심이 제기된 2008년부터 2011년 3년간 FTA 활용 장애요인 조사 결과에 따르면, 가장 많이 제기된 활용 장애요인은 정보 부족이었다. 당시 여러 기관에서 FTA 홈페이지를 개설하고 있었지만, 대부분 협정문 본문이나 협상 관련 소식이 홈페이지 콘텐츠의 대부분이었고, FTA별/품목별 특혜관세율과 원산지기준에 대한 정보는 통상전문가가 아니면 접근하기 어려운 사항이었다.

표 15-3 ■ 기업들의 FTA 활용 부진 주요 사유[6]

		제1순위	제2순위	제3순위	제4순위
수입 시 (무역협회)		정보 부족	수출기업 C/O 미발급	무관세품목	기타
수출 시	무역협회	정보 부족	원산지기준	상대국 기업 무관심	기타
	KOTRA	낮은 관세특혜	정보 부족	상대국 기업 무관심	기타(복잡한 절차 등)

자료 : 정인교(2009), "우리 기업의 FTA 활용도 조사 및 활용도 제고 방안 연구"(국제지역연구 13권 3호).

이로 인해 통상당국을 포함한 다수 공공기관들은 FTA 활용에 직간접적으로 필요한 정보제공에 나섰고, 그동안 중복된 내용을 전달하던 홈페이지 내용을 기관의 전문성을 고려하면서 부분적으로 차별화를 모색하였다. 특히 관세청은 상당한 예산을 투입하여 FTA별 및 품목별 특혜관세율과 원산지기준을 사용자 편의에 맞게 제공하는 시스템을 구축함에 따라 FTA 활용 정보 부족 문제가 어느 정도 해소될 수 있었다.

6 무역협회(2009), "FTA 활용 애로사항 조사"와 KOTRA(2008), "KOTRA-무역협회 공동조사 : FTA가 무역에 미치는 영향 조사"의 내용을 요약·정리한 것임.

표 15-4 ■ 주요 기관의 FTA 정보제공

기관	제공내용	기관	제공내용
기획재정부	FTA 추진 일반현황	대한상의	원산지증명발급
외교통상부	FTA 정책 및 협정문	무역협회	FTA 일반내용
지식경제부	무역피해/무역구제	관세청	품목별 관세율/원산지
농림식품부	농업 관련 FTA 내용	중진공	무역조정지원제도

하지만 실제 FTA 수출활용을 위해서는 상대국 시장정보가 필수적인데, 품목별 시장정보에는 미치지 못하더라도 산업별 FTA 대상국 현지시장 제공의 필요성이 제기되고 있으나, 이에 대한 정보 부족 사항은 해소되지 않고 있다.

나. 최근의 조사

중소기업중앙회(2013)의 조사에 따르면, 수출 중소기업들이 FTA 특혜관세를 활용하지 못하는 사유로는 '일반관세율과 FTA특혜관세율의 차이가 없거나 매우 작아서'가 40.3%로 가장 많은 것으로 조사되고 있다. 이는 KOTRA(2009)의 조사에서도 지적되어 온 사항이며, FTA 협상에서 주요 관심품목에 대해서는 단기간 내 관세철폐를 해야만 기업들이 FTA 활용에 관심을 갖게 될 것임을 시사한다. 다음으로는 'FTA별로 원산지기준이 달라 활용이 어려워서' 가 33.5%, '원산지증명서 발급이 어려워서' 30.4% 등 원산지기준 관련 세부사항 및 절차와 관련된 어려움이 실제 FTA 활용에서 장애요인으로 작용되는 것으로 파악되었다.

FTA별 활용도 조사결과를 살펴보면, 아세안, 인도 등 기관발급을 통해 원산지증명서를 발급해야 하는 협정이 상대적으로 활용률이 낮은 것으로 나타나고, 미국, EU 등 자율발급과 관련된 협정이 활용률이 높은 것도 시장규모와 관세특혜 크기 외에 원산지기준이 크게 작용한 결과이다. FTA 협정에 따라 활용률이 크게 차이가 나는 이유는 상대국과의 교역구조나 산업구조, 혹은 협정문 원산지규정의 차이 등이 있기 때문이다.[7]

인천지역 중소기업의 FTA 활용 시 겪고 있거나 겪을 것으로 예상되는 애로사항에 대한 유영석(2013)의 연구에 따르면, 주요 애로사항으로는 '근거서류 확보 및 작성의 어려움' 이 18.2%, '원산지증명 관련 지식 부족' 이 17.6%, 'FTA 활용 시스템 구축 어려움' 이 12.7% 등의 순으로 나타나 전반적으로 원산지 관리에 대한 애로가 큰 것으로 나타났다.[8]

원산지기준에 대한 중소기업의 인식수준은 어떤 FTA이든지 낮은 것으로 조사되었다. 중소기업연구원이 실시한, 중소기업대상 설문조사(2011년, 1,000개 업체)에서 국내에서 중국과 관련된 영업활동을 하지 않고 있는 중소기업의 62% 이상이 원산지증명에 대해 잘 모르고 있는 것으로 알려졌다. 원산지기준이 협정별, 품목별로 복잡한데다가, 중소기업의 경우 전담인력이 부족하기 때문에 원산지기준은 심각한 장애요인이 될 수 있다.

7__ 조미진(2011), "FTA 실질적 효과 분석 및 활용 제고 방안", 대외경제정책연구원.

8__ 유영석(2013), "FTA 활용률 제고방안에 대한 연구", 인하대학교 경영대학원 국제통상학과 석사학위논문.

4. FTA 활용 지원 내용과 평가[9]

FTA and International Trade, ch. fifteen

9 이 내용은 유영석(2013)의 자료를 중심으로 작성. 유영석(2013), "FTA 활용률 제고방안에 대한 연구", 인하대학교 경영대학원 국제통상학과 석사학위논문.

가. 개요

2010년 이후 국내 대책본부는 FTA 활용 컨설팅, FTA 전문인력 양성, FTA 통상정보 제공, FTA 비즈니스 모델 개발 및 전파 등을 통해 중소기업의 FTA 활용 확대를 위한 사회적 인프라를 꾸준히 확충해 왔다. 정부 주도의 FTA 활용 지원은 다른 국가에서는 찾아보기 어려운 정책이며, 이들 다양한 지원정책을 통해 다수 중소기업들이 FTA 활용에 관심을 갖게 되었다.

현재 다수 기관이 FTA 홈페이지를 운영 중에 있으며, 대부분의 기업들은 이를 통해 FTA 활용 정보를 얻고 있다. 주로 관세와 원산지기준 등 내용이 대부분 겹치고, FTA 상대국 해외시장 정보가 부족하며, 기관별 차별성이 약한 것으로 평가된다. 무역협회가 운영 중인 FTA무역종합지원센터의 해외시장정보 제공 역량을 확충해야 하며, KOTRA, 무역협회, 외교부(대사관) 등이 수집한 해외시장 정보를 체계적으로 분석 · 관리하는 시스템 구축이 필요하다. 우리 정부의 FTA 활용지원 현황을 살펴보면 6개 부처, 8개 지원기관에서 FTA 활용 지원사업을 수행하고 있고, 정부부처에서는 산업통상자원부와 관세청, 중소기업청을 중심으로 정책을 수립하여 지원하고 있다. 무역협회(FTA무역종합지원센터), 대한상공회의소, 중소기업진흥공단 등의 지원기관에서 주로 사업을 추진

표 15-5 ■ 정부기관별 FTA 활용지원 사업내용

구분	산업통상자원부		중소기업청	관세청
사업명	자유무역협정 국내 대책 지원	FTA 종합무역 지원체계 구축 (KOTRA)	FTA 대응역량 강화 지원	FTA 이행 지원
주요 사업 내용	■ 홍보 ■ 대학(원) 강좌 지원 ■ 지역FTA센터 운영지원 ■ 부처합동 설명회	■ 컨설팅 ■ 무역종합지원센터 관세사 채용(4명) ■ 지역FTA센터 관세사 채용(20명)	■ 컨설팅 ■ 협력사 합동교육 ■ 해외진출 진단 ■ 조사연구홍보 ■ 원산지관리시스템 구축 지원	■ 시스템 컨설팅 ■ 해외설명회 ■ 인증수출자 지정 확대 ■ FTA-Pass 활용 지원

하고 있으며, 지원사업은 크게 컨설팅, 정보제공, 원산지관리시스템 보급, 인력 양성, 마케팅, 사후검증 대응 등이다.

나. 활용 지원 평가

〈표 15-6〉에 요약된 바와 같이, 우리나라 FTA 활용 지원정책은 크게 FTA 컨설팅, FTA 전문인력 양성, FTA 정보 제공, FTA 비즈니스 모델 등으로 나눌 수 있다. 이들 FTA 활용 지원정책은 우리 기업의 FTA 활용 증진에 기여한 바 있으나, 문제점이 더러 제기되었다. 이들 문제점 개선방안은 〈표 15-6〉에 제시되어 있다.

표 15-6 ■ FTA 활용 지원정책 평가와 개선방안

항목	지원정책 평가		개선방안
	긍정적 측면	아쉬운 점	
FTA 컨설팅	▪ 관세법인과 회계법인의 FTA 컨설팅 관심제고 및 역량 축적 ▪ 2,800여 개에 달하는 중소기업 대상 FTA 컨설팅 제공 ▪ 다수 중소기업 FTA 수출 모색 동기 부여	▪ 무료 FTA 컨설팅 일반화로 컨설팅 전문화-고도화 지연 ▪ 정부 주도 저가 컨설팅 지속으로 중소기업의 낮은 컨설팅 만족도 ▪ 컨설팅 오류 시 사후 책임 문제 상존	▪ 컨설팅 수혜기업이 비용 분담하고, 분담금과 정부 지원 연계 ▪ 정책성과지표에서 컨설팅 업체 수 목표치 삭제하고 내실 있는 컨설팅 지향 ▪ 컨설팅 업체와 기업 간 계약을 유도하고, 사적 책임 명시
전문 인력 양성	▪ FTA 인식 및 비즈니스 활용 인식 제고 및 FTA 지식 확산 ▪ FTA 대학원 과정 개설로 전문가 양성	▪ 강의 교수의 FTA 전문성 취약 ▪ 높은 외부강사 비율. 강사별 강의 차별성 부족	▪ 주임교수의 강의 비율 확대 및 대우 개선 ▪ 지원서상의 강의내용 평가 개선 및 강의 질적 수준 관리
FTA 정보 제공	▪ 다수 홈페이지 FTA 활용 정보 제공 ▪ 관세, 원산지 등 기본 정보 제공 역량 확충 ▪ 관세청, 국내 대책본부 FTA 홈페이지 내용 우수	▪ FTA 상대국 해외시장 정보 부족 ▪ 관련 부처 및 기관이 제공하는 FTA 사이트 내용 유사 ▪ 해외시장 정보 제공 부족	▪ FTA 홈페이지별 특성화 추진 ▪ FTA 상대국 시장정보 확충(www.okfta.or.kr)의 해외시장정보 제공 역량 강화 ▪ 코트라 등 공공기관 수집 해외시장 정보 체계적 분석 및 제공
FTA 비즈니스 모델	▪ FTA 활용 비즈니스 모델 개발 및 전파로 중소기업의 FTA 활용 관심 제고 ▪ 중소기업 수출기업화 기여	▪ 단순 관세활용을 비즈니스 모델로 소개 ▪ 공급사슬관리(SCM) 차원의 FTA 활용 모색 부족 ▪ 원산지 검증 등 사후 리스크 관리 체계	▪ 주요 산업별 비즈니스 모델 개발 및 보급 ▪ 생산단계에서의 FTA 활용, 물류비 인하 방안, 바이어와의 협상 등 제시 ▪ 활용 지원과 더불어 원산지 검증 대비 강조

기존 FTA 활용 지원정책 중 FTA 컨설팅에 대해 평가하고, 개신방안을 제시하면 다음과 같다. 정부가 추진해 온 대표적인 사업인 FTA 컨설팅은 중소기업 FTA 활용 촉진, 다수의 관세법인 및 회계법인의 FTA 컨설팅 관심 제고 및 역량 축적에 기여했다. FTA 컨설팅 서비스로 다수 중소기업들이 FTA 활용방안 모색에 나서게 되었으며, 자동차부품, 섬의류, 생활용품 등에서 FTA 활용수준이 점진적으로 개선되고 있는 것으로 평가된다.

하지만 FTA 컨설팅은 적지 않은 문제점이 제기되고 있다. FTA 컨설팅 개선방안으로는 컨설팅 사후 점검 의무화, 컨설턴트 풀(pool) 확대, 컨설팅 중복 신청 방지, 컨설턴트 수임단가 적정성 검토 등이다. 또한 FTA 컨설팅이 저가로 책정되어 내용이 빈약한 경우가 많은데, 다양한 경영환경에 적용 가능한 컨설팅 개발이 필요한 것으로 지적된다. 또한 저가 무료 컨설팅이 보편화되면서 FTA 컨설팅 전문화 · 고도화를 유도하지 못하는 문제점이 발생하고 있다. 무료 컨설팅보다는 컨설팅 수혜기업이 일정 비율의 비용을 분담하고, 분담금과 정부지원을 연계함으로써 컨설팅산업 활성화, 컨설팅업체-중소기업 간 계약을 통해 사후 검증 등 리스크 관리 유도가 필요하다.

또한 FTA 활용 시 수반되는 리스크를 우려하는 중소기업이 많은데, FTA 컨설팅에서 이러한 리스크 관리를 제대로 하지 못하는 점이 지적되었다. FTA 분쟁이 발생한 경우는 HS 세번 오류와 연관되는 경우가 많으며, 향후 FTA 컨설팅 활용지원 시 중점 검토해야 할 사항은 다음과 같다. 먼저 품목분류의 경우 수입 시에 정확한 품목분류가 이루어져야 하며, 투입 원자재의 HS 코드가 파악될 수 있도록 정확한 HS 시스템 구축이 필요하다. 국제적 거래를 포함한 다자간 거래의 경우, 사전에 수출자와 수입자의 충분한 협의를 통해 FTA 특혜관세 신청에 필요한 구비서류를 확보해 나가는 비즈니스 관행을 강화해야 한다. 원산지검증 이후 불이익 리스크를 줄이기 위해서는 기업인들이 원산지증명서 및 확인서에 관한 증빙자료 구비 및 보관 등 체계적 관리방안을 상시화해야 할 것이다.

다. 현재의 FTA 활용 지원

과거에는 관세특혜, 원산지 등 FTA 정보 제공에 주력했으나, 최근에는 수요자인 중소기업의 눈높이에 맞춘 활용지원 방안을 추진하고 있다. 구체적으로는 첫 번째로 업종·지역별 맞춤형 FTA 활용 지원체계를 구축했는데, 업종별로 업종 특성에 맞는 지원을 위해 업종단체 및 지원기관과 공동으로 'FTA활용 지원 업종협의회'가 구성되어 있다. 협의회에는 자동차부품, 섬유, 기계, 전자, 석유화학 등 9개 업종단체 및 산업부 등 3개 관련 부처, 코트라 등 4개 지원기관이 참여하고 있고, 지역별로는 전국 16개 지역센터 및 산업단지 등 중앙과 지역을 연계한 전국적인 원스톱 FTA 활용 지원망을 구축하고 있다.

그림 15-4 FTA 활용 지원기관

두 번째는 FTA 활용 컨설팅 이력관리 시스템을 구축하여 운용 중이다. FTA 컨설팅 사업관리와 FTA 지원서비스 중복수혜 방지 등을 위해 FTA 활용 컨설팅 이력관리 시스템을 FTA종합지원센터에 구축하여 각 기관의 지원기업에 대한 이력을 종합적으로 관리하고 있다. 또한 종합지원센터 및 지역 FTA 센터의 상담이력을 실시간으로 등록·DB화하여 기업 맞춤형 지원방안을 발굴하여 활용하고 있다.

세 번째로는 FTA 활용 통합정보 시스템 구축을 통해 정보를 제공하고 있다. 분산된 FTA 활용정보 제공 사이트를 http://okfta.kita.net으로 통합하여 HS 코드, 관세율, 원산지기준, 협정문 등을 원스톱으로 제공하고 있으며 스마트폰, 태블릿 PC 등을 통해 손쉽게 FTA 정보활용 및 상담신청·관리가 가능한 스마트 모바일 시스템을 구축 및 운영 중이다. 이와는 별도로 분야별로 특화된 FTA 정보제공 홈페이지가 운영되고 있다. 우리나라 FTA 정책 전반에 대해서는 산업통상자원부 FTA홈페이지(www.fta.go.kr), FTA별 관세체계와 품목별

그림 15-5 FTA종합지원센터(http://okfta.kita.net) 홈페이지

그림 15-6 산업통상자원부 FTA 홈페이지(www.fta.go.kr)

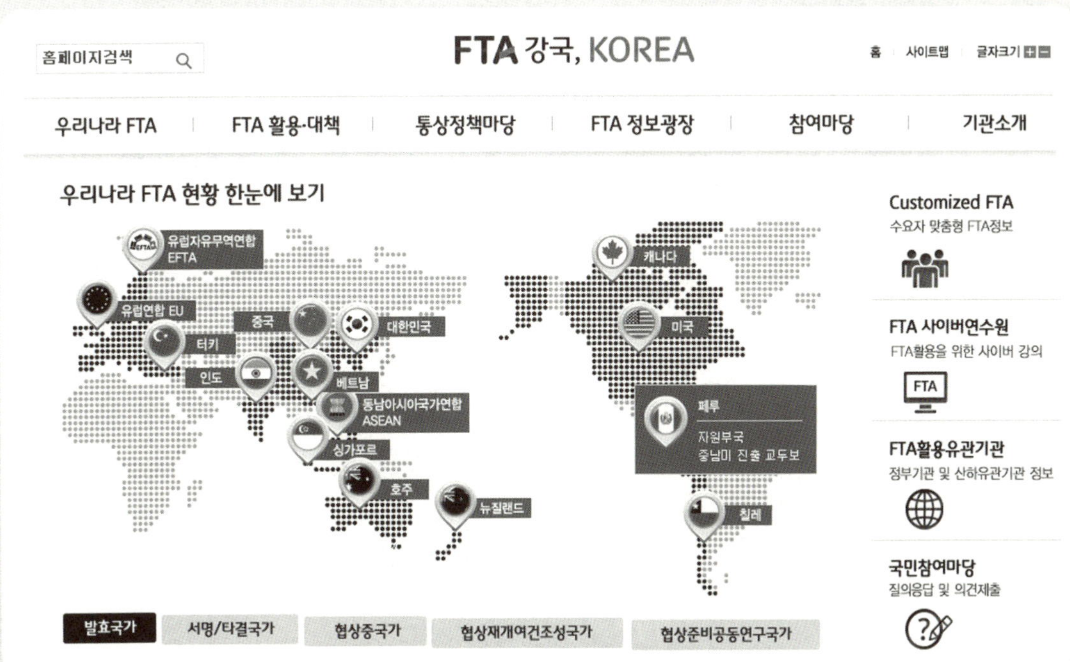

그림 15-7 관세청 FTA 홈페이지(http://www.customs.go.kr)

그림 15-8 코트라 글로벌윈도우 홈페이지(www.globalwindow.org)

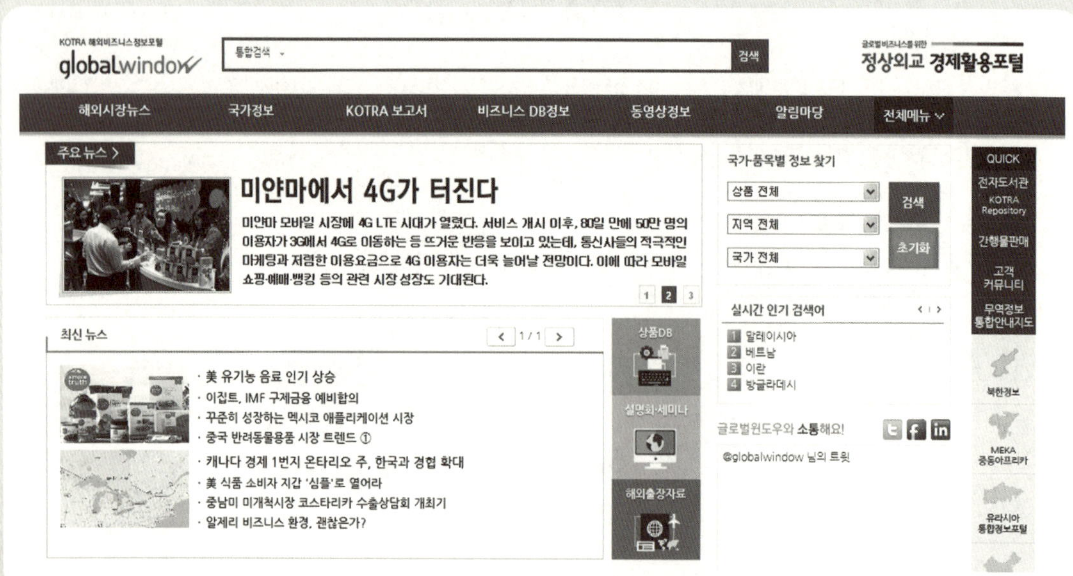

원산지기준에 대해서는 관세청 FTA 홈페이지(http://www.customs.go.kr), 해외시장 정보에 대해서는 코트라 글로벌윈도우 홈페이지(www.globalwindow.org)를 운영하고 있다.

네 번째, 업종별·지역별로 FTA 활용 상담 및 컨설팅을 제공하고 있다. 맞춤형 상담을 위해 인터넷, 전화, 내방 등을 통해 기업의 FTA 활용 애로사항 해소를 지원하고 있으며, 기업 맞춤형 방문 컨설팅을 통해 지속적인 원산지 관리 능력을 배양하고, 지역별 FTA 전문가가 현장을 방문하여 원산지증명서 발급부터 원산지관리시스템 지원, 사후검증 대응 컨설팅을 제공하고 있다.

다섯 번째, FTA 활용 비즈니스 전략 및 정보 제공 사업을 실시하고 있다. 자동차, 섬유 등 주력업종뿐만 아니라 농수산식품 업종까지 확대하여 전국적으로 업종별 맞춤형 FTA 활용 수출전략 설명회를 개최하고 있다. 또한 해외 FTA 전문가를 초청하여 FTA 특혜통관, 사후검증 등 실질적 정보를 제공하는 FTA 비즈니스 활용 세미나 개최와 사례집 발간을 통해 업계가 실질적으로 벤치마킹할 수 있는 다양한 성공사례, 활용전략 등을 발굴·확산하고 있다.

FTA 활용 지원과 관련하여 관세청은 원산지기준에 대해 고도의 전문성을 확보하고 있고, 다년간의 노력으로 원산지기준에 대한 정보 및 검증에 따른 부담 등에 대한 정보 제공을 체계화시켰다. 하지만 해외시장 및 현지 산업과 경쟁업체에 대한 정보가 부족한 상황에서 FTA 관세와 원산지기준에 대한 정보만으로 기업들이 FTA 활용에 나서기는 어렵다. 한편, FTA 활용 편익에 대한 전체적인 평가없이 원산지기준 관련 사항만이 부각됨에 따라 결국 FTA가 기업의 시각에서는 이익이라기보다는 비용으로 비추어질 가능성도 제기된다. FTA 특혜관세 활용의 기본 전제가 해당 품목의 원산지기준 충족이란 점에서 원산지기준이 FTA 활용 장애요인이 됨은 당연하겠으나, 많은 FTA 활용 장애요인 조사에서 중소기업 CEO의 관심 부족이 제기되고 있다. 직원 수가 많지 않은 중소기업의 경우, CEO가 관심을 갖고 추진하지 않으면 회사 차원의 FTA 활용 검토가 내실 있게 이루어지기 어렵기 때문에 현 단계에서는 CEO의 FTA 활용 관심 제고 노력이 필요하다. 단순히 특혜관세 수준 제시보다는 FTA 활용 비즈니스 모델에 대해 CEO가 학습함으로써 자사의 FTA 비즈니스 가능성에 관심을 가질 때 기업 차원의 비즈니스 기회를 적극 모색하게 될 것이다.

5. FTA 수출유망품목

FTA and International Trade, ch. fifteen

가. 개요

중소기업의 글로벌화에 있어 해외진출은 필수요건이라는 인식이 확산되어 있지만, 해외시장 문을 두드리더라도 현실적으로 수출에 성공하는 것은 쉽지 않다. 하지만 수출용 원부자재를 국내 기업에 납품하는 로컬 수출기업은 해외 진출을 시도할 경우 성공확률이 일반 중소기업보다 훨씬 높아질 것으로 판단된다. 로컬 수출기업을 대상으로 설문조사를 실시한 결과, 약 81%가 해외 직수출에 관심을 나타냈으며, 특히 '완제품' 및 '자체 브랜드' 보유기업일수록 직수출에 대한 관심이 상대적으로 높은 것으로 나타났다.[10]

현재 국내 로컬수출 중소기업 5.5만 개사 중 약 3.3만 개사가 직수출 없이 국내공급에만 머물러 있고, 이러한 수출경험이 없는 로컬기업들이 직수출에 높은 관심을 보이는 것은 협소한 국내시장, 내수시장 경합증가 등의 국내시장 한계와 함께 제품경쟁력 제고로 해외시장으로 눈을 돌리려는 로컬 업체의 적극적인 의지가 반영된 것이다. 응답 로컬 기업의 약 79%가 수출기업화 단계에서 무역인력과 자금 확보에 애로를 겪고 있어 정책적인 지원이 절실한 상황이므로 현행 수출지원사업 개선과 더불어 우리나라의 FTA 관세혜택을 받을 경우 해외진출 가능성은 훨씬 더 높아질 수 있을 것이다.

이미 우리나라는 글로벌 수준의 FTA 망을 형성한 상황이므로 주요 거대 경제권과의 FTA를 동시에 진출하는 방안으로 더 큰 혜택을 기대할 수 있으나, FTA 활용 역량이 부족한 중소기업은 개별 FTA를 1차적인 FTA 활용 대상으로 검토하고 기발효 다른 FTA와의 복합 활용으로 FTA 활용 기대이익을 제고시켜야 할 것이다. 2013년 5월 대외경제장관회의에서는 당시 8만 6천 개인 수출 중소기업을 2017년까지 10만 개로 늘리겠다고 목표를 정하고 이들 수출 중소기업에 맞춤형 지원을 하기로 했다.[11] 중소기업과 대기업이 상생 협력해 신흥시장에 동반 진출할 수 있도록 유도하며, 중소기업의 해외진출에 FTA를 적극 활용하기로 하였다.

10 국제무역연구원(2013), "국내 로컬 수출업체 수출기업화 전환 의향 및 애로 조사".

11 대외경제장관회의(2013), 회의자료, 5월 9일.

FTA 초보 중소기업이 FTA 활용을 모색할 경우, 1차적으로 미국, EU, 인도 등 거대경제권과의 FTA 활용을 검토할 수 있을 것으로 보여, 여기서는 한 · 미 FTA, 한 · EU FTA, 한 · 아세안 FTA 및 한 · 인도 FTA상의 수출유망품목을 제시하고자 한다. 이 절에서 제시하는 수출유망품목은 KOTRA 등 무역진흥기관이 조사하여 발굴한 품목과 필자가 조사한 내용을 종합한 것이며, 수출유망품목은 예시적인 것으로 여기서 제시되지 않은 품목도 기업에 따라 유망수출품목이 될 수 있을 것이다.

나. 수출유망품목

1) 한 · 미 FTA

산업연구원 연구에 의하면, 우리나라 다수 제조업종은 한 · 미 FTA 발효로 상당한 규모의 대미 수출증가 효과를 누릴 수 있을 것으로 전망되었다.[12] KOTRA가 한 · 미 FTA 발효를 대비하여 발표한 보고서에서는 자동차부품, 섬유, 기계, 석유화학, 전기전자 등의 분야에서 한 · 미 FTA를 활용한 수출유망품목 35개를 선정하였다.[13]

수출유망품목 선정 기준은 다음과 같다.

- 3년 내 조기 관세철폐 품목. 하지만 장기철폐 대상일지라도 관세율이 높고, 가격경쟁이 치열한 품목은 포함
- 고관세 혹은 관세가 낮아도 가격경쟁이 치열한 품목
- 미국 수입시장 규모가 1천만 달러 이상인 품목
- 중소 · 중견기업 취급 품목

12__ 김도훈 · 이진면(2007), "한 · 미 FTA의 제조업분야 수출입 효과 분석", 산업연구원.

13__ KOTRA(2011), "한 · 미 FTA로 날개 달 중소기업 35大 수출 유망상품".

표 15-7 ■ 한 · 미 FTA 수출유망품목

산업	품목명	관세 (%)	양허 유형	유망사유
자동차부품	볼트 · 너트	5.7~12.5	즉시 철폐	▪ 가격경쟁이 치열한 품목으로 고관세 철폐에 힘입어 가격경쟁력 제고 폭이 클 전망
	자동차 공조용 부품	0~2.5	즉시 철폐	▪ 중국산 등 저가제품 품질 문제가 이슈화되고 있는 가운데, 관세철폐로 한국산 가격경쟁력이 제고되면, 바이어에게 크게 어필할 것으로 예상
	냉간단조부품 (엔진블록, 피스톤 등)	0~2.5	즉시 철폐	▪ 관세철폐로 중국산 대비 가격 열위는 보강되고, 일본산 대비 가격 우위는 강화될 전망
	풀리	2.8	즉시 철폐	▪ 관세철폐로 중국산 대비 가격격차가 좁혀질 전망 * Pulley는 추진축으로부터 벨트를 통해 각 부속장치로 동력을 전달하기 위해서 필수적인 요소로 자동차에는 Crankshaft, Timing Belt, Alternator, Compressor 등에 사용
	덕타일주물제품	0~2.9	즉시 철폐	▪ 관세철폐로 중국산 대비 가격 열위는 보강되고, 일본산 대비 가격 우위는 강화될 전망
	자동차용 전기배선장치	3.5	즉시 철폐	▪ 연비향상을 위한 자동차 전장화로 수요 증대 ▪ 중국산과의 가격 격차 축소는 역부족이나, 독일 등 선진국 제품 대비 가격 경쟁력 강화 예상
	브레이크 패드	2.5	즉시 철폐	▪ 중국산 브레이크 패드 제품에 실망한 바이어들의 한국산 관심 증대 ▪ 한국산 품질은 이미 인정받고 있어, 가격경쟁력까지 제고된다면 수출 여건 대폭 개선 전망
	에어백	2.5	즉시 철폐	▪ 중국산 제품의 품질관리 문제와 일본의 대지진 이후 부품공급 차질로 반사 이익 기대 ▪ 측면 에어백 장착의무 규제(2011년 1월) 발효로 에어백 수요 증가 예상
	개스킷과 실	2.5	즉시 철폐	▪ 한국산은 품질은 우수하지만, 중국산에 비해서는 가격이 높고, 일본산에 비해서는 품질은 다소 뒤처지나 가격은 비슷해 단점으로 작용했으나, 관세철폐 시 대미 수출여건 개선 기대

섬유	폴리에스터 섬유사	4.3	즉시 철폐	▪ 면화가격 급등 및 생산원가 절감 위해 폴리에스터 혼방비율이 확대되면서 현지수요 급증 ▪ 한국은 수입시장 점유율 2위 국가로 바이어 인지도가 높아, 관세철폐 시 수출 확대여력 다분
	여성용 드레스	14.9	즉시 철폐	▪ 고관세 철폐로 중고가 제품군을 중심으로 높은 가격경쟁력 확보 가능 ▪ 드레스는 소량 다품종 생산 가능 품목으로 국내로 생산기반 이전이 상대적으로 용이
	인조섬유 파일편직물	17.2	즉시 철폐	▪ 고관세 철폐로 중고가 제품군을 중심으로 높은 가격경쟁력 확보 가능 ▪ 면화가격 급등으로 인조섬유 편직물 수요 증가
	양말	13.5	즉시 철폐	▪ 비용절감을 위해 미국 업체들이 국내생산을 줄이고 아웃소싱 확대 ▪ 고관세 철폐, 상대적으로 충분한 국내 제조기반(자동화된 생산방식)
	면섬유 유아/아동용 의류 및 액세서리	8.1	즉시 철폐	▪ 대규모 유아/아동 의류시장 내 고급상품 시장 확대 ▪ 중저가 이상의 고급제품 시장에서는 관세철폐 시 바이어 선호도 제고 전망
	폴리에스터 단섬유직물	12.0	즉시 철폐	▪ 면화가격 상승으로 합성섬유 직물 수요 증가 ▪ 합성섬유 분야에서의 높은 한국산 제품 경쟁력, 중고가제품에서 가격경쟁력 제고 기대
	카매트	6.7	즉시 철폐	▪ 관세철폐로 고급차량용 카매트 가격경쟁력 제고 효과 기대 ▪ 한국산 품질에 대한 인지도 상승세
기계	공작기계 (머시닝센터)	4.2	즉시 철폐	▪ 한국산 제품 인지도 상승추세 ▪ 고가제품으로 10만 달러 이상에 거래, 관세철폐 시 4,200달러 이상의 가격 인하 예상
	플라스틱 사출금형	0~3.1	즉시 철폐	▪ 자동차 연비규제 강화로 경량화와 추진을 위해 수요 증대 예상 ▪ 고가제품으로 절대적인 관세철폐 금액이 큰 편
	밸브	4.3	즉시 철폐	▪ 가격경쟁이 심해, 4% 관세만 철폐되더라도, 한국산의 대미 수출 경쟁력 강화 전망
	볼베어링	9.0	10년 균등	▪ 10년 균등철폐지만, 관세율이 높아 3년 내 2.7% 관세철폐 ▪ 가격경쟁이 치열해 관세철폐로, 한국산 수출 확대 기대
	철주물 핏팅 제품	5.6	즉시 철폐	▪ 경기회복으로 자동차산업 등에서 생산 활동이 활발해지면서 수요가 증가할 전망 ▪ 가격경쟁이 치열해, 관세철폐로 한국산 수출 확대 기대
	펌프	2.5	즉시 철폐	▪ 경쟁 제품 간 품질이 대동소이해서 가격경쟁이 치열한데, 관세철폐 시 한국산에 유리하게 작용할 전망

전기전자	풍력발전세트	2.5	즉시 철폐	▪ 미국 풍력 터빈의 100%를 국내에서 생산하기 어려움 ▪ 풍력발전 비중이 확대되면서 관련 제품 수요가 더욱 확대 예상
	헤어 플랫 아이언	0~2.8	즉시 철폐	▪ 한국산은 고가 전문가용 헤어스타일링 기기에서 인지도가 높아, 관세철폐로 가격경쟁력까지 강화되면 수출 확대 기대
	전기제어판	2.7	즉시 철폐	▪ 절전형 제품에 대한 교체수요 증가로 전기제어판 수요 증가 ▪ 관세철폐 시, 중국산보다는 일본산과 캐나다산 대비 가격경쟁력이 강화될 전망
	터치스크린 모니터	2.7	즉시 철폐	▪ 비용절감을 위한 셀프 계산대 및 키오스크 설치 증가로 수요 기대 ▪ 중국산과 멕시코산보다는 일본산 대비 가격경쟁력이 강화될 전망
석유화학	폴리스티렌	6.5	즉시 철폐	▪ 경기 회복에 힘입어, 주택건설용 및 요식업용(포장재) 수요가 증대 ▪ 고관세 즉시철폐
	비접착성 판, 쉬트, 필름	5.8	즉시 철폐	▪ 최근 미국산을 아시아산으로 대체하고 있는 추세 강화 ▪ 고관세 즉시철폐
	에폭시수지	6.1	즉시 철폐	▪ 금년 고기능성 에폭시 합성수지 수요는 전년 대비 9% 증가 예상 ▪ 고관세 즉시철폐
	아크릴 폼 테이프	4.2~6.5	10년 균등	▪ 고부가가치 부품 시장으로 한국산 비교 우위 ▪ 10년 균등철폐 품목이나 가격경쟁이 치열해, 3년 내 가격경쟁력이 유의미한 수준으로 제고될 전망
기타	광섬유케이블	6.7	즉시 철폐	▪ 스마트폰, PC 태블릿 등의 3G/4G 네트워크, 인터넷 사용 증가에 힘입어 광섬유케이블에 대한 수요도 동반 증가할 전망 ▪ 한국의 텔레콤 시장에 대한 인지도가 높아진 가운데, 6.7% 관세까지 철폐된다면 바이어 선호도 증가 기대
정부조달	공구 절삭기	4.2~4.7	즉시 철폐	▪ 미 육 · 해 · 공군에서 사용되는 탱크와 비행기 수리 및 보수작업에 활용되며, 미국 에너지부에서도 수요가 높은 제품 ▪ 한국산 인지도가 높은 상황에서 가격경쟁력까지 강화되어, 정부조달시장 진출가능성 확대
	문서세단기	1.8	즉시 철폐	▪ 미 정부기관에서 정보 보안에 대한 중요성이 날로 확산되는 가운데, 실내용 세단기의 아웃소싱이 증가
	리튬일차전지	2.7	즉시 철폐	▪ 미 국방부에서 친환경 휴대용 전지에 대한 수요(GPS, 전투용 라디오, 어뢰)가 급증 ▪ 미국 내 생산능력이 수요를 따라잡지 못하고 있는 상황
	전자칠판 (태블릿모니터)	5	즉시 철폐	▪ 최근 미 조달청에서는 통신, 무선 IT 네트워킹 등과 관련해 대규모 예산 편성 ▪ 비교적 높은 관세철폐로 가격경쟁력 제고

자료 : KOTRA(2011), "한 · 미 FTA로 날개 달 중소기업 35大 수출 유망상품".

2) 한 · EU FTA

〈표 15-8〉은 한 · EU 간 업종별 · 품목별 경쟁우위를 제시하고 있는데, 대분류 산업에 있어서는 경쟁품목이 많으나, 개별 세부품목에서는 우리나라 기업

표 15-8 ■ 한·EU 간 업종별·품목별 경쟁우위

업종	품목	한국	EU	비고
자동차	중·소형차	가격경쟁력 우위		
	소·대형차		품질·브랜드 우위	
	부품	가격경쟁력 우위		
화학	고부가 석유화학원료		품질경쟁력 우위	
	범용 석유화학원료	가격경쟁력 우위		
	의약품		품질·브랜드 우위	
	범용 도료·잉크	가격경쟁력 우위		
	화장품·향료		품질·브랜드 우위	
기계	원동기 및 펌프		품질·브랜드 우위	
	냉동공조기계	가격경쟁력 우위		
섬유	첨단신소재		품질경쟁력 우위	
	범용 원사·직물	가격·품질 우위		
	고부가 모직물·명품의류		품질·브랜드 우위	
철강	판재료 및 봉형강류	가격경쟁력 우위		
	강관, 주단강, 철강 원부자재		품질경쟁력 우위	
	비철금속(동·알루미늄)		품질경쟁력 우위	
	전자부품용 극세선, 극박판, 관련 신소재		품질경쟁력 우위	
전기·전자	가전제품	가격·품질 우위		
	음향기기		품질·브랜드 우위	
	조명기기		품질·디자인 우위	
생활용품	귀금속·보석, 신발류, 가죽제품, 고급가구, 문구류, 악기, 주방용품, 스포츠용품	중저가 제품 가격경쟁력 우위	품질·브랜드 우위	

들이 가격면에서 유리한 품목도 다수 있다. 예를 들어, 전기·전자의 가전제품은 우리나라가 유리하고, 음향기기, 조명기기 등에서는 유럽이 경쟁력 우위를 점유하고 있다. 한·EU FTA가 발효될 경우, 관세인하 효과로 인해 대EU 교역이 연간 47억 달러 정도 증대될 것으로 전망되었다. 업종별로는 완성차, 디지털가전, 섬유, 석유화학 등을 중심으로 대EU 수출이 증가하여 우리의 대EU 무역수지가 개선될 것으로 기대되나, 기계, 정밀화학 등에서는 수입선 대체효과 등이 나타나면서 수입이 증가할 것으로 전망된다. 한편, 업계에서는 승용차, 폴

리에스테르 섬유, PET Chip, 컬러 TV 등을 중심으로 수출이 증대되고, 펌프, 의약, 화장품향료, 알루미늄판, 신발 등을 중심으로 수입이 증대될 것으로 전망된다.

우리나라와 EU의 업종별 양허수준을 살펴보면, 우리나라는 기계 · 화학 부문에서, EU측은 자동차 부문에서 상대적으로 자국 산업의 민감성을 반영한 양허안을 합의하였다. EU와의 FTA 이행으로 수출 확대 예상품목으로는 자동

표 15-9 ■ 한 · EU FTA 계기 10대 수출유망품목 및 마케팅 전략

품목	EU 관세	마케팅전략(바이어 반응)
승용차	10	■ 즉각적인 매출 증가보다는 시장 점유율 확대에 초점을 맞춰야 ■ 가격경쟁력도 중요하나 지속적인 브랜드 인지도 제고 노력 필요 ■ A/S망 확충, 가격인하정책, 신용구매 확대 등
자동차부품	3.0~4.5	■ 유럽 완성차 OEM 수요 개척 ■ 현지 물류거점 확보를 통한 소량 주문 및 적기 딜리버리 대응 ■ 현지 판매망 및 A/S 체제 구축, 대형 유통업체를 통한 진출
자동차 타이어	4.5	■ 가격만으로 경쟁은 무리, 품질과 브랜드 인지도로 승부해야(안전과 직결) ■ 모터스포츠 후원, TV 광고 등 대중매체 활용 ■ 첨단/기능성 제품 선호 성향 반영 기술개발 ■ 유통공급망 확대(전문 정비체인, DIY숍, 인터넷 판매 등)
디스플레이 TV	14	■ 브랜드 가치가 판매에 결정적 요인. 고급화 전략 구사 ■ 직수출 제품의 경우 직접적인 가격인하보다는 장기 무이자할부 등 간접적 전략 구사 ■ 중소 브랜드의 경우 전문 유통업체 활용, 보증기간 및 보장범위 확대
위성방송 수신기	14	■ 디지털 방송서비스에 따라 케이블 방송사업자, 유통망 대상 적극적인 마케팅 필요 ■ 중국산과 비교, 품질뿐 아니라 A/S에도 우위에 있음을 어필할 수 있도록 홍보 강화 ■ 복잡한 기술보다, 반드시 필요한 사양, 세련된 디자인, 가격경쟁력이 구매의 결정적 요소
폴리에스테르 섬유	4	■ 신소재 개발 등으로 중국과 경쟁하기보다 유럽 고급 섬유업체들과 경쟁 필요 ■ 소량 다품종으로 기능과 디자인, 색상이 우수한 제품 생산 집중 ■ 수출뿐 아니라, 유럽의 선진 친환경 기술협력도 고려
메리야스 편물	8	■ 대형 유통업체들의 원단 아웃소싱 증가에 적극 대처 ■ 소형오더 대응, 적기공급을 위해 물류창고 운영 필수
산업용 장갑	8	■ 유력 유통업체를 통한 진출이 안전하고 효율적 ■ 마진이 높은 기능성 고품질 제품에 타깃 설정 ■ 신소재, 친환경 제품 개발 ■ 기술사양에 대한 정보, REACH 규정 적합성에 대한 충분한 자료 사전 마련 필수
ABS 수지	6.5	■ 단점으로 지적되는 납품지연, 높은 물류비용 보완 필요 ■ 경쟁력 있는 가격뿐 아니라 기술 A/S 등 마케팅 서비스 필요
포크 리프트	4.5	■ 현지 네트워크를 활용한 안정적 A/S 제공 ■ 권역별 차별화된 마케팅 전략(동유럽은 내연 지게차 중심, 서유럽은 사용자 편의와 친환경요소 고려)

자료 : KOTRA(2009. 10).

차(승용차, 자동차부품), 섬유(폴리에스텔섬유, 폴리에서터사, 편직물), 석유화학(PET Chip, ABS, PC), 전기전자(컬러 TV, 무선통신기기부품, 냉장고) 등이다. FTA 관세양허, 시장특성 등을 고려하여, KOTRA는 승용차(10%), 자동차부품(3.0~4.5%), 디스플레이 TV(14.0%), 폴리에스테르 섬유(4.0%), 포크 리프트(4.5%) 등을 10대 수출유망품목으로 선정하였다.

3) 한 · 아세안 FTA

ASEAN 국가별 고관세 품목은 다음과 같다.

- **말레이시아** : 자동차(60~130%), 자동차부품(25~30%), 철강(50%), 타이어(40%), 폴리에틸렌(30%), 플라스틱(30%), 섬유 · 의류(15~20%)
- **인도네시아** : 자동차(25~80%), 철강(15%), 플라스틱(20%), 타이어(15%), 섬유 · 의류(10~15%)
- **필리핀** : 자동차(30%), 폴리에틸렌 및 플라스틱(15~30%), 철강(15%), 섬유 · 의류(10%)
- **베트남** : 자동차(30~100%), 중고차(150%), 섬유 · 의류(40~50%), 철강(20~40%), 플라스틱(10~15%)

일반적으로 아세안시장은 가격에 민감하며, FTA를 통한 관세인하 효과가 우리나라의 대아세안 수출에 기여하고 있다. 관세인하와 현지 시장 수급여건을 종합하여 아세안 주요국 시장에 대한 한 · 아세안 FTA 수출유망품목은 〈표 15-10〉~〈표 15-13〉과 같다.

표 15-10 ■ 한 · 아세안 FTA 활용 대태국 수출유망품목

품목(HS 코드)	관세율	근거
텔레비전 (852812)	20%	■ 한국은 동 제품의 태국 최대 수입국 ■ 인니 및 중국산이 한국산보다 약 20~30% 저렴하나 품질에 문제가 있는 것으로 인식 ■ 한 · 아세안 FTA 발효 시 한국산의 시장점유율이 약 10~15% 증가할 수 있을 것으로 전망
철 또는 비합금강 평판압연제품 (721012)	7% (2006.1.1.~12.31) 5% (2007.1.1.부터)	■ 동 제품은 건설, 제조업의 원자재로 사용 ■ FTA 발효로 한국산의 가격이 약 10% 낮아져 수입규모는 약 10~20% 정도 증가 전망
평판압연제품 (721070)	7%(2006) 5%(2007.1.1.이후)	■ 동 제품은 각종 건설, 제조업의 원자재 ■ FTA 체결 시 한국산의 가격이 약 10% 인하. 수입규모는 약 5~20% 정도 증가 전망
스티렌의 중합체, 기타 (390319)	20%	■ 동 제품은 각종 건설, 제조업의 원자재 ■ FTA 체결 시 한국산의 가격이 약 10% 낮아져 수입규모는 약 5~20% 정도 증가 전망
동 선, 횡단면의 최대치수 6mm 초과 제품 (740811)	12%	■ AFTA 발효 후 관세가 15%에서 5%로 인하되면서 인도네시아 등 역내 국가로부터의 수입이 급증(전체의 50% 이상 점유) ■ 인니산 가격이 한국산 대비 약 10~15% 저렴 ■ 한 · 아세안 FTA 발효로 한국산의 가격경쟁력 회복으로 5~20% 수입 증가 전망
철강제 기타제품 (732690)	20%	■ 한 · 아세안 FTA 발효로 한국산의 가격이 약 10% 인하되어 수입규모는 약 10~15% 증가할 수 있을 것으로 전망
스틸렌중합체, 아크릴공중합체 (390330)	20%	■ 태국 내 제조 기술의 한계로 수입에 의존하는 비율이 높음 ■ 한 · 아세안 FTA 발효로 단가인하, 한국 수입물량은 약 10% 증가 전망
플라스틱판, 쉬트 등 (392113)	30%	■ 한 · 아세안 FTA 발효로 약 10% 단가 인하로 대한 수입물량은 약 10~15% 증가할 수 있을 것으로 전망
알루미늄의 박, 기타 (760719)	10%	■ 알루미늄은 가공식음료, 전기전자의 원자재로 사용. 전량 수입에 의존하고 있음. ■ 한 · 아세안 FTA 발효로 한국 수입물량은 약 10% 증가 전망
전기회로 개폐용, 보호용 기기 (853690)	10%	■ 동 제품의 주 수입국은 일본. 중국산은 일본산 대비 최고 40% 가격 저렴해 수입 증가 ■ 한국산은 일본산의 제품수준에 근접 평가. FTA 발효로 약 10% 정도 수입증가 예상

표 15-11 ■ 한·아세안 FTA 활용 대말레이시아 수출유망품목

품목명	관세율	근거
3000cc 이하 승용차	50%	최근 한국산 자동차 이미지 제고에 따라 수출액이 증가하고 있으며(전년 대비 20% 성장) FTA 발효에 따른 관세 하락 시 추가적인 수출 확대 기대
철강판	50%	현재는 일부 분야(자동차, 전기전자 등)에 사용되는 철강제품에만 관세면제 조치가 적용되어 건설 등 비관세분야에서는 경쟁국 대비 불리한 여건이었으나, FTA 발효로 관세상의 잇점 활용으로 수출증가 가능성
선박	0~25%	선박의 크기가 작을수록 높은 관세가 적용. 상대적으로 진출이 미진했던 소형선박 부분의 관세가 낮아짐에 따라 추가적인 수출 증가 기대
범용기계	0~50%	기존 말련 시장은 일본, 대만, 미국, 독일, 싱가포르 제품을 주로 점유하여 왔으나, 최근 한국산 기계 및 부품 수입이 증가하는 추세. 관세인하 시 가격경쟁력 제고에 따른 호조 예상
에어컨 고급TV 냉장고	25~30%	고급 가전 완제품의 경우, 기술상의 이유로 25~30%의 고율의 관세를 부담하고 한국에서 생산하여 수출하고 있는 실정. 최근 한류 확산 및 우리 기업의 공격적 마케팅으로 브랜드 이미지가 높아진 상황에서 관세인하로 인한 가격경쟁력 개선으로 수출 확대 기대
섬유	0~30%	가격경쟁력의 우위를 보이고 있는 중국제품과의 경쟁에서 어려움을 겪고 있는 상황으로 관세인하로 수출 증가 예상
과일	30%	열대과일을 제외한 사과, 배, 감 등을 외국에서 수입하고 있는 실정으로 관세인하 시 일본과 동등한 경쟁조건 확보 가능

표 15-12 ■ 한·아세안 FTA 활용 대인도네시아 수출유망품목

품목	관세율	근거
합성필라멘트 직물 (540761)	15%	■ HS 6단위 한국의 대인니 수출 12위 품목 ■ 대만, 중국 등과의 가격경쟁 불리 ■ ASEAN 국가 등과 10%의 관세 차이가 제거되면 가격경쟁력 회복, 중국제품 견제 가능
평판압연제품 (720916) (720917) (720918)	0~12.5%	■ 수출증가 지속 품목. 주요 경쟁국은 일본, 태국, 대만, 중국 등으로, FTA 체결 시 관세인하에 따른 가격경쟁력 제고로 10% 이상의 수출증가세 지속 예상
폴리플로필렌 (390210)	5~10%	■ 주요 경쟁국은 싱가포르, 일본, 태국, 말련 등. ■ FTA로 가격경쟁력 회복 예상
평판압연제품 (721012)	15%	■ 주요 경쟁국은 중국, 일본, 말레이시아 등. FTA 발효로 관세가 철폐되어 두 자릿수의 수출증가세 반전 가능
자동차 (870321) (870322) (870323)	25~70%	■ 인니는 완성차에 대하여 40% 이상의 고관세 부과. 현지 조립생산차(CKD) 25~35%의 관세. ASEAN 국가에 대해서는 일률적으로 5% 저관세 부과 ■ 일본은 현지에서 생산. 인니 자동차시장의 70% 정도 장악. 태국 등 ASEAN 인근지역으로부터 부품을 수입하여 생산. FTA 발효로 우리나라 자동차의 시장진출 증가 예상
자동차부품 (870829) (870899)	15%	■ 일본이 전체 시장의 70% 이상 독점. 태국, 싱가포르, 말련 등으로부터 주로 수입. 일본은 현지공장에서 생산되는 OEM용 부품 수출 ■ FTA로 동등한 관세 적용으로 국산차 수출증대로 OEM용뿐 아니라, After 마켓용 제품의 수출도 증가할 것으로 예상
굴삭기 등 기계 (842952)	10%	■ Shovel 및 굴삭기 등 주로 건설중장비용 제품으로 인니의 석탄광산 개발계획에 따라 향후 수요가 지속 증대될 전망 ■ 일본 시장 장악. 관세가 철폐되면 가격경쟁력 제고 및 시장수요 증대 예상
폴리에틸렌 (390110) (390120)	5~10%	■ 주요 경쟁국은 싱가포르, 태국, 말레이시아, 일본, 중국 등이며, 우리나라는 ASEAN 경쟁국가에 비하여 5% 높은 관세를 적용받고 있음. ■ FTA 체결 시 관세인하로 인하여 두 자릿수 이상의 수출증가세 회복 기대
면직물 (520931) (520932) (521031) (521032) (521041) (521049)	10%	■ 우리나라 제품이 시장을 주도하여 왔으나, 가격 차이로 인하여 점차 대만, 중국, 말련 등과 경쟁이 치열해지고 있음. ■ ASEAN 제품 대비 5~10% 높은 관세 부과로 불리. FTA로 가격경쟁력 회복 및 수출증가세 이어갈 것으로 예상
직조 레이블 (580710)	10%	■ FTA 발효로 가격경쟁력 회복으로 수출증가 기대

표 15-13 ■ 한·아세안 FTA 활용 대베트남 수출유망품목

품목	관세	근거
자동차부품 (8706, 8708)	30%	■ 완성차 수입관세 90%. CKD, IKD(수입관세 10~25%) 확산. 자동차부품은 베트남 내 조립공장이 많은 일본산이 강세 ■ 트럭, 특수용차량, 버스 등에 대해서는 GM대우/쌍용/기아 한국계 현지 조립이 강세 ■ 한·아세안 FTA 발효로 중국과는 동등한 위치, 대만, 일본보다는 확고한 우위. 연간 20~30%의 수출증가 예상
섬유원단 (5208, 5209, 5210, 5211, 5212, 5407, 5408, 5512, 5513, 5514, 5515, 5516)	40%	■ 베트남산 원단은 품질 열악. 전체 소비 원단의 70% 이상이 수입에 의존. 베트남 섬유원단시장은 수출용, 내수용의 2가지 시장으로 구분. 수출용 원단 수입의 경우, 관세 면제. 내수판매용 원단 수입의 경우 40% 높은 관세 부과. 한·아세안 FTA가 발효되어 관세가 인하되는 경우 중국과는 동등한 위치, 대만보다는 확고한 우위를 점하여 연간 15~20%의 수출증가 예상
인조가죽 (5903)	30~40%	■ 베트남은 신발/가방 제조용 인조가죽 수요가 많으나, 현지 생산이 열악하여 수입 의존 ■ 한국산 인조가죽이 품질과 디자인에서 높은 평가. FTA 발효로 중국과는 동등한 경쟁 여건, 대만 대비 경쟁우위 예상
화장품 (메이크업, 스킨케어) (3304.10, 3304.99)	50% 20~30%	■ 베트남의 화장품 소비는 소득증가와 맞물려 점점 늘어나는 추세이고, 한류 드라마의 영향으로 좋은 호응 ■ 수입관세가 높아 비공식적 수입량이 많은 것으로 추정. 한·아세안 FTA 발효로 관세가 ASEAN의 5% 수준으로 인하되어 연간 30~50% 수출증가 예상
종이류 (4802, 4804) 코트지 (4810)	40~50, 10~30, 5~10	■ 한국산 종이의 경우 관세가 높아 수입량이 미미하며, 관세가 낮은 코트지(5~10%) 정도가 수입되고 있음 ■ 종이류의 주 수입원은 인도네시아, 태국, 대만이나 아세안 국가로부터는 0~5%가 적용되어 매우 유리 ■ 한·아세안 FTA 발효로 아세안과 동등 경쟁, 시장확대 유망
오토바이 (8711)	100%	■ 베트남은 100% 관세 부과 및 중고 오토바이 수입금지 ■ 한국산 오토바이 수입은 급감했으나, FTA 발효로 수출회복 기대
드라이어, 다리미, 전자렌지, 전자밥솥, 보온병	40%	■ 주 수입국은 중국, 태국, 말련이고, 태국, 말련 제품은 AFTA 5% 관세 적용 ■ 한·아세안 FTA 발효로 한국 전자제품의 높은 인지도와 함께 시너지 효과가 발휘, 수출증가 기대
문방용품 (3926.10, 9608, 9609)	30~40%	■ 학생용품, 사무용품 소비가 증가세에 있으며, 한국산은 예쁜 디자인과 품질로 인지도가 매우 높음 ■ 중국산이 저가공세로 시장을 점유 ■ 한·아세안 FTA 발효로 높은 인지도를 기반으로 한 한국산 문방용품의 수출증가 예상
자동차 타이어	40%	■ 한·아세안 FTA로 5% 관세. 인도, 일본, 대만에 비해 가격경쟁력으로 회복 전망
의류	50%	■ 한국 의류는 한국 드라마의 영향으로 인지도가 매우 높아, 아세안 국가 수준으로 관세인하로 수입증가 기대

4) 한 · 인도 FTA

한 · 인도 FTA(CEPA)가 2010년 1월 발효됨에 따라 품목 수 기준으로 양국 교역품목의 85% 이상이 관세철폐 또는 인하되고 있다. 한국과 인도의 관세철폐 비중은 각각 84.7%, 74.5%이며, 관세가 50% 이상 줄어드는 품목의 비중은 한국 89.7%, 인도 85.5%이다. 인도측 양허율은 지금까지 우리나라가 체결한 FTA 중 가장 낮은 수준이며, 다수 품목에 대한 관세 철폐 및 인하 기간이 5~8년 또는 10년 등 장기로 설정되었다.

KOTRA(2009)는 기계류, 철강 및 비철금속, 전기전자, 자동차부품, 화학제품 등을 한 · 인도 FTA 수출유망품목으로 제시하였다. 약품캡슐제작기계, 제약포장기계 등 제약기계(HS847989)에 대해 인도는 7.5% 관세를 부과하고 있는

표 15-14 ■ 한 · 인도 FTA 이후 수출유망품목 및 진출전략

분야	품목	선정사유	진출방안
기계류	제약기계	산업 성장에 따른 수요 급증, 관세(7.5%) 즉시철폐	▪ 부품 수입선 다변화 및 가격경쟁력 제고 ▪ 제품군을 중고급 제품군으로 특화
	산업용 보일러	제조업 성장에 수반한 수요 증대	▪ 신속한 딜리버리 ▪ 현지 에이전트 선정을 통한 유통 경쟁력 확보
	산업용 밸브	제조업 성장에 수반한 수요 증대	▪ 국제인증 획득을 통한 품질 이미지 제고
	건설장비	건설수요 급증	▪ 품질개선 및 A/S 등으로 품질경쟁력 제고 ▪ 프로젝트 수주기업과 릴레이션십 매니지먼트를 잘 할 수 있는 판매 에이전트의 선정
철강 및 비철 금속류	철강(열연 · 냉연 · 도금강판)	각종 건설 수요 증가로 인한 성장세 지속	▪ 고급제품군에서 품질경쟁력을 강화 ▪ 세이프가드 등 무역구제조치의 잦은 변화에 주의
	아연	한국산의 높은 경쟁력	▪ 점유율이 너무 빠르게 높아질 경우, 해당 산업계의 보호 요청이 있을 수 있으므로 적절한 수준의 물량 조절 필요
전기전자	도난 및 화재경보기	시장확대 추세, 고관세(10%) 품목	▪ UL 등 국제인증 획득 ▪ A/S망을 갖춘 딜러 또는 에이전트 선정
자동차 부품	차량용 디젤엔진/특수차량 섀시부품	한국기업의 대인도 수출 주요 품목	▪ 장기적 차원의 마케팅 전략 구사 ▪ 인도 현지 완성차업계 등으로 공급처 다양화
화학제품	타이어	OEM 및 교체 수요 확대 전망	▪ 현지 딜러망 확충 노력 강화 ▪ A/S 타이어 시장 확대도 동시 검토
	페인트	인프라 개발 촉진 및 주택경기 호조로 향후 잠재력 큼	▪ 주로 건축용 페인트 수요에 맞춰 시장을 개발하되 기존 딜러망 보유업체 활용 시장접근

자료 : KOTRA(2009), "한 · 인도 CEPA 이후 수출유망품목 및 진출전략".

데, 한 · 인도 FTA에서는 즉시철폐로 규정되었고, 품질면에서 우수성을 인정받고 있는 국산 기계 대인도 수출확대가 가능할 것으로 예상된다.

대인도 수출유망품목을 몇 가지 살펴보면, 산업용 컨트롤 밸브(848180)에 대한 기본 관세율은 7.5%이며, 5년 철폐 대상으로 규정되어 있어 2016년 이후 관세가 철폐되었다. 인프라 건설에 대한 인도의 투자 확대 및 제조업 발전으로 각종 산업용 밸브의 수요는 매년 10%대 증가하고 있다. 더구나 한국산 제품의 품질경쟁력에 FTA 효과가 더해지면서 밸브류의 대인도 수출증대 가능성이 높다.

철강 및 비철금속류의 경우, 한 · 인도 FTA 발효로 저가 중국산, 우크라이나산과의 가격경쟁에서 유리해져 한국산 인도 내 시장점유율 증가가 예상된다. 10%의 높은 관세가 적용되는 전기전자제품은 5년 관세철폐 대상품목으로 분류되었으며, 2016년 관세철폐로 국산이 중국산을 대체할 것으로 전망된다. 10% 관세 부과품목인 타이어(401290, 8년 철폐)와 페인트(320910, 320990, 8년 철폐) 역시 2018년 관세철폐되므로 우리 업체의 가격경쟁력 향상으로 인도 시장점유율 향상이 기대된다.

1. 비즈니스 모델 개요

2. 기본 모델 예시

3. 응용심화 FTA 모델

4. FTA 활용을 위한 제언

FTA 활용 비즈니스 모델

FTA and International Trade
ch. sixteen

16

국내에서 FTA 비즈니스 모델이 처음 제시된 시점은 한 · 미 FTA 협상이 타결되었던 2007년이며, 이를 계기로 미국 등 거대경제권과의 FTA 활용 역량 제고 차원에서 비즈니스 모델 개발 및 확산 필요성에 대한 인식이 높아졌다.[1] 이 시기를 전후하여 관세청, 무역협회, 전경련 등이 민관합동으로 'FTA 비즈니스 모델 경진대회'를 개최하면서 중소기업과 언론의 관심을 끌게 되었다.

1__ 대표적인 FTA 비즈니스 모델로는 정인교, 조정란, 박귀현(2007), 『비즈니스맨을 위한 한 · 미 FTA 핸드북』(한국무역협회 발간) 및 성윤갑(2007), 『FTA 원산지 해설』(한국관세무역개발원)을 들 수 있음.

기술적인 측면이 많고 법률적인 체계로 구성되어 있는 FTA 협정 내용을 이해하고 FTA 활용방안을 모색하는 것은 쉽지 않다. 더구나 전문인력이 부족한 중소기업에게는 더욱더 벅찬 일이 아닐 수 없다. 본 장의 FTA 비즈니스 모델은 FTA 활용 사례를 보여줌으로써 중소기업이 FTA 활용가능성을 탐색할 수 있도록 하는 데 목적이 있다.

1. 비즈니스 모델 개요

FTA and International Trade, ch. sixteen

국내 최초로 한 · 미 FTA 활용 방안을 제시했던 정인교 외(2007)에서는 FTA 상대국 관세율 인하를 활용한 수출 확대, 상대국의 FTA를 활용한 무관세 수출, FTA 체결국으로 완제품 수입선 전환 등 특혜관세 활용 비즈니스 모델 및 글로벌 FTA 활용, FTA 체결국으로 해외 직접투자처 이전 등 투자 비즈니스 모델을 포함한 총 10개 유형을 제시하였다. 또한 관세청장을 역임했던 성윤갑(2007)은 수출증대형 모델, 원가 절감형 모델, 해외투자 유치형 모델 등 5개 유

표 16-1 ■ 정인교 외(2007)와 성윤갑(2007)의 FTA 비즈니스 모델 유형

정인교 외(2007)	성윤갑(2007)
1) FTA 상대국 관세율 인하를 활용한 수출 확대	1) 수출증대형 모델
2) 상대국의 FTA를 활용한 무관세 수출	2) 원가 절감형 모델
3) FTA 체결국으로 완제품 수입선 전환	3) 상대국 체결 FTA 연계형 모델
4) 원산지기준 충족을 위한 부품 · 소재 수입선 전환	4) 해외투자 유치형 모델
5) 원산지기준 충족을 위한 국내 조달 · 생산 전환	5) FTA 허브형 모델
6) 개성공단 활용(역외 가공기준 활용)	
7) 글로벌 FTA 활용	
8) 외국기업의 국내 직접투자 유치(합작생산 투자)	
9) FTA 체결국으로 해외 직접투자처 이전	
10) FTA 허브형 국내외 기업 간 협력	

형을 통해 FTA 비즈니스 활용 모델을 유형화하고 있다.

하지만 이들 비즈니스 모델은 FTA를 활용할 수 있는 모델의 일부에 지나지 않으며, 향후 FTA 활용분야 확대에 따라 새로운 모델이 지속적으로 개발되어야 할 것이다. FTA 활용방안을 상품의 수출입 활성화 측면에서 모색하는 것이 일반화되어 있으나, 관세와 원산지기준 외에 투자, 서비스, FTA 네트워크 등도 FTA 비즈니스로 활용될 수 있는 분야로 고려되어야 한다. 상품분야 시장접근 확대에 결정적인 요인인 특혜관세 및 원산지기준을 고려한 FTA 비즈니스 모델은 협정 이행 초기에 널리 활용될 수 있지만, 기업들의 FTA 활용역량이 증가하게 되면 투자, FTA 네트워크를 활용한 비즈니스 모델이 활성화될 것이다.

이 장에서는 FTA 활용 비즈니스 모델을 기본 모델(〈표 16-2〉)과 응용심화 모델(〈표 16-3〉)로 구분하여 제시하고자 한다. 기본 모델은 관세, 원산지, 누적

2_ 글로벌 소싱(global sourcing)이란 제조업체들이 해외 진출 때 값이 싼 현지의 부품을 사용함으로써 생산단가를 낮추려는 생산활동을 말한다. 이는 결국 부품을 세계 각처에서 싸고 신속하게 조달함으로써 경쟁력을 높이기 위한 부품조달의 현지화인 동시에 국제화로 해석할 수 있다.

표 16-2 ■ 기본 모델의 예시

전략		내용
관세인하 활용	모델 1	FTA 상대국 관세율 인하를 활용한 수출증대 모델 1-1 : FTA 활용으로 수출선 다양화 모델 1-2 : 고급제품, FTA 활용으로 경쟁력 확보 모델 1-3 : 부품과 완성재 FTA 복합 활용 모델 1-4 : '글로벌 소싱'과 FTA 결합[2]
	모델 2	FTA 상대국에서 생산하여 특혜관세로 수출 모델 2-1 : 원산지기준 충족 용이 활용 모델 모델 2-2 : 까다로운 원산지기준 활용 모델
원산지규정 활용	모델 3	원산지기준 충족을 위한 부품·소재 수입선 전환 모델 3-1 : 누적기준 인정 위해 회원국산으로 전환 모델 3-2 : FTA 회원국산 조달로 부가가치 충족
	모델 4	원산지기준 충족을 위한 국내조달/생산 전환 모델 4-1 : 국산 원자재로 조달전환 모델 4-2 : 미완성 부분품 수입 국내가공으로 전환
품목분류제도 활용	모델 5	품목분류제도를 활용한 역내산 인정 방식 모델 5-1 : 원재료의 HS 세번 확인 모델 5-2 : 신(융복합)제품의 품목분류 모델 5-3 : 희귀품목 세번 확인 모델 5-4 : 수입국 HS 코드에 따른 품목분류 모델 5-5 : 생산공정 논리에 따른 품목분류
협력사 공동 활용	모델 6	FTA 원산지업무 관련 기업 간 협력 모델 6-1 : QR 코드로 다단계생산 C/O 애로 해소 모델 6-2 : 동종 사업자 공동브랜화 모델 6-3 : 협력사 문제 CEO 역할 사례 모델 6-4 : 원료공급 원산지(포괄)확인서 사례

표 16-3 ■ 응용심화 모델 예시

전략		내용
원산지 보완규정 활용	모델 7	원산지 보완규정을 활용한 모델 모델 7-1 : 미소기준 활용 모델 모델 7-2 : 국내제조확인서 활용 모델 모델 7-3 : 분해상품-세트물품 모델 모델 7-4 : 롤업(흡수) 규정 모델 모델 7-5 : 롤업(흡수)-중간재 규정 모델
FTA 투자	모델 8	국내외 투자 모델 모델 8-1 : FTA 허브 지위와 국내외 투자 비즈니스 모델 모델 8-2 : 국내 생산기반 강화 모델 모델 8-3 : 해외 생산거점 투자와 글로벌 SCM 모델 모델 8-4 : 원사기준 활용 투자 비즈니스 모델 모델 8-5 : 탈중국 기업 국내 '유턴' 모델
기타 응용모델	모델 9	FTA 활용 다양화 시도 모델 9-1 : FTA 겨냥 사업품목 다각화 모델 9-2 : CIF 수출계약 모델 모델 9-3 : 고관세 농가공식품 FTA 활용 모델

기준, 미소기준 등 주로 협정상의 규정에 기반하여 활용할 수 있는 FTA 비즈니스 형태이다. 응용심화 모델은 투자를 수반하거나 국내외 FTA 망을 활용하여 새로운 비즈니스를 모색하는 것으로, 아직 시도되지 않았지만 새로운 비즈니스 개발 차원에서 개발된 것이다. 기본 모델은 그동안 여러 기관과 연구자들이 발표한 FTA 활용 사례를 관세인하 활용, 원산지규정 활용, 품목분류제도 활용, 협력사 공동활용 등으로 나눠 19개 모델로 분류하였다.

응용심화 모델로는 미소기준, 롤업 등 원산지보완규정 활용, FTA 투자, 기타 응용모델로 구분하여 총 13개의 모델을 제시하고자 한다. 원산지 보완규정을 이용하게 되면 기존 생산과 조달 방식의 근간을 유지하면서 소폭의 변경으로 FTA 원산지기준을 충족시킬 수 있는 장점이 있다.

2. 기본 모델 예시

이 절에서는 〈표 16-2〉에 제시된 기본 모델의 예시를 설명하고자 한다.

여기에 제기된 예시는 'FTA 비즈니스 모델 경진대회'에서 발표된 내용을 활용하여 작성하였으며, 기업 명칭 등 상세 내용은 밝히지 않는다.

가. 관세인하 활용

모델 1 : FTA 상대국 관세율 인하를 활용한 수출증대

모델 1-1 : FTA 활용으로 수출선 다양화

◎ **(해당 기업)** A청매실농원(전남 소재, 청매실 제품 생산)

○ **(FTA 적용사항)** 2008년 이후 대미국 수출이 급감하자 이에 대한 타개책으로 한·미 FTA 관세인하 혜택을 이용하기로 결정. 국내 생산 매실을 사용하고 있어 원재료 종류가 적어 원산지기준 충족에 문제가 없었음.

◇ **(FTA 효과)** 주력 수출품인 청매실농축액의 관세율은 11.2%에서 5.6%로 인하됐고, 물품취급 수수료도 면제 혜택을 받을 수 있게 되었음. 이 회사 수출 제품 모두가 FTA 혜택 품목이어서 한·미 FTA 발효 2년차에 관세와 수수료 2천만 달러 매년 절감

모델 1-2 : 고급제품, FTA 활용으로 경쟁력 확보

◎ B인터네셔날(대구, 장갑 제조)

○ 유럽 재정위기로 수출전망이 불투명해지자 유럽 대체시장을 찾게 되었고, 저가 중국산 제품이 지배하고 있던 미국시장을 한·미 FTA를 활용하여 진출하기로 결정

◇ 저가 중국산과의 직접적인 경쟁을 피하기 위해 13.2%의 관세절감 혜택이 가능한 고급 장갑으로 승부를 걸어 2012년 상반기 30%의 수출증진 효과 누림. 또한 미국 연방조달청 주계약자(GSA) 자격을 획득하고 미국 현지 판매법인을 설치하는 등 수출경쟁력 강화로 향후 수출을 크게 늘릴 수 있는 기반 확보

모델 1-3 : 부품과 완성재 FTA 복합 활용

◎ C타이어(경기도, 타이어 생산업체)

○ FTA 활용에 관심이 없었던 C사가 한·EU FTA와 한·미 FTA 발효로 비회원국산 부품을 회원국산으로 변경하여 부품관세를 절감하고, 원산지기준 충족으로 수출 시 FTA 관세특혜 적용

◇ 일본산 합성고무(HSK 4002.39~90)와 중국산 카본블랙(HS2803) 수입 시 각각 5%와 5.5% 관세를 부담했으나, 한·아세안 FTA 무관세가 적용되는 필리핀과 말레이지아산으

로 변경. 한·미 FTA 4단위 세번변경 기준 충족을 위해 고무(HS4001 또는 4002)는 미국, 카본블랙은 필리핀에서 수입하고, 한국산 비즈와이어 등을 가공하는 공정을 거쳐 타이어(4011)를 생산하여 대미 수출 시 4% 관세 면제 혜택

모델 1-4 : '글로벌 소싱'과 FTA 결합

◎ D사(인천, 썬루프 생산)

○ D사의 대표 품목은 자동차의 썬루프 부품으로 GM코리아 등 완성차 업체의 1차 벤더에 플라스틱 사출 자동차부품 공급. 해외진출을 위해 D사는 그동안 많은 자동차부품 박람회에 참여하고 해외 자동차부품 업체에 제안서를 보냈지만 해외 바이어는 품질은 우수하나 가격이 비싸다는 점만 회신

◇ 최근 세계의 주요 완성차 업체들은 품질과 가격이 좋은 부품이면 계열화를 따지지 않고 구매하는 이른바 '글로벌 소싱' 정책을 추진하고 있어 한·EU FTA(4.5% 관세철폐)와 한·미 FTA 하의 관세인하를 활용하여 가격경쟁력 향상. 2010년까지 D사의 전체 매출액 중 90%를 내수가 차지하였으나 2011년 한·EU FTA 발효를 계기로 체코에 대한 수출이 급격하게 늘어 2010년 대비 347%의 수출증가율 기록. 또한 원산지인증수출자 지위 확보 등을 통해 네덜란드와 미국 등으로부터 3곳의 신규 거래처를 확보하고 기존 거래처 2곳으로부터 추가 주문을 받게 되어 전년 대비 약 30배 정도 수출 증대

모델 2 : FTA 상대국에서 생산하여 특혜관세로 수출

모델 2-1 : 원산지기준 충족용이 활용 모델

◎ 국내 화장품 업체

○ 브랜드 인지도가 높으면서 원가와 물류비 절감, 원산지기준 충족 등에서 유리한 경우 FTA 상대국 현지 생산으로 FTA 특혜관세 활용 비즈니스 가능. 산업특성상 화장품은 원재료의 세번과 완제품의 세번이 2단위부터 상이하므로 비원산지 재료의 비율에 관계없이 제조를 통해 대부분 FTA에서 채택한 4단위 세번변경기준에 의한 원산지 결정기준 충족 무난

◇ 한류 확산으로 아세안 국가에서 한국브랜드 화장품에 대한 인지도가 높으므로 생산비용과 물류비 절감을 위해 아세안 국가에 생산기지 설치로 아세안 역내 시장 공략과 아세안 국가들이 체결한 FTA 대상국으로 수출 확대 가능. 미국, EFTA, 아세안 국가에 투자하는 경우 글로벌 소싱이 가능하고, 다국적 브랜드의 이미지를 확보할 수도 있으며, FTA 지적재산권 조항을 이용한 기술도입 및 수출기반 확보에 유리해질 것임.

모델 2-2 : 까다로운 원산지기준 활용 모델

◎ 인하대학교 FTA 석사학위논문

○ 중국 대체 생산기지로 각광을 받고 있는 베트남은 AFTA 및 5개의 ASEAN+1 FTA를 통해 아세안 역내는 물론이고 한·중·일, 호주·뉴질랜드, 인도 등과 자유무역을 이행 중이고, 현재 미국이 주도하는 환태평양동반자협정(TPP) 협상에 참여 중임. 향후 TPP가 발효되면 베트남의 주력 산업인 섬의류산업의 대미 수출은 크게 늘어날 것으로 전망. 문제는 미국이 설정하는 섬의류분야 원사(yarn) 기준을 충족시켜야 하는데, 현재 베트남 내 원사 생산량은 극히 일부에 지나지 않고 현지 봉제업체들은 소요물량의 대부분을 수입에서 사용

◇ 베트남 현지에 원사공장을 설립할 경우, 대미국 수출품에 대한 까다로운 원사(yarn) 기준 충족을 위한 현지 내수판매가 확대될 수 있을 것임.

나. 원산지규정 활용

모델 3 : 원산지기준 충족을 위한 부품·소재 수입선 전환

모델 3-1 : 누적기준 인정 위해 회원국산으로 전환

◎ 베트남 컴퓨터 수출 B사

○ 국내 컴퓨터 조립업체인 B사는 40% 부가가치기준 충족을 위해 기존 중국에서 도입하던 하드디스크드라이브(HDD) 부품을 원산지 누적기준을 활용하여 베트남산으로 전환함으로써 FTA 특혜관세 적용 혜택

◇ 과거 원산지기준 미충족으로 관세를 물고 베트남에 수출했으나, 본 모델을 활용하면서 일반관세율 10% 절감으로 수출 확대

모델 3-2 : FTA 회원국산 조달로 부가가치 충족

◎ 전기전자(셋톱박스) 생산 P사

○ P사는 중국, 미국, 싱가포르, 한국 등지에서 원자재 및 부품으로 셋톱박스(HS 코드 8528.71-2090)를 생산했으나, 한·EFTA FTA 원산지기준 충족을 위해 중국산 아답터와 리모콘, PCB 보드, ASSY 등을 우리나라와 FTA를 이행하고 있는 아세안 국가로 수입선을 변경하고, 현지생산을 통해 생산단가 인하함으로써 '공장도 가격의 50%를 초과하지 아니하는 생산' 원산지기준 충족

◇ 셋톱박스(8528.71)에 대한 EFTA 국가의 관세율 14%를 원산지기준 충족으로 무관세 수출로 판매단가 대폭 절감

모델 4 : 원산지기준 충족을 위한 국내 조달·생산 전환

모델 4-1 : 국산 원자재로 조달전환

◎ E텍스타일(대구, 장갑 제조)

○ 다른 섬유업체와 마찬가지로 E사도 값싼 중국산 원사를 이용하여 장갑을 제조해 왔으나, 수출시장 다변화 차원에서 미국시장 진출을 모색. 이 과정에서 한·미 FTA가 이행되자 원재료 공급선을 중국에서 국산으로 전환하여 까다로운 섬의류분야 원산지기준을 무난하게 충족시켜 13.2%의 미국 관세철폐 혜택 누림.

◇ 연간 관세 절감액은 3억원이나, 안정적인 수입선 확보 및 해외 바이어의 구매 성향 향상 반사이익 기대

모델 4-2 : 미완성 부분품 수입 국내가공으로 전환

◎ F마사지기기(충남, 콤팩트형 마사지기기 제조업)

○ F사 제품인 콤팩트형 마사지기기의 세번은 9019.10-20이고, 인도에 주로 수출. 인도의 관세는 7.5%이며, 한·인도 CEPA로 인해 2014년 무관세화. 수출 대행업체인 B사는 F사에게 수출 조건으로 원산지확인서 발급 요구. 해당 제품에 대한 원산지 결정기준은 'CTSH(6단위 세번변경) + RVC 35%(역내산 비중 35% 이상)' 복합기준으로 마사지기의 주요 부품인 메인커버가 마사지기와 동일한 세번으로 수입되고 있어 원산지 미충족 상황. 이에 '봉제 전 단계의 메인커버' 6단위 세번이 '봉제된 메인커버'와 다른 점을 이용해서 별도의 세번으로 수입신고해 국내에서 봉제 가공함으로써 원산지기준 충족. 국내에서 추가 가공에 비용이 발생하지만, FTA 혜택을 고려하여 국내 봉제가공 결정

◇ 추가 가공에 들어가는 비용이 발생하지만, F사는 FTA 활용으로 향후 상당한 수익이 발생할 전망

다. 품목분류제도 활용

모델 5 : 품목분류제도를 활용한 역내산 인정 방식

모델 5-1 : 원재료의 HS 세번 확인

◎ G사(경남, 에어컨 부품 제조사)

○ 에어컨 부품인 U-벤드를 생산하는 G사의 주요 수출국은 인도·터키·인도네시아이며, 2012년 수출액은 매출의 약 3분의 2에 해당하는 564만 달러. G사는 한·인도 CEPA

상의 기관발급 원산지증명서를 제출해야 하는데, G사 제품 HS 코드 8415.90(에어컨 부분품)의 원산지기준은 'CTSH(6단위 세번변경기준) + RVC 35%(역내산 부가가치 35% 이상)'이고, 국내산 인정을 받으면 수출관세 12.5%가 8.8%로 인하. 그러나 원재료 중 하나가 동일한 세번으로, 이를 공급한 업체로부터 받은 원산지확인서로는 국내산 여부가 불분명한 상태

◇ 전문기관 컨설팅 결과 해당 부품은 동관 연결구로 7412.10으로 분류되어야 하는 것으로 판정. 이 경우 6단위 세번변경이 이루어졌으므로 이 부품 공급 업체의 원산지확인서가 없어도 원산지 판정이 가능해짐에 따라 관세적용 가능

모델 5-2 : 신(융복합)제품의 품목분류

◎ H사(자동배변기 생산업체)

○ 중증환자와 같이 몸을 가눌 수 없는 환자의 배변을 처리하는 기계의 경우, 청소기와 비데를 결합한 융복합제품을 생산한 H사는 자사 제품의 세번을 관세평가분류원에 의료기기가 아닌 '플라스틱제의 기타 위생용품(HS3922909000)'으로 유권해석 받고, 부가가치 세번변경을 충족시켜 FTA 관세특혜를 적용받을 수 있게 되었음.

◇ 유럽 국가들이 부과하는 6.5%의 관세를 협정 적용 시 무관세화됨에 따라 2012년 10개국 수출이 가능해졌고, 수출을 포함하여 80억원의 매출 기록

모델 5-3 : 희귀품목 세번 확인

◎ J사(충북, 진주광택안료)

○ 진주광택안료를 생산하는 이 업체는 수출의 절반을 수출하며, 주 수출지역인 미국과 EU와의 거래 시 FTA를 활용하기로 결정했으나 HS 세번이 뚜렷하지 않은 희귀품목이고 유럽 바이어가 FTA 활용에 적절하지 않은 세번을 고집해 FTA 혜택을 받기 어려웠음. 먼저 회사 차원에서 전문가를 동원해 근거가 확실하면서 관세혜택에 유리한 세번을 찾아내고, 다국적 기업인 바이어에게 관련 정보 제공과 설득을 거쳐 FTA 관세혜택을 보게 되었음.

◇ EU로의 수출은 2011년 상반기 98만 달러에서 하반기 127만 달러로, 대미 수출은 2011년 하반기 35만 달러에서 2012년 상반기 82만 달러로 증가

모델 5-4 : 수입국 HS 코드에 따른 품목분류

◎ K사(대구광역시, 여과기(Screen Basket) 업체)

○ 한 · 아세안 FTA를 활용해 태국에 여과기를 수출하기 위해 대구상공회의소에서 HS 코드를 8439.99로 기재하고 원산지증명서를 발급받아 태국 세관에 제출. 태국 세관이 '해당 제품의 HS 코드는 8439.99가 아니라 8421.90이므로 K사에서 제출한 원산지증명서는 인정할 수 없다'고 통보. 이에 따라 K사는 원산지증명서를 다시 작성하거나 관세 30%를 적용하여 통관해야 하는 상황. FTA 특혜관세를 신청한 품목의 HS 코드를 변경할 경우 기존 HS 코드와 변경된 HS 코드의 원산지기준이 동일해야만 인정 가능.

◇ 확인 결과, 두 HS 코드 모두 '4단위 세번변경기준 또는 부가가치기준 40%'로 동일한 점을 확인하고 정확한 세번을 기재한 원산지증명서 재발급 및 제출로 30%의 관세 절감

모델 5-5 : 생산공정 논리에 따른 품목분류

◎ P기계(경남, 자동차 대시보드 내장부품)

○ 유럽에 수출할 대시보드 부품(클립조립기, 화염처리기, 핫 나이프)의 HS 세번이 KK기계가 사용하던 세번과 달라 EU측에서 FTA 관세적용 불인정. 전체 생산공정에서 EU(스웨덴)산 로봇팔 기능에 대한 평가 차이로 인해 세번분류 쟁점이 발생한 것으로, KK기계는 로봇은 부수적 역할임을 인정할 수 있는 논거를 체계적으로 확립하고 문서화하여 EU측을 설득하여 자사의 세번 인정으로 FTA 관세 적용 성공. 이 과정에서 EU산 원산지확인서를 확인받아 역내 부가가치 원산지기준을 충족시킬 수 있었고, 자사는 물론이고 유럽 로봇팔 제작사까지 인증수출자 자격을 받도록 하여 수입부품에 있어서도 관세혜택을 적용받는 등 FTA 활용 역량이 강화되면서 한 · 미 FTA도 활용할 수 있게 되었음.

◇ 자사 제품에 대한 관세가 2014년까지 한 · EU FTA와 한 · 미 FTA 하에서 철폐됨에 따라 1.2～3.7% 관세혜택을 적용받을 수 있게 되었고, 향후 연간 13억 7천만원(2010년 거래 기준) 관세혜택 예상

라. 협력사 공동 활용

모델 6 : FTA 원산지업무 관련 기업 간 협력

모델 6-1 : QR 코드로 다단계생산 C/O 애로 해소

◎ U텍코리아(경기도, 화성-편직물 수출업체)

○ 이 회사는 다단계 생산 구조의 제품을 거래하며, 중간유통업체가 많아 원산지 관리가 매우 어려운 대표적인 사례. 원사 생산업체인 (주)H사의 나이론얀이나 스판댁스얀을 K니트사가 편직공정을 하고, (주)Y사와 (주)M&K가 염색한 직물을 U텍코리아가 수출하는 사업구조. 이 회사 수출의 75%가 미국으로 수출되고 있으나, 중간유통업체의 비협조로 원산지증명서 발급 어려움으로 한·미 FTA를 활용하기 어려웠음. 하지만 QR 코드로 국산 원사에서 직물까지 각 생산 단계별 원산지 정보를 유통하고 저장함으로써 원산지 문제를 해결

◇ QR 코드로 국산 원사에서 직물까지 각 생산 단계별 원산지 정보 관리 비용이 대폭 줄어듦에 따라 미국 수출품에 대한 FTA 관세 적용으로 동종 업계에 비해 15배 수준의 수출신장

QR 코드	FTA와 QR 코드	QR 코드의 장점
	한·미 FTA는 디지털·전자·광학 매체를 이용한 원산지증명도 유효한 것으로 인정	QR 코드가 명시된 거래서류를 스마트폰으로 판독하여 원산지 판정 및 원산지증명서 즉시 발급 가능함에 따라 원산지증빙 관련 비용을 97%까지 절감

모델 6-2 : 동종 사업자 공동브랜드화

◎ K버섯사업단(서울)

○ 한류 확산과 한·아세안 FTA 이행으로 국내 팽이버섯은 동남아 수출이 호조를 보였지만, 출혈수출 경쟁으로 단가 인하와 품질 관리 부실 등의 구조적 문제를 해결하고자 aT '수출선도조직' 프로그램 주도로 2009년 전국 9개 생산업체(2012년 20개 업체 참여)를 규합하여 KMC라는 수출업체를 설립하고 'KMC' 공동브랜드 사용. 또한 KMC가 일본산 종균 수입 협상에서 단체대표권을 활용하여 유리한 고지를 점함에 따라 연간 10억대 로얄티를 3~4억원으로 낮추게 됨. 또한 비수기 생산물량을 가공처리할 수 있는 설비투자로 생산업체의 경영안정에도 기여

◇ 베트남의 경우, 팽이버섯에 대한 15% 관세가 협정 이행으로 점진적으로 철폐되고 있고 한·미 FTA에서 관세 혜택이 커 향후 KMC의 수출실적은 크게 증가할 것으로 예상되고, FTA를 계기로 확립된 수출업체 및 공동브랜화로 중국, 호주, 유럽 등으로 수출증가 예상

모델 6-3 : 협력사 문제 CEO 역할 사례

◎ L조침(부산, 프레미엄 낚시바늘 제조)

○ 고급 스프링강선을 이용하여 생산되는 프레미엄 낚시바늘은 원재료 절단, 연망, 사이징, 성형, 단조, 열처리, 도금 등 다단계 생산공정을 통해 생산. 내수 침체를 돌파하기 위해 FTA를 활용하여 수출을 확대하려고 했으나, 협력업체의 비협조로 원산지증명서 발급에 애로. 한편 한·아세안 FTA 이행으로 5~15%, 미국과 EU에서도 각각 4.8%와 3.7%의 관세혜택을 기대할 수 있었음. 이에 CEO가 원산지관리 업무총괄을 맡고, 중간급 간부를 FTA별 책임자로 임명하여 전사적 차원에서 자사 및 협력사 원산지 관리에 매진하고, 협력업체와의 관계 개선을 통해 원산지 문제 해결

◇ 전형적인 다단계 생산구조인 프레미엄 낚시바늘 전 생산공정에 참여하는 협력사와의 원산지 문제를 CEO가 나서서 해결함으로써 원산지 관리 및 품질 향상에 기여. 한·아세안 FTA 5~15%, 미국과 EU에서도 각각 4.8%와 3.7%의 관세혜택 적용 가능

모델 6-4 : 원료공급 원산지(포괄)확인서 사례

◎ J케이스(인천, 스마트폰용 케이스 생산)

○ 이 회사는 종업원 40명에 매출액 200억원 규모의 중소기업으로 스마트폰과 탬플릿 PC 등에 자체 브랜드로 케이스를 생산. 국내 케이스 업체로는 드물게 미국·유럽·일본 등 전 세계 19개국으로 제품 수출

○ J사는 매출 가운데 수출이 차지하는 비중이 약 90%에 달하며 회사의 최대 수출 지역이 미주와 유럽으로 FTA를 활용하기 위해 인증수출자 인증이 꼭 필요한 상황. J사는 플라스틱 등 원재료를 직접 구매하여, 완제품인 휴대폰 케이스를 제조가공하여 수출. 원산지 결정기준 MC 50%를 충족시키기 위해서는 주 원재료인 플라스틱 공급업체로부터 원산지(포괄)확인서 수취 필수. 공급업체에서는 직접 수출을 하지 않고 있어 주요 원재료에 대한 원산지(포괄)확인서 발급 난색

◇ 인천FTA활용지원센터에서 실시하는 FTA 설명회와 원산지관리 교육에 공급업체 담당자를 설득해 같이 참가하고 FTA 컨설팅도 함께 신청하여 공급업체로부터 원산지(포괄)확인서 수취. 부가가치기준으로 품목별 원산지 인증수출자 획득. EU 6.5% 관세철폐 혜택으로 경쟁사에 비해 가격경쟁력이 생겨 수출이 전년 대비 10% 이상 증가

3. 응용심화 FTA 모델

가. 원산지 보완규정 활용

1) 미소기준 활용 모델

한류 확산으로 떡볶이, 순대 등 우리 음식에 대한 해외수요가 증가하는 추세에 있다. 음식의 특성상 한국산 식재료를 많이 사용하나 가격경쟁력 확보를 위해 일부 재료는 수입산을 사용했던 기업이 미소기준을 활용하여 FTA 비즈니스를 할 수 있게 된 사례를 제시하고자 한다. 대부분의 FTA 원산지규정은 원산지 판정에서 일부 수입산 원자재 포함을 허용하고 있는데 이를 미소기준이라 한다. 미소기준은 어떤 물품의 생산과정에 사용된 재료 중에서 차지하는 비중이 아주 미미한 재료가 원산지 요건을 충족하지 못하더라도 그 재료를 원산지로 인정할 수 있도록 하는 제도이다. '최소허용기준'이라고도 하며 한 · 미 FTA 협정문에 따르면 식품의 경우 가격 기준 10% 이내의 재료가 비한국산이면 한국산으로 인정된다.

떡볶이 세계화에 주력해 온 충북 소재 F사는 떡볶이 소스, 제품 등을 위한 체계적 연구시스템을 갖춘 업체로, aT센터로부터 수출상품화사업 수행업체, 기술신용보증기금으로부터 기술혁신형 중소기업(INNO-BIZ), 식품의약품안전청으로부터 위해 요소중점관리기준(HACCP) 정기사후심사 적합 판정을 받는 등 기술과 위생에 있어 최고의 수준을 유지하고 있었다.[3] 주요 생산 품목은 떡볶이를 비롯해 산적 및 잡채와 꼬치류, 수제부침류, 전류, 반죽류, 김말이류, 튀김류, 고로케류, 후식 및 기타류 등 50여 종이며, 2011년 기준 매출액은 200억원으로 아직은 규모가 크지 않지만 수출을 통해 제2의 도약을 모색하고 있었다.

3__ 주간무역(2013), "떡볶이 세계화의 우군", 5월 27일자.

한 · 아세안 FTA를 통해 태국에 떡볶이 수출로 FTA 활용 혜택을 누린 경험을 갖게 된 이 업체는 한 · 미 FTA를 활용하여 고추튀김, 김말이 등으로 미국 시장에 도전하기로 하였다. 미국으로 가장 많이 수출되는 김말이의 경우 중국산 당면을 사용함에 따라 원산지기준 충족이 어려웠으나, 식품의 경우 가격 기준 10% 이내의 재료가 비한국산이면 한국산으로 인정받을 수 있다는 미소기준을 적용하여 원산지 충족 및 한 · 미 FTA 발효 이후 미국 바이어와 6,000만원 상당의 김말이 튀김 수출 계약을 성공시킬 수 있었다.

2) 국내제조확인서 활용 모델

한 · 미 FTA에서 섬의류는 원사기준 원산지기준을 적용하고 있고, 국내에서 생산된 원사를 사용한 섬유 및 섬유제품을 생산하여만 원산지가 인정된다. 우리나라는 많은 원사업체와 원사 생산시설을 갖고 있고, 국내에서 원사를 조달하여 섬유를 생산하는 경우 원사의 원산지를 확인하지 못한 섬유는 원사기준 충족이 불가능하며, 한 · 미 FTA 관세특혜를 누릴 수 없었다.

이 경우 국내 원사업체로부터 '국내제조확인서'를 받아 원사기준 원산지기준을 충족시킬 수 있었다. 국내제조확인서는 수출물품의 생산에 사용되는 재료를 생산하거나 공급하는 자가 생산자 또는 수출자에게 해당 물품을 국내에서 특정 공정을 수행하여 제조한 사실을 확인해 주는 서류이다(FTA특례법 시행규칙 제6조의 4 및 별지 제2호의 2 서식),

3) 분해상품-세트물품 모델

세트 물품의 경우, 세트 구성품 중 비원산지 물품이 차지하는 비율이 일정 수준 이하라면 예외적으로 그 세트 전체를 원산지 물품으로 인정한다. 손톱가위, 네일세이퍼 등 복수의 물품을 하나의 상품으로 조합한 손톱손질 세트와 같

표 16-4 ■ 세트규정의 협정별 비교

품목 구분	비원산지 물품 허용한도
한 · 칠레 FTA	규정 없음
한 · 싱가포르 FTA	규정 없음
한 · EFTA FTA	공장도 가격의 15% 이하
한 · 아세안 FTA	규정 없음
한 · 미 FTA	일반품목 : 조정가치의 15% 이하 섬유 또는 의류상품 : 과세가격의 10% 이하
한 · EU FTA	공장도 가격의 15% 이하
한 · 터키 FTA	공장도 가격의 15% 이하
한 · 인도 CEPA	규정 없음
한 · 페루 FTA	본선인도가격(FOB)의 15% 이하

은 상품이 거래되고 있으며, 〈표 16-4〉에 제시된 바와 같이 EFTA, EU, 미국, 터키, 페루 등과의 FTA에서는 개별 품목별 원산지결정기준에 불구하고 '세트'에 해당하는 경우 미소기준을 예외적으로 적용하는 원산지결정기준의 특례규정을 도입하였다.[4]

자전거 조립세트와 같이 수출입 물류편의상 조립된 완제품을 수출하기보다는 하나의 박스에 뼈대, 운전대, 타이어, 림 등 복수 물품을 개별 포장 형태로 담아 수출하는 것이 일반화되어 있다.

4 협정에 따라 세트물품이 인정되는 품목을 한정하고 있으며, 한·EU FTA의 경우 HS 통칙 제3세트 규정에 적용대상 품목 제시.

〈예시〉

□ 미국으로 램프(9405.40)를 수출하는 A업체의 경우, 전구, 브라켓, SMPS(Switch Mode Power Supply : 전원장치)를 각각 납품받아 하나의 박스로 소매 포장해 수출[5]

- 개별 포장 물품의 원산지를 국내산으로 확인했으나, SMPS에 대해서는 판별 불가
- 이 경우 SMPS의 부가가치 비중이 10% 미만인 점을 활용하여 세트규정의 적용

* 한·미 FTA에서는 복수의 물품으로 구성되는 세트물품의 경우 세트를 구성하는 모든 비원산지 상품의 가치가 그 세트 조정가치의 15%(섬유 또는 의류상품은 세트 전체 과세가격의 10%)를 초과하지 아니하는 경우, 해당 세트물품 전체를 원산지 물품으로 인정

5 무역협정국내대책본부(2013), "함께하는 FTA", "세트 안에 비원산지 물품 포함되어도 원산지 인정" 8월호.

그림 16-1 세트물품 예시

손톱 손질 세트물품 도해

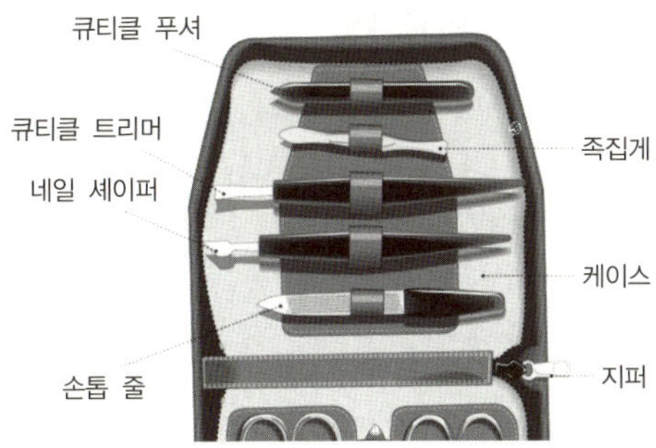

FTA별 세트물품 규정

- 협정에 따라 차이가 있으나, 세트물품을 인정하는 경우 세트물품 중 비원산지 물품은 전체 가치의 15% 이하이어야 함.
- 공장도 가격이 상품가치로 널리 사용되나, 조정가치와 과세가격이 사용되기도 함.
- 한·미 FTA에서는 섬의류에 대해서는 과세가격의 10%로 규정

4) 롤업(흡수) 규정 모델

까다로운 원산지기준을 보완하는 차원에서 FTA에서는 롤업(Rolled-Up, 혹은 흡수 : Absorption) 규정을 채택하고 있는바, 롤업이란 국내산으로 판정된 원

재료 · 부품에 일부 비원산지가 포함되어 있더라도 100% 국내산으로 부가가치를 반영하는 제도이다. 롤다운(Rolled-Down)은 롤업에 대비되는 개념으로 해당 제품이 비원산지로 판정될 경우 해당 제품에 포함된 국내산도 비원산지재료(부가가치기준)로 인정하는 것을 의미한다. 외형상 롤업과 세트상품은 유사하지만, 세트상품은 세트 내 개별 상품의 원산지를, 롤업은 개별 상품이 아닐지라도 부가가치가 적용기준이 되는 차이점이 있다.

5) 롤업(흡수)-중간재 규정 모델

롤업과 유사한 개념이면서 부가가치 계산 시 유용하게 적용할 수 있는 중간재(intermediate material)가 다수 FTA 협정에서 허용되고 있다. 중간재 규정은 원산지재료비 계상기준을 완화하여 특혜대상물품 인정범위를 확대하며 중간재를 생산하는 자가생산자를 외부조달보다 불리하지 않게 대우하기 위한 제도이다.

최종제품 생산에 투입하기 위하여 원산지 재료와 비원산지 재료를 사용하여 최종제품 생산자가 직접 생산한 중간투입재 중 협정상의 원산지기준 요건을 충족시키는 경우 롤업을 인정하고 있다. 국내의 자동차 생산자 A업체가 국산 엔진블럭과 중국산 샤프트를 구입하여 엔진을 직접 제작한 경우 그 엔진은 중간재로서의 지위를 부여하고 있다.

원재료 · 부분품이 원산지결정기준을 충족하여 원산지물품으로 인정되는 경우 중간재인 원재료 · 부분품 가격 계산 시 비원산지 재료 가격을 포함한 엔진 가격 전체를 원산지재료비에 계상할 수 있도록 하고 있다. 중간재 규정은 원산지재료로서 지위를 획득한 재료에 한정하여 적용되므로 세번변경기준 품목에는 적용될 여지가 없고, 부가가치기준 품목에 한하여 적용된다. 원산지물품과 비원산지물품을 투입하여 생산한 재료가 원산지기준을 충족하면 그 재료비 전체를 원산지재료비에 계상하는 것을 roll up(흡수규정)이라 하고, 기준을 충족하지 못하면 그 재료비 전체를 비원산지재료비에 계상하는 것을 roll down(배제규정)이라 한다. FTA 중간재 규정은 협정별로 차이가 있다. 칠레, 싱가포르, 미국과의 FTA에서는 자가생산 중간재 롤업을 인정하고 있다. 한 · EFTA FTA는 부속서에서 자가생산한 재료 혹은 역내 생산 원산지재료를 사용한 경우에도 롤업을 인정하고 있다.

중간재 규정 근거 및 관련 사항

협정상의 중간재 근거 규정

구분	칠레	싱가포르	미국	EFTA	아세안	인도	EU
중간재 인정 여부	○	○	○	○	×	×	○
대상물품	자가 생산품	자가 생산품	자가 생산품	역내 생산품	×	×	역내 생산품
중간재 지정 의무	○	○	×	×	×	×	×
근거 규정	제4.1조 제4.4조	제4.1조 제4.7조	제6.22조 제6.3조	부속서 I 제5조 제1항	×	×	제2조 제1항

칠레, 싱가포르, 미국과의 FTA에서는 중간재 규정을 별도로 두어 자가생산한 경우 롤업 인정. 한·EFTA 및 한·EU FTA는 별도 중간재 규정 없지만, 부속서 제5항 제1항 후단에서 "원산지 지위를 획득한 상품이 다른 상품의 제조에 재료로 사용되는 경우 재료로 사용되는 상품에 통합된 비원산지재료는 고려하지 아니한다"고 규정하여 자가생산한 재료에도 롤업 인정

- 한·아세안 FTA는 중간재료에 대한 규정이 없지만, 우리나라 FTA특례법 시행규칙에서 중간재 인정

  칠레 및 싱가포르와의 FTA에 의하여 중간재로 인정받으려면 최종제품 생산자가 사전에 해당 재료를 지정하는 절차를 거쳐야 하나, 한·미 FTA는 이러한 요건이 없음.
- 칠레 및 싱가포르와의 FTA는 중간재를 구성하는 전 단계 재료가 부가가치기준 적용 품목인 재료는 중간재로 지정할 수 없도록 하고 있으나, 한·미 FTA는 이 요건이 없으므로 전 단계 재료가 부가가치기준 적용 품목인 경우에도 중간재로 지정 가능

역내가치 함유비율 산정의 목적상 상품 생산에 사용된 자체 생산재료를 중간재로 지정할 수 있다. 롤업은 원산지 완제품의 일부인 부분품(이 역시 부품 자체로 원산지 인정)에 포함된 비역내산 재료와 부품의 가치에 적용되는데, 해당 부분품을 완제품 회사가 직접 생산하게 되면 중간재로 간주하고, 중간재에 포함된 비역내산 재료를 롤업과 동일하게 취급하게 된다.

그림 16-2 중간재 인정 개요도

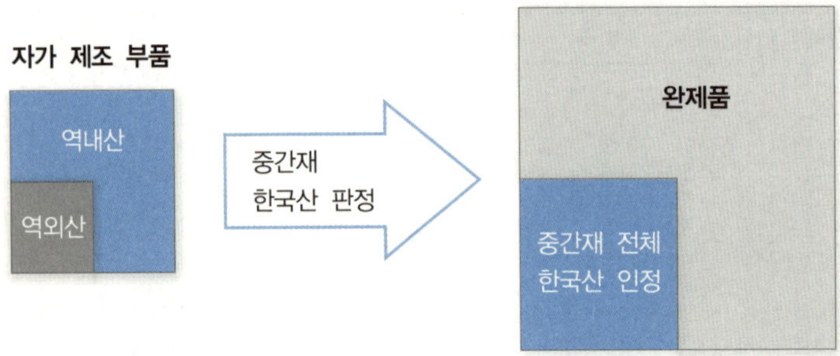

자료 : 무역협정국내대책본부(2013), "함께하는 FTA" 1월호 참고하여 작성.

〈사례〉

□ A사는 유압브레이크(HS 코드 : 8431.49)를 자체 브랜드로 생산하여 미국, 홍콩, 말레이시아 등 20여 개국에 수출하는 중소기업

- 인도와 아세안 국가로의 수출량이 전체 수출의 약 66%를 차지하는데, FTA 활용 관세혜택은 협정에 따라 1~7.5% 수준

□ 한 · 아세안 FTA와 한 · 인도 CEPA에서 규정한 세번변경기준은 충족이 어려웠고, 부가가치기준의 경우 원재료 공급사의 비협조로 원산지(포괄)확인서 등 확인서류 확보 어려움.

□ A사는 문제가 된 유압브레이크의 주요 부품인 실린더에 쓰이는 철강 잉곳(ingot : 주괴)을 직접 생산하고 있어 잉곳에 포함된 비역내산을 중간재로 처리하고, 다른 부품 공급사로부터 원산지확인서 발급과 국내 부품으로 전환을 통해 역내 부가가치 51%로 높여 원산지기준(부가가치 40% 이상) 충족[6]

- 이후 A사는 아세안 수출이 2012년 5월 전년 동기 대비 193% 증가했고, 인도 수출 또한 인증수출자 자격을 획득(2012년 4월 20일)한 뒤 한 달 동안 215%의 수출이 증가[7]

6 무역협정국내대책본부(2013), "함께 하는 FTA", "부품 직접 생산한다면 '중간재' 활용하라" 1월호.

7 한 · 아세안 FTA와 한 · 인도 CEPA에서는 중간재 규정을 두고 있지 않지만, 한 · 아세안 FTA의 경우 FTA특례법시행규칙 〈별표 6〉에서 중간재 규정을 두고 있음.

나. FTA 투자

1) FTA 허브 지위와 국내외 투자 비즈니스 모델

기존 비즈니스 모델은 주로 협정상의 양허표에 제시된 관세혜택 크기를 확인하고, 사업상의 실익을 확인할 경우 원산지기준 충족 방안을 모색하는 것이다. 2013년 중소기업청과 중소기업진흥공단이 공동으로 발간한 2013 한 · 미

FTA 활용 수출증대 우수 중소기업 사례 모음집 『FTA로 두드림』에 제시된 19개 중소기업의 한 · 미 FTA 활용 사례를 보면, 19개 사례 모두 관세혜택과 원산지기준 충족 구도를 벗어나지 않는다. 국내외 투자를 FTA 비즈니스 모델과 연계시킨 경우가 없지 않으나, 지금까지 발표된 모델의 대부분은 현재의 수출입 현안에 대한 단순분석에 그치는 경우가 많았고, 그 결과 FTA 활용 비즈니스 모델이 다양하지 않은 상황이다. 즉, 기존 국제무역에서 FTA 관세혜택을 누리기 위한 방안을 모색하는 수준에 그친다.

표 16-5 ■ FTA 투자 모델

	비즈니스 지역	모델의 주요 내용	투자
FTA 네트워크	우리나라	▪ 우리나라 FTA 허브 활용 모델 ▪ FTA 네트워크를 통한 한국산 제품 수출 모델 ▪ 관세율 인하를 이용한 국내 거점형 비즈니스 모델	국내외 기업의 국내투자
	상대국	▪ 상대국 FTA 허브 활용 모델 ▪ 우리나라와 상대국 부품 · 최종재 생산 · 유통 모델	국내 기업의 해외투자
	글로벌 네트워크	▪ 글로벌 FTA 네트워크 활용 모델 ▪ 최적의 생산 · 유통 · 물류 모델	국내외 기업의 글로벌 투자

FTA 활용 비즈니스 모델은 기존 무역상의 FTA 혜택 확대도 필요하지만, 국내외 투자와 FTA를 활용한 새로운 국제무역 품목을 확산시킬 때 우리 중소기업의 글로벌화는 물론이고 FTA 경제효과가 훨씬 커지게 될 것이다. 신규 무역창출이 투자와 연계될 경우 일자리 창출 및 경제성장에 크게 기여할 것으로 생각된다.

2) 국내 생산기반 강화 SCM 모델

반도체 관련 제품과 같이, 우리 기업이 특허와 기술력을 확보한 상황에서, 복수 국가에 걸쳐 국제적 공정분업이 폭넓게 이루어지고 있고 생산품을 여러 국가에 수출하는 기업의 경우 국내 생산기반을 강화하고 우리나라의 FTA 네트워크를 활용하는 공급가치사슬 체계(SCM) 모델이 매우 적합하다. 미국, 유럽, 아세안 등으로부터 부품을 수입하여 국내에서 1차 가공한 후 아세안으로 수출하여 2~3차 공정처리하고 나서 국내에서 완성재를 생산하여 FTA 대상국으로 수출하는 것이다.

이 경우 원재료 및 가공부품의 수입과 완성재 수출 시 FTA 혜택이 가능해짐에 따라 기업의 공급가치사슬 체계 개선에 FTA 활용이 결정적 기여를 하게 된다. FTA 상대국 원산지 원부자재를 수입해야 하고, 아세안 국가에 공정처리 투자 시 원산지기준 충족 가능한 설비투자와 국내에서 기획 · 연구개발, 부분가공 및 완성재 생산공정이 수출국과의 FTA 원산지기준과 부합하도록 국내 생산시설 및 공정처리를 확충해야 한다.

8__ 2007년 FTA 활용 경진대회 출품작, "FTA와 함께하는 보안산업의 미래".

국내 생산시설 확충 전략 사례[8]

□ 1980년대 설립된 경기도 소재 H사는 종합 보안 시큐리티 솔류션 제공 업체이며, 2005년 중국에 생산공장을 건립하여 한 · 중 생산시설 활용

- 총 매출액의 98% 이상을 수출하는 업체로 생산품인 CCTV 카메라 및 디지털 레코드의 원산지기준(대부분 부품 4단위 세번변경, 55%대 RVC) 충족에 어려움이 없는 상황
- 중국 공장에서의 생산보다는 국내에서 생산하고 FTA 회원국으로 부품 수입선 전환할 경우 7억원 상당의 관세 부담 감소 및 아세안 국가별로 3~60%, 미국 2.1%(CCTV 카메라), EU 14%의 관세절감 혜택

그림 16-3 H사의 국가별 수출비중

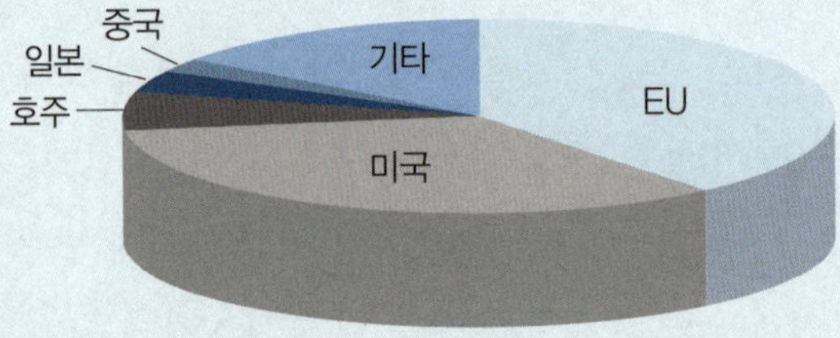

□ 현재 주로 미국과 EU로의 수출이 총 수출의 3/4을 차지하고 있고 국내 생산 시 원산지기준 충족이 무난한 이 업체의 경우, 중국 공장보다는 국내 생산 확충과 우리나라 FTA망 활용이 바람직

- 국내에서 생산규모 확대 및 부품에 대한 FTA 관세특혜 활용으로 생산단가를 인하함으로써 국제경쟁력 확보 및 수요기반 확대
- 현재 아세안 국가 수출 비중은 미미하나, 아세안 국가들의 고관세(단계별 철폐)와 부품의 생산단가를 감안하면, 아세안으로부터 부품 수입을 늘리고 국내 생산 최종재를 한 · 아세안 FTA를 활용하여 현지 시장 진출 가능

3) 해외 생산거점 투자와 글로벌 SCM 모델

품목에 따라 해외에 생산기지를 구축하는 것이 유리할 수 있고, 이 경우 생산과 판매 차원에서 볼 때 신규 투자 해외 생산기지로는 세계적인 FTA 허브 국가를 1차적으로 검토하는 것이 바람직하다. FTA 허브 국가는 자체 내수시장 규모도 크지만, 선진화된 투자환경을 유지하고 있어 투자자보호 수준도 높은 편이다. 우리나라의 FTA 망과 주요 전 세계 FTA 허브를 관세-물류-생산 등 공급사슬(SCM)을 유기적으로 고려하여 글로벌 영업망 확충으로 우리 기업의 글로벌화 기회로 활용해야 한다.

그림 16-4 복수 해외 생산거점 모델

자료 : 2008년 FTA 활용경진대회 출품작을 응용하여 작성.

그림 16-5 글로벌 FTA 망을 활용하는 SCM 모델

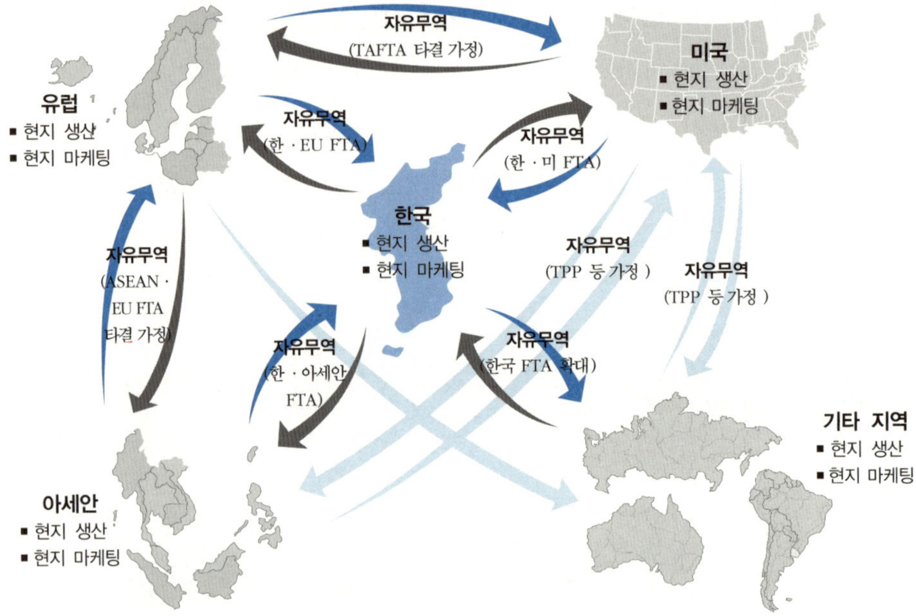

자료 : 2008년 FTA 활용경진대회 출품작을 응용하여 작성.

9_ 2008년 FTA 활용경진대회 출품작, "화장품산업 FTA 비즈니스 모델".

사례 : 해외투자와 글로벌 SCM 모델[9]

□ 최근 한류 확산, 브랜드화 성공 등으로 국내 화장품 메이커들이 국내외 시장에서 우수한 영업실적 기록

- 국내 화장품 메이커들은 대부분 미국, 유럽, 아세안 등으로부터 원료를 수입하여 국내 생산한 제품을 해외에 수출하고 있으나, 화장품 생산공정상 원료 공급지에서 최종재를 생산함으로써 생산단가 및 물류비를 낮출 수 있고, FTA 허브국의 자유무역 대상국으로 무관세 수출함으로써 영업이익 극대화 전략 추진
- 또한 화장품은 구매 결정에서 브랜드 이미지가 중요하며, 선진국 원산지 부착은 브랜드 이미지 개선에 기여하게 되고, 다국적 브랜드화로의 발전가능성

그림 16-6 화장품 업계의 해외투자와 글로벌 SCM 모델 가상도

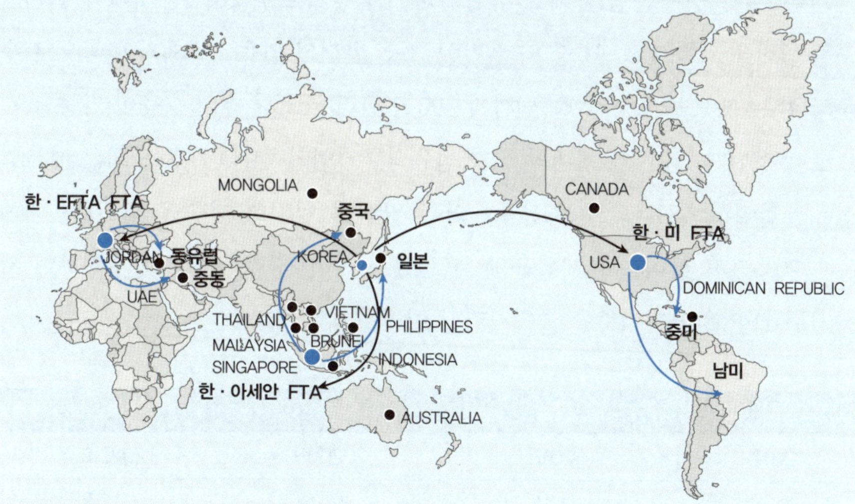

자료 : 2008년 FTA 활용경진대회 출품작, "화장품산업 FTA 비즈니스 모델".

4) 원사기준 활용 투자 비즈니스 모델(베트남 TPP 모델)

다수 중소기업들은 FTA 원산지기준 충족에 애로를 느끼고 있으나, 까다로운 원산지기준은 투자와 연계시킬 수 있다. 원산지기준이 HS 세번변경으로 규정된 경우 국내 조달 필수품목에 대한 국내 생산을 늘리는 방안을 검토해 볼 수 있다. 협정에 따라 누적(cumulation)과 역내 생산품에 대한 원산지가 인정되는 FTA 경우, 생산단가와 물류비 등을 고려하여 FTA 회원국에서의 생산을 늘리는 방안을 검토해 볼 수 있다. 부가가치 원산지기준의 경우, 부품조달 외에 사업서비스 비중을 높여 원산지기준 충족을 용이하게 할 수 있으므로 사업서비스 산업에 대한 투자가 필요할 것이다.

까다로운 원산지기준을 투자와 연계시킨 비즈니스 모델로 "베트남의 TPP 가입과 섬유생산설비 투자" 모델을 들 수 있다. 잘 알려진 바와 같이, 베트남 입장에서 TPP는 사실상 미국과의 FTA 체결이며, TPP를 통해 글로벌 공급망체인 참여 역량을 키워 신흥산업국으로 부상하는 것이 베트남의 TPP 참여 목표였다. 베트남은 현 TPP 국가 중 생산단가가 가장 낮은 국가이므로 통상환경 개선 및 무역 네트워크 확충으로 탈중국 기업 유치에 유리한 조건을 갖고 있다. 특히 섬유산업은 베트남의 주력 수출산업이며, 현재 추진 중인 TPP 발효의 최

대 수혜품목이다.

베트남의 섬유산업은 베트남의 최대 수출품목으로 2012년 150억 달러의 수출 실적을 기록했고, 이 중 약 절반인 76억 달러의 섬유 · 봉제가 미국으로 수출되었다. TPP 발효 시 2025년까지 300억 달러 규모의 대미 수출이 가능할 것으로 추정된다. 베트남 최대의 국영 섬유의류기업인 VINATEX는 최근 베트남 섬유산업에서 38%에 그친 섬유 · 의류 원단의 현지화 비중을 3~5년 내에 60~70%까지 끌어올릴 계획을 밝히고 있으나, 원사 생산시설이 부족하여 원사기준 TPP 원산지기준을 충족시키기 어려운 상황이다.

표 16-6 ■ TPP 발효 후 베트남의 대미 섬의류 수출 전망 (단위 : 달러)

	2012	2015	2020(E)	2025(E)
원사	18.0억	23.1억	40.7억	71.7억
원단	30.7억	39.4억	69.4억	122.0억
합계	48.7억	62.5억	110.1억	193.7억
대미수출	75.0억	96.0억	170.0억	300.0억

섬의류에 대한 원산지기준을 특정 공정을 중심으로 분류하면, 크게 섬유사기준, 원사기준, 직물기준, 봉재기준으로 나눌 수 있다. 미국이 체결한 FTA에서는 원사기준이 사용되고, EU는 직물기준을 주로 채택하는 경향이 있다. 원사

그림 16-7 섬의류 원산지기준

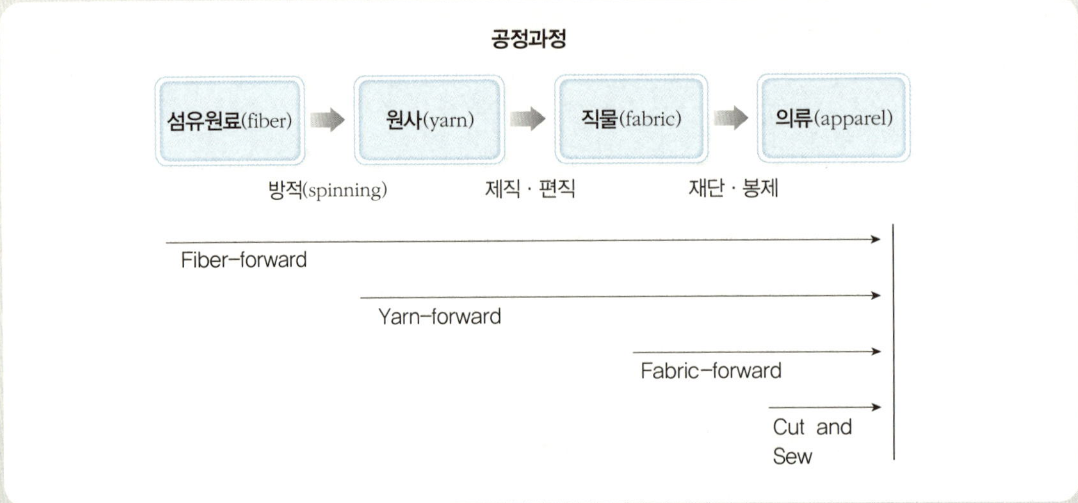

기준은 원사(yarn)에서 의류 제조까지의 전 생산공정이 국내에서 이루어져야 한다는 것을 의미한다.

까다로운 원사기준을 투자 모델로 연계하기 위해서는 3가지 비즈니스 모델을 검토할 수 있을 것이다.

1. 원사 생산이 필요한 베트남 업체에게 국산 원사원료(납사) 수출
2. 베트남 원사공장 건설 및 생산활동
3. 국내 석유화학 산업의 글로벌 SCM 구축

그림 16-8 원사기준의 비즈니스 모델

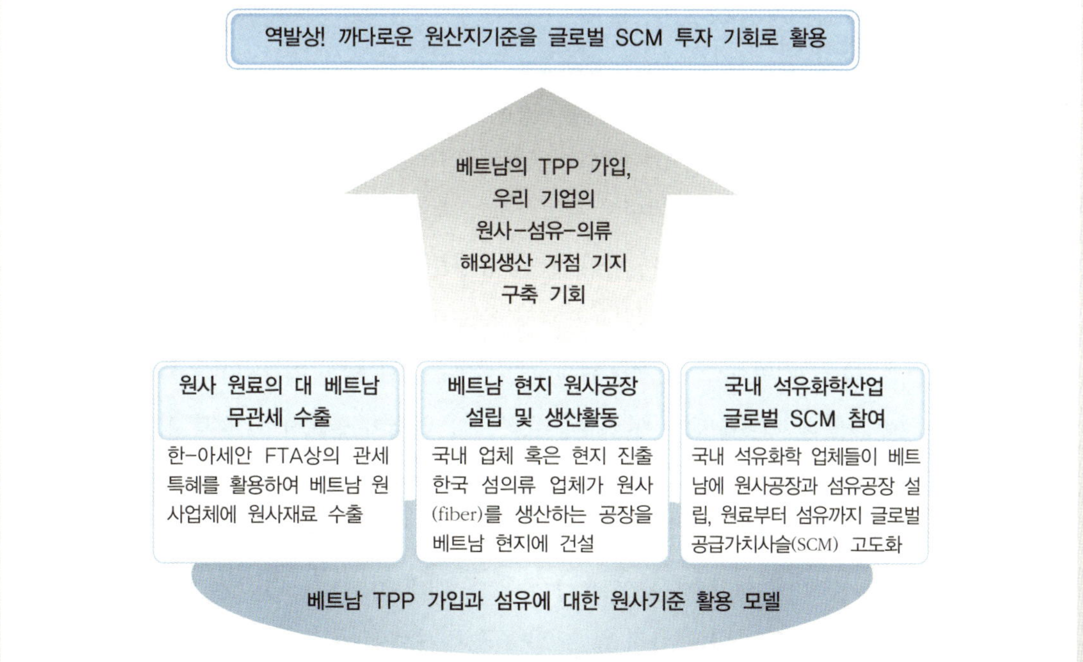

자료 : 인하대학교 대학원 FTA전공(2014), "원사기준 FTA 투자 모델".

가장 기본적인 비즈니스 모델은 TPP 활용하려는 베트남 섬유산업의 수요를 감안하여 국내에서 생산된 원사재료를 한·아세안 FTA를 활용하여 베트남으로 무관세 수출하는 것이 될 수 있다.[10] 다음으로 베트남 현지에 원사공장을 구축

하는 것으로, 현재 수급상황으로 보면 TPP 활용을 위한 베트남산 원사가 부족할 것으로 전망된다. 특히 베트남에 진출한 우리 섬유업체가 자사 수요 충당을 위해 공장 건설을 추진할 수 있고, 국내 섬유업체가 베트남 진출 목적으로 투자할 수 있을 것이다. 마지막으로 국내 석유화학 업체가 전방산업으로의 진출 차원에서 베트남에 원사공장-화섬공장 시설을 구축하여 원료에서부터 제품까지 일관생산 체제를 구축하는 방안을 검토할 수 있다. 최근 중국의 시설확장으로 경영상의 애로를 겪고 있는 국내 석유화학의 성장전략 차원에서 섬의류업계와 동반 해외진출 할 수 있는 모델로 볼 수 있다.

10 나프타분해에 의해 생기는 에틸렌 · 프로필렌 · 부탄 · 부틸렌 유분 · 방향족 등에서 많은 석유화학 반응을 거쳐 합성수지 · 합성고무 · 합성섬유 등이 제조. 화학적 방법으로 합성한 섬유(폴리에스터, 나일론)를 생산하는 원료로는 PX, PTA, MEG, PA, PC, TPA 등이 있음.
PX(paraxlene) : 합성섬유의 중간원료이며, 향기가 나는 휘발성이며 가연성인 액체로, 폴리에스테르계 합성 섬유를 만드는 원료(TPA, DMT의 원료).
PTA(pure terephthalic acid, 고순도테레프탈산) : 폴리에스테르 섬유의 중요한 기초 원료이며, PTA의 하류 가공 제품은 주로 폴리에스테르가 됨.
MEG(Mono Ethylene Glycol) : 폴리에스테르 섬유원료.

4. FTA 활용을 위한 제언

세계경제 성장이 둔화되고 보호무역주의가 확산되고 있는 현재의 대외통상 환경을 극복하기 위해서는 산업구조조정과 연구개발 확대를 통한 경제 전반의 국제경쟁력을 높이면서 우리나라가 발효시킨 세계 최고 수준의 FTA 망을 수출입에 적극 활용해야 한다. FTA 통상분야 전문인력과 정보력을 두루 갖춘 국내 대기업은 FTA를 적극적으로 활용하고 있는 것으로 조사되고 있다. 하지만 중소기업이 FTA 활용을 위해서는 국제무역에 대한 기본적인 소양과 더불어 FTA 협정 내용에 대한 이해력을 갖춘 전문인력이 필요하며, 정부 차원의 지원이 뒷받침되어야 한다. 제16장에서 제시한 바와 같이, FTA 특혜관세를 신청하기 위해서는 해당 품목의 원산지기준을 충족시켜야 하고, 이를 위해서는 기업의 재무제표, 생산방식과 주요 공정 등에 대한 정보 접근이 허용되어야 한다.

FTA를 활용하지 않는 이유 중 하나로 FTA 활용에 따른 혜택이 작다는 지적이 많았다. 개방에 민감한 품목에 대한 관세는 장기간에 걸쳐 자유화되거나 자유화예외로 분류된다. 장기철폐 품목에 대한 FTA 혜택을 제대로 누리기 위해서는 협정 발효 후 상당한 시간이 경과되어야 한다. 특히 개도국과 체결한 FTA에서는 장기철폐 품목이 많다. 하지만 칠레, 인도, 아세안 등과의 FTA 발효기간이 이미 10년이 경과했고, 미국, EU 등과의 FTA도 5년차를 넘어서고 있다. 따라서 이젠 FTA 혜택을 수확할 수 있는 시점이 된 것이다. 관심 품목에 대한 관세철폐 일정을 확인하고, 기업 차원의 FTA 활용방안을 모색해야 한다.

다수 중소기업들은 통상분야 전문인력 부족을 하소연하고 있다. 몇 명 안 되는 직원들이 생산과 마케팅을 담당하는 것도 벅찬데, FTA 전문인력을 따로 배정하기 어려워 FTA를 활용하기 어렵다는 것이다. 일반적으로 기업 규모가 작으면 생산활동도 단순한 경우가 많을 것이고, 생산방식도 크게 변화하지 않을 것이다. 이 경우 직원 중 한명이 FTA에 대한 기본적인 학습을 하고, 무역협회 등 FTA 활용지원 기관의 도움을 받아 자사 제품의 FTA 활용방안을 습득하게 되면 이후에는 무리없이 FTA 활용할 수 있을 것이다. 규모가 큰 기업에서와 같이 FTA 전담부서를 굳이 설치할 필요가 없으며, 마케팅 직원이 FTA 업무를 맡아서 처리해도 무방할 것으로 보인다.

FTA 활용은 수출입을 의미하므로 해외시장 정보가 중요하다. 소규모 기업이 해외시장을 직접 조사하는 것은 쉽지 않으므로 KOTRA 등이 제공하는 해외시장 정보를 꾸준히 접하고 자사와 관련되는 사항에 대해서는 정밀조사하는 방법을 강구해야 할 것이다. 이와 관련하여 중소기업진흥공단, 중소기업청, 지자체 등에서 국내외 상품전시회나 상담회 등을 정기적으로 개최하고 있고, 요건을 갖춘 중소기업에 대해서는 일정 부분 비용도 지원하므로 이를 활용할 필요가 있다.

많은 수출설명회 등에서 상품분야 위주로 FTA 활용을 설명하고 있다. 상품분야 활용은 설명이 쉽고, 관세혜택을 수량적으로 예시를 할 수 있다는 장점이 있다. 하지만, 협정에 명시된 서비스와 투자는 새로운 비즈니스 기회를 가져다 줄 수 있는 새로운 영역이다. 또한 경제이익도 상품과는 비교가 안될 정도로 클 수 있다. 이 책에서는 서비스와 투자에 대해서는 별도의 Chapter를 배정하지 않고 개별 FTA를 설명하면서 부분적으로 설명하고자 하였다. FTA 활용에서 상품이 범용분야라면, 서비스와 투자는 특수분야이므로 이에 대한 깊은 내용은 향후 별도로 발간할 전문서적에서 논의하고자 한다.

지난 20여 년간 FTA 정책과 비즈니스 활용을 연구해 온 저자의 경험으로 보면, FTA 활용에는 기업 CEO의 인식과 관심이 무엇보다 중요하다. 특히 인원이 적은 기업의 경우 FTA 활용에 대한 CEO의 의지가 없이는 FTA 활용은 쉽지 않다. FTA 활용 기본 요건을 충족시키기 위해 일정 부분의 비용을 투입해야 하고 기업의 각종 정보에 대한 접근이 허용되어야 하는데, 소규모 기업일수록

CEO의 전폭적인 지원없이는 담당 직원이 처리하기 어렵기 때문이다.

FTA 활용에는 그늘도 있는데, 원산지 검증이라는 리스크를 안고 있음을 알아야 한다. FTA 관세특혜를 신청한 시점부터 5년 이내에는 언제든 원산지 검증 대상이 될 수 있고, 검증에 대응하지 못하면 그동안 면제받았던 관세액과 부가세를 추징당하게 된다. 크고 작은 기업들이 원산지 검증에 실패해 적지 않은 금액을 추징당하고 있다. FTA 관세특혜 신청시 원산지기준 충족 여부 확인에 필요했던 증빙자료를 보관해 두면 문제될 것이 없지만, 일부 기업들이 자료 보관을 하지 않아 검증 리스크에 노출되어 있다.

마지막으로 FTA는 이미 국제무역의 기본 플랫폼이 되었음을 다시 한번 더 강조하고자 한다. 2015년 말 도하개발의제(DDA) 협상 중단 결정으로 앞으로 상당기간 동안 다자무역자유화 논의에 필요한 동력을 얻기 어렵다. 하지만 FTA 체결은 꾸준히 늘어나게 될 것이고 FTA 무역구조는 확대 · 심화될 것이고, TPP와 같은 메가 FTA 체결 확대는 국제무역에 상당한 영향을 주게 될 것이다. 따라서 지금이라도 FTA 활용방안을 강구해야 할 것이다. 보호무역주의로 좁아진 수출시장을 뚫는데 FTA는 더욱더 유용해질 것이고, FTA 활용 확대는 수출입 증가 뿐만 아니라 안정적인 경제성장에 도움이 될 것이다.

찾아보기

가

가공무역 368
간접수용 184
강제실시권 286
거래비용 11
검토의무 356
경제긴밀화협정 152
경제동반자협정 93
경제통합 156
경제협력기본협정 378
계절관세 345
공급가치사슬 체계(SCM) 435
공제법(build-down method) 233
공중의견제출제도 181, 297, 311
관세양허 카테고리 213, 215
관세위원회 374
관세장벽 35
관세 조화 54
구매력평가설(PPP) 368
구제조치(snap-back) 345
구조조정비용 150
국경 간 금융서비스 360
국내제조확인서 430
국제노동기구(ILO) 295
국회비준 76
권능조항 64
그린아시아-EPA 증진전략 85
글로벌가치사슬(GVC) 44
기관발급제(authorized certification) 240
기설정의제(built-in agenda) 381
기술규정 179
긴급수입제한제도 257
긴급수입제한조치 260~262

나

남미공동시장 42
남아시아지역협력연합 145
남아프리카관세동맹(SACU) 158
내국민 대우(NT) 185
네가티브 방식 186
농업개방 341
농업지원특별법 266
누적기준 237
뉴노멀(New Normal) 32

다

대경장 74
대외경제장관회의 73, 104
대중화 경제권(Greater China Economic Zone) 378
데마고그 15
도광양회(韜光養晦) 378
도하개발의제(DDA) 6, 33
동물복지 351

라

로마조약(Rome Treaty) 45
로버트 퍼트남(Robert Putnam) 17
로베르 슈망(Robert Shuman) 45
롤다운(Rolled-Down) 432
롤업 420, 431
리차드 볼드윈(R. Baldwin) 48
린치핀(lynch pin) 130

마

마스트리히트 조약 45～47
메르코수르 42
무역구제 174, 175, 258, 318
무역구제위원회 264
무역기술장벽협정 353
무역대표부 78
무역비용 11
무역이득공유제 275～277
무역정책검토(TPR) 56
무역조정지원제도(TAA) 265, 272, 274
무역촉진권한(TPA) 77, 88
물품의 원산지(Country of Origin) 226
물품취급 수수료 199
미래 MFN 358
미래유보 187, 188
미소기준(de minimis) 172, 235, 236, 356, 429
미주자유무역협정(FTAA) 44
민간조사요구제 299

바

반덤핑제도 262
발라싸 158
범대서양무역투자동반자협정(TTIP) 42
법정손해배상제도 287, 315
보호무역주의 35, 38
복제권 289
부가가치요건 232
북미자유무역협정(NAFTA) 103, 153, 370
불공정무역행위 257
불합치조치 183
브렉시트(Brexit) 32, 44, 92
비관세장벽 36
비합산(non-cumulation) 356
비합치조치 312

사

산업내무역 11
산업재산권 284
상계관세제도 256
상표권 177
상표등록제도 287
서비스 자유무역구 365
서한 166
선택기준 230
선행상표 348
선형 철폐(linear cut) 371
섬유쿼터 58
섬의류 171
세번변경요건 231
세번분리방식 345
세이프가드 141
세트규정 171
수입대체보조금 357
수입쿼터(TRQ) 169
수출보조금 357
수출유망품목 207, 403

슈망 선언 45
스파게티손실(Spaghetti Effects) 227
시장진입제도 346
시청각서비스 176
신금융서비스 189
신보호무역주의 36, 38
신속무역협상권 76
신속처리권한(Fast Track Authority) 76, 77
실질변형기준 227, 230
실크로드 42

아

아담 스미스(Adam Smith) 10
아베노믹스 80
아세안경제공동체 145
아세안 중심주의 41
안데스공동체(ANCOM) 158, 159
양면게임 17
양허표 199
역내포괄적경제동반자협정(RCEP) 108
역외가공 376
역진방지장치(ratchet mechanism) 359
완전생산기준 227, 228
우루과이라운드 62
우회수출 171
원사기준(Yarn-Forward) 209, 357
원산지 검증 246, 444
원산지기준 401
원산지보완규정 420
원산지증명서(Certificate of Origin) 240 242
위생검역협정(SPS) 178
윈셋(win-set) 17
유럽경제공동체(EEC) 45, 151
유럽석탄철강공동체(ECSC) 45, 64
유럽자유무역연합(EFTA) 47, 152
유소작위(有所作爲) 379
의회동의권 76
이중변형기준 357
인증발급제 241
일괄타결 62
일대일로(一帶一路) 42, 365, 381
일반균형모형 20
일시 반입 200
일시적 복제권 315

자

자본거래허가제 360
자유화율 371
자율발급제 241, 242
잠정조치 175
장 모네(Jean Monnet) 9, 45, 46
재고관리법 172
재반입 201
저작권 288
적합성평가절차 179, 353
전략적경제보완협정(SECA) 161
전자상거래 176
정부조달협정(GPA) 348
정부지정독점 180
조치가능보조금 356
조합기준 230
중간재 규정 432
중미공동시장(CACM) 151
증명표장제도 309, 316
지리적 표시(GI) 202, 290, 348
지식재산권(지재권) 282, 284, 285, 292
지역무역협정(RTA) 156
지역무역협정위원회(CRTA) 39, 150

지역화 인정 353
지역화 인정절차 351
지적재산권 177
직구 12
직물기준(Fabric Forward) 357
직접 운송원칙 250
집적법(build-up method) 233

차

초당적무역증진권한법 78
최소 관세부과 원칙(Lesser Duty Rule) 356
최소허용기준(de minimis) 171, 235, 429
최혜국 대우(MFN) 102, 159, 185
추급권(Artists' Resale Right) 350

카

쿼터물량(TRQ) 346

타

태평양동맹(Pacific Alliance) 42
통상교섭민간자문위원회 115, 116
통상교섭본부 13, 72, 104
통상교섭자문회의 75
통상교섭절차법 115~118
통상산업포럼 116
통상장관 127
통상조약 74
통신서비스 190
투자자국가제소권 306, 310
투자협정(BIT) 315, 359
특별세이프가드(SSG) 169~171
특정공정요건 234
특혜관세 373
특혜원산지기준 226

파

평균배출량제도 300
포지티브 방식 186

하

한 · 미 FTA 166
한 · 중 FTA 364
한 · 중 · 일 FTA 42
현지주재의무(LP) 185
협상지침 6, 8, 14
환태평양동반자협정(TPP) 42, 307, 370
흡수(Absorption) 규정 431

영문

Brexit 340

CEPA 95, 378
CEPEA(ASEAN+6) 131
CER 239
CGE 20
CRTA 63, 65

DDA 60~63
DDA 플러스 373
DTH(Direct To Home) 361

EPA 85, 93
Europe 2020 92
FTA 비즈니스 모델 418

FTA종합지원센터 122
FTA 컨설팅 397
FTA 허브화 113
FTA 활용률 386
FTA 활용 지원정책 396

GATS 65
GATT 53, 54, 56

HS 코드 210, 211

ISD 183
IT무세화협정(ITA) 158

NAFTA 142, 148
NAMA 61

Positive 방식(GATS 방식) 358

QR 코드 427

RCEP 41, 108

Spaghetti bowl 44
SPS 57

TAA 268, 269, 272
TBT 36, 57, 58, 353
TPL(원산지 예외 쿼터) 172
TPP 142
TRQ 63
TTIP 93

UN 유럽경제위원회(ECE) 344

WTO 54, 56
WTO 위생 및 식물위생 조치의 적용에 관한 협정(SPS) 350
WTO 플러스 52
WTO/TBT 179
WTO TRIPS 348

정인교

미국 미시간주립대(경제학 박사)

대외경제정책연구원(KIEP) 연구위원, FTA 팀장

대한무역투자진흥공사(KOTRA) 사외이사

한국통상학회 회장, 한국협상학회 회장

현, 인하대학교 대외부총장

통상교섭자문위원회 위원

외교부, 교육인적자원부 자문위원

상공회의소 자문위원

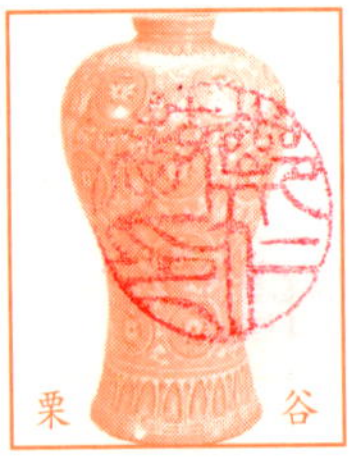

제2판 FTA 통상론

초 판 1쇄 발행 2010년 7월 10일
제2판 1쇄 인쇄 2016년 9월 7일
제2판 1쇄 발행 2016년 9월 12일

지은이 정인교
펴낸이 박기남
펴낸곳 **율곡출판사**
08590 서울시 금천구 가산디지털1로 84, 803호
전화 (代) 02) 718-9872/3
팩스 02) 718-9874
home-page www.yulgokbooks.co.kr
e-mail yulgokbook@naver.com
등록 1989.11.10. 제2014-000031호
ISBN 978-89-97428-95-3 93320

정가 33,000원